X. LÉON-DUFOUR · WÖRTERBUCH ZUM NEUEN TESTAMENT

XAVIER LÉON-DUFOUR

Wörterbuch zum Neuen Testament

KÖSEL-VERLAG MÜNCHEN

CIP-Kurztitelaufnahme der Deutschen Bibliothek

Léon-Dufour, Xavier
Wörterbuch zum Neuen Testament. – 1. Aufl. – München:
Kösel, 1977.
  Einheitssacht.: Dictionnaire du Nouveau Testament ⟨dt.⟩
ISBN 3-466-20144-6

ISBN 3-466-20144-6

Ins Deutsche übertragen von Eleonore Beck und Eugen Sitarz.
Titel der französischen Originalausgabe: »Dictionnaire du Nouveau Testament«
© Éditions du Seuil 1975. Für die deutsche Ausgabe: © 1977 by Kösel-Verlag GmbH & Co., München. Printed in Germany. Alle Rechte vorbehalten. Gesamtherstellung: Passavia Passau. Umschlag: Günther Oberhauser, München.

Vorwort

Vor sieben Jahren machte mir Paul-André Lesort einen Vorschlag: Es ging um die Erarbeitung eines handlichen Nachschlagewerks, in dem der Leser des Neuen Testaments Antworten auf seine Fragen finden könnte. Der Vorschlag reizte und schreckte mich zugleich. Genügte die Erfahrung mit dem früher erschienenen *Wörterbuch zur Biblischen Botschaft* nicht? Doch der Anwalt der Leser drängte so sehr, daß ich mich entschloß, ans Werk zu gehen und mich auf das Wagnis einzulassen: Würde der Leser des Neuen Testaments auf diesem Wege leicht die Antwort auf die ersten, vom Text aufgeworfenen Fragen finden können?

Das *Neue Testament,* der Forschungsbereich, dem sich dieses Wörterbuch widmet, bildet ein literarisches Ganzes, das im Verlauf von nur etwa fünfzig Jahren entstanden ist; in einem Zeitraum also, der kurz genug ist, um diese Sammlung als ziemlich einheitliches Begriffsgeflecht betrachten zu können. Die Schwierigkeit und zugleich der Reiz liegen darin, daß das Neue Testament zu zwei verschiedenen Kulturkreisen gehört: dem der Semiten und dem der Griechen. Darum versuchen wir, die Beziehung zwischen diesen beiden – dem Geiste nach unterschiedlichen – Schichten aufzuzeigen. Und, weil wir eine moderne Sprache – die auf der Übersetzung aus dem Griechischen beruht – interpretieren, versuchen wir darüber hinaus, den Abstand zu ermessen, der den Geist des zwanzigsten Jahrhunderts von dem des ersten Jahrhunderts trennt. Wir bilden uns keinesfalls ein, dieser breite Graben könne zugeschüttet werden, denn man kann sich nicht an die Stelle der ersten Christen zurückversetzen. Es geht uns vielmehr um die beiderseitige Standortbestimmung, und das ist ja eine Grundbedingung gesunden Textverständnisses.

Vor dem eigentlichen Wörterbuch steht eine von Paul-André Lesort entworfene *Einleitung,* wie man sie in einem solchen Werk sonst nicht findet. Sie verfolgt zwei Ziele. Zunächst will sie den Leser in den im Neuen Testament vorausgesetzten Hintergrund einführen. Das Neue Testament setzt in seinem Text viele Tatsachen einfach deswegen als bekannt voraus, weil sie zur damaligen Umwelt gehörten: Das Land und die Menschen, die zurückliegende Geschichte, die mediterrane Welt und das kulturelle Erbe, die vielfältigen Aspekte des politischen, wirtschaftlichen, häuslichen, kulturellen Lebens, schließlich die religiösen Strömungen und den Glauben Israels. Die Kenntnis all dieser Daten, die im Neuen Testament meist nicht ausdrücklich erklärt werden, ist für den Leser unentbehrlich. Ohne diesen Hintergrund schwebt das Neue Testament in einem der Welt menschlicher Wesen entrückten Raum.

Das zweite Ziel, das sich die *Einleitung* steckt, besteht darin, die über das ganze Wörterbuch verstreuten Einzelangaben zu einem Thema an einer Stelle zusammenzufassen. Jedes Wörterbuch leidet ja schließlich an einem durch die Eigenart des Werks bedingten Mangel: Ein Wörterbuch besteht aus einer Sammlung von alphabetisch geordneten Begriffen; die Artikel zielen zwar darauf, den Sinn der Worte zu erschließen, doch weil die Worte selbst unverbunden nacheinander folgen, ist es oft schwer, die Zusammenhänge, die zwischen ihnen bestehen, zu entdecken. Im folgenden Wörterbuch erscheinen jeweils nach dem Text Verweispfeile, die den Leser auffordern, eine Reihe von Begriffen zu einer Gruppe zusammenzufassen; doch eine Synthese läßt sich auf diese Weise nicht immer leicht herstellen. Darum bemüht sich die *Einleitung* um eine Zusammenschau der verschiedenen, über das Wörterbuch hin verstreuten Aspekte ein und desselben Gegenstandes. Etwa: Die Hochzeitsbräuche zur Zeit Jesu oder die unterschiedlichen sozialen Schichten oder auch das kulturelle Leben. Darum verweisen die Worterklärungen auch oftmals zurück auf die *Einleitung,* damit der Leser die entsprechende Einzelangabe ergänzt oder sie in einem zusammenfassenden Überblick richtig einordnen kann.

Das *Wörterbuch* selbst bedarf eines rechtfertigenden Wortes. Zunächst zur Auswahl der Wörter. Wir schätzen, daß wir von den etwa 5500 griechischen Wörtern des Neuen Testaments *all* die Begriffe (mehr als tausend) aufgenommen haben, die einer Erklärung bedürfen, zu welchem Sachbereich immer sie auch gehören mögen: zum historisch-geographischen, archäologischen, literarischen oder theologischen. Es handelt sich also um ein echtes *Wörterbuch,* das unter den genannten Voraussetzungen vollständig ist. Auf die meisten Personen- und Ortsnamen, die nur einmal vorkommen und für das Verständnis des Textes unerheblich sind, haben wir verzichtet. In vielen Fällen haben wir uns bei der Wiedergabe für ein Wort entschieden, das in der heutigen Sprache, im Umgangsdeutsch also, eher gebraucht wird als das andere. In diesen Fällen erscheint der gesuchte Begriff nur mit einem auf das gewählte Wort verweisenden Pfeil. In jedem Fall aber haben wir uns bemüht, das im Neuen Testament verwendete griechische Wort anzugeben und unter Umständen auch das hebräische Wort aus dem Alten Testament; gelegentlich wird auf die Etymologie verschiedener Worte hingewiesen.

Gewöhnlich werden die Worte nach ihren eigenen Sinnabstufungen erschlossen; denn es ist wichtig, die Verwirrungen auszuräumen, die durch nahe Wortverwandtschaften oft entstehen. Das wird etwa bei den folgenden Wortketten deutlich: Geduld – Glaube – Hoffnung – Standhaftigkeit – Treue – Verfolgung – Vertrauen. – Oder: Herrlichkeit – Hochmut – Ruhm – Stolz – Vertrauen – Zuversicht. – Eifersucht – Neid. – Agonie – Furcht – Sorge – Todesangst.

In manchen Fällen haben wir, um die Zahl der *Einzelbegriffe* nicht übermäßig zu erhöhen und die Gesamtübersicht zu gewährleisten, thematische *Gruppierungen* vorgenommen. Etwa bei den Edelsteinen, den Lastern, den Stoffen, den Tieren, den Tugenden usw.

Manchmal deckt das deutsche Wort mehrere griechische oder hebräische Wörter ab; ihr *Doppelsinn* kommt zum Vorschein. Dies gilt etwa für die Begriffe: Abgrund, neu, Torheit, Totenwelt, Verleumdung, »Zeitalter«...

Schließlich sollen nicht wenige Stichwörter dem Leser auf verschiedenen Gebieten *Auskunft* geben. Im historischen Bereich handelt es sich um vielfältige Begriffe, etwa: Adoption, Anathema, Apostelkonzil in Jerusalem, Chronologie, Freilassung, Hauptmann, Kollekte, Präfekt, Provinz, Statthalter – viele Begriffe, deren Bedeutung man kaum im Gedächtnis behält. Ich lasse hier die Stichwörter, die sich auf Orte und Personen beziehen, beiseite und mache dafür auf die vielen Auskünfte aus dem Sachgebiet der Archäologie aufmerksam; etwa: Agora, Erz, Bronze, Spiegel, Nag Hammadi oder Qumran. Auch die Grundbegriffe der exegetischen Wissenschaft fehlen nicht; z.B. literarische Gattung, Kritik, literarische Einheit, Agrapha, Apokryphen, Kanon der Heiligen Schrift, deuterokanonische Schriften, Gleichnis und Allegorie, Struktur. Für einige heikle Begriffe wie etwa Ewigkeit, Zeit, Ende der Welt, Mythos, Prädestination, haben wir sogar versucht, ihre Entsprechung in der modernen Sprache zu bestimmen. Schließlich waren notwendigerweise einige Schneisen in den Wald der Theologie über Gott, Christus, die Engel, die Erlösung samt all den damit verbundenen Begriffen zu schlagen.

Die Artikel enthalten zweierlei Angaben: zunächst einen fortlaufenden Text, dann eine Reihe von Stellenverweisen. Für eine rasche Auskunft mag man sich mit dem Text begnügen; wer jedoch tiefer in den angedeuteten Wortsinn eindringen will, mag sich auf die reichlich angeführten Stellenverweise verlassen; die Rückverweise auf das Alte Testament lassen ihn die Dichtheit eines Wortes und seine Verwurzelung in der biblischen Tradition entdecken, oder aber er wird eine Begründung beziehungsweise Ergänzung der knappen Angaben des Textes finden.

Der Leser kann unermüdlich in diesem Buch blättern; er kann sich auch darauf beschränken, den Sinn eines schwierigen Wortes, das ihm im Neuen Testament begegnet ist, zu klären; er kann sich aber auch mutig auf das Spiel der Pfeile einlassen, die ihn gewiß weit über das hinaus führen werden, was er ursprünglich suchen wollte. Tafeln und Karten (die wir größtenteils Bernard Lagaillarde verdanken) erleichtern den Überblick über die Sammlung der biblischen Bücher, der Apokryphen, der Tageseinteilung...

Wollte man das begonnene Werk zu einem guten Ende führen, mußte man sich vor einigen Klippen hüten. So mußte etwa vermieden werden, daß die Artikel zu langen, die biblischen Texte konkordanzartig aneinanderreihenden Sätzen ausarteten. Der Sinn der Artikel besteht ja nicht darin, etwa die Geschichte der Stadt Cäsarea oder die des Petrus, so wie sie im Neuen Testament beschrieben wird, zu schildern, sondern dem Leser zu helfen, der eine Auskunft über die Hintergründe eines Textes sucht. In der *Einleitung* ergab sich die Möglichkeit, die Hauptmotive einer alttestamentlichen Theologie oder die geistige Situation der Juden zur Zeit Jesu zu skizzieren. So konnte ein abgerundetes, wenn auch nicht erschöpfendes Werk entstehen, das alle Grundkenntnisse vermittelt, die der Leser des Neuen Testaments braucht.

Für die Vollendung dieses Werks reichte die Kraft eines Einzelnen nicht aus; es bedurfte der Hilfe und Unterstützung vieler. Mein Dank gilt all meinen Helfern. Zunächst Jacqueline Thevenet, die eine Erstfassung der Artikel für Orte und Personen sowie für einen Großteil der Gattungsnamen erstellte. Dann sind jene zu nennen, die die verschiedenen Elemente der *Einleitung* sammelten: Jean-Pierre Berger für den römischen und hellenistischen Bereich; Michel Sales und Bernard Corbin für den Bereich des Judentums. Dennoch blieb eine unermeßliche Arbeit zu tun, die mehr als drei Jahre in Anspruch nahm. Danach überarbeitete Renza Arrighi die Entwürfe der Artikel und sammelte weitere, die *Einleitung* ergänzende Unterlagen. Ich erwähne diese Einzelheiten, um klarzumachen, daß ich selbst neben der Erstellung der theologischen Artikel, die mir von Anfang an zugefallen waren, auch das Gesamtwerk überarbeiten und vereinheitlichen mußte.

Darum übernehme ich die ganze Verantwortung für dieses *Wörterbuch*. Ich will die vielen Anregungen, die ich von Paul-André Lesort und Jean-Pie Lapierre erhielt, nicht noch einmal erwähnen, sondern auf zwei Spezialisten hohen Ranges verweisen: Charles Morel wachte über die Sicherheit der Etymologien und Joseph Trinquet las mit gegründeter Kompetenz, Geduld und Genauigkeitssinn den ganzen Text. Und schließlich bedanke ich mich im voraus bei den Lesern, die mir helfen werden, dieses Werk zu verbessern, das gewissenhaft und mutig erarbeitet wurde in der Hoffnung, ihnen damit einen Dienst zu leisten.

Lyon–Paris, September 1968 – August 1975   X. L.-D.

Abkürzungen der biblischen Bücher

Am	Das Buch Amos
Apg	Die Apostelgeschichte
Bar	Das Buch Baruch
1 Chr	Das erste Buch der Chronik
2 Chr	Das zweite Buch der Chronik
Dan	Das Buch Daniel
Dtn	Das Buch Deuteronomium (5 Mose)
Eph	Der Brief an die Epheser
Esra	Das Buch Esra
Est	Das Buch Ester
Ex	Das Buch Exodus (2 Mose)
Ez	Das Buch Ezechiel
Gal	Der Brief an die Galater
Gen	Das Buch Genesis (1 Mose)
Hab	Das Buch Habakuk
Hag	Das Buch Haggai
Hebr	Der Brief an die Hebräer
Hld	Das Hohelied
Hos	Das Buch Hosea
Ijob	Das Buch Ijob
Jak	Der Brief des Jakobus
Jdt	Das Buch Judit
Jer	Das Buch Jeremia
Jes	Das Buch Jesaja
Joël	Das Buch Joël
Joh	Das Evangelium nach Johannes
1 Joh	Der erste Brief des Johannes
2 Joh	Der zweite Brief des Johannes
3 Joh	Der dritte Brief des Johannes
Jona	Das Buch Jona
Jos	Das Buch Josua
Jud	Der Brief des Judas
Klgl	Die Klagelieder
Koh	Das Buch Kohelet (Pred = Der Prediger Salomo)
Kol	Der Brief an die Kolosser
1 Kön	Das erste Buch der Könige
2 Kön	Das zweite Buch der Könige
1 Kor	Der erste Brief an die Korinther
2 Kor	Der zweite Brief an die Korinther
Lk	Das Evangelium nach Lukas
Lev	Das Buch Levitikus (3 Mose)

1 Makk	Das erste Buch der Makkabäer
2 Makk	Das zweite Buch der Makkabäer
Mal	Das Buch Maleachi
Mi	Das Buch Micha
Mk	Das Evangelium nach Markus
Mt	Das Evangelium nach Mattäus
Nah	Das Buch Nahum
Neh	Das Buch Nehemia
Num	Das Buch Numeri (4 Mose)
Obd	Das Buch Obadja
Offb	Die Offenbarung des Johannes
1 Petr	Der erste Brief des Petrus
2 Petr	Der zweite Brief des Petrus
Phil	Der Brief an die Philipper
Phlm	Der Brief an Philemon
Ps	Das Buch der Psalmen
Ri	Das Buch der Richter
Röm	Der Brief an die Römer
Rut	Das Buch Rut
Sach	Das Buch Sacharja
1 Sam	Das erste Buch Samuel
2 Sam	Das zweite Buch Samuel
Sir	Das Buch Jesus Sirach
Spr	Das Buch der Sprichwörter
1 Thess	Der erste Brief an die Thessalonicher
2 Thess	Der zweite Brief an die Thessalonicher
1 Tim	Der erste Brief an Timotheus
2 Tim	Der zweite Brief an Timotheus
Tit	Der Brief an Titus
Tob	Das Buch Tobit (= das Buch Tobias)
Weish	Das Buch der Weisheit
Zef	Das Buch Zefanja

Allgemeine Abkürzungen

aram.	aramäisch
AT	Altes Testament
atl.	alttestamentlich
Chr.	Christus
d.h.	das heißt
Einl.	Einleitung
f	folgender Vers

g	Gramm
gr.	griechisch
hebr.	hebräisch
Jh.	Jahrhundert
Kap.	Kapitel
lat.	lateinisch
NT	Neues Testament
ntl.	neutestamentlich
s.	siehe
usw.	und so weiter
v.	vor
vgl.	vergleiche
V./Vv.	Vers/Verse
z. B.	zum Beispiel

Beispiele für die Stellenverweise

Mt 5, 7	Das Evangelium nach Mattäus, Kapitel 5, Vers 7.
Mt 5, 7f	Das Evangelium nach Mattäus, Kapitel 5, Verse 7 und 8.
Mt 5, 7–10	Das Evangelium nach Mattäus, Kapitel 5, Verse 7, 8, 9, 10.
Mt 5, 7–6, 9	Das Evangelium nach Mattäus, vom Kapitel 5, Vers 7 bis Kapitel 6, Vers 9 einschließlich.
Mt 5, 7. 15	Das Evangelium nach Mattäus, Kapitel 5, Verse 7 und 15.
Mt 5, 7; 8, 9	Das Evangelium nach Mattäus, Kapitel 5, Vers 7 und Kapitel 8, Vers 9.

Zeichenerklärung

*	Das folgende Wort steht im Wörterbuch als Stichwort.
→	Verweis entweder auf Stichwörter oder auf Abschnitte in der Einleitung, die die Darstellung in Gesamtzusammenhang bringen oder sie ergänzen.
□	zeigt, daß alle ntl. Stellen angeführt sind, an denen das Stichwort vorkommt.
△	zeigt, daß alle ntl. Stellen angeführt sind, an denen das mit dem entsprechenden Fußnotenverweis gekennzeichnete Wort vorkommt.
[ ]	Eckige Klammern bezeichnen ein Wort, das im Text des NT nicht vorkommt.
=	bezeichnet die parallelen Texte der Evangelien.
( )	Die in den Stellenverweisen so gekennzeichneten Texte des NT finden sich nicht in allen Handschriften.

Tafeln und Karten

Apokryphen des Alten Testaments 94
Die drei Bibeln des Alten Testaments 63
Die Familie des Herodes 217
Die Hohepriester 24
Jahre (Zeitrechnung) 250
Jerusalem (Karte 1) 467
Römische Kaiser 24
Könige und Statthalter in Palästina 24
Legaten in Syrien 24
Maße (Längen- und Hohlmaße) 296
Münzen 307
Palästina zur Zeit des Neuen Testaments (Karte 4) 470
Paulus: Chronologie 468
Paulus: Reisen (Karte 2 und Karte 3) 469
Tageseinteilung 387

Transkription des griechischen Alphabets

α	Alpha	a
β	Beta	b
γ	Gamma	g
δ	Delta	d
ε	Epsilon	e
ζ	Zeta	z (= ds)
η	Eta	ē
ϑ	Theta	th
ι	Jota	i
ϰ	Kappa	k
λ	Lambda	l
μ	My	m
ν	Ny	n
ξ	Xi	x
ο	Omikron	o
π	Pi	p
ϱ	Rho	r (rh)
σ, ς	Sigma	s
τ	Tau	t
υ	Ypsilon	y (u)
φ	Phi	ph
χ	Chi	ch
ψ	Psi	ps
ω	Omega	ō
ʽ	(Spiritus asper)	h

Transkription des hebräischen Alphabets

א	'Alef	'
ב	Bet	b
ג	Gimel	g
ד	Dalet	d
ה	He	h
ו	Waw	w
ז	Zajin	z
ח	Ḥet	ḥ (= ch)
ט	Ṭet	ṭ
י	Ịod	j
כ	Kaf	k
ל	Lamed	l
מ	Mem	m
נ	Nun	n
ס	Samek	s
ע	'Ajin	'
פ	Pe	p (ph)
צ	Tsade	ṣ (= ts)
ק	Qof	q
ר	Resch	r
שׂ	Sin	ś
שׁ	Schin	š (= sch)
ת	Taw	t

Vokale:

ָ	(Qamets)	ā
ַ	(Patach)	a
ֵ	(Tsere)	ē
ֶ	(Segol)	e
ְ	(Schwa)	ᵉ
ִ	(Ḥireq)	i (ī)
ֹ	(Ḥolem)	o (ō)
ֻ	(Schureq)	u (ū)

Inhaltsübersicht zur Einleitung

I. Die historische Situation

1. Vor der Zeit Jesu 19
2. Jesus von Nazareth 20
3. Die Urgemeinde 21
4. Paulus 22
5. Ausbreitung 23

II. Das Land

1. Judäa 25
2. Der Boden 25
3. Morphologie 25
4. Klima 26
   A. Jahreszeiten 26
   B. Regen und Winde 26
   C. Temperaturen 26
5. Die Vegetation 26
6. Tier 27

III. Die Menschen

1. Eingeborene 27
2. Bevölkerung 27
   A. Hebräer 27
   B. Israel 28
   C. Judäer und Juden 28
   D. Galiläer 28
   E. Samariter 28
   F. Idumäer 28
   G. Kanaaniter, Griechen, Römer 28
   H. Christen 29
3. Die Diaspora 29

IV. Der Mittelmeerraum

1. Die historische Situation 30
2. Die politische Situation 30
   A. Der Kaiser 30
   B. Die Provinzen 31
      a. senatorische *31*– b. kaiserliche *31* – c. lokale Gremien *31*
   C. Städte und Gemeinwesen 31

15

3. Die wirtschaftliche Lage 32
   A. Pax romana 32
   B. Wasserstraßen 32
   C. Landwege 33
4. Die soziale Lage 33
   A. Oberschicht und Ritterstand 33
   B. Volk und Bürger 33
   C. Freigelassene 34
   D. Sklaven 34
5. Die kulturelle Situation 34
6. Die religiöse Situation 34
   A. Kult Roms 34
   B. Orientalische Religionen 35
   C. Philosophische Mysterien 35
   D. Astrologie und Magie 36
   E. Die Juden 36
7. Die Ausbreitung des christlichen Glaubens 37

V. Das kulturelle Erbe

1. Kosmologie 38
2. Anthropologie 39
3. Sprachen 39
   A. Aramäisch 39
   B. Hebräisch 39
   C. Griechisch 40

VI. Politik und Recht

1. Personenstand 41
   A. Die Juden 41
   B. Die seßhaften Fremden 41
   C. Die Sklaven 41
2. Verwaltung 42
3. Finanzen 42
   A. Bürgerliche Steuern 42
   B. Religiöse Steuern 43
4. Recht und Rechtssprechung 43
   A. Die Behörden 43
   a. Der Hohe Rat *43* – b. Die anderen Gerichtshöfe *44*
   B. Bürgerliches Recht 44
   a. Personenrecht *44* – b. Eherecht *44* – c. Erbrecht *44* – d. Schadenersatz und Zinsen, Schulden *44*
   C. Das Strafrecht 44
   a. Ausübung *44* – b. Vergehen und Strafmaße *45* – c. Die Todesstrafe *45*

VII. Wirtschaft

1. Bodenbeschaffenheit 45
   A. Landwirtschaft 45
   B. Die Herden und die Fischerei 46
   C. Die Bodenschätze 46
2. Gewerbe 46
3. Handel 47
4. Reiche und Arme 47

VIII. Haus und Familie

1. Der Rahmen 48
   A. Das jüdische Haus 48
   B. Die Kleidung 49
   C. Körperpflege 49
      a. Reinlichkeit 49 – b. Duftstoffe 49 – c. Haarpflege 49
   D. Ernährung 49
      a. Bodenprodukte 49 – b. Küche 50
2. Das Familienleben 50
   A. Die Familie und die Außenstehenden 50
   B. Das Heim und seine Gründung 50
      a. Die Ehe 50 – b. Der Mann 51 – c. Die Frau 51 – d. Das Ehepaar 51 – e. Die Witwe 52
   C. Die Lebensalter 52
      a. Die Geburt 52 – b. Die Töchter 52 – c. Die Söhne 52 – d. Die Erwachsenen 53 – e. Alter 53
   D. Krankheit und Tod 53

IX. Das kulturelle Leben

1. Die Überlieferung 54
2. Die Erziehung 54
3. Die Schrift und die Nachrichtenwege 55
4. Die Wissenschaft 55
5. Die Künste 56
6. Musik 56
7. Tanz 56
8. Theater und Unterhaltung 57
9. Die griechische Kultur 57

X. Der Glaube Israels

1. Der Bund 57
2. Gott 58
3. Das Volk 58

XI. Die religiösen Strömungen

1. Die Sadduzäer 59
2. Die Pharisäer 59
3. Die Essener 61
4. Die Zeloten 61
5. Das Volk des Landes und die Bruderschaften 61

XII. Die heiligen Schriften und das Wort Gottes

1. Das Gesetz und die Gegenwart Israels 63
   - A. Die Tora 63
   - B. Die Überlieferung der Alten 64
   - C. Die Gesetzeshüter 65
2. Israel und die messianische Erwartung 66
   - A. Prophetie und Apokalyptik 66
   - B. Der Anbruch des Gottesreiches 67
   - C. Der Messias 67
3. Die weisheitliche Tradition und die Vergegenwärtigung der Offenbarung 68

XIII. Der Kult

1. Die Kultorte 69
   - A. Der Tempel und sein Personal 69
   - B. Die Synagogen 70
2. Kultische Handlungen 70
   - A. Die Opfer 70
   - B. Das Gebet 71
     a. Das tägliche Gebet 71 – b. Der wöchentliche Sabbat 71
3. Der liturgische Jahreszyklus 72

XIV. Das sittliche Leben

1. Das Gesetz Gottes 72
   - A. Die Reinheitsgesetze 72
   - B. Der Nächste 73
   - C. Äußerliches Gesetz und innerliches Gesetz .. 73
2. Die Gesetzespraxis 74
   - A. Die Freiheit des Menschen und das Gericht Gottes 74
   - B. Sünde, Sühne und Umkehr 74

XV. Das Neue Testament

1. Der Text 75
2. Die Bücher und das Buch 75
3. Über die Auslegung 76

Einleitung

I. DIE HISTORISCHE SITUATION

Die biblischen Texte bieten dem Historiker, der sie kritisch erforscht, genügend Anhaltspunkte, mit deren Hilfe er die Hauptetappen der ihnen zugrundeliegenden Geschichte feststellen kann. Einige der so gewonnenen Ergebnisse werden zudem durch außerbiblische Dokumente bestätigt. Unabhängig davon, ob man die festgestellten Ereignisse mit den Augen des Glaubens interpretiert oder nicht, kann folgendes als gesichert gelten:

1. Vor der Zeit Jesu

A. Im Jahr 63 v. Chr. wurde Palästina von den Römern besetzt; seitdem gehörte es zum Römischen Reich. *Herodes der Große (40–4 v. Chr.) und seine Nachkommen (*Archelaus, Antipas und *Philippus, später *Herodes Agrippa) sind nur Vasallen und verfügen als solche über eine ungesicherte, eher fiktive Macht. Schon im 8. Jh. v. Chr. hatte das Volk Israel seine nationale Unabhängigkeit verloren. Das frühere israelitische Reich, in zwei Staaten geteilt (den Norden und den Süden), wurde durch eine assyrische (721 v. Chr.) und eine babylonische (587 v. Chr.) Invasion vernichtet. Das Volk wurde deportiert und lebte im *Exil bis zum Sieg des Perserkönigs Kyrus, der die Rückkehr erlaubte (538 v. Chr.). Doch die Rückkehrer blieben unter persischer Herrschaft. Als Alexander der Große (332 v. Chr.) das persische Reich eroberte, kamen sie unter seine Herrschaft und unter die seiner Nachfolger, der Seleukiden. Nicht alle Juden kehrten in die Heimat zurück. Diejenigen, die im Ausland blieben, bildeten im ganzen Mittelmeerraum die ersten Keimzellen der jüdischen *Diaspora.

B. Wenn man vom *Judentum spricht, so ist damit das religiöse und kulturelle Milieu gemeint, in dem die Juden in nachexilischer Zeit (nach 538 v. Chr.) lebten. Charakteristisch ist der Widerstand gegen jeden Einfluß anderer Kulturen, die das Judentum hätten absorbieren oder verfälschen können. Das religiöse Erbe und die ursprüngliche Tradition des Volkes wurden eifersüchtig und in peinlich genauer Beobachtung bewahrt. Einiges, was an Fremdem eingebracht wurde, diente allerhöchstens der Ausschmückung, man übernahm es ohne größeren Nachteil für die Reinheit des Glaubens und die traditionelle Denkweise.

C. Während dieser bemerkenswerten geistigen Entwicklung gibt es eine ruhmvolle Episode: die Kriege der Makkabäer (167–164 v. Chr.). Der syrische König *Antiochus Epiphanes (175–164 v. Chr.) versuchte, die jüdische Religion auszulöschen und das Volk zur Übernahme der griechischen Sitten zu zwingen. Der Sieg der *Makkabäer ist zugleich der Sieg des jüdischen

Gesetzes; in der Folge wurde die Trennung zwischen den Juden und ihren heidnischen Nachbarn noch stärker betont. Unter den Hasmonäern, den Nachkommen der Makkabäer, gelang es Israel sogar, in den Jahren 142–63 v. Chr. seine nationale Unabhängigkeit noch einmal zu erlangen. Diese Selbständigkeit endete (63 v. Chr.), als *Pompejus Syrien erobert und dem Römischen Reich eingegliedert hatte, wodurch auch Jerusalem in seine Macht kam. Er bestellte den hasmonäischen Fürsten Hyrkanus II. zum Hohenpriester und »Ethnarchen« (63–40 v. Chr.). Doch die tatsächliche Regierungsmacht übte sein idumäischer Minister Antipater aus, der seinem Sohn Herodes den Weg ebnete.

D. *Herodes der Große wurde mit Roms Hilfe im Jahr 40 v. Chr. »König der Juden«. Er war auf römische Unterstützung angewiesen, denn seiner nichtjüdischen Abstammung wegen konnte er die Anerkennung durch die Juden schwerlich erringen. Auch nach seinem Tod (4 v. Chr.) konnten seine Söhne die ihnen testamentarisch zugedachte Herrschaft nur mit Hilfe des Kaisers *Augustus antreten: Archelaus (4 v.–6 n. Chr.) erhielt *Judäa, Idumäa und *Samarien; *Herodes Antipas (4 v.–39 n. Chr.) *Galiläa und Peräa; *Philippus (4 v.–34 n. Chr.) Gaulanitis, *Ituräa und *Trachonitis. Obgleich man sie in Palästina weiterhin als Könige betitelte, hatte Archelaus den Titel des *Ethnarchen und die beiden anderen den des *Tetrarchen. *Herodes Agrippa I., dem Enkel Herodes des Großen, gelang es in den Jahren 37–41 n. Chr., das frühere Gebiet wieder zu vereinen. Doch nach seinem Tod im Jahr 44 n. Chr. hatten in Palästina nur noch die Beamten des Kaisers das Sagen.

E. Ein paarmal kam es zu Aufständen gegen die römische Herrschaft, durch *Theudas (wahrscheinlich kurz nach dem Tod Herodes des Großen im Jahr 4 v. Chr.), Judas den Galiläer (aus Anlaß der *Volkszählung des Quirinius 6–7 n. Chr.), dann die Revolten während der Regierungen des Fadus (um 44 n. Chr.), Cumanus (48–52 n. Chr.), *Felix (52–60 n. Chr.). Den heftigsten Aufstand verursachte die zelotische Bewegung im Jahr 66 n. Chr. Damals wurde in Jerusalem eine aufständische Regierung eingesetzt. Der »Jüdische Krieg« dauerte vier Jahre. Er endete, nach erbittertem Widerstand, mit der Zerstörung Jerusalems und des Tempels durch die Legionen des *Titus im Jahr 70 n. Chr. und mit der Zerstreuung der Juden in der Welt.

2. Jesus von Nazaret

Jesus von Nazaret ist keine mythische Gestalt. Er lebte, topographisch gesehen, in Palästina, näherhin in Galiläa. Auch für die Chronologie gibt es einige Anhaltspunkte: Er wurde im 15. Jahr der Regierung des Kaisers Tiberius von Johannes getauft (Lk 3, 1), in dem *Jahr also, das dem 1. Oktober 27 (oder dem 19. August 28) folgte. Johannes trat wie ein *Prophet auf. Sein Wirken fand großen Widerhall und weckte eine eigentümliche Bewegung, die auf die *Umkehr zu Gott im Blick auf sein nahe bevorstehendes Kommen und sein

Gericht hinzielte. Johannes wirkte in der Judäischen Wüste, nicht weit von Jerusalem. Er taufte im Jordan, in *Betanien, einer Ortschaft, die man gern mit Änon identifiziert. Jesus hat sein eigenes Wirken wohl im Ausstrahlungskreis dieses großen Propheten begonnen (Joh 3, 22). Einen anderen, wesentlicheren Anhaltspunkt für die Geschichte *Jesu bildet sein Tod auf *Golgota. Er starb mit Sicherheit an einem Freitag, sehr wahrscheinlich am Vorabend des Paschafestes, am 14. oder 15. des Monats *Nisan. Die wahrscheinlichsten Daten sind 7. April 30 oder 3. April 33.

In der Zeitspanne zwischen seiner Taufe durch Johannes und seinem gewaltsamen Tod zieht Jesus durch Galiläa und Judäa und fordert seine Zeitgenossen auf, sich auf das nahe bevorstehende Anbrechen des *Reiches Gottes vorzubereiten. Durch seine *Wunder und sein Wort weckt er eine messianische Begeisterung, die in einen politischen Aufstand auszuarten droht. Doch Jesus will nur in die Herzen einiger Jünger den Samen säen, der, indem er aufgeht, die Schranken sprengt, hinter denen sich die religiösen Führer von damals verschanzt hatten. Er verkündigt die frohe Botschaft der Liebe, die wie im Himmel, so auf Erden herrschen soll.

Das hat sich nicht ganz ohne die Aufmerksamkeit der damaligen Historiker abgespielt. So erwähnt Josephus in einem Text, dessen Originalform sich trotz der von christlichen Schreibern vorgenommenen Änderungen rekonstruieren läßt, nicht nur den Erfolg, den Jesus hatte, und seine Verurteilung zum Kreuzestod durch Pilatus, sondern auch die Tatsache, daß seine Jünger nicht aufhörten, ihn zu lieben, weil »er ihnen nach seinem Tod lebend erschienen ist« (*Jüdische Altertümer* XVIII, 3. 3). Tatsächlich steht die Haltung der Jünger nach den Osterereignissen in einem grundsätzlichen Gegensatz zu ihrer Mutlosigkeit nach dem Tod Jesu.

3. Die Urgemeinde

Die erste christliche Gemeinde ist *aus dem Osterglauben geboren*. Der Historiker findet am Anfang dieses Glaubens kein Anzeichen einer Massensuggestion oder mythischer Nutzfabeln, sondern die nüchterne Aussage der bevorzugten *Zeugen. Sie erklären diesen gekreuzigten Jesus, nach dessen Tod die Jünger ratlos und voll Furcht gewesen waren, für den *Herrn, der in Ewigkeit lebt.

A. Die erste Gemeinde ist *judenchristlich*, d. h., alle, die zu ihr gehören, sind Juden. Die *Predigt der Apostel in Jerusalem erreichte die *aramäisch sprechenden Einwohner, die sich streng an das Gesetz des Mose hielten, im Nu; aber sie ergriff auch die aus der *Diaspora stammenden Juden, die griechisch sprachen und die man *Hellenisten nannte.
Die Gemeinde entwickelt sich um ein Zentrum, *die Gruppe der *Zwölf*, die Zeugen des Auferstandenen sind. *Petrus genießt besonderes Ansehen. Unter den Jüngern der ersten Stunde sind auch die *Brüder des Herrn (1 Kor 9, 5; Gal 1, 19), seine Verwandten im weiteren Sinn des Wortes, die sich seinem Wirken anfänglich widersetzten. Man verehrt sie als nahe Verwandte Jesu.

Die Gläubigen halten an demselben Glauben fest, doch ihre Haltung unterscheidet sich, je nach der Umgebung, in der sie leben. Die *Hebräer* haben nicht das Gefühl, sich vom *Judentum zu trennen, sie beachten weiterhin seine Gesetze und Gebetsvorschriften. Sie bilden eine Gruppe um *Jakobus, den einflußreichsten der »Brüder des Herrn«. Die *Hellenisten* dagegen, deren Anführer *Stephanus ist, kritisieren die Überbewertung des jüdischen Kultes und setzen sich für seine Spiritualisierung ein. Zwischen den beiden Gruppen herrschte wohl eine gewisse Spannung; der an sich banale Streit um den Dienst an den *Tischen könnte darauf hinweisen (Apg 6, 1–6).

B. Der Auftritt des Stephanus gegen den Tempel (Apg 7) bringt die schwelende *Verfolgung* der neuen Sekte durch die jüdische religiöse Autorität zum Ausbruch (Apg 24, 5; 28, 22). Zuerst müssen die Hellenisten Jerusalem verlassen, dann Petrus und möglicherweise auch die Zwölf. Diese Versprengung bedeutet den Anfang der christlichen Mission. Sie gilt zunächst den Juden: um 34–36 n. Chr. in *Samarien, und später in verschiedenen Städten Judäas und Galiläas. Die Apostel senden Petrus und Johannes aus Jerusalem, um das begonnene Werk zu beglaubigen, indem sie den Heiligen Geist auf die Neubekehrten herabrufen. Doch der entscheidende Schritt ist noch nicht getan, nämlich die Aufnahme gebürtiger Heiden in die christliche Gemeinde.

C. Während einer pastoralen Rundreise begreift Petrus, daß den *Heiden dieselbe Gabe Gottes gewährt ist (Apg 10, 1–48; 11, 4–18). Er setzt sich mit dieser Auffassung bei der Jerusalemer Gruppe durch. Die Ausbreitung erreicht ein neues Stadium: Phönikien, *Zypern, dann auch *Antiochia (Apg 11, 19). In dieser Stadt wird die junge Sekte, frei vom jüdischen Druck, mündig; dort nennt man die Jünger Jesu zum erstenmal »*Christen« (Apg 11, 26). Es wird auch berichtet, daß man dort Gottesdienst zu Ehren des Herrn hielt (Apg 13, 2).
Nun hat die Urgemeinde zwei Angelpunkte: Jerusalem und Antiochia. Eine Spannung entsteht: die »Konservativen«, die *Judaisten* von Jerusalem, versuchen, um des Heiles willen, den bekehrten Heiden die *Beschneidung aufzuzwingen. Um diesen Konflikt zu bereinigen, kommt es im Jahr 48 in Jerusalem zu einer Versammlung, die man als erstes »*Konzil« bezeichnen könnte. Es ist zwar die Mutterkirche, die entscheidet, doch sie entscheidet zugunsten der Katholizität: die bekehrten Heiden werden nicht zur Befolgung des Gesetzes des Mose verpflichtet (Gal 2, 1–10), sie sollen lediglich geringere jüdische Satzungen beachten (Apg 15, 23–29). Diese Öffnung schadet der *Tradition nicht, ihre Richtigkeit ist durch die vervielfältigten lebendigen Kontakte gesichert; die *Kollekte ist fühlbares Zeichen der Einheit der Kirchen (Apg 11, 28–30; 1 Kor 16, 1–4). Auf jeden Fall gibt es nun viele und starke Kirchen.

4. Paulus

*Paulus aus Tarsus ist der wichtigste Mitstreiter in diesem Bemühen um die Verbreitung des Evangeliums und des radikalen Universalismus. Vor seiner

Begegnung mit Christus war er ein musterhafter Jude, ein Verfolger der Christen. In seinen drei Missionsreisen zwischen den Jahren 48 und 60 erreichte er *Asien, *Makedonien und *Griechenland. Als Gefangener lernte er die Inseln *Kreta und Malta kennen, schließlich gelangte er nach Rom. Zusammen mit seinen Mitarbeitern gründete er viele Ortskirchen. Diese Kirchen halten untereinander Verbindung, sie haben eine Ordnung: der Gründer-Apostel hält Kontakt mit ihnen; im allgemeinen sind die *Ältesten, die man durch *Handauflegung einsetzt, ihre Vorsteher. *Ephesus und *Rom werden nacheinander zu Angelpunkten der gesamten Kirche. Mehr als irgendein anderer hatte sich Paulus mit dem Problem der jüdischen Satzungen auseinanderzusetzen: heftig reagiert er auf die Unentschlossenheit des Petrus, der es in Antiochia nicht wagte, sich von den Speisevorschriften zu befreien (Gal 2, 11–14). Er argumentiert als Theologe und bekräftigt vor allem, daß Juden und Heiden gleichermaßen von der *Sünde beherrscht und von der *Gnade angezogen werden: Das *Heil eines jeden Menschen ist freies Geschenk des sich in Christus erbarmenden Gottes. Gewiß wurden die Juden als erste auserwählt, doch das *Gesetz war nur eine vorläufige und faktisch wirkungslose Ordnung. Der *Glaube, der mit den Patriarchen dem Gesetz vorausging, ist der einzige Weg zum Heil. Wenn sich jemand den früheren Satzungen unterwirft, so bedeutet das, daß er den einzigen *Mittler, Jesus Christus, nicht anerkennt, in dem »es nicht mehr Griechen oder Juden, Beschnittene oder Unbeschnittene, Fremde, Skythen, Sklaven oder Freie gibt« (Kol 3, 11).

5. Ausbreitung

Die Ausbreitung des Christentums scheint erstaunlich: eine Schnelligkeit, die in der Geschichte der Mission ihresgleichen sucht, ist ebenso charakteristisch für sie wie die Begegnung mit der heidnischen Welt, gegen die sich das Judentum immer streng abgeschlossen hatte. Der Boden, den diese Welt bot, war für den neuen Glauben gleichzeitig günstig und ungünstig (vgl. *Einl.* IV. 7). Die Verkündigung des Evangeliums stützte sich bis in die sechziger Jahre zunächst auf die *Synagogen. An den *Sabbatgottesdiensten, an denen außer der örtlichen jüdischen Gemeinde auch die vielen *Gottesfürchtigen teilnehmen, wird Christus verkündet. Normalerweise schließt sich nur eine kleine Gruppe der neuen Lehre an. Als die Missionare belästigt und verfolgt werden, gehen sie mit ihrer Botschaft direkt zu den *Heiden. Dabei werden sie unterstützt von den ersten Bekehrten, die in ihrer Umgebung schon heimisch sind. Die christliche Kirche unterscheidet sich von den heidnischen Grundansichten durch ihren Glauben an den einzigen Gott des *Bundes und an seinen Gesandten Jesus Christus, aber auch durch ihr sittliches Verhalten, das durch Liebe und Reinheit geprägt ist.

23

Jahre	KAISER	Legaten in Syrien	KÖNIGE und Statthalter in Palästina	Hohepriester	Ereignisse
45–					–44 Tod von Julius Cäsar
40–	Triumvirat 43–36				
35–				Ananel Aristobul III. Ananel	
30–				Jesus	
25–					
20–			HERODES DER GROSSE 37–4		
15–				Simeon	
10–	OKTAVIAN AUGUSTUS –30 bis +14				
5–		Varus 6–3		Josef	
0–			Archelaus –4 bis +6	Joasar	
5–				Eleasar Jesus	Aufstand –6 Volkszählung
10–		Quirinius 6–11	Coponius 6–9 Ambibulus 9–12	Hannas 6–15	
15–			Rufus 12–15		
20–			V. Gratus 15–26		
25–	TIBERIUS 14–37			Kajafas 18–36	
30–			P. Pilatus 26–36		
35–		Vitellius 35–39	Marcellus 36–37	Jonatan 36–37	
40–	CALIGULA 37–41	Petronius 39–42	Marullus 37–41	Theophilus 37–41	–42 Tod des Jakobus
		Marsus 42–44	AGRIPPA I. 41–44	Simeon 41–44	–45 Theudas
45–	CLAUDIUS 41–54	Longinus 44–50	C. Fadus 44–46 T. Alexander 46–48	Mattias Elionaios	–46 Hungersnot
50–			V. Cumanus 48–52	Hananias 48–58	
55–		Quadratus 50–60	A. Felix 52–60		
60–	NERO 54–68	Corbulo 60–63	P. Festus 60–62	Ismael Josef Hannas II.	
65–		Gallus 63–66	L. Albinus 62–64 G. Florus 64–66 Titus	Jesus Josua Mattias	–66 Jüdischer Krieg
70–				Pinhas	–70 Eroberung Jerusalems

Column "KÖNIGE und Statthalter in Palästina" also contains: HERODES ANTIPAS –4 bis +39

II. DAS LAND

1. Im 1. Jh. wurde das »Land Israel« (Mt 2, 20) offiziell *Judäa (Lk 4, 44; Apg 10, 37) genannt. Nach dem jüdischen Aufstand i. J. 135 gebrauchte man unpassenderweise die Bezeichnung »Syrien Palästina«, später »Palästina«. Seine »Grenzen«, die schwer auszumachen sind, umfaßten damals mehrere Gebiete: Judäa im engen Sinn des Wortes (einschließlich Idumäas), *Samarien, *Galiläa und Peräa (oder »das Land jenseits des Jordan«). Die Grenze wurde markiert: im Südosten durch die *Arabische Wüste, im Süden durch die *Sinai-Wüste, im Westen durch das Mittelmeer, im Norden durch den Libanon, im Nordosten durch die *Dekapolis, *Ituräa und *Trachonitis. Das Ganze bildete ein Viereck von ungefähr 250 km Länge und 40 bis 140 km Breite, mit einer Gesamtfläche von etwa 25 000 km², das entspricht der Oberfläche der Bretagne, Siziliens oder Belgiens.

2. Der *Boden* ist gebildet aus verschiedenartigen felsigen Formationen, angefangen vom weißen Sandstein Transjordaniens zum Rotsandstein an der Küste und zum Basalt, der sich in der Gegend von *Tiberias findet. Insgesamt überwiegt der Kalkstein; seine Durchlässigkeit ist der Grund für den Wassermangel in den Flüssen während der Sommermonate sowie für die vielen Quellen, besonders in Galiläa. Der Felsen liegt dicht unter der Erdoberfläche; so erklärt es sich, daß es viele Steine gibt und wenig bebaubares Land. Der Untergrund des Landes ist karg. Eisen fehlt ganz; nur einige Kupferlager und Basalt werden abgebaut. *Salz wird reichlich aus dem Wasser des Toten Meeres, des »Salzmeeres« (Gen 14, 3; Dtn 3, 17) gewonnen.

3. *Morphologisch* zerfällt das Land in vier parallel verlaufende längliche Streifen:
A. Am Mittelmeer ist eine Ebene (Schefela, Scharon); hier liegen die Städte Cäsarea und Joppe.
B. Eine gebirgige Zone in der Verlängerung des Libanon; hier folgen drei Gebirgsstöcke unterschiedlicher Höhe aufeinander. Im Norden sind es die Hügel Galiläas rund um Nazaret (500 m). Von ihnen durch die Ebene Jesreel getrennt, ragen in der Mitte die Gipfel des Garizim (881 m) und des Ebal (940 m) in Samarien empor. Im Süden, in Judäa, bilden die Anhöhen von Jerusalem (790 m), des Ölbergs (812 m) und von Hebron (1027 m) die höchsten Erhebungen. Dieser Gebirgsstock rechtfertigt die Redeweise »nach Jerusalem hinaufgehen«; auf der Ostseite geht es steil hinab zum Toten Meer.
C. Eine lange Rinne, tiefer als der Meeresspiegel, die tiefste der Erde, wird durch den Lauf des Jordan markiert. Der Fluß entspringt am Fuß des Antilibanon (45 m ü. d. M.), ergießt sich hinab zum See Gennesaret (= von Tiberias) 210 u. d. M.; er durchquert die Ebene Ghōr, in der es Oasen gibt, und schlängelt sich in unzähligen Windungen zum Toten Meer (392 u. d. M.), mit seinen wüstenartigen Ufern.
D. Die transjordanische Hochebene, östlich des Jordantals.

4. A. Dieser Mannigfaltigkeit der Landschaft entsprechen die Gegensätze eines *Klimas* vom subtropischen Typ, in dem sich Einflüsse des Meeres, der Berge und der Wüste vermischen. Jeder Landstrich unterscheidet sich mehr oder weniger vom anderen durch seinen Feuchtigkeitspegel. Doch insgesamt hat das Land, abgesehen vom Jordangraben, ein gemäßigtes Klima mit zwei *Jahreszeiten:* von April bis Oktober herrscht ein absolut trockener Sommer, von November bis März ein Winter, in dem der Regen bis zu sechzig Tagen lang fallen kann.

B. Obwohl man den *Regen* seiner Heftigkeit wegen fürchtet (je seltener er ausbricht, desto wolkenbruchartiger fällt er), ist er doch von entscheidender Bedeutung für die Fruchtbarkeit des Bodens; dies gilt besonders für den Frühregen im Oktober und den Spätregen im April (Jak 5, 7). Die Regenmenge hängt von den West*winden* ab (vgl. Lk 12, 54). Die Küste liegt am günstigsten, danach kommt der zentrale Bergkamm, mit einem Jahresdurchschnitt atmosphärischer Niederschläge, der zum Beispiel in Jerusalem etwa gleich hoch ist wie in Paris (575 mm). Der östliche, windgeschützte Abhang dagegen verursacht das rasche Austrocknen der Wüsten in Judäa und in der Jordanebene. Dieselben westlichen Winde bringen im Sommer viel nächtlichen Tau, der das Wachstum der Pflanzen fördert. Der Südostwind (*hamsin,* Schirokko) dagegen erhitzt die Luft (vgl. Lk 12, 55). Neben diesen beherrschenden Winden kommt es zu örtlichen Brisen, die manchmal gewaltige Wirbelwinde auslösen und im Kessel des Sees von Tiberias zu wahren Stürmen führen können (vgl. Mt 8, 24).

C. Die Unterscheidung der Jahreszeiten ist weniger durch die *Temperaturen* als durch den Regen bedingt. Im Winter ist es mild (8°–12°) und, mit Ausnahme der Jordansenke (bis zu 50°) im Sommer erträglich (21°–29°). Die Temperaturschwankungen an den einzelnen Tagen dagegen sind sehr hoch; der Unterschied zwischen Mittag und Mitternacht kann 20° und mehr betragen. Die Nächte sind kühl, selbst am Beginn des Sommers (vgl. Mk 14, 67).

5. Die *Vegetation* ist heute anders als zur Zeit Jesu. Die zahlreichen Wälder sind heute fast ganz verschwunden, sei es durch Menschenhand oder durch die Zähne der Ziegen. Im Laufe der Jahrhunderte wurden verschiedene Pflanzen ins Land gebracht: der berberische Feigenbaum (aus Mexiko), der Eukalyptus (aus Australien), Sonnenblumen und Tomaten (aus Amerika). Im übrigen war die Vegetation damals wie heute im ganzen subtropisch: Eichen, Terebinthen, Platanen, Johannisbrotbäume, Zypressen, Wacholder. Im Jordantal wird sie tropisch (Palmbaum), in den südlichen Wüsten aber wachsen nur noch einfache zähe Sträucher. Fast überall blühen im März zwischen dem Grün Tulpen und Gladiolen und rasch welkende Anemonen (Mt 6, 28). Drei Arten von Obstbäumen werden so häufig gepflanzt, daß sie für das Land charakteristisch wurden und manchmal als Symbole für Israel verwendet werden: der Ölbaum, der Feigenbaum und der Weinstock. Beim Getreide überwiegen Korn und Gerste, die zum Grundbestand der Ernährung gehören. Schließlich ist noch der Gemüseanbau zu erwähnen: Bohnen, Linsen, Zwiebel, Lauch, Auberginen, Paprika, verschiedene Salate.

6. Im Land gab es viele *wilde Tiere*. Verschiedene Katzenarten (unter anderem zweifelsohne der *Löwe; vgl. 1 Sam 17, 34; Jer 49, 19) erinnern an die Nähe des afrikanischen Kontinents. Die Bauern fürchteten außer den *Heuschreckeninvasionen und den *Schlangenbissen auch den Fuchs, die Hirten wurden vom Wolf erschreckt. Das Land wimmelte von Fliegen, *Würmern und Ungeziefer. Viele Vogelarten sind heimisch. Die *Fische, die im Jordan und im See von Tiberias vorkommen, gleichen den aus Ägypten bekannten Arten. Es gibt viele Rinder, Stiere und Hühner; *Schafe und *Ziegen werden in großen Herden gehalten, zu deren Bewachung man manchmal einen Hund gebraucht (der Hund war damals noch ein bissiger und ausgehungerter Halbwolf). Das *Kamel wird selten; der *Esel, viel kräftiger als in uns näher liegenden Gegenden, ist vor allem im Bergland das meistbenutzte Reittier (Mt 21, 7) oder Lasttier (Mt 21, 5); die *Pferde werden nur bei den Römern gebraucht.

III. DIE MENSCHEN

1. **Eingeborene**

Palästina war schon in ältester Zeit besiedelt. *Semitische Nomaden verschiedener Abstammung lebten hier seit dem 3. Jahrtausend. Um das 15. Jh. v. Chr. und in der nachfolgenden Zeit gelang es den Hebräern, die *Kanaaniter (oder Phönikier) zu vertreiben und sich im Land festzusetzen, das ihren Vätern verheißen war. Sie taten dies im Namen des *Bundes, den Gott mit Abraham, Isaak und Jakob geschlossen hat. Sie lebten im Bewußtsein, ein einziges, auserwähltes *Volk zu sein, das beauftragt wurde, den *Kult des einzigen und wahren Gottes unter den Menschen zu repräsentieren. Doch sie verfügten darum noch lange nicht über ein von der Welt getrenntes Land. Sowohl vor als auch nach ihrer Niederlassung war die Küste des Mittelmeeres ein fast notwendiger Durchgangsweg von Ägypten nach Mesopotamien und umgekehrt. Das Land lag am Kreuzweg der Völker; die Assyrer fielen ein (721), die Chaldäer (587), dann kam die Besetzung durch die Griechen (332) und die Römer (63). So klein Israel war, dank eines glaubenden *Restes hielt es trotz allem durch in seinem Glauben an den einzigen Gott.

2. **Bevölkerung**

A. Die Bezeichnung *Hebräer* hängt vielleicht mit dem Namen eines nomadischen Stammes, den Apirū (2000 v. Chr.) zusammen. Die jüdische Tradition sieht eine Verwandtschaft mit der Wortwurzel 'ābar = »überschreiten« und hört in dem Namen einen Hinweis auf das Geschick dieses Volkes, das selber ständig auf Wanderschaft ist und dazu berufen, andere dazu zu verleiten, vom Nichtwissen zur Offenbarung des einzigen Gottes »hinüberzuschreiten«.

B. Dies Volk wird auch *Israel genannt; es ist der Name, den Jakob nach seinem Kampf mit Gott von dem nächtlichen Besucher erhalten hat (Gen 32, 29). Der Name meint nach einer volkstümlichen Etymologie denjenigen, der Gott entgegen stand und auch den Sieg über die Menschen davontragen soll.

C. Zu der eher religiös akzentuierten Bezeichnung Israel gesellt sich die Bezeichnung *Jude, die seit der Rückkehr aus dem Exil (538 v. Chr.) allgemein gebraucht wird; der Name weist auf die Niederlassung des Volkes in seinem Land zurück. Zu jener Zeit haben nämlich die Judäer, Nachkommen des Stammes *Juda, den Glauben und die Überlieferungen unversehrt bewahrt, die anderen *Stämme dagegen ließen sich vom Heidentum der Umwelt anstecken. Darum bezeichnet dieser Name ein Volk, zu dem die Erben der *Verheißung gehören, ohne daß damit zwangsläufig gefordert wäre, daß alle in Judäa wohnen.

D. Die *Galiläer, das sind die Bewohner des früher von den Stämmen Ascher, Naftali, Issachar und Sebulon besetzten Nordens. Sie wurden als erste von den Heiden besiegt (721 v. Chr.) und konnten, da sie sich mit den Fremden vermischten, die Ursprünglichkeit des jüdischen Glaubens nicht mehr garantieren. Daher erklärt sich der Name Galiläas, $G^e l\bar{\imath}l$ hag-gojjūm: »Kreis der Heiden« (Jes 8, 23; Mt 4, 15). In diesem Gebiet mit seinen ungehobelten Bauern, die einen eigenen Dialekt sprechen (Mt 26, 73), treten Revolutionäre auf, die zwar weniger rigoristisch sind als jene in Judäa, aber hitziger nach der unverfälschten nationalen Reinheit streben.

E. Die *Samariter galten als Häretiker. Grundsätzlich reicht die Feindschaft zwischen den Juden und den Samaritern nicht bis zur Trennung von *Israel (935 v. Chr.) zurück, die damals zur Gründung des Nordreichs führte (1 Kön 12); sie entstand eigentlich erst in der Zeit nach der Rückkehr aus dem Babylonischen *Exil (538 v.Chr.), mit Sicherheit besteht sie seit dem Bau des Tempels auf Garizim i.J. 330. Damals waren gebürtige Heiden die Nachbarn der Judäer. Sie hatten zwar die religiösen Überzeugungen der während der Deportation im Land gebliebenen Israeliten übernommen, doch sie beschränkten die göttliche Offenbarung auf die fünf Bücher Moses. Zudem bauten sie ihr Heiligtum auf dem Berg Garizim wieder auf und richteten dort, nicht in Jerusalem, ihr Kultzentrum ein. Obwohl ihr Tempel 128 v.Chr. zerstört wurde, verstanden sie sich weiterhin als die wahren Anbeter Jahwes (vgl. Joh 4, 20). Zur Zeit Jesu empörten sich die Juden über Herodes, der die Hauptstadt Samariens wieder aufbaute und ihr den Namen des Kaisers Augustus gab (= Sebaste).

F. Von den *Idumäern* (deren Name nach der Volksetymologie von Edom = Esau, dem Sohn Abrahams abzuleiten wäre), kann man trotz aller Versuche der Judaisierung nicht sagen, daß sie zum jüdischen Volk gehörten. Sie bewohnten das Gebiet südlich von Juda und Hebron seit kurzem und blieben immer »Vettern« des erwählten Volkes. Und doch leitete ein Idumäer, Herodes der Große, sechsunddreißig Jahre lang die Geschicke Judäas.

G. In Palästina gab es viele Heiden; zu ihnen gehörten die *Kanaaniter*, die Ureinwohner, und vor allem die *Griechen*. In vielen Städten fand sich seit dem 4. Jh., seit Alexander, nichts Jüdisches mehr: So etwa die griechischen Städte der *Dekapolis, die, meist in Transjordanien gelegen, sich dem jüdischen Druck siegreich widersetzt hatten; dann die Städte an der Küste, von Akko über Cäsarea bis Gaza; in Galiläa der Ort Tiberias (gegründet zur Zeit Jesu, in den Jahren 17–22) und die Hauptstadt Sepphoris. Die *Römer* gehörten nicht zur Bevölkerung: sie waren »Besatzung«, die in den Garnisonstädten residierte, vor allem in Cäsarea, Jerusalem und Akko. In den Städten waren, abgesehen von Jerusalem, die Heiden kanaanäischer oder griechischrömischer Herkunft in der Überzahl. Man darf sich also das »Heilige Land« nicht als ein Gebiet vorstellen, in dem die Menschen übereinstimmend dem einzigen Gott dienten. Die Anwesenheit dieser Nicht-Juden stützte den von Jesus gepredigten Universalismus.

H. Was die *Christen* betrifft, so ist zwischen Christen heidnischer und jüdischer Herkunft zu unterscheiden, den Heidenchristen und den Judenchristen, Judaisten.
Die Bevölkerung Palästinas zur Zeit Jesu läßt sich nur schwer schätzen. An Juden im engeren Sinn des Wortes gab es vermutlich nicht mehr als 500 000 Einwohner; rechnet man die Samariter, die Idumäer und die Dekapolis dazu, kommt man mit Mühe auf eine Million.

3. Die Diaspora

Die jüdische *Diaspora, d.h. die Gesamtheit der im Imperium verstreut lebenden Juden, darf nicht übergangen werden. Der Begriff »das jüdische Volk« kann ja nicht nur auf die Bewohner Palästinas eingeschränkt werden. Die Israeliten haben sich ziemlich früh zerstreut. Man braucht nur an die assyrische und die babylonische *Gefangenschaft zu denken, an die Gründung einer Kolonie auf der Insel Elephantine bei Assuan in Ägypten im 5.–4. Jh. v. Chr., an die Freiwilligen in der Armee Alexanders in Mesopotamien (4. Jh. v. Chr.), an die nach Italien verschickten jüdischen Söldner des Antiochus, an den Tempel in Leontopolis in Unterägypten (3. Jh.) und schließlich an die Handelsunternehmungen. Vor allem in Rom und Alexandrien traf man Juden.
Die Zahl der Juden, die im römischen Imperium lebten, wird auf 7 bis 8 Millionen geschätzt; sie bildeten also 8–10% der Bevölkerung des Reichs. Diese jüdischen Gemeinden haben es fertiggebracht, sich in das wirtschaftliche und politische Leben verschiedener Staaten einzugliedern; einige wurden sogar Vertraute des Kaisers. Zumeist blieben sie dem Glauben ihrer Vorfahren treu; so etwa *Philo, der große Philosoph aus Alexandria (13 v. Chr.–45/50 n. Chr.). Sie mühten sich auch um die Verbreitung ihres Glaubens, etwa dadurch, daß sie zwischen 250 und 150 v. Chr. die Bibel in das Griechische übersetzten (*Septuaginta), oder dadurch, daß sie *Proselyten, *Gottesfürchtige zu gewinnen suchten, wie etwa *Cornelius (Apg 10, 1): So war der Boden bereitet, auf dem in der Zukunft der Glaube wachsen konnte.

IV. DER MITTELMEERRAUM

1. Die historische Situation

Mit der »*Pax Romana*« (Römischer Friede) beginnt im 1.Jh. v.Chr. ein neuer Abschnitt in der Geschichte des Mittelmeerraums. Kämpfe, die Volk und Reich zerrißen, boten den Römern Anlaß zum Eingreifen und ihre Autorität durchzusetzen. Manchmal, wie im Fall Judäa, appellierten die rivalisierenden Führer eines Volkes an die römische Macht, um die Konflikte beizulegen oder um Schutz zu erhalten. Die Siege Cäsars (48 v. Chr) und Oktavians (31 v. Chr.) beendeten in Rom und in ganz *Italien einen langen Bürgerkrieg. Cäsar verwandelte die republikanische Regierung, die jahrhundertelang die Macht in Rom innehatte, in eine Personaldiktatur, und Oktavian trieb diesen Prozeß voran, bis zur absoluten Monarchie. Das Wort *Imperium,* das bis dahin die Exekutivgewalt des Konsuls, des Armeeführers bezeichnet hatte, meint nun die Autorität des Herrschers *(imperator)* über die unterworfenen Völker, die Ägypter oder die Gallier, die Griechen oder die »*Barbaren«. Diese Autorität gilt uneingeschränkt, was Dauer, Ausdehnung und Kompetenz betrifft: Von der Rhône bis zum Eufrat präsentiert sich Rom als Garant der öffentlichen Ordnung und der Einheit.

2. Die politische Situation

Mit Hilfe eines komplizierten Verwaltungsapparates setzt sich langsam eine vielschichtige Neuordnung durch. Typisch für die Herrschaft Roms in den besetzten Gebieten ist einerseits die Zentralisierung der Macht in den Händen des Herrschers, andererseits die Unterschiedlichkeit der den einzelnen eroberten Völkern auferlegten Gesetze. Diese Differenzierung geht geschickt auf die örtlichen Gegebenheiten ein; sie hängt auch von der Auswahl ab, die Rom je nach Sympathien und Interessen in seinen Beziehungen trifft.

A. An der Spitze steht der *Kaiser. In ntl. Zeit hatte er die Rechtsgewalt, die ihm vom folgenden Jahrhundert an zur Verfügung stand, noch nicht erreicht. Er ist auf Lebenszeit gewählt, der Theorie nach der Erste *(princeps)* der Bürger und der Behörde; seine Rechtsvollmacht erstreckt sich auf das ganze Reich. Die orientalischen Völker verstehen ihn als König im hellenistischen Sinn des Wortes, d.h. als Person, die ihre Macht von Gott erhalten hat; in Rom ist er religiöser Führer, oberster Pontifex. So erhält Oktavian (63 v.–14 n.Chr.), der erste Kaiser, den Namen *Augustus: »der Verehrung würdig« und wird nach seinem Tod durch Apotheose ein göttliches Wesen. Von da an verbreitet sich der Kult des Kaisers (oder »Roms«) im ganzen Reich. Auf diese Weise anerkannte man, daß es der römischen Macht gelungen war, die örtlichen Gewaltherrschaften, die politische Korruption und die Unordnung zu überwinden und Verhältnisse herzustellen, in denen das wirtschaftliche und soziale Leben der Völker sich entwickeln konnte. Der Kaiser ist unantastbar. Er herrscht über das Ganze, doch er schützt auch den Einzelnen dadurch, daß es jedem (römischen) *Bürger offensteht, bei jeder richterlichen Entscheidung an ihn zu appellieren. Auf diese Weise gewinnt er wahrhaft weitreichenden Einfluß.

B. Die *PROVINZEN. Ein erobertes Land wird zur *römischen Provinz:* zur senatorischen, wenn das Gebiet schon befreit ist und durch den Senat verwaltet wird; zur kaiserlichen, wenn die Anwesenheit von Truppen erforderlich und das Gebiet direkter von der Person des Kaisers als dem Oberkommandierenden der Armee abhängig ist.

a. *Die senatorischen Provinzen* (*Asien – die bedeutendste–, *Achaia, *Zypern, *Makedonien) werden von einem Statthalter regiert, der den Titel Prokonsul trägt (z.B. *Sergius Paulus, *Gallio; Apg 13, 6–12; 18, 12–17). Sein Amt ist auf zwei Jahre begrenzt; es soll den reibungslosen Ablauf der Justiz und den Einzug der Steuern sichern. Rechtliche Bräuche, die schon eingeführt sind, werden in dem Maß geachtet, als sie dem römischen Recht nicht widersprechen. Nur die schwerwiegendsten Entscheidungen, vor allem die Todesstrafe, waren dem Verfügen der örtlichen Autoritäten entzogen und mußten dem Statthalter vorgetragen werden. Die Erhebung der Steuern setzte *Volkszählungen voraus und ein Grundbuch, um die Vermögen einzuschätzen. Das notwendige Personal, die »*Zöllner«, werden von den »Zollpächtern« angeworben und beaufsichtigt.

b. *Die kaiserlichen Provinzen* (z.B. *Syrien) werden duch einen *Legaten (z.B. *Quirinius) verwaltet. Er ist vom Kaiser auf unbegrenzte Dauer ernannt (Apg 24, 10). Manche Gebiete sind einem *Präfekten anvertraut, der seit dem Jahr 42 n.Chr. den Titel »*Statthalter« trägt: so Pontius *Pilatus, *Felix oder *Festus (Mt 27; Apg 24, 27). Diese Beamten haben Militärgewalt und Truppen; eine *Kohorte, die ihnen als Wache dient, begleitet sie; das *Prätorium, in dem sie Recht sprechen, ist eine Art Militärhof.

c. Andererseits behält sich der Kaiser das Recht vor, Provinzen seiner Wahl durch die Anerkennung *lokaler Gremien* (städtische oder provinziale) den Anschein der Selbständigkeit zu geben. Sie bilden das Gegengewicht zur persönlichen Macht der römischen Verwaltungsbeamten, und da sie von der zentralen Gewalt getragen werden, stärken sie paradoxerweise die Loyalität gegen Rom. Ein anderes Mittel, diese Anhänglichkeit zu stärken, besteht in der Zuerkennung der römischen **Bürgerschaft* an einen Einzelnen oder eine bestimmte Gruppe, seltener an ganze Städte. Dies Privileg konnte man entweder kaufen, oder man besaß es durch das Erbrecht (Apg 22, 28). Dieser Titel war sehr wertvoll; er schützte vor körperlichen Strafen (Apg 16, 37) und vor Zwangsarbeit, er bewahrte vor der örtlichen Rechtsprechung und berechtigte zum direkten Appell an den Kaiser (Apg 25, 10. 12. 21. 25).

C. STÄDTE UND GEMEINWESEN. Die innere Ordnung jeder *Provinz unterschied sich je nach den Beziehungen, die Rom nach seinem Gutdünken oder seiner Sympathie angeordnet hatte. Diese Unterschiede wurden besonders im Bereich der Städte sichtbar, die schon im früheren System selbständige Einheiten gebildet hatten.
Auf dieser Grundlage können die Städte in eine sehr genaue Ranghierarchie eingeordnet werden. Einige Städte, in denen wie etwa in *Korinth nach dem Bürgerkrieg römische Veteranen angesiedelt wurden, sind bevorzugt: sie heißen »*Kolonie« oder »römisches Munizipium«, sie werden italienischen Städten angeglichen, und diejenigen ihrer Bewohner, die von römischen

Ansiedlern abstammen, haben die meisten Rechte der römischen *Bürger (der freien Bewohner von Rom und Italien).
Andere Städte besaßen nur gewiße Rechte. Diese privilegierten Städte indessen verlieren sich in der Menge großer und kleiner Städte, in denen es nur den Honoratioren gelingen konnte, dieses oder jenes Bürgerrecht zu erlangen. Solche Städte haben ihre eigene Verwaltung, sie verleihen ein eigenes Bürgerrecht und besitzen manchmal einige richterliche Funktionen, so *Tarsus, *Ephesus, *Smyrna. Sie verwalten ein größeres oder kleineres Gebiet und bleiben letztlich abhängig vom römischen Magistrat, der für die Provinz verantwortlich ist. In den Gebieten schließlich, in denen es keine Stadt gab, hatten gewisse Gemeinden, die eine völkische oder religiöse Einheit bildeten – Überbleibsel einer Organisation, die noch vor die griechischen Eroberungen zurückreichte –, eine besondere Regelung: so die *Galater und die zahlreichen kleinen Protektorate, die Rom mehr und mehr der direkten Verwaltung zu unterstellen suchte (das Königreich des Herodes, die *Tetrarchie des Lysanias, die *Dekapolis). Gewisse bedeutende Tempel (der von Jerusalem unter anderen) hatten zudem eine Sonderstellung und manchmal Eigenterritorium. In jedem Fall aber waren die Bürger verpflichtet, *Steuern zu zahlen; denn das Land als solches gehört der römischen Besatzungsmacht.

3. Die wirtschaftliche Lage

A. Im großen und ganzen herrscht im Mittelmeerraum in der Zeit der PAX ROMANA ein im Vergleich mit der Vergangenheit beachtlicher wirtschaftlicher Wohlstand, auch wenn nur einige privilegierte Gruppen davon profitieren. Von diesem Wohlstand zeugen die öffentlichen Bauten, die Theater, die neuen Heiligtümer, viele wiederaufgebaute Städte, gewisse berühmte Gewerbe. Das Ende der Kriege, eine einheitliche Verwaltung und ein einheitliches Geldsystem erklären diesen Fortschritt, doch einen entscheidenden Faktor stellt das Netz von Verbindungswegen dar, das sich über das ganze Reich spannt. Nachdem die Straßenräuberei beseitigt war, erleichterte dieses Netz die im Mittelmeerraum schon eingespielten Handelsbeziehungen und ebenso ganz allgemein den »internationalen« Austausch.

B. Die WASSERSTRASSEN bilden die Hauptverkehrsadern. Bei günstigem Wetter kommt man durchschnittlich 4–6 Knoten voran. Diese Verbindungen dienten hauptsächlich zur Beförderung des Korns (das Rom ernährte), aber auch Gewürze, Metalle, Sklaven wurden auf den Weg gebracht. Die Transportkosten waren billiger als auf dem Landweg. Nur Luxuswaren wurden über Land befördert. Die Seeverbindungen zwischen Rom und Alexandria wurden bevorzugt, sie waren sehr regelmäßig. Viele alexandrinische Schiffe unterbrachen die Überfahrt in *Rhodos oder im Südwesten von *Asien, der heutigen Türkei. Eine andere große Wasserstraße führte von Rom zum Schwarzen Meer oder nach Asien. *Korinth war ein wichtiger Umschlagplatz für Güter. Kaiser Nero versuchte ohne Erfolg die Meerenge von Korinth zu durchstoßen, um die Durchfahrt zu erleichtern. Die anderen großen Achsen (Rom-Karthago, Rom-Südgallien, Rom-Spanien) werden im NT nicht erwähnt.

C. Die LANDWEGE, denen die Apostel folgen, verbinden die Länder untereinander. Sie enden in den bedeutendsten Hafenstädten und schaffen die Verbindung zwischen den Städten im Landesinnern und den Seewegen. So führt die Straße von Petra nach Cäsarea über Jerusalem, und die andere, die in den Tälern des Tigris und des Eufrat beginnt und in Antiochia endet, führt über Damaskus. In Kleinasien bestand schon früh ein Straßennetz. Die Römer benutzten es, sie verbesserten die Straßen durch ein solides Pflaster und führten die Trasse weiter. So war etwa die Reise von Antiochia nach Rom relativ einfach: Über Tarsus und Ephesus kam man über das Meer nach Makedonien, dann durchquerte man die Balkanländer bis Dyrrachium in Illyrien, gegenüber von Brindisi. Von dort konnte man sich nach Italien einschiffen. Für den Bau und Unterhalt der Straßen hatten die Provinzgouverneure zu sorgen. Die Arbeiten wurden aus den Steuern der Anwohner bezahlt, Legionäre und Strafgefangene führten sie aus. Die Entfernungen wurden nach *Meilen (= 1500 m) berechnet, sie waren auf Meilensteinen vermerkt, ausgehend jeweils von den Hauptstädten: Rom, Lyon in Gallien, Ephesus in Asien, Karthago in Afrika. Man reiste zu Pferd (30–50 Meilen täglich) oder zu Fuß (25 Meilen täglich).

4. Die soziale Lage

Der alte Adel und die Sklaven bilden die beiden Extreme der sozialen Rangordnung. An ihrem Status ändert sich nichts. Doch die Schichten, die dazwischen liegen, die der Freigeborenen oder Freigelassenen, verändern sich; und damit beginnt eine tiefe Wandlung der gesamten Gesellschaftsstrukturen. Die Herrschaft der Aristokraten, typisch für das republikanische Rom, begann sich dadurch in eine demokratische Regierung umzuwandeln, daß Bürgern aus verschiedenen sozialen Schichten das Amt des Magistrats offenstand.

A. Mit den hohen Verwaltungsbeamten, die der Kaiser ernennt, entsteht eine NEUE OBERSCHICHT. Sie ist geistig sehr viel aufgeschlossener als der frühere Adel (z.B. *Gallio, der Prokonsul von Achaia, war ein Bruder Senecas; Apg 18, 12–17). Die Oberschicht der Freien bildet den *Ritterstand*. Diese Klasse ist durch den Besitz eines gewissen Wohlstandes gekennzeichnet und mit Verwaltungsangelegenheiten betraut. Unter diesen Rittern sucht der Kaiser Nachwuchsbeamte für die kaiserlichen Provinzen. Ihr Aufstieg bleibt Sache des persönlichen Erfolgs, denn ihr Stand als solcher genießt noch kein sehr hohes Ansehen. Darum sind Ritter, wie etwa *Pilatus, besonders geldgierig und empfindlich in ihren Reaktionen auf Anklagen, die man gegen ihre Amtsführung vorbringen könnte.

B. Die FREIEN BÜRGER, die *plebs,* leben in Verhältnissen, die vom jeweiligen Besitzstand abhängt: Bauern, Künstler, Kaufleute, Rechtsanwälte, Redner, Lehrer, Ärzte. Wenn sie aus der Provinz stammen, können sie gegen Bezahlung einer bedeutenden Summe römische *Bürger werden; sie können dann in die Armee eintreten oder sich um die unteren Ränge der Verwaltung bewerben.

C. Mit den Freigeborenen mischt sich eine neue Klasse, die aus der Sklaverei *FREIGELASSENEN. Zu Beginn unseres Zeitalters werden die Freilassungen häufiger. Durch manche Freilassungen, die mit der Sorge um mehr Humanität begründet werden, werden wirtschaftliche oder verwaltungstechnische Kompetenzen festgeschrieben. Die Freigelassenen erhielten wichtige Posten im politischen Bereich: sie strebten danach, die Spuren der Knechtschaft abzustreifen und bildeten eine dynamische Klasse, wie eine werdende Welt sie brauchte. In Rom machte ihre Gruppe ein Drittel der freien Männer aus.

D. Der SKLAVE, zuunterst am Fuß der Leiter, ist für die alte Welt eine Sache *(res)*, ein »Werkzeug« (Aristoteles). Er ist der Willkür seines Herrn preisgegeben, besitzt kein einziges bürgerliches Recht, nicht einmal das der Heirat; er hat auch kein religiöses Recht, er ist von den Stadtkulten ausgeschlossen. In Rom kam auf zwei freie Männer ein Sklave; das bedeutet nach gewissen Schätzungen, daß im Jahr 5 v. Chr. dort 280 000 Sklaven auf 560 000 Bürger kamen. In Alexandria, das fast eine Million Einwohner zählte, gab es nur 300 000 freie Männer. Drei von vier Einwohnern Athens waren Sklaven.

5. Die kulturelle Situation

Als die Römer ihre Macht auf die Länder rund um das Mittelmeer ausdehnten, fanden sie, ungeachtet der völkischen und sozialen Gruppierungen und Spannungen eine zumindest an der Oberfläche einheitliche kulturelle Welt vor. Diese kulturelle Einheit geht auf die Hellenisierung zurück, die Alexander der Große (336–323 v. Chr.) im Verlauf seiner Eroberungszüge vollbrachte, und auf die ihm folgenden Dynastien.
Neben den Handelskolonien, die fast überall an den griechischen Küsten eingerichtet worden waren, wurden mehr als siebzig neue Städte gegründet; die alten Städte ihrerseits wurden zunehmend hellenisiert. Abgesehen vom entlegensten Hinterland wurde das *Griechische die Verkehrssprache (die *koinē), in Rom wurde es zur Sprache der Gebildeten. Immer mehr wurde auch die Erziehung vom athenischen System beeinflußt. Die griechischen Sitten und die philosophischen Strömungen (wie etwa der *Epikureismus, der Zynismus, die *Stoa; vgl. Apg 17, 18) verbreiteten sich mit der Vermischung der Bevölkerung (Handel, Armee, wandernde Philosophen und Künstler). So wurde den vielfältigen orientalischen Zivilisationen die griechische Kultur aufgepfropft. Die Zivilisation und die Kultur, die aus dieser Begegnung und dem von ihr ausgelösten Austausch entstand, bezeichnet man als *Hellenismus. Es handelt sich um eine Mischkultur; sie ist (falls eine Wertung möglich ist) der des alten Griechenland sicher unterlegen; doch ihre Kennzeichen sind eine erstaunliche Offenheit, ein kultureller Austausch, der durch die religiöse Situation der Epoche mit am besten illustriert wird.

6. Die religiöse Situation

A. Wir haben auf den *KULT ROMS oder des Kaisers in den besetzten Gebieten schon einmal hingewiesen (*Einl.* IV.2.A); er wurzelt in der orientalischen

Auffassung des Herrschers. Dieser Kult verdrängte die bestehenden Religionen nicht und konkurrierte nicht mit ihnen. Als eine Art Staatsreligion war er ebenso Ausdruck der politischen Einheit wie der Loyalität gegenüber Rom. Er verband sich sogar mit den früheren bürgerlichen Kulten der griechischen Städte, weil er von Natur aus mit ihnen verwandt war. Es war so, daß eine jede Stadt sich um eine Gottheit zusammenschloß, die sie zu ihrem Symbol gemacht hatte und die manchmal das einzige Zeichen vergangener Größe war. So gehörte Athene den Athenern, *Artemis den Ephesern, Apollo den *Kyrenern. Bevor die bürgerlichen Gremien zusammentraten, brachten sie dem Gott ein Opfer; auch die Stadtfeste wurden mit kultischen Feiern begangen. Die *Priester hatten ausschließlich kultische Funktionen, sie waren Beamte und hatten dieselben Rechte wie die übrigen Staatsbediensteten. Die Götter der bedeutenden Städte zogen *Wallfahrten von *Fremden an, und ihr Heiligtum sorgte für das Auskommen manchen Handwerks. Andere Kulte hatten aufgrund einer weit zurückreichenden Überlieferung größere Ausstrahlung, so der des Apollo in Delphi. Dorthin zog man vor einer gefährlichen Reise, einer Heirat, einer finanziellen oder politischen Entscheidung, um das berühmte Orakel zu befragen. Oder auch der Kult des Zeus in Olympia der berühmten Spiele wegen, die alle fünf Jahre stattfanden und ganz Griechenland seine Einheit bewußtmachten.

B. Andererseits sind die ORIENTALISCHEN RELIGIONEN zu Beginn unserer Zeitrechnung von den griechischen und hellenisierten Ländern bis nach Rom übernommen worden, oder besser gesagt, sie sind trotz der strengen Maßregeln des Senats dort eingedrungen. Ihre Götter sind nicht Schutzgötter der Stadt. Der Kult und seine rituellen Praktiken sichern dem Einzelnen persönlich die Hilfe der Gottheit, vor allem im Krankheitsfall. Die wichtigsten Religionen dieses Typs entstanden in Ägypten (Isis, Osiris, Horus), in Syrien (Atargatis, Adonis) und in Phrygien (Kybele). In diesen Kulten spielen Themen aus der Natur eine Rolle, so das Wiedererwachen des Lebens in der Pflanzenwelt und die Fruchtbarkeit; sie forderten keine moralische oder doktrinäre Erneuerung; die manchmal orgiastischen und immer sinnlich wahrnehmbaren Riten (Musik, Lärm, aufwendige Zeremonien, ekstatische Phänomene) bewirken aus sich selbst, was der Gläubige von ihnen erwartet. Man unterschied die einfachen Gläubigen von den Eingeweihten. Die letzteren nahmen an geheimen Riten teil, die man *Mysterien nennt. In ihnen werden die Wechselfälle des Lebens, die man den Göttern zuschreibt, vergegenwärtigt, und indem der Eingeweihte an der göttlichen Erfahrung teilnimmt, sichern sie ihm irdische Güter (bei örtlichen Kulten) oder manchmal sogar ein Glück jenseits des Todes.

C. Es gab auch MYSTERIEN PHILOSOPHISCHER ART. Ihre Riten waren »Re-präsentation« einer Lehre, eines Suchens nach *Weisheit, mit dem Ziel, ohne allzuviel Leiden zu leben und die *Unsterblichkeit zu erlangen. Das entsprach einer bestimmten Auffassung von der Welt und der Bestimmung des Menschen. Die *Seele stammt aus einem oberen Himmel; durch ihre Verbindung mit der Materie hat sie sich befleckt. Wenn sie sich läutert, wird sie wieder zu ihrem Ursprungselement emporsteigen. Einige vertraten die Ansicht, diese Mysterienkulte hätten die Theologie des Paulus bei seinen Reisen durch Kleinasien beeinflußt. Diese Meinung wird von den Historikern unter Hinweis auf die tiefreichenden Unterschiede zwischen den orientalischen Mysterien und dem christlichen Glauben verworfen. Die heidnische Einweihung bewirkt den Schutz des Gläubigen automatisch, wie ein Amulett. Sie gilt ein für allemal, unäbhängig vom sittlichen Verhalten. Der Glaubende sucht nur sein eigenes Glück, seine eigene Unsterblichkeit; darum spielt die Gottesliebe ebensowenig eine Rolle wie die Liebe Gottes zu den Glaubenden.

D. Das Handeln der Götter ist ebenso wie das mögliche Heil von der kosmisch-astralen Ordnung bestimmt. Darum spielt die ASTROLOGIE für alle Gesellschaftsschichten eine große Rolle. Die *Sterne bestimmen das Leben des Einzelnen; der Mensch ist einem blinden Schicksal ausgeliefert; einzig die Wahl der günstigen Tage vermag zu helfen. Man glaubt auch an *Dämonen, die man sich als eine Art Mittler zwischen den Göttern und den Menschen oder als unabhängige Wesen mit überwiegend schädlichem Einfluß vorstellte (vgl. Eph 6, 12). So kommt es zu *magischen Praktiken, die vor allem in Babylon und Ägypten entstanden (vgl. Apg 19, 19).

E. Fast überall in dieser hellenistischen Welt findet man JUDEN. Sie unterscheiden sich von ihrer Umwelt grundsätzlich durch ihren festgeprägten Glauben und die Befolgung des *Gesetzes. Einerseits haben sie besondere Privilegien: eigene Gerichtshöfe, Ältestenräte, Synagogen, die Genehmigung der Beschneidung, Befreiung vom Kaiserkult, den man manchmal durch Opfergaben ersetzte; andererseits konnte es vorkommen, daß Augustus Opfer für Jahwe darbringen ließ. Der Bundesgott gilt als der einzige Herr; jeden anderen Gott hält man, weil er nicht existiert, für falsch.
Die griechisch-römische Welt reagiert auf diese eigentümlichen und hartnäckigen Juden ambivalent: Einerseits scheut oder verachtet man sie, andererseits ist man angezogen. Bei denen, die sich ablehnend verhalten, kann man jedoch nicht von einem »Antisemitismus« im eigentlichen Sinne des Wortes sprechen. Das Rassenproblem spielte damals keine Rolle. Man kann in dieser Welt des religiösen Synkretismus nicht einmal von grundsätzlicher Intoleranz gegen den jüdischen Glauben als solchen reden. Trotzdem konnten Mißtrauen und Haß entstehen, denn es gab nicht wenig Juden (in Alexandria bewohnen sie zwei von fünf Stadtvierteln); sie lebten in unverständlicher Abgeschlossenheit, wehrten sich gegen jede Art der Vermischung mit Nicht-Juden und lehnten deren Bräuche, auch wenn sie rein bürgerlich waren, ab. Der Historiker Tacitus (55–120 n. Chr.) schildert ihre Geschichte und ihre Gewohnheiten als Karikatur. Im Jahr 50 erläßt Rom ein Vertreibungsdekret (vgl. Apg 18, 2); das Mißtrauen des Senats gegen griechische Rhetoren und Philosophen, die mehrere Male in die Verbannung geschickt wurden (173, 161, 155 v. Chr.), gilt nun auch den Juden. Vom positiven Gesichtspunkt her kann man sagen, daß viele Heiden – obwohl die Juden nicht missionarisch agierten – von der *Synagoge angezogen werden und an den Gottesdiensten teilnehmen. Die Juden nennen diese Leute *Gottesfürchtige. Einige gehen einen Schritt weiter und werden *Proselyten, d. h. Angehörige des jüdischen Volkes; sie übernehmen alle jüdischen Gesetze und trennen sich von ihrer Stammesgruppe. In der synagogalen Frömmigkeit

konnte man den finden, den man weder in den bürgerlichen noch in den orientalischen Religionen zu finden vermochte: den einzigen *Gott, der mächtiger als das Schicksal, Schöpfer der Welt und Herr der Geschichte ist; der dem sittlichen Leben Orientierung gibt und eine Weisheit, die mit dem religiösen Streben zusammentrifft; ein Gott, der vor allem die Armen hört, für Gerechtigkeit und Erbarmen eintritt; der die Hoffnung auf endgültiges Heil schenkt.

7. Die Ausbreitung des christlichen Glaubens

A. Wer das NT und vor allem die Apg liest, der ist überrascht, wie schnell und wie weit sich der christliche Glaube ausbreitete. Zweifelsohne erklären die PAX ROMANA, die Vermischung der Völkerschaften und der Ideen, die Möglichkeit relativ sicheren Reisens zu einem Teil die Mühelosigkeit, mit der es den christlichen Predigern gelang, die verschiedenen Gemeinwesen des Mittelmeerraums zu erreichen. Die jüdische *Diaspora spielt eine noch bedeutendere Rolle: Die Apostel und vor allem Paulus verkündeten Christus zunächst in den *Synagogen. Sie dachten gewiß, daß die Botschaft zuerst den Juden gebracht werden müsse (Apg 13, 46; Röm 1, 16). Doch durch dieses Vorgehen erreichte ihre Verkündigung gleichzeitig Heiden, die vielen *Gottesfürchtigen, die an den Gottesdiensten teilnahmen und die sich »schon von den Götzen zum lebendigen Gott bekehrt haben« (vgl. 1 Thess 1, 9). Die Predigt in den Synagogen führt, auch wenn sie eine starke Opposition auf den Plan ruft, immer zur *Bekehrung einiger Gläubiger, seien es nun Juden oder Heiden. Sie schließen sich gleich zu brüderlichen Gemeinschaften zusammen. Durch sie wirkt die Verkündigung in der jeweiligen Umgebung nach. Die christliche Botschaft wird vor allem von den Ärmsten, besonders von den *Sklaven, aufgenommen. Sie waren von den Stadtkulten ausgeschlossen (vgl. *Einl.* IV. 4. D.) und wandten sich häufig orientalischen Kulten zu. Nun fanden sie im Christentum etwas Besseres: »wer bisher nur eine Sache war, wird Person und der eigenen Würde bewußt« (Festugière). In den gebildeten Schichten herrschte eine gewisse Unruhe, denn die Gesellschaft sah sich durch die philosophischen Strömungen in Frage gestellt, vor allem durch die jüngere *Stoa, die die Innerlichkeit über alles rühmte, und den Zynismus, der zur Verachtung allgemein erstrebter Werte, etwa des Reichtums, führte.
B. Doch es gab auch viele Hindernisse. Zunächst bei den Israeliten (die *Proselyten eingeschlossen), die auf ihre durch die Abrahamskindschaft verbürgte Heilssicherheit und ihr Kennzeichen, die Beschneidung, ebenso verzichten mußten wie auf ihr säkulares Selbstbewußtsein, durch das Gesetz »Führer für Blinde zu sein, Licht für die in der Finsternis« (Röm 2, 19). Andererseits herrscht in der griechisch-römischen Gesellschaft eine strenge Abriegelung, die sich gegen die diese Gesellschaft gestaltende kulturelle Vereinheitlichung sträubt. Trotz einer aufkommenden neuen Vorstellung, die jede Stadt – früher eine unabhängige Größe – in ein das ganze Weltall umfassendes Ganzes einfügen will und für die jeder Mensch als Mensch Weltbürger ist (diese Vorstellung hat der Katholizismus übernommen, die universale Kirche), müssen sich die Apostel noch mit ethnischen und sozialen Gruppen auseinandersetzen, die oft in sich verschlossen, also Ursachen der

Spannung sind. Man stellt fest, daß Annahme oder Ablehnung des Evangeliums, wenn man vom Geheimnis des Einzelnen absieht, von der Mentalität der Gruppen abhängig ist, denen das Evangelium gepredigt wird, und von der Persönlichkeit der Verkünder des Evangeliums. Die Reaktionen in Athen, in Korinth, in Ephesus oder bei den Galatern unterscheiden sich je nach den historischen und sozialen Dominanten.
Auf diesem widersprüchlichen jüdischen und heidnischen Hintergrund entwickelt die Kirche ihre Botschaft von der Liebe, davon, daß Abkapselungen jeder Ordnung durch Christus in Gott abgeschafft werden; in diesem Zusammenhang mußte sie es fertigbringen, daß Bekehrte verschiedener Herkunft – Arme und Reiche, Unwissende und Gebildete, Juden, Griechen und Barbaren – sich als eine zusammengehörige Gemeinschaft begreifen.

V. DAS KULTURELLE ERBE

1. Kosmologie

Juden wie Christen haben die im Mittleren Orient verbreitete Kosmologie übernommen; sie wurde im Blick auf den Glauben an den einen Gott neu erklärt. Das Universum ist nicht zunächst ein Kosmos im griechischen Sinne, d. h. ein wohlgeordneter Organismus, sondern eine Ganzheit, die einzig durch ihre Beziehung zum Schöpfer zusammengehalten wird. Um das auszudrücken, spricht man von »Himmel und Erde« (Mt 5, 18), von »allen Dingen« (1 Kor 15, 28) oder in der dreifachen Dimension von »Himmel, Erde, unter der Erde« (Phil 2, 10; Offb 5, 3. 13).
Bei der *Schöpfung spaltet Gott den Urozean, den *Abgrund. Dazwischen bildet die Erde eine große Ebene; an ihrem Rand ruht auf Säulen das Firmament auf, eine Art fester Kuppel, an der die Lichter (*Sonne, *Mond, Sterne) befestigt sind. Sie sollen die Jahreszeiten anzeigen, die Tage, die Jahre. Über dem Firmament wurden die *Wasser des (himmlischen) Ozeans gestaut. Durch Schleusen können sie die Erde begießen. Über den Wassern befindet sich der unsichtbare *Himmel (Am 9, 6), in dem Gott thront (Mt 5, 34; Offb 4, 2), mit dem Hofstaat der Engel. Von dorther beobachtet er die Erdbewohner. Er kann von dort herabsteigen. Dorthin wird der verherrlichte Jesus zurückkehren. Dort haben die Glaubenden ihre wahre Heimat. Unter der Erde befinden sich die Urwasser mit einem Süßwassermeer, dem die Quellen entspringen, die den Pflanzen Leben geben. Unter der Erde, vielleicht im Urozean, befindet sich der Aufenthaltsort der Toten, die *Unterwelt (Ijob 38, 16f; Röm 10, 7). Im *Abgrund sind die gefallenen Engel eingeschlossen (Lk 8, 31; 2 Petr 2, 4; Offb 9, 1–3. 11) und das *Tier (Offb 11, 7; 17, 8). Am Ende der Welt wird das Firmament seine Dichtigkeit verlieren, sich zusammenrollen (2 Petr 3, 7. 10), die Lichter werden sich loslösen (Jes 34, 4; Mk 13, 24f; Offb 6, 13f). Dann werden die neuen Himmel und die neue Erde erscheinen (2 Petr 3, 12f).

2. Anthropologie

Die *semitische Anthropologie ist jenen Grundrichtungen zuzuordnen, in denen die Einheit des Menschen betont wird, nicht die Vielfalt. Die biblischen Autoren bekennen Gott als den Schöpfer; das hindert sie, sich in eine zeitlose *Gnosis zu verlieren: Der Mensch ist kein Gott, der, in der Materie gefangen, sich an den Himmel erinnert.

A. In seiner Existenz empfängt der *Mensch sich selbst unaufhörlich von Gott; so sehr, daß man vom Menschen nicht sprechen kann, ohne von Gott zu sprechen, in dem er gründet. Die biblische Anthropologie ist ihrem Wesen nach religiös. Andererseits existiert der Einzelne nicht aus sich selbst; er lebt in einer natürlichen Beziehung zum ganzen Weltall; er erlebt sich selbst wesentlich in Beziehung zu anderen Menschen. Zunächst kommt die Menschheit in ihrer Totalität in den Blick; dann das Volk, dem man angehört. Darum versteht der Christ Jesus Christus als den neuen *Adam; als den Menschen schlechthin, in dem ein jeder den Sinn seines Menschseins finden kann.

B. Der Mensch besteht nicht aus Leib und Seele; doch er kann sich durch den *Leib, das *Herz, die *Seele, den *Geist, das *Fleisch ausdrücken... Die dualistische griechische Auffassung hat die semitische Denkart nur wenig beeinflußt; und die Bedeutung vieler Worte erschließt sich dem eingleisig denkenden abendländischen Leser nicht auf Anhieb.

3. Sprachen

A. Zur Zeit Jesu spricht man in Palästina nicht hebräisch; seit einigen Jahrhunderten schon ist die Landessprache das *Aramäische; eine dem Hebräischen verwandte semitische Sprache. Dieser Dialekt war zunächst in den Königsstädten des Mittleren Orients beheimatet, die im 8. Jh. v. Chr. von der assyrischen Invasion überrollt wurden; sie wurde die Diplomaten- und Handelssprache von Mesopotamien bis zum Mittelmeer und hatte schließlich die einheimischen Sprachen verdrängt. Dabei entwickelten sich je nach Region unterschiedliche Sprachgestalten, Westaramäisch (christlich-palästinisch, *Targum, Samaritisch, Palästinischer Talmud) und Ostaramäisch (Syrisch, Babylonischer Talmud). In einem syrischen Dorf bei Damaskus (Ma'lula) spricht man heute noch so.

B. Die frühere Sprache, das *Hebräische, war die religiöse Schriftsprache und würde, so scheint es, von den Juden immer noch verstanden. Gewöhnlich betete man auf hebräisch, und der größte Teil der Texte aus *Qumran ist in dieser Sprache geschrieben. Mt 27, 46 gibt den Vers aus Ps 22, den Jesus am Kreuz sprach, auf hebräisch wieder (vgl. Mk 15, 34). Um das Verständnis der liturgischen Lesungen aus dem AT zu erleichtern, benutzte man überall aramäische Paraphrasen (*Targume); zwei von ihnen wurden amtlich anerkannt; sie entstanden bei der Rückkehr aus dem Exil (6. Jh. v. Chr.).

C. Sehr wahrscheinlich konnten die Juden, der Besatzung wegen, zumindest in Jerusalem ein wenig *Griechisch und vielleicht *Latein* (vgl. die Inschrift am Kreuz Jesu, Joh 19, 20). Der Großhandel mußte das Griechische benutzen; die *Wallfahrten zum Tempel brachten eine Menge griechisch-sprechender Juden aus der *Diaspora nach Jerusalem. Man versteht, warum die aramäisch mitgeteilte Botschaft Jesu vom Beginn der apostolischen Predigt an im Griechisch der Evangelientradition formuliert werden konnte, wenn man bedenkt, daß es schon in der allerersten Zeit der Kirche *Hellenisten in den christlichen Gemeinden gab. Die aus der Diaspora stammenden Gläubigen übertrugen die Worte Jesu und die Erzählungen über ihn ohne weiteres ins Griechische. Aramäisch und Hebräisch sind semitische Sprachen. Sie folgen mit ihrem symbolisch geprägten Denkansatz einer anderen Logik als die indoeuropäischen Sprachen. Die Ideen werden nicht in abstrakten Begriffen ausgedrückt, sondern durch die Dichte konkreter Formulierungen. In der griechischen Übertragung der *Septuaginta (Text des AT, entstanden zwischen 250 und 150 v. Chr.) oder in den Evangelien springt das Gewicht, das die semitischen Worte haben, nicht immer gleich in die Augen. Das trifft für zahlreiche Wörter im *Wörterbuch* zu, etwa Herrlichkeit, Wahrheit, Frieden, Segen...

VI. POLITIK UND RECHT

Als besetztes Gebiet ist Palästina den Interessen der römischen Macht unterworfen. Zwei Gründe tragen hauptsächlich dazu bei, daß Palästina zum Sonderfall im Reich wurde.
Die Juden, das waren nicht nur die etwa 500 000 Bewohner Palästinas, sondern auch die 7 bis 8 Millionen, die in der *Diaspora lebten und etwa 10% der Bevölkerung des Römischen Reichs ausmachten. Die Diasporajuden, die in eng geeinten Gemeinschaften lebten, hatten ein offizielles Statut, das von den römischen Behörden anerkannt wurde. Mehrere hatten sogar den Titel römischer *Bürger, und manch einer bekleidete einen bedeutenden Posten bis in die unmittelbare Umgebung des Kaisers. Das weltweite Judentum ist eine Macht, die die Autorität des kleinen palästinischen Volkes stärkt, so daß es sicher darauf bauen kann, höheren Ortes Unterstützung zu finden.
Die Israeliten verstehen die Politik auf einzigartige Weise: Israel begreift sich als »Theokratie«, das bedeutet, daß nach dieser Auffassung Jahwe allein befiehlt, die amtierenden Autoritäten (*Hoher Rat und *Hoherpriester) sind nur seine Repräsentanten. So sind der religiöse, politische und rechtliche Aspekt untrennbar miteinander verbunden.
Aus diesem doppelten Grund tut Rom gut daran, auf das israelitische Gesetz Rücksicht zu nehmen und Israel einen Sonderstatus zuzuerkennen, durch den der jüdischen Nation einige Vorrechte zugesichert waren, die sie von den anderen Provinzen des Reiches unterschieden.

1. Personenstand

A. DIE JUDEN

a. Mitglied des jüdischen Volkes wurde man durch die *Beschneidung. Doch die Zugehörigkeit zum jüdischen Volk mußte noch durch zwei weitere Kriterien nachgewiesen werden: die israelitische Abstammung der Vorfahren und die Beachtung des Gesetzes. Von da her wird verständlich, daß in der Bibel häufig Genealogien erwähnt werden (Rut 4, 18–22; 1 Chr 5, 30–41; 6, 18–29; Mt 1, 1–17; Lk 3, 23–28). Man glaubte sogar, nur die Glieder »reiner« Familien seien Erben *Abrahams (vgl. Mt 3, 9), d. h. als solche der Vergebung und des Schutzes Gottes und der Zusage des messianischen Heiles sicher. Darüber hinaus durfte man sich nicht auf Geschäfte einlassen, die Verstöße gegen das *Gesetz (z. B. ungerechte Gewinne) oder die Übertretung gewisser Vorschriften oder einfach die gesetzliche Unreinheit zur Folge haben konnten. Selbst in der Wahl der Tischgenossen mied der Jude zur Zeit Jesu jeden, der nicht zu Israel gehörte. Die Beschnittenen heidnischer Herkunft (die *Proselyten), Menschen, die niederen Berufen nachgingen, und die illegitimen Kinder (vgl. Joh 8, 41) waren dadurch ins Abseits gestellt und kamen nicht oder nicht im vollem Umfang in den Genuß der bürgerlichen Rechte. Die Juden waren aufgrund einer besonderen römischen Verordnung vom Militärdienst befreit.

b. Die israelitische *Frau hatte keinen dem Mann gleichwertigen bürgerlichen Status. Sie bleibt auf Dauer unmündig, sie kann vor Gericht nicht als Zeuge auftreten, sie kann nichts erwerben und nicht rechtskräftig handeln, ja nicht einmal ihren Mann beerben. Doch im Gesetz findet sie sich geschützt (vgl. *Einl.* VIII. 2).

B. DIE SESSHAFTEN *FREMDEN. Die ursprünglichen Bewohner Palästinas, die nach der israelitischen Eroberung im Land blieben, und die seltenen Einwanderer sind verachtet und zu allermeist arme Leute. Das AT vergleicht ihre Situation mit der der Hilflosesten, »den Witwen und Waisen«, es sieht Schutzbestimmungen für sie vor (Dtn 24, 17–21). Für diese Menschen heidnischer Herkunft gelten, obwohl sie Freie und nicht Sklaven sind, nicht alle bürgerlichen Rechte. In das alltägliche Leben Israels verwickelt, sind sie gehalten, den *Sabbat zu beachten; unter gewissen Voraussetzungen dürfen sie an den religiösen Festen teilnehmen. Manche werden durch die Bekehrung zum jüdischen Glauben und die Beschneidung *Proselyten, doch selbst dadurch werden ihre bürgerlichen Rechte, wenngleich erweitert, niemals denen der Juden gleich. Ihr Friedhof ist abgetrennt.

C. DIE *SKLAVEN. Ein *Jude* konnte infolge eines Diebstahls oder, was öfter vorkam, unbezahlbarer Schulden wegen Sklave werden, doch allerhöchstens für die Dauer von 6 Jahren (Ex 21, 2–11; Dtn 15, 12). Seine Situation hatte nichts Entehrendes; sie glich der eines Lohnarbeiters, der sich langfristig einem reichen Gutsherrn verdingt hatte. Die *heidnischen* Sklaven dagegen blieben Sklaven auf Lebenszeit, unabhängig davon, ob sie gekauft oder von Dienern einer Familie geboren waren. Die Zahl der einen wie der anderen läßt sich schwer festlegen; sie war eindeutig niedriger als in Griechenland oder in Rom.

2. Verwaltung

A. Rom nahm Rücksicht auf die Empfindlichkeit der Juden. Der *Statthalter residierte nicht in Jerusalem, sondern in Cäsarea; nur zu den großen Festen kam er in die Heilige Stadt hinauf, um dort die Massenversammlungen zu überwachen. Das geringfügige *Truppen*kontingent setzte sich aus Römern, Galliern und Spaniern zusammen und war in Syrien stationiert. In Jerusalem blieb jedoch eine 700–1000 Mann starke Wache (Apg 21, 27–40). In Judäa gab es nur griechische, syrische oder samaritische Hilfstruppen. Die Juden selbst waren vom Militärdienst befreit (vgl. *Einl.* VI. 1. A). Weil Israel jede Vergöttlichung einer menschlichen Gestalt ablehnt, waren die Truppen gehalten, wenn sie in Jerusalem einzogen, die Ehrenzeichen, die das Bildnis des Kaisers trugen, zu verbergen; nur auf dem römischen Silber- *Denar war der Kopf des Tiberius eingraviert (vgl. Mt 22, 19f). Die in Judäa geprägten *Münzen* trugen neben dem Namen des Kaisers nur Symbole, die dem Judentum entlehnt waren. Funktionäre und Militärs ordneten wahrscheinlich Requisitionen an, die selbstverständlich Mißfallen erregten (Mt 5, 41).

B. Doch die Empfindlichkeit der Juden vertrug sich schlecht mit der römischen Autorität. Einerseits wurde durch das Gesetz, das jeden Verkehr mit den *Heiden verbot (Lk 7, 3), eine strikte Trennung aufrechterhalten. So mußte etwa Pilatus aus dem *Prätorium hinausgehen, um mit den draußen stehenden Juden zu sprechen (Joh 18, 28f), und Petrus bedurfte der Aufklärung durch eine Vision, ehe er das Haus des Hauptmanns *Kornelius betrat (Apg 10, 28f). Andererseits lasteten verschiedene direkte *Steuern auf dem schon mit dem Tempel*tribut belasteten Volk; darüber hinaus ließen *Volkszählungen (drei zwischen 28 v. Chr. und 14 n. Chr.) das Joch spüren. Es nimmt also kein Wunder, daß die Aufrührer die Bevölkerung zu den relativ häufigen Revolten gegen die Besatzung aufwiegeln. Doch Paulus sieht die Lage anders: Er sieht in der *Pax Romana* eine günstige Voraussetzung für die Verbreitung der christlichen Botschaft, und er fordert, man solle sich der staatlichen *Gewalt unterwerfen (Röm 13, 1. 5).

3. Finanzen

A. BÜRGERLICHE *STEUERN

a. Die Juden bezahlen seit der Zeit Salomos Steuern: Das Land war in zwölf Bezirke aufgeteilt; sie mußten der Reihe nach die königliche Kasse füllen. Nach dem Babylonischen Exil forderten die aufeinanderfolgenden heidnischen Besatzungsmächte von jedem einen Tribut (2 Kön 15, 20; 23, 35; Esra 4, 13; Neh 5, 4). Die Landesherren, Herodes der Große zur Hebung seines politischen Ansehens und seine Nachfolger, die *Tetrarchen, forderten ihrerseits teilweise unerhörte Tribute.

b. Zur Zeit des NT gibt es direkte und indirekte römische Steuern. Die *direkten Steuern* werden durch Vertreter des kaiserlichen Fiskus eingezogen. Sie betreffen das Eigentum an Grund und Boden und werden in Naturalien bezahlt; darüber hinaus wird »Kopfsteuer« erhoben (= je nach der Kopfzahl), was jeden jeweils nach der Einschätzung seines Vermögens trifft (vgl. Mt 22, 17). Die *indirekten Steuern* richten sich nach den Zoll- und Bewilligungsrechten: Mit ihrem Einzug sind die *Generalpächter* durch einen Fünfjahresvertrag beauftragt; sie bürgen mit Hilfe der örtlichen Steuereinnehmer (der *Zöllner) für den gesamten Steuerbetrag.

B. RELIGIÖSE STEUERN

a. Die *Tempelsteuer,* ein halber *Schekel oder eine *Doppeldrachme (Mt 17, 24), mußte von allen Juden, auch von den in der *Diaspora lebenden, im Verlauf des Monats vor Ostern entrichtet werden. Sie diente dem Unterhalt für das Heiligtum und die diensttuenden Priester.

b. Der *Zehnt wurde von den *Leviten erhoben und entsprach einem Zehntel der landwirtschaftlichen Erzeugnisse (Dtn 14, 22f). Ohne die Abgabe des Zehnten galt das Erzeugnis als unrein; wer davon aß, beging eine Sünde. Die Abgabe des Zehnten geschah auf Treu und Glauben; mit dem Opfer der *Erstlinge verband sich sogar ein bäuerliches und religiöses Fest (Dtn 26, 1–11).

4. Recht und Rechtsprechung

A. DIE BEHÖRDEN

a. Der *Hohe Rat* war eine Art ständige Kommission, die in Jerusalem zweimal wöchentlich im Tempel tagte. Seine Einrichtung könnte nicht auf Mose (Num 11, 16), wahrscheinlich auch nicht auf Esra, sondern auf Antiochus III. (223–187) zurückgehen; sicher ist er seit Johanan Hyrkanus I. (134–104 v. Chr.) eingesetzt.
Der Hohepriester steht dem Hohen Rat vor. Die 71 Mitglieder setzen sich zusammen aus den *Ältesten (Repräsentanten der großen Familien), den ehemaligen *Hohenpriestern und ebenso aus *Sadduzäern – sie waren alle aus dem priesterlichen Geschlecht – und aus wenigen *pharisäischen *Schriftgelehrten und *Gesetzeslehrern. Der Hohe Rat übt religiöse und politische Funktionen aus. Zunächst wirkt er als oberster Gerichtshof für Delikte gegen das *Gesetz und gleichzeitig als theologische Akademie, die die Lehre festlegt, den liturgischen *Kalender aufstellt und das gesamte religiöse Leben überwacht. Politisch wirksam wird er durch die Verabschiedung der Gesetzesvorschläge, er verfügt über eine eigene Polizeitruppe und regelt die Beziehungen mit der Besatzungsmacht. Für seine Beschlußfähigkeit genügt die Anwesenheit von 23 Mitgliedern. Wenn infolge einer schwerwiegenden Angelegenheit eine Nachtsitzung anberaumt wurde, durfte bis zur Morgensitzung am folgenden Tag kein Todesurteil ausgesprochen werden.
Die Römer erkannten dem Hohen Rat offiziell das Recht zu, die Prozesse einzuleiten und das Urteil dem jüdischen Gesetz entsprechend zu verhängen. Im Fall eines Todesurteils indessen ist der Hohe Rat verpflichtet, die Bestätigung der römischen Behörde einzuholen.

Seit dem Jahr 70 existierte der politische Hohe Rat nicht mehr; der religiöse Hohe Rat wurde zunächst nach Jamnia verlegt (heute Jabne, 20 km südlich von Jaffa), dann nach *Tiberias.

b. *Die anderen Gerichtshöfe*. Im Zug einer Dezentralisation, die *Josephus dem Legaten Gabinius (63–35 v. Chr.) zuschreibt, erhielten vier Städte (Gadara, Amat, Jericho, Sepphoris) einen Gerichtshof mit 23 Mitgliedern. Darüber hinaus waren überall im Land, wo eine rechtmäßig gegründete Gemeinde bestand, die *kleinen Sanhedrine* tätig. Sie bestanden aus drei Mitgliedern, zu denen ein Richter gehörte (Mt 5, 25). Sie behandelten gewöhnlich zweitrangige Fälle und konnten die Strafe der *Geißelung verhängen (Mt 10, 17).

B. BÜRGERLICHES RECHT

a. *Personenrecht*. Einzelne Gruppen werden deutlich unterschieden. Nur ein *freier Erwachsener* ist Bürger mit vollem Recht. Die *Söhne* sind bis zu ihrer Volljährigkeit (grundsätzlich 20 Jahre, öfters mehr) und auch die *Sklaven* der Autorität des Familienoberhaupts unterstellt. Die *Frau* gilt weniger als der Mann; Verpflichtungen, die sie eingeht, können von ihrem Mann für ungültig erklärt werden (vgl. *Einl.* VIII. 2. B. c). Die *im Land lebenden* *Fremden haben noch weniger Rechte; sie bleiben am Rand der Gesellschaft; doch die Gesetzgeber haben einige Regelungen zu ihrem Schutz erlassen (Lev 24, 22; Dtn 24, 17).

b. *Eherecht*. Zwei Verbindungen waren verboten: Die Ehe mit einer nichtjüdischen Frau (Gesetz der *Endogamie*) und *Ehen unter Blutsverwandten*; in diesem Fall hat der Gesetzgeber die Grenzen genau festgelegt. Das Gesetz des *Levirats jedoch verpflichtete einen Mann, die Frau seines verstorbenen Bruders zu heiraten, falls dieser keine Kinder gezeugt hat, um ihm Nachkommenschaft zu sichern (vgl. Mt 22, 25).

c. *Erbrecht*. Die *Erbschaft fiel den männlichen Nachkommen zu; der *Erstgeborene erhielt den dopelten Anteil (vgl. Dtn 21, 17 und Lk 15, 12). Vom hellenistischen Recht beeinflußt, begann man dann, *Testamente aufzusetzen (vgl. Gal 3, 15). Die Bedingungen für ihre Rechtsgültigkeit wurden durch die *Rabbinen festgelegt.

d. Die Festlegungen für die vorausgehenden Bereiche sind nicht allzu genau; doch was mit *Schadenersatz* und *Zinsen* (vgl. Ex 21–22), mit Kauf und Verkauf, mit Darlehen, Pfänden und *Schulden* zu tun hat, ist von der Gesetzgebung genau festgelegt; denn für die Juden war *Gerechtigkeit in den zwischenmenschlichen Beziehungen von wesentlicher Bedeutung.

C. DAS STRAFRECHT. Bezeichnend für das israelitische Strafrecht sind die Rolle, die das religiöse Element spielt, und – verglichen mit den zeitgenössischen Gesetzgebungen im Mittelmeerraum – seine humanitäre Seite. Jede Vorschrift ist vom Gesetz, d. h. von einer Weisung, die Gott seinem Volk gegeben hat, abhängig und wird im Gesetz begründet und gerechtfertigt.

a. *Ausübung*. Eine Klage mußte zunächst durch den Ankläger vorgebracht werden. Der Tatsachenbeweis wurde, selbst wenn er offenkundig war, nicht zugelassen. Zwei *Zeugen mußten das Vergehen bestätigen (Dtn 19, 5; Mt 18, 16). Ihre Verantwortung reichte so weit, daß sie im Fall eines Todesurteils bei der Steinigung den ersten Stein werfen mußten. Frauen, Unmündige und Sklaven konnten nicht als Zeugen auftreten. Der Angeklagte brachte seine Verteidigung durch einen Rechtsanwalt vor, oder er führte Zeugen zu seinen Gunsten an. Bei der Urteilsfindung genügte die relative Mehrheit für den Freispruch; für ein Todesurteil dagegen war die absolute Mehrheit und zwei zusätzliche Stimmen erforderlich.

b. *Vergehen und Strafmaße.* Vergehen gegen Gott oder die Heiligkeit des Volkes gelten als die schwersten und werden mit der härtesten Strafe belegt. Man betrachtete sie als das, was wir als einen Angriff gegen die Sicherheit des Staates bezeichnen würden. Dazu gehörten: der *Götzendienst, die *Magie (oder auch die Wahrsagerei), die Gottes*lästerung, die Verletzung des *Sabbats, der *Mord (wegen des vergossenen Blutes), der *Ehebruch, dazu jeder ausdrückliche Ungehorsam gegen ein Gesetz der Religionsgemeinschaft, wie etwa einen Sohn nicht zu beschneiden oder den Sabbat nicht zu feiern. Für all diese Fälle war die Todesstrafe vorgesehen. Zur Zeit Jesu indessen mußte ein Todesurteil durch die Römer bestätigt werden.

Für Vergehen und Frevel, die zu Körperverletzungen führten, sich gegen das Eigentum, das Ansehen einer Familie oder eines Einzelnen richteten, achtete man darauf, wie schwer der Verstoß war (vgl. Mt 5, 22) und brachte das jus talionis (Gesetz der *Vergeltung von Gleichem mit Gleichem) zur Anwendung: Auge für Auge und Zahn für Zahn (Ex 21, 24; Mt 5, 38). So unbarmherzig dies Vergeltungsgesetz erscheinen mag, so bildet es doch einen Fortschritt im Vergleich zu den Bräuchen der Frühzeit (Gen 4, 23f) denn es fordert die strenge Entsprechung zwischen Vergehen und Strafe.

c. Die *Todesstrafe* wurde bei den Juden durch *Steinigung vollzogen. Man praktizierte auch die Enthauptung, die Erdrosselung, die Verbrennung. Die *Kreuzigung wurde durch die römische Besatzung eingeführt. Die übrigen Strafen bestanden einerseits im *Gefängnis, vor allem für zahlungsunfähige Schuldner, andererseits in der *Geißelung oder der Prügelstrafe, mit der man aber aufhören mußte, ehe das Opfer umkam.

VII. WIRTSCHAFT

1. Bodenbeschaffenheit

A. LANDWIRTSCHAFT. Im Palästina des NT bildet, wie in den meisten Ländern der antiken Welt, die Landwirtschaft die wichtigste Einnahmequelle. Der Boden, oft felsig (Mt 13, 5), wird in den fruchtbaren Tälern, deren Ertrag sehr hoch sein kann (vgl. Mt 13, 8) und an den terrassenförmig angelegten Abhängen intensiv bewirtschaftet. Gleich nachdem der Oktoberregen die Erde aufgeweicht hat, beginnen die Feldarbeiten. Der Bauer benutzt einen Holzpflug (Lk 9, 62) mit eiserner Pflugschar; den ins Joch gespannten Ochsen oder Esel treibt er mit einem Stachel an. Gesät wird mit der Hand. Der Ertrag der *Ernte kann durch Dürre, sengende Winde, Vögel und

Parasiten gemindert werden. Gerste wird vor Ostern, Korn zwischen Ostern und Pfingsten geerntet. Die Sense kennt man noch nicht. Man schneidet die Ähren büschelweise mit einer eisernen Sichel. Manchmal wird das Getreide an Ort und Stelle durch freie oder angeschirrte Tiere ausgestampft, meist bringt man es auf die Dorftenne, die an einem windigen Platz liegt. Dort benutzt man auch die *Getreideschwinge (Mt 3, 12), um beim Abendwind die Körner vom Stroh zu trennen. Das Getreide sammelt man in Gruben oder in Scheunen (Mt 6, 26).

Der *Weinstock, das wertvollste Gut des Bauern, gedeiht auf den Abhängen; der Weinstock muß jahrelang gepflegt werden, ehe er die erste Frucht bringt, und auch danach bedürfen die Reben ständiger Pflege. In den Weinbergen befindet sich eine *Kelter. Mitten im Weinberg steht ein Turm (Mt 21, 33); dort bezieht der Besitzer im Sommer Quartier, um Füchse und Diebe abzuwehren. *Ölbäume und *Feigenbäume werden immer wieder neu gepflanzt. Die einen liefern das nicht nur für die Ernährung, sondern auch für die Herstellung von *Duftstoffen und Heilmitteln wichtige *Öl. Die anderen spenden *Schatten und tragen Früchte, die man frisch oder getrocknet ißt.

B. Die HERDEN von *Ziegen und *Schafen sind eine bedeutende Einnahmequelle (Fleisch, Milch, Leder, Wolle). In den Flüssen und Seen gibt es (abgesehen vom Toten Meer) eine Unmenge Fische; darum entsteht, vor allem in Galiläa, ein blühendes *Fischereigewerbe, das korporativ organisiert ist mit Arbeitgebern und Arbeitern (Mk 1, 20). Meeresfischerei wird nicht betrieben.

C. Die BODENSCHÄTZE beschränken sich auf einige Kupferlager in der Gegend des heutigen Akaba, die seit der Königszeit abgebaut werden, und auf den Basalt (Dtn 3, 11). Der letztere wird »Eisenstein« genannt und findet mangels Eisen für verschiedene Werkzeuge Verwendung; er dient zur Herstellung von *Mühlsteinen und anderen, zumeist bäuerlichen Werkzeugen. Man betreibt damit einen ziemlich lebhaften Handel.

2. Gewerbe

Die handwerklichen Berufe entsprechen den Bedürfnissen der Zeit und werden vom Vater auf den Sohn weitergegeben. Sie beziehen sich auf die Ernährung, auf die Herstellung von *Kleidern (Weber, Walker, Färber, Schneider), die Ausstattung des Haushalts und der Landwirtschaft (Töpfer, Gerber), auf die Herstellung von Schmuck und kostbaren Kultgegenständen (Goldschmiede, Juweliere) und wohlriechenden Essenzen für den liturgischen oder privaten Gebrauch. Zu all dem kommt die Handwerkergruppe des Tempels, zu dessen Errichtung, Unterhalt und Ausschmückung viele Arbeiter benötigt werden. Sie werden gut bezahlt und während der Feiertage aus der Tempelkasse unterstützt. In der ntl. Zeit sind die Kenntnis und die Ausübung eines Handwerks hoch geschätzt. Die ersten Jünger Jesu waren Fischer (Mt 4, 18), die nach dem Tod Jesu zunächst zu ihrer früheren Arbeit zurückkehren (Joh 21, 3). Paulus, einer der zahlreichen *Schriftgelehrten, die einen Beruf für den Lebensunterhalt ausübten (z. B. Bäcker oder Schneider) war Zeltmacher. Gewisse Gewerbe jedoch kamen aus moralischen Gründen in Verruf, etwa weil sie Gelegenheit zum Diebstahl bieten (z. B. das Gewerbe des Warentransports) oder wegen einer physischen Nebenwirkung, die Abneigung hervorruft (wie anscheinend die Lohgerber wegen des Ledergeruchs), oder auch weil sie an der Befolgung des Gesetzes hinderten (so noch einmal die Lohgerber oder die *Hirten).

3. Der Handel

Die palästinischen Hafenstädte haben geringe Bedeutung; das *Meer ist nicht jüdisch; die Händler benutzen griechische, phönikische oder römische Schiffe. Das Land dagegen, das am Kreuzweg zwischen dem östlichen Asien, Ägypten und Arabien liegt, ist der Länge wie der Breite nach von Straßen durchfurcht. Auf ihnen vollzieht sich ein vielfältiger Austausch. Trotz der Bedrohung durch Straßenräuber exportieren zahlreiche Kamel- oder Eselkarawanen landwirtschaftliche Produkte, *Duftstoffe, oder sie importieren aus Griechenland, aus Arabien, aus Mesopotamien und selbst aus Indien kostbare *Stoffe, Glas, Metalle, *Gewürze und auch, vor allem aus Syrien, Sklaven. Der Großhandel scheint ziemlich gewinnträchtig gewesen zu sein; mit den so gewonnenen Einkünften wurde der Aufkauf ausgedehnter bäuerlicher Besitzungen möglich. Der kleine Handel dient der Versorgung der Städte, vor allem Jerusalems, die nicht an den Hauptstraßen liegen und darum schwer zu erreichen sind. Die Zollstellen waren nicht nur an den Grenzen errichtet, sondern auch auf den Märkten. Bezahlt wurde mit römischem oder einheimischem *Geld. Auch Tauschhandel wird praktiziert. Die Pilgermassen, die zum Tempel zogen, bildeten eine Einnahmequelle für Jerusalem, alljährlich brachten sie die für jeden Juden vorgeschriebene Steuer in den Tempel. Die Gebrauchsgüter, die Versorgung mit Holz, Stoffen, Edel*steinen, Tieren für Gemeinschafts- und Privat*opfer geben dem Tempel seine Bedeutung für den Handel der Stadt.

4. Reiche und Arme

Der Unterschied zwischen den sozialen Klassen war beträchtlich. Der Herrscher und sein Hof, die Großkaufleute, die Grundbesitzer, die leitenden Steuereinnehmer und der priesterliche Adel führten sorgloses und manchmal prunkvolles Leben. Beim Gastmahl versammelten sich viele Tischgenossen (Mt 23, 6). In Jerusalem wollte es eine Sitte, daß man während eines Stadtfestes oder während des Pascha die Armen von der Straße weg zum Essen einlud (vgl. Lk 14, 13).
Die Handwerker und die einfachen Priester bildeten eine Art Mittelklasse. Die Kleinbauern, die durch die Häufung der Äcker in den Händen der Reichen verarmten, waren oft verschuldet. Unter denen, die keine Rücklage hatten, lebten die Taglöhner recht und schlecht von ihrem täglichen Lohn (normalerweise 1 *Denar und das Essen), während jene, die nicht arbeiten konnten – auch die Kranken –, auf die Unterstützung durch Wohltätigkeitsorganisationen angewiesen waren. Das Almosen spielte eine bedeutende Rolle im jüdischen Leben.

Die verschiedenen Steuern bildeten eine schwere Last, und indem sie das ganze Volk auf eine unsichere Situation festlegten, verhinderten sie den bescheidenen Wohlstand, zu dem es das Land hätte grundsätzlich bringen können.

Bei dieser Lage der Dinge hat Jesus die *Reichen nicht grundsätzlich beiseite geschoben; er hat einige sogar zu seiner *Nachfolge gerufen; er hat ihnen ein Ideal des entsagenden Lebens angeboten (Mt 19, 16–29), das der Vögel des Himmels (Lk 12, 22–31). Er warnte vor dem Besitz von Reichtümern, der dazu führt, daß man vergißt, sterblich zu sein, und auf den Armen nicht mehr achtet (Lk 12, 16–21; 16, 19–31). Doch die Urgemeinde scheint, ohne daß die Gründe dafür ausdrücklich genannt werden, wirtschaftliche Schwierigkeiten gehabt zu haben (Apg 6, 1), und Paulus mußte durch eine *Kollekte für die Bedürfnisse der Mutterkirche in Jerusalem sorgen (Röm 15, 25f; 1 Kor 16, 1–4; 2 Kor 8–9; Gal 2, 10).

VIII. HAUS UND FAMILIE

1. Der Rahmen

A. DAS JÜDISCHE HAUS. Die wenigen erhaltenen Reste lassen vermuten, daß die Häuser im allgemeinen aus rohen oder gebrannten Ziegeln gebaut waren, seltener aus Steinen. Die Häuser der Armen bestanden nur aus einem einzigen Raum; dazu kamen Nebengebäude, in denen das Korn und die Wasserkrüge aufbewahrt wurden. Bei den Wohlhabenderen waren die Räume um einen Hof gebaut, im Hof war die Zisterne oder, wenn sie fehlte, Krüge mit Wasser für die rituellen *Waschungen (Joh 2, 6). Es gab wenige *Fenster,* und im Innern war es ziemlich dunkel; darum gebrauchte man *Leuchter, und selbst bei den Ärmsten brannte immer eine Öl*lampe. Die Häuser in den *Diasporastädten scheinen größere Fenster gehabt zu haben (vgl. Apg 9, 25; 20, 9; 2 Kor 11, 33). Die Fundamente waren auf Felsen gebaut; die Backsteine ruhten auf Steinen (Mt 7, 24). Das *Dach* war flach, gemacht aus Astwerk, das mit Tonerde und kleinen Steinen vermischt wurde. Man konnte leicht einen Teil aufbrechen (Mk 2, 4); es benötigte häufige Reparaturen. Das Dach war mit einer Brüstung umgeben und wurde verschiedenartig genutzt: zum Schlafen in den Sommernächten, für häusliche Arbeiten, für Unterhaltungen, zum Gebet. Falls das Dach solide war, errichtete man dort ein luftigeres Gastzimmer, das sogenannte *Obergemach* (Apg 1, 13; 9, 37; 20, 8). Der Boden des Hauses bestand gewöhnlich aus gestampfter Erde; an der hölzernen *Tür* gab es einen Riegel und einen Klopfer, man öffnete sie mit Hilfe eines hölzernen *Schlüssels* mit Eisenspitze. Vorn an der Tür hing die $m^e z \bar{u} z \bar{a}$, eine Kapsel, die ein Pergament enthielt, auf dem der Text Dtn 6, 4–9; 11, 13–21: das *Schemaʿ Israel* geschrieben war (vgl. *Einl.* XIII. 2. B. a). Die *Möblierung* bestand aus dem Eßtisch, den Liegen und Sitzen, auf denen man sich zum Essen ausstreckte, den Betten (Liegen oder Decken mit Kissen) und Schränken. In der Küche gab es einen Ofen zum Brotbacken, einen Herd mit zwei Feuerstellen, viele Töpfe aus gebranntem Ton oder aus Kupfer.

B. DIE KLEIDUNG. Seit der Königszeit verwendet man in Israel *Wolle, *Leinen und Baumwolle. Spezialisierte Handwerkergilden stellten die Gewebe her, teilweise in Naturfarbe, teilweise gebleicht, oder auch *purpurn, *scharlachrot, blau oder braun gefärbt. Die *Kleider sind weit geschnitten, eher drapiert als dem Körper angepaßt. Ihre Schönheit hängt von den *Stoffen (Lk 7, 25; Offb 19, 8) oder von der Ausschmückung mit Stickereien und Schmuck ab (vgl. Jak 2, 2). *Fransen und *Gebetskapseln weisen auf die Frömmigkeit hin. Die hauptsächlichen Kleidungsstücke sind die *Tunika, die durch einen *Gürtel gehalten wird, und der *Mantel. Der primitive *Lendenschurz wurde durch ein um die Hüften geschlungenes Tuch ersetzt, es dient als Unterwäsche.
Die Kopfbedeckung besteht aus einem Stück Stoff, das entweder um den Kopf geschlungen wird und auf die Schultern fällt oder wie ein Turban gerollt wird, oder aus einem *Schleier; man trägt sie den ganzen Tag. Die *Schuhe sind aus mehr oder weniger biegsamem Leder gemacht, manchmal mit Nägeln beschlagen; im Heiligtum und in den Häusern zieht man sie aus.

C. KÖRPERPFLEGE

a. Die jüdische Tradition fordert von allen strenge *Reinlichkeit*. Die vom Staub der Wege beschmutzten Füße und die Hände wurden bei der Rückkehr in das Haus oder vor der Mahlzeit gewaschen (Mk 7, 3f; Lk 7, 44). Auch den ganzen Körper *wusch man häufig. Dazu benutzte man das Wasser der Quellen oder der Zisternen und in den Städten die Teiche oder die Badeanstalten, die die Römer eingeführt hatten. Die Reinlichkeit war überdies eine religiöse Vorschrift: vor dem Gebet im Tempel mußte man sich waschen und die Kleider wechseln; rituelle *Waschungen waren gefordert, um jede rituelle *Unreinheit zu tilgen.

b. Seit der Frühzeit spielten die *Duftwasser im jüdischen Leben eine große Rolle, teils aus sozialer Konvention (vgl. Lk 7, 46), teils um das Ungemach der Hitze zu lindern.

c. Die Pflege der *Haare war wichtig: seine Haare herumhängen zu lassen oder sich den Kopf zu rasieren bedeutete *Trauer oder *Traurigkeit. Sich die Haare wachsen zu lassen war andererseits Gegenstand eines Gelübdes (vgl. Apg 21, 23f). Die Frauen pflegten und schmückten ihre langen Haare sorgfältig (vgl. 1 Tim 2, 9).

D. ERNÄHRUNG

a. Hauptnahrungsmittel waren die *Bodenprodukte,* Milcherzeugnisse, Fisch und *Brot. Das gebratene Fleisch, zumeist von Lamm oder Ziege, bleibt den Festen und den Gastmählern vorbehalten. Bei außergewöhnlichen Mahlzeiten spielt der Wein unter den Getränken eine hervorragende Rolle. Der Wein ist rot, manchmal gewürzt oder mit *Honig gesüßt, von verschiedenen Sorten; er wird in Schläuchen oder Krügen aufbewahrt und muß vor dem Trinken durchgesiebt und mit Wasser versetzt werden (vgl. Mt 23, 24).
Doch zu ntl. Zeit bestanden immer noch zahlreiche Verbote in bezug auf Nahrungsmittel; ihr Ursprung ist im religiösen Charakter, den man der *Mahlzeit zuschreibt, zu suchen. Verboten sind: *Schweinefleisch, *Kamel-

fleisch, Muscheln, alle Insekten, ausgenommen einige *Heuschreckenarten (vgl. Mt 3, 4),schließlich alles Fleisch von Tieren, die nicht geschächtet oder die den Göttern geopfert wurden. Wer davon ißt, wird »*unrein«. Die Mt 13, 48 erwähnte Aussonderung von Fischen könnte sich auf jene Vorschriften beziehen, gegen die Paulus zu kämpfen hatte (Röm 14, 14).

b. Die *Küche* ist den Frauen und den Sklaven vorbehalten: tagtäglich werden die Körner mit der *Mühle gemahlen, das Mehl ist körnig, es wird entweder mit *Hefe vermischt oder nicht und danach im Ofen zu *Brot gebacken. Feines Backwerk ist beliebt; der Honig dient zum Süßen. Neben dem *Salz werden viele andere Gewürze verwendet, um die in Öl gekochten Speisen abzuschmecken. Die Küchengeräte sind aus gebranntem Ton oder aus Kupfer. Bei der gemeinsamen Mahlzeit wird das rundgeformte Brot als Teller benutzt; man taucht das Brot auch in die mitten auf dem Tisch stehenden Soßen.

2. Das Familienleben

A. DIE FAMILIE UND DIE AUSSENSTEHENDEN

Die Familie, oder auch das *Haus (vgl. Neh 7, 4), ist patriarchalisch geprägt, denn es ist »das Haus des Vaters« *(bēt'āb)*. Der Vater, oder nach seinem Tod der älteste Sohn, hat zu bestimmen. Zur Familie gehören die Eltern, die Ehefrauen, die (legitimen oder illegitimen) Kinder ebenso wie die Diener und die wohnhaften *Fremden. Die häusliche Familie ist weniger umfangreich als zur Zeit der Patriarchen, doch sie bleibt die grundlegende Zelle der Gesellschaft. Das Gefühl der Zugehörigkeit ist in dem Einzelnen so lebendig, daß die Bekehrung des Familienvaters die aller Familienglieder nach sich zieht (Joh 4, 53; Apg 10, 2; 11, 14; 18, 8; Kor 1, 16). An Pascha ist die Familie auch kultische Gemeinschaft (Ex 12, 3f). Die Solidarität der Familie erweist sich in der Sitte des *$g\bar{o}'\bar{e}l$, der *Erlöser, Verteidiger und Schützer der Interessen des Einzelnen und der Gruppe ist. Alle Glieder der Familie sind *Brüder. Ihr stehen die anderen gegenüber, einmal die, die man als *Nächste bezeichnen kann: die anderen Juden, dann die seßhaften Fremden, die Sklaven, die Heiden. Die Beziehungen zu den anderen sind durch die Blutsbande streng begrenzt. Gewiß strebt der Familienkreis nach Ausweitung im Blick auf das heilige Gesetz der Gastfreundschaft. Doch erst Jesus wird diesen engen Kreis endgültig sprengen: alle Menschen sind in Jesus Christus *Brüder.

B. DAS HEIM UND SEINE GRÜNDUNG

a. Die Institution der *Ehe* hat ihren Ort in der Familie. Die Frau wurde zumeist in der nahen Verwandtschaft gesucht. Dabei achtete man auf das Inzestverbot (Lev 18, 6). Aber man umging die Verbote auch, wenn man sie in fremden Stämmen suchte. Es gab die Liebesheirat, doch normalerweise sind die künftigen Brautleute noch sehr jung (die Rabbinen legen das Mindestalter für Mädchen auf 12, das der Jungen auf 13 Jahre fest), und darum wird über die Ehen normalerweise von den Eltern entschieden. Die Eltern diskutieren über die Höhe des *mohar* (vgl. Gen 29, 15f; 34, 12), also der

Geldsumme, die der künftige Bräutigam dem Vater des Mädchens bezahlen mußte; dabei ging es nicht darum, die Frau zu kaufen, sondern ihrer Familie einen Ausgleich zu geben. Die Familie benutzte übrigens gewöhnlich den Betrag für die Aussteuer des jungen Mädchens. Wenn diese Verhandlungen abgeschlossen sind, sind die jungen Leute *vermählt,* das bedeutet, sie sind juristisch aneinander gebunden, auch wenn sie noch nicht zusammen wohnen (vgl. Mt 1, 18–20).
Schließlich findet nach einer schwer bestimmbaren Frist (ein Jahr?) das *Hochzeitsfest* statt, eine rein zivile Angelegenheit, ohne religiösen Ritus. Ein Vertrag, in dem eine Formel wie etwa die in *Qumran gefundene: »Du wirst meine Frau« vorkommt, wird geschlossen. Das Fest findet gewöhnlich im Herbst nach der Ernte statt. Die Hinweise in der rabbinischen Literatur sind zu sparsam, als daß man die Art des Hochzeitsgeleits näher bestimmen könnte. Aller Wahrscheinlichkeit nach wird der Bräutigam von seinen Freunden begleitet (Mt 9, 15), einer von ihnen übernimmt das Amt des »Zeremonienmeisters« (Joh 3, 29). Er begibt sich in das Haus der Braut. Das verschleierte junge Mädchen ist von ihren Freundinnen umgeben. Nachdem sie den Segen ihrer Eltern erhalten hat (vgl. Gen 24, 60), schließt sie sich dem Hochzeitszug an, der zum Haus des Bräutigams zieht. Dort dauern die Festlichkeiten bis spät am Abend. Nach einer anderen Sitte (die durch Bräuche, die zu Anfang des 20. Jh. in Palästina üblich waren, bestätigt zu sein scheint), kehrt der Bräutigam, der bei seinen Schwiegereltern oft durch letzte Formalitäten des Vertrags wegen festgehalten wurde, zu später Stunde in sein väterliches Haus zurück; dort erwartet ihn die verschleierte Braut mit ihren Freundinnen (Mt 25, 10). Nun wird die Ehe vollzogen.
Die Festlichkeiten (Festmahl, Tänze, Lustbarkeiten) dauerten sieben Tage und manchmal doppelt so lang; dazu kam die ganze Nachbarschaft zusammen, gewöhnlich im Haus des Ehemannes.

b. Von nun an hat der *Mann* die absolute Vollmacht *(oikodespotēs)* in der neugegründeten Familie.

c. Die *Frau* anerkennt den Mann als ihren Herrn *(baʿal*: Gen 18, 12), als ihren Meister *(ʾādōn),* der Mann dagegen betrachtet die Frau, unter Berufung auf einige Bibeltexte (Ex 20, 17; Dtn 5, 21) als sein Eigentum, wie etwa das Haus, den Knecht oder den Esel. Obgleich das Gesetz die Frau gegen möglichen Mißbrauch schützt (Dtn 21–22), bleibt sie juristisch in allem von ihrem Mann abhängig (vgl. Einl. VI. 1. A. b). Sie muß schwere Arbeiten im Haus verrichten (Brot, Wasser, Öl, Stoffe), oder sie hütet die Herde und arbeitet auf den Feldern. Ihr Ansehen steigt mit der Zahl ihrer Kinder und dem Erfolg ihrer Arbeit.

d. Das *Ehepaar* kann trotz dieser Ungleichheit dem Willen des Schöpfers (Gen 2, 18. 24) entsprechend leben, besonders wenn ihm Söhne geschenkt werden. Die Kinder müssen, die *Mutter ebenso achten wie den *Vater (Ex 20, 12). Wenn die Ehefrau unfruchtbar ist, kann es sein, daß der Mann eine Konkubine in sein Heim bringt, obwohl die Monogamie das Ideal jüdischer Ehe ist (vgl. Spr 5, 15–19; 31, 10–31; Koh 9, 9; Sir 26, 1–4). Wenn die Frau beim *Ehebruch ertappt wird, kann sie zum Tod verurteilt werden, oder der Mann kann sie zurückschicken, indem er eine Scheidungsurkunde ausstellt

(Mt 5, 31; vgl. Dtn 24, 1. 3; Jes 50, 1; Joh 8, 3). Danach kann sie sich rechtmäßig wieder verheiraten. Der Grund für die Verstoßung kann gelegentlich geringfügig sein. Die Frau ihrerseits kann die *Scheidung nicht verlangen (Mk 10, 12 berücksichtigt die griechisch-römischen Bräuche).

e. Die *Witwe* bleibt mit ihren Söhnen in der Familie ihres Mannes. Auch wenn sie keine Kinder hat, kann sie dort bleiben; der Brauch des *Levirats (Dtn 25, 5–10) verpflichtet den Schwager (lat. *levir*), einen Nachkommen mit ihr zu zeugen, damit der Name des Verstorbenen weiterlebt (Rut 4, 5. 10). Wenn kein *levir* da ist, kann sie sich außerhalb der Familie wieder verheiraten und, für die Wartezeit, in das Haus ihrer eigenen Eltern zurückkehren.

C. DIE LEBENSALTER

Die Alten gliederten das menschliche Leben gewöhnlich in Perioden von sieben Jahren. Nach Hippokrates verteilen sich die sieben Epochen kurz so: das Kleinkind (0–7), das Kind (7–14), der Heranwachsende (14–21), der junge Mensch (21–28), der reife Mensch (28–49), der alte Mensch (gr. *presbytēs*) (49–56), der Greis (älter als 56). Wenn man sich auf die Bibel und *Qumran stützt, so ergibt sich, daß die Einteilung bei den Juden ähnlich war. Mit 13 Jahren muß der junge Jude das Gesetz beachten; mit 20 Jahren kann er Zeuge sein und normalerweise heiraten; mit 25 oder 30 Jahren hat er seine Rolle in der Gemeinde zu übernehmen. Der *Levit ist von seinem 25. bis zu seinem 50. Lebensjahr im Dienst, der Priester und der Richter vom 30. bis zum 60. In jedem Fall bedeutet das 50. oder 60. Lebensjahr einen Einschnitt. Die *Damaskusschrift nennt den Grund dafür: »Mit sechzig Jahren verlieren die Menschen ihren Verstand, vor der Vollendung ihrer Tage« (X, 9a). Das Höchstalter liegt zwischen 70 und 80 Jahren (Ps 90, 9f).

a. Über die *Geburt* des kleinen Juden ist nichts Besonderes zu sagen. Die Niederkunft war zweifelsohne im Normalfall schmerzhaft (Jes 26, 17; Jer 22, 23; vgl. Gen 3, 16), doch die notwendige Entbindung (Jes 13, 8; 1 Thess 5, 3) war ein Grund zur Freude (Joh 16, 21). Der Säugling wurde gebadet, mit *Salz abgerieben, in Windeln gewickelt; normalerweise wurde er von der Mutter gestillt und dann, zwei oder drei Jahre später, entwöhnt (Gen 21, 8; 2 Makk 7, 27). Am achten Tag erhielt das Kind seinen *Namen und wurde *beschnitten (Lev 12, 3; Lk 2, 21); so wurde es in das erwählte Volk aufgenommen.

b. Die *Töchter* blieben bis zur Heirat bei ihrer Mutter und halfen ihr bei den häuslichen Arbeiten und beim Hüten der Schafe (Gen 29, 6).

c. Für die *Erziehung der Söhne* war der *Vater der Familie zuständig. Das Kind arbeitete mit seinem Vater und hielt sich an die Familiensitten; auf diese Weise wuchs es langsam in die religiösen Überlieferungen seines Volkes hinein. Der Vater lehrte den Sohn die Weisungen Jahwes: »Du sollst sie deinen Söhnen wiederholen. Du sollst von ihnen sprechen, wenn du zu Hause sitzt und wenn du auf der Straße gehst, wenn du dich schlafen legst und wenn du aufstehst« (Dtn 6, 7). Aus Anlaß des Sabbats, des täglichen Gebets, einer Beschneidung oder des Pascha usw. erklärte er seinem Sohn die Riten und was sie bedeuten: »Wenn dich morgen dein Sohn fragt: Was bedeutet das?, dann sag ihm: Mit starker Hand hat uns der Herr aus Ägypten, aus dem Sklavenhaus, herausgeführt« (Ex 13, 14). Er erzählte ihm auch die Geschichte der großen Taten, die Jahwe für sein Volk vollbracht hatte. Mit dreizehn Jahren und einem Tag wurde das Kind ein *bar-miṣwā* (»Sohn der Gebote«): er war verpflichtet, das Gesetz zu halten, die Gebete und das Fasten. Dann kam eine Schulzeit (vgl. *Einl.* IX. 2), und danach blieb der Sohn bei seinem Vater, der ihn in den eigenen Beruf einführte (vgl. Joh 5, 19f).

d. Ganz gleich, ob die *Erwachsenen* zu einer priesterlichen Familie, zum Laienadel oder zum einfachen Volk gehören, sie alle sind in ihrem Tun von den Familienüberlieferungen bestimmt. In den allermeisten Fällen bestimmen diese Überlieferungen über ihren Beruf und ihren Rang in der Stadt: Priester, das Amt des *Ältesten, Handel, Landwirtschaft oder Handwerk. Doch jeder Jude kann durch Studium *Gesetzeslehrer werden. Unabhängig von ihrem Stand ist das Leben der Erwachsenen ganz allgemein von der Verehrung des Gesetzes geprägt. Das Streben, Jahwe zu gefallen, leitet das Leben von den sozialen Beziehungen bis zu den Gedanken und Gefühlen; so werden Urteil und Verhalten im allgemeinen von der Enthaltsamkeit und der Treue zu den religiösen Vorschriften bestimmt.

e. Der Leiter der Familie behält seine Autorität über die Seinen bis in das höchste *Alter* (vgl. 1 Petr 5, 5); die Jungen sollen die Alten achten (1 Tim 5, 1), zumal diese mit dem Alter die Weisheit in sich gesammelt haben müssen.

D. KRANKHEIT UND TOD

a. Aufgrund des NT läßt sich eine große Zahl von *Krankheiten und Leiden aufzählen; *Fieber und Malaria, Hautkrankheiten (Geschwüre, Krebs, *Aussatz), geschädigte Organe (*Blinde, Einäugige, Kurzsichtige, *Taube, *Stumme, Stotterer, Gelähmte, *Hinkende, Impotente, Sterile), verschiedene Krankheiten (Rheumatismus, Blutsturz, Schlaganfall, Wassersucht, Ruhr), Nervenleiden (Epilepsie oder *Mondsucht, *Irrsinn). Durch den Mangel an Hygiene und vorbeugenden Mitteln verbreiteten sich die Krankheiten leicht – trotz der Vorschriften des Gesetzes über die Reinheit (vgl. *Einl.* VIII. 1. C) und trotz der Verbote, von denen manche Kranken, z. B. die Aussätzigen, betroffen waren. Unter den Heilmitteln werden Öl, Balsam und Wein als Desinfektions- und Stärkungsmittel (1 Tim 5, 23) erwähnt, Augensalbe (Offb 3, 18) und Thermalwasser (Joh 5, 2–4). Der Beruf des *Arztes (Kol 4, 14; vgl. Sir 38, 1–23) scheint nicht in hohem Ansehen gestanden zu sein (Mk 5, 26; Lk 8, 43). Jesus heilte die Kranken gern (Mt 10, 8; 11, 5; Joh 9, 3), und die Christen erwähnen die Gabe der *Heilung unter den *Gnadengaben (1 Kor 12, 28).

b. *Der *Tod*. Nach der biblischen Anthropologie wird der Verstorbene durch den Tod geschmälert, aber nicht vernichtet; er lebt als Ganzer im *Hades weiter. Die Bestattungsriten, vor allem das *Begräbnis, sind notwendig, um ihm den Frieden zu sichern; auch wenn jene, die den Leichnam und das *Grab berühren, *unrein werden. Im Unterschied zu seinen Nachbarn verwirft Israel jeden Totenkult. Seine Riten entspringen der Pietät und müssen von aller *Magie frei sein.

Nachdem die Augen des Toten wie zum Schlaf geschlossen worden sind, wird der Leichnam gewaschen (Apg 9, 37), mit Duftstoffen gesalbt (Joh 19, 40; vgl. Mt 26, 12; Mk 16, 1), dann in ein *Leinentuch gewickelt (Mk 15, 46); *Binden werden um seine Hände und seine Füße geschlungen, ein *Schweißtuch bedeckt sein Gesicht (Joh 11, 44). Danach wird der Leichnam auf einer Bahre im Innern des Hauses aufgebahrt und die *Trauerriten, vor allem die Klagen, beginnen.

Beim *Begräbnis trägt man die Bahre in einem großen Zug und unter Weinen und Klagen zum Grab, dort wird der Leichnam direkt auf dem Boden niedergelegt. Weder das Einbalsamieren (im strengen Sinn) noch die Verbrennung wurden in Israel praktiziert.

IX. DAS KULTURELLE LEBEN

1. Die *Überlieferung

In Israel – wie auch in den anderen antiken Zivilisationen – wird das Kulturgut zunächst mündlich formuliert und weitergegeben. In den Versammlungen der Ältesten, bei Unterhaltungen in den Stadttoren, bei Gastmählern oder unter den Säulengängen des Tempels wird das Wissen um die völkischen und religiösen Überlieferungen lebendig erhalten. Es entwickelt sich eine charakteristische Methode: Zunächst werden immer Fragen gestellt, die Antwort erfolgt auswendig in wohlgeprägten Sätzen. Später werden die Aussprüche der Früheren in Sammlungen bewahrt. Die *Weisen und die *Schriftgelehrten erklären sie, unterrichten auf diese Weise das Volk und geben ihm Weisung für das sittliche Leben. Die Bibel, fortwährend wiederholt und neu ausgelegt, bleibt die Quelle allen Wissens.

2. Die Erziehung

Neben der familiären Erziehung (vgl. *Einl.* VIII. 2. C. c) besuchen die Kinder vom 5. Lebensjahr an die *Schulen* in den Synagogen. Einer der Mitglieder des kleinen Sanhedrin (vgl. *Einl.* VI. 4. A) hat das Amt des Lehrers. Er benützt die mnemotechnischen Methoden der damaligen Zeit: Parallelismus, Antithese, Wiederholung, Gleichklang. Auf diese Weise wendet sich auch Jesus an die Menge; die Evangelien enthalten viele Beispiele der Art: »Wer sich selbst erhöht, wird erniedrigt, und wer sich selbst erniedrigt, wird erhöht werden« (Mt 23, 12).

Grundlage für den gesamten *Unterricht ist die Bibel, gleich ob es sich um das Lesen, das Schreiben, um Geographie oder Geschichte handelt. Das Kind lernt das der aramäischen Sprache nahe verwandte biblische Hebräisch und, indem es die Bibelverse singt, den Gesang und die Musik. Im Alter von zehn Jahren verläßt das Kind die Schule, allermeist um den Beruf seines Vaters zu erlernen.

3. Die Schrift und die Nachrichtenwege

A. Zur Zeit Jesu können also viele Juden lesen und schreiben (vgl. Mt 27, 37; Mk 12, 16...), selbst wenn man häufig die Hilfe von berufsmäßigen Schreibern in Anspruch nimmt. Man *schreibt mit einem Griffel auf Tontäfelchen (Lk 1, 63) und mit einem Rohr, das in zähflüssige, aus Ruß und Gummi hergestellte Tinte getaucht wird, auf Pergament (was wir als Bücher bezeichnen würden). Die Pergamentblätter werden um einen Holzstab zusammengerollt; zum Lesen muß man sie aufrollen (Lk 4, 17; vgl. Hebr 10, 7).

B. Für die Korrespondenz benützt man den seltenen und teuren Papyrus; auf seiner rauhen Oberfläche lassen sich die Zeichen nur schwer niederschreiben. Darum bedient man sich gelegentlich eines Schönschreibers, dem man diktiert. Auch Paulus mußte seine Briefe diktieren, manchmal weist er ja darauf hin, daß er eine Passage selbst geschrieben hat (Gal 6, 11; vgl. Röm 16, 22).
Der antike *Brief ist mit Hilfe vorgeprägter Formeln nach einem festen Schema aufgebaut: 1. die Erwähnung des Absenders und 2. des Adressaten, 3. Dank, 4. Darstellung des Briefanliegens, 5. Gruß und abschließende Wünsche (Gesundheit, Erfolg usw.). Als Unterschrift bringt man ein *Siegel an. Der verschlossene und versiegelte Brief wird im Normalfall durch einen Boten oder einen Handelsreisenden befördert. Der *Hohe Rat verfügt über besondere Boten (vgl. Apg 28, 21). Nur die römischen Beamten können das von Rom errichtete Postnetz benutzen.

C. Die Behörden machen Anordnungen und Neuigkeiten durch Inschriften auf den Mauern bekannt. Die Inschrift, die am Kreuz Jesu angebracht war, könnte sich auf diesen Brauch beziehen. Doch die Neuigkeiten wurden vor allem mündlich weitergegeben.

4. Die Wissenschaft

Das jüdische Denken beschäftigt sich zunächst und vor allem mit dem göttlichen Gesetz und mit der *Weisheit. Das Streben nach Wissen um seiner selbst willen, das für die Griechen bezeichnend ist, ist für Israel fast eine Unmöglichkeit. Sogar das Grundwissen, das man für das tägliche Leben braucht, steht nicht gesondert, sondern ist in das religiöse Leben einbezogen. Mit einer noch unausgebildeten *Astronomie* wird der liturgische *Kalender festgelegt; die *Geographie*, es handelt sich eher um eine Kosmologie, macht Israel zum Mittelpunkt der Welt (vgl. *Einl.* V. 1); die *Mathematik* bildet die Grundlage für Berechnungen, die man auf die Bibel anwendet, und die *Zahlen haben symbolische Bedeutung. Im Unterschied zu den benachbarten Völkern verstehen die Juden die Naturgewalten nicht als heilige Mittel der Macht, auch nicht als Dinge, die tabu sind oder die man zu fürchten hat: Sie sind einfache Geschöpfe, dem Schöpfer unterstellt. In dieser Hinsicht hat die biblische Auffassung einen Bereich geöffnet, den der Mensch ohne jedes einschränkende Verbot kennenlernen kann.

5. Die Künste

A. Das Verbot, irgendein Bild von Jahwe zu machen (vgl. Ex 20, 4; Dtn 5, 8: »Du sollst dir kein Gottes*bild machen...«), erklärt das einmalige Fehlen von bildender Kunst, Malerei und Skulptur in Israel. Einzig der Tempel ist mit dekorativen Motiven und mit kostbaren Gegenständen geschmückt (Ex 35, 31). Zur Zeit Jesu ist die Architektur eine zunächst von den Griechen, dann von den Römern importierte Kunst; so etwa die eindrucksvollen Bauwerke des Herodes.

B. Dafür konzentriert und entfaltet sich der israelitische Geist im zunächst gesprochenen, dann geschriebenen Wort. Das AT ist nicht nur ein Dokument der Religion, sondern in vielen seiner Texte eine literarische Schöpfung hohen Ranges. Hier werden die verschiedenen Gefühle des Menschen, die aufrüttelnde Begegnung mit Gott oder die unausschöpfbaren Wunder der Schöpfung in einer Dichte, einer Freude, einer Unmittelbarkeit ausgedrückt, die im Schatz der Weltliteratur einmalig sind. Die biblische Sprache, Prosa und Poesie, ist, obwohl relativ gedrängt, von einem fesselnden Rhythmus belebt, der oft eine ergreifende Macht ausstrahlt. Diese Sprache verzichtet auf jede Abstraktion, sie benutzt einfache und nahe Bilder aus den konkretesten Gegebenheiten des alltäglichen Lebens und führt auf diese Weise in die Tiefe des Seienden ein. Alles lebt durch den lebendigen und Leben schenkenden Gott. Sein Dasein schenkt allem Lebenden Bewegung, Sinn und Heil; dies betonen die Evangelien in lapidarer Kürze. Darum konnte man auch von einem Mysterium der biblischen Sprache sprechen.

6. Musik

Im Gegensatz zu den bildenden Künsten spielte die Musik eine große Rolle im familiären und sozialen Leben Israels. Sie gehörte zu jedem Fest (vgl. Lk 15, 25) und auch zu den Begräbniszeremonien (Mt 9, 23). Im Kult drückte sie vor allem das Lob aus.
Der *Gesang* war die musikalische Hauptform; er war reich an Halbtönen, Gleichklängen, war begleitet von verschiedenen Körperbewegungen wie etwa Händeklatschen oder Tanzen; es zählte vor allem der Rhythmus. Die *Psalmen wurden gesungen, namentlich beim Paschamahl (Mt 26, 30). Im Tempel leisteten die Sänger wesentliche Dienste. Auch das christliche Gebet wird oftmals gesungen (Apg 16, 25; Kol 3, 16; Eph 5, 19).
Was die verschiedenen Musik*instrumente* angeht, vgl. *Flöte, *Harfe, *Schlagzeug, *Trompete, *Zither.

7. Tanz

Wie alle orientalischen Völker lieben die Juden den *Tanz, der immer von Musikinstrumenten und meist von Gesängen begleitet wird. Man tanzt in Gruppen, ausgenommen einige Gelegenheiten (Mt 14, 6), aus freudigen Anlässen (Lk 15, 25), bei der Weinlese, bei Hochzeiten. Das NT erwähnt den religiösen Tanz (vgl. 2 Sam 6, 14) nicht; doch man weiß, daß rhythmische Bewegungen, so wie es üblich war, das gesungene Gebet begleiteten.

8. Theater und Unterhaltung

A. Das Theater ist ein fremdländisches Importgut. In mehreren hellenistischen Städten gab es Theater, und es hat den Anschein, als habe Herodes eines in Jerusalem gebaut. Die Theater wurden auch zu Volksversammlungen verwendet, so bei einem Aufruhr in Ephesus (Apg 19, 29–32).

B. Trotz der vielen Freizeit (ein Drittel des Jahres ist aufgrund religiöser Vorschriften arbeitsfrei), scheinen die Juden kein Bedürfnis nach besonderen Belustigungen gehabt zu haben. Man kann allenfalls annehmen, daß es Musik gab und Tanz, Rätselwettbewerbe und öffentliche Lesungen. Durch die liturgischen Feiern mit ihrer ständig erneuten Freude wurde das Volk auf die Besinnung hingewiesen. Die gewalttätigen und grausamen Spiele, wie die Römer sie liebten, wurden in Israel niemals praktiziert.

9. Die griechische Kultur

Sie hat zur Zeit Jesu zweifelsohne einen Einfluß in Palästina. Die Nachfolger des Herodes statten mehrere Städte (Cäsarea, Tiberias) mit neuen Baulichkeiten, Stadien, Schwimmbädern usw. aus und ersetzen ihre Namen durch griechische oder römische Bezeichnungen (z.B. aus Samarien wurde Sebaste). Durch die Handelsbeziehungen und die Reisen, die die Leute in den Festzeiten zum Tempel unternehmen, kamen vielfältige Beziehungen zustande; man kann auf den Straßen die griechische Sprache hören. Doch die Bevölkerung Palästinas verschloß sich gegen solche Einflüsse; in den Marktflecken und Dörfern ist praktisch nichts davon zu spüren. So fand das Wirken Jesu, trotz seiner verschiedenen Wanderungen, im überlieferten jüdischen Milieu statt. Die Situation der werdenden Kirche wird aber ganz anders sein.

X. DER GLAUBE ISRAELS

1. Der Bund

Am Ursprung Israels stößt man auf die Gewißheit eines Ereignisses, das als *Bund bekannt ist. Gott hat Israel erwählt, um sich zu offenbaren und um dies bevorzugte Volk zu seinem Zeugen für die Völker der ganzen Welt zu machen. Die Initiative geht einseitig von Gott aus, der *vorherbestimmt (Röm 11, 2), doch die Verpflichtung ist gegenseitig: Wenn Israel den *Willen Gottes erfüllt, schenkt Gott seinen *Segen. Gott sagt, was sein Wille ist: zunächst in dem Gesetz auf den Mosetafeln, das von den Priestern und Leviten weitergegeben wurde; dann durch die Stimme der Propheten und der Weisen, dann durch die Erklärungen der Priester und Schriftgelehrten, schließlich endgültig durch seinen Sohn Jesus, dank dem Heiligen Geist, der unseren Herzen gegeben ist. Trotz aller Wertminderung, die er im Lauf der Jahrhunderte erfahren hat, steht der Bund für die Gemeinschaft Gottes mit seinem Volk. Die beiden Formeln sind gleichbedeutend: »Israel, das Volk Jahwes«, und »Jahwe, der Gott Israels.«

2. Gott

In dieser Beziehung wird Gott als der *Schöpfer des Himmels und der Erde anerkannt, der einzige *Gott gegenüber einem weitverbreiteten Polytheismus. Der Gläubige bekennt es jeden Tag: »Höre, Israel! Jahwe, unser Gott, Jahwe ist einzig« (Dtn 6, 4 = Mk 12, 29). Die *Götzen sind Nichtse, Gott allein ist lebendig und spricht zu seinem Volk.

Das Judentum hat seinen Glauben nicht systematisch zu einer »Theologie« (Diskurs über Gott) entfaltet; es hat anthropomorph über Gott gesprochen, indem es seine Art, zu denken und zu fühlen, auf ihn übertrug; auf diese Weise stammelte es die unaussprechliche Nähe Gottes. Aber es ließ sich von seiner Sprache nicht zum Narren halten und hielt die Transzendenz Gottes fest, und sei es nur durch die Weigerung, irgendein Gottesbild zu machen oder den *Namen *Jahwes auszusprechen. Man versucht, durch die vielen Namen, die man Gott gibt, die eine oder andere Beziehung Gottes zum Menschen und zum Weltall auszusagen: der Herr, der Himmel, die Wohnung, der Allerhöchste, die Herrlichkeit, der Ewige. Jesus bevorzugt die Anrede Vater, denn damit ist die *Barmherzigkeit, die das Wesen Gottes bestimmt, betont und die nationale Ausschließlichkeit, in die das späte Judentum ihn einschließen wollte, gebrochen.

3. Das Volk

Israel wird durch den Bund, den Gott mit ihm geschlossen hat, zum *Volk. Gott selbst ist das einzige Band, das dies Volk zusammenhält. Darin besteht seine Größe, aber auch das Paradox: es hört nicht auf, eine *Nation unter den anderen zu sein, und ist doch das *Volk, das Gott aus allen anderen erwählt hat, dessen Bund sich auf alle Menschen ausweiten soll. Jesus wird sich mit der nationalistischen Tendenz auseinandersetzen müssen, die sich weigert, den provisorischen und *bildhaften Charakter der völkischen Existenz des Gottesvolkes zu akzeptieren. Der Auftrag des Gottesvolkes verwirklicht sich in der Beziehung Israel / Völker. Das Bewußtsein seiner *Auserwählung und seiner Sendung charakterisiert dieses Volk. Die Kirche Jesu ihrerseits erhebt den Anspruch, das wahre *Israel zu sein; sie ist überzeugt, daß sie einzig durch Gott existieren kann, der sie *sendet; sie weiß sich an Jesus gebunden und ist allen Menschen offen. Jesus hat das Gesetz und die Propheten nicht aufgehoben, er hat sie zu ihrer *Erfüllung gebracht, indem er durch sein *Opfer den Bund aller Menschen mit dem Vater besiegelte.

XI. DIE RELIGIÖSEN STRÖMUNGEN

Die Religion des palästinischen Judentums zur Zeit Jesu bildete keinen monolithischen und einförmigen Block. Eins in demselben Glauben an Jahwe, teilte sich das jüdische Volk in vielfältige geistige, zuallermeist religiös akzentuierte Strömungen. Nicht so, daß jeder Gläubige zu der einen oder anderen Gruppierung gehört hätte, doch eben diese Gruppierungen übten einen bestimmenden Einfluß im religiösen und sozio-politischen Leben Israels aus.

Eine einzige dieser verschiedenen »Strömungen« ist ausgesprochen häretisch und als solche von der jüdischen Gemeinde abgelehnt: die Gruppe der *Samariter. Sie ließen grundsätzlich kein anderes heiliges Buch gelten als den *Pentateuch. Sie erkannten den Tempel in Jerusalem nicht als die wahre *Wohnung Gottes an, sondern brachten ihre Opfer auf dem Berg Garizim in Samarien dar. Bei den *Herodianern handelt es sich nicht um eine religiöse Partei, sondern um eine politische Gruppierung zugunsten des Königs Herodes. Ebenso sind auch die *Schriftgelehrten nichts anderes als Gesetzesbeamte. Im *offiziellen Judentum* gab es zwei führende Parteien: die Sadduzäer und die Pharisäer. Im *Randjudentum* gab es zwei wichtige *Sekten: die Essener und die Zeloten.

1. Die *Sadduzäer* vertreten in Palästina die Partei der Opportunisten, der etablierten Ordnung (entstanden unter Hyrkanus I, 135–104 v. Chr.). Sie arbeiteten bereitwillig mit der römischen Besatzung zusammen; diese gestattete die Ausübung einer im übrigen ziemlich konservativen Religion. Die Sadduzäer waren eine Partei der Oberschicht, ihre Mitglieder entstammen im allgemeinen dem Priesterstand; sie gaben sich dem Volk gegenüber ziemlich verächtlich. Ihr Einfluß bezieht sich vor allem auf den Kult und die Liturgie; er reicht kaum über den Bereich des Jerusalemer Tempels hinaus. Nach ihrer Ansicht ist – im Gegensatz zu den Pharisäern – einzig das geschriebene Gesetz (Pentateuch und Propheten) für die Religion normativ; sie lesen die Schrift wortwörtlich und quasi juridisch, indem sie den Nachdruck auf den Gesichtspunkt der Strafe und der Wirksamkeit der Vergeltungslehre legen. *Josephus und das NT (Mt 22, 23; Apg 23, 8) sagen, daß sie nicht auf das Kommen des Messias gewartet hätten und daß sie die jüngst entstandenen Glaubenslehren: Auferstehung, Existenz der Engel usw. nicht übernommen hätten. In politischer Hinsicht dagegen fürchteten sie die Berührung mit dem *Hellenismus nicht. Damit vertraten sie zweifelsohne einen Standpunkt, der im Blick auf die weltweite Ausstrahlung jüdischen Denkens voll und ganz dem Bund entspricht. Doch durch das politische Streben, die Nation zu retten, verkümmerte dieses Motiv, und darunter litt auch die letzte Treue zum Gesetz. Ihre Haltung unterscheidet sich grundlegend von der der Pharisäer, doch sie treffen sich mit ihnen in der Opposition gegen Jesus. Anscheinend waren sie für die Verhaftung Jesu verantwortlich (Mk 14, 53).

2. Die *Pharisäer* stellen die größte Partei (etwa 6000). Sie haben das Erbe der »*Frommen« der nachmakkabäischen Zeit (nach 125 v. Chr.) übernommen und wurden in einer Epoche, da man besonders unter Antiochus Epiphanes (175–164 v. Chr.) versuchte, Palästina zu hellenisieren, zu verbisse-

nen Verteidigern des von Esra wieder eingeführten Gesetzes. Seit ungefähr 150 Jahren waren diese Laien politisch nationalistisch engagiert; nun mühen sie sich, im Gehorsam das Gesetz des Herrn zu tun. Einem hohen religiösen Ideal verpflichtet, geht es ihnen darum, alle Vorschriften des Gesetzes genau zu beachten, sie – falls erforderlich – im Detail festzulegen oder sie im Rückgriff auf mündliche Überlieferungen, denen man normativen Wert zubilligte, zu vermehren. Sie gewinnen Anhänger bei den *Gesetzeslehrern und Schriftgelehrten, die den Gläubigen helfen, das Gesetz ins alltägliche Leben zu übersetzen. Sie sind über ganz Palästina verbreitet und haben, besonders durch die Synagogen, einen starken Einfluß im Volk, bei dem sie geachtet und beliebt sind. Als einzige Partei werden sie die Katastrophe des Jahres 70 überleben.

Die Pharisäer sind zur Zeit Jesu die Blüte des Judentums; sie sind wahre Erben der mosaischen Überlieferung, das zeigt ihre Treue bis zum Martyrertod. Ihre Haltung ist, anders als die der Sadduzäer und Zeloten, rein religiös begründet. Sie mühen sich um Gerechtigkeit, sie strengen sich an, das Gesetz aufs genaueste zu tun, darum berufen sie sich auf die Überlieferung der *Ältesten, von der sie glauben, daß sie auf Mose selbst zurückgehe und seitdem von Generation zu Generation getreu weitergegeben worden sei. *Josephus berichtet, daß sie an die Auferstehung der Toten glauben, an das Jüngste Gericht, an Engel und Geister. Sie vertreten weder einen Fatalismus noch einen Laxismus, sondern glauben, daß der Mensch fähig ist, den Willen Gottes zu tun. Sie teilen endlich die dem jüdischen Volk gemeinsame messianische Hoffnung und erwarten, daß mit dem Kommen des Messias ihr Land befreit werde, daß die Gottlosen bestraft und alle in der Welt verstreuten Juden in ihr Land zurückkehren werden. Bis dieser Siegestag anbricht, mühen sie sich, in der ganzen Welt Anhänger für den jüdischen Glauben zu gewinnen. Jesus hat die Maßlosigkeit der Pharisäer scharf kritisiert, wie es ein *Prophet getan hätte und wie es Johannes der Täufer getan hat. Die Pharisäer interpretieren das Gesetz zu rigoristisch, halten sich mehr an den Buchstaben als an den Geist; darum verkennen sie oftmals die unermeßliche Güte Gottes und stoßen den kleinen Mann, der nicht nach pharisäischem Muster leben konnte, verächtlich zurück. Grundsätzlich teilte Jesus die Intention des Pharisäertums; doch er mußte den kasuistischen Starrsinn brandmarken, der unter Berufung auf mehr oder weniger rechtskräftige Überlieferungen das Gesetz, das beachtet werden sollte, entleerte. Diese Seite des »Pharisäismus« wird in der Überlieferung der Evangelien als System dargestellt; damit soll eine permanente Gefahr aufgedeckt werden, der jede religiöse Richtung verfallen kann. Es gab übrigens auch Pharisäer, die mit Jesus sympathisierten (Lk 13, 31), die ersten Glaubenden verteidigten (Apg 5, 34), den christlichen Glauben annahmen, wie etwa Paulus (Apg 15, 5; Phil 3, 5).

Zweifellos neideten die Pharisäer Jesus den Einfluß, den er beim Volk hatte; sie wehrten sich gegen die heftigen Angriffe des Propheten. Doch das Hauptmotiv für ihre Opposition liegt nicht hier. Die Feststellung, daß sie nicht direkt an der Verhaftung und Hinrichtung Jesu beteiligt waren, mag überraschen. Doch sie konnten den unglaublichen Anspruch, den Jesus erhob, wenn er am Sabbat heilte und Sünden vergab wie Jahwe, nicht gelten lassen. Das sagt Johannes deutlich, der die Opposition unter dem Sammelbegriff

»*Juden« auf einen Nenner gebracht hat: »Darum waren die Juden noch mehr darauf aus, ihn zu töten, weil er nicht nur den Sabbat brach, sondern auch Gott seinen Vater nannte und sich damit Gott gleichstellte« (Joh 5, 18). Ihr Gottesbild und ihre Gotteslehre zwangen die Pharisäer, Jesus zurückzuweisen.

3. Die *Essener* bildeten im Gegensatz zu den Sadduzäern und Pharisäern keine offizielle Partei. Nach *Josephus lebten sie, wie Mönche, zurückgezogen in den wüstenartigen Gegenden des Landes. Es gibt gute Gründe sie mit den Mönchen, die in der Umgebung des Toten Meeres in Ain Feschcha, dem heutigen *Qumran, lebten, zu identifizieren. Obgleich sie im NT nicht erwähnt werden, läßt sich ihre Lebens- und Denkweise erschließen. Die Synoptiker etwa erklären das Wirken Johannes des Täufers im Licht von Deuterojesaja; und dieses Buch war in Qumran wohlbekannt. Doch die Unterschiede dürfen nicht übergangen werden. Sie verstanden sich selbst als »den kleinen *Rest« der »Reinen«, sie führten in der Wüste ein gemeinschaftliches Leben; am Tag arbeiteten sie und ihre Abende verbrachten sie mit Gebet und Meditation. Zu ihren Lebensordnungen gehörten die Gütergemeinschaft, gemeinsame Mahlzeiten und Keuschheit. Wenngleich eine Mehrheit von Laien unter ihnen lebte, so spielten die Priester in dem Kloster die entscheidende Rolle. Sie feierten dieselben Feste wie das offizielle Judentum, doch sie hielten sich nicht an denselben *Kalender. Kult und Priesterschaft des Tempels von Jerusalem befehdeten sie, weil sie sie für unrein hielten. Im Gegensatz zu den Pharisäern waren sie aufgeschlossen für die *apokalyptischen Aussagen der Offenbarung und fügten ihr Elemente bei, die dem iranischen *Dualismus (gut/böse) entstammten.

4. Die *Zeloten* teilten die Ansichten der Pharisäer, doch zu ihrem Glauben gesellte sich ein militanter Nationalismus. In ihrem Fanatismus mischten sie Politik und Religion und verübten Terrorakte nicht nur gegen die römische Besatzung, sondern auch gegen ihre eigenen Religionsgenossen, die sie für zu lasch hielten. Ein zelotischer Aufstand im Jahr 66 n. Chr. provozierte die römischen Repressalien und den Fall von Jerusalem. Diese Partei ist erst nach dem Jahr 44 sicher bezeugt. Manche Autoren nehmen an, die Galiläer, die bei der *Volkszählung des Quirinius (gegen 6 n. Chr.) unter der Führung von Judas dem Galiläer (Apg 5, 37) einen Aufstand anzettelten, gehörten zu ihnen. Doch diese Banden von »Sikariern« (Dolchmännern) scheinen vor dem Jahr 44 nicht als Partei organisiert gewesen zu sein. Jesus hat, trotz einiger heftiger Äußerungen (Mt 10, 34) nichts mit den Ansichten der Zeloten zu tun (vgl. Mt 26, 52f).

5. Die Judäer, die während der Exilszeit im Land geblieben und dem Gesetz gegenüber gleichgültig geworden waren, bezeichnet man seit der Zeit von Esra-Nehemia als Volk des Landes *('am hē-'āreṣ)*. Im 1. Jh. meint man mit dieser verächtlichen Bezeichnung die Unwissenden, deren Frömmigkeit minderwertig und deren Moral vor allem in bezug auf die gesetzlichen Reinheitsvorschriften (Joh 7, 49) nachlässig ist. Im Gegensatz zu ihnen scheint es *Bruderschaften (ḥabērīm)* gegeben zu haben, die sich um die vollkommene Beachtung der Reinheitsvorschriften mühten und gelegentlich brüderliche Zusammenkünfte organisierten.

XII. DIE HEILIGEN SCHRIFTEN UND DAS WORT GOTTES

Im Lauf der Jahrhunderte wurde das Wort Gottes schriftlich festgehalten. So gab es zur Zeit Jesu eine Sammlung von Schriften, die man als »das Gesetz und die Propheten« (Mt 5, 17; Lk 24, 27) oder als »das Gesetz, die Propheten und die Schriften« bezeichnete. Damit ist »das Buch«, die »*Bibel« (vgl. das Vorwort zu Sirach; 1 Makk 12, 9; 2 Makk 8, 23), die Schrift (Esra 6, 18) gemeint, in Abgrenzung zur mündlichen Erklärung des Gesetzes (Neh 8, 8). Diese Sammlung bildete den *Kanon der Schriften.
Die hebräische Bibel besteht aus 24 Büchern, die in drei Gruppen eingeteilt sind: 1. Die *Tōrā* oder das »Gesetz« mit den fünf Büchern, die den *Pentateuch* bilden. – 2. Die acht *N^ebī'īm* (Propheten): vier »frühere Propheten« (Josua, Richter, Samuel und Könige) und vier »spätere Propheten« (Jesaja, Jeremia, Ezechiel und die zwölf kleinen Propheten). – 3. Die Sammlung der elf *K^etūbīm* (Schriften) umfaßt drei poetische Bücher (Psalmen, Ijob und Sprichwörter), fünf »Rollen«, die an verschiedenen *Festen gelesen wurden: Rut (Pfingsten), Das Hohelied (Pascha), das Buch Kohelet (Laubhüttenfest), die Klagelieder (Zerstörung des Tempels), Ester (Purimfest); schließlich drei andere Bücher: Daniel, das Buch Esra-Nehemia, die Bücher der Chronik. Die Festlegung dieses Kanons vollzog sich allmählich: vor dem 3. Jh. v. Chr. für die ersten beiden, und zwischen dem 4. und dem 2. Jh. v. Chr. für die dritte Schriftengruppe. Auf dem Konzil von Jamnia (90–100 n. Chr.) wurden die sieben Bücher der griechischen Bibel sowie einige Abschnitte, die in der griechischen Bibel hinzugekommen waren, abgelehnt.
In der griechischen Bibel wurden gewisse Schriften aufgenommen, von denen ein Teil (Judit, Tobit, 1 und 2 Makkabäer, das Buch der Weisheit, das Buch Jesus Sirach und das Buch Baruch sowie Zusätze zu Ester und Daniel) von den Christen übernommen wurde; andere haben sie im 7. Jh. n. Chr. verworfen (1 Esra; 3. und 4. Buch der Makkabäer; die Oden Salomos, die Psalmen Salomos). Wie die folgende Übersicht über die Bücher zeigt, hat die griechische Übersetzung die hebräische Reihenfolge der Bücher verändert. Die »Schriften« wurden nach ihrem Genus aufgeteilt in sogenannte »historische« Bücher (Josua, Richter, 1–2 Könige, Rut, 1–2 Chronik, Esra, Nehemia, Ester, Judit, Tobit, und 1–2 Makkabäer), und in die Propheten (Baruch, Klagelieder, Daniel). Einige der *Bücher wurden geteilt (so Samuel, Könige). Darüber hinaus enthält der Text einiger Werke wesentliche Unterschiede.
Jesus betrachtet diese Bücher wie jeder Jude als *inspiriert und sieht sie immer in ihrer Beziehung zum *Wort des lebendigen Gottes, der ihr Ursprung ist und ihnen Sinn gibt. Die Beziehung zwischen Schrift und Wort wird auf die Beziehung, die Schrift und Überlieferung verbindet, übertragen; die letztere formt die Auslegung des Buchstabens jeweils nach der historischen Situation. Hier entsteht das allzeit schwierige Problem der Aktualisierung (inwiefern geht der göttliche Text mich heute an?), das sich zur Zeit Jesu in den vielfältigen Verweisen auf die Überlieferung der Alten äußerte, was schließlich zur Entleerung der Schrift und des Gotteswortes führte.
Zur Zeit Jesu und der jungen Kirche bestand die Schrift aus dem, was wir heute AT nennen. Jesus achtet die Schrift, auch wenn es scheint, als habe er sie selber nur in *Streitgesprächen zitiert; jedenfalls hält er sich nicht bei dem

HEBRÄISCHE BIBEL		GRIECHISCHE BIBEL	LATEINISCHE BIBEL	Abkürzungen
A. TORA (5)		**A. GESETZ UND HISTORISCHE BÜCHER**		
B^erēšīt	Im Anfang	Genesis	Genesis	Gen
W^e'ēlle š^emōt	Das sind die Namen	Exodos	Exodus	Ex
Wajjiqrā	Und er rief	Leuitikon	Levitikus	Lev
B^emidbar	In der Wüste	Arithmoi	Numeri	Num
'ēlle hadd^ebārīm	Das sind die Worte	Deuteronomion	Deuteronomium	Dtn
B. FRÜHERE PROPHETEN (4)				
J^ehōšūa'		Iēsous	Josua	Jos
Šōph^eṭīm		Kritai	Richter	Ri
		Routh	Rut	Rut
Š^emū'ēl I–II		Basileiōn I–II	Könige I–II	1–2 Sam
M^elākīm I–II		Basileiōn III–IV	Könige III–IV	1–2 Kön
		Paraleipomenōn I–II	Chronik I–II	1–2 Chr
B. SPÄTERE PROPHETEN (4)		(Esdras I)		
		Esdras II	Esra	Esra
		Esdras III	Nehemia	Neh
J^eša'jāhū	Jesaja	Esther/(+ Zusätze)/		
Jirm^ejāhū	Jeremia		Tobit	Tob
J^ehezq'ēl	Ezechiel	*Ioudith*	Judit	Jdt
N^ebī'īm	Zwölf Propheten	*Tōbit*	Ester	Est
		Makkabaiōn I–II		
		(*Makkabaiōn III–IV*)		
C. KETUBIM = Schriften (11)		**E. WEISHEITSBÜCHER**		
			Ijob	Ijob
T^ehilīm		Psalmoi	Psalmen	Ps
Jōb		(Odai)		
Mišlē		Paroimiai	Sprichwörter	Spr
		Ekklēsiastēs	Kohelet	Koh
Rūt		Aisma	Das Hohelied	Hld
Šīr haššīrīm		Iōb		
Qohelet		*Sophia Salōmōnos*	Weisheit	Weish
'ēkā		*Sophia Seirach*	Jesus Sirach	Si
Ester		(Psalmoi Salomōntos)		
		C. PROPHETISCHE BÜCHER		
Dānijj'ēl		Dōdeka prophetai[1]		
'ezrā'/N^eḥemjā		Ēsaias	Jesaja	Jes
Dibrē hajjāmīm		Ieremias	Jeremia	Jer
		Barouch	Klagelieder	Klgl
		Thrēnoi	Baruch	Bar
		Epistolē Ieremiou	Brief des Jeremia	
		Iezekiēl	Ezechiel	Ez
		Sousanna /(= Dan 13)/	Daniel 1–14	Dan
		Daniēl /+ 3,24–90/		
		Bēl kai Drakōn /Dan 14/		
			Zwölf Propheten[1]	
			Makkabäer I–II	1–2 Makk

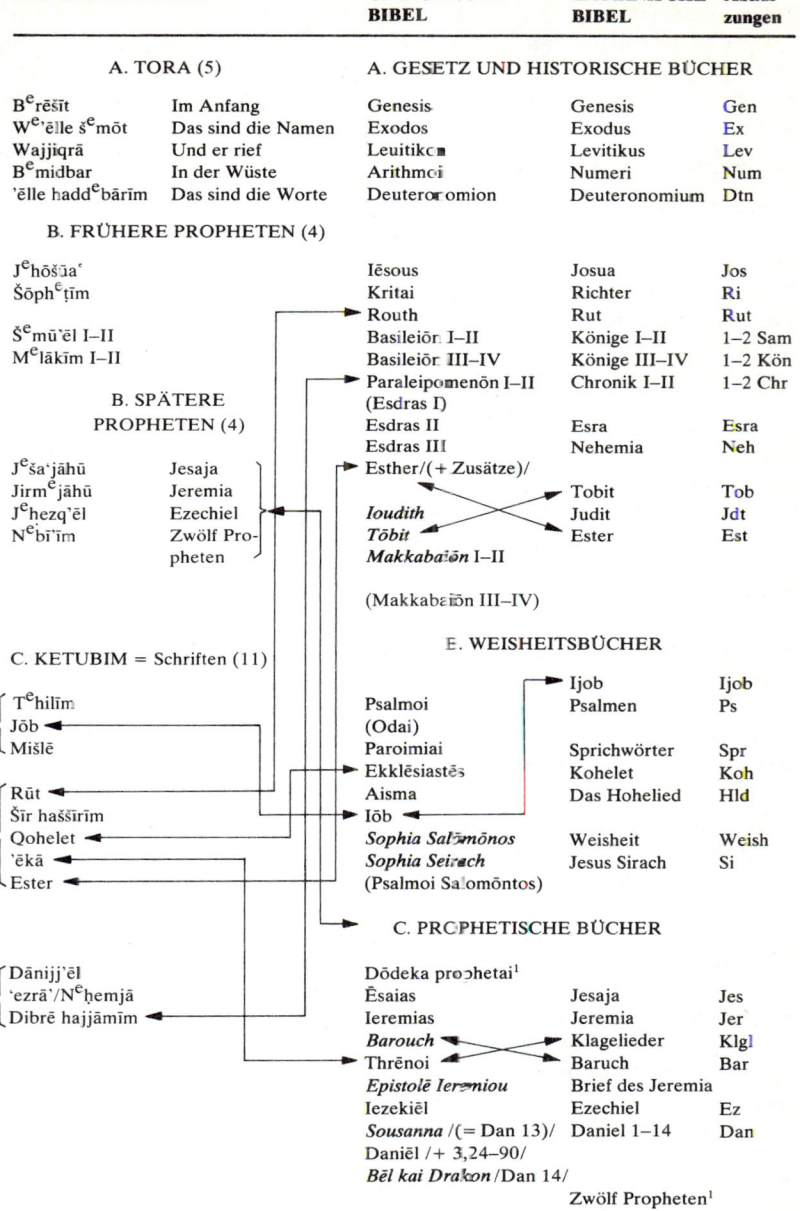

Kursiv: die *deuterokanonischen Bücher.
In runden Klammern: die *Apokryphen.

---

[1] Die Reihenfolge der Zwölf Propheten im hebräischen Text: Hosea (Hos), Joël (Joël), Amos (Am), Obadja (Obd), Jona (Jona), Micha (Mi), Nahum (Nah), Habakuk (Hab), Zefanja (Zef), Haggai (Hag), Sacharja (Sach), Maleachi (Mal). In der griechischen Bibel belegt Amos den zweiten, Micha den dritten Platz; erst dann folgen Joël, Obadja, Jona.

Buchstaben auf, er begnügt sich damit, ihn zu deuten. Die ersten Christen greifen in ihrem Bemühen, ihre Auferstehungserfahrung zu rechtfertigen und das *Ärgernis des Kreuzes wegzuschaffen, auf die Prophetien zurück und entdecken so die Einheit des göttlichen *Planes (Lk 24, 44; Apg 3, 18; 8, 32).

1. Das Gesetz und die Gegenwart Israels

A. Mit *GESETZ oder TORA bezeichnet man eine Lehre, durch die die göttliche Offenbarung mitgeteilt wird, die dazu bestimmt ist, sowohl Einsicht zu klären als auch die Existenz zu bestimmen; mit der Zeit erreichte das Wort den Sinn von praktischer Regel, von Gesetz im modernen Sinn des Worts. Die Mißbräuche und Spitzfindigkeiten, in denen sich die späten Rabbinen gefielen, machten aus der Tora eine juristische Sammlung und vermittelten so ein falsches Bild. Denn die Tora sagt ja vor allem, was der lebendige Gott will und was Israel tun muß, wenn es dem Bund die Treue wahren will. Und tatsächlich enthält sie auch nicht nur Vorschriften, sondern auch die Geschichte des *Bundes. Vergeblich sucht man dagegen in diesem Wirrwarr vor allem religiöser Gebote ein bürgerliches Recht zu entdecken.
Es ist auch schwierig, wenn nicht unmöglich, das Gesetz auf einige wesentliche Gebote zurückzuführen. Man kann vielmehr sagen, daß zwei Gesichtspunkte ausschlaggebend sind: das Gesetz offenbart die grundlegenden Glaubenssätze (Bund, der einzige Gott, die Berufung Israels), und es bestimmt die Lebensnormen. Als solches enthält es eine große Menge von Vorschriften, die nur für eine bestimmte Zivilisationsepoche, etwa die nomadische, gelten. Jesus hat mit den großen Interpreten seiner Zeit, wie etwa Hillel, die Tora auf das Wesentlichste zurückgeführt, wenn er dem Schriftgelehrten sagt, das größte Gebot bestehe darin, Gott zu lieben, und das zweite sei ihm gleich: Du sollst deinen Nächsten lieben wie dich selbst (Mt 22, 37–39). Darüber hinaus protestierte Jesus gegen die Erklärungen, die man als »Überlieferungen der Alten« bezeichnet (Mt 15, 2f. 6).

B. Die *Tora, so wie sie weitergegeben wurde, enthält die ÜBERLIEFERUNGEN DER *ALTEN. Neben dem geschriebenen Gesetz gibt es allzeit »das mündliche Gesetz«, dazu bestimmt, das erste zu erklären und ihm Sinn zu geben. Die ursprüngliche Tora macht diese *Überlieferung notwendig: als Unterweisung über Lehre und Praxis mußte sie den Glaubenden weitergegeben werden. *Esra vertraut sie den Gesetzes*lehrern an, Laien, die sich in der Tora auskennen (Neh 8, 9). Auf diese Weise mühte man sich, das Gesetz dem Leben anzupassen, indem man eine überlieferte Auslegung schuf, die man bis auf Mose und durch ihn auf Gott selbst zurückgehen lassen wollte.
Eine Reihe von Wortpaaren ist für dieses Mühen charakteristisch: überliefern/empfangen *(māsar/qibbēl)*, sagen/hören *('āmar/šāma‘)*, geben/empfangen *(nātan/lāqaḥ)*. Vor allem stellte man immer länger werdende Listen von Entscheidungen auf, die man zu »wiederholen« (*šānā*, von da *Mischna*) hatte. So kamen zu den Schriften die »Überlieferungen, die Mose hinterlassen hat« (Apg 6, 14; vgl. Mk 7, 5; Gal 1, 14). Dieses »mündliche Gesetz« verfolgt ein richtiges Ziel. Doch es hat zu den Überschreitungen geführt, die

Jesus verurteilt, indem er die Sophisterei der Gesetzesausleger entlarvt, durch die man das Gesetz selbst verdrehen konnte. Letzten Endes setzte man die menschliche Interpretation an die Stelle der göttlichen Entscheidung.

C. DIE GESETZESHÜTER waren allzeit wachsam. Oberste Instanz war eine ständige Kommission, die ihren Sitz in Jerusalem hatte, der *Hohe Rat,* während die *kleinen Sanhedrine* darauf achteten, daß das Gesetz in den Dörfern befolgt wurde (vgl. *Einl.* VI. 4. A).
Im 1. Jh. waren nicht mehr die Priester die offiziellen Interpreten der Tora, sondern die *Schriftgelehrten, die *Gesetzesgelehrten, oder die *Gesetzes*lehrer.* *Esra und der Verfasser des Buches *Sirach waren Schriftgelehrte. Diese Laien waren gebildete Männer; anfänglich waren sie einfache Abschreiber, doch aufgrund ihrer profunden Kenntnisse des Gesetzes konnten sie sich durchsetzen. Sie hatten ihre Kenntnisse in einer der Schulen *(bēt ham-midrāš)* erworben, an denen die berühmtesten Lehrer, wie etwa *Gamaliel, der Lehrer des Paulus, wirkten. Der Lehrstoff bestand aus einem ausgedehnten Kommentar zur Schrift, genannt *Midrasch,* der durch die Erklärung den inspirierten Text aktualisieren und praktische Anwendungen geben wollte. Man unterscheidet zwei hauptsächliche Midraschim: die *Halacha,* d.i. ein Kommentar zur Tora, der juristische Regeln bereitstellen sollte, und die *Haggada,* die erzählende und erbauliche Texte erklärte oder ausschmückte. Der *Pescher* bildete einen dritten Kommentartyp; er diente dazu, die Aktualität eines biblischen Textes herauszustellen. Dies letztgenannte Vorgehen wurde gern von den Evangelisten benutzt, wenn sie in der Schrift nach dem suchten, was über Christus vorhergesagt ist; auch Jesus selbst benutzte es in der Synagoge von Nazaret (Lk 4, 16–22). Nach Abschluß der Studien konnte der neue Schriftgelehrte die Schrift selbst erklären und predigen. Wenn er seine Treue in der Befolgung des Gesetzes bewahrt hatte, wurde er seinerseits Gesetzeslehrer und konnte Schüler um sich sammeln.
Man ehrte diese Lehrer mit dem Titel *Rabbi,* d.h. »Meister«. Als konsequente Befolger des Gesetzes machten sie es sich zur Lebensaufgabe, in den Synagogen die Schrift auszulegen, die Lehre in den Tempeltoren zu verkünden, *Schüler um sich zu sammeln, die sie in die Liebe zum Gesetz einführten. Sie hatten ihre Sitze im Hohen Rat und legten das gültige Recht Israels fest. Seit dem Jahr 70 bildeten sie die Berufsgruppe der Rabbinen und standen an der Wiege der *talmudischen Literatur.

D. Das CHRISTENTUM entwickelt sich, zumindest in seinen Anfängen, nicht in diese Richtung. Jesus hatte den Schriftgelehrten, wie übrigens auch den Pharisäern, ihre oft schuldhafte Kasuistik vorgeworfen. Er hatte überdies gezeigt, wie man das Gesetz »beobachten« muß, nämlich durch die Treue zu den *Geboten, die Jesus selbst gegeben hat. Dazu kommt, daß die Weitergabe dieser Gebote nicht mehr durch wörtliches »Wiederholen« gesichert ist, sondern durch den Heiligen Geist, dessen Aufgabe es war, die Erinnerung wachzuhalten und die vergangene Zeit zu vergegenwärtigen.

2. Israel und die messianische Erwartung

A. PROPHETIE UND APOKALYPTIK

a. Im 1.Jh. hatte der Torakult und die Bewunderung für Mose die großen Propheten verdrängt. Ihre Namen wurden fromm aufgezählt und in eine Vergangenheit, die fast 400 Jahre zurücklag, verbannt. Sie konnten sich nicht durchsetzen; die Rabbinen hielten vielmehr an der Authentizität des Gesetzes fest. Einzig *Elija behält eine Sonderstellung, denn er soll am Ende der Zeit als Vorläufer des Messias wiederkommen. Ihm weist man unter anderem auch die Rolle zu, ungelöst gebliebene juristische Fragen zu entscheiden. Auf diesem Hintergrund wird deutlich, wie neu die christliche Auffassung war, die den Propheten soviel Bedeutung zumißt.
Tatsächlich ist es so, daß die Tora zwar sagt, worin der *Wille des den Bund garantierenden Gottes besteht, doch sie sagt nichts darüber, *wann* der endzeitliche Segen Wirklichkeit werden wird. Das erwählte Volk lebt allzeit in der Erwartung einer letztgültigen Verbesserung seines Geschicks. Diese Hoffnung beruft sich auf die göttlichen *Verheißungen und drückt sich, je nach den Zeitumständen und Erwartungen, verschiedenartig aus: *Tag des Herrn, Tage des *Messias, *Friede, *Freude, *Heil, *Erlösung Israels...

b. Ehe die Gesetzeslehrer zu offiziellen Auslegern des Willens Gottes wurden, kamen nacheinander, sich teilweise überschneidend, zwei große Überlieferungsstränge zum Durchbruch: Die Prophetie und die Apokalyptik. Den *Propheten ist aufgetragen, im Namen Jahwes für die der Situation entsprechenden Verhaltensweisen einzutreten; sie haben sich ständig gemüht, die nationalistischen und irdischen *Hoffnungen, die im Volk verbreitet waren, zu korrigieren, um die messianische Erwartung unversehrt zu bewahren. Die Propheten werden von *Apokalyptikern – von denen, die offenbaren, was verborgen ist – abgelöst. Diese Visionäre mühen sich, den Zeitpunkt, an dem der *Tag anbricht, genau festzulegen, sie schildern diese Zukunft in lebhaften Bildern. Zur apokalyptischen Literatur, die uns schon beim Propheten Ezechiel begegnet, zählen außer *Daniel auch *apokryphe Schriften, die nicht in den jüdischen Kanon aufgenommen wurden, die aber in der Zeit zwischen dem 3.Jh. v.Chr. und dem 1.Jh. n.Chr. großen Einfluß hatten; dazu gehören die dem *Henoch zugeschriebenen Schriften mit Ausnahme der »Bilderreden« (1.Jh. n.Chr.), das *Jubiläenbuch (um 125 v.Chr.), die *Testamente der zwölf Patriarchen (100 v.Chr.), die Himmelfahrt des *Jesaja (1.Jh. v.Chr.), die Apokalypse des *Baruch (70–100 n.Chr.), die Apokalypse des *Esra (70 n.Chr.).
Über die Ursprünge dieser *eschatologischen (d.h. das Ende der Zeit betreffenden) Vorstellungen wird noch diskutiert. Doch es ist sicher, daß in den verschiedenen Sprachbildern unterschiedlicher Herkunft eine grundlegende Überzeugung erkennbar wird: Israel hat *schon* und es hat *noch nicht*. Diese Struktur der *Hoffnung gilt für den Christen wie für den Juden; der Unterschied liegt in der angezeigten Wirklichkeit, im *Schon* und im *Noch-nicht*. Diese Struktur ist zeitlich; sie kennzeichnet die eigentliche Eschatologie.

c. Gleichwie der Prophet will auch der Seher den Sinn der Gegenwart und der Geschichte erklären. Doch im Unterschied zum Propheten umgreift er die Zeit in ihrer Ganzheit: In den Schriften versetzt er sich dadurch, daß er

Adam, Henoch, Mose, Elija sprechen läßt, in die vergangene Ursprungssituation, sein Glaube aber bringt ihn an das Ende der Zeiten. In ihm stößt er an die Mauer, die durch die Grenze des Zeitlichen markiert ist; er muß nach einer anderen Sprache suchen, um den Unterschied zwischen den beiden Welten, der des Menschen und der Welt Gottes, deutlich zu machen. Wenn die *Zeit nicht mehr vergeht, wird der Gegensatz *vorher/nachher* untauglich zur Kennzeichnung des Unterschieds zwischen der jetzigen und der kommenden Welt. Man sucht und findet ein anderes, räumliches Vorstellungsschema, *oben/unten*. Dieselbe Doppeldeutigkeit drückt die jüdische Welt durch das hebräische Wort *'ōlām* (griechisch: *aiōn,* deutsch: Äon, *[Welt]alter) aus: es hat sowohl zeitliche (die seiende / die kommende Welt), wie auch räumliche Bedeutung (die irdische / die himmlische Welt). Doch ganz gleich, ob sich die Hoffnung prophetisch artikuliert oder in der Form der vorweggenommenen Beschreibung der Zukunft, die Erwartung konzentriert sich auf zwei Wirklichkeiten: Das Reich Gottes und die Person des Messias.

B. DER ANBRUCH DES GOTTESREICHES

Als Johannes der Täufer und Jesus verkündeten, »das Gottesreich ist nah«, antworteten sie auf eine in Israel allgemein geteilte Erwartung. Doch diese Erwartung richtete sich, je nach den jüdischen Gruppierungen, auf verschiedene Inhalte. Für die einen, zu ihnen gehörten auch mehrere der Jünger Jesu (Lk 19, 11; 2, 38; Apg 1, 6), verwirklicht sich die Ankunft des *Reiches Gottes in der Wiederherstellung der erwählten Nation; für andere bedeutet es den Anbruch einer tausendjährigen Herrschaft des Wohlstands (vgl. Offb 20, 4–6); und für einige schließlich die verborgene, geistliche Herrschaft in den Herzen.

Die apokalyptischen Kreise tragen zwei besondere Vorstellungen bei. Das Reich Gottes ist vor allem anderen universal, es betrifft das ganze Weltall; die Vorstellung, die man sich von ihm macht, ist ausgesprochen spirituell, so daß es nur im Jenseits Wirklichkeit werden kann. Andererseits nehmen diese Visionäre sich vor, die göttlichen Geheimnisse zu lüften, indem sie die Zeit messen, die bis zum Ende bleibt: Kosmische Katastrophen, Verwirrungen aller Art, viele Vorzeichen, die dazu dienen, daß man vom Ende der Welt nicht überrascht wird.

Jesus hält am unmittelbaren Kommen des Reiches fest, doch er weigert sich, irgendeine Berechnung oder irgendeine Beschreibung zu geben. Die »eschatologische Rede« (Mk 13) ist ein Protest gegen Spekulationen in dieser Richtung, die vom Wesentlichen, der Bekehrung nämlich, ablenken. Andererseits hebt Jesus die Erwartung nicht auf. So etwa identifiziert er die Kirche, die er gründen will, nicht mit dem Reich Gottes. Die *Kirche ist nur ein vorläufiges Moment im Kommen des Reiches Gottes.

C. DER MESSIAS

Gewöhnlich erwartet man mit dem Gottesreich eine geheimnisvolle Gestalt, deren Auftrag es ist, dies Reich zu errichten. Die messianischen Vorstellungen sind sehr vielgestaltig. Meist erhofft man das Kommen einer Messiasgestalt, des Sohnes Davids. Manchmal, wie in *Qumran, erwartet man zwei Messiasgestalten: den *Messias, *Sohn Davids, der also ein weltlicher König ist, und den Messias, Sohn Aarons, und demnach Hohenpriester. Hier findet sich der grundlegende Dualismus, der das Judentum prägt, wieder: Königtum und Priesterschaft. Oft erwartet man auch, daß der Messias einen Vorläufer haben werde, etwa Elija, den Propheten.

Nach einer anderen, apokalyptisch ausgerichteten Strömung, erwartet man das Kommen des *Menschensohnes, einer übermenschlichen Gestalt, die aus der Vision Daniels (7, 13–18) stammt; sie wurde wieder aufgegriffen und noch mehr spiritualisiert in der dem *Henoch zugeschriebenen Literatur.

Es hat nicht den Anschein, als hätte sich Jesus ausdrücklich unter irgendeinem Titel vorgestellt; er begnügte sich damit, eine Frage nach seiner Person zu wecken. Ganz gewiß wollte er nicht für einen »Messias« gehalten werden, der als politischer Befreier erschienen wäre. Doch er hat Bezeichnungen wie »der Menschensohn« oder »der Sohn« gebraucht. Einige Autoren nehmen an, er habe auch die Gestalt des Gottes*knechts, den Deuterojesaja ankündigt, erwähnt. Seine Vorstellungen sind sowohl prophetisch wie auch apokalyptisch geprägt.

Die ersten Christen haben den Titel Menschensohn nicht beibehalten, sondern die Anrede »der Sohn« als »*Sohn Gottes« präzisiert und Jesus den Titel *Christus oder *Messias gegeben, denn er konnte, da er einem gekreuzigten Menschen zugelegt wurde, nicht mehr im Sinn einer irdischen Königsherrschaft mißverstanden werden. Unter den anderen Titeln, die der christliche Glaube Jesus gegeben hat, erwähnen wir noch den Titel *Herr.

3. Die weisheitliche Tradition und die Vergegenwärtigung der Offenbarung

Zur Zeit Jesu haben die Gesetzeslehrer nicht nur die Propheten in den Schatten gestellt, es scheint, als ob sie auch beanspruchten, die Weisen ihrer Zeit zu sein. Tatsächlich haben sie die Weisheit zugunsten des Gesetzes zurückgedrängt, indem sie ihm das zugeschrieben haben, was die Überlieferung von der Weisheit meinte. Der Nomismus (von gr. *nomos* = »Gesetz«) oder Legalismus konnte jedoch die weisheitliche Strömung, die in pietistischen Zirkeln und auch in der rabbinischen Literatur gepflegt wurde, nicht anhalten. Andererseits ist es klar, daß das NT enge Beziehungen zur weisheitlichen Überlieferung hat.

A. Wie in den Kulturen des Alten Orients und der ganzen Welt, so bewahrt auch die Bibel die Überlieferungen der weisen Menschen, der Kenner der Lebenskunst. Von dieser Art sind die Grundsätze, die in dem Buch der *Sprichwörter,* im Buch *Jesus Sirach* oder der *Weisheit* gesammelt sind, die Reflexionen des *Ijob* oder des *Kohelet* ebenso wie die ägyptischen Sprichwörter des Amenemope (gegen 1000 v.Chr.) oder die Weisheit des Ahiqar (gegen 680 v.Chr.). Ein zweifacher Unterschied ist festzuhalten: die biblische *Weisheit ist ihrem Wesen nach religiös orientiert, sie bestreitet die Behauptung der humanen Weisheit, zum Glück zu führen. In dieser Linie liegt es, wenn Jesus als einer auftritt, der größer ist als Salomo (Mt 12, 42), und wenn Paulus die menschliche Weisheit im Gegensatz zur Torheit des Kreuzes stellt (1 Kor 2) und damit das Problem der Beziehung zwischen *Philosophie und *Offenbarung aufwirft.

B. Der Meister der Weisheit lehrt durch Grundsätze, *Gleichnisse, Rätsel, die die Aufmerksamkeit des Schülers erregen und ihn auffordern, den Meister zu fragen. So entsteht ein weisheitliches Genus, das noch unter der apokalyptischen Form der *Offenbarung zu spüren ist (z. B. Dan 2, 28–30, wo von der »Offenbarung der göttlichen *Geheimnisse« die Rede ist). Die Lehre der Weisen besteht in der Aufforderung zum Hören und sich dem Meister zuzuwenden (Spr 9, 1. 6; Sir 24, 18. 21). So wird Jesus sprechen, der auch die Lehre von den »zwei *Wegen« beibehalten und eine Antwort auf die Fragen des einzelnen anbieten wird.

C. Die Weisheit wird in den biblischen Schriften personifiziert, sie ist eine göttliche Wirklichkeit schon vor der Schöpfung (Spr 8, 22–31), die Gott bei der Lenkung der Geschichte beisteht (Weish 10, 1–11, 4), so daß sie nur schwer von dem in der Welt handelnden Gott unterschieden werden kann. Diese Konzeption von der *Präexistenz der Weisheit bildet die Grundlage für die Christologie, die in Jesus den *Erstgeborenen der ganzen Schöpfung (Kol 1, 15–18), das Abbild des Wesens Gottes (Hebr 1, 3) sieht.

XIII. DER KULT

Der Glaube Israels duldet keine zwei Lebensweisen, von denen die eine religiös, die andere profan wäre, denn das ganze Volk ist herausgenommen, ist Gott geweiht. Das jüdische Leben ist ganz von den Vorschriften des Gesetzes durchdrungen. Ein Beispiel genügt, um das aufzuzeigen: Die *Beschneidung, das Zeichen des Bundes, bedeutet gleichzeitig die Zugehörigkeit zu Jahwe und zu Israel. Sie ist ein Ritus und gleichzeitig Familientradition; der Vater führt sie aus, und zwar in der Familie, nicht im Heiligtum.
Trotzdem nimmt der *Kult im Volk der Beschnittenen einen besonderen Platz ein. Um Gott zu begegnen und seine Bundestreue zu erweisen, erklärt das Volk gewisse Orte (Tempel, Synagoge), gewisse Personen (Priester, Leviten), gewisse Gegenstände (Altar, Lade), gewisse Zeiten (Sabbat, Feste), gewisse Vollzüge (Opfer, Wallfahrten, Beschneidung, Gebete), gewisse Vorschriften (Fasten, Verbote...) für *geweiht. Durch die Vermehrung dieser »Weihungen« entsteht die Gefahr, daß ihr Ziel verschleiert wird und daß sie der Magie verfallen.

1. Die Kultorte

A. DER TEMPEL UND SEIN PERSONAL

a. Wie bei den anderen Religionen hat man auch in Israel ein heiliges Haus erbaut, in dem Gott den Menschen gegenwärtig wird, um ihren Gottesdienst zu empfangen und sie an seinem Leben teilhaben zu lassen. Von Anfang an war man sich in Israel der Doppeldeutigkeit bewußt, die in jeder *Wohnung Gottes unter den Menschen liegt: Zwei Überlieferungen liegen im Wettstreit miteinander; der einen geht es darum, die Größe des Tempels zu feiern, der Wohnung Gottes unter den Menschen, die andere dagegen erinnert daran, daß Gott nicht in einem von Menschen erbauten Haus wohnen kann. Der *Tempel, von dem das NT spricht, ist nicht das Bauwerk, das Salomo erstellen ließ. Er wurde im Jahr 587 v. Chr. zerstört (2 Kön 25). Nach der Rückkehr aus dem Exil wurde der Tempel wieder aufgebaut (520–516 v. Chr.); dieser »zweite Tempel« wurde von Antiochus Epiphanes im Jahr 167 v. Chr. entweiht. Im Jahr 20 v. Chr. begann Herodes der Große mit der Wiederherstellung des Tempels, den Jesus kennenlernte. Der »Tempel des Herodes« war prachtvoll und erweckte Bewunderung (Mk 13, 1). Die Arbeiten wurden erst im Jahr 64 n. Chr. abgeschlossen. Sechs Jahre später war er zerstört (6. August 70). Während die Juden über seine Trümmer klagten und nun, da sie keinen Opferkult mehr darbringen konnten, ihre Gebete in den Synagogen verrichteten, begaben sich die Christen, die zunächst ebenfalls in den Tempel gegangen waren, in ihre eigenen Bauwerke.

b. Das *Tempelpersonal* umfaßte bis zu 20 000 Menschen. Die Hierarchie der *Priester ist seit drei Jahrhunderten festgelegt und zählt drei Klassen: den *Hohenpriester, die *Priester und die *Leviten. Sie alle sichern nicht nur den kultischen und rituellen Dienst, sondern auch verschiedene Obliegenheiten, wie z. B. alles, was mit der Polizei oder mit den Tempelfinanzen zusammenhängt.

B. DIE SYNAGOGEN

Die *Synagogen entstanden vermutlich während des Babylonischen Exils (587–538 v. Chr.), in jedem Fall bestanden sie zur Zeit des Esra (400 v. Chr.). Die Verbannten waren vom Tempel, dem unersetzbaren Ort der Opfer, getrennt; sie kamen zusammen, um zu beten und das Wort Gottes aus dem Gesetz zu hören. Wenn also der Tempel einzig ist, so vermehren sich die Synagogen, selbst in Jerusalem (Apg 6, 9). Zur Zeit Jesu fand man in jeder Ortschaft Palästinas und in der *Diaspora Synagogen. Rom besaß dreizehn. Zwei Faktoren scheinen eine Rolle gespielt zu haben: das Bedürfnis nach Gebetsorten, ohne das Gesetz der Einheit, das nur einen einzigen Ort für den Opferkult zuließ, zu übertreten, und die Notwendigkeit der Unterrichtung des Volkes. Ein für das Judentum bezeichnender Zug besteht darin, daß die Synagogen nicht ausschließlich rein religiösen Funktionen vorbehalten sind. Gleich wie im Tempel der *Hohe Rat tagt, so versammelt sich in der Synagoge der örtliche Sanhedrin; hier werden Prozesse geführt und Strafen vollzogen (Mt 10, 17; 23, 34). Die christlichen Kirchen sind nicht Nachfolge des Tempels (er ist im Leib Christi und im Heiligen Geist vollendet), sondern der Synagogen.

2. Kultische Handlungen

A. DIE OPFER

Sie bilden das Wesen des äußerlichen Tempelkultes: immerwährende *Opfer (*Weihrauch am Morgen und am Abend, tägliche *Brandopfer), am Sabbat und an den Festtagen zusätzliche Opfer, und schließlich die Opfer, die das Gesetz bei verschiedenen Anlässen von den Juden forderte (Opfer bei der Geburt des *Erstgeborenen, bei der Reinigung der Wöchnerin, bei der

Heilung eines *Aussätzigen ...) und dazu die freiwilligen Opfer. Trotz aller Ähnlichkeiten, die man zwischen diesen Opfern und den heidnischen Opfern entdecken kann, bestand zwischen ihnen doch ein grundlegender Unterschied, nämlich die Gottesvorstellung, die ihnen zugrunde liegt. Jahwe, der Schöpfer des Alls, braucht nichts; als höchster Herr kann er nicht bestochen werden; er selbst nimmt denjenigen wieder in seinen Bund auf, der durch sein *Sühneopfer seine Schuld oder Sünde anerkannt hat und in die Gemeinschaft mit ihm zurückkehren will.

B. DAS GEBET

Das *Gebet ist Ausdruck der beständigen lebendigen Beziehung zu Gott; es gehört zum Kult Israels. Als gemeinschaftliches oder persönliches Gebet verleiht es der jüdischen Existenz durch seine festgelegten Zeiten den Rhythmus, jedem Jahr, jedem Monat, jeder Woche, jedem Tag. Die *Psalmen, die Gott seinem Volk eingegeben hat, sind dabei ein unveränderlicher Teil: sie sind vom Vertrauen durchdrungen, sie reichen in alle Dimensionen des Gebets; sie bringen, in Freude wie in der Prüfung, die Abhängigkeit vom Bundesgott zum Ausdruck.

a. *Das tägliche Gebet.* Jeder Erwachsene (mit Ausnahme der Frauen und der Sklaven) war gehalten, am Morgen vor jeder anderen Tätigkeit und am Abend zu beten. Dazu hüllte er sich in einen Schal und befestigte die *Gebetskapseln an seiner Stirn und an seiner linken Hand. Er wandte sich nach Jerusalem, dem Tempel zu. Mit lauter Stimme sprach man zwei Gebete: ein Segensgebet und das *Schemaʿ Israel:* »Höre, Israel! Jahwe, unser Gott, Jahwe ist einzig. Darum sollst du den Herrn, deinen Gott, lieben mit ganzem Herzen, mit ganzer Seele und mit ganzer Kraft. Diese Worte, auf die ich dich heute verpflichte, sollen auf deinem Herzen geschrieben stehen. Du sollst sie deinen Söhnen wiederholen. Du sollst von ihnen sprechen, wenn du zu Hause sitzt und wenn du auf der Straße gehst, wenn du dich schlafen legst und wenn du aufstehst. Du sollst sie als Zeichen um das Handgelenk binden. Sie sollen zum Schmuck auf deiner Stirn werden. Du sollst sie auf die Türpfosten deines Hauses und in deine Stadttore schreiben« (Dtn 6, 4–9; vgl. 11, 18–21; Num 15, 37–41). Darauf folgte das lange Gebet, das heute *Schemone ʿEsre* heißt: Das »Achtzehn(bitten)gebet«, von denen Jesus und die Apostel die ersten und die letzten drei vermutlich rezitiert haben.

b. *Der wöchentliche *Sabbat.* Der siebte Wochentag begann mit dem Sonnenuntergang am Freitag; er war gänzlich Gott geweiht. Ganz konsequent hörte man mit jeder Arbeit auf, um zu beten und auszuruhen, im Gedenken an die *Ruhe Gottes nach der Schöpfung der Welt; so zumindest nach der Ex 20, 8–11 überlieferten Tradition. Der Freitag war der *Rüsttag, man reinigte das Haus und besorgte die nötigen Einkäufe, damit die kalt eingenommenen Mahlzeiten des Sabbat sorgfältig zubereitet werden konnten. Der Sabbat war für die Familien ein Tag der Freude, und man mußte ihn mit schönen Kleidern begehen. Zur festgelegten Stunde versammelten sich die Gläubigen in den Synagogen um zu beten und um die Lesung und die Erklärung der Schrift zu hören; zur gleichen Zeit fand im Tempel ein besonderer Gottesdienst statt.

3. Der liturgische Jahreszyklus

A. Zu Beginn jeden *Monats wurde der Ritus des NEU*MONDES begangen; mit ihm fing im September das religiöse Jahr an. Es war durch die großen Feste abgesteckt; als wesentliches Element des Judentums begünstigten sie den Glauben und die Einheit des Volkes.

B. VIER *FESTE ragen heraus: *Pascha, *Pfingsten, das *Laubhüttenfest und der *Versöhnungstag. Bei den drei erstgenannten handelt es sich ursprünglich um bäuerliche Feste (erste Garbe, Ernte, Weinlese); zur Zeit Jesu dienen sie der historischen Erinnerung an die grundlegenden Ereignisse im Leben Israels: der Auszug aus Ägypten, die Gabe des Gesetzes am Sinai (nach einer Überlieferung, die nach 70 n. Chr. entstanden ist), der Zug durch die Wüste. Sie verlangen eine *Wallfahrt; grundsätzlich war jeder Jude gehalten, diese Feste in Jerusalem zu begehen. Und tatsächlich versammelte sich eine gewaltige Menschenmenge in überschäumender Freude, vor allem zum Osterfest: dem »Fest« schlechthin. Das vierte Fest hat ausschließlich religiösen Charakter; es zielt auf die Reinigung von Sünden und die Wiederversöhnung mit Gott.

C. Zweitrangige Feste stärken das nationale Selbstbewußtsein und die Frömmigkeit; so das *TEMPELWEIHFEST und PURIM (»die Lose«), zur Erinnerung an die Rettung der Juden durch Ester (Est 9), wobei die Lustbarkeiten dem Karneval ähnlich sind.

D. Die Bedeutung und der Ritus dieser Feste bilden den Hintergrund, auf dem man die Aussage vieler ntl. Texte verstehen kann.

XIV. DAS SITTLICHE LEBEN

1. Das Gesetz Gottes

Die *Tora legt genau fest, wie jene leben müssen, die in den Gottesbund eintreten wollen: nichts vermag dem göttlichen Gericht zu entgehen. Hier wird der Unterschied zwischen der Tora und den philosophischen Schulen deutlich; sie bieten eine Wahl an; im Gesetz gibt Gott *Gebote. Der fromme Jude muß auch durch seine Lebensführung seine Bundestreue zum Ausdruck bringen; er muß den *Namen Gottes vor den Augen der Heiden heiligen und verherrlichen, seine Liebe konkret zeigen. So strebt er danach, »Gott *nachzuahmen«, »barmherzig und mitfühlend« wie er zu sein.

A. DIE *REINHEITSGESETZE bestimmen, was auf verschiedenen Gebieten rein oder unrein ist: der Krieg, die Sexualität, der Tod, gewisse Krankheiten, bestimmte Nahrungsmittel, bestimmte Tiere. Diese Vorschriften gab es schon, bevor sie in der Tora festgelegt wurden; sie wurden in eigentlich religiöse Vorschriften umgedeutet. Diese Verbote bekamen die Geltung göttlicher Gebote und verwandelten sich langsam in dem Maße, in dem sie mit der Heiligkeit Gottes verknüpft wurden (Lev 11, 44) in moralische Vorschriften. Ihr erster Zweck ist es also, das Volk, das der heilige Gott

erwählte, indem er es von den anderen Völkern absonderte, in der *Heiligkeit zu bewahren; so kommt am klarsten zum Ausdruck, daß Gott allein *heilig ist.
Die Reinheitsgesetze gaben indessen Anlaß zu mannigfachem Mißbrauch. Zunächst stärkten sie den nationalistischen und exklusiven Charakter der jüdischen Religion, indem sie es einem Heiden beinahe unmöglich machten, zum jüdischen Monotheismus zu kommen. Petrus hatte gegen diese Einengung zu kämpfen (Apg 10, 9–11, 18). Dann verursachten sie bei denen, die sich daran hielten, eine Spitzfindigkeit, eine unerträgliche Raffiniertheit (im 3. Jh. n. Chr. ging man so weit, 613 Gebote aufzuzählen, darunter 365 Verbote und 248 positive Gebote) und einen solchen Formalismus, daß man lernte, das Gesetz zu verdrehen. Jesus folgt den Propheten; er kann das nicht dulden (Mt 15, 1–20), und er weigert sich, solche Vorschriften als verpflichtend anzuerkennen: Er legte das Schwergewicht auf die innere Haltung; dies veranlaßte die ersten Christen, die Reinheitsgesetze in Beziehung zur Heiligkeit im strengen Sinn des Wortes zu bringen.

B. DER *NÄCHSTE hat in der Tora eine große Bedeutung, doch damit ist nicht jeder andere Mensch gemeint. Der Nächste, das ist der *Bruder, der Volksgenosse, nicht aber der Fremde oder der Samariter. Wenn man im Blick auf Nicht-Juden Menschlichkeit und Wohlwollen bezeugt, so geschieht das, um den Frieden zu bewahren, um »den Namen des Herrn zu heiligen« und einem grundlegenden Aufruf zur Liebe zu entsprechen. Jesus führt die bruchstückhafte Entwicklung zu ihrem Ziel, er überspringt die Barrieren, die die Menschen trennen; seitdem ist jeder mein Nächster, der in Not zu mir kommt.
Das Leben der Juden untereinander war durch strikte rechtliche und moralische Verpflichtungen geregelt (Aufrichtigkeit, Achtung vor dem Eigentum des anderen, Achtung vor dem *Eid). Vor allem hatte man sich um die Ehre des Nächsten zu sorgen, besonders wenn es die Erhaltung der ehelichen Gemeinschaft, öffentliche *Beleidigungen oder *Ärgernisse betraf. Jesus zeigt auf einfache Weise die Tiefe dieser Vorschriften, indem er an die Wurzel selbst des sittlichen Handelns herankommt.
Das Gebot der *Liebe verpflichtete jeden einzelnen aufs dringlichste, gewisse »gute *Werke« zu tun: den Hungrigen zu essen geben, Gastfreundschaft üben, den Witwen und Waisen beistehen, Leuten, die es nötig haben, Kleider geben, Kranke oder Gefangene besuchen, die Toten begraben. Jesus hält an diesen Verpflichtungen fest, doch er gibt ihnen dadurch Sinn, daß er sagt: »... das habt ihr für mich getan« (Mt 25, 40). Dadurch, daß er das zweite Gebot dem ersten gleichstellt (Mt 22, 39f), gibt er diesen Werken einen absoluten Wert: Man kann nicht sagen, daß man Gott liebe, wenn man den Nächsten nicht liebt (vgl. 1 Joh 3, 10–14).

C. ÄUSSERLICHES GESETZ UND INNERLICHES GESETZ. In der Offenbarung des *Gesetzes Gottes findet man drei Schichten. Die Propheten, vor allem Jeremia und Ezechiel, haben verkündet, daß – wenn das auf Stein geschriebene Gesetz nicht beobachtet würde – man darauf hoffen dürfe, daß Gott es eines Tages in die Herzen schreibe. Paulus zeigt, daß diese Erwartung durch den Geist, der gegeben wurde (2 Kor 3, 3) Wirklichkeit geworden ist. Die Weisung Jesu, die das alte Gesetz (Dtn 30, 14) rekapituliert, steht zwischen der Hoffnung und ihrer Verwirklichung. Jesus faßt das Gesetz zusammen, es gilt, sein Wort zu hören, d.h. an ihn zu glauben und die Brüder ohne Vorbehalt zu lieben. Auch hier ermöglicht es allein der Heilige Geist, dies Gebot zu erkennen und zu tun.

2. Die Gesetzespraxis

A. DIE FREIHEIT DES MENSCHEN UND DAS GERICHT GOTTES sind die Voraussetzungen für das sittliche Verhalten, das sich in den Kontext des Bundes einfügt. Der Mensch ist *frei, er kann wählen zwischen Gut und Böse, das ihm die Tora oder das Evangelium aufzeigt. Doch im Menschen gibt es eine Neigung zum Bösen, die ihn zur Sünde zu verführen sucht. Paulus sagt dies klar (Röm 7, 7–24) im Licht und aus der Kraft des Heiligen Geistes, der gegeben ist. Der Jude, der diese Gabe nicht kennt, meint nur, daß der Mensch niemals über seine Kräfte hinaus versucht wird und daß er das Böse, zu dem er neigt, durch seinen eigenen Willen besiegen kann. Paulus dagegen ist überzeugt, daß keiner durch seine *Werke *Gerechtigkeit erwirken kann und daß der Mensch, der unter dem Gesetz steht und den Heiligen Geist nicht hat, unaufhaltsam dem endgültigen Tod entgegengeht.

Gott aber belohnt oder bestraft den Menschen entsprechend seinem Verhalten. Mit einem jeden Gebot, ganz gleich, ob es sich um ein Verbot oder eine Verpflichtung handelt, ist die *Vergeltung verknüpft, die aus ihm folgt, *Segen oder *Fluch (Dtn 28). Jesus scheint wohl diese Auffassung zu teilen (Mt 16, 27), aber er sieht die Vergeltung in der einzigen Gabe, die Gott von sich selbst gibt (vgl. Mt 6, 4. 6. 18), in einer auf den Himmel gerichteten Perspektive. Für den Juden dagegen erhält der Mensch seinen Lohn schon hienieden nach einer streng vergeltenden Gerechtigkeit; daher das Prinzip: »Es gibt keinen Tod ohne Sünde, noch Leiden ohne Fehler«. Dies Prinzip läßt schreckliche Folgerungen zu über die mögliche Verantwortung eines kranken Menschen (vgl. Joh 9, 2). Doch es gibt auch viele Weise, die gleichwie Ijob darauf verzichten, das unergründbare Geheimnis des Leidens und des Todes der Gerechten zu erhellen und geduldig auf die Vergeltung nach dem Tode warten. In jedem Fall aber glaubt der Israelit fest daran, daß Gott, treu seinem Bund, eines Tages sein gerechtes *Gericht halten wird.

B. SÜNDE, SÜHNE UND UMKEHR. Israel hat ein geschärftes Gespür für die Sünde, die es immer wieder begeht, indem es das Gesetz übertritt, das heißt Gott selbst zurückweist. Sündigen heißt den *Willen Gottes verwerfen, indem man eines seiner *Gebote, freiwillig oder unfreiwillig, übertritt. Unrein geworden, kann der Sünder sich nur dann mit Gott versöhnen und in den Bund zurückkehren, wenn er ein *Sühnopfer darbringt.

Jene unfreiwilligen Übertretungen, die gesetzlich unrein machen, schließen die davon Betroffenen augenblicklich vom *Kult aus. Diese *Reinheitsgesetze treten im Evangelium in den Hintergrund; an ihre Stelle tritt die Aufforderung, sich seiner Verantwortung im Bereich der *Sünde bewußt zu werden. Wenn ein Mensch das Gesetz freiwillig übertreten hat, kann er die *Vergebung seiner Sünde, indem er zu Gott zurückkehrt, auf mannigfache Weise erlangen: durch verschiedene Riten (*Gebete und *Opfer), durch körperliches Leiden (die Krankheit und der Tod wurden als »liebende Zurechtweisung« verstanden; Hos 11, 4), durch Akte der *Buße und Umkehr, d. h. durch die Rückkehr zu Gott, die ein offenes *Bekenntnis der Sünden voraussetzt, die feste Absicht, sie nicht wieder zu begehen, sein Leben zu ändern und, falls notwendig, das dem Nächsten zugefügte Unrecht gutzumachen. Johannes der Täufer, Jesus, die ersten Christen haben nicht anders gesprochen, doch sie haben die Liebe zu Gott und zum Nächsten in den Mittelpunkt gestellt.

XV. DAS NEUE TESTAMENT

1. Der Text

Das NT umfaßt 27 kleine *Bücher von unterschiedlichem Umfang; von verschiedenen Autoren und unterschiedlicher Zeit wurden sie alle im Verlauf des 1. Jh. in Griechisch geschrieben. Das NT ist durch unzählbar viele Manuskripte überliefert. Das älteste vollständige Manuskript des NT, der Codex *Sinaiticus,* stammt aus dem 4. Jh. Der älteste vollständige Papyrus des Johannesevangeliums reicht bis zum Beginn des 3. Jh. zurück. Der älteste Papyrus eines Fragments stammt aus dem Jahr 135. Es gibt nicht viele für den Sinn entscheidende Varianten; wir weisen auf Mk 16, 9–20; Lk 22, 19b–20; Joh 5, 3b–4; 8, 1–11) hin. Die *Textkritik besorgt die Erstellung des Textes.

2. Die Bücher und das Buch

Die Bücher werden sowohl nach ihrer literarischen *Gattung (Evangelien, Apostelgeschichte, Briefe, Offenbarung) wie auch nach ihrem mehr oder weniger großen Umfang gruppiert. Man anerkennt vier *Evangelien, ein Buch der *Apostelgeschichte, dreizehn *Briefe die das »Corpus Paulinum« bilden, einen Brief an die *Hebräer, sieben sogenannte *katholische Briefe, eine *Offenbarung. All diese Werke wurden von Gläubigen redigiert mit dem Ziel der Erbauung.
Andererseits bilden diese Bücher ein einziges Buch, das jede *apokryphe Schrift ausschließt. Der *Kanon des NT wurde vermutlich im Lauf des 2. Jh. festgelegt (mit einigen wenigen Ausnahmen, so der Hebräerbrief und die Offenbarung). Die Zugehörigkeit zum Kanon wurde anscheinend weder ausdrücklich mit dem *inspirierten Charakter dieser Bücher begründet noch mit der Tatsache, daß man sie für orthodox hielt, und auch nicht mit dem Hinweis auf ihre apostolischen Verfasser, sondern damit, daß sie alle, und sie allein, »allgemein anerkannt« sind in den Kirchen der Zeit.
Diese Bücher sind in Kapitel eingeteilt, nach der Aufteilung, die Stephen Langton vorgeschlagen hat und die seit 1225 bezeugt ist; Robert Estienne teilte diese Kapitel auf einer Reise mit der Schnellpost, die er im Jahr 1551 von Paris nach Lyon unternahm, in Verse.

3. Über die Auslegung

Das NT ist als Text überliefert, der von den Exegeten ausgelegt werden muß. Die *Exegese befaßt sich mit größeren und kleineren Textabschnitten. Zunächst wendet sie sich den *Perikopen oder kleinen Einheiten zu, Erzählungen oder Aussprüchen, unabhängig von ihrem literarischen Kontext. Danach untersucht die Exegese die Einzelschriften als ganze, entweder als einzelnes Buch (wie etwa die Evangelien) oder als Gruppe, die einem Autor zugeschrieben wurde (etwa die paulinische Literatur). Und in dem Maß, in dem man das NT als Ganzheit versteht, muß sich die Exegese schließlich mit dem Gesamtkomplex des ntl. Schrifttums befassen. Dabei ist klar, daß man auf dieser Ebene mit Hypothesen arbeiten muß; denn die Sprache, die die Perspektiven der verschiedenen Bücher eint, soll ja erst gefunden werden.
Die Auslegung hat verschiedene Entwicklungsstadien erlebt: Die *dogmatische* Richtung geht vom Glauben oder Unglauben aus. Die *kritische legt Wert auf die literarische Analyse. Die *historische* besinnt sich auf die ursprüngliche Situation, in der die Schriften entstanden sind *(*Formgeschichte, *Redaktionsgeschichte)*. Die *hermeneutische öffnet den Blick für die Vielzahl möglicher Bedeutungen. In jüngster Zeit versucht man, noch zögernd, die Texte mit Hilfe der *Strukturanalyse* zu erschließen, eine Methode, die trotz ihrer engen Zielsetzung erfolgversprechend ist.
Die historisch-kritische Methode befragt den Text nach seiner Entstehung, seiner Überlieferung (technisch gesagt, nach seiner »Dia-chronie«, das meint die »Entwicklung linguistischer Ausdrucksformen in der Zeit«). Diese Überlegung fordert, daß man den Sinn beachtet, den die Worte zur Zeit ihrer Entstehung hatten. Denn Worte gehören ja in ein Bezugssystem, zu einer Sprache, die in der betreffenden (jeweiligen) Zeit ein Ganzes bildet. Die Gesamtheit der linguistischen Fakten, die zu einem bestimmten Zeitpunkt in der Entwicklung einer Sprache ein System gebildet haben, bezeichnet man als »Syn-chronie«. Vom synchronistischen (manchmal »strukturell« genannt) Standpunkt aus beschäftigt man sich mit dem Text an sich, ohne sich vorerst mit seiner Geschichtsgebundenheit zu befassen. Der Wissenschaftler, der die möglichen Bedeutungen eines Textes anpeilen will, beschäftigt sich also zunächst mit der synchronistischen Methode. So entdeckt er die »Struktur« eines Abschnitts. Dann wendet er sich der diachronischen Methode zu, mit deren Hilfe er die Entwicklung der Strukturen zu erkennen sucht. Schließlich stellt er sich der Frage nach der Funktion, er betrachtet den Text in der sozialen Umwelt, in der er entstand. Diese kurzen Bemerkungen über die derzeitigen Richtungen der Bibelkritik wollen den Leser, der weiterfragt, einladen, daß er sich selbst mit den schwierigen Methodenproblemen der Auslegung und des Verständnisses befaßt.

WÖRTERBUCH

Aaron
Gr. *Aarōn,* hebr. *'aharōn*. Bruder von Mose[1]; unter seiner Leitung wurde das Goldene Kalb hergestellt[2]; die Tradition sah in ihm vor allem den Vater des Priesterstandes[3], das Ideal des Hohenpriesters[4], einen Fürsprecher, der den Zorn Gottes abwendet[5]. Die *Essener erwarteten den Messias aus Aarons Geschlecht, den hohepriesterlichen Messias. So, wie Aaron, wurde auch Christus von Gott zum Amt des Hohenpriesters berufen[6], aber sein Priestertum ist nicht gleicher Ordnung, sondern entspricht der höheren Ordnung Melchisedeks[7].

[1] Ex 4, 14. – [2] Ex 32, 1–6; Apg 7, 40. – [3] Ex 28, 1; Num 17, 16–26; Lk 1, 5; Hebr 9, 4. – [4] Sir 45, 6–22. – [5] Weish 18, 20–25. – [6] Hebr 5, 4. – [7] Hebr 7, 3. 11–21 □.

→ Hoherpriester – Melchisedek – Priestertum

Abaddon
Hebr. *'abaddōn:* »Verfall, Untergang«. Im AT Stätte des Verderbens, dort weilen die Toten[1]; gleichwie der Tod wird auch der Ort der Toten personifiziert[2] und als Engel des Abgrunds[3] bezeichnet; sein griechischer Name *Apollyōn* bedeutet »Verderber«.

[1] Ijob 26, 6. – [2] Ijob 28, 22. – [3] Offb 9, 11 □.

→ Abgrund – Tod – Totenwelt

Abba
Aramäisches Wort, das dem hebr. *'āb:* »Vater« entspricht, gleichbedeutend mit »Papa«; wird im Vokativ und im Nominativ benutzt. Eine solche Benennung Gottes ist dem AT und Spätjudentum nicht bekannt, aber sie ist charakteristisch für die Sprache Jesu. So redet der Christ, der durch den Geist weiß, daß er Sohn ist, Gott an[1].

[1] Mk 14, 36; Röm 8, 15; Gal 4, 6; vgl. 2 Kor 6, 18 □.

→ Vater

Abel
Hebr. *hebel*: »Hauch, Nichtigkeit«. Jüngerer Sohn Adams und Evas, den sein älterer Bruder Kain erschlug[1], weil seine Taten Gott gefielen; Vorbild des verfolgten *Gerechten[2]. Sein vergossenes *Blut ruft zu Gott, aber das Blut Jesu ruft noch stärker[3].

[1] Gen 4, 1–8; 1 Joh 3, 12. – [2] Mt 23, 35 (= Lk 11, 51). – [3] Hebr 11, 4; 12, 24 □.

Abend
Gr. *hespera*[1], *opsia (hōra)*: späte (Stunde) (von *opse*[2]: »spät«). Beginn der Nacht oder auch Ende der Ersten Nachtwache (21 Uhr).

[1] Lk 24, 29; Apg 4, 3; 28, 23 △. – [2] Mt 28, 1; Mk 11, 19; 13, 35 △.

→ Nacht – Nachtwache – Stunde – Tag

Abendmahl
→ Mahl

Abfall

Gr. *apostasia,* vom Verb *aph-istamai:* »sich trennen von«. Es wird sowohl im räumlichen Sinn[1] als auch in übertragener Bedeutung gebraucht: die Menschen trennen sich von Gott[2], und darin besteht der eigentliche Abfall[3], doch auch Gott weist die Gottlosen zurück[4].

[1] Lk 2, 37; Apg 22, 29. – [2] Dtn 32, 15; Jer 2, 19; Lk 8, 13; 1 Tim 4, 1; Hebr 3, 12. – [3] 2 Thess 2, 3. – [4] Lk 13, 27.

→ Ärgernis

Abgrund

1. Gr. *a-byssos:* »boden-los« (gr. *bythos, byssos:* »Tiefe des Meeres«[1]).

[1] 2 Kor 11, 25.

2. Unterirdischer Ort, wo sich die Toten aufhalten[2]; ein Abgrund (gr. *chasma*[3]) trennt dort die Bösen von den Gerechten.

[2] Röm 10, 7. – [3] Lk 16, 26 △.

3. Ort, wo die Dämonen[4] unter der Gewalt eines Königs[5] festgehalten werden; von dort steigt das Tier herauf[6]; Satan ist dort für tausend Jahre gefesselt[7].

[4] Lk 8, 31; Offb 9, 1f. – [5] Offb 9, 11. – [6] Offb 11, 7; 17, 8. – [7] Offb 20, 1. 3 △.

4. Andere griechische Wörter: *siros,* wörtlich: »Höhlung im Boden, unterirdischer Behälter für Getreide«; *tartaroō:* »in den Tartarus stürzen« – dieses Zeitwort kommt von dem Namen der Hölle in der lateinischen Mythologie[8].

[8] 2 Petr 2, 4 △.

→ *Einl.* V. 1. – Totenwelt

Abilene

Gr. *abilēnē.* Das Gebiet der heute nicht mehr existierenden Stadt Abila nordwestlich von Damaskus, im Antilibanon. Sie bildete bis 37 n. Chr. die *Tetrarchie von Lysanias; von 37 bis 44 gehörte sie zum Herrschaftsgebiet von Herodes Agrippa I, bis 53 wurde sie von einem römischen Statthalter verwaltet, danach dem Königreich von Agrippa II. zugeschlagen und schließlich i. J. 100 der römischen Provinz Syrien einverleibt[1].

[1] Lk 3, 1 □.

Abraham

Gr. *Abraam,* hebr. *'abrāhām,* aus dem babylonischen: »er liebt den Vater« oder aus dem aramäischen: »der Vater [Gott] ist erhaben«. Dieser Vater des erwählten Volkes[1] stammte entweder aus Haran in Nordmesopotamien, oder aus Ur in Chaldäa und lebte um das 19. Jh. v. Chr. (?). Seine Gestalt beherrscht die ganze Bibel so stark, daß einer der Gottesnamen heißt: »Gott Abrahams, Isaaks und Jakobs«[2]. Das NT weist besonders auf den Bund und auf seinen Glauben hin, den er in verschiedenen Situationen seines Lebens bewiesen hat: beim Auszug aus der Heimat[3], bei der Verheißung der Nachkommenschaft und Opferung Isaaks[4]. Abraham ist »Freund Gottes«[5], Vater der Glaubenden und daher aller Völker[6].

[1] Gen 12–25. – [2] Ex 3, 6. 15; Mt 22, 32 (= Mk 12, 26 = Lk 20, 37); Apg 3, 13 △. – [3] Hebr 11, 8. –

[4] Gen 15, 6; 22, 1–19; Hebr 11, 17–19; Jak 2, 21. – [5] Jes 41, 8; Jak 2, 23. – [6] Mt 3, 9 (= Lk 3, 8); Joh 8, 33–39; Röm 3, 27–4, 25; Gal 3, 6–29.

→ Glaube

[Abschied(srede)]
Eine Gattung der Weltliteratur, bezeugt im AT[1] und im Judentum (Testamente der Zwölf Patriarchen, das Buch der Jubiläen usw.), die normalerweise vier Stufen enthält: der Sterbende verabschiedet sich – öfters bei einem Mahl – von seinen Angehörigen, er ermahnt seine Kinder, er faßt seine Vergangenheit zusammen und stellt sie als Vorbild dar, er weissagt über die Zukunft. Die Abschiedsrede des Paulus wird im NT in der Rede an die Epheser[2] oder auch in den *Pastoralbriefen wiedergegeben[3]. Von der Abschiedsrede Jesu, die seinen Tod deutet, sind mehrere Überlieferungen in das NT eingegangen: bei Mt und Mk finden sich Spuren[4]; bei Lk ist sie mehr entwickelt[5] und bei Joh[6] nimmt sie eine vorherrschende Stelle ein.

[1] Gen 49; Dtn 33; 1 Kön 2; Tob 14; 1 Makk 2, 49–70. – [2] Apg 20, 17–38. – [3] 1 Tim 4, 1f; 2 Tim 3–4. – [4] Mt 26, 29 (= Mk 14, 25). – [5] Lk 22, 15–18. 21–38. – [6] Joh 13–17.

Achaia
Gr. *Achaia*. Gebiet im Süden des heutigen *Griechenland, seit 146 v. Chr. unter römischer Herrschaft. Nach der Neuordnung der Provinzen durch *Augustus i.J. 27 v. Chr. ist Achaia (das zusammen mit *Makedonien alle damaligen griechischen Gebiete umfaßt) eine senatorische Provinz ohne wirtschaftliche oder politische Bedeutung. Die Residenz des Prokonsuls befindet sich in *Korinth. *Athen jedoch bleibt die angesehene Heimat des *Hellenismus. Paulus hat das Christentum dorthin gebracht[1].

[1] Apg 18, 12. 27; 19, 21; Röm 15, 26; 1 Kor 16, 15; 2 Kor 1, 1; 9, 2; 11, 10; 1 Thess 1, 7f □.

→ Gallio – Kenchreä – *Karte 3*

Adam
Gr. *Adam*, hebr. *'ādām* (verwandt mit *'adāmā*, Erdboden): »der Erdige«. Dieses Wort bezeichnet an einigen Stellen des AT den von Gott erschaffenen Menschen[1], gewöhnlich die Gesamtheit der Menschen[2]. Adam, das ist der *Mensch, in dem jedermann sich wiedererkennen muß, und zwar als einen, der – trotz seiner Sünde[3] – zur innigen Freundschaft mit Gott gerufen ist. Wenn man von der einen oder anderen Erwähnung des gemeinsamen Ahnvaters der Menschen[4] und einigen Bemerkungen über die Stellung der Frau[5] oder den Sinn der Ehe[6] absieht, so gilt das Interesse des NT der Gegenüberstellung Adam – *Jesus Christus. Beide gleichen sich darin, daß sie eine universale Funktion haben; sie unterscheiden sich im Blick auf ihre Herkunft – von der Erde, vom Himmel – und auf ihr Werk, das Tod beziehungsweise Leben wirkt[7]. Paulus hält sich an die Sprache seiner Zeit, wenn er von Adam als einem *Urbild des Christus spricht; er macht jedoch keine Aussagen über seine historische Existenz im heutigen Sinn des Wortes.

[1] Gen 4, 25; 5, 1. 3–5; 1 Chr 1, 1; Tob 8, 6; Sir 49, 16 △ und vielleicht Gen 2, 20; 3, 17. 21; Weish 10, 1f. – [2] Ijob 14, 1; Ps 8, 5; 104, 14 ... – [3] Gen 2–3 – [4] Lk 3, 38; Jud 14; vgl. Apg 17, 26. – [5] 1 Tim 2, 13f. – [6] Gen 2, 24; vgl. Mt 19, 4–6; Eph 5, 31. – [7] Röm 5, 12–21; 1 Kor 15, 20–22. 45–49 □.

→ Mensch – Mythos – Schöpfung

Adler
Gr. *aetos*. Ein Raubvogel, der sich in den Texten schwer vom *Geier unterscheiden läßt. Er nistet in unzugänglichen Felsen[1], so hoch, daß man ihn als ein Symbol der himmlischen Wesen gewählt hat[2]. Sein schneller Flug ist sprichwörtlich[3]. Wird der kahle Hals und die Tatsache, daß er nach dem Aas sucht, erwähnt, so ist eher an den Geier zu denken[4].

[1] Ijob 39, 27–29. – [2] Ez 1, 10; 10, 14; 17, 3. 7; Offb 4, 7; 8, 13. – [3] Dtn 28, 49; Ijob 9, 26; Offb 12, 14. – [4] Ijob 39, 30; Mi 1, 16; Mt 24, 28 (= Lk 17, 37) ☐.

Adoption
Gr. *hyiothesia* (von *hyios*: »Sohn« und *tithēmi*: »stellen, legen, halten für«): »Annahme an Kindes Statt«, in Griechenland und in Rom ein Fachausdruck aus der juristischen Sprache. Die Adoption, obwohl im Gesetz von Mose nicht erwähnt, war in Israel nicht unbekannt[1]. Nach dem römischen Gesetz wurde die Adoption durch Kauf vor Zeugen vollzogen. Die Juden glaubten, daß Gott sie als Adoptivsöhne angenommen hat[2]. So auch die Christen in Jesus[3], durch den Geist, der die Glaubenden zu wahren Söhnen macht[4], und das, obwohl die volle Adoption auch als eine zukünftige Wirklichkeit betrachtet wird[5].

[1] Gen 16, 2; 48, 5f; 50, 23. – [2] Röm 9, 4. 25f; 2 Kor 6, 18. – [3] Röm 8, 15; Gal 3, 26; Eph 1, 5; Hebr 12, 5–8; Offb 21, 7. – [4] Gal 4, 5–7; 1 Joh 3, 1f. – [5] Röm 8, 23 ☐.

→ Kind – Sohn Gottes

Adramyttium
Gr. *Adramytteion*. Eine Hafenstadt in Mysien, gegenüber Lesbos[1].

[1] Apg 27, 2 ☐.

→ *Karte* 2.

Agabus
Gr. *Agabos*. Ein christlicher Prophet aus Jerusalem. Er hat zwei Ereignisse angekündigt: eine Hungersnot und die Verhaftung des Paulus[1].

[1] Apg 11, 27f; 21, 10f ☐.

Agape
Gr. *agapē*: »Liebe«. Ein brüderliches Mahl mit liturgischem Charakter, in dessen Verlauf man die Eucharistie feierte. Dieser Brauch, der seit dem Ende des 2. Jh. (Tertullian), vielleicht schon seit dem Anfang (Ignatius) bezeugt ist, soll schon im 1. Jh. bestanden haben[1] und sich aus den Festmahlen der Christen in Korinth entwickelt haben, deren Auswüchse Paulus tadelt[2]. Das Mahl, das man fälschlicherweise als »Freudenagape«[3] bezeichnet, ist im Gegensatz zum Opfermahl keine Urform der Eucharistie. Es scheint, daß die Agape nicht selten ausartete[4]; sie wurde im 4. Jh. verboten und hörte im 7. Jh. auf.

[1] Jud 12 ☐. – [2] 1 Kor 11, 20. 22. – [3] vgl. Apg 2, 46; 20, 7. – [4] vgl. 2 Petr 2, 13.

→ Brotbrechen – Eucharistie – Mahl

Agonie
Gr. *agōnia*: »Kampf, Gefecht, seelische Unruhe, Besorgnis, Angst«. Angesichts des herannahenden Todes war Jesus von *Todesangst gepeinigt; dieses Wort sagt genauer, was Lk mit seiner eigenen Formulierung gemeint hat[1].

[1] Lk 22, 44 □; vgl. 2 Makk 3, 14–21; 15, 19.

Agora
Gr. *agora*: »Versammlung«, daher »Ort der Versammlung, öffentlicher Platz«[1]. In Athen war die Agora mit Bäumen bepflanzt, in Viertel aufgeteilt und verschiedenen kaufmännischen Gilden zugewiesen; hier standen verschiedene Gebäude (Senat, Gericht, Tempel usw.)[2].

[1] Mt 11, 16 (= Lk 7, 32); 20, 3; 23, 7 (= Mk 12, 38 = Lk 11, 43 = 20, 46); Mk 6, 56; 7, 4; Apg 16, 19; 17, 5. – [2] Apg 17, 17 □.

→ Marktplatz

[Agrapha]
Gr. *agrapha (logia)*: »nicht aufgeschriebene Worte« (Verneinungspartikel *a* und *graphō*: »schreiben«). Worte Jesu, die sich nicht in den *kanonischen Evangelien befinden, aber aus der Überlieferung bekannt sind. Die Authentizität der Agrapha hängt von mehreren Kriterien ab: Wert der Überlieferung, das Fehlen tendenziöser Erdichtung, keine Verfälschung der kanonischen Worte. Zu 1 Thess 4, 16f, dessen *Echtheit umstritten ist, fügen wir einige Beispiele hinzu. Das Sprichwort: »Geben macht glücklicher als nehmen«[1] hält man oft für ein in der griechisch-römischen Welt verbreitetes und Jesus zugeschriebenes Sprichwort. – »Liebe deinen Bruder wie dich selbst, hege ihn wie deinen Augapfel[2]«. – »Aber der Reiche begann, sich am Kopf zu kratzen, und es gefiel ihm nicht. Und der Herr sagte zu ihm: Wieso sagst du, ich habe alles getan, was im Gesetz und in den Propheten steht? Im Gesetz steht doch geschrieben: Du sollst deinen Nächsten lieben wie dich selbst! Und schau mal her: viele deiner Brüder, Nachkommen Abrahams, müssen schmutzige Lumpen anziehen, vor Hunger sterben; dein Haus aber hat verschiedene Güter im Überfluß, doch davon wird überhaupt nichts für sie weggegeben!«[3]. – »Am selben Tag, als Jesus sah, daß ein Mann am Sabbat arbeitete, sagte er zu ihm: Mensch! Falls du weißt, was du tust, dann wohl dir! Falls du es aber nicht weißt, dann bist du verflucht, bist ein Gesetzesbrecher[4]«. – »Wer mir nahe ist, der ist dem Feuer nahe. Wer mir fern ist, der ist fern vom Reich.«[5] – »Wenn sich dein Bruder gegen dich mit einem Wort verfehlt hat, aber dann Abbitte leistete, nimm ihn siebenmal am Tag auf. Darauf fragte ihn sein Jünger Simon: Siebenmal am Tag? In seiner Erwiderung sagte ihm der Herr: Ja, ich sage dir, sogar bis zu siebenundsiebzigmal. Denn sogar bei den Propheten wurde, nachdem sie mit dem Heiligen Geist gesalbt worden waren, Sünde durch das Wort gefunden.«[6] – »Betet für eure Feinde, denn wer nicht gegen euch ist, ist für euch. Wer heute fern ist, der wird euch morgen nahe sein.«[7] – »Erbittet euch die großen Dinge, und (Gott) wird euch auch die kleinen dazu geben.«[8] – »Werdet tüchtige Wechsler!«[9]

[1] Apg 20, 35. – [2] *Evangelium des Tomas* 25; vgl. Lev 19, 18; Mt 19, 19. – [3] *Evangelium der Nazaräer*, bei Origenes: *Super Matthaeum* 15, 14; 19, 16–22. – [4] Lk 6, 5, nach dem *Codex D*. – [5] *Evangelium des Tomas* 82; vgl. Mk 9, 49; Lk 12, 49; 1 Petr 1, 7; Offb 3, 18. – [6] *Evangelium der*

Nazaräer, bei Hieronymus, *Contra Pelagium* 3, 2, *Super Matthaeum* 18, 21f. – [7] Papyrus aus Oxyrhynchus 1224. – [8] Klemens aus Alexandrien, *Stromata* I, XXIV 158, 2. – [9] Zitiert bei Origenes; es handelt sich nicht um vertrauenswürdige Bankiers, sondern um Leute, die Gut von Bös unterscheiden.

Agrippa

Gr. *Agrippas,* lat. *Agrippa.*
1. Herodes Agrippa I.
→ Herodes
2. Herodes Agrippa II (27–94), Sohn des Herodes Agrippa I. Im J. 53 wurde er König von Chalkis, einem kleinen Fürstentum im Libanon, das er gegen die frühere *Tetrarchie des Philippus und *Abilene eingetauscht hatte. Man warf ihm ein blutschänderisches Verhältnis mit seiner Schwester *Berenike vor, Nachgiebigkeit gegenüber den Römern und eine zweideutig, vielleicht sogar begünstigende Haltung gegenüber den Christen[1].

[1] Apg 25, 13–26, 32 □.

Ägypten

Gr. *Aigyptos,* hebr. *miṣrajim.* Für einen Juden der ntl. Zeit bedeutet Ägypten nicht nur eine benachbarte Großmacht, deren Weisheit berühmt ist[1], in der man Zuflucht finden kann[2]; für ihn bleibt Ägypten das Land, in dem die Hebräer unterdrückt wurden, das Land, aus dem der Herr sein Volk befreit hat[3]; es ist Symbol für eine feindliche Macht[4]. Die wichtigste Stadt: Alexandria.

[1] Apg 2, 10; 7, 22; Hebr 11, 26. – [2] Mt 2, 13–19; vgl. 1 Kön 11, 40. – [3] Ez 29–32; Apg 7, 6–40; 13, 17; Hebr 3, 16; 8, 9; 11, 26–29; Jud 5. – [4] Offb 11, 8 □.

→ Apollos – Philo – *Karte* 3

[akkadisch]

Semitische Sprache, die durch die Bewohner des Landes Akkad[1] in Nordbabylonien verbreitet wurde. Seit etwa 2000 v. Chr. haben sich zwei Hauptdialekte entwickelt: assyrisch im Norden und babylonisch im Süden.

[1] Gen 10, 10.

Alexander

Gr. *Alexandros*: »der die Männer beschützt«.
1. Sohn des Simon von Kyrene und Bruder des Rufus[1].

[1] Mk 15, 21 □.

2. Ein Jude aus dem hohepriesterlichen Geschlecht[1].

[1] Apg 4, 6 □.

3. Ein Jude aus Ephesus[1].

[1] Apg 19, 33 □.

4. Ein abtrünniger Christ[1].

[1] 1 Tim 1, 20 □.

5. Ein Schmied, Gegner des Paulus, der manchmal mit 3 oder 4 identifiziert wird[1].

[1] 2 Tim 4, 14 □.

Alfäus
1. Vater des Zöllners Levi[1].
[1] Mk 2, 14 □.
2. Vater des Jakobus, eines der Zwölf[1].
[1] Mt 10, 3; Mk 3, 18; Lk 6, 15; Apg 1, 13 □.

Allegorie
Gr. *allēgoreō*[1] von *allos*: »anderer« und *agoreuō*: »reden vor der Öffentlichkeit«: »etwas anderes sagen«.
[1] Gal 4, 24 □.
1. Eine zur Erzählung ausgebaute *Metapher, in der jedes Detail eigene Bedeutung hat. So in der Allegorie vom guten Hirten in Joh 10, 1–5: der Hirt, die Schafe, die Tür, der Schafspferch, der Türhüter.
2. Im Unterschied zum *Symbol, das eine Realität meint, drückt sie einen Gedanken in Form eines Bildes aus.

[Allegorisierung]
Eine Art der Auslegung, die den Einzelzügen einer Erzählung oder eines *Gleichnisses mehrere Bedeutungen unterlegt, die sie ursprünglich nicht meinten. So wird aus dem »Herrn des Hauses« *(ho kyrios tēs oikias)* »euer Herr« *(ho kyrios hymōn)*[1].
[1] Mt 24, 42; Mk 13, 35.

das Allerheiligste
Gr. *Hagia tōn Hagiōn.* Die Beschreibung Hebr 9, 3–5 bezieht sich auf Ex 26, 33. In ntl. Zeit besteht das Allerheiligste aus einem quadratischen Raum mit 4,40 m Seitenlänge, das im *Tempel zu Jerusalem hinter dem *Heiligen lag. Es ist völlig dunkel und leer und gilt als der Ort der göttlichen Gegenwart schlechthin; nur einmal im Jahr darf es vom *Hohenpriester allein betreten werden[1].
[1] Hebr 9, 3; vgl. Lev 16 □.

→ heilig – Tempel

Almosen
Gr. *eleēmosynē,* ein Wort, das auch »Mitleid, Barmherzigkeit« bedeutet, folglich mit dem Erbarmen Gottes zu verbinden ist[1]; dieses Wort gibt das hebr. *ṣedāqā* wieder: »Gerechtigkeit«, wahrscheinlich deswegen, weil das Almosen dazu dient, die von Gott gewollte Gerechtigkeit auf Erden wieder herzustellen (jedem Wesen das zu geben, was es braucht), den zahlreichen *Bettlern im Orient zum Trotz[2]. Das Almosen gehört – zusammen mit dem Gebet und dem Fasten – zu den drei jüdischen Grundhaltungen, durch die ein jeder, der sie ohne Prahlen tut, auch ein Nichtjude, gottgefällig wird[3]: Es handelt sich um einen kultischen Akt[4] mit reinigender Wirkung[5]. Jesus lobt das Almosengeben[6], praktiziert es[7] und verlangt es von seinen Jüngern[8]. Die Urkirche versucht sogar, das Verteilen des Vermögens mit den Ärmeren zu organisieren[9] und Paulus veranstaltet eine Kollekte[10]. Doch ohne Liebe ist das Almosen nutzlos[11].

[1] Lk 6, 36. 38. – [2] Mk 10, 46 (= Lk 18, 35); Joh 9, 8 Apg 3, 2f; vgl. Lk 16, 3. – [3] Mt 6, 2–4. – [4] Apg

9, 36; 10, 2. 4. – [5] Lk 11, 41. – [6] Mk 12, 41–44. – [7] Joh 13, 29. – [8] Lk 12, 33; 16, 9. – [9] Apg 4, 32–5, 11; 6, 1–6. – [10] Apg 11, 29f; 24, 17; Röm 15, 28; 1 Kor 16, 1–4; 2 Kor 8–9; Gal 2, 10. – [11] 1 Kor 13, 3.

→ arm – Barmherzigkeit – Bettler – Kollekte

Aloe
Gr. *aloē*. Duftstoff, gewonnen aus einem orientalischen Edelholz (hat keine Beziehung zur Heilmittelpflanze desselben Namens). Es wurde selten im Reinzustand verwendet; in der Bibel ist es immer mit einem anderen Duftstoff, wie z. B. *Myrrhe gemischt[1].

[1] Ps 45, 9; Spr 7, 17; Hld 4, 14; Joh 19, 39 □.

→ Duftstoff

Alpha und Omega
Erster und letzter Buchstabe des griechischen Alphabets. Der Ausdruck meint den Ersten und den Letzten der Geschichte[1], den Anfang und das Ende von allem, was existiert[2]. Ein Titel Gottes[3], mit dem man auch Jesus Christus bezeichnet[4].

[1] Jes 41, 4; 44, 6; 48, 12; Offb 1, 17; 2, 8; 22, 13. – [2] Offb 21, 6; 22, 13. – [3] Offb 1, 8; 21, 6. – [4] Offb 22, 13 □.

Altar
Lat. *altare, altaria* (zu vergleichen mit *adoleo*: »verbrennen«), Wiedergabe des gr. *thysiastērion* (von *thysia*: »Opfer«).

1. Der jüdische Altar, dauerhafter Zeuge einer Zuwendung, besonders einer Offenbarung Gottes[1], symbolisiert die Anwesenheit Gottes; er heiligt die Opfergaben und ist ein Ort, wo sich die Gemeinschaft der Gläubigen mit Gott verwirklicht[2]; darin gründet die Ehrfurcht, die man vor dem Altar hat[3]. Den heiligsten Teil bilden die vier Ecken, die in Form eines Horns hervorstehen[4]. In den Evangelien bezeichnet dieses Wort sowohl den *Brandopferaltar als auch den Räucheraltar. Der Brandopferaltar, aus Steinen im Tempelbezirk aufgebaut, ist quadratisch, etwas erhoben; man begibt sich über eine Rampe zum Altar. Der Räucheraltar, der sich innerhalb der Wohnstätte (Hauptraum des Tempels) befindet, ist aus Zedernholz, mit Gold überzogen[5].

[1] Gen 12, 7f. – [2] 1 Kor 10, 18. – [3] Mt 5, 23f; 23, 18–20. – [4] Offb 9, 13. – [5] 1 Kön 6, 20; 7, 48; Lk 1, 11.

2. Die Christen haben einen Altar, der die früheren ersetzt[6]. Die Urkirche braucht keinen besonderen Altar, sie hat Anteil am Tisch des Opfers des Herrn[7].

[6] Hebr 13, 10. – [7] 1 Kor 10, 16–21.

→ Opfer

der Alte, Alter
Der alte Mensch (gr. *gerōn, presbytēs*) verdient wegen seines hohen Alters und seiner Erfahrung Respekt und Ehrerbietung[1]. Wie der Hochbetagte von Dan 7, 9 erscheint auch der Menschensohn mit weißen Haaren[2]. Die Ange-

sehenen werden bei den Juden wie bei den Christen als »Älteste« angesprochen³. Die in der Offenbarung erwähnten Ältesten erinnern an die verantwortlichen Führer Israels oder der Kirchen, oder aber sie sind ein Bild für die Ewigkeit des Hofstaates Gottes⁴.
Andererseits kann der Reichtum erworbener Erfahrung dazu führen, daß man sich in die Vergangenheit einschließt und sich weigert, sich dem Neuen, das Jesus brachte, zu öffnen⁵. In diesem Fall ist das Altern (gr. *palaiotēs*) ein tadelnswertes »Verhalten«; eine Haltung des alten Menschen, der dem neuen Menschen seinen Platz überlassen muß⁶.

¹ 1 Tim 5, 1f. – ² Offb 1, 14. – ³ Mt 21, 23; Apg 11, 30; 15, 4. – ⁴ Offb 4, 4 … – ⁵ Mt 15, 2; 27, 1. 41. – ⁶ Röm 6, 6; 7, 6; Eph 4, 22; Kol 3, 9f; Hebr 8, 13.

→ *Einl.* VIII. 2. C. e. – Ältester

Ältester

Gr. *presbyteros*: »älter«, daher kommt das deutsche Wort »*Priester«, obwohl es sich dabei um eine Übersetzung des gr. *hiereus* handelt.
1. Die Ältesten, die eine Art Laienaristokratie darstellen, üben seit langem eine kollegiale, sowohl religiöse als auch weltliche Gewalt über Israel aus¹, dann auch über die Belange der palästinischen Städte². Sie sind Mitglieder des Hohen Rates und wachen darüber, daß die *Überlieferungen eingehalten werden³. Dieses Wort kann auch die *Rabbinen der Vergangenheit bezeichnen⁴.

¹ Ex 3, 16; 12, 21; Num 11, 16. – ² Dtn 21, 2; Ri 11, 5; 1 Kön 21, 8. – ³ Mt 21, 23; 26, 3. 47; 27, 1; Apg 4, 5; 22, 5; 24, 1; 25, 15. – ⁴ Mk 7, 3. 5.

2. Die christlichen Kirchen geben sich nach jüdischem Vorbild ein Kollegium von Ältesten, die die Tätigkeit der Apostel als Gemeindeleiter weiterführen⁵. Diese Ältesten – die, wie es scheint, den »Vorstehern« entsprechen⁶ – werden nach genau festgelegten Vorschriften ausgewählt und durch die *Handauflegung in ihr Amt eingeführt⁷. Manchmal hebt sich ein Ältester von der Gruppe ab, zweifelsohne wegen seiner ehrenswerten Autorität⁸.

⁵ Apg 11, 30; 14, 23; 15, 2–23; 16, 4; 20, 17; 21, 18; Jak 5, 14; 1 Petr 5, 5. – ⁶ Tit 1, 5. 7. – ⁷ 1 Tim 4, 14; 5, 17. 19. – ⁸ 1 Petr 5, 1; 2 Joh 1; 3 Joh 1 △.

3. Die »*Ältesten« in der Offenbarung des Johannes⁹ bilden eine Art himmlischen Senat; die Bedeutung der Zahl 24 ist noch nicht geklärt.

⁹ Offb 4, 4–19, 4 △.

→ *Einl.* XII. 1. B. – Presbyter – Vorsteher

Amen

Hebräisches Wort, von der Wurzel *'mn*: »fest, beständig sein«. Es bedeutet nicht nur den Wunsch: »So soll es sein!«, sondern auch die Bekräftigung: »Es ist wahr! So ist es!«, wie das die Übersetzung von Lukas andeutet: »wahrlich« (*alēthōs, ep'alētheias*)¹. Das Wort wird benutzt, um bei einem feierlichen Anlaß, meist in der Liturgie, dem was gesagt worden ist, zuzustimmen², besonders nach einem gemeinsamen Lobeswort der Versammelten³. Es ist bezeichnend, daß Jesus – obwohl er aramäisch sprach – dieses Wort benutzte; er gebraucht es vor allem in Zusammenhang mit den Worten, die den Spannungsbogen seiner Hoffnung⁴ und seinen Widerspruch gegen den *Pharisäismus ausdrücken⁵. In Jesu Reden wird das bei Johannes verdoppelte

Amen[6] zu einer feierlichen Formel, die die inhaltliche *Wahrheit und (indem sie die prophetische Einleitungsformel: »So spricht Jahwe« ersetzt) die Glaubwürdigkeit des Mittlers der *Offenbarung bezeugt. Jesus Christus ist das Ja, das Gott spricht, der in ihm alle seine *Verheißungen verwirklicht[7].

[1] Lk 4, 25; 9, 27; 12, 44; 21, 3. – [2] Num 5, 22; Dtn 27, 15–26; Neh 8, 6; Ps 41, 14; Jer 11, 5. – [3] 1 Chr 16, 36; Ps 106, 48; Röm 1, 25; 9, 5; 11, 36; 16, 27; Gal 1, 5; Hebr 13, 21; Offb 5, 14. – [4] Mt 10, 23; 19, 28; 24, 34; 25, 40. – [5] Mt 6, 2. 5. 16; 8, 10. – [6] Joh 1, 51; 3, 3. 11. – [7] Jes 65, 16; 2 Kor 1, 19–21; Offb 3, 14.

→ Glaube – Ja – Wahrheit

Amt

1. Eine Funktion, die man durch Übertragung erhalten hat und mit *Vollmacht ausübt. Der Gattungsbegriff kann die Zivilbehörden meinen[1], verschiedene Funktionen in der jüdischen Liturgie[2], die priesterliche Würde Jesu Christi[3], seine Vollmacht[4] oder schließlich die verschiedenen Ämter, die den Gläubigen anvertraut sind. Die dem christlichen Amt entsprechenden gr. Grundworte sind *diakonia*: »Dienst«[5], *exousia*: »Gewalt«[6], *oikonomia*: »Verwaltung«[7], *charis/charisma*: »Gnadengabe«[8], *pempō, apostellō*: »senden«[9], *presbeia*: »Gesandtschaft«[10].

[1] Lk 12, 11; 20, 20; Tit 3, 1. – [2] Lk 1, 23; Hebr 9, 21. – [3] Hebr 5, 4. – [4] Mt 7, 29. – [5] Apg 6, 1. 4; Röm 12, 7. – [6] 2 Kor 10, 8; 13, 10. – [7] Kol 1, 25. – [8] Röm 1, 5; 1 Kor 12, 4. – [9] Joh 4, 34. 38; Apg 1, 25; 15, 25; 1 Kor 4, 17. – [10] 2 Kor 5, 20; Eph 6, 20.

2. Jesus Christus, der Gesandte schlechthin[11], ist der Ursprung der Ämter, er überträgt sie[12] und stattet sie mit seiner eigenen Vollmacht aus[13]. Der Heilige Geist ordnet die verschiedenen Ämter, die er für jeden Menschen angemessen macht und deren Ausführung er sichert[14].

[11] Hebr 3, 1f; 13, 20; 1 Petr 2, 25. – [12] Apg 20, 24; Röm 1, 5; 1 Kor 4, 1–5; 5, 4f; 12, 5. – [13] Mt 10, 40 (= Lk 10, 16); Joh 13, 20; 2 Kor 5, 20. – [14] 1 Kor 12, 4. 11. 18; 14, 26; Eph 4, 7. 16.

3. Die Unterscheidung zwischen »einige/alle« ist für den Aufbau der Kirche entscheidend; einige im Dienst aller. Die beiden wichtigsten Ämter sind der Dienst des Wortes[15] und der Dienst an der brüderlichen Gemeinschaft[16]. Von hier aus entwickelt sich eine Vielzahl von Ämtern, die den Umständen entsprechend eingerichtet werden: Leitung (*Vorsteher, *Presbyter, *Diakon), Hilfe (etwa die *Kollekte), Gabe der *Heilung usw., um vom *Apostolat oder von der *Prophetie gar nicht zu sprechen[17]. Bei Bedarf werden die zu ihrer Ausübung nötigen Gnaden durch *Handauflegung vermittelt. Alle Christen, Männer und Frauen, können die Ämter ausüben, auch wenn keine Frau als Vorsteher oder Presbyter erwähnt wird.

[15] Röm 12, 6–8; 1 Kor 12, 8; 1 Tim 3, 2; Hebr 13, 7; 1 Petr 4, 11. – [16] Röm 12, 8. 13; 1 Kor 12, 28; 1 Thess 5, 12. – [17] Apg 20, 28; Röm 12, 4–7; 1 Kor 12, 9f. 28–30; 1 Thess 5, 12; 1 Tim 3, 1; 5, 17; 1 Petr 2, 5f.

→ Apostel – Diakon – dienen – Kirche – Presbyter – Vorsteher

Anathema

Gr. *ana-thema*: »was man obenauf [auf dem Altar, im Tempel] legt«, als Weihegeschenk[1]. In der Septuaginta gibt dieses Wort das hebr. *ḥērem* wieder, das alles bezeichnet, was ausschließlich Gott *geweiht und damit dem Profangebrauch entzogen wurde[2]. Wer nicht die *Wahrheit sagt[3] oder das *Versprochene nicht hält[4], liefert sich selbst dem *Gericht Gottes aus und wird aus der Gemeinschaft ausgeschlossen; man kann auch einen anderen dem Gericht Gottes ausliefern[5].

[1] Lk 21, 5. – [2] Lev 27, 28f; Jos 6, 17. 21 – [3] Mt 26, 74 (= Mk 14, 71); Röm 9, 3. – [4] Apg 23, 12. 14. 21. – [5] 1 Kor 12, 3; 16, 22; Gal 1, 8f; Offb 22, 3 ☐.

→ exkommunizieren – geweiht – Korban – rein

anbeten

1. Lat. *adorare*, von *orare*, einem Ausdruck aus dem Bereich der religiösen und juristischen Sprache: »eine rituelle Formel, ein Gebet, eine Rede vor Gericht vortragen«, daher *ad-orare*: »eine Bitte richten an«. Die Volksetymologie verbindet dieses Wort mit *os*: »Mund«. Das gr. Wort *pros-kyneō* (von *pros*: »vor, gegen« und *kyneō*: »küssen«), in dem die Gebärde der Verbeugung, um die Füße oder die Hände zu küssen, mit inbegriffen ist, bedeutet »sich niederwerfen«. Vor diesem Wort steht manchmal der Ausdruck »sich vor die Füße von jemand niederwerfen *oder* mit dem Gesicht auf den Boden fallen«[1]; diese Haltung war in der alten Welt vor dem Herrscher oder vor dem Meister üblich[2]. Nach dem alten heidnischen Kultgebrauch bedeutete dieses Wort wahrscheinlich »küssen, sich verbeugen, um mit der Hand dem Gottesbild einen Kuß zuzuwerfen«. Daraus entwickelte sich der abgeleitete Sinn von »anbeten«, den dieser Ausdruck in der griechischen und in der römischen Welt angenommen hat. Die *Septuaginta benutzt ihn; die Juden haben zwar keine bildliche Darstellung von Jahwe, aber die Prostration zeigt, daß man sich vollkommen seinem Willen unterwirft[3].

[1] Mt 18, 26; Apg 10, 25; 1 Kor 14, 25; Offb 4, 10; 7, 11; 11, 16. – [2] vgl. Jes 51, 23; 2 Kön 1, 13. – [3] Ps 96, 9; 99, 5.

2. Wie das AT, so betont auch das NT, daß die Anbetung eine Pflicht ist[4], daß sie Gott allein gebührt[5], und zwar von allen Menschen[6]. Sie ist charakteristisch für den *Himmel[7]. Wenn man den Ausdruck ohne grammatikalisches Objekt benutzt, bezeichnet er den *Kult im Tempel[8]. Jesus verkündet, daß man den Vater im Geist und in der Wahrheit anbeten wird, unabhängig von dem Ort[9].

[4] Mt 4, 10 (= Lk 4, 8 = Dtn 6, 13). – [5] Apg 10, 25f; Offb 19, 10; 22, 8f. – [6] 1 Kor 14, 25; Offb 14, 7; 15, 4; vgl. Röm 14, 11; Eph 3, 14. – [7] Offb 4, 10; 5, 14; 7, 11 … – [8] Joh 12, 20; Apg 8, 27; 24, 11; vgl. Joh 4, 20. – [9] Joh 4, 20–24.

3. Die Huldigung vor dem irdischen Jesus zeigt, daß man in ihm eine höhere Macht anerkennt[10] oder sie ist, bei der Passion, Ausdruck des Spotts[11]. Doch der *Glaube der Kirche nimmt den Ausdruck auf. Er wird auf das Kind bezogen, das die Sterndeuter ehren[12], und auf den Auferstandenen[13].

[10] Mt 8, 2; 9, 18; 14, 33; 15, 25; 20, 20; Mk 5, 6; Joh 9, 38. – [11] Mk 15, 19; vgl. Mt 27, 29. – [12] Mt 2, 2. (8.) 11. – [13] Mt 28, 9. 17; Lk 24, 52.

4. Der *Teufel und seine Abbildungen fordern oder bekommen die Huldigung[14]; die Gläubigen ahmen Jesus nach[15] und verweigern sie ihm, auch auf Kosten des Lebens[16].

[14] Mt 4, 9 (= Lk 4, 7); Offb 9, 20; 13, 4. 8; 19, 20. – [15] Mt 4, 10 (= Lk 4, 8). – [16] Offb 13, 15; vgl. Röm 11, 4.

5. Anderes Wort: niederknien (gr. *gonypeteō*: »auf die Knie fallen«). Die Geste des Kniebeugens ist der Prostration ähnlich und drückt die Ehrerbie-

tung und das Flehen aus[17]. Sie ist häufig mit dem Gebet verbunden[18]. Durch dieses Zeichen werden alle Menschen in Jesus den Herrn anerkennen[19].

[17] Mt 17, 14; Mk 1, 40; 10, 17. – [18] Lk 22, 41; Apg 7, 60; 9, 40; 20, 36; 21, 5. – [19] Phil 2, 10.

→ beten – Frömmigkeit – fürchten – gottesfürchtig – küssen

Andreas
Gr. *Andreas*; der Name ist griechischer Herkunft. Er war ein Bruder von Simon Petrus[1], stammte aus Betsaida[2], wohnte in Kafarnaum[3], war Jünger des Täufers Johannes und einer der beiden ersten, die Jesus nachfolgten[4]. Er gehört zu den Zwölf[5].

[1] Mt 4, 18 (= Mk 1, 16). – [2] Joh 1, 44. – [3] Mk 1, 29. – [4] Joh 1, 40. – [5] Mt 10, 2 (= Mk 3, 18 = 6, 14); Mk 13, 3; Joh 6, 8; 12, 22; Apg 1, 13 □.

→ Apostel

Ankunft
→ Tag des Herrn – Parusie

Anna
→ Hanna

Antichrist
Gr. *antichristos* (aus *anti*: »gegen« und *Christos*: »Christus«), eine christliche Neubildung, nach dem Muster von gr. *antitheos*: »Gegen-Gott«. Das Wort wird nur in den johanneischen Briefen gebraucht, wo es einmal die abgefallenen Christen bezeichnet[1], ein andermal eine geheimnisvolle Gestalt, die hinter ihnen steht[2]. Das Ganze entspringt einem breiteren Vorstellungshintergrund, der sich schon im AT findet: die Gott feindlichen Kräfte, die seit der Erschaffung der Welt am Werk sind[3], werden in der Endzeit besonders aktiv werden[4]; hier läßt sich der Einfluß des persischen und babylonischen Mythus vom Kampf zwischen den Göttern und den Ungeheuern feststellen. Die Personifizierung erhält im NT verschiedene Namen: falsche Messiasse und falsche Propheten[5], der Mensch der Gesetzlosigkeit schlechthin, der Sohn des Verderbens schlechthin, der Widersacher[6], die beiden Tiere[7]. Diese Personifizierung ist, weil sie sich erst am Ende der Zeiten offenbaren darf, überzeitlich[8], aber sie wirkt durch Mittelspersonen; man darf sie nicht in einer bestimmten historischen Persönlichkeit verkörpert sehen, doch man kann die Menschen, die sich dem Aufbau des Reiches Christi widersetzen[9], so bezeichnen, um sich bewußt zu werden, daß am Jüngsten Tag jede Gegenmacht besiegt wird[10].

[1] 1 Joh 2, 18. – [2] 1 Joh 2, 18. 22; 4, 3; 2 Joh 7 □. – [3] Ijob 9, 13; Ps 74, 13; 89, 10f; Jes 51, 9. – [4] Ez 38–39. – [5] Mt 24, 24 (= Mk 13, 22). – [6] 2 Thess 2, 3–8. – [7] Offb 13. – [8] Thess 2, 3–12; Offb 13. – [9] 1 Joh 2, 18–22; 4, 3; 2 Joh 7. – [10] 2 Thess 2, 8.

→ Bestie – Gog – Tiere – Unheilvoller Greuel – Zahlen

Antiochia
Gr. *Antiocheia,* von *Antiochos*; Namen mehrerer seleukidischen Könige (312–125 v. Chr.).

1. *Antiochia in Pisidien.* Diesem Namen zum Trotz lag das Territorium von Antiochia, das seit der Zeit des Augustus eine römische Kolonie war, in Phrygien. Hauptsächlich von hier aus hat man Galatien überwacht. Viele Juden lebten in dieser Stadt. Paulus hielt sich hier dreimal auf[1].

[1] Apg 13, 14. 44. 50; 14, 19. 21; 2 Tim 3, 11 □.

→ *Karte* 2.

2. *Antiochia in Syrien.* Die Stadt wurde im J. 300 v.Chr. von Seleukus gegründet; Hauptstadt der Seleukiden, während Alexandria die Hauptstadt der Ptolemäer war. In Antiochia war die hellenistische Zivilisation beheimatet; Hauptstadt der römischen Provinz Syrien (64 v.Chr.). Nach Rom und Alexandria war sie die dritte Stadt des römischen Reichs, mit etwa 300 000 Einwohnern, darunter 10% Juden. Heimat des Nikolaus[1]. Hier haben *hellenistische Christen das Evangelium verkündet[2], später *Barnabas und *Paulus[3]. Mit Jerusalem war sie eins der beiden Zentren, von denen aus der Glaube verbreitet wurde. Hier nannte man die Jünger zum erstenmal *Christen[4]. Die Gemeinde in Antiochia sandte Paulus, damit er der Welt im Mittelmeerraum Christus verkünde[5]; hierher kehrte Paulus am Ende seiner zwei ersten Missionsreisen zurück[6]. Hier entstand der Streit zwischen den Christen jüdischer und heidnischer Herkunft; es ging um Götzenopfer-*fleisch[7], um das Verhalten des *Petrus den Heiden gegenüber[8].

[1] Apg 6, 5. – [2] Apg 11, 19f. – [3] Apg 11, 22. 26. – [4] Apg 11, 26. – [5] Apg 13, 1–3. – [6] Apg 14, 26; 15, 35f. 40; 18, 22. – [7] Apg 15, 22f. 30. – [8] Gal 2, 11 □.

→ *Einl.* I. 3. C; IV. 3. C. – Ignatius von Antiochien – Syrien – *Karte* 2

Antipatris

Gr. *Antipatris.* Stadt 60 km nordwestlich Jerusalems, wo Paulus, dem die Juden in der Hauptstadt mit dem Tod drohten, rastete, ehe man ihn nach Cäsarea überführte[1].

[1] Apg 23, 31 □.

→ *Karte* 4

anvertrautes Gut

Gr. *para-thēkē,* von *para-tithēmi*: »davorstellen«, auf Lager bringen[1], anvertrauen[2]. In den katholischen *Briefen eine Bezeichnung für den Hauptbestandteil der Lehre, die aus der Überlieferung übernommen, den Inhalt der Glaubensunterweisung bildet[3].

[1] Lk 19, 21f. – [2] Apg 14, 23; 20, 32; 2 Tim 2, 2. – [3] 1 Tim 6, 20; 2 Tim 1, 12. 14 □.

→ lehren – Überlieferung

Anwalt

Gr. *paraklētos,* ein johanneischer Begriff, verwandt mit *paraklēsis*: »Trost«, doch mit anderer Bedeutung; es nähert sich *parakaleō,* im Sinn von »zu sich rufen« verstanden. Dieser juristische Begriff meint den, der von einem Angeklagten »zur Seite gerufen« ist (gr. Passiv von *parakaleō,* lat. *ad-vocatus*), damit er ihn verteidige oder ihm helfe. Diese Funktion übt der Heilige Geist in den Herzen der Jünger für Christus aus[1] oder Christus für seine Jünger beim Vater[2]. Mit dem Wort »Anwalt« sind drei Aspekte des Wirkens des Heiligen Geistes beschrieben: Gegenwart Jesu[3], Verteidigung Jesu[4] und lebendiges Gedächtnis der Kirche, aufgrund dessen sie die Worte Jesu ins Heute übertragen kann[5].

[1] Joh 14, 16. – [2] 1 Joh 2, 1. – [3] Joh 14, 15–17. – [4] Joh 15, 26; 16, 7. – [5] Joh 14, 26 □.

Anzahlung

Gr. *arrabōn* (ursprünglich semitisch). Juridischer Begriff aus der Handelssprache. Im Unterschied zum Pfand, das man dem Schuldner zurückgibt, wenn er seine *Schulden begleicht, ist die Anzahlung ein Vorschuß auf die vereinbarte Summe, eine Abschlagszahlung, die die künftige Einzahlung der ganzen Summe garantiert. So ist die Gabe des Heiligen Geistes ein Teil des verheißenen Erbes, Garantie dafür, daß man mit der Erfüllung der Zeiten seine Fülle erhält[1].

[1] 2 Kor 1, 22; 5, 5; Eph 1, 14 □.

→ Erbe – Erstlinge

Äon

Das gr. *aiōn* (hebr. *'ōlām*) hat zwei Bedeutungen: *a)* »Dauer, Zeitabschnitt, *Zeitalter«. Durch dieses Wort versucht das AT mit der Dauer des Lebens zurechtzukommen, oder, wenn es um Gott geht, von dem Ewigen zu sprechen (gr. *aiōnios*); *b)* »*Welt«. Die spätjüdische *Apokalyptik unterscheidet zwei Äonen: »diesen«, der vergeht und der der Drangsal unterworfen ist, und »den zukünftigen«, der kommen soll und der das Königreich der Gerechtigkeit und des Friedens sein wird[1].

[1] Mt 12, 32; Mk 10, 30 (= Lk 18, 30); Eph 1, 21; Hebr 6, 5.

→ ewig – Welt – Zeit – Zeitalter

Apokalypse

1. Gr. *Apokalypsis,* Wegnahme (*apo*: »weg von, fern« und *kalyptō*: »zudecken, verbergen«): »Offenbarung«; Offenbarung über Gottes Gericht, das Mysterium, die Person Jesu Christi[1]. Ein besonderes Charisma, das der Geist einigen Gläubigen schenkt[2].

[1] Mt 11, 25. 27 (= Lk 10, 21f); 16, 17; Lk 17, 30; Joh 12, 38; Röm 1, 17f; 2, 5; 8, 18f; 16, 25; Gal 1, 12; Eph 1, 17; 3, 3; 2 Thess 1, 7; 2, 3. – [2] 1 Kor 14, 26. 30; 2 Kor 12, 1. 7; Gal 2, 2.

2. Das Wort bezeichnet eine literarische Gattung mit folgenden Eigenarten: Offenbarung der Geheimnisse, die sich auf das Ende der Zeiten und den Lauf der Geschichte beziehen; phantastische Szenen; oftmals Pseudonymität. Hierher gehören, außer Jes 24–27 und der Offenbarung des Johannes, das Buch *Henoch, das vierte Buch *Esra, die *Baruchapokalypse oder die Zusammenstellung der eschatologischen Worte Jesu, die man »synoptische Apokalypse«[3] nennt.

[3] Mt 24 (= Mk 13 = Lk 21).

→ *Einl.* XII. 2. A. b–c; XII. 2. B.

3. Das ntl. Buch, das »Apokalypse« oder »Offenbarung«[4] genannt wird, stammt aus Kreisen in Ephesus, die auf den Apostel Johannes zurückreichen. Über die Entstehungszeit gibt es zwei Hypothesen: die Zeit nach der Christenverfolgung durch Nero (65–70) oder gegen Ende der Regierung Domiti-

ans (91–96). Es ist nicht ratsam, die verschiedenen Visionen, die in dieser Schrift geschildert werden, mit bestimmten Ereignissen oder Personen zu identifizieren; seiner literarischen Gattung entsprechend enthüllt das Werk nicht die Existenz künftiger Reiche, sondern die verborgenen Dimensionen, die immerwährende Unergründlichkeit der Geschichte, in der sich das Heil durch das gegensätzliche Zusammenspiel vieler Akteure immer neu verwirklicht. Dieses Buch ist *deuterokanonisch.

[4] Offb 1, 1.

→ *Einl.* XV

[Apokryphen]
1. Gr. *apokryphos* (von *kryptō*: »verbergen« und *apo*: »weg von, fern«): »dem Blick entzogen, verborgen«. Schriften, die den kanonischen Büchern sehr ähnlich sind, die aber nicht zum biblischen *Kanon gehören. Die protestantischen Christen nennen sie »Pseudepigraphen« (aus dem gr. *graphē*: »Schrift« und *pseudēs*: »lügnerisch«): »Schriften, deren Titel lügnerisch ist«. In ihnen finden Strömungen und Erwartungen des jüdischen Volkes während der zwei letzten vorchristlichen Jahrhunderte und des ersten christlichen Jahrhunderts ihren Niederschlag sowie die Abweichungen vom christlichen Glauben in den ersten Jahrhunderten. In der folgenden Liste sind mehrere Texte ausgelassen, die zwar in den Schriften der Kirchenväter erwähnt werden, aber heute verloren sind.
2. Die *Apokryphen des AT* sind entweder palästinischen (P) oder hellenistischen (H) Ursprungs. Sie haben die urchristliche Literatur nachweisbar beeinflußt (so zitiert Judas im V. 9 die Himmelfahrt des Mose und in den Vv. 14–15 das Henochbuch). In einigen Texten begegnen wir sogar christlichen Interpolationen. Diese Schriften sind oft bruchstückhaft und fast immer nur in den Übersetzungen überliefert. Die Zeit ihrer Entstehung läßt sich nur annähernd bestimmen.
3. Die *Apokryphen des NT* entstanden nach dem 1. Jh.
3. 1. Die *apokryphen Evangelien* haben versucht, die Lücken in den *kanonischen Evangelien zu füllen, besonders was die Kindheit und das Leiden Jesu betrifft. In ihnen spiegelt sich normalerweise die Volkstheologie von damals; sie sind öfters von einer *gnostischen Tendenz geprägt. Die Volksfrömmigkeit und die religiöse Kunst wurden ziemlich stark von ihnen beeinflußt. Von den Evangelien des synoptischen Typus erwähnen wir: Das *Evangelium der Nazaräer* (vor 180), das *Evangelium der Hebräer*, d.h. Christen jüdischer Herkunft und griechischer Sprache (2. Jh., aramäisch, übersetzt ins Griechische), das *Evangelium der Ägypter*, d.h. der Christen heidnischer Herkunft (vor 150), das *Evangelium der Ebioniter* (vor 150, griechisch), das *Evangelium des Petrus* (griechisches Fragment aus der Zeit vor 150). Dazu die Sammlung verschiedener Aussprüche, aus denen sich das *Evangelium des Tomas* zusammensetzt (2.Jh.). – Von den Evangeliendichtungen sind zu erwähnen: Das *Protoevangelium des Jakobus* (über die Kindheit des Erlösers, griechisch, um 150), das *Evangelium des Pseudo-Mattäus* (lateinisch, 5.–6. Jh.), die *Dormitio Mariae*, die *Geschichte von Josef, dem Zimmermann* (vor 4. Jh., koptisch, arabisch und lateinisch), das *arabische Evangelium von der Jugend Jesu* (spät), das *Evangelium des Nikodemus* (4. Jh., umfaßt die

DIE APOKRYPHEN DES ALTEN TESTAMENTS

| 200 | 150 | 100 | 50 | 0 | 50 | 100 | 150 | 200 |

- Apok. Abrahams *A*
- Leben Adams u. Evas *E*
- Aristeas-Brief *H D*
- ˙Baruch-Apokalypse *P A*
- ˙Damaskusschrift (Qumran)
- Elija-Apokalypse *H A*
- 3. ˙Esra *H E*
- 4. ˙Esra *P A*
- ˙Henoch 1–36; 72–104
- Henoch 37–71 *P A*
- Geheimnisse des Henoch *H A*
- Himmelfahrt des ˙Jesaja
- Josef und Asenet *P E*
- ˙Jubiläen *P E*
- ˙Liber Antiquitatum Biblicarum
- 3. ˙Makkabäer *H E*
- 4. ˙Makkabäer *H D*
- Gebet Manasses *P D*
- ˙Mose-Apokalypse *A*
- Himmelfahrt d. ˙Mose *P A*
- ˙Testamente der Zwölf Patriarchen *P D*
- Vitae prophetarum
- Psalmen ˙Salomos *P D*
- Sibylle III   Die ˙Sibyllinischen Orakel *H A*

Die Werke sind in alphabetischer Folge, von oben nach unten, geordnet.
Die horizontalen Striche markieren ungefähr die Entstehungszeit. – *A* = apokalyptisch; *D* = didaktisch; *E* = erzählend; *H* = hellenistisch; *P* = palästinisch.

Pilatusakten über die Passion Jesu und die *Höllenfahrt Christi*). Schließlich noch zwei Nachahmungen: Das *Evangelium des Basilides*, das *Evangelium des Marcion* sowie zwei mit einem irreführenden Titel versehene Werke: das *Evangelium der Wahrheit* und das *Evangelium des Philippus*.

3. 2. Die »Akten« (»Apostelgeschichten«) setzen den Bericht der Apostelgeschichte fort und erzählen vor allem über die Reisen und die Wunder der Apostel: Johannes (vor 200), Paulus (vor 200), Petrus (180–190), Tomas (um 150), Philippus, Bartolomäus, Barnabas, Taddäus sind Helden, denen jeweils einzelne Berichte gewidmet wurden.

3.3. Die *Briefe* zeigen die Tendenz, die Vorzugsrechte einiger Lokalkirchen herauszustellen oder bestimmte Punkte der Lehre zu entwickeln. Wir erwähnen folgende: Der *dritte Brief an die Korinther*, Der *Apostelbrief* (150–180), *Brief an die Laodizäer*, *Brief an die Alexandriner*, der *Briefwechsel zwischen Paulus und Seneca*, der *Brief des Barnabas* (nach 130), die *Verkündigung des Petrus*, die *Verkündigung des Paulus*.

3.4. Die *Apokalypsen* sehen es als ihre Aufgabe an, die Leser auf die Zukunft vorzubereiten. Sie werden dem Petrus, Paulus, Tomas, Stephanus, Johannes zugeschrieben.

→ Agrapha – Bibel – deuterokanonische Schriften – Nag Hammadi – Tomas (Evangelium des)

Apollos

Gr. *Apollōs*, Kurzform von *Apollōnios*. Alexandrinischer Jude, vielleicht aus der Schule von *Philo, ein Jünger Johannes des Täufers, in der Heiligen Schrift bewandert, später ein erfolgreicher christlicher Prediger[1]. Einige Exegeten schreiben ihm, ohne handfeste Begründung, den Brief an die *Hebräer zu.

[1] Apg 18, 24; 19, 1; 1 Kor 1, 12; 3, 4–6. 22; 4, 6; 16, 12; Tit 3, 13 □.

Apostel

Gr. *apostolos* (von *apostellō*: »senden, abordnen«): »Abgesandter«, Emissär, Delegierter in amtlicher Mission[1] und nicht einfach eine Person, die eine Lehre verbreitet oder eine Sache tätig vertritt.

[1] Joh 13, 16; Apg 9, 2; 2 Kor 8, 23.

1. Im breiteren Sinne des Wortes sind die Abgesandten des auferstandenen Christus gemeint, auf denen die Kirche aufgebaut ist[2]; sie verfügen über Autorität (jedoch nicht über Obergewalt) in den Gemeinden, was den pastoralen Dienst betrifft[3].

[2] 1 Kor 15, 7; 2 Kor 5, 20; Gal 1, 19; Eph 2, 20; 4, 11; 1 Thess 2, 7. – [3] Apg 20, 28; 1 Kor 9, 19; 1 Petr 5, 2–5.

2. Im engeren Sinn des Wortes, der für Lukas charakteristisch ist, sind die Zwölf gemeint, das apostolische Kollegium, die für die Identität des Auferstandenen mit Jesus aus Nazaret, den sie gekannt haben, Zeugnis ablegen sollen[4]. Das NT gibt vier Listen der Apostel[5]; die Namen sind dieselben, doch die Reihenfolge ist verschieden; es handelt sich um Gruppen von Namen. Zuerst die vier, die als erste berufen worden sind: Petrus, Andreas, Jakobus und Johannes. Dann eine zweite Vierergruppe: Philippus, Bartolomäus, Mattäus, Tomas. Und schließlich Jakobus, Taddäus (oder Judas), Simon und

Judas Iskariot. In jedem Fall führt Petrus die Liste an, Judas wird immer zuletzt genannt. Dieses Kollegium wurde nach dem Abfall des *Judas vervollständigt, aber nicht nach dem Tod des Jakobus[6].

[4] Außer Lk 11, 49; Apg 14, 14. – [5] Mt 10, 2–4; Mk 3, 16–19; Lk 6, 14–16; Apg 1, 13. – [6] Lk 6, 13; Apg 1, 15–26; 12, 2; Offb 21, 14.

3. Paulus ist das Ideal eines »Apostels der Heiden«[7].

[7] Röm 11, 13; vgl. Apg 9, 15; 22, 21; Röm 1, 5; Gal 1, 15f; 2, 8; Eph 3, 8; 1 Tim 2, 7.

→ Amt – Kirche – senden

[Apostelgeschichte]
Dieser zweite Teil des Lukanischen Werks will darstellen, wie die Frohbotschaft, die Jesus verkündet und gelebt hat (davon berichtet Lk im ersten Teil des Werkes, dem Evangelium), sich beim Übergang zu den heidnischen Völkern verwirklicht hat. Es handelt sich eigentlich nicht um eine Geschichte der Kirche oder der ersten Missionen, sondern um ein theologisches Werk, das in den achtziger Jahren, und zwar wahrscheinlich für heidnische Leser, niedergeschrieben wurde.

→ *Einl.* I. 3–5; IV. 7; XV. 2. – Lukas

[Apostelkonzil in Jerusalem]
So bezeichnet man häufig eine Versammlung, die im Jahr 48/49 in Jerusalem zustande kam und von der Lukas in Apg 15 berichtet. Tatsächlich aber scheint es, daß im Bericht Apg 15 zwei ursprünglich unabhängige Ereignisse zusammengefaßt sind; so scheint es etwa, als würde Jakobus (Apg 21, 25) den Paulus über ein viel früher verfaßtes Dekret unterrichten, das Paulus, auch wenn es erforderlich gewesen wäre, in seinen Briefen nie erwähnte. Deswegen meinen mehrere Gelehrte, in Jerusalem seien zwei Versammlungen abgehalten worden. Die eine hätte sich mit der Frage befaßt, ob das jüdische Gesetz für die aus dem Heidentum bekehrten Christen verpflichtend ist (Gal 2, 1–10; vgl. Apg 15, 1–4); und die andere, die dem Zwischenfall in Antiochia folgte, machte in einem Dekret deutlich, wie das Verhältnis zwischen den Christen jüdischer Herkunft und denen, die vom Heidentum kamen (Gal 2, 11–14; Apg 15, 29) geregelt werden soll.

[apostolische (Zeit)]
Der Zeitabschnitt, auf den sich unmittelbar die Autorität der *Apostel erstreckt; er geht etwas über das Ende des 1. Jh. hinaus.

Appius (Forum des)
Gr. *Appiou phoron*. Ort 64 km südlich von Rom[1].

[1] Apg 28, 15 □.

→ *Karte* 3

Aquila und Priszilla
Gr. *Akylas, Priskilla (Priska)*. Ein christliches Ehepaar jüdischer Herkunft. Durch das Edikt des Kaisers *Klaudius wurden sie 49–50 aus Rom verbannt; sie waren Zeltmacher in *Korinth, wo sie anfangs Gastgeber und später Mitarbeiter des *Paulus sind[1].

[1] Apg 18, 2f. 18f. 26; Röm 16, 3f; 1 Kor 16, 19; 2 Tim 4, 19 □.

Arabien, Araber

Die hebr. Sammelbezeichnung 'arab meinte die Nomaden in der syrisch-arabischen Wüste[1]. Arabien (gr. *Arabia*) bezeichnet seit dem 2.Jh. v.Chr. das Gebiet des *nabatäischen Königreichs, das längs vom Roten Meer bis nach Damaskus, unter Einschluß des Berges Sinai[2], an Palästina angrenzte. Am Pfingsttag waren Araber (gr. *Arabes*) in Jerusalem[3]. Paulus hat sich nach seiner Bekehrung nach Arabien zurückgezogen[4].

[1] Jes 13, 20; Jer 3, 2. – [2] 2 Makk 5, 8; Gal 4, 25. – [3] Apg 2, 11. – [4] Gal 1, 17 □.

[aramäisch]

Eine semitische Sprache, verwandt mit der hebräischen; in Palästina zur Zeit Jesu die meist verbreitete Sprache.
→ *Einl.* V. 3. A.

arbeiten

Gr. *ergazomai* (von *ergon*: »Arbeit«), *kopiaō*: »arbeiten, sich mühen, sich ermüden«, abgeleitet *kopos*: »Mühsal«.

1. Wenn das NT kaum zur Arbeit mahnt[1], dann deshalb, weil es voraussetzt, daß das Gebot des Schöpfers gilt[2]. Jesus war *Zimmermann (gr. *tektōn*)[3], er entnimmt seine Lehren der Arbeitswelt[4]; man darf im Einsatz seiner Talente nicht »ängstlich« (gr. *oknēros*) sein[5], ohne andererseits dem Gewinnstreben und den übergroßen *Sorgen zu verfallen[6]. Paulus müht sich mit seiner Hände Arbeit[7], und er tadelt die Haltung der Trägen, die passiv das Ende der Zeiten erwarten[8]. Die Arbeiter verdienen ihren Lohn[9].

[1] Eph 4, 28; Kol 3, 23; 1 Thess 4, 11. – [2] Gen 1, 28; 2, 15 Spr 6, 6–11; Sir 22, 1f; 38, 34. – [3] Mk 6, 3. – [4] Mt 4, 19; 20, 1–8; 21, 28. – [5] Mt 25, 26. – [6] Lk 10, 41f; 12, 13–34. – [7] Apg 18, 3; 1 Kor 4, 12; 1 Thess 2, 9; 2 Thess 3, 8. – [8] Eph 4, 28; 2 Thess 3, 10–12. – [9] Röm 4, 4; 1 Tim 5, 18; Jak 5, 4.

2. Im *Dienst für Gott und das Evangelium braucht man Arbeiter[10], sie verdienen ihren Unterhalt[11], wie Paulus müssen sie sich mühen, ohne zu rechnen[12].

[10] Mt 9, 37f (= Lk 10, 2); Phil 3, 2. – [11] Mt 10, 10 (= Lk 10, 7). – [12] Apg 20, 35; Röm 16, 6. 12; 1 Kor 3, 8; 15, 10; 16, 16; 2 Kor 6, 5; 10, 15; 11, 23. 27; Gal 4, 11; Phil 2, 16; Kol 1, 29; 1 Thess 2, 9; 3, 5; 5, 12; 1 Tim 4, 10; 5, 17; Offb 14, 13.

Arche

Lat. *arca*, Übersetzung des gr. *kibōtos*. Die *Arche des Noach* (hebr. *tēbā*): Ein Boot (Länge 150 m, Breite: 25 m, Höhe: 15 m), in dem *Noach die *Sintflut überlebte[1]. *Typos der christlichen *Taufe[2].

[1] Gen 6, 13–8, 19; Mt 24, 38; Lk 17, 27; Hebr 11, 7. – [2] 1 Petr 3, 20 △.

Archelaus

Gr. *Archelaos*. Sohn *Herodes des Großen und der Malthake (etwa 23 v.Chr. bis etwa 15 n.Chr.), Bruder von *Herodes Antipas, *Ethnarch Judäas, Samariens und Idumäas im Jahr 4 v.Chr. Nachdem man ihn der Tyrannei und des Skandals angeklagt hatte, wurde er i.J. 6 n.Chr. nach Vienne (Gallien) verbannt. Sein Territorium wurde römische *Provinz[1].

[1] Mt 2, 22 □.

→ *Einl.* I. 1. A. – Herodes

[Archetyp]
Original (vom gr. *archē*: »Anfang«), das als Muster, als »Prototyp« (gr. *typos*: »Abbild«) dient. Der Begriff kann sich sowohl auf Personen als auch auf Ideen beziehen.

Archippus
Gr. *Archippos*: »Kommandeur der Kavallerie« (?). Einer der Adressaten des Briefes an *Philemon und Mitarbeiter des Paulus in *Kolossä[1].
[1] Kol 4, 17; Phlm 2 □.

Areopag
Gr. *ho Areios pagos*: »der Hügel des Ares (Gott Mars)«, westlich der Akropolis von *Athen. Nach dem Namen dieses Hügels wurde der Stadtrat, der hohe religiöse Gerichtshof, benannt, der ursprünglich dort zu tagen pflegte, der aber zur Zeit des Paulus in der königlichen Säulenhalle, in der Nähe der *Agora, abgehalten wurde. Es scheint, daß die Rede des Paulus über den unbekannten Gott nicht auf dem Hügel, sondern eher vor dem Rat gehalten wurde[1].
[1] Apg 17, 19. 22 □.

Aretas IV
*Nabatäischer König von 8 v. Chr. bis 40 n. Chr. Seine Tochter wurde *Herodes Antipas zur Ehe gegeben, er verstieß sie aber um 27 n. Chr. Während seiner Herrschaft mußte Paulus aus Damaskus fliehen[1].
[1] 2 Kor 11, 32 □; vgl. Mt 14, 3f (= Mk 6, 17f); Apg 9, 25.

→ Arabien

Ärgernis
Gr. *skandalon*: »Anstoß, Ärgernis, Skandal«. Der Begriff führt oft zu Unklarheiten; er meint weder ein schlechtes Beispiel noch eine rebellische Tat, sondern eine Falle, die auf den Weg gelegt wird und die zum Fall bringt.

→ Fall

Arimatäa
Gr. *Arimathaia*. Stadt nordwestlich von Jerusalem, wahrscheinlich identisch mit dem Rama(tajjim) des AT. Heimat des *Josef, der Jesus bestattet hatte[1].
[1] 1 Sam 1, 1; Mt 27, 57; Mk 15, 43; Lk 23, 51; Joh 19, 38 □.

→ *Karte* 4

Aristarch
Ein Christ aus Thessalonich, treuer Gefährte des Paulus[1].
[1] Apg 19, 29; 20, 4; 27, 2; Kol 4, 10; Phlm 24 □.

arm
Gr. *ptōchos* (von *ptēssō*: »sich ducken«) übersetzt gewöhnlich mehrere hebr. Worte: *'ānī, 'ānāw, 'ebjōn*. Arm ist der Mensch, dem es am Lebensnotwendigen fehlt. Der Begriff umfaßt zwei Bedeutungen, die sich gegenseitig ergänzen.

1. *Im wirtschaftlichen Bereich.* Die Armen gehören zu den Verhältnissen, die auf dieser Welt üblich sind[1]. Trotz der Bemühungen der ersten Christen wurden auch in der Kirche die Armen von den Reichen unterdrückt[2]; doch sie setzt sich für die Armen, deren Lage nicht hingenommen werden kann, ein[3]; so etwa mit der *Kollekte, die zugunsten der Bedürftigen in Jerusalem durchgeführt wurde[4].

[1] Dtn 15, 11; Mt 26, 11 (= Mk 14, 5 = Joh 12, 8). – [2] Apg 6, 1; Jak 2, 2f. – [3] Mt 19, 21 (= Mk 10, 21 = Lk 18, 22); Lk 16, 8; Jak 2, 15f; 1 Joh 3, 17. – [4] Röm 15, 26f; Gal 2, 10; 1 Kor 16, 1–4; 2 Kor 8–9.

2. *Im religiösen Bereich.* Die Situation, in der sich die Armen befinden, macht sie empfänglich für besondere Gegenwart Gottes, sie befinden sich auf einer Ebene mit dem Reich Gottes[5]. Gott zieht sie den Reichen vor und macht sie zu seinen Schützlingen[6]. Ihnen kündet Jesus die Gute Nachricht an[7]. Wenn die Armut aus der Hand Gottes angenommen wird, kann sie mit der *Demut identisch werden; das ist mit der »Armut im Geist«, der tiefinneren Armut, gemeint[8]; ohne sie ist jeder Reichtum eine Falle[9]. Jesus hat sich mit dem Jünger und vielleicht mit jedem Menschen in Not identifiziert und ihm so eine unvergleichliche Würde verliehen[10]. Es geht nicht an, auf die soziale Stellung Rücksicht zu nehmen[11]; man muß die Frage, die die Existenz von Armen unaufhörlich stellt, hören und in ihnen das Angesicht Christi, der sich arm gemacht hat, entdecken[12]; den sehen, der »gütig und selbstlos« war (manchmal rückübersetzt ins Aram. mit: ʿanwānā, zusammengesetzt aus ʿānī und ʿānāw)[13].

[5] Lk 6, 20; 16, 19f. – [6] 1 Sam 2, 7; Lk 1, 47f. 52f. – [7] Mt 11, 5 (= Lk 7, 22); Lk 4, 18. – [8] Mt 5, 3. – [9] Offb 3, 17. – [10] Mt 10, 42; 25, 40. 45. – [11] Jak 2, 1–4. – [12] 2 Kor 8, 9. – [13] Mt 11, 29.

→ *Einl.* VII. 4. – Kollekte – reich – Sanftmut

Arm (des Herrn)

Gr. *brachion (tou Kyriou).* Metaphorischer Ausdruck für die Macht des Herrn, der mit »erhobenem Arm« in die Geschichte seines Volkes eingreift[1].

[1] Dtn 4, 34; Jes 52, 10; 53, 1; Lk 1, 51; Joh 12, 38; Apg 13, 17 □.

Artemis

Die diesen hellenistischen Namen tragende anatolische Göttin ist nicht gleichzusetzen mit der unter demselben Namen bekannten griechischen Göttin, die man mit der Jagdgöttin Diana identifiziert. Sie war Genossin von Aschera und Astarte; in *Ephesus feierte man sie als die »Große Mutter« der Natur, das Symbol der Fruchtbarkeit[1].

[1] Apg 19, 24–35 □.

→ *Einl.* IV. 6. A.

Arzt

Gr. *iatros,* hebr. *rōphēʾ.* Ursprünglich wird der Arzt mit dem *Magier in Verbindung gebracht oder mit dem *Priester gleichgesetzt[1]; er schien mit Gott, dem einzigen *Heiler, zu wetteifern[2]. In der Folgezeit hat er eine angesehene Rolle; in der römischen Zeit gab es verschiedene Berufszweige: Aderlasser, Chirurgen, Bademeister; sie stehen, auch wenn man sie gelegentlich kritisiert, in hohem Ansehen[3].

[1] Lev 13. – [2] Ex 15, 26; 2 Kön 20, 8; 2 Chr 16, 12. – [3] vgl. Sir 38, 1–15; Mt 9, 12 (= Mk 2, 17 = Lk 5, 31); Mk 5, 26 (= Lk 8, 43); Lk 4, 23; Kol 4, 14 □.

As
Gr. *assarion*. Römische Münze aus Bronze. Für einen Arbeitstag konnte man 16 As bekommen[1].

[1] Mt 10, 29 (= Lk 12, 6) □.

→ Münzen

Aschdod
Diese Stadt, die im griech. NT *Azōtos* genannt wird, liegt zwischen Gaza und Joppe. *Philippus, einer der *Sieben, brachte das Evangelium in die Stadt und ihre Umgebung[1].

[1] 1 Sam 5; Apg 8, 40 □.

→ *Karte* 4

Asche
Gr. *spodos*. Ähnlich wie der Staub, der als Bild sowohl für die Sünde als auch für die menschliche Vergänglichkeit dient[1], ist die Asche, in die man sich setzt oder die man auf den Kopf streut, Ausdruck der *Buße und der *Trauer[2]. Im Falle eines bedeutenderen *Reinigungsritus *versprengte man die Asche einer Kuh[3].

[1] Gen 18, 27; Ijob 30, 19. – [2] Jes 58, 5; 61, 3; Jer 6, 26; Mt 11, 21 (= Lk 10, 13). – [3] Hebr 9, 13 □.

Asiarch
Gr. *asi-archēs*: »Oberhaupt Asiens«. Es handelt sich nicht um den Gouverneur der römischen *Provinz dieses Namens, sondern um einen *Priester, der alljährlich von den Städten Asiens gewählt wurde, um dem Provinzialkult des Kaisers und Roms vorzustehen. Man war berechtigt, den Titel auch nach Ablauf der Amtszeit zu führen[1].

[1] Apg 19, 31 □.

Asien
Gr. *Asia*. Im NT wird damit der Teil des Kleinasiens (die heutige Türkei) bezeichnet, der seit 129 v. Chr. eine römische senatorische *Provinz war. Sie umfaßte *Mysien, Lydien, Karien und *Phrygien, auch wenn in der Apostelgeschichte[1] Phrygien getrennt aufgezählt wird und Asien meistens nur die Meeresküste bezeichnet[2]. Sie war dynamischer und mehr dem Westen zugewandt als die Provinz *Achaia; mit *Ephesus als ihrem Zentrum[3] ist sie sowohl wirtschaftlich als auch intellektuell wirklich ein Mittelpunkt des *Hellenismus. Aus der Erwähnung von sieben Kirchen Asiens am Anfang der *Offenbarung des Johannes[4] zeigt sich, daß zur Zeit, als dieses Buch geschrieben wurde, die wichtigsten Städte dieser Provinz das Evangelium bereits angenommen hatten[5].

[1] Apg 2, 9. – [2] Apg 16, 6; 27, 2. – [3] Apg 19, 26f. – [4] Offb 1, 4. – [5] Apg 6, 9; 19, 10. 22; 20, 4. 16. 18; 21, 27; 24, 19; Röm 16, 5; 1 Kor 16, 19; 2 Kor 1, 8; 2 Tim 1, 15; 1 Petr 1, 1 □.

→ *Karte* 3

Assos
Hafen an der Nordwestküste der heutigen Türkei, im antiken *Mysien (*Provinz Asien)[1].
[1] Apg 20, 13f □.
→ *Karte 2*

[assyrisch]
Semitische Sprache im Gebiet am oberen Tigris. Der Name kommt von der Stadt Assur[1], die vor Ninive Hauptstadt des assyrischen Reiches war.
[1] Gen 10, 11.

Athen
Gr. *Athēnai*. Ehemalige Hauptstadt der Attika (= *Griechenland), die eine entscheidende Rolle in der Entwicklung der antiken Zivilisation spielte, war seit dem 4. Jh. v. Chr. politisch völlig unbedeutend. Sie schmückte sich zwar mit dem Nimbus ihrer Vergangenheit und ihrer Kultur, aber zur Zeit, als Paulus vor dem *Areopag erschien, war sie nur noch die wichtigste Stadt der römischen *Provinz *Achaia[1].
[1] Apg 17, 15f. 21f; 18, 1; 1 Thess 3, 1 □.
→ *Karte 2*

Äthiopier
Gr. *Aithiops*: »mit verbranntem Gesicht« (vgl. gr. *aithō*: »brennen«), Bewohner »Äthiopiens«, eines Königtums im Südwesten Nubiens, heute im Sudan; die Königin trug den Titel *Kandake[1].
[1] Apg 8, 27 □.

Athlet
Abgeleitet vom gr. Zeitwort: *athleō*: »kämpfen«, gebraucht im eigentlichen[1] und im übertragenen[2] Sinne, um den Kampf des Christen zu charakterisieren. Dieser Kampf wird auch durch ein anderes gr. Wort beschrieben, *agōnizomai*: »kämpfen«[3].
[1] 2 Tim 2, 5. – [2] Phil 1, 27; 4, 3; Hebr 10, 32 □. – [3] 1 Kor 9, 25.
→ *Kampf*

Attalia
Gr. *Attaleia*. Hafen in Pamphylien, wo Paulus und Barnabas sich nach *Antiochia in Syrien einschifften[1].
[1] Apg 14, 25 □.
→ *Karte 2*

Auferstehung
1. Das Hauptbild, mit dessen Hilfe Juden und Christen schildern, was mit dem Menschen nach seinem *Tod geschieht; in diesem Bild ist nicht eine einfache Rückkehr zum irdischen Leben (wie *Lazarus) ausgedrückt, sondern das Erreichen des vollen und endgültigen *Lebens. Das Wort erinnert an »sich aufrichten«, sei es, nachdem man sich hingelegt hatte (gr. *anista-*

mai)[1], sei es nach dem Schlaf (gr. *egeiromai*)[2]: also bedeutet es auf-stehen nach dem Tod.

[1] Mt 26, 62; Lk 11, 7f. – [2] Mt 8, 26; 9, 19; Mk 1, 31; Apg 3, 7.

2. Der Glaube an die Auferstehung kommt in Israel gegen Anfang des 2. Jh. v. Chr. zum Ausdruck. Anlaß war der Märtyrertod der *Makkabäer[3]: weil Gott *gerecht ist, kann er diejenigen nicht in einer ewigen *Scheol lassen, die ihr Leben gegeben haben, um zu beweisen, daß Jahwe der wahre Gott ist. Jüdischer Anthropologie entsprechend glaubt man, daß das ungeteilte Wesen auf einmal aufersteht; d. h., daß es aus der Scheol heraufsteigt. Anders als viele Nachbarvölker, etwa die Ägypter oder die Griechen, glaubten die Juden nicht zuerst an die *Unsterblichkeit der *Seele, dann an die Auferstehung des *Leibes. Auferstehung·edeutet nicht, daß eine unsterbliche Seele wieder in den Leib zurückkehrt; sie besteht in der Tat des gerechten Gottes, der dem Menschen sein eigenes, ewiges Leben gibt.

[3] 2 Makk 7, 14; Dan 12, 1–3.

3. Die ersten Christen benutzen zwei Wortbilder, um auszusagen, daß Jesus Christus nach seinem Tod wieder lebendig geworden ist: Sie sprechen von der *Erhöhung und von der Auferstehung. Der zweite Aussagestrang ist in die Glaubensbekenntnisse eingegangen[4]; durch ihn wird Jesus als *Herr, *Christus, *Erstgeborener der Toten verkündet[5]. Sie verstehen den Auferstandenen als *Erstling der allgemeinen Auferstehung, als Unterpfand unserer Hoffnung[6].

[4] Röm 10, 9; 1 Kor 15, 3–5; 1 Thess 1, 9f; 4, 14. – [5] Apg 2, 36; Röm 8, 29; Kol 1, 18. – [6] 1 Kor 15, 12–28.

4. Jesus ist leiblich auferstanden. Diese Aussage wird nicht mit dem Bericht von der Entdeckung des leeren Grabes durch die Frauen begründet[7]. Sie präzisiert, was mit der Rede von der Auferstehung gemeint ist: Das ganze Sein Jesu ist umgewandelt. Der Auferstandene ist *derselbe* Jesus von Nazaret; doch er ist in seiner *Herrlichkeit erfüllt und vollendet. Da der *Leib dazu befähigt, sich anderen und dem Weltall gegenüber als gegenwärtig zu erweisen, kann man den Auferstehungsleib Jesu nicht im Wortsinn als einen »wiederbelebten Leichnam« bezeichnen, sondern, um ein Wort des Paulus aufzugreifen, als »geistigen/pneumatischen Leib«[8]. In den *Erscheinungserzählungen beschreiben die Evangelisten auf ihre Art die neue Weise der Gegenwart des Auferstandenen. Wenn man seinen Leib »berührt«, dann geschieht dies, um die Gegenwart des Lebendigen zu ehren, und nicht, sich zu überzeugen, daß er einen Leib hat, denn das ist offensichtlich[9]. In seinem verherrlichten Leib kann Jesus, trotz aller Hindernisse, seinen Jüngern gegenwärtig werden[10]. Der Auferstehungsleib Jesu vereint sich mit der Gemeinschaft, die man Kirche nennt, und mit dem Weltall; er begründet als *Erstling die Gemeinschaft der Verherrlichten[11].

[7] Mt 28, 1–8 (= Mk 16, 1–8 = Lk 24, 1–10); Joh 20, 1. 11f. – [8] 1 Kor 15, 44. 46. – [9] Mt 28, 9; Joh 20, 17. – [10] Lk 24, 36; Joh 20, 19. 26. – [11] 1 Kor 15, 20–28.

5. Die allgemeine Auferstehung wird am *Ende der Zeiten erwartet. Wenn Paulus ausnahmsweise sagt, daß wir schon mit Christus auferstanden sind[12], kann man, unter Berufung auf ihn, nicht behaupten, die Auferstehung habe schon stattgefunden[13]. Im allgemeinen wird die Wirkung der Auferstehung Jesu auf die Gläubigen mit dem Wort »*Leben« beschrieben: Sie sind aus

dem Tod in das Leben hinübergegangen[14]. Die künftigen verherrlichten *Leiber werden im NT an keiner Stelle beschrieben; Paulus beschränkt sich darauf, sie als »pneumatisch/geistige Leiber« zu bezeichnen, im Unterschied zu den irdisch-vergänglichen Leibern[15]. Wer sich eine Vorstellung machen will, kann sich an die Erscheinungserzählungen der Evangelisten halten; sie sprechen vom Auferstehungsleib Jesu, der ihn zu einem Dasein befähigt, das die normalen irdischen Bedingungen nicht mehr einschränken.

[12] Kol 3, 1–3. – [13] 2 Tim 2, 18. – [14] 1 Joh 3, 14. – [15] 1 Kor 15, 35–53.

→ *Einl.* IV. 6. B. C; XII. 2. A. a. – Erhöhung – Erscheinungen des Christus – Herrlichkeit – Leben – Leib Christi – Tod – Unsterblichkeit

Auge

Gr. *ophthalmos* (vgl. *opsomai*: »ich werde sehen«, *pros-ōpon* »Gesicht, Angesicht«, hebr. *'ajin*: »Quelle, Auge«, Ursprung der Tränen[1]. Das Sehorgan ist ein Körperglied[2], das Auge und das *Ohr können die Gesamtheit des menschlichen Tuns bezeichnen[3]. Es gehört zum kostbarsten, was der Mensch besitzt; darauf weist das Wort »Pupille« hin, das im gr. *korē*: »Tochter des Auges«[4] bedeutet und hebr. *'īšōn*: »Menschlein des Auges«[5]; vgl. Augenstern. Die folgenden Redewendungen um die Augen sind erwähnenswert: »Die Augen öffnen«, d. h. das Augenlicht wiedergeben[6], von geistigen Finsternissen befreien[7]; offene Augen haben meint jemanden wiedererkennen[8]. Das Auge wird identisch mit dem *Herzen, wenn es um den *Geist geht, der eine Sache ergreift[9]. Das Auge verrät den inneren Menschen, es ist die »Lampe/Leuchte des Leibes«[10] die, indem sie das göttliche Licht aufnimmt, den Sturz verhindert[11] und die Bewunderung für die Großtaten Gottes weckt[12]; darum spricht man von einem guten Auge[13] und von einem bösen Auge[14] und ebenso von der Begierde der Augen[15]. »Die Augen erheben« meint auf etwas aufmerksam werden[16], in Dialog mit jemand eintreten, mit Gott selbst[17]. Jesus hat die Augen der *Blinden aufgetan, um die Aufnahme der Guten Nachricht zu symbolisieren[18]. Selig sind diese Augen![19]

[1] Jer 8, 23; Offb 21, 4. – [2] 1 Kor 12, 16f. – [3] Jes 6, 11; Mt 13, 14f; Mk 8, 18. – [4] Ps 17, 8; Klgl 2, 18. – [5] Dtn 32, 10. – [6] Mt 9, 30; Joh 9, 10. 14. – [7] Jes 42, 7. Apg 26, 18. – [8] Lk 24, 31. – [9] Sir 17, 8; Lk 19, 42; Gal 3, 1; Eph 1, 18. – [10] Mt 6, 22f. – [11] Mt 15, 14. – [12] Ps 118, 23; Mt 21, 42 (= Mk 12, 11). – [13] Lk 11, 34. – [14] Mt 20, 15. – [15] Mt 5, 29; 18, 9; 2 Petr 2, 14; 1 Joh 2, 16. – [16] Mt 17, 8; Lk 16, 23; Joh 4, 35; 6, 5. – [17] Lk 6, 20; 18, 13; Joh 11, 41; 17, 1. – [18] Mt 9, 29f; Mk 8, 18. 23. 25; Joh 9. – [19] Mt 13, 16 (= Lk 10, 23).

→ blind – Gesicht – sehen

Augustus

Gr. *Augoustos,* aus dem Lateinischen, das seinerseits Übersetzung des gr. *sebastos* ist: »verehrungswürdig«, wie ein Gott. Ein Titel des Kaisers, der dem Titel »Seine Majestät« entspricht, mit einem Beiklang von göttlicher Persönlichkeit. Dieser Titel wurde am 16. Januar 27 v. Chr. dem ersten römischen Kaiser (31 v. Chr. – 14 n. Chr.), Caius Julius Caesar *Octavianus (63 v.–14 n. Chr.), einem Großneffen von Julius *Cäsar, zuerkannt. Seine Nachfolger – unter ihnen Nero – haben den Titel beibehalten. Samaria wurde in *Sebaste umbenannt[1].

[1] Lk 2, 1; Apg 25, 21. 25; 27, 1 □.

Ausdauer
→ Standhaftigkeit

Auserwählung
Gr. *eklogē* (von *ek-legomai*: »auflesen«): Aussortieren zu einem bestimmten Zweck. Nicht zu verwechseln mit der Berufung, die sich an alle Menschen wendet. Gott hat sich aus einem freien, von der Liebe diktierten Entschluß[1] ein Volk ausgewählt[2], einzelne Personen (Abraham[3], Mose[4], David[5], die Propheten[6], die Könige[7], die Priester[8]), Zion[9], den Tempel[10]. Der Erwählung entspricht das Thema der *Treue, die von dem auserwählten Volk verlangt wird[11], und das Thema seiner möglichen Verstoßung, die eine Gleichsetzung mit »den anderen« bedeutet[12]. Aus der Mitte des untreuen Volkes wird Gott sich ein neues Israel erwecken[13], den Knecht Gottes[14]. Dieser Auserwählte ist Jesus[15]; ihm hat Gott seine ganze Liebe gegeben[16]; er ist der auserwählte *Stein, der den Bau Gottes zusammenhält[17]. Jesus wiederum hat die Zwölf aus freien Stücken gewählt[18]. Diejenigen, die vor Erschaffung der Welt erwählt sind[19], bilden in ihm ein neues Geschlecht[20], die Auserwählten[21], die Erstlinge des universalen Heils[22]; doch der Glaube allein bestätigt die Auserwählung[23].

[1] Ex 19, 5; Dtn 7, 6–8; 1 Joh 4, 19. – [2] Num 23, 8f; Jos 24, 3; Ps 106, 5. – [3] Gen 12, 3. – [4] Ex 3; Ps 106, 23. – [5] 2 Sam 7, 8–16; Ps 89, 4. – [6] Jes 8, 11; Jer 20, 7; Am 7, 15. – [7] 1 Sam 16, 1. – [8] Ex 19, 6; Dtn 10, 8; 18, 5. – [9] 1 Kön 8, 16. – [10] Ps 78, 68; Dtn 12, 5. – [11] Dtn 28; Am 3, 2. – [12] Jer 14, 19; 31, 37; Röm 9, 13. – [13] Jes 41, 8. – [14] Jes 42, 1; 49, 3; 52, 13. – [15] Lk 9, 35; Joh 1, 34. – [16] Mt 3, 17. – [17] 1 Petr 2, 4–6. – [18] Mk 3, 13–15; Joh 13, 18; 15, 16. 19. – [19] Eph 1, 4. – [20] 1 Petr 2, 9. – [21] Mt 24, 22; Röm 8, 33; 16, 13; Kol 3, 12; 2 Tim 2, 10; Tit 1, 1; 1 Petr 1, 1. – [22] Eph 3, 11. – [23] Joh 6, 64–70; 15, 16–19; Röm 9–11.

→ Bund – Geliebter – Liebe – prädestinieren

Aussatz
Gr. *lepra*. Außer der Krankheit, die diesen Namen trägt, bezeichnet das Wort verschiedene Hautinfektionen, durch die man kultisch unrein, aus der Gemeinschaft ausgeschlossen wurde. Um als Geheilter wieder Aufnahme zu finden, mußte der Betroffene durch einen *Priester rituell *rein gemacht werden[1].

[1] Lev 13–14; 2 Kön 5, 7; Mt 8, 2f (= Mk 1, 40. 42 = Lk 5, 12f); 10, 8; 11, 5 (= Lk 7, 22); 26, 6 (= Mk 14, 3); Lk 4, 27; 17, 12 □.

Ausschweifung
Im folgenden sind verschiedene griechische Worte zusammengetragen, die das NT gebraucht, um die Unordnung im Genuß der Sinnesfreuden zu kennzeichnen und zu verurteilen. Die Nuancen lassen sich nur schwer genauer bestimmen.

1. Im breiteren Sinn. Das wichtigste Wort hier ist *porneia* (von *pernēmi*: »verkaufen«); es bezieht sich selbstverständlich vor allem auf die *Prostitution, aber es wird auch des öfteren mit der breiteren Bedeutung von Schamlosigkeit, Sittenlosigkeit gebraucht[1]. Außerdem findet man: *a-katharsia* (Verneinung von *katharos*: »rein«): »Unreinheit«[2]; *aselgeia* (die Etymologie ist nicht klar): »Schamlosigkeit, Liederlichkeit, Schwelgerei«[3]; *a-sōtia* (Verneinung von *sōzō*: »retten«): »Saus und Braus, Verderbtheit« (vgl. im Deutschen: »er ist nicht mehr zu retten«)[4]; *a-krasia* (ohne Kraft, ohne Selbstbe-

herrschung): »Unmäßigkeit, Schwelgerei«[5]; *tryphē*: »Genußsucht«[6]; *malakos* (wörtlich: »weich«): verdorben«[7]; *kraipalē*: »Ausschweifung, Rausch«[8].

[1] Apg 15, 20. 29; 21, 25; 1 Kor 5, 1. 9–11; 6, 9; 1 Thess 4, 3; 1 Tim 1, 10; Hebr 13, 4; Offb 21, 8; 22, 15. – [2] Röm 1, 24; 6, 19; 2 Kor 12, 21; Gal 5, 19; Eph 4, 19; 5, 3. 5; Kol 3, 5; 1 Thess 2, 3; 4, 7; Offb 17, 4. – [3] Mk 7, 22; Röm 13, 13; 2 Kor 12, 21; Gal 5, 19; Eph 4, 19; 1 Petr 4, 3; 2 Petr 2, 2. 7. 18; Jud 4 △. – [4] Lk 15, 13; Eph 5, 18; Tit 1, 6; 1 Petr 4, 4 △. – [5] Mt 23, 25; 1 Kor 7, 5; 2 Tim 3, 3 △. – [6] (Jak 5, 5;) 2 Petr 2, 13. – [7] 1 Kor 6, 9. – [8] Lk 21, 34 △.

2. Im sexuellem Bereich werden außer *porneia* (vgl. oben) im eigentlichen Sinn von »Prostitution«[9] auch *moicheia* (Etymologie ist nicht klar): »Ehebruch«[10]; *koitē* (von *keimai*: »ich liege«): »Wollust, Unzucht«[11] und ein zusammengesetztes Wort: *arseno-koitēs*: »homosexuell«[12] genannt.

[9] Mt 15, 19 (= Mk 7, 21); 2 Kor 12, 21 ... – [10] Mt 15, 19 (= Mk 7, 22); 1 Kor 6, 9 ... – [11] Röm 13, 13. – [12] 1 Kor 6, 9; 1 Tim 1, 10 △.

3. Im Ernährungsbereich: *methē* (zu vergleichen mit *methy*: »berauschendes Getränk«): »Trunkenheit, Sauferei«[13]; *kōmos* (»fröhliches Gelage, Festschmaus«): »Schlemmerei«[14]; *oino-phlygia* (*oinos*: »Wein«): »Saufpartie«[15]; *potos* (von *pinō*: »trinken«): »Zecherei«[16].

[13] Mt 24, 49 (= Lk 12, 45); Lk 21, 34; Röm 13, 13; 1 Kor 5, 11; 6, 10; Gal 5, 21; Eph 5, 18. – [14] Röm 13, 13; Gal 5, 21; 1 Petr 4, 3 △. – [15] 1 Petr 4, 3 △. – [16] 1 Petr 4, 3 △.

→ Laster

Aussehen

Gr. *eidos* (von einem Wortstamm mit der Bedeutung »sehen«). Das, was man wirklich sieht[1], z. B. nach Lukas das physische Bild der Taube[2] oder des Gesichts Jesu[3]. In demselben Sinn: man urteilt nach dem Aussehen (gr. *opsis*: »Anblick«)[4], nach dem Gesicht (gr. *pros-ōpon*: »vor dem Blick«)[5]. Man bewertet das, was man sieht, nach dem Aussehen (gr. *horasis*, Anschauen)[6]. Im Normalfall darf man das Aussehen, das die Wirklichkeit, insofern man sie wahrnimmt, kennzeichnet, mit der *Gestalt, die die Wirklichkeit als solche zum Ausdruck bringt, nicht verwechseln.

[1] 2 Kor 5, 7. – [2] Lk 3, 22. – [3] Lk 9, 29. – [4] Joh 7, 24. – [5] 2 Kor 5, 12; 10, 7. – [6] Offb 4, 3; vgl. Apg 2, 17; Offb 9, 17.

→ Gesicht – Gestalt – sehen

[authentisch]

1. Das, was tatsächlich von einem bestimmten Autor stammt (ein Wort Jesu, ein Bericht des Lukas), oder ein Bestandteil eines bestimmten Buches ist (Verse in Mt).
2. Etwas, dessen Wahrhaftigkeit oder Glaubwürdigkeit unbestritten ist.

Baal
Hebr. *baʿal*: »Herr, Besitzer«. Name von Gottheiten im Mittelmeerraum. Die Propheten haben das Durchflechten des jahwistischen Kultes mit dem Kult des Baal bekämpft[1]. Das dazugehörende Zeitwort steht im Femininum, weil man den Baal mit »der Schande« gleichstellte (gr. *aischynē*, hebr. *bōšet*)[2].

[1] 1 Kön 18; 19, 18. – [2] 2 Kön 21, 3; Jer 2, 8; 12, 16; Röm 11, 4 □.

Babylon
Gr. *Babylōn*, hebr. *Bābel*. Eine sehr alte Stadt im Südmesopotamien, wohin Juda im Jahr 586 v. Chr. deportiert wurde[1]. Sie symbolisiert schon im AT die Stadt der gottfeindlichen Macht[2]; im NT versteckt sich *Rom unter dieser Bezeichnung[3].

[1] Mt 1, 11f. 17; Apg 7, 43. – [2] Gen 11, 9; Jes 13, 1. – [3] 1 Petr 5, 13; Offb 14, 8; 16, 19; 17, 5; 18, 2. 10. 21 □.

Bad
Gr. *loutron* (von *louō*: »waschen, baden«, *louomai*: »sich waschen, ein Bad nehmen«). Bei gewissen Gelegenheiten war das Ganzbad üblich[1]. Es symbolisiert die vollkommene *Reinheit, im Unterschied zum Waschen eines Körperteils[2]. Der Gläubige ist dank dem *Blut Christi[3] durch das Bad der *Taufe von seinen Sünden gereinigt[4].

[1] Apg 9, 37; 16, 33; vgl. 2 Petr 2, 22. – [2] Joh 13, 10. – [3] Offb 1, 5. – [4] Apg 22, 16; 1 Kor 6, 11; Eph 5, 26; Tit 3, 5; Hebr 10, 22 □.

→ *Einl.* VIII. 1. C. – rein – Taufe – waschen – Wasser

Bank
Gr. *trapeza*: »Tisch« der *Geldwechsler, den Jesus im Tempel umgestoßen hat[1]. Jesus erwähnt Banken und Bankiers; er tadelt das Zinswesen nicht, obwohl es vom Gesetz mißbilligt wurde[2].

[1] Mt 21, 12 (= Mk 11, 15 = Joh 2, 15). – [2] Ex 22, 24; Dtn 23, 20; Mt 25, 27 (= Lk 19, 23) □.

Barabbas
Gr. *Barabbas,* aus dem aramäischen *bar'abbā*: »Sohn des Vaters«. Anführer einer revolutionären Schar und Mörder, mit dem Vornamen Jesus. Die Juden haben die Freilassung des Jesus Barabbas der Freilassung des Jesus Christus vorgezogen[1].

[1] Mt 27, 16f (= Mk 15, 7); 27, 20f. 26 (= Mk 15, 12. 15 = Lk 23, 18); Joh 18, 40; vgl. Apg 3, 14 □.

Barachias
Gr. *Barachias*: laut Mt war er Vater des Sacharja[1].
[1] Mt 23, 35 □.

Barbar
Gr. *barbaros*: »fremd«. Ursprünglich ein onomatopoetisches Wort zur Bezeichnung eines Menschen, der unverständlich spricht. Dieses Wort wandte man in der Antike auf die Leute an, die schlecht griechisch oder lateinisch

sprachen. Es enthält dann keinen geringschätzigen Beiklang und bedeutet zuerst »fremd«: der Barbar ist für die Griechen und Römer dasselbe wie der Heide für die Juden[1].

[1] Apg 28, 2. 4; 1 Kor 14, 11 □.

Barjona
→ Jonas

Barmherzigkeit

Die Worte: Güte, Mitleid, Gnade, Barmherzigkeit, Erbarmen sind verwandt; sie alle drücken eine Haltung aus, die sich dem Elenden zuwendet; es lassen sich jedoch zwei Blickrichtungen unterscheiden, aufgrund deren man die Bedeutungsbreite der biblischen Konzeption erfassen kann.
1. Zum einen wird die objektive Bereitschaft, das Elend des anderen zu erleichtern, unterstrichen. In diesem Zusammenhang wird gewöhnlich das Wort *eleos* gebraucht (vgl. *Kyrie eleison!*)[1]; seine Bedeutung deckt sich nicht mit dem Gefühl des Mitleids, sondern setzt einen doppelten Akzent: »sich jemandem zuneigen« (hebr. *ḥēn*) und die Bundestreue zeigen (hebr. *ḥesed*). Gott ist sich selber und seinem Bund treu, er bezieht Stellung für den Elenden und den Sünder, er schenkt Gnade, d. h. Milde und »Barmherzigkeit« (vgl. lat. *miseri-cordia*: ein für das »Elend« empfindliches »Herz«)[2].

[1] Vgl. Mt 9, 27; 15, 22; 17, 15; 20, 30f (= Mk 10, 47 = Lk 18, 38f); Lk 17, 13. – [2] Num 14, 17–19; Ps 103, 7–10; Jes 54, 7f; 55, 7; Lk 1, 54. 72; Mt 5, 7; 23, 23.

2. Die andere Blickrichtung berücksichtigt vor allem den Ort, den Ursprung und die Tiefe des Gefühls, das zum erbarmenden Tun führt: es ist das Mitleid (hebr. *raḥamīm*: »Eingeweide«), das dem gr. *oiktirmos*[3] »Mitleidsbezeigung« entspricht oder auch dem gr. *splagchna*[4]: »Eingeweide, Mutterschoß«, das Herz, die Zärtlichkeit, die Güte.

[3] Röm 12, 1; 2 Kor 1, 3; Hebr 10, 28. – [4] Mt 9, 36; 14, 14 (= Mk 6, 34); 15, 32 (= Mk 8, 2); 20, 34; Mk 9, 22; Lk 10, 33; 7, 13; 15, 20; 2 Kor 6, 12; Eph 4, 32; Phil 1, 8; Phlm 7; 1 Joh 3, 17.

3. Die Akzentuierung einer Stelle läßt sich nur aus dem Kontext erschließen. Im übrigen werden sowohl im Griechischen wie auch im Hebräischen oftmals verschiedene Begriffe aneinandergereiht, als ob gleichzeitig die Wirklichkeit und der Ursprung, die Tatsache und das Gefühl zum Ausdruck gebracht werden sollten[5]. Die Verben scheinen beide Akzente zu umfassen, bei den Substantiven dagegen käme es auf die Unterscheidung an. Gott ist der Barmherzige[6], darum soll auch der Christ barmherzig sein[7].

[5] Ex 34, 6f; Lk 1, 78; Röm 9, 15; Phil 2, 1; Kol 3, 12; Jak 5, 11. – [6] Ex 33, 19; Lk 1, 50; Röm 9, 15f. 18. 23; 11. 32; 15, 9; 1 Petr 1, 3. – [7] Ps 112, 5; Mi 6, 8; Mt 9, 13; 12, 7; 18, 23–35; Lk 6, 36; 10, 37; Röm 12, 8; Jak 2, 13.

→ Almosen – Gnade

Barnabas

Gr. *Barnabas,* ein Name, dessen Etymologie unsicher ist; nach der Apg 4, 36 würde er bedeuten: »Sohn des Trostes«. Beiname des Josef, eines aus *Zypern stammenden *Leviten, eines der ersten Christen, der ein Vorbild an Entsagung war. Er wird »*Apostel«, »Prophet und Lehrer« genannt. Im

Leben des neubekehrten Saulus wie in den Beziehungen zwischen Antiochia und Jerusalem spielte er eine wichtige Rolle[1].

[1] Apg 4, 36; 9, 27; 11, 22. 30; 12, 25; 13, 1f. 7. 43–50; 14, 12–20; 15, 2–39; 1 Kor 9, 6; Gal 2, 1–13; Kol 4, 10 □.

Barsabbas

Gr. *Barsabbas,* aus dem aram. *bar sābā*: »Sohn des Bejahrten«, oder *bar šabbā*: »Sohn des Sabbat«. Beiname des *Josef (5) und des *Judas (7)[1].

[1] Apg 1, 23; 15, 22 □.

Bartolomäus

Gr. *Bartholomaios,* aus dem aram.: »Sohn des Tolmai«. Einer der Zwölf, immer zusammen mit Philippus erwähnt; seit dem 9. Jh. wird er manchmal mit Natanael gleichgesetzt[1].

[1] Mt 10, 3 (= Mk 3, 18 = Lk 6, 14); Apg 1, 13; vgl. 2 Sam 13, 37 □.

[Baruch (Apokalypse des)]

Ein atl. Apokryph, entstanden Ende des 1. Jh. n. Chr. Diese Schrift wurde zwar auf hebräisch verfaßt, ist aber nur syrisch und in einem griechischen Fragment erhalten. Die Denkart steht der rabbinischen Theologie nahe. Diese Apokalypse sucht eine Antwort auf die Frage nach dem Grund der Zerstörung Jerusalems und nach dem Problem der Sünde, in Zusammenhang mit dem Endgericht.

Bat

Gr. *batos,* hebr. *bat,* manchmal übersetzt mit »Krug« oder »Eimer«. Eine hebräische Maßeinheit für Flüssigkeiten, entspricht der griechischen Metrete (gr. *metrētēs*), die 36,44 l umfaßte[1].

[1] Lk 16, 6 □.

→ Maße

bauen

Gr. *oikodomeō* (von *oikos*: »Haus« und *demō*: »errichten«), häufig mit seinem Gegensatz zusammengenannt: *katalyō*: »abreißen, abbrechen«[1]. Die Verwendung des Wortes im übertragenen Sinn basiert darauf, daß dasselbe hebr. Wort *bānā* bedeutet: ein Haus oder eine Familie zu »bauen«[2]. Gott ist der Baumeister schlechthin[3], Christus baut seine Kirche[4], seinen Leib[5], die heilige Stadt[6]. Der Apostel, aber auch jeder Christ, arbeitet mit dem einzigen Erbauer an der Errichtung des Baues Gottes[7], in den er selbst eingefügt ist[8]. Man baut nicht sich selbst[9], sondern nur die Gemeinde[10], und zwar durch die Liebe, nicht durch die Erkenntnis[11].

[1] Jer 1, 10; 24, 6; 31, 28; Mt 26, 61 (= Mk 14, 58); 27, 40 (= Mk 15, 29); Joh 2, 20. – [2] 2 Sam 7, 5. 11. – [3] Apg 20, 32; Hebr 11, 10. – [4] Mt 16, 18. – [5] Eph 2, 20–22; 4, 11–16. – [6] Offb 21. – [7] 1 Kor 3, 5–17; 2 Kor 10, 8; 12, 19; 13, 10. – [8] Kol 2, 7. – [9] 1 Kor 14, 4f. – [10] Röm 14, 19; 15, 2; 1 Kor 14, 12. 17. 26; Eph 4, 29; 1 Thess 5, 11. – [11] 1 Kor 8, 1; 10, 23.

Baum
1. Jeder Baum (gr. *dendron*) muß Früchte hervorbringen, und zwar gute, sonst wird er umgehauen und ins Feuer geworfen[1].

[1] Mt 3, 10 (= Lk 3, 9); 7, 17f (= Lk 6, 43f); 12, 33.

2. Im Zusammenhang mit der Symbolik des kosmischen Baums, der das Weltall darstellt, wird das Reich Gottes mit einem Baum verglichen, in dessen *Schatten die Völker Schutz suchen[2].

[2] Ez 17, 22f; 31, 1–9; Dan 4, 7–9; Mt 13, 32 (= Lk 13, 19).

3. Das Holz (gr. *xylon*) des *Kreuzes, der Galgen für die zum Tod Verurteilten, ist ein Symbol des *Fluches, den Christus auf sich nahm, um uns von diesem Fluch zu befreien[3].

[3] Apg 5, 30; 10, 39; 13, 29; Gal 3, 13; 1 Petr 2, 24.

4. Der Baum (gr. *xylon*) des Lebens ist ein Symbol aus der mesopotamischen Mythologie: seine Früchte geben Anteil an der Unsterblichkeit. Schon in den Anfängen wurde der Menschheit der Zugang zu diesem Baum des Lebens verwehrt[4], doch im *Paradies wird er für alle Gläubigen freigegeben[5].

[4] Gen 3, 22–24; Offb 22, 19. – [5] Ez 47, 12; Offb 2, 7; 22, 2. 14.

→ *Einl.* II. 5. – Dornbusch – Feigenbaum – Maulbeerbaum – Maulbeerfeigenbaum – Ölbaum – Palme – Senfkorn – Weinstock

Becher
Gr. *potērion* (verwandt mit *potos*: »Getränk«, *pinō*: »trinken«). Trinkgefäß aus Ton oder Metall, breit und von geringer Tiefe[1]. Die Tischordnung schrieb vor, daß das Oberhaupt der Familie jedem Tischgenossen einen schon gefüllten Becher reichte: aus einem Becher trinken ist Symbol auch für die *Gemeinschaft zwischen den Gästen[2]. Daher auch die Verwendung des Wortes in übertragenem Sinne, um das Schicksal von irgend jemand zu bezeichnen[3], die Probe, die er zu bestehen[4] oder die Strafe, die er zu verbüßen hat[5]. Der »Becher des Heils«, den man als *Danksagung für eine empfangene Wohltat im Tempel darbrachte und trank, war Ausdruck für die Gottesgemeinschaft[6]; einem ähnlichen Ritus begegnete man im *Götzenkult[7]. Beim Pascha*mahl gab es mehrere Becher[8]; der dritte hieß »Becher des *Segens«, zur Danksagung nach dem Mahl[9]. Der »Kelch des Herrn« schließlich meint die *Eucharistie[10].

[1] Mt 23, 25f (= Lk 11, 39); Mk 7, 4. – [2] Ps 16, 5; 1 Kor 10, 20. – [3] Mt 20, 22f (= Mk 10, 38f). – [4] Num 5, 12–28; Mt 26, 39. 42 (= Mk 14, 36 = Lk 22, 42 = Joh 18, 11). – [5] Jes 51, 17. 22; Jer 25, 15–29; 51, 7; Offb 14, 10; 16, 19; 17, 4; 18, 6. – [6] Ps 116, 13. – [7] 1 Kor 10, 21. – [8] Lk 22, 17. 20. – [9] 1 Kor 10, 16. – [10] Mt 26, 27 (= Mk 14, 23 = Lk 22, 20 = 1 Kor 11, 25); 26, 29 (= Mk 14, 25 = Lk 22, 18); 1 Kor 11, 21. 26–29 △.

2. Gr. *phialē*: Schale mit *Duftstoffen[11], Symbol des *Gebetes[12] oder des göttlichen *Zorns[13].

[11] Ex 25, 29; Num 7, 84. 86; 1 Kön 7, 50; Jer 52, 18. – [12] Ps 141, 2; Offb 5, 8; 8, 3f. – [13] Offb 15, 7; 16, 1–17; 17, 1; 21, 9 △.

Beelzebul
Gr. *Beelzeboul*. Alte phönikische Gottheit[1]. Das Wort leitet sich wahrscheinlich ab von hebr. *Baal-z^{e}būl,* erhabener Herr, *Baal der Fürst. Nach den rabbinischen Texten ist er Herr des Misthaufens, des Götzenopfers. Oder

auch, durch Verdrehung des Wortes in *Baal-z^ebūb,* Herr der Fliegen. Er ist Anführer der Dämonen².

¹ 2 Kön 1, 2–16. – ² Mt 10, 25; 12, 24 (= Mk 3, 22 = Lk 11, 15); 12, 27 (= Lk 11, 18) □.

begehren

1. Gr. *epi-thymeō* (von *thymos*: »Hauch, Herz, Eifer, Begierde«): »sich stark nach etwas sehnen«, zum Beispiel sich sättigen wollen, Freunde wiedersehen, Gott sehen wollen¹. Im NT hat das Wort normalerweise den negativen Beiklang von *Begierde.

¹ Gen 31, 30; Spr 10, 24; Mt 13, 17; Lk 15, 16; 16, 21; 17, 22; 22, 15; Phil 1, 23; 1 Thess 2, 17; 1 Tim 3, 1; Hebr 6, 11; 1 Petr 1, 12; Offb 9, 6; 18, 14 △.

2. Gr. *epi-potheō,* von *potheō*: »sich nach etwas sehnen«, mit der Nuance des Bedauerns oder des »Liebhabens«².

² Ps 119, 20. 131. 174; Röm 1, 11; 15, 23; 2 Kor 5, 2; 7, 7. 11; 9, 14; Phil 1, 8; 2, 26; 4, 1; 1 Thess 3, 6; 2 Tim 1, 4; Jak 4, 5; 1 Petr 2, 2 △.

3. Andere Begriffe: *homeiromai* (zu vergleichen mit *himeros*: »leidenschaftliches Verlangen«): »sich sehnsüchtig wünschen«³; *oregomai*: »trachten, streben«⁴; *euchomai*: »erbitten, wünschen«⁵.

³ 1 Thess 2, 8 △. – ⁴ Weish 16, 2f; Sir 18, 30; Röm 1, 27; 1 Tim 3, 1; 6, 10; Hebr 11, 16 △. – ⁵ Apg 26, 29; 27, 29; Röm 9, 3; 3 Joh 2; vgl. 2 Kor 13, 7. 9 △.

→ Begierde – Eifer

Begierde

Gr. *epithymia.* Obwohl das NT dieses Wort im neutralen Sinn von »sich stark nach etwas *sehnen« beibehält, hat es hier doch gewöhnlich eine ethisch pejorative Bedeutung: »ausschweifender Wunsch«. Die jüdische Tradition kannte die »böse Neigung«, »den Geist der Verderbnis«, der im menschlichen Herzen wohnt. Daher die Urbegierde¹, die die Leidenschaften im allgemeinen mit sich bringt² (anderes Wort: *pathos*³), insbesondere in sexueller Hinsicht⁴. Meistens wird die Begierde mit dem *Fleisch⁵, mit der Sünde⁶ und mit der Welt⁷ verbunden, einmal mit Satan⁸ und einmal mit dem Reichtum⁹ (in diesem letzten Fall bevorzugt das NT das Wort *pleonexia,* »*Habgier«).

¹ Röm 7, 7; 13, 9; vgl. Ex 20, 17; Jak 4, 2; 1 Joh 2, 16f. – ² Mk 4, 19; Röm 1, 24; 1 Kor 10, 6; Kol 3, 5; 1 Thess 4, 5; 1 Tim 6, 9; 2 Tim 2, 22; 3, 6; 4, 3; Tit 3, 3; 1 Petr 1, 14; 2 Petr 3, 3; Jud 16. 18. – ³ Röm 1, 26; 7, 5; Gal 5, 24; Kol 3, 5; 1 Thess 4, 5. – ⁴ Mt 5, 28. – ⁵ Röm 13, 14; Gal 5, 16. 24; Eph 2, 3; 1 Petr 2, 11; 4, 2f; 2 Petr 2, 10. 18. – ⁶ Röm 6, 12; 7, 8; Jak 1, 14f. – ⁷ Tit 2, 12; 2 Petr 1, 4; 1 Joh 2, 16f. – ⁸ Joh 8, 44. – ⁹ Apg 20, 33.

→ *Einl.* XIV. 2. A. – begehren – Habgier – Laster

begraben

1. Eigentlich hinaustragen von einem Ort zu einem anderen, einbringen (gr. *ek-komizō, syn-komizō*)¹, oder in ein Grab legen (gr. *thaptō, entaphiazō*). Eine wesentliche Verpflichtung der Familienangehörigen, aber sie muß hinter den Ruf Jesu zurücktreten². Die Wendung »tod und begraben sein« weist darauf hin, daß das Begräbnis den Tod besiegelt: das Grab (gr. *mnēma*) soll die Erinnerung an den Toten sichern³.

¹ Lk 7, 12; Apg 8, 2 △. – ² Mt 8, 21f (= Lk 9, 59f). – ³ Gen 25, 8f; 35, 8; 1 Kön 2, 10; Lk 16, 22; Apg 2, 29; 1 Kor 15, 4.

2. Manchmal wird die Meinung vertreten, Paulus habe in der *Taufe durch volles Eintauchen in das Wasser eine Analogie zum Begräbnis für die Sünde gesehen[4]; das ist aber schwer zu beweisen.

[4] Röm 6, 4; Kol 2, 12.

→ *Einl.* VIII. 2. D. b. – Grab – Sarg – Trauer

Begräbnis
→ Grab

beherbergen
→ Herberge

Beispiel

Gr. *(hypo)deigma* (von *deiknymi*: »zeigen«), *typos* (von *typtō*: »schlagen«): »Abbild«.

1. Das christliche Leben ist von der Tradition geprägt, die die Väter im Glauben hinterlassen haben, sowie vom solidarischen Verhalten. Die Alten, Propheten[1], Gotteszeugen in Hülle und Fülle[2] sind Vorbilder, die man nachahmen soll, andere dagegen sind zu meiden[3]. Paulus[4], die Verantwortlichen[5], ja auch die Gemeinden[6] sollen ihre Nachkömmlinge oder ihre Zeitgenossen zur Nachahmung (gr. *mimeomai*, daher kommt »Mimiker«) ihrer Lebensweise auffordern[7].

[1] Jak 5, 10, – [2] Hebr 12, 1. – [3] Hebr 4, 11; 1 Petr 2, 6; Jud 7. – [4] Gal 4, 12; 2 Thess 3, 9; 1 Tim 1, 16. – [5] 1 Tim 4, 12; Tit 2, 7; Hebr 13, 7; 1 Petr 5, 3. – [6] 1 Thess 1, 7. – [7] 1 Kor 4, 16; Phil 3, 17; 1 Thess 2, 14; 2 Thess 3, 7. 9; Hebr 6, 12; 13, 7.

2. Beispiel sein heißt nicht zur rein menschlichen Nachahmung auffordern. Es ist wie ein Spiel mit Spiegeln: Paulus nachahmen bedeutet, daß man den Christus nachahmt, den Paulus nachahmt[8]; letzten Endes bedeutet es, Gott den Vater nachzuahmen, denn der Sohn ist sein vollkommenes Ebenbild[9]. Darin hat das Gebot »Macht es so... wie ich es mache« seine wahre Begründung[10]. Johannes sagt es genauer: Jesus ist nicht einfach eine Kanalleitung, die den Einfluß des Vaters passieren läßt, er setzt das Werk, das ihm der Vater gibt, damit er es *erfülle, in die Tat um[11]; ebenso erfüllen die Menschen ihrerseits die Werke, die Gott für sie im voraus bereitet hat[12].

[8] 1 Kor 11, 1; 1 Thess 1, 6. – [9] Röm 8, 29; Eph 5, 1; Kol 1, 15. – [10] Mt 5, 48; Lk 6, 36; Joh 13, 15. 34; 15, 12; 1 Petr 1, 15f. – [11] Joh 5, 36; 17, 4. – [12] Eph 2, 10.

→ Bild – Jünger – nachfolgen – Typologie – Typos

Bekehrung
→ Umkehr

bekennen

Gr. *homologeō*: »reden *(legō)* auf ähnliche Weise, zustimmend[1] *(homos)*«, übereinkommen, zusagen[2], anerkennen[3], offen gestehen[4]. Ein Begriff aus der profanen Rechtssprache. In der Bedeutung des bejahenden oder verneinenden Zeugnisses stützt dies Wort eine öffentliche Erklärung[5]. Unter dem Einfluß der *Septuaginta (die noch zusätzlich das Präfix *ek* hinzufügt) wird das Wort gleichbedeutend mit: »Gott loben« (hebr. *jāda*)[6]. Durch Übertragung des profanen Gebrauchs in die religiöse Sphäre erhält das Wort den Sinn von: seinen Glauben »öffentlich gestehen«[7], daher die »Glaubensbekenntnisse«, die die Gelehrten hinter der jetzigen Textgestalt des NT entdecken[8]. Schließlich heißt seine Sünden bekennen nicht nur das Gott gegenüber begangene Unrecht zugeben, sondern die Heiligkeit Gottes bekunden[9]: so wie Petrus vor Jesus[10].

[1] Lk 22, 6. – [2] Mt 14, 7. – [3] Hebr 11, 13. – [4] Apg 7, 17; 24, 14. – [5] Mt 7, 23; 10, 32 (= Lk 12, 8); Joh 1, 20; Offb 3, 5. – [6] Mt 11, 25 (= Lk 10, 21); Lk 2, 38; Röm 14, 11; 15, 9; Hebr 13, 15. – [7] Mt 10, 32; Joh 9, 22; 12, 42; Apg 23, 8; Röm 10, 9f; 2 Kor 9, 13; Phil 2, 11; 1 Tim 3, 16; 6, 12f; Tit 1, 16; Hebr 3, 1; 4, 14; 10, 23; 1 Joh 2, 23; 4, 2f. 15; 2 Joh 7. – [8] Röm 1, 3f; 10, 9; 1 Kor 12, 3; 15, 3–5; 1 Thess 1, 10; 1 Tim 6, 12. – [9] Mt 3, 6 (= Mk 1, 5); Apg 19, 18; Jak 5, 16; 1 Joh 1, 9. – [10] Lk 5, 8.

→ Lippen – Zeugnis

bekleiden
→ Kleidung

beleidigen
Verschiedene griechische Worte bezeichnen das menschliche Benehmen, durch das der Andere, sei es durch das Wort, sei es durch Gebärden (z. B. jemand anspucken) angegriffen und in seiner Würde oder seiner Ehre verletzt wird. Die Verbalinjurie ist nach dem jüdischen Gesetz ein sehr schweres Vergehen[1].

[1] Mt 5, 22.

1. *Blasphēmeō* meint, im Unterschied zu seinem deutschen Äquivalent, nicht nur die schwere Beleidigung der Gottheit, sondern auch den Schimpf oder die schwere Beleidigung von Menschen. Der Sinn ist dann »beleidigen, jemandem Schimpf antun, jemand mit Schimpf überschütten«. So z. B. Jesus[2], den Boten Gottes[3], den Christen[4], den Nächsten im allgemeinen[5]. Die Gläubigen müssen dieses Laster meiden[6].

[2] Mt 27, 39 (= Mk 15, 29); Lk 23, 39. – [3] Apg 13, 45; 18, 6; Röm 3, 8. – [4] Röm 14, 16; 1 Kor 10, 30; 1 Petr 4, 4; Offb 2, 9. – [5] Mt 15, 19 (= Mk 7, 23); 1 Tim 6, 4; 2 Tim 3, 2. – [6] Eph 4, 31; Kol 3, 8; Tit 3, 2.

2. *Kako-logeō* (von *kakos*: »schlecht«, *legō*: »sagen«): nicht verfluchen, sondern z. B. die Eltern beleidigen[7] oder schlecht über einen Vorgesetzten sprechen (gr. *kakōs legō*), wie z. B. über den Hohenpriester[8].

[7] Ex 21, 17; Ez 22, 7; Mt 15, 4 (= Mk 7, 10). – [8] Ex 22, 27; Apg 23, 5.

3. *Loidoreō* (vgl. lat. *ludus*, Spiel): sich auf beleidigende Weise über jemand »lustig machen«, schmähen, kränken. So z. B. über Jesus[9], über die Gläubigen[10]. Dies Laster muß ausgerottet werden[11]. Die Christen müssen, dem Beispiel Jesu folgend, mit einer umgekehrter Haltung darauf antworten[12].

[9] 1 Petr 2, 23. – [10] Apg 23, 4; 1 Kor 4, 12; vgl. Joh 9, 28. – [11] 1 Kor 5, 11; 6, 10; vgl. 1 Tim 5, 14. – [12] 1 Kor 5, 11; 1 Petr 3, 9.

4. *Oneidizō* (von einem Wortstamm mit der Bedeutung »Spötterei«, oder auch »Tadel«): anklagen, schelten, in Verruf bringen«[13]. Mit diesem Wort bezeichnet man vor allem die von Jesus[14] und dann in seiner Nachfolge von seinen Jüngern erlittene Schande. Für sie bedeutete das eine Ehre[15]. Ein anderes Wort: *chleuazē*: (von *chleuē*: »*Lachen«): »spotten«[16].

[13] Lk 1, 25; 1 Tim 3, 7. – [14] (Ps 69, 10;) Mt 27, 44 (= Mk 15, 32); Röm 15, 3; Hebr 11, 26; 13, 13. – [15] Mt 5, 11; Hebr 10, 33; 1 Petr 4, 14. – [16] Apg 2, 13; 17, 32 △.

5. *Empaizō* (von *paizō*: »sich wie Kind *(pais)* benehmen, sich amüsieren«): »sich über jemand lustig machen[17], verspotten, verhöhnen«[18]. Das Wort wird vor allem während der Passion auf Jesus angewandt[19]. Das entsprechende Zeitwort heißt: *(ek-)mykterizō* (von *myktēr*: »Nase«): »die Nase rümpfen, lächerlich machen«[20].

[17] Mt 2, 16. – [18] Lk 14, 29; 2 Petr 3, 3; Jud 18. – [19] Mt 20, 19 (= Mk 10, 34 = Lk 18, 32); 27, 29. 31 (= Mk 15, 20). 41 (= Mk 15, 31); Lk 23, 11; Hebr 11, 36 △. – [20] Lk 16, 14; 23, 35; Gal 6, 7 △.

→ beschimpfen – lachen – Laster – lästern – Raka – Sprache – verleumden

Belial, Beliar

Gr. *Belial* oder *Beliar*; Etymologie unsicher, wahrscheinlich: »der Taugenichts«. In den *Testamenten der Zwölf Patriarchen* bezeichnet dieses Wort den *Satan, in *Qumran den Geist der Finsternis[1].

[1] 2 Kor 6, 15; vgl. Ps 18, 5 □.

Belohnung

Gr. *(ant-)apo-didōmi*: »als Gegenleistung geben«.
1. Die Belohnung ist nicht eine Bezahlung, die man aufgrund eines Vertrages für geleistete Arbeit schuldet. Gemeint ist das, was Gott seinen treuen Dienern beim Gericht zuteilen wird[1].

[1] Mt 16, 27; 25, 46; Röm 2, 6; 2 Kor 5, 10.

2. Der Lohn, den der einzelne erhält, richtet sich nach den Werken, die seinen Glauben erweisen, nicht nach der Schicksalsfügung, nach seinem Erbe oder nach seiner Zugehörigkeit zum erwählten Volk[2].

[2] Ez 18, 2f. 32; Lk 13, 2f; Joh 5, 45; 6, 29; 9, 2f; 2 Tim 4, 14; Hebr 10, 26–30; Offb 2, 23; 22, 12.

3. Der Lohn besteht nicht in irdischen Gütern, im Reichtum oder Ehre, sondern einzig in Gott und seinem Christus[3]; in ihnen findet der Glaubende die Wirklichkeiten dieser Erde hundertfach wieder: Freude, Glück; kein Tod, keine Trauer, sondern Liebe und Licht[4].

[3] Mt 6, 4–18; Phil 1, 21–26; Kol 3, 24. – [4] Offb 21, 3f; 22, 1–5.

→ *Einl.* XIV. 2. A. – Gerechtigkeit – Gericht – Kranz – Lohn

Benjamin

Gr. *Beniamein*, hebr. *Ben-jāmīn*: »Sohn der rechten [Hand]« oder »Sohn des Südens«. Zweiter Sohn des *Jakob und der Rahel; er war nach *Josef der Lieblingssohn seines Vaters. *Eponym eines der zwölf *Stämme Israels, aus dem der König Saul und Saulus (Paulus) aus Tarsus hervorgegangen sind[1].

[1] Gen 35, 18; 42, 4; Apg 13, 21; Röm 11, 1; Phil 3, 5; Offb 7, 8 □.

Berenike

Gr. *Bernikē* (geb. 28 n. Chr.). Älteste Tochter des *Herodes Agrippa. Mit 20 Jahren wurde sie Witwe ihres Onkels *Herodes, König von Chalkis; sie lebte mit seinem Bruder *Agrippa II. zusammen, dann heiratete sie Polemon, König von Kilikien, und kehrte später zu Agrippa zurück. Sie hatte ein Verhältnis mit *Titus, während er den jüdischen Krieg führte[1].

[1] Apg 25, 13. 23; 26, 30 □.

bereuen
Mit diesem Wort fassen wir die verschiedenen Bedeutungsvarianten des gr. *metamelomai* zusammen; es meint eine Änderung *(meta)* im Blick auf das, woran es einem liegt *(melei*[1]*)*. Es unterscheidet sich von dem, was *Umkehr (gr. *metanoia*) meint, darin, daß es nicht die totale Neuorientierung des Seins und des Urteilens (gr. *nous*) bedeutet, sondern die schlichte Möglichkeit der Umwandlung, die Gott allein bewirken kann. Die Änderung kommt daher, daß man einen Irrtum oder einen Fehler feststellt[2], doch sie ist nicht wirksam und kann ebenso zum unfruchtbaren Gewissensbiß eines Judas führen[3] wie zu einer möglichen Verhaltensänderung[4]. Was Gott betrifft, so ändert er – obwohl das AT oft Anthropomorphismen benutzt[5] – seine Entscheidungen und seine Verheißungen nicht[6].

[1] Mt 22, 16 (= Mk 12, 14); Mk 4, 38; Lk 10, 40; Joh 10, 13; 12, 6; 1 Kor 7, 21. – [2] Ex 13, 17; Ijob 42, 6. – [3] Mt 27, 3. – [4] Mt 21, 29. 32; 2 Kor 7, 8–10. – [5] Ri 2, 18; 1 Sam 15, 11. – [6] Ps 110, 4; Jer 4, 28; Röm 11, 29; Hebr 7, 21.

→ Buße – Sünde – Umkehr – verzeihen

Berg
Gr. *oros,* hebr. *har.*
1. In den meisten Religionen wird der Berg als Ort betrachtet, an dem der Himmel der Erde begegnet. Dort versammeln sich die Götter[1], dort wurde die Erde geschaffen[2]. Er kann Symbol sein für den Hochmut des Menschen[3]. Er ist der Ort, den man für den Kult bevorzugt, etwa die Kulthöhen in Israel oder der Berg Zion[4]; doch seit Jesus Christus soll der Mensch Gott nicht mehr auf diesem oder jenem Berg, sondern im Geist und in der Wahrheit anbeten[5].

[1] Jes 14, 13. – [2] Ez 28, 14. 16. – [3] Jes 2, 12–15; Ez 6, 3; Lk 3, 5. – [4] Ps 2, 6; Jer 2, 20. – [5] Joh 4, 20f.

2. Die Gebirgsregionen in Israel und Juda[6] sind einsam, wüstenähnlich[7], dort kann man gut beten[8] oder in der höchsten Not Zuflucht finden[9].

[6] Lk 1, 39. 65 – [7] vgl. Mt 18, 12 mit Lk 15, 4; Mt 14, 23; Mk 5, 11 (= Lk 8, 32f); Joh 6, 3. – [8] Mk 6, 46; Lk 6, 12; Joh 6, 15. – [9] Mt 24, 16 (= Mk 13, 14 = Lk 21, 21); Lk 23, 30; Hebr 11, 38; Offb 6, 14–16.

3. Fünf Berge werden ausdrücklich genannt: der *Ölberg, der *Sinai[10], der *Zion[11], der Garizim[12] und der von Nazaret[13]. In den folgenden Fällen läßt sich der genannte Berg nur schwer lokalisieren: Der Berg der Versuchung[14], der Verklärung[15], der Ort der »Bergpredigt«[16] oder der Jüngerberufung[17], die Berge in der Offenbarung des Johannes[18], der Berg, auf dem Jesus sich niedersetzte[19], die Berge, die Jesus in seinen Lehren nennt[20], der Berg, auf dem die Jünger Jesus begegnet sind[21].

[10] Hebr 8, 55; 12, 20. – [11] Offb 21, 10. – [12] Joh 4, 20f. – [13] Lk 4, 29. – [14] Mt 4, 8; vgl. Lk 4, 5. – [15] Mt 17, 1. 9 (= Mk 9, 2. 9 = Lk 9, 28. 37); 2 Petr 1, 18. – [16] Mt 5, 1; 8, 1; vgl. Lk 6, 17. – [17] Mk 3, 13; Lk 6, 12. – [18] Offb 8, 8; 16, 20; 17, 9. – [19] Mt 15, 29; Joh 6, 3. – [20] Mt 5, 14; 17, 20; 21, 21; Mk 11, 23; 1 Kor 13, 2. – [21] Mt 28, 16.

→ *Einl.* II. 3. – Hagar – Harmagedon

Beröa

Gr. *Beroia.* Stadt in Makedonien, heute *Werria*; Heimat des Sopater[1]. Nach der Vertreibung aus Thessalonich kam *Paulus in der Begleitung von *Silas in die Stadt[2].

[1] Apg 20, 4. – [2] Apg 17, 10–13 □.

→ *Karte* 2

Berufung

Lat. *vocatio*: »Ruf«, entspricht dem gr. *kaleō*: »nennen, rufen« mit oder ohne die Präfixe *epi-* oder *pros-*.

1. Gott lädt alle Menschen zur Hochzeit seines Sohnes ein[1], doch nicht alle antworten[2]. Jesus ruft die Sünder, nach Mt und Mk bedingungslos, Lk präzisiert: »zur Umkehr«[3]. Paulus erarbeitet eine Theologie des göttlichen Rufs. Nach seinem ewigen *Plan ruft Gott in voller Freiheit und ohne Reue seinerseits Juden und Heiden[4], so daß diejenigen, die antworten, als »die Gerufenen« (gr. *klētoi*) bezeichnet werden können[5]; sie bilden die Kirche (gr. *ek-klēsia*: »Einberufung«)[6]. Durch diesen Ruf ändert sich nichts an der Lebenssituation[7], aber darin ist eine wahre Schöpfung einer anderen Ordnung gegeben[8]. Der Glaubende sieht sich also zur Gemeinschaft mit Jesus gerufen, zur Freiheit, zur Hoffnung, zum Frieden Christi, zum Reich, zur Heiligung, zum Licht Gottes, zum ewigen Leben – aber auch zum Leiden, das zur Herrlichkeit führt[9].

[1] Mt 22, 3–9; Lk 14, 16–24; Offb 19, 9. – [2] Mt 22, 14. – [3] Mt 9, 13 (= Mk 2, 17 = Lk 5, 32). – [4] Apg 2, 39; Röm 8, 28; 9, 24; 11, 29; 1 Kor 1, 24; 1 Thess 5, 24. – [5] Röm 8, 28; 1 Kor 1, 2; Jud 1. – [6] vgl. Röm 9, 1 Kor 11, 18. – [7] 1 Kor 7, 17–24. – [8] Röm 4, 17; vgl. 2 Kor 5, 17. – [9] 1 Kor 1, 9; Gal 5, 13; Eph 1, 18; Kol 3, 15; 1 Thess 2, 12; 4, 7; 1 Tim 6, 12; 1 Petr 2, 9. 21; 5, 10.

2. Gott ruft auch einzelne im Blick auf einen bestimmten Auftrag; wie früher Abraham, Mose und die Propheten[10] ihren Ruf erhielten, so ruft Jesus in seine *Nachfolge[11]; und Gott ruft durch Christus diesen oder jeden Menschen, ganz besonders aber den Apostel Paulus, zu einer bestimmten Aufgabe[12].

[10] Gen 12, 1; Ex 3, 10. 16; Jes 8, 11; Jer 1, 2 …; Hebr 11, 8. – [11] Mt 4, 21 (= Mk 1, 20); Mk 3, 13; 6, 7; Lk 9, 1. – [12] Apg 13, 2; 16, 10; 1 Kor 1, 1; Gal 1, 6. 15; Phil 3, 14.

→ Erwählung – nachfolgen – Name – prädestinieren – senden

beschimpfen

Gr. *blasphēmeō* (von *blas,* verwandt mit *blabē*: »Unrecht, Schaden«, und *phēmi*: »sagen«): »Übles reden von, beschimpfen, beleidigen«. Im NT ergibt sich aus dem Kontext, daß eine überlegte, aggressive Handlung vorausgesetzt ist, darum ist die Übersetzung »beleidigen« vorzuziehen.

→ beleidigen – lästern

Beschneidung

Gr. *peritomē* (von *temnō*: »schneiden«, *peri*: »rundum«).

1. Entfernung der *Vorhaut. Alte Sitte, bekannt bei den Ägyptern, Edomitern, Ammonitern, Moabitern und Israeliten, aber nicht bei den Assyrern, Chaldäern, Philistern. Sie bedeutet Zugehörigkeit zu einer Gemeinschaft.

2. Bei den Hebräern gilt sie als ein mit *Abraham, dem Stammvater des Volkes, verknüpfter religiöser Ritus[1], der für den achten Tag nach der Geburt vorgeschrieben[2] und wichtiger ist als die Einhaltung des *Sabbat[3]. Dieses physische Zeichen des *Bundes mit Jahwe ist Symbol für die Aufnahme in das religiöse Leben der Juden. Daher die Metapher von der »Beschneidung des Herzens«, mit der die Treue zu Jahwe ausgedrückt wird[4]. Unbeschnittener, Nicht-Beschneidung (gr. *akrobystia*) ist gleichbedeutend mit: Heide sein; Beschnittener, Beschneidung ist gleichbedeutend mit: Israelit sein[5].

[1] Gen 17, 8–14; Röm 4, 10–12. – [2] Lev 12, 3; Lk 2, 21; Apg 7, 8; Phil 3, 5. – [3] Joh 7, 22f. – [4] Dtn 10, 16; Jer 9, 25; Röm 2, 29. – [5] Röm 15, 8; Gal 2, 7f; Eph 2, 11; Kol 4, 11.

3. Die Urkirche hat es abgelehnt, den aus dem Heidentum bekehrten Christen die jüdische Beschneidung aufzuzwingen[6]. Paulus weist nach, daß der *Glaube die Beschneidung überflüssig macht, denn die Rettung kommt nur von Christus[7]. Die wahre Beschneidung muß innerlich geschehen; diese nicht von Menschenhand vollzogene Beschneidung ist gleichbedeutend mit der *Umkehr zu Christus[8].

[6] Apg 15, 1–20. – [7] Röm 3, 30; 4, 9; 1 Kor 7, 19; Gal 5, 2. 6; 6, 15. – [8] Phil 3, 3; Kol 2, 11.

→ *Einl.* IV. 7. B; VI. 4.C. b. – Glaube – Taufe – Vorhaut

Besessener
Gr. *daimonizomenos,* von *daimōn*: »Dämon«. Ein Mensch, der von einem *Geist überfallen wird, der sich – obgleich er ein eigenes Wesen ist – mit ihm identifiziert. Man sagt: »einen Geist haben«[1], »mit einem Geist (bzw. unter der Herrschaft eines Geistes) sein«[2]: »besessen« sein. Der Besessene ist mit einer übermenschlichen Kraft ausgestattet[3], kann in Wesen eindringen[4]. Jesus *exorzisiert die Besessenen[5] und gibt diese Macht seinen Jüngern, vor allen Dingen mit Hilfe von Gebet und Fasten[6]. Während im AT von Menschen die Rede ist, die vom »guten Geist« befallen sind[7], kennt das NT nur die Besessenheit durch den bösen Geist. Manchmal ist es schwierig, zwischen Besessenheit und *Krankheit zu unterscheiden[8].

[1] Mk 3, 30; 7, 25; Apg 8, 7. – [2] Mk 1, 23; 5, 2. – [3] Mk 5, 3. 5. – [4] Mk 1, 24; Lk 4, 34. 41. – [5] Mt 8, 16; Mk 1, 27; 3, 11. – [6] Mt 10, 1; 17, 21 (= Mk 9, 29); Mk 16, 17; Lk 10, 20. – [7] Ri 11, 29; 14, 6. – [8] vgl. Mt 17, 16 und 17, 19 sowie Mt 17, 18.

→ Dämonen – exorzisieren – Geist

Besprengung
Gr. *rhantismos* (von *rhantizō*: »besprengen«, *rhainō*: »spritzen«). Ein *Reinigungsritus, durchgeführt unter Verwendung von *Wasser[1], manchmal von der *Asche der Kuh[2], üblicherweise aber von *Blut eines zum Opfer dargebrachten Tieres[3]. Der Ausdruck »Blut der Besprengung« bleibt nicht mehr im Rahmen des Bildes, denn man benutzt ihn zum Vergleich mit dem Blut *Abels, das nicht versprengt wurde[4]. Das Blut Christi reinigt auf unvergleichliche Weise[5].

[1] Num 8, 7; 1 Sam 7, 6; 2 Sam 23, 13–17; Ez 36, 25; Mk 7, 3f; Hebr 10, 22. – [2] Num 19, 2–12; Hebr 9, 13. – [3] Ex 24, 3–8; Hebr 9, 19. 21. – [4] Hebr 12, 24. – [5] 1 Petr 1, 2 □.

→ Blut – rein – Waschung

Bestie

Gr. *thērion* (dieselbe Wurzel wie lat. *ferus*: »wild«), entspricht dem hebr. *hajjā*: »Lebewesen«, insbesondere »Untier«.

1. Wildes Tier.

→ *Einl.* II. 6.

2. Die antiken Menschen sehen in den Tieren (die man auch »*Lebewesen«, gr. *zōa*, nennt)[1] manchmal Träger oder Vermittler einer dem Menschen überlegenen Kraft, die einen schädlichen oder günstigen Einfluß ausüben kann[2].

[1] Hebr 13, 11; 2 Petr 2, 12; Jud 10. – [2] Mk 1, 13; 16, 18; Offb 4, 6–9; vgl. Gen 3, 1–3; Ez 1, 5–25.

3. Einige biblische Texte, in denen orientalische Mythologien nachklingen, stellen den Gegner Gottes am Anfang oder am Ende der Welt als ein Tier dar, *Schlange, *Drache, Fabeltier[3]. Dieses Tier gehorcht dem *Satan, trennt sich notfalls in zwei Bestandteile und bildet zusammen mit dem Drachen die satanische Triade[4]; doch über seine Niederlage besteht kein Zweifel[5]. Die Offenbarung des Johannes beschreibt sein Werk und seinen Fall genau[6].

[3] Ijob 9, 13; 26, 12; Ps 74, 13f; 89, 10f; Jes 27, 1; 51, 9; Offb 12, 9f; 20, 2. – [4] Offb 16, 13. – [5] Offb 15, 2; 19, 19f. – [6] Offb 11, 7; 13; 14, 9. 11; 16, 2. 10. 13; 17; 20, 4. 10 ◻.

→ Antichrist – Lebewesen – Tiere

Betanien

Gr. *Bēthania*, nach einer Volksetymologie: »das Haus des Armen *oder* des Anania«.

1. Name einer Ortschaft etwa 3 km östlich von *Jerusalem[1], am Weg nach *Jericho, auf dem Osthang des *Ölbergs[2]. Heute *el azarije*, was eine arabische Verballhornung des Namens *Lazarus ist. Wohnort von *Simon dem Aussätzigen, *Marta und *Maria[3]; Jesus hielt sich hier öfter auf[4], hier hat er Lazarus auferweckt[5], und von hier ist er in den Himmel hinaufgestiegen[6].

[1] Joh 11, 18. – [2] Mk 11, 1 (= Lk 19, 29). – [3] Mt 26, 6 (= Mk 14, 3); Joh 11, 1; vgl. Lk 10, 38. – [4] Mt 21, 17; Mk 11, 11f. – [5] Joh 12, 1. – [6] Lk 24, 50 ◻.

→ *Karte* 4

2. Nach dem Johannesevangelium ein Ort auf dem linken Jordanufer, wo *Johannes taufte[1].

[1] Joh 1, 28; vgl. 3, 23. 26; 10, 40 ◻.

→ *Karte* 4

beten

Zwischen den gr. Worten *aiteō*: »bitten«, *deomai* (unterstreicht das vorgebrachte Bedürfnis), *erōtaō*: »jemand günstig stimmen, zureden« (unterstreicht die Freiheit des Gebenden) gibt es keinen wesentlichen Unterschied; sie werden im profanen Bereich ebenso gebraucht wie im religiösen und meinen: nachdrücklich bitten, beten, betteln...

1. Das NT übernimmt die jüdischen Gebets*formen*: bei den Mahlzeiten[1], zu gewissen Stunden[2], aufrecht stehend[3], kniend[4], auf die Erde hingestreckt[5], mit erhobenen Händen[6], ohne Unterlaß[7]. Doch ist weder von *Gebetskapseln noch von Gebetsmänteln die Rede, auch nicht von geweihten Orten;

man betet überall, im Freien⁸, im abgeschlossenen Zimmer⁹ oder im Versammlungsraum¹⁰.

¹ Mt 15, 36 (= Mk 8, 6); Apg 27, 35; 1 Kor 10, 30. – ² Apg 3, 1; 10, 30. – ³ Mk 11, 25; Hebr 10, 11. – ⁴ Lk 22, 41; Apg 7, 60; 9, 40; 20, 36; Phil 2, 10. – ⁵ Mk 14, 35. – ⁶ 1 Tim 2, 8. – ⁷ Lk 18, 1. – ⁸ Mk 1, 35. – ⁹ Mt 6, 6. – ¹⁰ Apg 4, 31.

2. Die Ausdrucksmöglichkeiten des jüdischen Betens sind vielfältig: *Halleluja, *Hosanna, *Amen, *Doxologien, *Lobgesänge, *Hymnen, Bittgebete, *Fürbitten, *Danksagung oder *Anbetung. Das Gebet für die Feinde¹¹ ist neu, ebenso der Nachdruck, der auf die *Danksagung gelegt wird¹², und vor allem das Vaterunser¹³.

¹¹ Mt 5, 44. – ¹² Phil 4, 6; 1 Tim 2, 1. – ¹³ Mt 6, 9–13 (= Lk 11, 2–4).

3. Die *eschatologische Situation stiftet eine neue Beziehung zu Gott – die der Söhne –; darum kann der Betende der Erhörung sicher sein¹⁴, denn er kann mit Jesus sagen: *Abba¹⁵.

¹⁴ Mt 7, 7; Mk 11, 23f; Joh 14, 13; 15, 16; 16, 23–26. – ¹⁵ Lk 14, 36; Mk 11, 2; Röm 8, 15; Gal 4, 6.

→ Einl. XIII. 2. B. – anbeten – Danksagung – Fürbitte – Kult – Segen – wachen

Betesda, Betzata
Gr. *Bēthesda,* lat. *Bethzatha.* Ein Teich im Norden der Esplanade des Jerusalemer Tempels. Die unter der Kirche der hl. Anna durchgeführten Ausgrabungen förderten zwei Bassins zutage, die ein 6,50 m langer Säulengang trennte; das Ganze war umgeben von 4 Säulengängen mit folgenden Ausmaßen: im Osten 49,50 + 40 m; im Süden 65,50 m; im Westen 40 + 48 m; im Norden 50 m. Daher die bei Joh erwähnten fünf Säulenhallen¹.

¹ Joh 5, 2 □.

→ Teich – *Karte* 1

Betfage
Gr. *Bēthphagē.* Ein Weiler an der Ostseite des *Ölbergs, wahrscheinlich nördlich von *Betanien¹. Jesus ließ dort das *Eselsfohlen suchen, auf dem er in Jerusalem einziehen sollte.

¹ Mt 21, 1; Mk 11, 1; Lk 19, 29 □.

→ *Karte* 4

Betlehem
Gr. *Bēthleem;* Etymologie unsicher: »Haus der Lahmu« (eine *akkadische Gottheit) oder »Brothaus«. Ortschaft in *Judäa¹, etwa 8 km südlich von *Jerusalem, »Stadt *Davids« genannt², weil dieser hier zum König gesalbt wurde³. Nach der Weissagung und nach den Evangelien Geburtsort des *Messias⁴.

¹ Mt 2, 1. – ² Lk 2, 4. 11. 15. – ³ Rut 1, 2. 19; 4, 11; 1 Sam 16, 4. 18. – ⁴ Mi 5, 1; Mt 2, 5f. 8. 16; Lk 2, 15; Joh 7, 42 □.

→ *Karte* 4

Betsaida
Gr. *Bēthsaida,* vgl. aram. *bēt-ṣajᵉdā',* »Vorratshaus *oder* Haus der Fischerei«.

Dorf in *Galiläa, am Norden des Sees, das der *Tetrarch *Philippus zur Stadt erhoben hat, der er den Namen Julias gegeben hat. Heute *et-tell*[1].

[1] Mt 11, 21 (= Lk 10, 13); Mk 6, 45; 8, 22; Lk 9, 10; Joh 1, 44; 12, 21 □.

→ Karte 4

Bettler

Gr. *pros-aitēs* (von *aiteō*: »bitten«). »Lieber sterben als betteln!«[1], denn das ist eine »Schande«[2] und ein Fluch[3]. Im alten Israel gab es, des engen Familienzusammenhalts wegen, wenig Bettler, später wurden sie zahlreich[4]; oftmals waren sie *blind; sie hielten sich am Rand der Straßen[5] und bei den Tempeltoren auf[6].

[1] Sir 40, 28. – [2] Lk 16, 3. – [3] Ps 109, 10. – [4] Dtn 15, 7. – [5] Mk 10, 46 (= Lk 18, 35). – [6] Apg 3, 2 □.

beurteilen

1. Gr. *dokimazō*: »prüfen, untersuchen, deuten«[1]. Dieses Wort meint »abwägen«, sich von der Qualität und dem Wert irgendeiner Sache in der Praxis überzeugen, daher insgesamt: jemand oder etwas »erproben«.

[1] Lk 12, 56 (vgl. Mt 16, 3); Röm 2, 18; 12, 2; 1 Kor 3, 13; 11, 28; Gal 6, 4; Phil 1, 10; 1 Thess 5, 21; 1 Joh 4, 1.

2. Gr. *diakrinō* (von *krinō*: »trennen, auswählen, scheiden«): »unterscheiden«[2]. In diesem Wort wird der deduktive Aspekt der Erkenntnis und des Urteils betont: es ist also mit »interpretieren« gleichzusetzen.

[2] Mt 16, 3 (vgl. Lk 12, 56); 1 Kor 6, 5; 11, 29. 31; 12, 10; 14, 29; Hebr 5, 14 △.

→ Geist – Gericht – Probe

[Bibel]

Lat. *Biblia*: »Buch«, aus dem gr. *ta biblia*: »die Bücher«. Sammlung von Einzelbüchern, die als von Gott inspiriert betrachtet werden und die den Kanon der Heiligen Schrift bilden. Für die Juden besteht die Bibel aus 24 Büchern; die Protestanten halten die in hebräischer Sprache verfaßten Bücher für biblisch, sie halten sich an die griechische Unterteilung und zählen 40 atl. und 27 ntl. Bücher; die Katholiken, die auch die in der griechischen Sprache verfaßten Werke zum biblischen Kanon rechnen, zählen in der Bibel 46 Bücher des AT und 27 des NT.

→ *Einl.* XII; XV. – Apokryphen – Buch – deuterokanonische Schriften – Kanon

Bild

Gr. *eikōn*. Das, was eine Wirklichkeit mehr oder weniger genau reproduziert und darstellt (gegenwärtig macht)[1].

[1] Mt 22, 20 (= Mk 12, 16 = Lk 20, 24).

1. Es gilt kein Bild von dem unsichtbaren *Gott[2], nur der *Mensch, der ein Abbild Gottes ist[3].

[2] (Apg 17, 29;) Röm 1, 23. – [3] Gen 1, 26; Weish 2, 23; Röm 8, 29; 1 Kor 11, 7.

2. Christus ist schlechthin das Ebenbild des unsichtbaren Gottes[4].

[4] Weish 7, 26; Joh 1, 18; 14, 9; Kol 1, 15 (; Hebr 1, 3).

3. Christus hat auf einzigartige Weise dem ganzen *Weltall seinen Stempel aufgedrückt[5] und jeder Mensch wird nach dem Bild des himmlischen Adam, das heißt des Christus, neu geschaffen[6].

[5] Kol 1, 15–20. – [6] 1 Kor 15, 49; 2 Kor 3, 18–4, 4; Kol 3, 10.

→ *Einl.* IX. 5. A. – Gestalt – Götzendienst – sehen

bildhaft
→ Typos

Binde
Gr. *keiria*: »Gurt, Verband, Binde«[1] und *othonion*: »Leinenbinde« (von *othonē*: »feines Leinenzeug«)[2]. Im Plural bedeutet es die Binden aus Leinen, die man benutzte, um Hände und Füße des Toten zur Beerdigung festzubinden.

[1] Joh 11, 44 △. – [2] Lk 24, 12; Joh 19, 40; 20, 5–7 △.

→ *Einl.* VIII. 2. D. b. – begraben

binden und lösen
Gr. *deō kai lyō*. Der Ausdruck ist auf dem Hintergrund jüdischen Brauchtums zu verstehen. In der Synagoge wurde die Exkommunikation durch die Verkündigung des Urteils als »binden und lösen« vollzogen; man wurde gelöst von einem Gelübde, durch das man sich gebunden hatte. Der Ausdruck bezieht sich auf den disziplinarischen Bereich (Exkommunikation) und auf Entscheidungen über Lehre und Recht. Mt 16, 19 wird Petrus die Vollmacht zugesprochen, über die Zulassungsbedingungen für das Himmelreich zu entscheiden. Mt 18, 18 erhält die kirchliche Gemeinde dieselbe Vollmacht. Nach Joh 20, 23 gebraucht der Auferstandene in demselben Zusammenhang andere Worte: »erlassen und nicht erlassen«.

→ lösen

Bischof
→ Vorsteher

Bithynien
Gr. *Bithynia*. Ehemaliges Königtum in *Asien, das Pompejus i. J. 64 v. Chr. mit *Pontus vereinte und so die senatorische *Provinz von Bithynien und Pontus schuf. Paulus konnte dort nicht verkündigen, doch *Plinius der Jüngere bezeugt, daß es dort um 110 zahlreiche Christen gegeben habe[1].

[1] Apg 16, 7; 1 Petr 1, 1 □.

→ *Karte* 3

bleiben
1. Gr. *menō*. In mehreren Texten, besonders bei Johannes, bedeutet bleiben nicht nur »verweilen, sich aufhalten, einen Wohnsitz haben, bewohnen«, sondern bezieht sich auf die Wohnung, die die göttliche Weisheit unter den Menschen suchte[1]; das war ein großer Traum: man wollte Gott bei seinem Volk wohnen sehen, denn $s^ek\bar{\imath}n\bar{a}$ bedeutet nach den Rabbinen das Haus, die

Wohnung Gottes. Dieser Traum ist in Jesus Christus Wirklichkeit geworden: er »hat sein *Zelt unter uns aufgeschlagen« (gr. *skēnoō*; vielleicht sogar ein Wortspiel mit *šᵉkīnā*; in beiden Worten erscheinen dieselben Konsonanten)[2]. Johannes schildert mit Vorliebe das neue Verhältnis, das den Menschen mit Gott verbindet, nicht mehr als Gegenüberstellung, sondern durch das Bild des Ineinanderwohnens[3].

[1] Sir 24, 7f; vgl. Joh 1, 9–11. – [2] Joh 1, 14. – [3] Joh 14, 23; 15, 4–7; 1 Joh 2, 14. 27; 3, 6. 9. 24; 4, 12f. 15f.

2. Im Sinne von »Bestand haben«, »fortbestehen« werden verschiedene griechische Begriffe gebraucht. Was bleibt, ist Christus, der Grund*stein[4], sein Wort[5], der Glaube, die Hoffnung und die Liebe[6].

[4] Mt 7, 24f (= Lk 6, 47–49); 1 Kor 3, 14; Eph 2, 20–22. – [5] Mt 24, 35 (= Mk 13, 31 = Lk 21, 33). – [6] 1 Kor 13, 8–13.

blind
Gr. *typhlos*.

1. Die Blindheit war im Orient stark verbreitet. Sie wurde vor allem von der eitrigen Augenentzündung verursacht. Man hielt sie für eine Strafe Gottes[1]. Obwohl das Gesetz empfahl, den Blinden beizustehen[2], waren sie des öfteren gezwungen zu *betteln[3]. Ihre Heilung, die selten war, wurde als ein großes *Wunder betrachtet[4].

[1] Ex 4, 11; Joh 9, 2; Apg 13, 11. – [2] Dtn 27, 18. – [3] Mk 10, 46; Joh 9, 1. – [4] Joh 9, 16.

2. In Zusammenhang mit der prophetischen Darstellung des Heils als *Licht[5], symbolisiert Blindheit die innere *Finsternis und die *Verhärtung[6]. Darum hat Jesus dadurch, daß er Blinden das Augenlicht zurückgab, ein *Zeichen der messianischen Zeit gesetzt[7]; wer ihn anerkennt[8], versteht, daß Jesus das Licht der Welt ist[9]; er ist wie Paulus darauf vorbereitet, die Sehkraft wiederzuerlangen[10].

[5] Jes 35, 5. – [6] Jes 6, 9f; Mt 15, 14; 23, 16–26; Joh 9, 41; 12, 40; Röm 2, 19; 2 Kor 4, 4; 2 Petr 1, 9; 1 Joh 2, 11; Offb 3, 17. – [7] Mt 11, 5 (= Lk 7, 22). – [8] Joh 9, 39; vgl. Mt 13, 16f. – [9] Joh 9, 5. – [10] Apg 9, 8. 17f; 22, 11. 13; Offb 3, 18.

→ Auge – Krankheit – Licht – verhärten

Blut
Gr. *haima*.

1. Das Blut ist das *Leben, und das Leben gehört Gott.

[1] Lev 17, 11–14.

2. Es darf nicht mit dem geschlachteten Fleisch gegessen werden[2]. Auf den *Altar gegossen, verleiht es dem Opfer in bestimmten Fällen *sühnende Wirkung[3]. Doch einzig das Blut Jesu ist wirksam[4], denn Christus selbst ist die *Sühne[5]; sein Blut ist das Blut des *Bundes zur *Vergebung der Sünden[6], das beim eucharistischen Mahl getrunken wird[7].

[2] Dtn 12, 23f; Apg 15, 20. 29. – [3] Hebr 9, 7; 13, 11. – [4] Hebr 10, 4. 19. – [5] Röm 3, 25. – [6] Ex 24, 6–8; Mt 26, 28 (= Mk 14, 24). – [7] Joh 6, 53f; 1 Kor 10, 16.

3. Unschuldiges Blut[8] kann man nicht ungestraft vergießen; Gott wird es rächen[9]. Jesus aber hat sein Blut freiwillig vergossen und damit den Bund erneuert[10]. Von dieser Art ist das kostbare Blut, das aus der Seite Jesu floß[11].

[8] Mt 23, 29–36; 27, 4. 24f. – [9] Offb 6, 10; 19, 2. – [10] Jes 53, 12; Lk 22, 20. – [11] Joh 19, 31–37; 1 Petr 1, 19; 1 Joh 5, 6–8.

4. Der Ausdruck »Fleisch und Blut« bezeichnet den Menschen in seinen irdischen Lebensbedingungen[12].

[12] Sir 14, 18; Mt 16, 17; 1 Kor 15, 50; Gal 1, 16; Eph 6, 12; Hebr 2, 14.

→ Opfer

Blutschweiß
Bei der *Agonie Jesu in *Getsemani »wurde sein Schweiß wie die Bluttropfen (gr. *thromboi haimatos*), die auf den Boden fielen *(katabainontes)*«[1]. Gegen Ende des 3. Jh. fehlt dieser Text in mehreren Handschriften; zweifelsohne wurde sie theologischer Skrupel wegen unterdrückt. Das beschriebene Phänomen läßt sich nur schwer bestimmen, auch wenn einige an eine Hämohydrose denken, also an Schweiß, bei dem die rötliche Farbe durch den Übergang des Hämoglobins in die Schweißsekretion entsteht.

[1] Lk 22, 44 □.

Bock
1. Gr. *tragos*. Dieses Tier wurde herkömmlicherweise als Opfer dargebracht, besonders zur *Sühne[1].

[1] Lev 4, 23; Hebr 9, 12f. 19; 10, 4 □.

2. Das griechische Wort *eriphos*: »Zicklein« bedeutet »*Ziege«[1].

[1] Mt 25, 32f; Lk 15, 29 □.

das Böse
Die dem Gut oder dem Guten entgegengesetzte Wirklichkeit; man bezeichnet sie als übel (ungenügend, von minderem Wert) oder als böse (die Moral und die Religion zerstörend). Im Hebr. wird sie *ra' (rā'ā)* genannt; das Gr. benutzt zwei Worte, die in der Bedeutung nahezu übereinstimmen: *kakos* (K) und *ponēros* (P) (von *ponos*: »Arbeit, Mühe, Schmerz«); *ponēros* gebraucht man vor allem, wenn eine gewiße Verantwortung für das Böse gemeint ist, eine Verderbtheit, oder um das Böse personifiziert als den Bösen darzustellen.

1. Der *Tatbestand* wird sowohl im NT wie im AT festgestellt: schlimme Dinge, denen man durch die physische Verfaßtheit unterworfen ist[1] oder die man auf moralischer Ebene selbst verursacht[2], böse Menschen[3], böse Geister[4], das Böse als solches[5], der personifizierte Böse, der mit *Satan gleichgesetzt wird[6]. Das Böse entzweit von Gott und von anderen Menschen[7]; man muß es unter allen Umständen meiden[8] und um Bewahrung beten[9].

[1] Mt 15, 22; Lk 16, 25; Apg 28, 5. – [2] Mt 22, 18 *(P)*; Apg 23, 9; Röm 14, 20; Kol 1, 21 *(P)*. – [3] Mt 21, 41; 24, 48; 2 Tim 3, 13 *(P)*. – [4] *(P)*: Mt 12, 45; Lk 7, 21; 8, 2; 11, 26; Apg 19, 12f. 15f; Eph 6, 12. – [5] Mt 5, 11 *(P)*; Röm 7, 19. 21 *(K)*; Röm 12, 9 *(P)*; 12, 21 *(K)*. – [6] *(P)*: Mt 5, 37; 13, 19. 38; Joh 17, 15; Eph 6, 12. 16; 2 Thess 3, 3; 1 Joh 2, 13f; 3, 12; 5, 18f; wahrscheinlich Mt 6, 13; 13, 38. – [7] Röm 1, 29; Tit 3, 3. – [8] Röm 12, 9 *(P)*; 12, 17. 21; Kol 3, 8; Eph 4, 31; 1 Petr 3, 9. – [9] Mt 6, 13; Apg 8, 22.

2. Das *Problem des Bösen* wird nicht direkt zur Sprache gebracht: Das NT müht sich nicht, Gott als den Urheber des Bösen zu ahnden. Das Böse wird entweder als verdiente göttliche Strafe verstanden, die zur *Bekehrung mahnt, damit Schlimmeres verhütet werde[10], oder als *Prüfung, die man im Blick auf die Erfahrung der Liebe Gottes ertragen muß[11]. Das Böse ist weder

ein metaphysisches, noch ein die Welt begründendes (Zoroaster) Prinzip, auch nicht das Werk eines »Geistes der Finsternis«, der dem »Geist des Lichts« entgegenstünde (*qumranischer Dualismus). Es kommt nicht von Gott[12], sondern aus dem Herzen des Menschen, das von Anfang an böse geworden ist[13]; der Mensch läßt sich von den bösen Mächten zum Bösen ziehen[14], von der Begierde[15] oder dem Mißbrauch der Freiheit oder der Sprache[16]. Das Böse ist nicht durch Unkenntnis verursacht, sondern durch die *Sünde. Darum ist Jesus Christus der einzige, der es besiegt hat[17]; er befreit vom Bösen und seinen Mächten.

[10] Lk 13, 1–5. – [11] Röm 5, 5; 8, 20–22. 35f. 38f. – [12] Jak 1, 13. – [13] Gen 6, 5; 1 Sam 17, 28; 1 Kön 2, 44; Jer 3, 5; *(P)*: Mt 9, 4; 12, 34; 22, 18; Mk 7, 22; Lk 11, 39; Röm 1, 29; 1 Kor 5, 8; Hebr 3, 12. – [14] Eph 6, 12. – [15] 1 Tim 6, 10. – [16] 1 Kor 14, 20; Jak 3, 8; 1 Petr 2, 1; 3, 10. – [17] Mt 12, 28; Joh 17, 15; Apg 3, 26; Gal 1, 4; Kol 2, 15; 1 Joh 2, 14.

→ Freiheit – Satan – Sünde

Brandopfer
Das *Opfer, das im Tempel morgens und abends sowie bei zahlreichen Gelegenheiten dargebracht wurde. Zum Zeichen dafür, daß die Schenkung unwiderruflich und das Opfer »vollkommen« (hebr. *kālīl*) war, wurde das ganze (gr. *holos*) Tier im Feuer verbrannt (gr. *kaiō*); daher die Bezeichnung Ganzopfer (gr. *holokautōma*). Weil der Rauch des Opfers zu Gott hinaufsteigt (hebr. *'ālā*), bezeichnet man diesen Ritus auf hebr. *'ōlā*. Er kann nicht von der Sünde reinigen; durch das einzig wirksame Opfer Christi ist das Brandopfer ungültig geworden[1].

[1] Lev 1, 3–17; Dtn 33, 10; Dan 8, 11; Mk 12, 33; Hebr 10, 6. 8 □.

→ *Einl.* XIII. 2. A. – Altar – Opfer

Bräutigam, Braut
Gr. *nymphios*: »Verlobter, Jungvermählter«; *nymphē*: »Verlobte, Gattin« (von einer griechischen Wurzel: »gebunden, versprochen«): es handelt sich um ein Versprechen.
1. Einer der Namen Jahwes[1], der sein Volk Israel wie eine Gattin behandelt hat, ihr uneingeschränkte Treue und Zärtlichkeit erwiesen hat[2]. Aus einer anderen Perspektive wird die göttliche *Weisheit Lebensgefährtin des Weisen genannt[3].

[1] Jes 54, 4–8. – [2] Hld; Hos 1–3; Jes 62, 5; Jer 2; Ez 16. – [3] Weish 8.

2. In Christus, dem Bräutigam, dem die verlobte Jungfrau vorgestellt wird (gr. *harmozō*: »passen«)[4], sieht das NT denjenigen, der die Braut, d. h. die Kirche, heiligt[5].

[4] 2 Kor 11, 2. – [5] Mt 9, 15 (= Mk 2, 19 = Lk 5, 34); 25, 6; Joh 3, 29; Eph 5, 23–27.

3. Die Kirche ist Ehefrau, eine freie, keine Sklavin[6], die Frau des Lammes[7], die Mutter der Kinder Gottes[8].

[6] Gal 4, 22–27. – [7] Offb 21, 9. – [8] Offb 12.

→ *Einl.* VIII. 2. B. a. – Ehe – Hochzeit

Brief
1. Gr. *epistolē* (von *epistellō*: »einen Brief schicken, schriftlich benachrichtigen«[1]. Normalerweise bezeichnet das Wort die Korrespondenz[2], manchmal offizielle Briefe[3].

[1] Apg 15, 20; 21, 25; Hebr 13, 22 △. – [2] Apg 23, 25. 33; Röm 16, 22; 1 Thess 5, 27. – [3] Apg 9, 2; 15, 30; 22, 5.

→ *Einl.* IX. 3

2. *Gefangenschaftsbriefe.* Bezeichnung für die paulinischen Briefe, in denen sich eine Anspielung auf die Gefangenschaft des Paulus findet. Die *Apostelgeschichte berichtet, daß Paulus in *Philippi gegen das Jahr 50 verhaftet wurde, aber nur für eine Nacht. Er war zuerst in Cäsarea (58–60), dann in Rom (61–63) in Gefangenschaft.
Paulus selbst teilt mit, er sei schon vor 57 mehrmals im Gefängnis gewesen (2 Kor 11, 23). Darauf stützt sich die Hypothese von einer Gefangenschaft um das Jahr 56 in Ephesus, wo Paulus schweren Gefahren ausgesetzt war (1 Kor 15, 32; 2 Kor 1, 8). Während dieser Gefangenschaft wäre der Brief an die *Philipper entstanden; die Briefe an die *Kolosser, an *Philemon sowie der Brief an die *Epheser dagegen müßten in der Zeit der römischen Gefangenschaft geschrieben worden sein. Der zweite Brief an Timotheus wird nicht zu dieser Gruppe gezählt.

3. Die *katholischen Briefe.* Das gr. Wort *katholikos* (= allgemein) bezieht sich in diesem Zusammenhang auf sieben ntl. Briefe, die nach ihrem Umfang und den Autoren geordnet sind (der Brief des *Jakobus, der erste und der zweite Brief des *Petrus, die drei Briefe des *Johannes, der Brief des *Judas). Diese Bezeichnung (seit dem Jahr 197 bekannt) will diese Schriften gegen die paulinischen Briefe oder den Hebräerbrief abgrenzen und in Gruppen nach den jeweiligen Verfassern ordnen. Empfänger dieser Briefe ist nicht eine Ortskirche (ausgenommen den zweiten und den dritten Brief des Johannes), sondern eher die Kirchen in ihrer Gesamtheit.

4. Die *Pastoralbriefe.* Die beiden Briefe an *Timotheus und der Brief an *Titus bilden eine homogene Gruppe; sie sind eine Art Direktorium für die Diener der Kirche. Die moderne Fachkritik widerspricht der traditionellen Behauptung, diese Briefe seien *authentisch paulinisch, aber es gelingt ihr nicht, die Bedenken derer, die heute noch an der paulinischen Verfasserschaft dieser Briefe festhalten, vollständig auszuräumen.

→ *Einl.* XV. – *Tafel* S. 469

Bronze
Gr. *chalkos.* Legierung von Kupfer und Zinn. Die Bronzezeit kam nach der Steinzeit und dauerte von 3000 bis 1200 v. Chr. Bronze wird gegossen[1], getrieben oder gemeißelt; man verfertigte daraus Kessel[2], Kunstgegenstände[3], Götzenbilder[4], Münzen[5]. Es ist weniger wertvoll als Gold oder Silber[6], es sei denn, daß eins dieser Metalle als Bestandteil bei der Legierung beigemischt wird (*chalkolibanon*: »Golderz«)[7].

[1] 2 Tim 4, 14. – [2] Mk 7, 4. – [3] Offb 18, 12. – [4] Num 21, 9; Dan 2, 32; Offb 9, 20. – [5] Mt 10, 9 (= Mk 6, 8); Mk 12, 41. – [6] Jer 6, 28; Ez 22, 18; 1 Kor 13, 1 □. – [7] Offb 1, 15; 2, 18 △.

Brot
Gr. *artos*.
1. Ein Nahrungsmittel aus *Gerstenmehl (häufiger als aus *Weizen) und *Hefe. Es wurde auf einer Platte oder im Ofen gebacken und hatte die Form einer Scheibe (man konnte es als Teller benutzen) oder eines Laibs; es ähnelte einem Stein[1]. Man kann es nicht entbehren, es ist die Grundnahrung[2], darum ist es oft gleichbedeutend mit *Mahlzeit[3]. Es wird nie mit dem Messer geschnitten, sondern mit den Händen gebrochen und verteilt; das Brot brechen heißt also: es geben[4], es ist Bestätigung und Ausdruck der Zusammengehörigkeit der Tischgenossen[5].

[1] Mt 7, 9 (= Lk 11, 11); vgl. 4, 3 (= Lk 4, 3). – [2] Am 4, 6; Mk 3, 20; Lk 11, 5; 15, 17. – [3] Lk 14, 15; Apg 2, 42. – [4] Jes 58, 7; Jer 16, 7. – [5] Ps 41, 10; Mt 14, 19 (= Mk 6, 41 = Lk 9, 16 = Joh 6, 11); 26, 26 (= Mk 14, 22 = Lk 22, 19 = 1 Kor 11, 23); Joh 13, 18; 1 Kor 10, 16.

2. Gott gibt jedem Menschen, der ihn darum bittet, das Brot, das er jeden Tag braucht[6]. Als himmlisches *Manna, das satt macht[7], ist es *Typos der *eschatologischen Nahrung, der endgültigen Gabe[8].

[6] Mt 6, 11 (= Lk 11, 3); 2 Kor 9, 10. – [7] Mt 14, 20 (= Mk 6, 42 = Lk 9, 17 = Joh 6, 13; vgl. 6, 26). – [8] Ps 78, 23–25; Jes 30, 23; Jer 31, 12; Lk 22, 16; Offb 2, 17.

3. Als *Metapher wird es gern gebraucht, um das *Wort Gottes, das wahre Leben des Menschen[9], das schon im *Manna vorgebildet war, zu bezeichnen. Jesus selbst ist »das Brot des Lebens«, das einzige Brot, das Leben gibt[10], das er seinen Jüngern am Abend vor seinem *Opfer gegeben hat[11]. Indem Jesus es in der Wüste unter die Menge austeilt, lehrt er seine Jünger, wie das Wort und die *Eucharistie in Fülle zu geben sind[12].

[9] Dtn 8, 3; Am 8, 11; Mt 4, 4 (= Lk 4, 4). – [10] Joh 6, 35–47. – [11] Mt 26, 26 (= Mk 14, 22 = Lk 22, 19 = 1 Kor 11, 23). – [12] Mt 14, 13–21 (= Mk 6, 32–44 = Lk 9, 10–17); 15, 32–38 (= Mk 8, 1–9); Joh 6, 1–15.

→ Eucharistie – Gemeinschaft – Mahl – Manna – Ungesäuerte Brote

Brotbrechen
Gr. *klasis tou artou*. Der Familienvater bricht (er schneidet nicht) und verteilt das Brot, über dem der *Segen ausgesprochen wurde; dadurch stellt er die Tischgemeinschaft her, die im gemeinsamen Essen besteht[1]. Jesus hat bei seinem letzten Mahl die Sitte des Brotbrechens aufgenommen[2], darum benutzten die Christen manchmal das Wort Brotbrechen zur Bezeichnung des eucharistischen *Mahls; so vielleicht in der Emmauserzählung[3].

[1] Mt 14, 19 (= Mk 6, 41 = Lk 9, 16); 15, 36 (= Mk 8, 6). – [2] Mt 26, 26 (= Mk 14, 22 = Lk 22, 19 = 1 Kor 11, 24). – [3] Lk 24, 30. 35; Apg 2, 42. 46; 20, 7. 11; 27, 35; 1 Kor 10, 16 □.

→ Brot – Herrenmahl

Bruder
Gr. *adelphos*.
1. Im eigentlichen Sinne die Männer, die von derselben Mutter stammen. Im erweiterten Sinn Mitglieder derselben Familie[1], desselben *Stammes[2], desselben Volkes[3], im Unterschied zu den *Fremden[4]. Im übertragenen Sinn Menschen, die miteinander geistig verbunden sind durch Sympathie[5], den *Bund[6], den Glauben an den Gott Israels[7] oder an Jesus Christus[8].

[1] Gen 13, 8; 14, 14; 29, 15; 1 Chr 23, 22. – [2] 2 Sam 19, 13. – [3] Ex 2, 11; Dtn 25, 3. – [4] Dtn 1, 16; 15, 2f. – [5] 2 Sam 1, 26. – [6] Am 1, 9. – [7] Apg 2, 29. – [8] Joh 21, 23; Apg 1, 15; Gal 1, 2; Phil 4, 21.

2. Jesus bezeichnet diejenigen als seine Brüder, die den *Willen des Vaters tun[9]. Er ist in der Familie Gottes[10] der erstgeborene von vielen Brüdern[11], die durch *Adoption Söhne wurden. Diese Bruderschaft[12] wird durch die brüderliche *Liebe (gr. *phil-adelphia*) begründet[13], auch wenn es Unwürdige unter ihnen gibt[14] oder falsche Brüder, die sich einschleichen können[15]. Sie steht allen Menschen offen[16], die durch das Wort Gottes und durch den Geist wiedergeboren werden können[17]. Und schließlich symbolisiert der neue *Mensch in dem neuen *Adam die allumfassende Bruderschaft, die sich am Ende der Zeiten verwirklichen wird[18].

[9] Mt 12, 46–50. – [10] Eph 2, 19. – [11] Röm 8, 29. – [12] 1 Petr 2, 17; 5, 9 □. – [13] Röm 12, 10; 1 Thess 4, 9; Hebr 13, 1; 1 Petr 1, 22; 3, 8; 2 Petr 1, 7 △. – [14] 1 Kor 5, 11. – [15] 2 Kor 11, 26; Gal 2, 4 △. – [16] Mt 5, 47. – [17] Joh 3, 3; 1 Petr 1, 23. – [18] Röm 5, 12–21; vgl. Eph 2, 15f; Kol 3, 10f.

→ Kind – der Nächste

Brüder Jesu

1. Das NT erwähnt die Existenz von Brüdern und Schwestern Jesu, etwa: Jakobus und Josef (Joset), Judas und Simon[1]. Sie waren nicht *Jünger Jesu, während er auf Erden lebte[2]. Nach Ostern gehören sie zur Jerusalemer Gemeinde und werden »Brüder des Herrn« genannt: Ihr Oberhaupt ist Jakobus, dem eine Erscheinung des Auferstandenen zuteil wurde[3].

[1] Mt 13, 55f (= Mk 6, 3). – [2] Mk 3, 31–35; Joh 7, 3–10; vgl. Joh 2, 12. – [3] Apg 1, 14; 1 Kor 9, 5; 15, 7; Gal 1, 19.

2. Der Ausdruck bezieht sich nicht unbedingt auf leibliche *Brüder, vor allem wenn man den orientalischen Brauch bedenkt, nach dem auch entferntere Verwandte so benannt werden[4]. Der griechische Sprachgebrauch reicht nicht aus, um diese Überlieferung palästinischer Herkunft zu widerlegen. Zudem scheinen Jakobus und Josef (Joset) Söhne einer *Maria zu sein, die nicht mit der Mutter Jesu identisch ist[5].

[4] Gen 29, 12... – [5] Mt 27, 56 (= Mk 15, 40); Joh 19, 25.

Brust

Gr. *stēthos*: »Brust«[1], *mastos*: »Mutterbrust, Brust«[2].

[1] Offb 15, 6. – [2] Lk 11, 27; 23, 29; Offb 1, 13 △.

1. »Sich an die Brust schlagen« (gr. *typtō to stēthos*) ist eine Geste der Reue oder der Traurigkeit[3]. In Verbindung mit *koptomai*, ohne Objektbestimmung, gleichbedeutend mit »jammern«[4].

[3] Jes 32, 12; Ez 23, 34; Nah 2, 8; Lk 18, 13; 23, 48. – [4] Mt 11, 17; 24, 30; Lk 8, 52; 23, 27; Apg 8, 2; Offb 1, 7; 18, 9.

2. Eine Geste der Vertrautheit war es, sich während der Mahlzeit, die man nicht sitzend, sondern ausgestreckt einnahm, an die Brust eines Freundes zu lehnen[5]. Dieselbe Haltung könnte man auch mit einem anderen Wort ausdrücken, gr. *kolpos*: »Busen«[6].

[5] Joh 13, 25; 21, 20. – [6] Joh 1, 18; 13, 23; vgl. Lk 6, 38; 16, 22f △.

Buch

Gr. *biblion, biblos*: »(ägyptischer) Papyrus«, von da »Rolle, Buch«.
1. Pergamentrolle oder *Papyruskodex, in dem die Worte und Gedanken Gottes oder der Menschen aufgezeichnet und gesammelt sind. Ein Buch

enthielt in der Antike 1800 bis 3000 *stichoi* (Zeilen von 35 oder 36 Buchstaben, also griechischer Hexameter). So wurde die *Tora in fünf Bücher, aufgeteilt: Genesis und Exodus bildeten natürliche Einheiten (78 und 60 Seiten hebräischen Textes in der Ausgabe von Kittel); der Rest wurde dreigeteilt (66, 44 und 72 Seiten). Die Bücher Samuel, Könige und Chronik wurden ebenfalls in zwei »Bücher« aufgeteilt. Der Umfang der »Bücher« des NT richtet sich nach ihrem Verfasser, nach ihrer Bestimmung oder dem Inhalt.
2. Der Sinn des Wortes ändert sich nach dem jeweiligen Subjekt. So geschieht es im NT mit dem Bundesbuch[1], dem Gesetzbuch[2], dem Buch des Mose[3], des Jesaja[4] oder der Psalmen[5], ebenso mit dem Evangelium oder der Offenbarung des Johannes[6]. Die Funktion dieser Bücher ist der der Heiligen Schrift vergleichbar: bezeugen, erinnern, prophetische Worte besiegeln[7].

[1] Ex 24, 7; Hebr 9, 19. – [2] Dtn 28, 58. 61; Gal 3, 10. – [3] 2 Chr 25, 4; Mk 12, 26. – [4] Lk 3, 4; 4, 17. – [5] Lk 20, 42; Apg 1, 20. – [6] Joh 20, 30; Offb 1, 11. – [7] Dtn 31, 26f; Jes 30, 8; Jer 36; Offb 22, 7. 9. 18f.

3. Im übertragenen Sinn spricht man von einem »Buch des Lebens«[8], einem Buch, in dem die Taten der Menschen für den Tag des *Gerichts aufgezeichnet sind[9], und schließlich vom versiegelten Buch, das einzig das Lamm öffnen kann; möglicherweise sind in diesem Buch die Taten Gottes im Verlauf der Geschichte des Volks verzeichnet, sein *Plan, der sich in Jesus Christus erfüllt[10].

[8] Ex 32, 32f; Ps 69, 29; Dan 12, 1; Lk 10, 20; Phil 4, 3; Offb 3, 5; 13, 8; 17, 8; 20, 12. 15; 21, 27. – [9] Dan 7, 10; Offb 20, 12. – [10] Ez 2, 9f; Offb 5, 1–10; vgl. 2 Kor 3, 14–16.

→ *Einl.* IX. 3. – Bibel – Schrift

Buchstabe

Gr. *gramma* (von *graphō*: »ritzen, gravieren, schreiben«). Das Wort meint »Schriftzeichen«[1], »Aufschrift«[2], »Schuldschein«[3], die »Heiligen Schriften«[4], den Buchstaben im Gegensatz zum Geist[5].

[1] 2 Kor 3, 7; Gal 6, 11. – [2] Lk 23, 38. – [3] Lk 16, 6f; Apg 28, 21. – [4] 2 Tim 3, 15. – [5] Röm 2, 27. 29; 7, 6; 2 Kor 3, 6 △.

→ *Einl.* IX. 3. – Schrift

Bund

Gr. *diathēkē* (von *dia-tithemai*: »verfügen über«): ein juridischer Akt, durch den jemand über seine Habe verfügt. Dieses gr. Wort erfaßt die besondere Eigenart des hebr. *bᵉrīt* besser als *syn-thēkē* (»gegenseitiger Vertrag«). *bᵉrīt* bezeichnet im AT normalerweise ein Bündnis zwischen zwei ungleichen Parteien, nach dem Vorbild der Vasallenverträge: Vor den Augen Jahwes[1] verspricht ein Stärkerer einem Schwächeren seinen Beistand unter der Bedingung, daß dieser sich verpflichtet, ihm zu dienen[2]. Der Schwur verpflichtet beide Partner: Gott wird seine Zusagen halten; das Volk verpflichtet sich, die Vertragsbestimmungen zu halten, darum wird der Bund mit *Segen oder *Fluch verknüpft[3]. Nicht das vertragliche Element steht im Vordergrund, sondern *Gabe oder *Verheißung[4].

[1] 1 Sam 20, 8; 23, 18. – [2] 2 Sam 3, 12. – [3] Ex 19, 5. 8. – [4] Gal 3, 15; Hebr 9, 16f.

1. Der Bund, den Gott mit Abraham[5], mit seinem Volk Israel[6], mit David[7] geschlossen hat, ist unwiderruflich, ewig[8], denn die *Treue Gottes kann nicht abhängig sein von den Treulosigkeiten der Menschen[9]; so kann Paulus sagen, das Ärgernis des *Unglaubens der Juden Jesus Christus gegenüber sei beseitigt[10]. Die »Bundesordnungen«[11] hatten verschiedene Formen; sie alle gehen jedoch auf die Initiative Gottes zurück, die Jahwe zu einem bestimmten Zeitpunkt ergriff: *Beschneidung und *Gesetz sind nichts anderes als nachträglich zugefügte Regelungen[12]. Man soll sich stets an Gottes Tat erinnern[13].

[5] Gen 15, 18; 17, 2–11; Lk 1, 72f; Apg 7, 8; Gal 3, 15–18; vgl. Hebr 6, 13. – [6] Ps 105, 10; Apg 3, 25; Röm 11, 27; Hebr 8, 10; 10, 16. – [7] 2 Sam 7, 5–16; Ps 89, 4f; Jes 55, 3; Apg 13, 34. – [8] 2 Sam 23, 5; Jes 55, 3; Ez 37, 26; Hebr 13, 20. – [9] Dtn 7, 9; Jer 31, 35–37; 2 Tim 2, 13; Hebr 10, 23. – [10] Röm 3, 3; 11, 27. – [11] Röm 9, 4; Eph 2, 12. – [12] Dtn 5, 15; 8, 2. – [13] Lk 1, 72; 22, 19; 1 Kor 11, 24f.

2. Der Bund mit dem Volk wurde durch das *Blut der kultischen *Opfer besiegelt, die Mose darbrachte[14]. An diesen Bund erinnert Jesus, wenn von seinem »Blut des Bundes« spricht[15]. Auf ihn bezieht sich der *Hebräerbrief, um darzulegen, daß Israel diesen Bund gebrochen hat[16] und daß Jesus einen »besseren«[17], einen »neuen«[18] Bund geschlossen hat. Nicht Mose, Christus allein ist der *Mittler dieses Bundes[19]. Im Unterschied zum AT, wo das kultische *Mahl nach dem Bundesschluß stattfindet, geht im NT die Einsetzung der Eucharistie dem Kreuzesopfer voraus, durch das der die Kirche gründende Bund gestiftet wird[20].

[14] Ex 24, 8; Sach 9, 11. – [15] Mt 26, 28 (= Mk 14, 24), – [16] Hebr 8, 9; 9, 15. – [17] Hebr 7, 22; 8, 6. – [18] Jer 31, 31; Hebr 8, 8; 9, 15; 12, 24. – [19] Hebr 7, 22; 8, 6; 9, 15; 12, 24; 13, 20. – [20] Ex 24, 11; Lk 22, 20; 1 Kor 11, 25.

3. Nach einem anderen Überlieferungsstrang soll der Bund, der sich in Beschneidung und im Gesetz ausdrückte und den Israel verleugnet hatte, eines Tages in die *Herzen geschrieben werden[21]. Paulus erkennt den Neuen Bund an der Gabe des *Heiligen Geistes[22]. Er konfrontiert die beiden Bünde: der eine führt in die *Sklaverei des Gesetzes, der andere zur *Freiheit der Kinder Gottes[23].

[21] Jer 31, 33; 2 Kor 3, 3. 6. – [22] Ez 36, 27; 2 Kor 3, 6; Eph 1, 13; 2, 18; 1 Thess 4, 8. – [23] Gal 4, 22–31.

4. Nach einem noch anderen, personal bestimmten Überlieferungsstrang, erfüllt der »Bund in meinem Blut«, durch den Jesus nach Lukas und Paulus seine Hingabe ankündigt, den Bund, den der *Knecht Jahwes geschlossen hat[24].

[24] Jes 49, 8; 53, 12; Lk 22, 20; 1 Kor 11, 25.

5. Es gibt viele Äquivalente und Umschreibungen des Bundes. Der traditionellen Formel: »Ihr werdet mein Volk sein, und ich werde euer Gott sein«[25] entsprechen Begriffe wie *Verheißung[26], *Versöhnung des Volkes mit seinem Gott[27], Wohnen Gottes unter den Menschen[28], *Gemeinschaft mit dem Vater[29], *Reich Gottes[30].

[25] Ex 29, 45; Lev 26, 11; Ez 37, 27; 2 Kor 6, 16; Offb 21, 3; 22, 3f. – [26] Apg 13, 23; Gal 3, 16. 18; Eph 2, 12. – [27] Offb 21, 3. – [28] 2 Kor 6, 16. – [29] Joh 20, 17. – [30] Lk 22, 29.

→ *Einl.* X. 1–2. – Gesetz – Testament – Verheißung

Bundeslade
→ Lade

Bürger

Jede griechische oder *hellenisierte *Bürgerschaft (gr. *polis*) hat eigenes Bürgerrecht; der Titel eines Bürgers (gr. *politēs*) gibt den Ansässigen (z. B. den Galatern) im Vergleich zu den Leuten, die sich noch nicht an eine städtische »Zivilisation« anpassen können, einen besseren Status[1].
Die römische Bürgerschaft (gr. *[anthrōpos] Rōmaios*) ist vor allem im Orient ein weiteres Vorrecht. Es wird selten verliehen und bestätigt grundsätzlich, daß jemand sich der römischen Sache verschrieben hat[2]. Außerhalb *Italiens sind keine steuerlichen Vorteile mit ihm verbunden, doch es gibt die Möglichkeit, von jedem *Gerichtshof an den kaiserlichen Gerichtshof zu appellieren[3]. Die Kaiser wachen eifersüchtig darüber, daß dies Recht geachtet wird, denn es macht jeden Bürger zu einem möglichen Schuldner[4].

[1] Apg 21, 39. – [2] Apg 22, 28. – [3] Apg 25, 11. 20f. 25; 26, 32. – [4] Apg 16, 37f; 22, 25–29; 23, 27.

→ *Einl.* IV. 2. B. c; IV. 4. – Bürgerschaft

Bürgerschaft

Lat. *civitas*: Vereinigung von Menschen, die dieselben Rechte haben und in unterschiedlichem Maß an der Verwaltung ihrer gemeinsamen Interessen beteiligt sind; die Bürgerschaft ist von der »Stadt« (lat. *villa*: »Landhaus«) zu unterscheiden, die das Gesamt bewohnter Häuser bezeichnet. Die gr. *polis* entspricht beiden Bedeutungen. Von der »Bürgerschaft« ist ziemlich wahrscheinlich dann die Rede, wenn von den »Städten der Völker«[1], von der »himmlischen Stadt«[2] gesprochen wird oder wenn man mit Hilfe von abgeleiteten Worten vom »Bürgerrecht«[3], vom »Bürgertum«[4] redet.

[1] Offb 16, 19. – [2] Hebr 13, 14. – [3] Eph 2, 12. – [4] Phi 3, 20.

→ *Einl.* IV. 1. C. – Bürger

Buße

Lat. *poenitentia*. Seit 120 ist dies Wort im Sinne von Züchtigung, Strafe gebräuchlich. Es scheint bedauerlich, daß Übersetzer dieses Wort zur Wiedergabe von gr. *metanoia* gebrauchen, das »Umkehr, Reue« bedeutet.
In sich selbst verstanden, meint Buße mehr als das *Bekenntnis der Sünden und die Bußübungen (*fasten, sich mit *Sack und *Asche bedecken), auf die sie oft reduziert wird. Ihre »Werke« betreffen die gesamtchristliche Grundhaltung und finden ihren Sinn nur in der völligen und radikalen *Umkehr, in der *Versöhnung mit Gott und der Kirche und in der Erneuerung des geistlichen Lebens.

→ bekennen – bereuen – sühnen – Umkehr

Cäsar
Gr. *Kaisar,* aus dem lat. *Caesar.* Zuname der gens Julia, den Julius Cäsar berühmt gemacht hat (100–44 v.Chr.). Zusammen mit »*Augustus« ein offizieller Titel des römischen Kaisers[1]. »Freunde des Kaisers« sind jene Hofleute, die ihm persönlich am nächsten stehen[2]. Das »Haus des Kaisers« in Phil 4, 22 bezeichnet das Personal im Dienste des *Kaisers.

[1] Mt 22, 17 (= Mk 12, 14 = Lk 20, 22); Lk 2, 1; 3, 1; Joh 19, 15; Apg 25, 21. – [2] Joh 19, 12.

→ Kaiser

Cäsarea
Gr. *Kaisareia,* Name von Städten, die man zur Ehre des *Cäsar *Augustus so genannt hat.
1. *Cäsarea in Palästina.* Palästinas Hafen, den *Herodes der Große 30 km südlich von Haifa in den Jahren 12–9 v.Chr. baute. Seit dem Jahr 6 war hier die Residenz des römischen Präfekten/*Statthalters und seiner Garnison[1]. *Philippus (der hier sein Haus hatte[2]) und Petrus verkünden hier das Evangelium[3]. Paulus besuchte Cäsarea mehrmals[4] und verbrachte dort zwei Jahre als Gefangener[5].

[1] Apg 10, 1; 23, 23. 33; 25, 1. 6. 13. – [2] Apg 21, 8. – [3] Apg 8, 40; 10, 24; 11, 11; 12, 19. – [4] Apg 9, 30; 18, 22; 21, 8. 16. – [5] Apg 25, 4 □.

→ *Karte* 4

2. *Cäsarea Philippi.* Stadt am Fuß des Hermon, an den Jordanquellen. Um 2–1 v.Chr. hat Herodes *Philippus II die Stadt auf den Überresten des Paneion (dem Gott Pan geweihte Grotte) aufgebaut. Heute *Banias*[1].

[1] Mt 16, 13 (= Mk 8, 27) □.

→ *Karte* 4

Cedron
→ Kidron

[chaldäisch]
Sprache der Bewohner Babyloniens. Mit Rücksicht auf Dan 2, 4 bezeichnet dieser Name bei den Rabbinen und bei den christlichen Gelehrten das biblische *Aramäisch.

Charisma
→ Gnadengabe

[Chiasmus]
Gr. *chiasma*: Kreuzung.
Verteilung der Worte in einem Satz oder der Elemente in einer Perikope auf die Weise, daß sie sich rund um einen Mittelpunkt, der nicht immer ausdrücklich genannt zu werden braucht, paarweise entsprechen: A B C D x D' C' B' A'. Beispiel:
Wer sein Leben retten will (A), wird es *verlieren* (B); wer aber sein Leben um meinetwillen *verliert* (B'), wird es gewinnen (A') (Mt 16, 25).

Chorazin
Gr. *Chorazin.* Stadt im galiläischen Bergland, etwa 3 km nordwestlich von Kafarnaum[1].

[1] Mt 11, 21 (= Lk 10, 13) ☐.

→ *Karte* 4.

Christ
Gr. *christianos,* abgeleitet von *christos*: Jünger oder Anhänger von *Christus, so wie die *Herodianer Anhänger von Herodes waren. Dieser Name, sehr selten im NT, wurde zum erstenmal in *Antiochia angewendet; er wurde wahrscheinlich von der römischen Behörde geprägt[1], denn die Juden bezeichneten die Anhänger Jesu mit dem Namen *Nazoräer[2], und die Christen selbst nannten sich Brüder, Jünger, Gläubige...

[1] Apg 11, 26; 26, 28; 1 Petr 4, 16 ☐. – [2] Apg 24, 5 △.

Christus
Gr. *Christos* (von *chriō*: »salben«). Übersetzung des hebr. *Māšiah*: »Gesalbter«. Ein Jesu gegebener Beiname: »der Christus«. Wenn Paulus diese Bezeichnung ohne Artikel gebraucht, dann entspricht sie einem Eigennamen.

→ Jesus Christus – Messias – salben

[Chronologie]
Von gr. *chronos*: »Zeit, Zeitdauer«, und *logos*: »Wissenschaft, Rede«: Wissenschaft, die sich damit beschäftigt, den Zeitpunkt geschichtlicher Ereignisse festzulegen.

1. Das NT gibt oft *relative Chronologien* an: im fünfzehnten *Jahr der Regierung des Tiberius[1], »vierzehn Jahre später«[2], »zwei Jahre lang«[3]. In diesen Fällen hängt die Festlegung des Zeitpunktes von dem Zeitpunkt ab, auf den sich das angesprochene Ereignis bezieht. Manchmal, zum Beispiel beim Ausdruck »am dritten Tag«, geht es dem Autor nicht um die genaue Angabe eines Datums; er will durch diese *Zahl auf die entscheidende Rolle des Ereignisses im Gottesplan hinweisen[4].

[1] Lk 3, 1. – [2] Gal 2, 1. – [3] Apg 28, 30. – [4] Gen 22, 4; 42, 18; Ex 19, 11. 16; Mt 16, 21; 17, 23; 20, 19; Lk 13, 31–33.

2. Die *absolute Chronologie* läßt sich nur schwer bestimmen; in einigen Fällen kann man sie bis auf ein Jahr genau festlegen. Für die Berechnung der Geburt *Jesu* bezieht man sich gewöhnlich auf zwei Ereignisse: den Tod des Herodes (4 v. Chr.) und die *Volkszählung unter Quirinius, die man auf das Jahr 7 oder 6 v. Chr. fixieren kann; dies Datum würde der Zeit der Geburt Jesu entsprechen. – Der Beginn des Auftretens von *Johannes dem Täufer, im fünfzehnten *Jahr der Regierung des Tiberius, wird entweder vom 19. August 28 (römischer Kalender) oder vom 1. Oktober 27 (syrischer Kalender) an berechnet; die Historiker stimmen eher für das letztgenannte Datum. – Für die Berechnung des Zeitpunktes des Todes Jesu fragt man, in welchen Jahren der 14.–15. *Nisan auf einen Freitag fiel; dies trifft für die Jahre 29, 30, 31, 33 und 34 zu; die meisten entscheiden sich für den 7. April 30 oder den 3. April 33.

3. Die *paulinische Chronologie* stützt sich auf ein sicheres Grunddatum, nämlich auf den Aufenthalt des Paulus in Korinth. Dort wurde Paulus während des Prokonsulats des Gallio, eines Bruders Senecas, nach 18 monatigem Aufenthalt in der Stadt (Apg 18, 11) festgenommen; soweit die relative Chronologie. Berücksichtigt man einige Inschriften, läßt sich die absolute Chronologie aus diesen Angaben erschließen: Eine im Jahr 1905 in Delphi entdeckte Inschrift gibt einen Brief des Kaisers Klaudius wieder aus der Zeit, als der Kaiser zum 27. mal »akklamiert« war. Eine andere, in Rom bei der Porta Maggiore (Aqua Claudia) entdeckte Inschrift datiert die 27. Akklamation in die Zeit vor dem 1. August 52; eine dritte, in Kys in Karien aufgefundene Inschrift legt die 26. Akklamation auf das 12. Regierungsjahr des Klaudius fest (zwischen dem 25. Januar 52 und dem 24. Januar 53). Nimmt man diese Angaben zusammen, so läßt sich die 26. Akklamation in die Zeit zwischen dem 25. Januar und dem 1. August 52 datieren. Da die Statthalter aufgrund einer Entscheidung, die Klaudius im Jahr 42 getroffen hatte, ihr Amt mit dem Neumond des Monats April antraten, kann man annehmen, daß Gallio im April 52 schon im Amt war. Wenn also Paulus nach einem 18monatigen Aufenthalt dem Prokonsul vorgeführt wurde, und wenn er sich im Sommer vor der Schlechtwetterzeit einschiffen wollte, ist zu vermuten, daß er gegen Ende des Jahres 50 in Korinth ankam und im August-September 52 abreiste.

Analoge Überlegungen führen zu der Feststellung, daß Paulus im Winter 59/60 von Cäsarea nach Rom reiste, zu Beginn der Amtszeit des Statthalters Festus. Schwieriger ist es, die »Bekehrung« des Paulus zu datieren; wenn man Gal 1, 18; 2, 1 berücksichtigt, fand sie 14 + 3 Jahre vor dem *Apostelkonzil in Jerusalem (48/49) statt; entsprechend der jüdischen Zeitrechnung (ein angefangenes Jahr gilt als ein volles Jahr) wird die Zeitspanne auf $12^{1}/_{2}$ + $1^{1}/_{2}$ Jahre reduziert, was ins Jahr 34/35 hinführen würde.

Für andere Daten vgl. *Tafel* S. 469. Doch ist zu bedenken, daß all diese Daten nur Annäherungswerte sind, mit einer Abweichung vom 1 Jahr muß gerechnet werden.

Dach
1. Gr. *stegē*: im eigentlichen[1] und im übertragenen Sinne als Wohnung verstanden[2].

[1] Mk 2, 4. – [2] Mt 8, 8 (= Lk 7, 6) △.

2. Gr. *dōma*: »Terrasse« auf dem Dach, mal als ein abgelegener[3], mal als ein öffentlicher[4] Platz aufgefaßt.

[3] Mt 24, 17 (= Mk 13, 15 = Lk 17, 31); Apg 10, 9. – [4] Mt 10, 27 (= Lk 12, 3); Lk 5, 19 △.
→ *Einl.* VIII. 1. A.

Dalmanuta
Ein unbekannter Ort, wird Mk 8, 10 ❑ erwähnt; entspricht dem selbst unbekannten *Magadan von Mt 15, 39.

Dalmatien
Gr. *Dalmatia*. Dieser Name wurde gegen 10 n. Chr. der *römischen *Provinz Illyrien gegeben. Wahrscheinlich hat *Titus die adriatische Küste besucht, während *Paulus geplant hatte, von der makedonischen Grenze her dorthin zu kommen[1].

[1] 2 Tim 4, 10 ❑; vgl. Röm 15, 19.

→ Illyrien – *Karte* 3

Damaskus
Gr. *Damaskos*. Eine bedeutende Stadt in Transjordanien, die nach der römischen Eroberung im Jahr 64 v. Chr. der *Dekapolis angeschlossen wurde, in der aber zur Lebenszeit des Paulus *Aretas IV. herrschte. Hier war die Hauptumschlagstation für den Handel mit dem fernen Osten; die Stadt unterhielt ständigen Kontakt mit Petra (Arabien). Sie zählte über 15 000 Juden und etliche *Proselyten, von denen einige Christen geworden sind, die Paulus zu verfolgen beabsichtigte. Paulus wurde in Damaskus getauft, von dort gelangte ihm eine abenteuerliche Flucht[1].

[1] Apg 9, 2–27; 22, 5–12; 26, 12. 20; 2 Kor 11, 32; Gal 1, 17 ❑.

→ *Karte* 2

[Damaskusschrift]
Auch als *Zadokitisches Werk* bekannt. Diese Schrift wurde i. J. 1897 in Kairo entdeckt und i. J. 1910 veröffentlicht. Fragmente desselben Werkes wurden auch in *Qumran gefunden. In dem Buch ist die »Gemeinde des Neuen Bundes« beschrieben, die in »Damaskus« seßhaft gewesen sein soll; es ist unklar, welcher Ort gemeint ist, vielleicht Qumran; denn die Schrift ist tatsächlich mit der Gemeinderegel von Qumran verwandt und enthält Andeutungen, die auf sie verweisen.

→ Essener – Qumran

Dämonen
Gr. *daimones* (von Sing. *daimōn*: »göttliches Wesen«, insbesondere »Schutzgott«, daher »innere Stimme«): untere Götter, böse Geister. Der Volksglauben personifizierte gerne die Kräfte, die hinter den Leiden der Menschheit stehen; das führte nicht selten zu ihrer Vergöttlichung. Im AT klingt dieser

Glaube nach, aber die Herrschaft Gottes über die dämonischen *Mächte wird betont; im Spätjudentum wurde eine wahre Dämonologie entwickelt, besonders über das Heer, das dem *Satan zur Verfügung steht und zu dem alle möglichen Arten von *Herrschaften gehören.

Das NT übernimmt diese Vorstellungen teilweise, zum Beispiel in der Art, wie die Übel bezeichnet werden, einmal mit dem Begriff dämonischer *Besessenheit, ein andermal mit dem Begriff der Krankheit[1]; Jesus »*heilt« die Besessenen oder treibt die Dämonen aus[2]. Krankheit[3], *Götzendienst[4], lügenhafte Belehrung[5], Wunderzeichen[6]: all das wird den *Engeln des Teufels zugeschrieben[7], dem Heer des Satan und ihrem Anführer[8]. Doch Jesus hat diese Dämonen besiegt und sie ausgetrieben[9], dasselbe tun dann auch die Jünger[10].

[1] vgl. Mt 17, 15 mit 17, 18. – [2] Mk 1, 34. 39; Lk 6, 18; 7, 21. – [3] Lk 13, 11. 16; Apg 10, 38; 2 Kor 12, 7. – [4] 1 Kor 10, 20f. – [5] 1 Tim 4, 1; Jak 3, 15. – [6] Apg 8, 11; 2 Thess 2, 9; Offb 13, 13; 16, 14. – [7] Mt 25, 41. – [8] Mk 3, 22; Eph 2, 2. – [9] Mt 12, 28 (= Lk 11, 20). – [10] Mk 6, 7. 13; 16, 17; Lk 10, 17–20; Apg 8, 7; 19, 11–17.

→ *Einl.* IV. 6. D. – Besessener – exorzisieren – Geist – Herrschaften – Satan

[Danielbuch]

In der hebräischen *Bibel steht das Buch Daniel unter den »Schriften«, zwischen Ester und Esra, in der griechischen Bibel aber zwischen den »Propheten«, nach Ezechiel. Dieses Werk gehört zur Gattung *Apokalyptik; es bietet Offenbarungen über das Ende der Zeiten mit dem Ziel, in einer schwierigen Zeit den Mut zum Durchhalten zu stärken. Der Verfasser schildert alles so, als lebte er in Babylonien im 6. Jh. v. Chr., aber er schreibt tatsächlich zur Zeit des Antiochus Epiphanes (168–165 v. Chr.). Das Buch ist in zwei Sprachen geschrieben (aramäisch von 2, 4 bis 7, 28); es enthält mehrere Ergänzungen, die die Protestanten für *apokryph halten: das Gebet des Asarja (3, 24–50), der Lobgesang der drei jungen Männer (3, 51–90), Susanna (13, 1–64), Bel (14, 1–22), der Drache (14, 23–42). Das Buch hat einen ziemlich starken Einfluß auf das NT ausgeübt, insbesondere durch den Text über den *Menschensohn (Dan 7, 13f), durch den Glauben an die Auferstehung der Toten (Dan 12, 2) und durch seine Angelologie: *Gabriel, *Michael.

→ *Einl.* XII. – Bibel

Danksagung

1. Gr. *eucharistia* (von *eu*: »gut, sehr« und *charizomai*: »Freude machen« oder *charis*: »das was einen erfreut«): »Dankbarkeit«; *eucharisteō* und *charin echō*: »danken«. Dieses Wort ist dem AT unbekannt, dort wird meist vom *Segen gesprochen. So wird in der griechischen Umwelt der Segen vor dem Mahl, das in den Evangelien erwähnte Segensgebet[1] und vielleicht auch die Liturgie in der Offenbarung des Johannes[2] zur »Danksagung«[3]. Darüber hinaus findet sich der Begriff nur noch bei Paulus.

[1] Lk 18, 11; Joh 11, 41; vgl. Apg 28, 15. – [2] Offb 4, 9; 7, 12; 11, 17. – [3] Mt 15, 36 (= Mk 8, 6 = Joh 6, 11); 26, 27 (= Mk 14, 23 = Lk 22, 17. 19 = 1 Kor 11, 24); Apg 27, 35.

2. Die Danksagung ist eine Form des Gebets. Sie entstand aus der Umgestaltung des im antiken Brauchtum üblichen Korrespondenzschemas, nach dem der Brief immer mit der Danksagung beginnt: Sie ist Dank an Gott. Paulus

formuliert diesen Dank unterschiedlich, je nach den Empfängern seiner Briefe; er bezieht sich im wesentlichen auf den Glauben, die Liebe, die Hoffnung, die Entwicklung des christlichen Lebensstils, und mündet üblicherweise in ein Bittgebet[4]. So wird die Danksagung zu einer *Doxologie, in der man Gott – ähnlich wie beim Segen[5] – für seine Gaben preist[6]. Die Danksagung kann auch als ausgleichende Reaktion nach einer verdrießlichen Beweisführung Verwendung finden[7], oder in einem »Ich danke dir, mein Gott« die grundsätzliche Einstellung eines Menschen ausdrücken[8].

[4] Röm 1, 8; 1 Kor 1, 4; 2 Kor 1, 11; Eph 1, 16; Phil 1, 3; Kol 1, 3; 1 Thess 1, 2; 2 Thess 1, 3; 1 Tim 1, 12; 2 Tim 1, 3; Phlm 4. – [5] Röm 1, 25; 9, 5; 2 Kor 1, 3; 11, 31; Eph 1, 3. – [6] 2 Kor 8, 16; 9, 15. – [7] Röm 6, 17; 7, 25; 1 Kor 15, 57; 2 Kor 2, 14. – [8] 1 Kor 1, 14; 14, 18.

3. Die Danksagung ist die Seele des christlichen Lebens. Diese Lebenshaltung ist unerläßlich: Im Gegensatz zu den von Paulus[9] gebrandmarkten *acharistoi*[10] sollen die Christen *eucharistoi* sein[11], in allem[12] voll von Dankbarkeit[13]. Besonders sollen sie dafür danken, daß sie den Ruf vernommen haben und daß ihnen der Sieg zuteil werden wird[14]. Die Danksagung muß der tragende Grund allen menschlichen Tuns sein[15]; und gerade das ist die »*Eucharistie«.

[9] Röm 1, 21. – [10] 2 Tim 3, 2. – [11] Kol 3, 15. – [12] Röm 14, 6; 1 Kor 10, 30; Eph 5, 20; 1 Thess 5, 18. – [13] 2 Kor 4, 15; Kol 2, 7. – [14] 2 Kor 9, 15. – [15] Kol 1, 12; 3, 15–17.

→ Einl. IX. 3. B. – Eucharistie – Gebet – Opfer – Segen

Darstellung Jesu, darbringen
Gr. *paristēmi* (ersetzt im Präsens durch *paristanō*).
1. Intransitive Verwendung: »sich halten« vor; das gilt für den Diener, der seinem Herrn verfügbar ist[1], für einen Engel, der zu Diensten Gottes steht[2], für einen Propheten[3] oder einen Priester, der sich bereit hält, um Gott zu »dienen« (gr. *leitourgeō*)[4]. In ähnlichem Sinn gilt die Aufforderung vor dem Kaiser[5] oder vor dem Gericht Gottes zu »erscheinen«[6].

[1] 1 Kön 10, 8. – [2] Lk 1, 19; Offb 8, 2; 11, 4. – [3] 1 Kön 17, 1. – [4] Dtn 10, 8; 18, 5. 7. – [5] Apg 27, 24. – [6] Röm 14, 10.

2. Transitive Verwendung: Dem Herrn in kultischem Zusammenhang eine Gabe »darbringen« (gr. *pros-pherō, prosphora*). So wurde Jesus dem Herrn in seinem Tempel »dargebracht«[7]. Im NT gilt der »geistliche« *Kult und der Glaubende muß sich »darbringen, sich als lebendiges Opfer anbieten«[8]. Seit der Taufe stellt er seine Glieder nicht mehr der Sünde zur Verfügung (das Verb steht im Imperativ Präsens), er muß seine Glieder unaufhörlich der Gerechtigkeit zur Verfügung stellen (das Verb steht im Aorist); das heißt in jedem Augenblick diese kultische Gabe darbringen, die sein Leben ausmachen soll[9].

[7] Lk 2, 22. – [8] Röm 12, 1; vgl. 1 Kor 8, 8. – [9] Röm 6, 13. 16. 19.

→ Kult – Opfer

David
Gr. *David,* hebr. *dāwīd*: »Geliebter«. Er stammte aus *Bethlehem[1], war Sohn des Isai[2] und König über Israel von etwa 1010 bis 970 v. Chr.[3]. Ein Mann nach dem Herzen Gottes[4], Musterbeispiel für den freiheitlichen Um-

gang mit den rituellen Vorschriften⁵, dem Gott ewige Nachkommenschaft verheißen hat⁶; durch Josef gehört er zu den Ahnen Jesu⁷; durch seine *Psalmen hat er prophetisch das Kommen des Christus⁸ und seine Auferstehung angedeutet⁹. Der erwartete *Messias-König ist ein Nachkomme Davids¹⁰: er ist *Herr selbst seines Vorfahren David¹¹.

¹ Lk 2, 4. 11; Joh 7, 42. – ² Mt 1, 5f (= Lk 3, 31); Apg 13, 22; Röm 15, 12 △. – ³ 1 Sam 16 bis 1 Kön 2; Apg 7, 45. – ⁴ Apg 13, 22. – ⁵ 1 Sam 21, 1–7; Mt 12, 3f (= Mk 2, 25 = Lk 6, 3). – ⁶ 2 Sam 7, 12–16; Ps 2, 7–9; 89, 4; 110, 1f; Jes 9, 5f; 55, 3; Lk 1, 69; Apg 15, 16f; 2 Tim 2, 8. – ⁷ Mt 1, 17. 20; Lk 1, 27. 32; 2, 4; Offb 5, 5; 22, 16. – ⁸ Sir 47, 8; Apg 1, 16; 2, 25. 34; 4, 25; Röm 4, 6; 11, 9; Hebr 4, 7. – ⁹ Apg 2, 29–36; 13, 34–37. – ¹⁰ Mt 9, 27; 12, 23; 15, 22; 20, 30f (= Mk 10, 47f = Lk 18, 38f); 21, 9. 15; Mk 11, 10; Röm 1, 3; Offb 3, 7. – ¹¹ Mt 22, 42–45 (= Mk 12, 35–37 = Lk 20, 41–44); Apg 2, 34 □.

→ Sohn Davids

[Dekalog]
Aus dem gr. *deka*: »zehn« und *logos*: »Wort«; mit diesem Ausdruck sind »die zehn Worte, oder die Worte des *Bundes«¹ gemeint, die im Unterschied zu den anderen Worten Jahwe selbst mit eigenem Finger auf zwei Steintafeln geschrieben hat²; es bestehen darüber zwei Überlieferungen³. Das NT beruft sich auf einige von diesen *Geboten⁴.

¹ Ex 34, 28. – ² Dtn 4, 13; 9, 10; 10, 4. – ³ Ex 20, 1–17; Dtn 5, 6–21. – ⁴ Mt 19, 18f (= Mk 10, 19 = Lk 18, 20); Röm 13, 9; Jak 2, 11; vgl. Mt 22, 34–40 (= Mk 12, 29–33 = Lk 10, 27f).

Dekapolis
Gr. *Dekapolis* (von *deka*: »zehn« und *polis*: »Stadt«). Verband von zehn Städten, die alle mit Ausnahme von Skythopolis (heute *Bet Schean*) in Transjordanien liegen; wir nennen einige, in der Reihenfolge von Süden nach Norden östlich von Jordan: *Philadelphia (heute *Ammān*) auf der Höhe von Jericho, *Gerasa auf der Höhe von Samaria, Pella auf der Höhe von Cäsarea, *Gadara auf der Höhe von Nazaret, Hippos gegenüber von Tiberias, schließlich ganz im Norden *Damaskus. Der Verband wurde im Jahr 63 v. Chr. gegründet, um die Macht der Ortsautoritäten zu schwächen und um den hellenistischen Einfluß, der sich in diesen Städten durchgesetzt hatte, im ganzen Gebiet zu verstärken. Die Dekapolis unterstand der römischen *Provinz *Syrien bis zum Jahr 106 n. Chr.; dann ist sie in der Provinz *Arabien aufgegangen. Jesus hatte einige Kontakte mit ihren Bewohnern¹.

¹ Mt 4, 25; Mk 5, 20; 7, 31 □.

→ *Einl.* III. 2. G; IV. 2. C. – *Karte* 2 und 4

Demas
Gr. *Dēmas,* möglicherweise eine Abkürzung von Demetrius. Mitarbeiter des Paulus in Rom. Laut 2 Tim 4, 10 hat er ihn später verlassen¹.

¹ Kol 4, 14; Phlm 24 □.

Demut
Das hebr. *'ānā,* verwandt mit *'ānī*: »arm«, wird normalerweise mit dem gr. *tapeinos*: »demütig, niedrig« wiedergegeben; daher *tapeinoō*: »sich erniedrigen«.

1. Das Wort versteht sich als Gegenbegriff zu Worten aus dem Bereich der Erhöhung (gr. *hypsoō*) und des *Hochmuts. Das NT nimmt, besonders in

Worten Jesu, das göttliche Gesetz auf, das die Vorliebe Gottes für die Demütigen, für die Gedemütigten betont[1].

[1] 1 Sam 2, 7; Ijob 5, 11; Ps 147, 6; Ez 17, 24; Mt 23, 12; Lk 1, 52; 14, 11; 18, 14; Jak 1, 9f; 4, 6; 1 Petr 5, 5f.

2. Jesus nannte sich »gütig und von Herzen demütig«[2] und sprach damit den Zustand der Demut an, den Maria[3] und Paulus verwirklichen[4]. Dieser Zustand resultiert nicht aus der Kasteiung[5], sondern ist eine existentielle Haltung: Man ist einfach glücklich, weil man weiß, daß Gott die Erniedrigten aufrichtet[6].

[2] Mt 11, 29. – [3] Lk 1, 48. – [4] Apg 20, 19; Röm 12, 16; 2 Kor 10, 1. – [5] Kol 2, 18. 23. – [6] 2 Kor 7, 6; Phil 3, 21; 4, 12; Jak 4, 10.

3. Jesus ist demütig, denn er hat sich erniedrigt und sich ganz entäußert (*Kenosis)[7]; damit hat er seinen Jüngern den Weg der notwendigen Erniedrigung gezeigt[8]. Gott will, daß die Hügel sich senken[9], und er kann seine Gesandten Demut lehren[10].

[7] Phil 2, 8; vgl. Apg 8, 33. – [8] Mt 18, 4; Eph 4, 2; Phil 2, 3; Kol 3, 12; 1 Petr 3, 8; 5, 5. – [9] Lk 3, 5. – [10] 2 Kor 11, 7; 12, 21 □.

→ arm – Hochmut – Sanftmut

Denar
Gr. *dēnarion,* lat. *denarius.* Einheit des römischen Münzsystems, aus Silber (3,85 g), von demselben Wert wie die griechische Drachme. Sie trug eine Inschrift und ein Bildnis des Kaisers Tiberius[1]. Ein Denar entsprach dem Tageslohn eines Landarbeiters[2] oder dem durchschnittlichen Tagesaufwand[3]. Man berechnete den Preis für Weizen oder Gerste[4], Brot[5], Nardenöl[6], die Schulden im allgemeinen[7] in Denaren. Jesus wurde nicht für dreißig Denare verraten, sondern für dreißig »Silberstücke«, d. h. für dreißig *Schekel, was hundertzwanzig Denaren entspricht.

[1] Mt 22, 19 (= Mk 12, 15 = Lk 20, 24). – [2] Mt 20, 2. 9. 10. 13. – [3] Lk 10, 35. – [4] Offb 6, 6. – [5] Mk 6, 37; Joh 6, 7. – [6] Mk 14, 5; Joh 12, 5. – [7] Mt 18, 28; Lk 7, 41 □.

→ Münzen

Derbe
Gr. *Derbē,* kleine Stadt in Lykaonien am Fuß der Tauruskette, die Paulus zweimal besuchte. Die genaue Lage ist bis jetzt nicht klar[1].

[1] Apg 14, 6. 20; 16, 1; 20, 4 (?) □.

→ Karte 2

[deuterokanonische Schriften]
Aus dem gr. *deuteros*: »zweiter« und *kanōn*: »Maßstab [des Glaubens]«. Die inspirierten Bücher, die zum *Kanon der Heiligen Schrift gehören, aber erst spät aufgenommen wurden. Nach dem Sprachgebrauch der Protestanten werden sie »*Apokryphen« genannt und gehören nicht zum Kanon. Im AT sind es folgende Texte: Esra, Tobit, Judit, 1 und 2 *Makkabäer, *Weisheit, *Sirach, Baruch (Kap. 1–5), der Brief des Jeremia (= Baruch 6). Zusätze zum Buch Ester und *Daniel (Dan 13 = Susanna; Dan 14 = Bel und der Drache). Sieben Bücher im NT wurden, obwohl sie im Frühchristentum

lange Zeit umstritten waren, sowohl bei den Protestanten als auch bei den Katholiken als kanonisch anerkannt: der Brief an die Hebräer, der Brief des Jakobus, der zweite Brief des Petrus, der zweite und der dritte Brief des Johannes, der Brief des Judas, die Offenbarung des Johannes.

→ *Einl.* XII; XV. – Apokryphen – Bibel – Kanon

Diakon

Gr. *diakonos*: »Diener«, derjenige, der zu *Diensten eines Herrn steht[1]. Sein *Amt, niedriger als Amt der *Vorsteher, ist nicht klar umrissen, vielleicht geht es um die Funktion von Beistand[2]. Eine Frau wird als Diakonisse erwähnt[3]. Lukas hat ihnen die *Sieben gleichgestellt, obwohl er sie nicht ausdrücklich als Diakone bezeichnet[4].

[1] Mt 20, 26; 22, 13. – [2] Phil 1, 1; 1 Tim 3, 8–13. – [3] Röm 16, 1 □. – [4] Apg 6, 2–6.

→ Amt – Knecht – Vorsteher

Diaspora

Gr. *diaspora*: »Zerstreuung«. Gesamtheit der jüdischen Gemeinden im *Exil. Das Wort wird auch im übertragenen Sinne gebraucht und bezeichnet die Christen als »Wanderer«, deren Heimat nicht die Erde, sondern der Himmel ist[1]. Es ist interessant, daß die Septuaginta den hebr. Fachausdruck *gōlā, gālūt*: »Exil« niemals mit Diaspora wiedergibt, sondern mit markanteren Worten, *aichmalōsia*: »*Gefangenschaft« und *ap-oikia*: »Wegführung«; der Grund dafür liegt darin, daß man im Laufe der Zeit diese Strafe nur noch als die von Gott gewollte Gegebenheit verstanden hat[2], die mit der Verbreitung des Glaubens unter den Heiden in Zusammenhang stand[3].

[1] Jak 1, 1; 1 Petr 1, 1; vgl. 2, 11. – [2] Jes 60; Sach 8, 20–23. – [3] Joh 7, 35; Apg 8, 1. 4; 11, 19 □.

→ *Einl.* I. 1. A; III. 3; IV. 6. E; IV. 7. A; VI. – Exil – Gefangenschaft – Heimat

Dieb

Gr. *kleptēs*. Der Diebstahl gilt als ein ziemlich schweres Verbrechen[1], und doch war er nicht dem Strafrecht unterstellt. Der Dieb war bloß verpflichtet, das gestohlene Gut wiederzuerstatten und einiges darüber hinaus. Im Unterschied zum AT scheut sich das NT nicht, das Kommen des *Tages des Herrn mit dem Kommen eines Diebes zu vergleichen[2], genausowenig wie das überraschende[3] Kommen des Menschensohnes in der *Nacht.

[1] Ex 20, 15; Lev 19, 11; Dtn 5, 19; Jer 7, 9; Mt 15, 19 (= Mk 7, 21); 19, 18 (= Mk 10, 19 = Lk 18, 20). – [2] 1Thess 5, 2. 4. – [3] Mt 24, 43 (= Lk 12, 39); Offb 3, 3; 16, 15.

dienen

1. Gr. *douleuō*: »an einen Meister beziehungsweise Herrn gebunden sein«. Das Deutsche verträgt schlecht die Angleichung von »Dienst« und »Sklaverei«. In unserem Sprachgebrauch wird das Wort »dienen« benutzt, um die beharrliche Unterwerfung unter Gott[1], Christus[2] oder das Gottesgesetz zu bezeichnen[3]; mit *Sklaverei dagegen meint man die Unterjochung durch einen Menschen[4] oder eine böse Macht[5]. Der Dienst Gott gegenüber schließt jeden anderen Dienst aus[6]. Die Christen dienen Gott nicht in *Furcht,

sondern in Freiheit, nicht als Sklaven, sondern als Söhne[7]. Weil sie nicht mehr Diener, sondern Freunde Jesu sind[8], dienen sie Gott so wie er selbst es um des Evangeliums willen[9] getan hat; sie selbst sollen sich sogar zu »Sklaven« der anderen machen[10].

[1] Röm 6, 22; 1 Thess 1, 9. – [2] Röm 14, 18; 1 Kor 7, 22; Gal 1, 10; Eph 6, 6f; Kol 3, 24. – [3] Röm 7, 25. – [4] Röm 9, 12; 1 Kor 7, 15. – [5] Röm 6, 6; 8, 21; Gal 4, 3. 8. – [6] Mt 6, 24. – [7] Joh 8, 33–36; Röm 6–7; Gal 4. – [8] Joh 15, 15. – [9] Joh 15, 20; Phil 2, 7. 22. – [10] Mt 20, 27 (= Mk 10, 44); Gal 5, 13.

2. Gr. *diakoneō*: »dienen«: bei Tisch bedienen, oder eine ähnliche Tätigkeit ausüben[11]. Im dienenden Tun Jesu[12] sollen die Jünger eine Umkehrung der Werte entdecken: wie er sollen auch sie Diener werden[13]. Vor allem aber weist dies Dienen auf die Gabe hin, die Jesus mit seinem Leben gibt. Dieses Wort charakterisiert also die Grundhaltung Jesu sowohl während seines irdischen Lebens[14] als auch am Letzten Tag[15]. Jesu dienen, das heißt ihm *nachfolgen[16]; wer anderen dient, dient Jesus selbst[17]. In der Urkirche bekommt das Wort eine spezifische Bedeutung als Amtsbezeichnung für gemeindeinterne Hilfsfunktionen (»Diakon«)[18].

[11] Mt 4, 11; 8, 15; Lk 10, 40; Joh 12, 2. – [12] Lk 22, 27. vgl. Joh 13, 1–20. – [13] Mt 20, 26 (= Mk 10, 43 = Lk 22, 26); 1 Petr 4, 10. – [14] Mt 20, 28 (= Mk 10, 45); Röm 15, 8. – [15] Lk 12, 37. – [16] Joh 12, 26. – [17] Mt 25, 44. – [18] Apg 6, 1. 4; 12, 25; 20, 24; 21, 19; Röm 11, 13; 12, 7; 2 Kor 3, 3–9; 5, 18; Eph 3, 7; Kol 1, 23; 1 Tim 1, 12; 1 Petr 1, 12.

→ Diakon – Knecht – Sklave

Diener
→ Knecht

Dill
Gr. *anēthon* (davon kommt »Anis«). Eine Gewürzpflanze, die die *Pharisäer, genauso wie Minze und Kümmel, in die Pflicht des *Zehnten einbeziehen wollten, obwohl das Gesetz dies nicht vorschreibt[1].

[1] Mt 23, 23; Lk 11, 42 □.

[Doketismus]
Von gr. *dokeō*: »den Anschein haben«. Eine christologische Richtung, die meint, Jesus sei ein Gott, der nur dem Anschein nach Mensch geworden wäre; folglich hätte Jesus nicht wirklich leiden können und das Kreuz wäre nicht mehr ein Ärgernis. Der Doketismus wird im Brief an die *Kolosser sowie im Evangelium und in den Briefen des *Johannes bekämpft.

Doppeldrachme
Gr. *di-drachmon*. Eine griechische Silbermünze (8,60 g), zwei *Drachmen wert; entspricht dem Lohn für zwei Tage Arbeit. Diesen Betrag mußte jeder Jude als jährliche *Steuer für den Tempel aufbringen[1].

[1] Mt 17, 24 □.

→ Münzen

Dorn
→ Kranz – Dornbusch

Dornbusch
Unter diesem Sammelbegriff sind verschiedene Strauchgewächse zusammengefaßt (Akazie, Bärenklau, Distel, Dornstrauch, Hagedorn, Jujube, Stechpalme, nicht aber die Kakteen oder die später importierten berberischen Feigenbäume); sie alle haben Dornen. Man betont, daß es sich um Büsche handelt (gr. *batos*[1]), oder daß sie Dornen tragen (gr. *akantha*: »spitz« oder *tri-bolos*: »mit drei Spitzen«[2]). Das NT macht zwischen diesen Benennungen keinen Unterschied[3]. Sträucher und Dorngestrüpp waren in den Mittelmeergebieten, in den halb wüstenartigen oder subtropischen Gegenden sehr verbreitet[4]; man mußte sie vor der Saat ausreißen und verbrennen, sei es als Bodendung, sei es als Brennmaterial[5]. Metaphorisch bezeichnen die Dornstauden das, was sich der Aufnahme der Offenbarung entgegensetzt[6].

[1] Mk 12, 26; Lk 6, 44; 20, 37; Apg 7, 30. 35 △. – [2] Mk 7, 16; Hebr 6, 8 △. – [3] vgl. Mt 7, 16 mit Lk 6, 44. – [4] *Einl.* II. 5. – [5] Jer 4, 3; Mt 13, 7 (= Mk 4, 7 = Lk 8, 7). – [6] Mt 7, 16 (= Lk 6, 44); 13, 22 (= Mk 4, 18f = Lk 8, 14); Hebr 6, 8.

→ Kranz

Doxologie
Von gr. *doxa*: »Ansehen, Ruhm, Ehre, Herrlichkeit«. Eine Formel im liturgischen Gebet, die die Herrlichkeit Gottes oder Christi zum Ausdruck bringen will. Ein Zuruf wie: »Gott gebührt die Herrlichkeit, die Ehre, die Macht, der Lobpreis, das Heil, die Herrschaft«[1]. Oder: »Dank sei Gott, gepriesen sei Gott«[2]. Oder auch: »Er ist würdig, daß...«[3]. Diese Doxologien betreffen Gott, dessen unergründliche Gottheit in ihren verschiedenen Aspekten gepriesen wird[4], oder Jesus Christus, durch den oder in dem das Heil gegeben ist[5].

[1] Lk 2, 14; Röm 16, 27; 1 Tim 1, 17; 6, 16; 1 Petr 4, 11; Offb 5, 13; 7, 12; 12, 10; 14, 7; 19, 7. – [2] Röm 6, 17; 7, 25; 9, 5; 1 Kor 15, 57; 2 Kor 1, 3; 2, 14; 11, 31; Eph 1, 3–14; 1 Petr 1, 3. – [3] Offb 4, 11; 5, 12; 19, 5. – [4] Röm 16, 27; 1 Tim 1, 17; 6, 16; Jud 25. – [5] Röm 7, 25; 16, 27; Eph 3, 21; Jud 25; Offb 7, 10; 11, 15; 12, 10.

→ Hymnus – Lied – Psalmen

Drache
Gr. *drakōn*. Es handelt sich manchmal um eine Schlange, manchmal um einen Fisch. Ein Fabeltier, das in der babylonischen Mythologie das Urchaos symbolisierte[1] und in der griechischen Mythologie der Bedränger Python, den Apollo getötet hat[2]. Einer der Namen von *Satan[3].

[1] Ps 74, 13; Jes 51, 9. – [2] Offb 12; 13, 2. 4; 16, 13. – [3] Offb 12, 9; 20, 2; vgl. 13, 11 □.

→ Antichrist – Bestie – Satan – Schlange – Tier

Drachme
Gr. *drachmē*. Einheit des griechischen Münzsystems, aus Silber (3,50 g), mit demselben Wert wie der römische *Denar. Er entsprach der Höhe eines Tageslohns[1].

[1] Lk 15, 8f □.

→ Münzen

Drusilla
Gr. *Drousilla*. Jüngere Tochter des *Herodes Agrippa I, Schwester von *Berenike und *Agrippa II, Frau des Königs von Emesa (Syrien), dann des *Felix, Statthalters von Judäa[1].

[1] Apg 24, 24 □.

[Dualismus]
1. Von gr. *dyo*: »zwei«. Lehre, nach der die Wirklichkeit aus zwei unreduzierbaren und antagonistischen Prinzipien stammt. Sie läßt sich auf verschiedenen Ebenen nachweisen. Der *kosmologische* Dualismus erklärt die Welt unter Voraussetzung des absoluten Guten und des absoluten Bösen, zweier Prinzipien, die seit aller Ewigkeit nebeneinander bestehen: Diese Meinung wird in der *Gnosis oder im *Manichäismus vertreten. Der *theologische* Dualismus führt diese beiden Prinzipien auf zwei Gottheiten zurück. Der *anthropologische* Dualismus erklärt das Wesen des Menschen unter Voraussetzung von zwei gegensätzlichen Wirklichkeiten, nämlich Seele und Leib, Geist und Fleisch. Der *ethische* Dualismus erklärt die Existenz von guten und bösen Menschen durch die göttliche *Prädestination zum Guten oder zum Bösen.
2. Nach der Bibel ist Gott der einzige Schöpfer aller Dinge: Licht und Finsternis, Leben und Tod, Heil und Untergang[1]; außerdem hat er die sich ihm widersetzenden Mächte besiegt[2]. Das hellenistische Judentum jedoch hat unter iranischem Einfluß einige Elemente des kosmologischen Dualismus in sich aufgenommen; es hat sie aber auf das Ende der Zeiten bezogen. Man könnte also von einem *eschatologischen* Dualismus sprechen, etwa im Bezug auf die Lehre von den zwei *Äonen, einem irdischen und einem himmlischen. In *Qumran begegnet man einem gewissen ethischen Dualismus, der die *Prädestination gelten läßt[3]. Das NT hat einen wirklichen Dualismus nicht beibehalten, denn Jesus Christus ist in der Zeit gekommen, um alle Menschen zu retten; man kann aber einigen dualistischen Auffassungen begegnen, z. B. in der Lehre von den »zwei *Wegen«[4] oder vor allem im vierten Evangelium: da erscheinen die Gegensatzpaare Licht/Finsternis, Wahrheit/Lüge, Geist/Fleisch[5], doch durch die Fülle der Herrlichkeit des Christus[6] und dadurch, daß der Mensch zur Entscheidung gerufen ist[7], haben sie einen anderen Stellenwert bekommen.

[1] Jes 45, 7. – [2] Röm 8, 37–39; 1 Kor 15, 20. – [3] *Sektenregel* 3, 13–4, 6; *Damaskusschrift* 2, 7f. – [4] Mt 7, 13f (= Lk 13, 24). – [5] Joh 1, 5; 8, 41–45. – [6] Joh 1, 3. 16. – [7] Joh 3, 19–21.

→ Böse – prädestinieren – Herrschaften – Seele

[Dublette]
Begriff aus dem Fachbereich der Literarkritik, der die Aussprüche bezeichnet, die zweimal in demselben Evangelium vorkommen. So der Spruch über die Ehescheidung[1], über die Lampe[2], über die Aussendung der Jünger[3].

[1] Mt 5, 29f = 18, 8f. – [2] Lk 8, 16 = 11, 33. – [3] Lk 9, 1–6 = 10, 1–11.

Duftstoff
Gr. *osmē*: »Duft«, *euōdia*: »Wohlgeruch«, *thymiama, myrōn*: »Parfum, Duftstoff«.

1. Die Duftstoffe gehören in Israel, wie im ganzen alten Orient[1], zum sozialen und religiösen Leben; sie bestehen aus Harzen, die vor allem aus Arabien und Ostafrika importiert werden, rein verwendet (= Gewürze) oder mit Öl vermischt. Von den etwa 30 Duftstoffen, die im AT erwähnt werden, nennt das NT *Aloe, Amom, *Gewürz, *Myrrhe, *Narde, *Weihrauch, Zimt.

[1] Offb 18, 13.

2. Den Kopf eines Gastes mit Öl zu salben gehört zu den herkömmlichen Empfangsbräuchen[2]; bei Begräbnissen gilt die *Salbung als eine dem Toten erwiesene Ehrung[3].

[2] Lk 7, 46. – [3] Mt 26, 7. 12 (= Mk 14, 3. 8 = Joh 12, 3. 7); Mk 16, 1.

3. Im *Kult sind die beim Verbrennen verströmenden Duftstoffe Symbol für das *Gebet[4]. Von daher kommt der alte Ausdruck »der liebliche Wohlgeruch«[5], mit dem man auch das Opfer Christi[6] oder die Großzügigkeit des Glaubenden bezeichnet[7]. Von hier aus erklärt sich auch der »Wohlgeruch« derer, die in der Taufe gesalbt wurden[8].

[4] Lk 1, 9; Hebr 9, 4; Offb 5, 8. – [5] Gen 8, 21. – [6] Eph 5, 2. – [7] Phil 4, 18. – [8] 2Kor 2, 15.

→ *Einl.* VIII. 1. C. b. – Altar – Fasten – Freude – Öl – salben – Weihrauch – Wohlgeruch

[echt]
→ authentisch

Edelstein
Gr. *lithos timios.* Der Handel mit Edelsteinen indischer oder arabischer Herkunft war bedeutend[1]. Die Offenbarung des Johannes nennt verschiedene Steine, die sich schwer genau bestimmen lassen: Amethyst, Beryll, Chalzedon, Chrysolith, Chrysopras, Hyazinth, Jaspis, Karneol, Saphir, Sardonyx, Smaragd, Topas. Sie können die äußere Herrlichkeit symbolisieren[2], den Glanz Gottes[3], oder die strahlende Verwandlung, die auf das neue Jerusalem zukommt[4].

[1] vgl. 1 Kor 3, 12; Offb 18, 12. – [2] Offb 17, 4; 18, 16. – [3] Ex 24, 10; Offb 4, 3. – [4] Offb 21, 11. 18–20.

Efraim
Hebr. *'ephrajim;* Bedeutung vielleicht: »doppelte Fruchtbarkeit«.
1. *Eponymer Vorfahr eines der zwölf *Stämme Israels; der Stamm ist nach seinem Vater, *Josef, genannt[1].

[1] Offb 7, 8; vgl. Gen 49, 22–26 □.

2. Eine Ortschaft, in die sich Jesus zurückgezogen hat und die vielleicht mit dem heutigen *et-taijibe,* nordöstlich von Jerusalem, nicht weit entfernt von der Wüste, identisch ist[1].

[1] Joh 11, 54; vgl. Jos 16, 5–9 □.

→ Karte 4

Ehe
Gr. *gamos.* Über die Ehe als Institution → *Einl.* VI. 4. B. b; VIII. 2. B.
1. Die eheliche Gemeinschaft hat eine zweifache Funktion: die gegenseitige Hilfe[1] und die Fruchtbarkeit, durch die sich das Ehepaar fortpflanzt[2]. Trotz einiger Möglichkeiten, die das Gesetz erlaubt[3] und gewisser Bräuche, die im AT bezeugt werden[4], beteuert Jesus, daß die Ehe von Dauer sein muß, monogam, und daß die Gesetzgebung über die *Scheidung nur eine Konzession an die »Herzenshärte« der Menschen bedeutet[5].

[1] Gen 2, 18; 1 Kor 7, 3–5. – [2] Gen 1, 28; 3, 20; Dtn 25, 5; Mt 22, 24–28 (= Mk 12, 19–23 = Lk 20, 28–33). – [3] Ex 21, 10; Dtn 21, 15–17; 22, 22. 28. – [4] Gen 29, 15–30; Ri 8, 30; 2 Sam 3, 2–5; 1 Kön 11, 3. – [5] Ps 128; Sir 25, 1. 8; 26, 1. 13; Mt 19, 8.

2. Der Ehestand ist für die Dauer des irdischen Lebens das Normale[6]. Doch Jesus, der selbst nicht verheiratet war, hat den Wert des Zölibats im Blick auf das Himmelreich aufgezeigt[7]: er ist eine besondere Gabe[8], die auf die neue Situation der mit Jesus beginnenden Zeitenwende hinweist. In dieser Sicht »gibt es nicht mehr Mann und Frau; denn ihr alle seid ›einer‹ in Christus Jesus«[9]. Zum bisherigen Gegensatz Mann/Frau kommt nun der Gegensatz verheiratet/jungfräulich. Beide Lebensweisen sind notwendig, um auf sich einander ergänzende Weise die Fülle des Himmelreichs zu begründen und auszudrücken.

[6] Röm 7, 2f; Eph 5, 22; Kol 3, 18. – [7] Mt 19, 12; Lk 18, 29. – [8] 1 Kor 7, 7. – [9] Gal 3, 28.

3. Nach der Schöpfungsordnung ist die Ehe nicht Gegenstand einer spezifisch religiösen Institution; doch der *Bund zwischen Jahwe und Israel wird oft mit Bildworten aus dem Bereich der Ehe umschrieben[10]. Dadurch, daß Jesus den

neuen Bund in seinem Blut gründet[11], wird er zum Bräutigam der Kirche; seitdem gilt das die Einheit darstellende *Symbol der Ehe nicht mehr nur für die ideale Gemeinschaft zwischen einem Mann und einer Frau, sondern für die Gemeinschaft zwischen Christus und der Kirche; das ist das »große *Geheimnis«, von dem Paulus spricht[12].

[10] Jes 54, 5–7; Jer 2, 2; Ez 16, 6–14; Hos 2, 21f. – [11] Lk 22, 20. – [12] Eph 5, 32; vgl. Mk 2, 19; Joh 3, 29; 2 Kor 11, 2; Offb 19, 7; 21, 2. 9.

→ Bräutigam – Bund – Ehebruch – Frau – Fruchtbarkeit – Hochzeit – Jungfräulichkeit – Scheidung – Verlobten – Witwe

Ehebruch

Gr. *moicheia* (Etymologie unsicher).

1. Das Gesetz verbietet den Ehebruch, d. h. ein sexuelles Verhältnis zwischen einem Mann (verheiratet oder nicht) und einer verheirateten *Frau, weil eine solche Beziehung das Eigentumsrecht des Mannes gegenüber seiner Frau verletzte[1]. Die beiden Partner sollten mit dem Tod bestraft werden, normalerweise durch eine *Steinigung, die die Gemeinde durchzuführen hatte, weil das Vergehen die ganze Gemeinde betraf[2]. Jesus erweitert die Vorschriften, die sich früher nur auf die Frau bezogen, auch auf den Mann[3], ja, er geht so weit, daß er sogar die *Begierde verurteilt, weil auch sie schon Ehebruch ist[4]. Ehebruch gehört zu den *Lastern, die den Eintritt in das Reich Gottes verwehren[5]; Gott aber kann vergeben[6].

[1] Ex 20, 14. 17; Mt 19, 18 (= Mk 10, 19 = Lk 18, 20); Lk 18, 11; Röm 2, 22; 7, 3; 13, 9; Jak 2, 11. – [2] Lev 20, 10; Dtn 22, 22–24; Joh 8, 3–5. – [3] Mt 5, 32; 19, 9; Mk 10, 11f; Lk 16, 18. – [4] Mt 5, 27f; vgl. Spr 6, 20–35. – [5] Mt 15, 19 (= Mk 7, 22); 1 Kor 6, 9f; Hebr 13, 4; 2 Petr 2, 14. – [6] Joh 8, 3–11; vgl. Mt 21, 31f △.

2. Das NT bezeichnet mit diesem Wort in übertragenem Sinne, wie auch schon die Propheten[7], das ungläubige und seinem Gott untreue Volk[8].

[7] Ez 16, 15–34; Hos 2–3. – [8] Mt 12, 39; 16, 4 (= Mk 8, 38); Jak 4, 4; Offb 2, 22 △.

→ Ausschweifung – Bräutigam – Ehe – Ehescheidung – Laster – Unzucht

Ehescheidung

Gr. *apo-stasion* (von *aph-istēmi*: »entfernen, trennen«), ein juristischer Fachausdruck, der jede Art Befreiung von einer Bindung bedeutet; gr. *apo-lyō*: »losbinden von, entlassen, befreien«.

1. Die Auflösung des *Ehebandes durch die einseitige Initiative des Ehemannes ist – obwohl sie von den Propheten mißbilligt wird[1] – durch das Gesetz erlaubt, aber unter Vorbehalt. Als Grund reicht »etwas Anstößiges« an der Frau aus[2]. Zur Zeit Jesu haben die jüdischen Rechtsgelehrten über die Interpretation dieses Makels gestritten: Handelt es sich um gleich welchen Mangel, oder nur um schlechtes Benehmen? Für das Verfahren ist eine »Scheidungsurkunde« erforderlich, die die Verstoßung bescheinigt und der Frau auch die Freiheit gibt, wieder zu heiraten[3].

[1] Mal 2, 13–16. – [2] Dtn 22, 19. 29; 24, 1; Mt 5, 31; 19, 7f (= Mk 10, 4). – [3] Mt 1, 19; 19, 3 (= Mk 10, 2).

2. Jesus dagegen bekräftigt die Unauflöslichkeit der Ehe[4]. Die Klausel über die Ausnahme »im Fall von Unzucht«[5] wird von den christlichen Konfessionen verschieden interpretiert. Paulus beruft sich auf das Gebot des Herrn[6]

und erklärt, daß die Trennung im Falle der Bekehrung eines Partners in der heidnischen Ehe erlaubt ist[7].

[4] Mk 10, 11f; Lk 16, 18. – [5] Mt 5, 32; 19, 9. – [6] 1 Kor 7, 10f. – [7] 1 Kor 7, 12–15 ☐.

→ Ehe – Ehebruch – Unzucht

Eid

1. Gr. *horkos, horkizō*. Im AT spielt der Eid eine bedeutende Rolle[1]; es ging dabei nicht darum, Gott zum Zeugen für das machen, was man vorbringt, sondern um Gott anzurufen, damit er auf den Sprechenden wirke; das ist auch gemeint mit dem Ausdruck »den Namen Gottes gebrauchen«[2]. Oftmals wird vor dem Schwören gewarnt[3]. Es war ratsam, nur bei den Ersatzbezeichnungen des *Namens zu schwören. Jesus entlarvt nicht nur das Risiko des Meineids, er erklärt, daß man überhaupt nicht schwören solle[4]. Jesus fügt sogar eine Weisung hinzu, die verschieden ausgelegt wird. Nach Mt[5] lautet sie: »Euer Ja sei ein Ja, euer Nein ein Nein; alles andere stammt vom Bösen«, d. h. euer Reden sei absolut wahrhaftig. Bei Jak[6]: »Euer Ja soll ein Ja sein und euer Nein ein Nein«, d.h.: Der Mund muß sagen, was im Herzen ist. Der Mensch kann nicht bei Gott schwören, über den er nicht verfügt; die einzige Garantie seines Redens ist die brüderliche Aufrichtigkeit.

[1] Lev 5, 4f. – [2] Ex 20, 7. – [3] Sir 23, 9f. – [4] Mt 5, 33–35. – [5] Mt 5, 36f. – [6] Jak 5, 12

2. Feierlichere Formeln begann Jesus mit »*Amen, ich sage euch«, das etwa als die Antwort auf eine innere Offenbarung des Vaters verstanden werden könnte. Er war bereit, dem Hohenpriester, der ihn unter Eid befragt, zu antworten[7]. Gott selbst hat sich durch Verheißung oder durch Eid[8] gebunden, die Menschen dagegen binden sich damit, wie Herodes[9] oder Petrus[10], zu ihrem Schaden.

[7] Mt 26, 63f. – [8] Lk 1, 73; Apg 2, 30; Apg 2, 30; Hebr 3, 11. 18; 4, 3; 6, 13. 17; 7, 20f. 28. – [9] Mt 14, 7. 9 (= Mk 6, 23. 26). – [10] Mt 26, 72. 74 (= Mk 14, 71).

Eifer

1. Das gr. Wort *zēlos* (vielleicht in Verbindung mit *zēteō*: »suchen«) übersetzt das hebr. *qin'ā* (von der Wortwurzel *qanē'*, die die Röte bezeichnet, die einem leidenschaftlich engagierten Menschen ins Gesicht steigt). Der Begriff umfaßt eine eifersüchtige Starrsinnigkeit und selbst die *Gewaltsamkeit.

2. Wenn man das Interesse für jemand oder eine Sache ausdrücken will, benutzt man weniger das Wort *zēlos*[1], sondern eher den gr. Begriff *spoudē*, in dem Eile[2], der intensive Wunsch mitschwingt[3] und der die Beflissenheit meint, mit der man sich mit einer Sache beschäftigt[4].

[1] 1 Kor 12, 31; 14, 1. 12. 39; 2 Kor 7, 7. 11 ☐. – [2] Ex 12, 11; Lk 1, 39... – [3] Lk 7, 4; 1 Thess 2, 17... – [4] Röm 12, 8. 11; Eph 4, 3; Hebr 4, 11; 6, 11...

→ Eifersucht – Sorge – Zelot

Eifersucht

1. Das NT kennt das Gefühl der Mißgunst und des Mißfallens, das man empfindet, wenn man sieht, daß andere Menschen sich einer Sache erfreuen, die man haben (»*Neid« ist eher Wiedergabe des gr. *phthonos*)[1] oder ausschließlich für sich besitzen möchte (»Eifersucht« im strengen Sinn, was, so wie »Eifer«, das gr. *zēlos*: »Wetteifer, Rivalität« wiedergibt; daher die Be-

deutung »Neid, Ehrgeiz, Eifer«)². Deckt sich zum Teil mit dem Sinn des Ausdrucks »ein böses *Auge haben«³.

¹ Mt 27, 18 (= Mk 15, 10); Röm 1, 29; Gal 5, 21. 26; Phil 1, 15; 1 Tim 6, 4; Tit 3, 3; Jak 4, 5; 1 Petr 2, 1 △. – ² Apg 7, 9; Röm 13, 13; 1 Kor 3, 3; 13, 4; 2 Kor 12, 20; Gal 4, 17f; 5, 20; Jak 3, 14. 16; 4, 2. – ³ Dtn 15, 9; Sir 31, 13; Mt 20, 15; Mk 7, 22.

2. Das Wort *zēlos* hat oft religiöse Bedeutung; man ereifert sich für Gott, zu Recht oder zu Unrecht⁴. Im Bezug auf Gott – in diesem Fall ohne jeden egozentrischen Akzent – muß das Wort folgendermaßen erklärt werden: Gott ist einzig und darum kann nichts in ihm sein, was seiner *Heiligkeit (Gott duldet keine *Götzen)⁵ und seiner Liebe (Gott duldet keinen *Ehebruch)⁶ abträglich wäre. Das Wort ist ein Äquivalent zum *Zorn Gottes, der einen anderen Aspekt seiner »Heiligkeit« ausdrückt.

⁴ Num 25, 11; 1 Kön 19, 10; 1 Makk 2, 24–27; Ps 69, 10; Joh 2, 17; Apg 5, 17; 13, 45; 17, 5; 21, 20; 22, 3; Röm 10, 2. 19; 11. 14; Gal 1, 14; Phil 3, 6; Tit 2, 14; 1 Petr 3, 13; Offb 3, 19 △. – ⁵ Ex 20, 5; 34, 14; Dtn 4, 24; Jos 24, 19f; 1 Kön 14, 22; 1 Kor 10, 22; Hebr 10, 27. – ⁶ Ez 16, 38; 23, 25; 2 Kor 11, 2 △.

→ Ehebruch – Eifer – heilig – Laster – Neid – Zorn

Elamiter

Gr. *Elamitēs*. Bewohner von Elam, eines zwischen Babylon, Medien, Persien und dem Persischen Golf gelegenen Landes, mit Hauptstadt Susa; sie gehören nicht zu den Semiten; doch unter ihnen lebten Juden¹.

¹ Jer 49, 34–39; Apg 2, 9 □.

Elemente dieser Welt

1. Gr. *stoicheia* (verwandt mit *stichos*: »Linie, Reihe«): »Elemente, Grund, wesentliche Bestandteile«¹. Die Menschen der Antike verstanden darunter die vier Grundprinzipien des Weltalls², von denen alle Wesen, also auch der Mensch, abhängen: das Wasser, die Erde, die Luft und das Feuer. Die *Stoiker lehrten, daß diese Elemente im Feuer vergehen³.

¹ Hebr 5, 12. – ² Weish 7, 17–19; 19, 8. – ³ 2 Petr 3, 10. 12.

2. Der Ausdruck kann sich auch auf die *Sterne beziehen, die einen gewissen Einfluß auf den Gang der Welt ausüben, und im weiteren Sinne auf die himmlischen *Geister, die nach den antiken Kosmologien den Lauf der Sterne bestimmen. Der Christ ist durch Christus von diesen Mächten befreit, die er für ebenso schwach und vergänglich hält wie das Gesetz, dem sie dienen⁴.

⁴ Gal 4, 3. 9; Kol 2, 8. 20 □.

→ Feuer – Herrschaften – Welt

Elija

Gr. *Ēlias,* hebr. *'ēlijjāhū*: »Jahwe ist Gott«. *Prophet im 9. Jh. v. Chr.¹. Ein Mann, der wegen seiner Standhaftigkeit im Glauben und der Wirkungskraft seines Gebets im Judentum geachtet wird². Man erwartete seine Rückkehr als Vorboten des Messias, weil er, anstatt zu sterben, in den Himmel entrückt wurde³; so wollte man ihn in Jesus wiederfinden⁴ oder in Johannes dem

Täufer⁵, obwohl der letztere nach Joh dieser Identifizierung widersprach⁶.
Elija stand bei der Verklärung an der Seite Jesu⁷.

¹ 1 Kön 17, 1–2 Kön 2, 18. – ² Sir 48, 1–11; Mt 27, 47. 49 (= Mk 15, 35f); Lk 4, 25f; 9, 54; Röm 11, 2; Jak 5, 16–18. – ³ Mal 3, 23; Lk 1, 17. – ⁴ Mt 16, 14; Mk 6, 15; 8, 28; Lk 9, 8. 19. – ⁵ Mt 11, 14; 17, 10–12 (= Mk 9, 11–13). – ⁶ Joh 1, 21. 25. – ⁷ Mt 17, 3f (=Mk 9, 4f = Lk 9, 30. 33) □.

→ *Einl.* XII. 2. A. a.

Elisabet

Hebr. *'elīšeba'*: »Mein Gott ist Fülle«. Eine Frau aus den »Töchtern Aarons«, Gattin des *Zacharias und Mutter von *Johannes dem Täufer, Verwandte Marias¹.

¹ Ex 6, 23; Lk 1, 5. 7. 13. 24. 36. 40. 41. 57 □.

Elischa

Hebr. *'elīšā'*: »Gott hilft«. Ein *Prophet am Ende des 9. Jh. v. Chr. Nachfolger von Elija. Verschiedene Überlieferungen haben ihn, hauptsächlich seiner Wunder wegen, berühmt gemacht¹.

¹ 1 Kön 19, 16–21; 2 Kön 2–13; Lk 4, 27 □.

Elle

Gr. *pēchys*: »Vorderarm«. Längenmaß, gemessen von Ellenbogen bis zur Spitze des Mittelfingers, etwa 0,45 m oder sogar 0,52 m¹.

¹ Mt 6, 27 (= Lk 12, 25); Joh 21, 8; Offb 21, 17 □.

→ Maße

Emmaus

Gr. *Emmaous*. Dorf etwa 12 km von Jerusalem entfernt; der Auferstandene ist hier zwei Jüngern erschienen¹. Die Lokalisierung ist unsicher; *Amwas,* das dieselben Konsonanten im Namen hat, liegt etwa 30 km entfernt; eine alte Überlieferung setzt den Ort mit *el-Qubēbe* oder *Latroun* gleich.

¹ Lk 24, 13 □.

→ *Karte* 4

Ende der Welt

Gr. *synteleia tou aiōnos,* von *telos*: »Ende«, ergänzt durch die Vorstellung von Vollendung, Zusammenfassung (gr. *syn*).
1. Die gegenwärtige *Welt, die wir kennen, muß ihr Ende nehmen¹, d. h. daß sie dem *Gericht unterworfen wird², daß sie erneuert wird³, daß sie der »zukünftigen Welt« den Platz räumen wird⁴. Für dieses Ende wird kein Datum festgelegt⁵, abgesehen von dem Kommen Jesu, seiner *Parusie: das wird der *Tag des Herrn sein, »das Ende« (gr. *to telos*)⁶. Das Ende der Welt bedeutet einen Bruch, aber das heißt nicht, daß alle Werte dieser Welt verschwinden werden; nur »die Gestalt dieser sündigen Welt vergeht«⁷.

¹ Mt 13, 39f. 49; 24, 3; 28, 20. – ² Joh 3, 17; 12, 31; Röm 3, 6; 1 Kor 6, 2. – ³ Apg 3, 21. – ⁴ Eph 1, 21. – ⁵ Mk 13, 33. – ⁶ Mt 10, 22 (= Mt 24, 13 = Mk 13, 13); 24, 6 (= Mk 13, 7 = Lk 21, 9); 1 Kor 1, 8; 15, 24; Hebr 3, 14; 1 Petr 4, 7; Offb 2, 26. – ⁷ 1 Kor 7, 31.

2. Diese Redeweise mag heute überraschen, sie ist jedoch bedeutungsvoll. Die Bibel spricht nur darum von einem Anfang und von einem Ende der

Welt, damit sie die Geschichte und das Leben der ganzen Menschheit umfassen kann; sie stellt sich auf den Standpunkt Gottes, der allein Herr ist über den Ablauf der *Zeiten, Tage und *Zeitalter. Diese Redeweise betont auch die gesellschaftliche Verpflichtung des Menschen, denn niemand kann den Wesen gegenüber, die vor ihm waren oder die nach ihm kommen werden, gleichgültig bleiben.

→ *Einl.* XII. 2. A. – Äon – erfüllen – Eschatologie – Tag des Herrn – Welt – Zeit – Zeitalter

Engel

Gr. *aggelos;* das Substantiv bezeichnet eine Funktion und bedeutet: »Bote, Gesandter«[1]. Der Name sagt also nichts über das dem Engel eigene Wesen. Die Bibel setzt die Existenz der Engel Gottes voraus, die beim Aufbau des erschaffenen Weltalls mithelfen. In den Engeln weitet sich unser Blick über das Sichtbare hinaus; in ihnen zeigt sich die *Herrlichkeit Gottes, seine Gegenwart und seine Transzendenz. Es ist wichtig, daß diese himmlische Wesen nicht in materieller Gestalt dargestellt werden; sie werden ja sogar »Herrlichkeiten« genannt[2].

[1] Mt 11, 10; Mk 1, 2; Lk 7, 24. 27; 9, 52; Jak 2, 25 △. – [2] 2 Petr 2, 10; Jud 8 △.

1. »Der Engel des Herrn« wird im Prolog und im Epilog des Mt erwähnt[3], einmal bei Lk und viermal in Apg[4]. Er entspricht dem Engel Jahwes, und damit *Jahwe selbst, der sich in sichtbarer Gestalt auf der Erde zeigt[5].

[3] Mt 1, 20. 24; 2, 13. 19; 28, 2. – [4] Lk 2, 9; Apg 5, 19; 8, 26; 12, 7. 23. – [5] Gen 16, 7; 21, 17–19; vgl. Ri 6, 11 mit 6, 14.

2. Die Angelologie, oder die Lehre von den Engeln, wurzelt in Vorstellungen der orientalischen Mythologien, nach denen Gott von einem Hof der »*Söhne Gottes« oder der Serafim umgeben ist, von einem himmlischen Heer, das seine Herrlichkeit steigern und ihn auf eine den Menschen unzugängliche Höhe erheben soll[6]. Die von Gott gesandten Boten bringen die Gegenwart Gottes, der unter den Menschen wirkt, zum Ausdruck. Im Laufe der Jahrhunderte zeigte sich die Tendenz, die Zahl der Engel zu vermehren, ihre Aufgabe am himmlischen Hof genauer zu bestimmen (so spricht man von den Erzengeln oder von den *Kerubim[7]) und ihnen sogar Eigennamen beizulegen: *Michael, *Gabriel, Rafael[8]. Diese Tradition wollte sowohl die Transzendenz als auch gleichzeitig die Anwesenheit Gottes in der ganzen Welt zeigen.

[6] Ijob 1, 6; Jes 6, 2f; Offb 5, 11; 7, 11. – [7] 1 Thess 4, 16; Hebr 9, 5; Jud 9. – [8] Tob 3, 17; 12, 15; Lk 1, 19. 26; Offb 12, 7.

3. Das NT stellt diese Vorstellungen von den Engeln nicht infrage, doch es bremst ihre Weiterentwicklung. In den Evangelien werden Engel erwähnt, die Jesus hier auf Erden dienen[9] oder bei seinem Letzten Kommen dabei sind[10]; sie werden genannt, um den personalen Wert von Kindern oder bekehrten Sündern hervorzuheben[11]; ihre Stellung am himmlischen Hof[12] hilft, den nicht-irdischen Stand der Auserwählten zu verstehen[13].

[9] Mt 4, 11; Mk 1, 13; Lk 22, 43; Joh 1, 51; vgl. Mt 26, 53. – [10] Mt 13, 39. 41. 49; 16, 27; 24, 31 (= Mk 13, 27); 25, 31; 2 Thess 1, 7; 1 Tim 3, 16. – [11] Mt 18, 10; Lk 15, 10. – [12] Lk 12, 8f; 16, 22. – [13] Mt 22, 30 (= Mk 12, 25; Lk 20, 36).

4. Christus ist erhabener als die Engel[14], Paulus kennt verschiedene Engelklassen[15], er kämpft gegen ihre zu hohe Einschätzung, die man ihnen im synkretistischen Milieu in *Kolossä zugestehen will; man hielt sie für vermittelnde *Mächte, die das überstarke Licht Gottes dämpfen und zahlreiche *Mittler garantieren sollten; Paulus erarbeitet eine Christologie, die Christus über diese *Gewalten stellt[16].

[14] Hebr 1, 4–13; 2, 2–16. – [15] Röm 8, 38f; 1 Kor 15, 24; Eph 1, 21; Kol 1, 16; – [16] Kol 1, 15; 2, 18; vgl. Offb 19, 10; 22, 8f.

5. Außer den Engeln, die Gottes Boten sind, kennt das NT auch Engel des *Satan, die zum Verderben der Menschen wirken; doch sie werden endgültig besiegt werden[17].

[17] Mt 25, 41; 2 Kor 11, 14; 12, 7; 1 Petr 3, 19. 22; 2 Petr 2, 4; Jud 6; Offb 9, 11; 12, 7. 9.

6. Die in Offb erwähnten »Engel der Kirchen«[18] werden auf verschiedene Weise erklärt. Man sieht in ihnen Engel, die die Gemeinde beschützen sollen[19], oder man versteht sie in metaphorischem Sinn als »Genien« der Kirchen, oder schließlich als die Vorgesetzten der Gemeinden.

[18] Offb 1, 20; 2, 1. 8. 12. 18; 3, 1. 7. 14 △. – [19] vgl. Dan 10, 13.

→ Dämon – Geist – Herrlichkeit – Herrschaften – Teufel

sich entäußern
→ Kenosis

Entschädigung
→ Belohnung

Epaphras
Gr. *Epaphras,* abgekürzt aus *Epaphroditos*. Gründer der Kirche in Kolossä, zusammen mit Paulus als Gefangener in Rom[1]. Man kann ihn kaum mit *Epaphroditus identifizieren.

[1] Kol 1, 7; 4, 12; Phlm 23 □.

Epaphroditus
Ein Abgesandter der Kirche in *Philippi, der ein sehr geschätzter Mitarbeiter des Paulus wurde[1].

[1] Phil 2, 25–30; 4, 18 □.

[Epheser (Brief an die)]
Eine Art Rundschreiben, adressiert an die Kirchen *Asiens. Nach einer Meinung ist der Brief eine Umarbeitung des Briefes an die Kolosser, die entweder von Paulus selbst, oder während seiner Gefangenschaft in Rom (62–63) von einem Sekretär durchgeführt worden wäre. Nach einer anderen Meinung stammt dieser Brief aus nachapostolischer Zeit und wäre in einem Wirkungskreis von Paulus entstanden.

→ *Einl.* XV. – Briefe

Ephesus
Gr. *Ephesos*. Eine vorhellenistische Hafenstadt, die wichtigste in ganz Kleinasien (heute Türkei), Kommunikationsknoten zwischen Ost und West,

seit 133 v. Chr. Hauptstadt (zusammen mit *Pergamon) der römischen *Provinz *Asien. Zentrum der Kultur (Heraklit), der Kunst (Tempel der *Artemis, eins der sieben Weltwunder) und verschiedener Religionen. Ihre *Zauberer waren berühmt. Die Stadt hatte etwa eine halbe Million Einwohner, darunter viele und einflußreiche Juden. Hier hat Paulus das Evangelium gepredigt; Ephesus wurde die christliche Metropole Asiens[1]. Das vierte Evangelium wurde wahrscheinlich hier geschrieben.

[1] Apg 18, 19. 21. 24; 19; 20, 16f; 21, 29; 1 Kor 15, 32; 16, 8; Eph 1, 1; 1 Tim 1, 3; 2 Tim 1, 18; 4, 12; Offb 1, 11; 2, 1 □.

→ *Einl.* IV. 2. C; IV. 3. C. – Epheser (Brief an die) – *Karte* 2

[Epiktet]
Ein *stoischer Philosoph (60–140 n. Chr.), geboren in *Hierapolis, in einer Gegend, wo Paulus das Evangelium verkündete. Seine ethische Lehre ist mit der des NT verwandt, jedoch in einem anderen Geist ausgearbeitet.

Epikureer
Anhänger Epikurs, eines griechischen Philosophen (341–270 v. Chr.), der nach einer von Demokrit übernommenen Lehre die Welt und die Wesen mit dem freien Spiel der sich ständig bewegenden Atome identifizierte, ein Spiel, in dem die Götter keine Rolle spielen. Er meint, die Welt werde vom Zufall geleitet; darum muß man, will man glücklich werden, das Vergnügen wohlüberlegt suchen und die Verwirrung meiden; in unruhigen Zeiten ist es besser, sich aus dem öffentlichen Leben in ein »Dasein im Verborgenen« zurückzuziehen. Die ethischen Vorstellungen Epikurs darf man nicht mit dem vulgären Epikureismus verwechseln, der einfach nur Jagd nach Vergnügen bedeutet. Als Paulus in *Athen Jesus verkündigte, war dort der Epikureismus gerade in Mode gekommen[1].

[1] Apg 17, 18 □.

Epileptiker
→ Mondsüchtiger

[Eponym]
Ein Heros oder Gott, der seinen Namen einem Stamm, einer Familie, einer Stadt gibt; so z. B. *Efraim, *Esau, *Israel...

Erbe
Gr. *klēronomia* (von *klēros*: »das Verloste, das Los«[1] und *nemō*: »austeilen, verteilen«). Die *klēronomoi* bekommen einen Anteil, sie ergreifen Besitz *(nemontai)* eines Loses.
1. Das Erbe bezeichnet in der Bibel den unveräußerlichen Besitz von einem Gut[2], zu dem man mit anderen Mitteln als durch eigene Arbeit gekommen ist, nämlich durch Schenkung[3], Eroberung[4], Nachfolge[5], Verteilung[6]. Dieser Sprachgebrauch hebt in seiner Anwendung auf das Verhältnis zwischen Gott und Mensch den Aspekt der unentgeltlichen Schenkung hervor; der Mensch verdient aus sich selbst nichts, er empfängt zum Besitz.

[1] Mt 27, 35; Apg 1, 26. – [2] 1 Kön 21, 3f. – [3] Gen 15, 7. – [4] Ex 23, 30. – [5] Gen 21, 10. – [6] Jos 13, 7. 14.

2. Jesus Christus ist der Erbe (gr. *klēronomos*) der *Verheißungen Gottes; in ihm vereinigt sich die Nachkommenschaft Abrahams[7]. Mehr noch, er ist der

Sohn, der durch Geburt das Recht hat, alle Dinge zu erben[8]; und tatsächlich hat er, indem er den Tod aus Gehorsam auf sich nahm, den *Namen geerbt[9]. In ihm werden die Glaubenden zu *Adoptivsöhnen und Miterben[10]; alle, Juden wie Heiden, haben an demselben Erbe teil[11].

[7] Gal 3, 16. – [8] Mt 21, 38f; Hebr 1, 2. – [9] Hebr 1, 4. – [10] Röm 8, 14–17; Gal 4, 1–7; Hebr 9, 15. – [11] Apg 26, 18; Eph 3, 6.

3. Das Erbe, das schon im Lauf des AT im geistigen Sinne gedeutet wurde[12], meint nicht mehr das Land Kanaan[13], sondern den göttlichen Segen[14], die himmlische Stadt[15], das wahre Verheißene *Land[16], das Reich Gottes[17], also das ewige Leben[18], das man erhofft[19]: kurz, Gott selbst[20]. Eben das ist verheißen, zuerst den *Armen[21], und dann allen treuen Adoptivsöhnen[22]. Das ist nicht mehr nur eine Hoffnung, sondern durch den Glauben jetzt schon geschenkt, denn der Heilige Geist ist das Unterpfand[23].

[12] Dtn 10, 9; Ps 16, 5; 73, 26; Jer 10, 16. – [13] Dtn 7, 1; Apg 13, 19. – [14] 1 Petr 3, 9. – [15] Hebr 11, 8–10. – [16] Ps 37, 9; Mt 5, 5. – [17] Mt 25, 34. – [18] Mt 19, 29; Mk 10, 17 (= Lk 18, 18). – [19] Tit 3, 7. – [20] Offb 21, 7. – [21] Jak 2, 5. – [22] 1 Kor 6, 9f; 15, 50; Gal 5, 21; Eph 5, 5. – [23] Eph 1, 14.

→ *Einl.* VI. 4. B. c. – Rest – Testament – Verheißung

Erdbeben

Gr. *seismos* (von *seiō*: »erschüttern«). In Palästina gab es immer wieder Erdbeben, so im 8. Jh. v. Chr.[1] oder i. J. 31 v. Chr. Die Bibel versteht sie als Manifestation der Allmacht des Schöpfers, der kommt, um seinem Volk zu helfen oder es zu richten[2]. So beim Tod und bei der Auferstehung Jesu[3], bei der Befreiung von Paulus und Silas aus dem Gefängnis[4], am Ende der Zeiten[5]. Dasselbe Wort *seismos* wird auch benutzt, um eine gewaltige Erschütterung auszudrücken[6].

[1] Am 1, 1; Sach 14, 5. – [2] Ex 19, 18; Ri 5, 4; 1 Kön 19, 11; Ps 99, 1; Jes 13, 13; Hebr 12, 26. – [3] Mt 27, 51. 54; 28, 2. – [4] Apg 16, 26. – [5] Mt 24, 7 (= Mk 13, 8 = Lk 21, 11); Offb 6, 12; 8, 5; 11, 13. 19; 16, 18. – [6] Mt 8, 24; Offb 6, 13 □.

Erde

Gr. *gē*: »Boden, Erde, Land«; *epigeios*: »irdisch«.
1. Gott gehört der *Himmel[1] und die Erde[2], auch wenn er sie den Menschen gegeben hat. Die Verbindung Himmel/Erde kann als Wortpaar zur Bezeichnung der Ganzheit[3] benutzt werden, um z. B. die Herrschaft Jesu Christi über das *Weltall auszudrücken[4]. Doch sie kann auch im gegenteiligen Sinn benutzt werden[5]: Die Verbindung irdisch/himmlisch meint den Ursprung, den Zustand und die Bestimmung der Menschen[6]. Als Gottes Geschöpf ist die Erde gut, doch bis zu ihrer Umwandlung ist sie den Leiden unterworfen[7].

[1] Ps 115, 16; Mt 5, 35; 11, 25. – [2] Ps 24, 1; 1 Kor 10, 26. – [3] Mk 13, 27; Lk 21, 35. – [4] Mt 5, 18; 28, 18. – [5] Mt 16, 19. – [6] Joh 3, 12; 1 Kor 15, 47–49; 2 Kor 5, 1f; Phil 3, 19; Jak 3, 15. – [7] Röm 8, 19–22.

2. Das Land Juda oder das Land Israel ist zweifelsohne jener Anteil Erde, den Gott dem Abraham versprochen hatte[8]; doch die Verheißung reicht darüber hinaus auf die neue Erde[9], auf die wahre Erde der endgültigen *Ruhe[10]. Von hier aus wird verständlich, daß man irdische Werte symbolisch auf den Himmel überträgt[11]. Jesus preist die *Zwölf selig, die die Erde erben werden[12].

[8] Mt 2, 6. 20; 27, 45; Apg 7, 3f. 29; Hebr 11, 9. – [9] 2 Petr 3, 13; Offb 21, 1. – [10] Hebr 3, 7–4, 11. – [11] Ps 63, 2; Jes 28, 23f; Hos 10, 12f; Mt 6, 26–28; 22, 2–10; Joh 2, 1–11. – [12] Mt 5, 4.

→ *Einl.* V. 1. – Arbeit – Himmel – Welt – Weltall

erfahren
→ schmecken

erfüllen
Im biblischen Sprachgebrauch meint »erfüllen« mehr als »tun«. Es bedeutet »zum Ziel bringen« (gr. *teleō*), manchmal in bezug auf das Wort Gottes, die Schriften[1], oder auf das Leiden Jesu[2]. Vor allem bedeutet es »zur Erfüllung bringen« *(plēroō)*, im Sinn von »Erwartung erfüllen«; damit ist Übereinstimmung, Treue und genaue Entsprechung zwischen dem Inhalt und dem Gefäß gemeint: Die Erfüllung entspricht der *Weissagung. Erfüllen bedeutet auch »vervollkommnen«. Der Inhalt kann etwas bezeichnen, was die Möglichkeiten des Gefässes übersteigt; das Ereignis übertrifft die Weissagung so, wie die Wirklichkeit den Schatten übertrifft. Dasselbe Wort kann auch ausdrücken, daß Menschen vom Geist[3], von Satan[4], von Tugenden[5] oder Mängeln[6] erfüllt sind.

[1] Lk 1, 45; 18, 31; 22, 37; Apg 13, 29; Röm 9, 28; Offb 17, 17. – [2] Lk 12, 50; Joh 19, 28. – [3] Lk 1, 15. 41. 67; 4, 1; Apg 2, 4; 4, 8; 6, 3. 5; 7, 55; 9, 17; 11, 24; 13, 9; Eph 5, 18. – [4] Apg 5, 3. – [5] Lk 2, 40; 5, 26; Apg 2, 28; 3, 10; 6, 5. 8; 9, 36; 13, 52; Röm 15, 13f; 2 Kor 7, 4; Phil 1, 11; Kol 1, 9; 2, 10; 4, 12; 2 Tim 1, 4. – [6] Lk 4, 28; 6, 11; Apg 5, 17; 13, 10; 19, 28; Röm 1, 29.

1. *Die Schriften erfüllen.* Die ersten Christen fanden im AT die Vorhersage der Ereignisse, die sie mit Jesus und im Heiligen Geist erlebt hatten. Darum die oft gebrauchte Formel: »Dies alles ist geschehen, damit sich erfüllte« die Schrift, ein Schriftwort, das Wort eines Propheten[7]. Vom eingetretenen Ereignis her fällt entscheidendes Licht zurück auf einen bestimmten Text; damit wird aufgezeigt, daß Gott in der Geschichte Israels wirkt[8].

[7] Mt 1, 22. – [8] Apg 3, 18; 13, 27.

2. *Die Zeit ist erfüllt.* Die alltägliche Bedeutung des Ablaufs der Zeit (Dauer der Amtsausübung, Warten auf Geburt...)[9] wird durch die Vorstellung von dem sich erfüllenden Gottes*plan ins Theologische übertragen[10]. Daher die prägnante Formel von der »Fülle der Zeiten«[11].

[9] Lk 1, 23. 57; 2, 6. 21f; Apg 7, 23. 30. – [10] Lk 9, 51; 21, 24; Apg 2, 1. – [11] Gal 4. 4; Eph 1, 10.

3. Jesus will den *Willen Gottes,* seine Gerechtigkeit[12] und im besonderen das Gesetz durch Liebe[13] *erfüllen*; indem er das Gesetz erfüllt, bringt er es voll zur Geltung[14].

[12] Mt 3, 15; Röm 8, 4. – [13] Röm 13, 8. 10; Gal 5, 14; 6, 2. – [14] Mt 5, 17.

→ Fülle – vollkommen

Erhöhung des Christus
1. Für die Aussage, daß Jesus Christus Herr ist in der Herrlichkeit, für immer lebt nach seinem Tod, benutzt man schon früh eine eigene Sprachform, die sich von den *Auferstehungsaussagen unterscheidet; man sprach damals von der Erhöhung. Diese Sprachform gehört in die jüdische Überlieferung, nach der Gott denjenigen erhöht, der erniedrigt wurde[1] und den *Gerechten vor dem Tod bewahrt (Hinabfahren in die *Totenwelt) indem er ihn bis zum Himmel hinaufnimmt: *Henoch, *Elija, der *Knecht[2]. Eine solche Sprache setzt eine Theologie voraus, die auf einer dreistufigen Kosmologie basiert[3]: Himmel (oben, wo der Höchste thront), Erde (unten, wo die Menschen leben), Totenwelt (darunter, wo sich die Toten befinden).

Jesus wurde erhöht (gr. *hypsoō*[4]), aufgenommen (gr. *ana-lambanō*[5], *ep-airō*[6]), emporgehoben (gr. *ana-pherō*[7]) in den Himmel. Gott ließ ihn sich zu seiner Rechten setzen (gr. *kathizō*[8], *kathēmai*[9]). Er ist über (gr. *epi, hyper, hyper-anō*[10]) allem. Er ist der *Herr des Weltalls.

[1] 1 Sam 2, 7; Ez 21, 31; Mt 23, 13; Lk 1, 52; 14, 11. 18, 14; Jak 1, 9; 4, 10; 1 Petr 5, 6. – [2] 2 Kön 2, 11; Sir 48, 9–12; 49, 14; Jes 52, 13. – [3] Einl. V. 1; Offb 5, 3–13. – [4] Apg 2, 33; 5, 31; Phil 2, 9; Hebr 7, 26. – [5] Mk 16, 19; Lk 9, 51; Apg 1, 2 (.9); 11, 22; 1 Tim 3, 16. – [6] Apg 1, 9. – [7] Lk 24, 51. – [8] Mt 25, 31; Mk 16, 19; Apg 2, 30; Eph 1, 20; 2, 6; Hebr 1. 3; 8, 1; 10, 12; 12, 2; Offb 3, 21. – [9] Ps 110, 1; Mt 22, 44 (= Mk 12, 36 = Lk 20, 42); 26, 64 (= Mk 14, 62 = Lk 22, 69); Apg 2, 34; Kol 3, 1; Hebr 1, 13. – [10] Röm 9, 5; Eph 1, 21f; 4, 6. 10; Phil 2, 9.

2. Andere Texte haben das Bild des Hinaufsteigens nicht beibehalten; Jesus ist in den Himmel hineingegangen[11], er ist von hier gegangen[12]. Johannes hat die traditionelle Sprache behalten, aber gleichzeitig hat er sich von dem griechischen Bild Herabsteigen aus dem Himmel/Hinaufsteigen in den Himmel leiten lassen[13], so daß die Erhöhung am Kreuz die Erhöhung zum Himmel, in die Herrlichkeit inauguriert[14].

[11] Hebr 9, 24. – [12] Apg 1, 10f; 1 Petr 3, 19. 22. – [13] Joh 3, 31. – [14] Joh 3, 14; 8, 28; 12, 32. 34.

3. Das christliche Leben kann aus seinem Bezug zur Erhöhung des Christus verstanden werden: als einer der auferstanden ist und sich im Himmel niedergelassen hat, sucht der Gläubige das, was oben ist[15], denn seine Heimat ist im Himmel[16].

[15] Eph 2, 6; Kol 3, 2–5. – [16] Phil 3, 20.

→ Erscheinungen Christi – Himmel – Himmelfahrt

Erinnerung

→ Gedächtnis

erkennen

Gr. *ginōskō*: »erkennen, verstehen«, im Perfekt: »wissen«.
1. Die Erkenntnis beschränkt sich nach der Bibel nicht auf den rein intellektuellen Akt des Verstandes, der einen Gegenstand wahrnimmt. Das Wort behält eine ihm eigentümliche Erfahrungsdimension: bemerken, erfahren, wissen[1], unterscheiden, bewerten[2], innige Verbindung zwischen zwei Personen herstellen[3], daher wählen, erwählen[4], Geschlechtsverkehr haben[5], schließlich verstehen[6]. In Übereinstimmung mit dem Verständnis der *Wahrheit bedeutet »jemand erkennen« ihm begegnen; »jemand nicht erkennen« heißt, ihn abweisen[7]. Es ist möglich, Gott zu erkennen, weil es sich um ein »Wieder-erkennen« dessen handelt, der schon durch seine Schöpfung da ist[8]. Erkennen bedeutet: bereit sein zu *gehorchen[9].

[1] Gen 3, 7; 41, 31; Jes 47, 8; Joh 4, 1; Phil 1, 12. – [2] 2 Sam 19, 36; Jes 7, 16; Mt 7, 16. 20; 12, 33; Joh 5, 42; 10, 27; Röm 2, 18; 1 Kor 16, 18; 1 Joh 2, 29; 3, 16; 4, 2. 13. – [3] Dtn 34, 10; Jes 54, 13; Jer 31, 34; Mt 11, 27 (= Lk 10, 22); 17, 12; Joh 10, 14f; 1 Kor 2, 12; 8, 2f. – [4] Jer 1, 5; Am 3, 2; 1 Kor 13, 12; Gal 4, 9; 2 Tim 2, 19; 1 Petr 1, 2. 20; 1 Joh 3, 20. – [5] Gen 4, 1. 17; 19, 8; Mt 1, 25; Lk 1, 34. – [6] Ez 6, 7. 13f; Hos 4, 1f; Apg 22, 14; Röm 2, 4; Gal 2, 9; Offb 3, 9. – [7] Mt 7, 23; 25, 12; Lk 13, 25–27; Röm 7, 7; 10, 3; 2 Kor 5, 16. 21. – [8] Röm 1, 19–21. 28; 1 Kor 1, 21; vgl. Weish 13, 1–9. – [9] Joh 7, 49; Röm 1, 28; 2, 18. 20; 2 Kor 10, 5.

2. Das NT spricht zwar auch von der »Erkenntnis« (gr. *gnōsis*) Gottes im Sinn des AT[10]; aber der Begriff erscheint gewöhnlich in der Auseinandersetzung mit der zeitgenössischen *Gnosis. Paulus bekämpft sie, indem er betont, daß es Gott ist, der uns erkannt (= erwählt) hat und daß die Erkenntnis der

*Liebe untergeordnet ist[11]. Johannes widersetzt sich jeder Form von Gnosis und behauptet, daß Gott nur erkennbar ist durch seinen fleischgewordenen Sohn[12] (darin besteht das ewige *Leben) und in dem Maß der brüderlichen Liebe[13].

[10] Röm 11, 33; Eph 4, 13; Phil 1, 9; 3, 8; Kol 1, 9; 3, 10; Phlm 6. – [11] 1 Kor 8, 1. 10f; 13, 2. 12; Eph 3, 19. – [12] Joh 14, 7; 17, 3; 1 Joh 4, 2. – [13] Joh 13, 35; 1 Joh 2, 3f; 3, 19.

→ Auserwählung – Geheimnis – Offenbarung – schmecken – Wahrheit – Weisheit

Erlösung

1. Lat. red-emptio: »Rück/Los-kauf«, übersetzt das gr. *apo-lytrōsis* (von *lytron*: »Mittel zur Befreiung, Lösegeld«). Im deutschen deckt der Begriff die verschiedenen Wege ab, durch die Gott sich ein Volk erworben hat: *Befreiung aus der *Sklaverei; Auslösung aus der *Gefangenschaft; Rettung aus einer Gefahr. Diese Aussagen gründen in der Erfahrung, die Israel im umfassenden Kontext des *Bundes machte. Im engeren Sinn unterstreicht das Wort Erlösung die Vorstellung des »Rücklaufs«, die in zwei Bräuchen anschaulich wird. Das Familienrecht bestimmt, daß der *gō'ēl (von hebr. *gā'al*: »befreien«) als nächster Verwandter verpflichtet ist, Güter und Personen, die in das Eigentum eines Fremden geraten waren, wieder *freizukaufen[1]. Wenn Jahwe der *gō'ēl*, der Erlöser Israels ist, dann ist damit die Verwandtschaft zwischen Jahwe und Israel betont[2]. Nach dem Handelsrecht kauft man (hebr. *pādā*: »ausgehändigt bekommen gegen Gleichwertiges«) das Leben der *Erstgeborenen oder der *Sklaven durch ein Lösegeld zurück[3]. Die Bibel überträgt diesen Brauch auf Jahwe, der Israel zurückkauft[4], doch sie vermeidet es, über die dafür aufzubringende Summe zu sprechen; der Nachdruck liegt nicht auf ihr, sondern auf der verzweifelten Lage, in der sich der Rückzukaufende befindet.

[1] Lev 25, 23–55. – [2] Ex 6, 6; Jes 43, 14; 44, 6. 24; 47, 4. – [3] Ex 13, 13–15; 21, 8; Lev 19, 20; Num 3, 46–51. – [4] Dtn 7, 8; 13, 6.

2. Das NT bezeichnet Jesus als den, der sein Leben als Lösegeld (gr. *lytron*) für die Vielen gegeben[5] und damit die langerwartete Befreiung (gr. *lytroō, (apo-)lytrōsis*) erwirkt hat[6]; er selbst ist unsere Erlösung geworden[7], in ihm haben wir unsere Erlösung[8]. Dieselbe Wirklichkeit bezeichnet man auch mit dem Verb »kaufen« (gr. *agorazō*), ohne daß damit die Vorstellung verknüpft wäre, Gott bezahle irgendeinem eine Geldsumme[9].

[5] Mt 20, 28 (= Mk 10, 45); 1 Tim 2, 6; Tit 2, 14. – [6] Lk 1, 68; 2, 38; 21, 28; 24, 21; Hebr 11, 35. – [7] Röm 3, 24; 1 Kor 1, 30. – [8] Röm 8, 23; Eph 1, 7; Kol 1, 14; Hebr 9, 12. 15; 1 Petr 1, 18. – [9] 1 Kor 6, 20; 7, 23; Gal 3, 13; 4, 5; Eph 1, 14; 4, 30; 2 Petr 2, 1; Offb 5, 9; 14, 3f.

→ befreien – Gefangenschaft – Gō'ēl – Plan Gottes – retten – Sklave – Sünde – Versöhnung

Erniedrigung
→ Kenosis

Ernte
Gr. *therismos,* hebr. *qāṣīr*. Das Getreide wurde im April/Mai geerntet. Die Ernte ist Zeit der Freude[1] und der Belohnung[2]. Sie wird zum Bild für das

Letzte *Gericht Gottes. Die Ernte Gottes, in der Zeit der Kirche vorweggenommen[3], wird am *Tag des Herrn vollendet sein[4].

[1] Ps 126, 5; Jes 9, 2; Joh 4, 36. – [2] 2 Kor 9, 6; Gal 6, 7–9. – [3] Mt 9, 37f (= Lk 10, 2); Joh 4, 35–38. – [4] Mt 13, 24–30. 36–43; Mk 4, 29; Offb 14, 14–19.

→ Fest – Freude – Frucht – Gericht – Pfingsten – Tag des Herrn – Weinlese

Erscheinungen Christi

1. Paulus überliefert eine sehr alte Liste (Jahr 55)[1], die von zwei Gruppierungen her entstanden sein könnte: *Kefas und die *Zwölf, Jakobus und die Apostel, zu denen sich dann die Erscheinung vor mehr als 500 Brüdern gesellte. Die Evangelisten erwähnen außerdem Erscheinungen vor einzelnen Personen: Maria und die Frauen[2], die Jünger in Emmaus[3], die Sieben am See[4]. Geht man von den Betroffenen aus, so lassen sich die verschiedenen Erscheinungen in zwei Gruppen zusammenfassen: die offiziellen Erscheinungen[5] vor dem apostolischen Kollegium (und einigen anderen), deren Schilderung auf die kirchengründende Sendung hinzielt; dann Privaterscheinungen[6], die Einzelne hatten, deren Schilderung im Erkennen dessen, der gesehen wird, gipfelt. Schließlich, ein Sonderfall, die Erscheinung vor Saulus aus Tarsus[7].

[1] 1 Kor 15, 5–7. – [2] Mt 28, 9f; Mk 13, 9–11; Joh 20, 11–18. – [3] Mk 16, 12f; Lk 24, 13–35. – [4] Joh 21, 1–23. – [5] Mt 28, 16–20; Mk 16, 14–20; Lk 24, 34. 36–53; Joh 20, 19–29. – [6] = Anmerkungen 2, 3, 4. – [7] Apg 9, 3–19; 22, 6–21; 26, 12–18; 1 Kor 9, 1; Gal 1, 13–17.

2. Die Berichte der Evangelien gehören nicht zur Gattung der *Apokalyptik (es werden weder Geheimnisse enthüllt, noch außergewöhnliche Inszenierungen dargeboten); und auch nicht zur Gattung der biographischen Chronik (es ist nicht möglich, sie zeitlich oder räumlich einzuordnen, keine Andenkenphotos); sie wollen vielmehr, das geht aus der Analyse der Erzählungen hervor, eine ursprüngliche Erfahrung erklären, indem sie ihre theologische Bedeutsamkeit hervorheben.

Die Begegnungen des Auferstandenen mit den Jüngern werden mit verschiedenen Worten beschrieben; das wichtigste, weil es auf die Initiative des Auferstandenen hinweist, ist: »er zeigt sich, er gab sich zu sehen (gr. ōphthē)«[8]; dann sehen[9], erscheinen[10], offenbaren[11], ergriffen werden[12], erkennen[13]. Diese Beschreibungen sind verschieden: manchmal handelt es sich um einen überraschenden Kontakt[14], manchmal um ein allmähliches Erkennen[15]; doch jedesmal lassen sich drei charakteristische Züge feststellen: die Initiative des Auferstandenen[16], das Erkennen der Jünger[17], der Sendungsauftrag[18]. Die Initiative des Christus gibt der Begegnung in den Augen der Jünger das Merkmal der Objektivität: der Glaube ist die Konsequenz und nicht der Ursprung der Erfahrung. Durch die Schilderung des fortschreitenden Wiedererkennens wird es möglich, die neue Seinsweise des Auferstandenen durch Paradoxe auszudrücken; er ist unabhängig von den normalen Bedingungen des irdischen Lebens und gleichzeitig doch für Menschen spürbar anwesend. Der Sendungsauftrag gibt der Zukunft Sinn und kennzeichnet die neue Art der Gegenwart Jesu.

[8] Lk 24, 34; Apg 13, 31; 1 Kor 15, 5–8. – [9] Mt 28, 7. 10; Mk 16, 7. 11. 14; Joh 20, 18. 20. 25. 29; 1 Kor 9, 1. – [10] Mk 16, 9. 12. 14. – [11] Gal 1, 16. – [12] Phil 3, 12. – [13] Phil 3, 8. 10. – [14] Mt 28, 9; Lk 24, 36; Joh 20, 19. 26. – [15] Lk 24, 11. 13–32; Joh 20, 11–18. 25–29; 21, 1–7. – [16] Mt 28, 9. 17f; Mk 16, 9. 12. 14; Lk 24, 15–17. 36; Joh 20, 14f. 19. 26; 21, 4f; Apg 1, 3; 9, 3f; 22, 6f; 26, 12–14; Gal 1, 15f; Phil 3, 12. – [17] Mt 28, 9. 17; Lk 24, 31. 37–45; Joh 20, 16–18. 19. 25. 28; 21, 7. 12. – [18] Mt 28, 10.

18–20; Lk 24, 46–49; Joh 20, 17f. 21–23; 21, 15–17; Apg 1, 8; 9, 15f; 22, 14f; 26, 16–18; 1 Kor 9, 1f; 15, 8–11; Gal 1, 16. 23.

3. Nach Lukas dauerten diese Erscheinungen vor den Aposteln *vierzig Tage[19] an; durch diese Zahl sagt Lukas, daß diese Zeit prototypisch zu verstehen ist: Die Zeit dieser Erscheinungen ist auch die Zeit der Gründung der Kirche[20]. Lukas behauptet nicht, daß Christus sich nicht mehr offenbaren werde; er selbst berichtet ja von der Erscheinung vor Saulus aus Tarsus nach der Himmelfahrt; doch er stellt dies Ereignis anders dar, als in den Berichten von den Erscheinungen vor den Aposteln; *apokalyptischer Stil, Herrlichkeit, im Blickpunkt steht nicht Jesus, der gelebt hat, sondern die bestehende Kirche[21]. Paulus dagegen stellt die Erscheinung, die ihm widerfuhr, den Erscheinungen vor den Zwölf gleich[22]. Er spricht davon in einem anderen Stil als Lukas[23].

[19] Apg 1, 3. – [20] Lk 24, 44–49. 50–53; Apg 1, 2; 10, 41f; 13, 31. – [21] Apg 9, 3–5; 22, 6–11; 26, 13–18. – [22] 1 Kor 9, 1; 15, 8. – [23] Gal 1, 16; Phil 3, 12.

4. Johannes spricht von den Empfängern der Erscheinungen im Blick auf die künftigen Gläubigen[24]: Sie haben nicht *das* gesehen, was die Jünger gesehen haben, aber sie wissen, *daß* diese Zeugen es gesehen haben. Ihr Glaube ruht auf dem Zeugnis der ersten Jünger, denen der Auferstandene begegnet ist; ihnen selbst begegnet Jesus, der durch den Tod hindurch lebendige, der kommt, um in ihnen zu wohnen[25].

[24] Joh 20, 29. – [25] Joh 14, 19–23.

→ Auferstehung – Erhöhung – Himmelfahrt

Erstgeborener

Gr. *prōtotokos,* hebr. *b^{e}kōr*: »was den Schoß durchbricht«. Die Darbringung der männlichen Erstgeborenen, der *Erstlinge der Menschen, an Jahwe, der die Söhne der Hebräer in jener Nacht, da die Erstgeborenen der Ägypten starben, bewahrte[1], wurde durch eine Ersatzgabe im Tempel vollzogen[2]. Als Erstling der mit dem Vater vereinten Menschheit wird Christus der Erstgeborene genannt; dieser Begriff meint Voraus-Sein und Überlegenheit[3]; er ist derjenige, der den Schoß der Scheol durchbrochen hat, ist der Erstgeborene aus den Toten[4]. Die Glaubenden ihrerseits bilden als Erstlinge der Kirche eine Gemeinschaft von Erstgeborenen[5].

[1] Ex 22, 28f; 34, 19; Hebr 11, 28. – [2] Ex 13, 13; Lk 2, 7. 22f; vgl. Gen 22. – [3] Röm 8, 29; Kol 1, 15; Hebr 1, 6. – [4] Kol 1, 18; Offb 1, 5. – [5] Hebr 12, 23; vgl. Jak 1, 18 ☐.

→ Erstlinge

Erstlinge

Gr. *aparchē*. Begriff aus dem Bereich des Opferwesens: Entnahme eines Anteils der »ersten« Bodenerzeugnisse, damit sie Gott, der Quelle alles Guten, dargebracht werden[1]. Der Anteil galt für das Ganze[2]; durch diesen Ritus wurde die gesamte Ernte geheiligt für das heilige Volk, das selbst »Erstlingsfrucht der Ernte Gottes« ist[3]. Die *Metapher wird auf den auferstandenen Christus bezogen[4], auf die Gabe des Geistes für die Glaubenden[5], auf die ersten Bekehrten[6], auf die Jungfrauen[7].

[1] Dtn 26, 1–11. – [2] Röm 11, 16. – [3] Jer 2, 3. – [4] 1 Kor 15, 20. 23. – [5] Röm 8, 23. – [6] Röm 16, 5; 1 Kor 16, 15; Jak 1, 18. – [7] Offb 14, 4 ☐.

→ *Einl.* VI. 3. B. b. – Opfer – Zehnt

erwählen
→ Auserwählung

Erz
Lat. *aes*: »Kupfer«. Heute eine Mischung aus Kupfer und Zink, die in dieser Zusammensetzung seit dem 13. Jh. n. Chr. bekannt ist. Fälschlicherweise wurde es mit *Bronze (gr. *chalkos*) identifiziert[1].

[1] 1 Kön 7, 13f; Jer 1, 18; 1 Kor 13, 1; Offb 18, 12.

Erzieher
Gr. *paidagōgos*: »Kinderführer«. Ein *Sklave, der nicht mit der Erziehung (die Rolle des Vaters) beauftragt ist, sondern das Kind bis zu dessen Volljährigkeit in die Schule zu führen hat[1].

[1] 1 Kor 4, 15; Gal 3, 24 □.

→ *Einl.* IX. 2.

Erziehung
→ *Einl.* VIII. 2. C; IX. 2.

Esau
Hebr. *'ēsāw*, bedeutet vielleicht: »roh, behaart«.
1. Ältester Sohn von Isaak und Rebekka, Zwillingsbruder des Jakob; er hat sein Erstgeburtsrecht verkauft und den Erb*segen seines Vaters nicht erhalten[1].

[1] Gen 25; 27; Hebr 11, 20; 12, 16f □.

2. *Eponymer Vorfahr der Edomiter oder Idumäer, daher sein zweiter Name: *Edom. In Zusammenhang damit wird gesagt, daß Gott Esau *haßte, d. h. daß er ihn weniger liebte als Jakob[2].

[2] Mal 1, 2f; Röm 9, 13 □.

[Eschatologie]
1. Lehre von den letzten Dingen (vom gr. *eschata*: »letzte Dinge«, *logos*: »Rede, Wort«). Sie fügt sich in den Zusammenhang des Redens vom *Ende der Welt, von den letzten *Zeiten also[1], den letzten *Tagen[2], vom Letzten Tag[3], von der letzten *Stunde[4], vom letzten Augenblick[5].

[1] Jud 18. – [2] 2 Tim 3, 1; Jak 5, 3. – [3] Joh 6, 39f. 44. 54; 11, 24; 12, 48. – [4] 1 Joh 2, 18. – [5] 1 Petr 1, 5.

2. Der Christ, den das Ende der Zeiten erreicht hat[6], versteht die letzten *Zeiten als die Periode zwischen dem Kommen Jesu und seiner Wiederkehr bei der *Parusie[7]. Die zeitliche Situation des Gläubigen kann und soll also als eschatologisch bezeichnet werden.

[6] 1 Kor 10, 11. – [7] Apg 2, 17; Hebr 1, 2; 2 Petr 3, 3.

→ *Einl.* XII. 2. A. – Zeit

Esel
Gr. *onos, hypozygion* (»unter dem Joch«). Gehört zu den bei den Israeliten meistgeschätzten Haustieren. Der Messias kommt nicht auf dem *Pferd, dem Kriegsreittier, sondern auf dem langsamen und friedlichen Esel (oder sogar auf dem Fohlen einer Eselin [gr. *pōlos*])[1].

[1] Sach 9, 9; Mt 21, 2. 5. 7 (= Mk 11, 2. 4. 5. 7 = Lk 19, 30. 33. 35); Joh 12, 14f.

[Esra]
1. Ein jüdischer Reformator aus der Epoche nach dem *Exil; er lebte zur Zeit des Königs Artaxerxes II. gegen 400 v. Chr. (diese Datierung ist wahrscheinlicher als unter Artaxerxes I., gegen 458). Dieser wichtige Schriftgelehrte war am Hof des persischen Königs Beauftragter für jüdische Fragen; er ist zusammen mit Nehemia Gründer der jüdischen Gemeinde, die er durch den »Zaun« des Gesetzes schützen ließ[1].

[1] Neh 8.

2. Die *kanonischen Bücher *Esra* und *Nehemia* waren ursprünglich in der hebräischen Bibel ein zusammenhängendes Ganzes und standen vor den Chronikbüchern; sie wurden spät getrennt. Einige Abschnitte im Buch Esra sind in *aramäischer Sprache geschrieben[1].

[1] 4, 8–6, 18; 7, 12–26.

3. *Das dritte Buch Esra* ist eine *apokryphe Variante der Chronikbücher. Die Zahl drei erklärt sich dadurch, daß dieses Buch in der *Vulgata nach dem Nehemiabuch eingeordnet ist, das als zweites Buch Esra betrachtet wird.

4. *Das vierte Buch Esra* (auch unter dem Namen *Apokalypse des Esra* oder *Zweites Buch Esra* bekannt) ist ein atl. *Apokryph, geschrieben auf aramäisch gegen Ende des 1. Jh. n. Chr. und heute in einer auf der Basis einer griechischen Übertragung verfertigten lateinischen Übersetzung bekannt. Es ist ein Werk apokalyptischer Gattung, verwandt mit der *Baruchapokalypse. Diesem Werk ist das *Requiem* entnommen. Die Kapitel 1–2 und 15–16 sind christliche Interpolationen.

[Essener]
Gr. *essēnoi, essaioi*; das Wort leitet sich wahrscheinlich vom aram. *hasīn* her und bedeutet »die Frommen« (hebr. *hasīdīm*). Eine jüdische Sekte, die zwar in der Bibel nicht erwähnt wird, aber *Josephus und *Philo sprechen von ihr; es ist wahrscheinlich, daß diese Sekte in Qumran angesiedelt war.

→ *Einl.* XI. 3. – Damaskusschrift – Qumran

Essig
Gr. *oxos,* lat. *posca.* Gemeint ist nicht das, was man heute als Essig bezeichnet, sondern ein mit Wasser vermischter saurer Wein, ein Volksgetränk, das man den Arbeitern[1] und den Soldaten[2] anbot; den *Nasiräern war dies Getränk untersagt[3]. Seines ziemlich sauren Geschmacks wegen war dies Getränk wenig beliebt[4].

[1] Rut 2, 14. – [2] Mt 27, 48 (= Mk 15, 36). – [3] Num 6, 3. – [4] Ps 69, 22; Spr 10, 26; Lk 23, 36 □.

Ethnarch
Gr. *ethnarchēs.* Diesen Titel hatte im Orient ein Großherzog, nicht ein König. Der Titel wurde solchen »gewohnheitsrechtlichen« Führern zuerkannt, die über eine, meist durch die Stammeszugehörigkeit abgegrenzte Bevölkerung herrschten. So z. B. *Archelaus[1].

[1] 1 Makk 14, 47; 15, 1; 2 Kor 11, 32; vgl. Mt 2, 22 □.

Eucharistie

Vom gr. *eucharistia* (*eu*: »gut«, *charizomai*: »Gunst zeigen, Gnade erweisen«): »Danksagung«. Ausgehend von der Danksagung, die Jesus und später die Christen über Brot und Wein gesprochen haben, setzte sich im 2. Jh. der Name »Eucharistie« als Bezeichnung des Herrenmahls durch, der Danksagung schlechthin[1].

[1] Mt 26, 26f (= Mk 14, 22f); Lk 22, 19 (= 1 Kor 11, 24).

→ Becher – Danksagung – Herrenmahl – Mahl

Eufrat

Der längste Fluß Asiens (2270 km); er entspringt in Armenien und mündet in den Tigris. Die Römer hielten ihn für eine natürliche Grenze, die die schreckliche Kavallerie der Parther und Meder kaum überschreiten konnte. Der Eufrat ist, neben dem Tigris, einer der vier Ströme im *Paradies[1].

[1] Offb 9, 14; 16, 12; vgl. Gen 2, 14 □.

Eunuch

Das gr. *eunouchos*: »Bett(gr. *eunē*)wächter (gr. *echō*)« kann einen Entmannten bezeichnen, oder metaphorisch einen Kämmerer oder einen hohen Beamten. Aus dem Kontext (oder aus anderen Quellen) kann man Zusätzliches erfahren: Potifar war verheiratet[1], der Schatzkämmerer der Königin Kandake war ein Verschnittener[2]. Ein Entmannter war für den Kult ungeeignet[3]; dieses Hindernis wird am Ende der Zeiten nicht mehr bestehen[4]. Jesus gebraucht den Begriff in bezug auf die Menschen, die um des Königreichs Gottes willen zur Ehelosigkeit aufgefordert werden[5].

[1] Gen 39, 1. 7. – [2] Apg 8, 27. 34. 36. 38f. – [3] Dtn 23, 2. – [4] Jes 56, 3–5; Weish 3, 14. – [5] Mt 19, 12 □.

Eva

Hebr. *ḥawwā*, Name der ersten Frau; die Volksetymologie ist mit dem Verb »leben« (hebr. *hājā*) verbunden: »die Lebende, Mutter der Lebendigen«. Das NT spricht von ihr nur im Zusammenhang mit der Verführung, deren Opfer sie wurde[1].

[1] Gen 3, 20; 2 Kor 11, 3; 1 Tim 2, 13f □.

Evangelium

Aus dem gr. *eu-aggelion* (*eu*: »gut« und *aggellō*: »verkünden«): »gute Nachricht«, hebr. *beśōrā*, vor allem als Ankündigung eines Sieges[1]. Das Wort nahm seit dem 6./5. Jh. v.Chr., ausgehend von Deuterojesaja[2], religiöse Bedeutung an. Im NT gebrauchen es nur Markus und Paulus; Mattäus benutzt es ausschließlich mit dem Determinativobjekt: »vom Reich«[3]. Das Verb *eu-aggelizomai*: »die gute Nachricht verkünden« ist Markus und Mattäus fremd[4], wir begegnen ihm dagegen oft bei Lukas und Paulus.

[1] 2 Sam 18, 20–22. – [2] Jes 40, 9; 52, 7; vgl. Ps 96, 2. – [3] Mt 4, 23; 9, 35; 24, 14; 26, 13 △. – [4] Ausgenommen Mt 11, 5 △.

1. Mit Jesus hat sich die Weissagung erfüllt. Jesus verkündet die Gute Nachricht vom Reich Gottes[5]; dadurch, daß er »den Armen das Evangelium verkündet« gibt er zu verstehen, daß das Reich ganz nahe ist[6]. Durch sein

Leben, seinen Tod, seine Auferstehung kommt man zum Heil, so daß Jesus in Person das Evangelium ist[7].

[5] Mt 4, 23; 9, 35; Mk 1, 15; Lk 8, 1. – [6] Mt 11, 4f (= Lk 7, 22); Lk 4, 18. – [7] Mk 1, 1; Apg 5, 42; 17, 3. 18.

2. Paulus hat diesen Begriff systematisch geordnet; der Verheißung (gr. *ep-aggelia*) entspricht das Evangelium[8], die Heilshandlung Gottes durch seinen Sohn Jesus. Darum spricht Paulus mit gleichem Recht vom Evangelium[9], vom Evangelium Gottes[10] oder vom Evangelium Christi[11].

[8] Röm 1, 2–4. – [9] Röm 1, 15f; 10, 16; 11, 28; 1 Kor 1, 17… – [10] Röm 15, 16; 2 Kor 11, 7… – [11] Röm 15, 19; Gal 1, 7…

3. Das Evangelium soll der ganzen Welt verkündet werden[12]. Die Prediger sind »Evangelisten«[13], denen die Aufgabe zuteil wurde, den Einbruch des Reiches[14] und vor allem den Ostersieg Christi zu verkünden[15]: das ist das einzige wahre Evangelium[16]. Ihre Verkündigung ist wirksames Wort; sie kommt von Gott, weckt den Glauben und hilft zum Heil[17]. Erst seit dem 2. Jh. bezeichnet dieses Wort den geschriebenen Bericht von dem Leben Jesu, ein Buch.

[12] Mk 16, 15; Röm 9, 17. – [13] Apg 21, 8; Röm 10, 15; Eph 4, 11; 2 Tim 4, 5 △. – [14] Mt 24, 14. – [15] Röm 1, 16. – [16] Gal 1, 8f. – [17] Röm 1, 16f; Phil 1, 27.

4. Die kleinen Bücher, die man *Evangelien* nennt, bilden eine einzigartige literarische Gattung. Mit der historischen Gattung sind sie dadurch verwandt, daß sie verschiedene Überlieferungen sammeln, die in der Kirche dreißig oder vierzig Jahre im Umlauf waren, ehe man sie in einem Buch zusammengetragen hat. Sie dürfen jedoch nicht mit den Berichten über Ereignisse der Vergangenheit gleichgestellt werden. Sie wollen nämlich, genauso wie die Überlieferungen, die sie widerspiegeln, eine Antwort auf die Probleme einer bestimmten Gemeinde geben, und damit den Glauben entweder wecken oder kräftigen. So erklären sich die zahlreichen Unterschiede, die man innerhalb der *synoptischen Evangelien, aber auch zwischen ihnen und dem Johannesevangelium feststellen kann. Alle aber legen den Hauptakzent auf das Leben und die Lehre Jesu von Nazaret, also desjenigen, von dem die Glaubenden wissen, daß er nach seinem Tod lebendig ist. Es gibt vier kanonische Evangelien nach *Mattäus, *Markus, *Lukas und *Johannes.

→ *Einl.* XV. – Kerygma – Verheißung – verkündigen

ewig

1. Der Begriff Ewigkeit ist – wie für jeden Menschen – auch für den Semiten zunächst durch die Leugnung seiner zeitlichen Existenz bestimmt, deren Vergänglichkeit er aus der Todeserfahrung kennt. Darüber hinaus glaubt er, daß Gott der Lebende ist, der nicht stirbt; bei Gott gibt es keine Veränderung[1]: er kennt weder Anfang, noch Ende, noch Werden[2]. Im Unterschied zu den Griechen führt diese Erfahrung den Semiten nicht zu einer abstrakten Definition, die die *Zeit leugnete; denn nach seiner Auffassung ist die Zeit kein bildloser Rahmen, sie ist von den erlebten Tatsachen erfüllt. Deswegen ist der ewige Gott Herrscher über alle Zeiten, er ist der König der *Zeitalter[3]. Die Ewigkeit wird nicht durch Ausschluß der Zeit bestimmt, sondern durch ihre Integration: Es handelt sich um die Fülle des Seins, um das Absolute.

[1] Jak 1, 17. – [2] 1 Kor 2, 7; Kol 1, 26; Hebr 1, 12. – [3] Röm 16, 26; 1 Tim 1, 17; vgl. Jes 40, 28; Weish 4, 2.

2. Das Adjektiv *ewig* ist normalerweise Übersetzung des gr. *aiōnios* (vgl. Äon), das nicht nur Gott genauer qualifiziert, sondern alles, was an seiner absoluten Fülle Anteil nimmt: das Leben[4], die Zeiten[5], die Gute Nachricht[6], das Erbe[7], die Herrlichkeit[8], die himmlische Welt[9]. Die entgegengesetzten Wirklichkeiten sind manchmal als ewig bezeichnet, aber nur im analogischen Sinn und auf der Grundlage der antithetischen Redeweise der Semiten (lieben/hassen; Belohnung/Strafe); es wird damit ausgesagt, daß die Entscheidung gegen Gott nicht eigentlich endlos ist (Kategorie Raum-Zeit), sondern absolut, »endgültig« (qualitative Kategorie): so die Sünde[10], verzehrendes Feuer[11], Verderben[12], Strafe[13].

[4] Mt 19, 16. 29; Joh 3, 15f. 36; 17, 2. – [5] Röm 16, 25; 2 Tim 1, 9; Tit 1, 2. – [6] Offb 14, 6. – [7] Hebr 9, 15. – [8] 2 Kor 4, 17; 2 Tim 2, 10. – [9] 2 Kor 5, 1. – [10] Mk 3, 29 △. – [11] Mt 18, 8; 25, 41; Jud 7 △. – [12] 2 Thess 1, 9 △. – [13] Mt 25, 46 △.

→ Äon – Zeit

[Exegese]

Gr. *exēgeomai*: »lenken, begleiten, im einzelnen darstellen, erklären, auslegen«. Wissenschaft von der Auslegung, die den Sinn eines Textes oder eines literarischen Werkes festzulegen versucht. Sie bedient sich der klassischen Methoden der Interpretation: der *Textkritik, der *Literarkritik, der *historisch-kritischen Exegese; ihr Ziel ist es, die Aussage des Textes in der zeitgemäßen Form zu vermitteln.

Exil

Ort und Lebensbedingungen eines deportierten Volkes. Diese Vorstellung leitet sich vom Bild der *Babylonischen *Gefangenschaft her, die die Exilierten als Strafe für die Sünde und fruchtbare *Probe zugleich deuteten, als Erfahrung des Todes und der Auferstehung.

Zwei griechische Begriffe beziehen sich auf dieses Bild. *Par-oikeō*: »wohnen *(oikeō)* neben *(para)* den Eingeborenen«, »ein ausländischer Einwanderer sein«, »Immigrant«. Der Christ hält sich wie Abraham und seine Nachkommenschaft, wie Mose[1], für einen Immigranten, der auf dieser Erde im Exil ist[1]. Das andere Wort, *ek-dēmeō*: »weg *(ek)* von seinem Volk *(dēmos)* sein«, wird nur auf die sterbliche Situation des Menschen bezogen[3].

[1] Apg 7, 6. 29; 13, 17; Hebr 11, 9f. – [2] 1 Petr 1, 17; 2, 11. – [3] 2 Kor 5, 6–9.

→ *Einl.* I. 1. A. – Diaspora – Fremder – Gefangenschaft – Heimat

exkommunizieren

Dem NT sind zwei von den drei Exkommunikationsstufen bekannt, die die *Rabbinen festgelegt hatten: a. die volle Exkommunikation (hebr. *ḥerem*) besteht darin, daß man das *Anathema wirft[1] oder dem *Satan übergibt[2]; b. Ausschluß aus dem Leben der Gemeinde (hebr. *neziphā*) und zeitlich begrenzter Bann *(niddūj)* spiegeln sich in folgenden Ausdrücken wider: aus der Synagoge ausgeschlossen sein (gr. *apo-synagōgos*)[3], ausschließen (gr. *aphorizō*)[4], aus der Gruppe ausstoßen (gr. *ek-ballō*)[5], wie einen Heiden behandeln[6], *binden und lösen[7].

[1] Röm 9, 3; 1 Kor 16, 22; Gal 1, 8f. – [2] 1 Kor 5, 5; 1 Tim 1, 20. – [3] Joh 9, 22; 12, 42; 16, 2. – [4] Lk 6, 22. – [5] 3 Joh 10. – [6] Mt 18, 17f. – [7] Mt 16, 19.

→ Anathema – binden und lösen – Kirche

Exodus
Gr. *exodos* bedeutet »Auszugsweg«, daher »Auszug« (Lk 9, 31). Name des zweiten Buchs des *Pentateuch, das auf hebr. *wᵉ'ēlle šᵉmōt* (»Und das sind die Namen«) heißt.
1. Im eigentlichen Sinn ist der Auszug der Hebräer aus dem Ägypten gemeint, oder im erweiterten Sinn, die lange Wanderung durch die Wüste, nach der die Hebräer in das verheißene Land gelangten, wahrscheinlich im 13.–12. Jh. v. Chr.[1].

[1] Apg 7; 13, 17f; Hebr 3, 8. 16f; 8, 5. 9; 11, 22. 29; 12, 20.

2. Das NT folgt Jesaja, der die Rückkehr aus der *Gefangenschaft als einen neuen Exodus deutete[2] und greift für die Darstellung der *Erlösung durch Jesus Christus Typoi aus der Exodusüberlieferung auf: Der Durchzug durch das Rote Meer[3], die Gabe der Manna[4] und des lebendigen Wassers[5], die Erhöhung der Schlange in der Wüste[6], die Bildung des neuen Gottesvolkes[7], das einen neuen Kult verrichten soll[8], die Erneuerung des Bundes[9] auf dem Berge[10], und schließlich das geopferte Paschalamm[11].

[2] Jes 35; 40–45. – [3] 1 Kor 10, 1–16; Offb 15, 3; vgl. Ex 14–15; Weish 18–19. – [4] Joh 6, 31–49; vgl. Ex 16. – [5] Joh 7, 37f; 19, 34; vgl. Ex 17. – [6] Joh 3, 14. – [7] 1 Petr 2, 9f; Offb 5, 9f; vgl. Ex 19, 6; Jes 43, 20. – [8] 1 Petr 2, 5; vgl. Ex 4, 23. – [9] Offb 11, 19; vgl. Ex 25, 9. – [10] Apg 7, 37f; Gal 4, 24f; Hebr 8, 5; 12, 20; vgl. Ex 24. – [11] Joh 1, 29; 19, 36; 1 Kor 5, 7; 1 Petr 1, 18f; Offb 5, 9; vgl. Ex 12, 5.

→ Manna – Wüste

exorzisieren
1. Drei griechische Worte bezeichnen die Handlung, die dazu dient, einen Dämon aus einem Besessenen im Namen einer Gottheit oder durch Beschwörungen und mehr oder weniger magische Formeln auszutreiben: »den Dämon beschwören (gr. *horkizō, ex-, en-*), daß er weggeht«. Das Wort wird im NT selten gebraucht; es erscheint nur auf den Lippen des Dämons, den Jesus austreibt[1], oder im Munde der jüdischen Exorzisten[2], oder es wird auch metaphorisch gebraucht[3]. Hinauswerfen, hinaustreiben (gr. *ek-ballō*); hinausgehen (gr. *ex-erchomai*).

[1] Mk 5, 7. – [2] Apg 19, 13. – [3] Mt 26, 63; 1 Thess 5, 27.

2. Diese Praktiken waren den Juden bekannt[4]. Jesus tritt zwar als Exorzist auf[5], aber er begnügt sich normalerweise mit dem Befehl, ohne die Beschwörung auszusprechen[6], und seine Jünger tun, aufgrund der Vollmacht, die sie erhalten haben, dasselbe[7]. Die Vertreibung der Dämonen bedeutet, daß das *Reich Gottes über den Satan siegt[8], jedenfalls dann, wenn sie von *Gerechten durchgeführt wird[9].

[4] Mt 12, 27; Mk 9, 38f (= Lk 9, 49f); Apg 19, 13–19. – [5] Mk 7, 33f; 8, 23–25. – [6] Mk 1, 25 (= Lk 4, 35); 5, 8 (= Mk 8, 29); 9, 25 (= Lk 9, 42). – [7] Mt 10, 1. 8 (= Mk 3, 15; 6, 7 = Lk 9, 1); 17, 19; Mk 16, 17; Apg 5, 16; 8, 7. – [8] Mt 12, 24–28 (= Mk 3, 22–27 = Lk 11, 14–20); Lk 13, 32. – [9] Mt 7, 22; Lk 10, 20.

→ Besessener – Dämonen – Geist – Magie – Satan

Faden
Gr. *orgyia*: »Abstand zwischen beiden ausgebreiteten Armen vom Ende einer Hand bis zum Ende der anderen«, römisches Feldmaß von etwa 1,85 m. In Palästina konnte sie 2,05 m groß sein[1].

[1] Apg 27, 28 □.

→ Maße

fahren (zu Wasser)
Gr. *pleō*. Vor allem Lk verwendet den Begriff, um verschiedene, mit der Seefahrt zusammenhängende Vorgänge auszudrücken: sich einschiffen[1], segeln[2], fahren zu Wasser[3], landen[4].

[1] Apg 15, 39; 18, 18; 20, 6. – [2] Apg 13, 4; 14, 26; 20, 15; 27, 1. – [3] Apg 20, 16; 21, 7; 27, 2. 4–10. 24; Offb 18, 17. – [4] Lk 8, 26 □.

→ *Einl.* IV. 3. B.

Fall
Zwei Worte, manchmal der besseren Beschreibung wegen nebeneinander gestellt, beschreiben das Faktum, daß ein Glaubender zu Fall kommt, oder aber sie bezeichnen die Ursache dieses Falls[1]. Man kann am einen Stein stoßen (gr. *proskoptō*)[2], der dann zum *Stein des Anstoßes wird (gr. *proskomma*)[3]: dieser Ausdruck bezeichnet jedes Hindernis, über das man stolpert und das zum Fall führt[4]. Wird dieses Hindernis als etwas aktivwirkendes aufgefaßt, kann man von *skandalon* sprechen; dabei kann es sich um eine Person[5] handeln, um ein Wort[6], um eine Tat[7], um ein Organ[8], ein Ereignis[9], irgendeine Sache[10]; sie wird zur Falle[11]. Das *Kreuz Jesu ist das Ärgernis schlechthin[12].

[1] Jes 8, 14; Röm 9, 33; 14, 21; 1 Kor 8, 9. 13; 1 Petr 2, 8. – [2] Mt 4, 6; Lk 4, 11; Joh 11, 9f. – [3] Röm 9, 32f; 1 Petr 2, 8. – [4] Apg 24, 16; Röm 14, 13. 20f; 1 Kor 8, 9; 10, 32; 2 Kor 6, 3; Phil 1, 10 △. – [5] Mt 11, 6; 13, 57; 18, 6; 26, 31. 33; Mk 6, 3; 9, 42; 14, 27. 29; Lk 7, 23; 17, 2; Röm 16, 17. – [6] Mt 15, 12; Joh 6, 61. – [7] Mt 17, 27; Röm 14, 13. 21; 1 Kor 8, 13. – [8] Mt 5, 29f; 18, 8f; Mk 9, 43. 45. 47. – [9] Mt 13, 21; 24, 10; Mk 4, 17; Joh 16, 1; 2 Kor 11, 29. – [10] Mt 13, 41; 18, 7; Lk 17, 1; Röm 9, 33; 11, 9; 1 Petr 2, 8. – [11] Ps 124, 7; Offb 2, 14. – [12] 1 Kor 1, 23. Gal 5, 11 △.

→ Ärgernis

Fasten
Gr. *nēsteia*.
1. Im Unterschied zu anderen Religionen gilt in Israel das Fasten nicht als eine asketische Leistung: Ist denn die Nahrung nicht ein Geschenk Gottes[1]? Es entspricht hier der »Demütigung seiner Seele«, es ist eine Haltung, die die Abhängigkeit von Gott zeigt[2]. Darum fastet man, um sich auf die Begegnung mit Gott vorzubereiten[3], als Trauerbekundung[4], oder um eine bestimmte Gnade zu erbitten[5], kollektive oder individuelle Vergebung[6], das göttliche Licht[7], wie z. B. vor dem Erfüllen einer Aufgabe[8]. Das Fasten ist nicht zu trennen vom *Almosen und vom *Gebet[9]. Es bedeutet auch, daß man nicht *badet, keine *Duftstoffe benutzt, keine sexuellen Beziehungen hat; vor allem fordert es die Liebe zu den *Armen[10].

[1] Dtn 8, 3; Mt 15, 32; Mk 8, 3. – [2] Lev 16, 29–31. – [3] Ex 34, 28; Dan 9, 3. – [4] 1 Sam 31, 13. – [5] 2 Sam 12, 16. 22; Joël 2, 12–17. – [6] 1 Kön 21, 27; Jona 3, 5. 7f. – [7] Dan 10, 3. 12. – [8] Ri 20, 26; Apg 14, 23. – [9] Mt 6, 2–4. 5–8. 16–18; 17, 21 (= Mk 9, 29); Lk 2 37; Apg 13, 3. – [10] Jes 58, 3–7; Joël 2, 16.

2. Zur Zeit Jesu ist das Fasten bei gewissen Gelegenheiten vorgeschrieben, namentlich am *Versöhnungstag, der auch als »das Fasten« bezeichnet wird[11]. Die Jünger Johannes des Täufers und die *Pharisäer praktizieren es als regelmäßige Frömmigkeitsübung, nicht ohne Gefahr der Zurschaustellung[12].

[11] Lev 23, 29; Apg 27, 9. – [12] Jer 14, 12; Mt 6, 16f; 9, 14 (= Mk 2, 18 = Lk 5, 33); Lk 18, 12.

3. Das Fasten Jesu in der Wüste ist ein Akt der vertrauensvollen Hingabe an den Vater allein, im Augenblick als Jesus seine Sendung aufnehmen sollte[13].

[13] Mt 4, 2; vgl. Ex 34, 28; 1 Kön 19, 8.

4. Die christliche Kirche übernimmt die Fastenpraxis; auf diese Weise bringt sie ihr Warten auf die Rückkehr des Herrn zum Ausdruck[14].

[14] Apg 13, 2; 2 Kor 6, 5; 11, 27; vgl. Mt 9, 14f (= Mk 2, 19f = Lk 5, 34f) ☐.

Feigenbaum

Gr. *sykē*; lat. *ficus carica*. Der Feigenbaum ist in Palästina, wo man seinen Schatten schätzt, stark verbreitet und gedeiht auch auf steinigem Boden, vorausgesetzt, daß die Bewässerung gesichert ist. Auf dem Baum bleiben nach der Ernte im Spätsommer noch kleine grüne Feigen, die nicht reif geworden sind; aus ihnen reift dann das Frühobst im nächsten Juni. Dieser Baum und seine Früchte werden häufig erwähnt[1].

[1] Jes 28, 4; Jer 8, 13; Hos 9, 10; Mt 7, 16 (= Lk 6, 44); 21, 19–21 (= Mk 11, 13. 20f); 24, 32 (= Mk 13, 28 = Lk 21, 29); Lk 13, 6f; Joh 1, 48. 50; Jak 3, 12; Offb 6, 13 ☐.

→ *Einl.* II. 5; VII. 1. A.

Feind

Gr. *echthros* (Femininum *echthra*: »Feindschaft«). Dieser Begriff ist stärker als die Worte Widersacher (gr. *anti-dikos*)[1] und *Gegner (gr. *anti-keimenos*: »der gegenüber ist«)[2], weil er sich nicht auf einen Akt, sondern auf einen Zustand zu beziehen scheint. Die Feinde sind nach der Bibel ständig da[3]; der *Teufel ist der Feind schlechthin[4]. Jesus widersetzt sich seinen Feinden[5]; sein letzter Feind ist der *Tod[6]. Wenn er von seinen Jüngern verlangt, daß sie ihre Feinde lieben[7], dann tritt er nicht gegen das AT auf, sondern sehr wahrscheinlich gegen Weisungen, die den *Haß anordnen, wie das in den in *Qumran gefundenen Texten belegt ist[8].

[1] Mt 5, 25; Lk 12, 58; 18, 3; 1 Petr 5, 8 △. – [2] Lk 13, 17; 21, 15; 1 Kor 16, 9; Phil 1, 28; 2 Thess 2, 4; 1 Tim 5, 14; vgl. Tit 2, 8; Hebr 10, 27 △. – [3] Lk 23, 12; Röm 12, 20; Gal 4, 16. – [4] Mt 13, 25. 28. 39; Lk 10, 19. – [5] Ps 110, 1; Mt 22, 44 (= Mk 12, 36 = Lk 20, 43); Apg 2, 35; 1 Kor 15, 25; Hebr 1, 13; 10, 13. – [6] 1 Kor 15, 26. – [7] Mt 5, 43f (= Lk 6, 27. 35). – [8] *Sektenregel* 1, 3f; 1, 9f; vgl. Ps 139, 21f.

→ Gegner – Haß

Felix

Ein lateinischer Name mit der Bedeutung: »reich an, glücklich« (verwandt mit *fecundus*). Er war Bruder des Pallas (eines Favoriten des *Klaudius), Freigelassener der Kaiserin Antonia, Ehemann (ohne Beschneidung) der *Drusilla (Tochter des Agrippa I.), von 52 bis 59–60 *Statthalter in Judäa. Im Gegensatz zu dem, was Tertullus in Apg 24, 2f sagt, hat er die *zelotische Bewegung, die sich während seiner Amtszeit entwickelte, grausam unterdrückt. Die juristische Praxis hätte es ihm gestattet, Paulus zu befreien; er hat ihn trotzdem im Gefängnis behalten, den er wollte den Juden gefallen und von Paulus wollte er einiges Geld erhalten[1].

[1] Apg 23, 24–24, 27; 25, 14 □.

Fest

1. Von lat. *festus*: »fröhlich, erheiternd«; gr. *heortē*. Dieser Begriff wird gewöhnlich durch einen Namen: Ungesäuerte Brote, Pascha[1], Laubhütten[2], oder durch den Kontext[3] näher erklärt. Wenn das Wort absolut gebraucht wird, meint es das jüdische Pascha[4]. Im Plural hat es allgemeinen Sinn[5]. Einmal begegnen wir auch dem Wort *panēgyris* (von *pas*: »jeder« und *ageirō*: »versammeln«, *agora*: »Versammlung«: »Versammlung, festliche Zusammenkunft[6].

[1] Lk 2, 41; 22, 1; Joh 2, 23; 6, 4; 13, 1. – [2] Joh 7, 2; vgl 5, 1. – [3] Mt 26, 5 (= Mk 14, 2); 27, 15 (= Mk 15, 6 = Lk 23, 17); Lk 2, 42; Joh 7, 8. 10f. 14. 37; 13, 29. – [4] Joh 4, 45; 11, 56; 12, 12. 20; 1 Kor 5, 8. – [5] Kol 2, 16 △. – [6] Hebr 12, 22 △.

2. Anlaß zur Freude mit kultischem und gemeinschaftsbildendem Charakter, der das ganze Volk einbezieht; er hängt zusammen mit Naturereignissen (Mond- und Sonnenzyklus), Arbeitsgegebenheiten (Saat, Ernte, Jahreszeiten, Lese) und Geschichtsereignissen (Auszug aus Ägypten, Einweihung des Tempels). Die jüdischen Feste, von denen eins der Bitte um Vergebung und der Versöhnung mit Gott gilt, sind durch Danksagung und Jubel vor Gott, dem Schöpfer und Retter, geprägt[7].

[7] *Einl.* XIII. 3.

3. Der Sinn des Festes beschränkt sich nicht auf die Erinnerung an die Vergangenheit; es ist auch Ausdruck der Treue zu Gott in der jeweiligen Gegenwart, und insbesondere Vergegenwärtigung der Hoffnung auf das Kommen des Heils.

4. Jesus hat sein Opfer im Rahmen des Paschafestes (Befreiung aus der ägyptischen Gefangenschaft) erfüllt[8], er hat die Gabe des Geistes am Laubhüttenfest angekündigt[9]; sie hat sich an Pfingsten erfüllt[10]. Gleichwie die Propheten hat auch Jesus stark betont, daß ein Kult ohne ein gerechtes Leben wertlos ist[11].

[8] Joh 19, 36. – [9] Joh 7, 37f; Offb 7, 9. – [10] Apg 2, 33 – [11] Jes 1, 13; Hos 2, 11–13; Am 5, 21–24; Mt 12, 1–8 (= Mk 2, 23–28 = Lk 6, 1–5).

5. Mit Jesus haben die alten *Kultformen ihre Gültigkeit verloren, denn die Gläubigen stehen nicht mehr unter dem Joch des Naturzyklus[12] und die früher gefeierten Ereignisse waren nur *Typos der Wirklichkeit, das heißt des Bundes im Pascha Christi[13]. Darum ist die Feier des Ostergeheimnisses das christliche Fest schlechthin und jeder Sonntag ist sein Abglanz.

[12] Gal 4, 10; Kol 2, 16. – [13] 1 Kor 5, 7f; 10, 11.

→ *Einl.* XIII. 3. – Freude – Kult – Laubhüttenfest – Pascha – Pfingsten – Sabbat – Sonntag – Tempelweihefest – Ungesäuerte Brote – Versöhnungstag – Wallfahrt

Festus

Ein lateinischer Name; er bedeutet: »festlich, heiter, fröhlich«. Porcius F. Festus, den Nero i. J. 60 zum *Statthalter Judäas ernannte, starb plötzlich i. J.

62. Festus ließ Paulus, den Felix gefangen zurückhielt, auf seine Bitte hin vor das kaiserliche Gericht, d. h. nach Rom, bringen[1].

[1] Apg 24, 27 – 26, 32 □.

Feuer

Gr. *pyr* (vgl. *pyroō, kaiō*: »brennen«; *phlogizō*: »in Brand setzen«; *haptō*: »anzünden«): »Feuer, Ofen, Feuerofen, Kohlenglut, Rauch, Dunst«.

1. Eines der vier *Elemente – zusammen mit der Erde, Wasser und Luft – aus denen nach der Überzeugung der Antike alle Körper bestehen. Auch eins der Symbole, die einen Aspekt der Gottheit[1] und der himmlischen[2] oder verherrlichten Wesen[3] zum Ausdruck bringen; öfters mit den entgegengesetzten Symbolen wie dem *Wasser oder dem *Wind verbunden[4].

[1] Gen 15, 17; Ex 3, 2–6; 13, 21; 19, 18; 24, 17; Dtn 4, 24; Ri 13, 20; Hebr 12, 29. – [2] Offb 10, 1. – [3] Dan 10, 6; Offb 1, 14; 2, 18. – [4] 1 Kön 18, 38; 19, 12.

2. Das *eschatologische Feuer wirkt vor allem reinigend[5]; das Feuer von *Gehinnom und vom *Feuersee[6] soll alles verzehren[7]. Dieses Feuer jedoch bedeutet, wenn es in der jetzigen Zeit vorweggenommen wird, *Theophanie[8].

[5] Gen 19, 24; Ex 9, 24; Jes 66, 15; Am 1, 4. 7; Mal 3, 19; Mt 3, 10–12; 7, 19; 13, 42. 50; 1 Kor 3, 15; 1 Petr 1, 7; 4, 12–17. – [6] Mt 5, 22; Offb 20, 10. 14f. – [7] Dtn 9, 3; Jes 33, 14; Hebr 10, 27; 12, 29; Jak 5, 3. – [8] Dan 7, 10; Apg 7, 30; Offb 1, 14; 15, 2; 19, 12.

3. Mit Jesus wird das Feuer gegenwärtig, aber nicht als Vergeltung[9], sondern als *Taufe mit Heiligem Geist und mit Feuer[10]. An *Pfingsten handelt es sich um das Feuer des *Geistes, der sich allen Völkern verständlich macht[11]. Schließlich nimmt Gott das *Ganzopfer unseres Lebens an, das in einem *Kult besteht, der ihm gefällt, und in unwandelbarem Leuchten[12].

[9] Lk 9, 54f. – [10] Lk 3, 16; 12, 49f. – [11] Apg 2, 3. – [12] Hebr 12, 28.

→ Feuersee – Gehinnom – Hölle – Salz – Schwefel

Feuersee

Gr. *limnē tou pyros*: »Teich des Feuers«, »Meer des Feuers«. Eines der Worte, mit denen in der *Apokalyptik die *Hölle, der Ort der ewigen Verdammnis, bezeichnet wird. Es entspricht dem brennenden *Gehinnom. Man könnte hier einen Nachhall jener Vorstellung finden, die das Entstehen des Toten Meeres auf das Strafgericht zurückführt, das mit *Feuer und *Schwefel über Sodom hereinbrach[1].

[1] Offb 19, 20; 20, 10. 14f □; vgl. Lk 17, 29; Offb 21, 8.

→ Feuer – Hölle – Meer

Fieber

Gr. *pyretos*. Nach Auffassung der Antike ist das Fieber nicht ein Symptom, sondern eine Krankheit. Das Wort, abgeleitet von *pyr:* »Feuer«, bedeutet »Feuerbrand«; die Rabbinen sprechen vom »Knochenfeuer«. Das Fieber, das manchmal tödlich verlaufen kann, gehört zu den Strafen, die Jahwe seinem treulosen Volk androht[1]. Wie bei anderen Krankheiten, so führt man auch den Ursprung des Fiebers auf *dämonische Kräfte zurück[2]; nur durch Gebet und Wunder kann man sie besiegen[3].

[1] Lev 26, 16. – [2] vgl. Lk 4, 39 mit Mt 8, 15 (= Mk 1, 31). – [3] Joh 4, 52; Apg 28, 8 □.

→ heilen – Krankheit

Finger Gottes
Gr. *daktylos tou Theou.* Symbol der *Macht Gottes und seines *Geistes[1].
[1] Ex 8, 15; 31, 18; Ps 8, 4; Lk 11, 20 □.

→ Arm – Dekalog

Finsternis
Gr. *skotos, skotia.*
1. Jene *Lichtlosigkeit, die der *Nacht eigentümlich ist[1]. Im bildlichen Sinn kann das gemeint sein, was verborgen ist[2].
[1] Joh 6, 17; 12, 35; 20, 1. – [2] Mt 10, 27; Lk 12, 3.

2. Eine Macht, die Gott seit der *Schöpfung besiegt hat und die er der Nacht zugeordnet hat[3]. Ein Bild des Schreckens[4], des Unglücks[5], der Zerstörung[6] und des Todes[7]; es kennzeichnet das, was böse ist[8].
[3] Gen 1, 2; Jes 45, 7. – [4] Am 5, 18. – [5] Ps 23, 4. – [6] Ps 88, 7. – [7] Ijob 10, 21; 17, 13; Ps 88, 13. – [8] Mt 6, 23 (= Lk 11, 34–36); 27, 45 (= Mk 15, 33 = Lk 23, 44f); Lk 22, 53.

3. Die Finsternis ist das Reich des *Satan und der Sünde[9], aber auch der Menschen, die hier im Finstern leben[10] und böse Werke tun[11]. Gott ist Herr über die Finsternis[12], er entreißt ihr den, den er im Licht haben will[13]. Der Mensch selbst ist in einen *Kampf zwischen Licht und Finsternis verwickelt (vgl. *Qumran), aus dem der Christ in der Nachfolge Christi siegreich hervorgeht[14]. Voraussetzungen für diesen Sieg sind der Glaube und die brüderliche Liebe[15]. Umgekehrt ist die äußerste Finsternis der Ort der Strafe, der sich außerhalb des *Himmels befindet[16].
[9] Apg 26, 18; Eph 6, 12. – [10] Jes 9, 1; Mt 4, 16; Lk 1, 79; Röm 1, 21; 2, 19; Eph 4, 18; 5, 8. – [11] Joh 3, 19; Röm 13, 12; Eph 5, 11. – [12] Apg 13, 11; 2 Kor 4, 6. – [13] Kol 1, 13; 1 Petr 2, 9. – [14] Joh 1, 5; 3, 19; 8, 12; 12, 46; 2 Kor 6, 14; 1 Joh 1, 5. – [15] 1 Joh 1, 6; 2, 9. 11. – [16] Mt 8, 12; 22, 13; 25, 30; Offb 16, 10.

→ Licht

Fisch
Gr. *ichthys.* Gebräuchliches und billiges Nahrungsmittel[1]. Die Speisevorschriften verboten das Essen von Fischen, die keine Flossen und Schuppen haben[2]. Man kannte den gedörrten Fisch (gr. *opsarion*)[3]. Die ersten Christen gebrauchten das Fischemblem gern als Christussymbol; die Buchstaben des Wortes kann man folgendermaßen interpretieren: **Iēsous Christos Theou Hyos Sōtēr** = Jesus Christus Gottes Sohn Retter.
[1] Mt 7, 10 (= Lk 11, 11); 14, 17. 19 (= Mk 6, 38. 41. 43 = Lk 9, 13. 16); 15, 34. 36 (= Mk 8, 7); 17, 27; Lk 5, 6. 9; 24, 42; Joh 21, 6. 8. 11. – [2] Lev 11, 9–12; 1 Kor 15, 39 △; vgl. Mt 13, 47f. – [3] Joh 6, 9. 11; 21, 9f. 13 △.

→ *Einl.* II. 6; VIII. 1. D. a. – Drache – Fischerei

Fischerei
1. Auf dem See Gennesaret übten Korporationen, die sich aus dem Bootseigner und Lohnarbeitern zusammensetzten[1], vor allem bei Nacht[2] mit Leuchtfeuer, mit einem oder mehreren Booten[3] das Fischereihandwerk aus (hr. *halieuō*: »auf dem Meer leben, fischen«, von *hals*: »Meer, Salz«; oder *agreuō*: »in eine Falle locken[4], fischen«). Neben der Angel mit dem Haken[5] (und der Harpune[6]) benutzte man vor allem das Netz (gr. *diktyon*). Dabei

handelte es sich um eine Art Wurfnetz (gr. *amphiblēstron,* von *amphi*: »rundum« und *ballō*: »werfen«), das am Rand mit Gewichten beschwert war und vor allem zum Fischen im tiefen Wasser benutzt wurde[7], oder um eine Art Schleppnetz (gr. *sagēnē*), das am einen Ende mit Gewichten beschwert war, am anderen Ende schwamm; es wurde vor allem für das Fischen an der Oberfläche oder vom Ufer her benutzt[8].

[1] *Einl.* VII. 1. B; Mk 1, 20; Lk 5, 7. – [2] Lk 5, 5; Joh 21, 3. – [3] Mk 4, 36; Lk 5, 11. – [4] Mk 12, 13; 2 Tim 2, 26. – [5] Mt 17, 27. – [6] Ijob 40, 26; Am 4, 2. – [7] Mt 4, 18 (= Mk 1, 16). – [8] Mt 13, 47f.

2. Der Ausdruck »Menschenfischer« (gr. *haleeis anthrōpōn*)[9] oder »du wirst Menschen fangen« (gr. *anthrōpous esēi zōgrōn*)[10] ist schwer zu interpretieren. Die Vorstellung des Gefangennehmens und des Herausziehens etwa aus einer Falle schwingt in der Redewendung mit. Möglicherweise stützt sie sich auf den biblischen Symbolismus von den gewaltigen *Wassern des Todes[11], denen die Menschen entrissen werden; wahrscheinlicher bezieht sie sich auf die Sammlung der Menschen zum Letzten *Gericht[12]. .

[9] Mt 4, 19 (= Mk 1, 17). – [10] Lk 5, 10; vgl. 2 Tim 2, 26 □. – [11] Ps 18, 17; 144, 7. – [12] Mt 13, 47–50.

→ Fisch

Fleisch

Gr. *sarx,* hebr. *bāśār.*

1. *Der Mensch als Geschöpf.* Man kann eher sagen, daß der Mensch Fleisch *ist,* als daß er Fleisch *hat.* Das Wort bezeichnet das äußerliche, körperliche, irdische Sein; der Mensch ist nicht eine »Materie« (Leib), die durch eine »Form« (Seele) zu einem menschlichen Wesen geformt würde. Der Semit benutzt das Wort »Fleisch« ebenso wie das Wort »*Seele«, um die Person[1], die Verwandtschaft[2] zu bezeichnen. Eheleute erkennt man nicht daran, daß sie eine und dieselbe Seele haben, sondern daran, daß sie ein Fleisch sind[3]: selbst die Grundlage der Person ist leiblich. »Alles Fleisch« meint die Gesamtheit der lebendigen Schöpfung[4]. Das Fleisch kennzeichnet den irdischen, gebrechlichen Zustand im Gegensatz zum *Geist, der auf göttliche oder himmlische Herkunft hinweist[5]: Gott ausgenommen, verwirklicht sich alles Leben im Fleisch[6]. Der Mensch lebt auf der Erde »dem Fleische nach«[7], er lebt »im Fleisch«[8]: das Fleisch gibt ihm seine sichtbare Gestalt, er ist da[9], er leidet[10], er überlebt[11]. In diesem Sinne ist das Fleisch gewordene *Wort wahrer Mensch, den Begrenztheiten dieser Welt unterworfen[12], doch sein Fleisch schaut die Verwesung nicht[13]. »Fleisch und *Blut« meint den Menschen in seiner irdischen Schwäche[14]. Jesu »Fleisch essen und sein Blut trinken« heißt »*ihn* essen«, tiefinnerlich mit ihm eins werden durch den lebendig machenden Geist; denn das Fleisch ist nichts wert[15].

Unter dem Einfluß des *Hellenismus kann Fleisch manchmal die menschliche Schwerfälligkeit und seine Neigung zum Bösen, zur Sünde bezeichnen[16].

[1] Ps 63, 2; 84, 3; Apg 2, 26. – [2] Röm 11, 14; Hebr 12, 9. – [3] Gen 2, 24; Mt 19, 5 (= Mk 10, 8); 1 Kor 6, 16; Eph 5, 31. – [4] Ijob 34, 15; Ps 56, 5; Jes 66, 23; Mt 24, 22 (= Mk 13, 20); Lk 3, 6; Joh 17, 2; Röm 3, 20; 1 Kor 1, 29; Gal 2, 16; 1 Petr 1, 24 △. – [5] Joh 3, 6; Röm 1, 3f; Phlm 16; Hebr 7, 16; 1 Petr 4, 6. – [6] Jes 40, 6. 8; Jer 17, 5; Ez 10, 12; Joh 1, 13; 1 Petr 1, 24. – [7] Röm 4, 1; 9, 3. 5; 1 Kor 1, 26; 10, 18; Eph 6, 5; Kol 3, 22. – [8] 2 Kor 10, 3; Gal 2, 20; Phil 1, 22–24; 1 Petr 4, 1f. – [9] Kol 2, 1. 5. – [10] 2 Kor 7, 5; 12, 7; Gal 4, 13f. – [11] Eph 5, 29. – [12] Joh 1, 14; Hebr 2, 14; 5, 7; 1 Joh 4, 2; 2 Joh 7. – [13] Apg 2, 31. – [14] Mt 16, 17; Joh 6, 51–56; 1 Kor 15, 50; Gal 1, 16; Eph 6, 12; Hebr 2, 14 △. – [15] Joh 6, 53–58. 63; vgl. 3, 6. – [16] Mt 26, 41 (= Mk 14, 38); 2 Petr 2, 10.

2. *Der Mensch als Sünder vor Gott.* Unter dem Einfluß des *Spätjudentums, das Sünde und Fleisch gern in Zusammenhang brachte, ohne indessen das Fleisch zur Quelle der Sünde zu machen, betont Paulus einen Aspekt, der dem AT fremd ist. Das Fleisch als solches ist, weil von Gott erschaffen, gut; doch es wird in dem Maß Ursprung der *Sünde, in dem es »sich vor Gott rühmt«[17]. Mit Fleisch kann die ungültig gewordene Herrschaftsordnung des *Gesetzes bezeichnet werden[18]. Paulus lebt noch *im* Fleisch, aber er kann nicht mehr *nach* dem Fleisch leben; denn das hieße fleischlich zu werden[19]. Mithilfe des Wortpaares Fleisch/Geist hat Paulus diese Vorstellung systematisiert[20]: Seine Gegenüberstellung entspricht nicht dem Kontrast, den man häufig zwischen dem Leib und der Seele, zwischen Reinheit und Unreinheit sieht. Sie entspricht dem Kontrast, der im Wortpaar irdisch/himmlisch ausgedrückt ist. Seine Aussage gründet in einer doppelten Erfahrung: des Heiligen Geistes, der den Christen gegeben ist, und der Sünde, die sich im Fleisch eingenistet hat[21]. Der Glaubende geht siegreich aus diesem Kampf hervor; dank Christus, der diesen »fleischlichen Leib«[22] angenommen hat und im Fleisch, das für die Sünde anfällig ist, gekommen ist, um so an diesem Fleisch die Sünde zu verurteilen[23]. Weil er in Christus lebt, hat der Christ das Fleisch *gekreuzigt[24].

[17] Jer 17, 5f; 1 Kor 1, 29. – [18] Röm 7, 5; Gal 3, 3; 6, 8; Phil 3, 3f. – [19] Röm 8, 12f; 1 Kor 3, 3; 2 Kor 1, 12; 10, 2–4; 11, 18; 1 Petr 2, 11. – [20] Röm 8, 4–9; Gal 4, 23. 29; 5, 16. 17. 19. – [21] Röm 7–8; Gal 4, 21–31. – [22] Kol 1, 22. – [23] Röm 8, 3; 1 Petr 4, 1. – [24] Gal 5, 24; 1 Joh 2, 16.

→ Geist – Knochen – Leib – Mensch – Seele

Flöte

Gr. *aulos.* Musikinstrument, zuerst aus Rohr (später aus Holz, Knochen oder Metall), ein- oder doppelröhrig, wahrscheinlich mit einer beschränkten Tonskala. Flötenmusik begleitete den Tanz[1] oder Trauerzeremonien[2]. Bei einem Leichenzug war die Begleitung von mindestens zwei Flöten üblich.

[1] Jes 5, 12; 30, 29; Mt 11, 17 (= Lk 7, 32); 1 Kor 14, 7; Offb 18, 22. – [2] Jer 48, 36; Mt 9, 23 □.

→ *Einl.* IX. 6.

Fluch
→ verfluchen

folgen
→ nachfolgen

Form
→ Gestalt 5

[Formgeschichte]
Gemeint ist die Geschichte der Form, die ein Text im Lauf seiner Entwicklung angenommen hat. Eine Methode der *Literarkritik, der es um die Beschreibung der Entstehungsgeschichte eines Textes geht. Was die Evangelien betrifft, so sind die aufeinanderfolgenden Schichten dieser Geschichte vom jeweiligen *Sitz im Leben geprägt, in dem die evangelischen Überlieferungen ihre unterschiedlichen *Formen erhielten. »Form geben« bedeutet in diesem Zusammenhang nicht »erfinden«, sondern vorliegenden Materialien

»eine festgeprägte Form geben«. Einige Fachkritiker wollen heute das Wort Formgeschichte durch die Bezeichnung Formkritik ersetzen, weil es weniger an die Diachronie gebunden ist; doch sie übersehen dabei, daß zwischen Diachronie und Synchronie eine einende Komplementärbeziehung besteht.

→ *Einl.* XV. 3 – Literarische Gattung – Redaktionsgeschichte – Sitz im Leben

Fortschritt
→ Wachstum, wachsen

Frau
Gr. *gynē*: »Frau, Ehefrau«.
1. Über die Lage der Frau in Israel,
→ *Einl.* VI. 1. A. b; VIII. 2. A; VIII. 2. B. c–e.
2. Jesus fällt durch seine freiheitliche Haltung im Umgang mit Frauen aus dem Rahmen seiner Zeit. Er scheut den öffentlichen Umgang mit ihnen nicht[1] und heilt sie[2]. Er läßt sich von Frauen begleiten[3], Maria aus Magdala gibt er einen Auftrag[4], er stellt die Frauen sogar als Beispiel hin[5] oder bewundert ihren Glauben[6]; er weiß aber auch, daß sie der Gefahr des Ehebruchs ausgesetzt sind[7]. Die *Pastoralbriefe machen auf gewisse negative Neigungen der Frauen aufmerksam[8]; und Paulus brandmarkt in einer heidnischen Umwelt die Homosexualität[9].

[1] Mt 26, 7 (= Mk 14, 3); Lk 7, 37–50; 10, 38f; Joh 4, 27; 8, 3–11. – [2] Mt 8, 14 (= Mk 1, 30f = Lk 4, 38f); 9, 20 (= Mk 5, 25 = Lk 8, 43); 15, 22 (= Mk 7, 25); Lk 8, 2; 13, 11. – [3] Lk 8, 1–3; 23, 55. – [4] Joh 20, 17. – [5] Mt 13, 33; 25, 1–13; Lk 15, 8. – [6] Mt 15, 28; vgl. Lk 1, 28. – [7] Mk 10, 12. – [8] 1 Tim 4, 7; 5, 3–16; Tit 2, 3–5; 1 Petr 3, 1–6. – [9] Röm 1, 26.

3. Die Urgemeinde hob die Rolle hervor, die Frauen bei der Kreuzigung[10], beim Begräbnis[11] und bei der Auffindung des leeren Grabes gespielt hatten[12], und dann – vor allem in der griechischen Welt – im Leben der Gemeinde[13] spielten (insbesondere durch die *Witwen[14] oder die Diakonissen[15]). Von einer Geringschätzung der Frau kann also keine Rede sein; trotzdem ist die Frau nicht aus der Abhängigkeit vom Vater[16] oder vom Mann[17] befreit, auch nicht aus der Zweitrangigkeit, mit der sie in der offiziellen kirchlichen Lehre eingestuft wird[18], doch dies kann sich aus den sozialen Zusammenhängen der Epoche erklären. Andererseits ist in der neuen, von Jesus bestimmten Situation der Unterschied zwischen den beiden Geschlechtern überwunden[19] und die Frau wird dem Mann gleich[20]. Darüber hinaus ist ihr personaler Wert nicht mehr an die physische Fruchtbarkeit gebunden, wie in der ersten Schöpfungsordnung und der durchgängigen Tradition des AT[21]: Durch einen Ruf Christi kann sie aufgefordert werden, *Jungfrau zu bleiben[22]. In jedem Fall jedoch wird die Rolle der Frau im Rahmen einer Gemeinschaft – der ehelichen oder der kirchlichen – gesehen.

[10] Mt 27, 55 (= Mk 15, 40 = Lk 23, 49 = Joh 19, 25). – [11] Mt 27, 61 (= Mk 15, 47 = Lk 23, 55). – [12] Mt 28, 1–8 (= Mk 16, 1–8 = Lk 24, 1–10). – [13] Apg 1, 14; 5, 14; 9, 36. 41; 12, 12; 16, 14f; 18, 26; 1 Tim 3, 11; 5, 1f; Tit 2, 3; 1 Petr 3, 1. – [14] 1 Tim 5, 3. 9. – [15] Röm 16, 1. – [16] 1 Kor 7, 36–38. – [17] 1 Kor 11, 3–7; Eph 5, 22f; Kol 3, 18; Tit 2, 5; 1 Petr 3, 1. – [18] 1 Kor 14, 35f; 1 Tim 2, 11f. – [19] Gal 3, 28. – [20] 1 Tim 2, 9f. – [21] vgl. Gen 3, 20. – [22] 1 Kor 7, 8. 25–40.

4. Die Offenbarung des Johannes führt die Tradition des AT fort, man fürchtet die Frau wie etwa *Isebel, die Große Dirne, die ein Bild für den *Götzendienst ist[23]. Vor allem aber preist die Offenbarung die Frau schlecht-

hin als *Typos der Kirche[24]; sie wird nicht selten mit *Maria, der Gläubenden, identifiziert[25].

[23] 1 Kön 11, 1–8; Sir 47, 19; Offb 2, 20; 17. – [24] Offb 12; 19, 7f; 21, 2. 9. – [25] vgl. Lk 1, 45.

→ *Einl.* VIII. 2. B. – Jungfrau – Mensch – Mutter – Unfruchtbarkeit – Witwe

Freigelassener

1. Gr. *ap-eleutheros* (von *ap-eleutheroō*: »befreien durch Trennung«): ehemaliger Sklave, der freigeworden ist. Bei den Juden mußten die *Sklaven im siebten Jahr freigelassen werden[1]. Bei den Römern gab es zwei Arten der Freilassung: Entweder zahlte der Sklave einem heidnischen Heiligtum den für den Loskauf erforderlichen Geldbetrag und wurde so zum ausschließlichen Eigentum Gottes; oder der Herr entließ seinen Sklaven, meist unter dem Einfluß der *stoischen Moral, freiwillig und zwar in Form einer letztwilligen Verfügung oder durch eine zu Lebzeiten abgegebene Erklärung. Der Freigelassene hatte immer Anspruch auf eine gewisse Geldsumme. Um die Ausbreitung der Massenarmut zu vermeiden, waren die Gruppenfreilassungen verboten.

[1] Ex 21, 2; Dtn 15, 12; vgl. Apg 6, 9.

2. Der Christ ist nach Paulus Freigelassener des Herrn[2]. Das Zeitwort *eleutheroō*: »befreien« wird auch gebraucht um auszudrücken, daß der Gläubige aus der Macht der Sünde[3] durch die Wahrheit[4], durch Christus[5] frei geworden ist.

[2] 1 Kor 7, 22 △. – [3] Röm 6, 18. 22; 8, 2. 21. – [4] Joh 8, 32f. – [5] Joh 8, 36; Gal 5, 1 △.

→ *Einl.* IV. 4. C. – freilassen, Freiheit – Sklave

freikaufen

Gr. *agorazō (ex-agorazō)*[1] und *lytroō*[2]. Das erste Wort gehört zum Bild des Kaufs, das zweite zu dem der »Befreiung«. Das Verb *ex-agorazō* kann auch bedeuten »Vorteil ziehen aus«[3], während die von der Wurzel *lytroō* abgeleiteten Worte einzig das bezeichnen, was mit der durch Gott und durch Jesus Christus bewirkten »Befreiung«, der Erlösung des Volkes, zusammenhängt.

[1] 1 Kor 6, 20; 7, 23; Gal 3, 13; 4, 5; 2 Petr 2, 1; Offb 5, 9; 14, 3f △. – [2] Mt 20, 28 (= Mk 10, 45); Lk 24, 21; 1 Tim 2, 6; Tit 2, 14; 1 Petr 1, 18. – [3] Eph 5, 16; Kol 4, 5 △.

→ befreien – Erlösung – Lösegeld

freilassen, Freiheit

1. Gr. *eleutheroō*: Die Aktion, durch die ein Einzelner oder ein Volk aus der *Sklaverei gelöst und frei wird. Im Gegensatz zum AT, in dem die angesprochenen Wirklichkeiten durchgängig eine Rolle spielen (Befreiung aus *Ägypten, Rückkehr aus *Babylon), befaßt sich das NT nie direkt mit dem politischen oder innerzeitlichen Aspekt der Befreiung. Ja, es werden sogar andere Worte bevorzugt: *retten, *freikaufen. Sicher, die Jünger Jesu sind von der *Tempelsteuer ausgenommen (= frei)[1], es gibt »Sklaven und Freie«[2], doch dies Vokabular erscheint nur an einer Stelle bei Johannes[3] und an drei bei Paulus[4].

[1] Mt 17, 26; vgl. Röm 7, 3; 1 Kor 7, 39. – [2] 1 Kor 12, 13; Eph 6, 8; Kol 3, 11; 1 Petr 2, 16; 2 Petr 2, 19; Offb 6, 5; 13, 16; 19, 18. – [3] Joh 8, 32–36. – [4] Röm 6–8; 1 Kor 7–10; Gal 2–5.

2. Die Freiheit (gr. *eleutheria*) hat im NT nie den Sinn von bürgerlicher Freiheit (römische Grundlage der Menschenwürde); sie ist begrifflich weder als Unabhängigkeit noch als Selbstbeherrschung zu bestimmen, sondern als die Tatsache, das wir *Kinder Gottes sind[5]. Diese geistliche Freiheit wurde durch Christus erworben[6] und durch den Geist mitgeteilt[7]; sie gibt Freiheit vom Urteil des anderen[8]. Darin besteht das königliche Gesetz der Freiheit des Glaubenden, das Wort Gottes, das in ihn eingepflanzt ist[9].

[5] Röm 8, 21. – [6] Gal 2, 4; 5, 1. 13. – [7] 2 Kor 3, 17. – [8] 1 Kor 10, 29. – [9] Jak 1, 21. 25; 2, 8. 12 □.

3. Der Stand des freien Menschen (gr. *eleutheros*) wird vom NT gewöhnlich im Gegensatz zum *Sklavenstand bestimmt. Doch im Unterschied zur politischen oder *stoischen Auffassung wird der Mensch nicht frei geboren, sondern als Sklave des Verderbens[10]. Er kann sich nicht selbst befreien, weder durch die *Erkenntnis noch durch irgendeine Einweihung in eine *Mysterienreligion noch durch einen *Mythos. Er ist den bösen Mächten, der *Sünde und dem *Tod unterstellt; und er kann sich nicht aus eigener Kraft von ihnen befreien, ohne den Geist ist er sogar schicksalshaft dem Tod bestimmt[11]. Christus allein macht frei[12], nicht damit man vom Befreier unabhängig, sondern frei vom Gesetz[13], der Sünde und dem Tod[14] »Sklave« Jesu Christi[15] und seiner Brüder[16] werde und so zur Gerechtigkeit und Heiligkeit gelange[17].

[10] Joh 8, 39; 2 Petr 2, 19. – [11] Röm 7, 7–25. – [12] Joh 8, 32–36; Röm 6, 18–22; Gal 5, 1. – [13] Röm 7, 3–6; 8, 3. – [14] Röm 8, 2. – [15] 1 Kor 7, 21f. 39; Gal 3, 28; 5, 1. – [16] 1 Kor 9, 19. – [17] Röm 6, 20. 22.

4. Der freie Wille wird durch widrige Mächte des *Fleisches und des *Geistes herausgefordert; er wird weder durch die allmächtige *Gnade Gottes noch durch das Handeln des Satan vergewaltigt; sondern, ehemals Sklave der Sünde, kann er dieser Neigung widerstehen und dem unaufhörlichen Ruf Gottes, der ihn zur *Umkehr einlädt, antworten[18].

[18] Joh 6, 44; Röm 3, 5–8; 9, 19f; Gal 5, 13; Jak 1, 13–15; 1 Petr 2, 16; 2 Petr 2, 19.

→ *Einl.* XIV. 2. A. – Erlösung – Freigelassener – retten – Sklave

Fremder

1. Ein *Nicht-Jude* (gr. *allotrios,* fremd[1]) gilt wie ein Heide, mit dem man nicht verkehren darf[2]; er hat keine Bürgerrechte in Israel[3], manchmal hält man ihn sogar für einen Feind des Volkes[4]. Christus hat diese Unterscheidung aufgehoben[5].

[1] Dtn 14, 21; 15, 3; 32, 16; Mt 17, 25f; Lk 17, 18; Apg 7, 6; Hebr 11, 9. – [2] Joh 10, 5; Apg 10, 28. – [3] Eph 2, 12; 4, 18. – [4] Kol 1, 21; Hebr 11, 34. – [5] Eph 2, 13–17; Kol 1, 20–22; vgl. Apg 10, 45.

2. Ein *Ausländer* (hebr. *nokrī,* gr. *xenos*) besitzt keine Rechte, außer dem der Gastfreundschaft[6].

[6] Rut 2, 10; 2 Sam 15, 19; Mt 25, 35; 27, 7; Hebr 13, 2. 9; 3 Joh 5; vgl. Gen 18, 1–8.

3. Ein *ausländischer Einwanderer,* oder Immigrant (hebr. *ger,* gr. *par-oikos, par-epi-dēmos*) besaß einen rechtlichen Status, der ihn den Juden annäherte[7]; er kann im Lauf der Zeit Proselyt werden und sich völlig mit dem Judentum identifizieren[8].

[7] *Einl.* VI. 1. B; VI. 4. B. a; VIII. 2. A; Ex 22, 20; 23, 9; Num 35, 15; Apg 2, 10; 7, 6. 29; 17, 21. – [8] Apg 2, 11; 6, 5.

4. Für das Verheißene Land gilt, daß die Christen heidnischer Herkunft nicht mehr als Ausländer, ja nicht einmal als Einwanderer angesehen werden[9];

doch wenn man bedenkt, daß diese Erde vergänglich ist, müssen alle Christen sich als Einwanderer betrachten, ohne feste Wohnung[10], unterwegs[11], wie es die *Patriarchen waren[12].

[9] Eph 2, 19. – [10] 1 Petr 1, 17. – [11] 1 Petr 2, 11. – [12] Hebr 11, 13.

→ Diaspora – Exil – Gastfreundschaft – Heimat – Wallfahrt

Freude

Das Gefühl der Zufriedenheit und des Sich-völlig-Wohlfühlens, das man Freude nennt, wird im NT mit drei Worten von unterschiedlicher Sinnrichtung ausgedrückt:

1. Gr. *euphrainō, euphrosynē* (von *eu*: »gut« und *phrēn*: »Ort der Empfindungen und Leidenschaften, Herz«): »erfreuen, entzücken«. Das Wort wird häufig im AT, im NT selten gebraucht; man findet es vor allem bei Lk in Zusammenhängen, in denen eher die kollektive Freude als individuelle Empfindung gemeint ist, so besonders die Freude an der Schöpfung im allgemeinen[1] oder an einem reichem Schmaus[2]. Ausgedrückt wird ein Gefühl der Zufriedenheit mit der eigenen Situation und mit den anderen. Das Wort, das im AT auch die *eschatologische Freude bezeichnen kann[3], erscheint im NT nicht in dieser Bedeutung, es sei denn in Zitaten oder Anspielungen an das AT[4]. Zwei andere Anwendungen des Wortes sind zu vermerken[5].

[1] Apg 14, 17. – [2] Lk 12, 19; 15, 23f. 29. 32; 16, 19. – [3] Ps 96, 11; 97, 1; Jes 65, 19. – [4] Apg 2, 26. 28; 7, 41; Röm 15, 10; Gal 4, 27; Offb 12, 12; 18, 20 – [5] 2 Kor 2, 2; Offb 11, 10 △.

2. Gr. *chara, chairō* (Gleichlaut mit *charis*: »Gnade«) wird im NT bevorzugt. Die profane Bedeutung kommt im Zusammenhang mit den Briefen vor[6] oder als Bezeichnung für den »*Gruß«, den man sich bei Begegnung entbietet[7]. Die Freude kommt vor allem daraus, daß die atl. Erwartung sich erfüllt hatte: In der Person Jesu ist das Heil da[8]. Lk ordnet diese Reaktion auf das Evangelium systematisch: Umkehr, Erfahrung des Auferstandenen[9]. Joh zeigt, daß die Freude der neuen Situation entspringt, die Christus herbeigeführt hat[10]. Paulus wiederum betont, insbesondere in 2 Kor und Phil, das Paradoxe der Freude trotz Trauer und Leid[11]. Dieselben Grundgedanken finden sich in anderen Schriften des NT[12].

[6] Apg 15, 23; 23, 26; Jak 1, 1. – [7] Mt 26, 49; 27, 29 (= Mk 15, 8 = Joh 19, 3); 28, 9; Lk 1, 28; Apg 15, 23; 23, 26; 2 Joh 10f △. – [8] Mt 2, 10; 13, 20 (= Mk 4, 16 = Lk 8, 13); 25, 21. 23. 28, 8. – [9] Lk 1, 14. 58; 2, 10; 10, 17. 20; 15, 5–10; 19, 6. 37; 24, 52. – [10] Joh 3, 29; 4, 36; 8, 56; 16, 20–22; 17, 13; 20, 20. – [11] 2 Kor 6, 10; 7, 4; 13, 9; Phil 1, 18; 2, 17. – [12] Mt 5, 12 (= Lk 6, 23); Apg 5, 41; Jak 1, 2; 1 Petr 4, 13.

3. Gr. *agalliasis, agalliaomai*: »jubeln, frohlocken«. Dieses Wort erscheint häufig als Verstärkung von *chara*, und beschreibt die Äußerungen der Freude[13]. Das AT läßt das ganze Weltall jubeln über die Großtaten Jahwes[14]; das NT folgt dieser Linie: Jesus Christus ist der Grund des Jubels, besonders des kultischen[15]: jubelnde Freude ist das Kennzeichen des Glaubenden, der Jesus Christus als die endgültige Gabe erkannt hat.

[13] Mt 5, 12; Lk 1, 14; Joh 8, 56; Apg 2, 26; 1 Petr 1, 8; 4, 13. – [14] Ps 9, 15; 19, 6; 89, 13; 96, 11; Jes 25, 9; 61, 1; 65, 19. – [15] Lk 1, 44. 47; 10, 21; Apg 2, 46; 16, 34; Hebr 1, 9; 1 Petr 1, 6. 8; 4, 13; Jud 24; Offb 19, 7; vgl. Joh 5, 35 △.

→ Halleluja – lachen – selig – Trauer

Friede
Gr. *eirēnē,* hebr. *šālōm.* Ungestörter Besitz der Güter[1], des Glücks[2] und vor allem der Gesundheit[3]. Gemeint ist nicht nur, daß es keinen Krieg[4] und keine Unordnung[5] gibt, sondern eine innere Übereinstimmung[6], die der Gott des Friedens, der auf diese Weise sein *Reich errichtet[7], ermöglicht und die den *Messias, den Friedensfürsten ankündet[8]. Jesus Christus hat durch sein vergossenes Blut die Menschen mit Gott und untereinander *versöhnt[9]. Der Friede, den er gibt, ist nicht der Friede dieser *Welt[10], sondern derjenige, der mit dem Heiligen Geist gegeben wird[11] und der selbst in der *Verfolgung dauert[12]. Darum wünscht der Christ, der Friedensstifter ist[13], vor allem in den Begrüßungsformeln, den Frieden[14].

[1] Lk 11, 21; Apg 24, 2. – [2] Ri 19, 20; Ps 73, 3. – [3] 2 Sam 18, 32; Ps 38, 4; Jes 57, 19. – [4] Koh 3, 8; Lk 14, 32; Apg 12, 20; Offb 6, 4. – [5] 1 Kor 14, 33. – [6] 1 Kön 5, 26; Mk 9, 50; Apg 7, 26; Röm 12, 18; Eph 4, 3; Jak 3, 18. – [7] Ps 85, 9–14; Röm 14, 17; 2 Kor 13, 11. – [8] Jes 9, 5f;Lk 1, 79; 2, 14; 19, 42; Apg 10, 36; Eph 2, 17; 6, 15. – [9] Eph 2, 14–22; Kol 1, 20; Offb 1, 4; vgl. 2 Kor 5, 18–20. – [10] Jer 6, 14; 8, 11; Mt 10, 34 (= Lk 12, 51); Joh 14, 27. – [11] Joh 20, 19–23; Gal 5, 22. – [12] Joh 16, 33. – [13] Mt 5, 9. – [14] Lk 7, 50; 10, 5; Röm 1, 7; 1 Kor 1, 3; 2 Kor 1, 2; Gal 1, 3; Eph 1, 2; Kol 3, 15; 1 Petr 1, 2; 5, 14.

→ Heil – Ruhe – versöhnen

Frömmigkeit, fromm
Eine religiöse Grundhaltung, die die überlegene Autorität Gottes aufnimmt. Sie beschränkt sich nicht auf die Einhaltung kultischer Akte, sie durchdringt das ganze Leben des Gläubigen. Im Lateinischen heißt die hier gemeinte Haltung pietas: »Achtung vor den Göttern, dem Vaterland, der Familie, den Verpflichtungen«; sie bildet ein Fundament für das Gedeihen der römischen Nation; doch der eine Begriff deckt drei griechische Worte, die den ursprünglichen biblischen Sinn in Zusammenwirkung aussagen.
1. *Eulabeia*: »Bedacht, ehrfürchtige Aufmerksamkeit auf den Willen Gottes; Gottesfurcht«; *eulabēs* meint die ehrfürchtige Unterwerfung unter den Willen Gottes[1]; Jesus hatte sie auf vollkommene Weise[2].

[1] Lk 2, 25; Apg 2, 5; 8, 2; 22, 12; Hebr 11, 7; 12, 28. – [2] Hebr 5, 7 △.

2. *Hosiotēs*: »Heiligkeit«, *hosios*: »heilig«, von einem griechischen Wort, das das meint, was erlaubt ist, vom göttlichen Gesetz zugelassen, aber mit dem Nachdruck auf hebr. *ḥesed* des AT: »das Band, das Eltern, Freunde, Verbündete zusammenhält«; es bezeichnet die *Treue im *Bund. Damit ist Gott ebenso charakterisiert[3] wie Christus[4] und ebenso der Mensch, der nach Treue strebt[5], ähnlich die *Pharisäer, die sich *ḥasīdīm,* die Frommen, nennen ließen[6].

[3] Offb 15, 4; 16, 5. – [4] Apg 2, 27; 13, 34f; Hebr 7, 26. – [5] Lk 1, 75; Eph 4, 24; 1 Thess 2, 10; 1 Tim 2, 8; Tit 1, 8; vgl. 1 Tim 1, 9; 2 Tim 3, 2. – [6] 1 Makk 2, 42.

3. *Eusebeia, eusebēs* (von *eu*: »gut« und *sebomai*: »verehren, ehren, *kultisch ehren«): Eigenschaft des Menschen, der gut verehrt; wir würden heute vielleicht sagen, ein richtig Praktizierender[7]. In den Pastoral*briefen ist mit diesem Begriff die wahre Religion gemeint, die in einer geheimnisvollen Erkenntnis Christi besteht[8]. Sie setzt geistliche Übungen voraus und die Lauterkeit eines echten christlichen Lebens[9]. *Prüfungen, die man in der Nachfolge Christi auf sich nimmt, sind ein sicheres Kriterium dafür[10].

Als Gabe Gottes für das Jetzt[11] zielt die Frömmigkeit auf das endgültige Heil[12].

[7] Apg 10, 2. 7. – [8] 1 Tim 3, 16. – [9] 1 Tim 4, 7f.; 2 Tim 3, 5; Tit 1, 1. – [10] 2 Tim 3, 12. – [11] 1 Tim 6, 6; 2 Petr 1, 3. – [12] Tit 2, 12f.

→ anbeten – fürchten – Gerechtigkeit – Kult – Treue

Frucht

Gr. *karpos*. Das AT betont durchgehend, daß der Mensch Frucht bringen muß[1]; das NT nimmt diese Forderung mit Nachdruck auf: in den Gleichnissen vom Samen[2], vom Weinberg[3], vom Feigenbaum[4], von den anvertrauten Talenten[5]. Es geht dabei einfach um die Frucht, die die Bekehrung bezeugt[6], doch sie reift nur dann, wenn der Gläubige in Christus eingepfropft bleibt[7]; dann wird durch den Geist die einzige Frucht der Liebe köstlich sein[8] und der Baum des Lebens wird ständig Früchte tragen[9].

[1] Gen 1, 22. 28; Jes 5, 4; 37, 30. – [2] Mt 13, 8. 23 (= Mk 4, 8. 20 = Lk 8, 8. 15); Mk 4, 29. – [3] Mt 21, 34. 41. 43; Mk 12, 2; Lk 20, 10. – [4] Mt 21, 19 (= Mk 11, 14); Lk 13, 6–9. – [5] vgl. Mt 25, 26; Lk 19, 13. – [6] Mt 3, 10 (= Lk 3, 8). – [7] Joh 12, 24; 15, 2–8. 16. – [8] Röm 7, 4; Gal 5, 22; Kol 1, 10. – [9] Offb 22, 2.

→ Fruchtbarkeit – Unfruchtbarkeit – Wachsen

Fruchtbarkeit

Das NT hat kein besonderes Wort für Fruchtbarkeit, es spricht etwa von der »Frucht des Schosses« und »Frucht der Lenden«[1].

[1] Lk 1, 42; Apg 2, 30.

→ Frucht

Fülle

Gr. *plērōma*. Die folgenden Interpretationen sind durch das Vorkommen des Begriffs abgedeckt; die Übersetzung kann ihn nicht immer exakt erfassen.

1. Das, was etwas füllt: Körbe[1], die Erde[2], oder das, was eine Sache, etwa ein zerrissenes Kleidungsstück, wieder ergänzt[3].

[1] Mk 6, 43; 8, 20. – [2] 1 Kor 10, 26. – [3] Mt 9, 16 (= Mk 2, 21).

2. Das, was eine Zahl zur Fülle bringt, im Gegensatz zur Beschränkung, zur Verminderung, etwa die Zahl der Nationen[4].

[4] Röm 11, 12. 25.

3. Was die Überfülle von etwas ausdrückt: das gilt für den Segen[5], für die Gnade[6]; was das volle Maß, einen vollendeten Zustand ausdrückt; etwa im Blick auf das Gesetz[7], die Zeit[8].

[5] Röm 15, 29. – [6] Joh 1, 16. – [7] Röm 13, 10. – [8] Gal 4, 4; Eph 1, 10.

4. Als Ausdruck der Ganzheit, bezogen auf die unfaßbare Fülle des Seins Gottes[9] oder Christi[10].

[9] Eph 3, 19; Kol 2, 9. – [10] Eph 4, 13.

5. Wird der Begriff ohne Bestimmungsobjekt verwendet, kann er verschieden interpretiert werden. Sehr wahrscheinlich meint er die Ganzheit des Göttlichen, das in Christus wohnt und das Gott vermitteln will[11]. Schwierig ist die Interpretation auch dann, wenn das Bestimmungsobjekt genau das

ausdrückt, was die Fülle selber ist: »Die Kirche ist sein Leib, *to plērōma tou ta panta en pasin plēroumenou*«; die Kirche scheint hier nicht Objekt zu sein, sondern der Ausdruck Christi in seiner Fülle; das All ist vielleicht mit ihr verknüpft[12].

[11] Kol 1, 19. – [12] Eph 1, 23.

→ erfüllen – vollkommen

fürchten
Gr. *phobeomai*.
1. In der Konfrontation mit gewissen Bedrohungen, wie etwa mit dem Tod[1], dem Dämon[2], dem Gottesgericht[3], den endzeitlichen Katastrophen[4], der Härte eines fordernden Herrn[5], wächst im Menschen ein Gefühl, das ihn schlimme Folgen befürchten läßt. Der Gläubige muß diese Furcht in der Kraft Christi überwinden[6].

[1] Hebr 2, 15. – [2] Mt 10, 28 (= Lk 12, 5). – [3] Hebr 10, 27. – [4] Lk 21, 11. – [5] Mt 25, 25. – [6] Mt 10, 28; Hebr 2, 15.

2. Die *Gottesfurcht* hat mit diesem Schrecken nichts zu tun. Sie ist ein Gefühl der Ehrfurcht vor dem sich offenbarenden Gott, der sich selbst zeigt oder durch seine Engel offenbar wird; wenn der Mensch hört: »Fürchte dich nicht!«, dann wandelt sich seine Angst in *Anbetung und kindliches *Vertrauen, das alle Angst vertreibt[7]; er wird zu einem *frommen (gr. *eulabēs*) Menschen[8]. Der verstockte Sünder dagegen kann zittern[9]. Die Liebe vertreibt alle Furcht[10].

[7] Mt 14, 27; 17, 6f; 28, 5. 10; Lk 1, 12f. 30; 2, 9f; 5, 10; vgl. 2 Kor 7. – [8] Hebr 5, 7; 11, 7. – [9] Hebr 10, 27. 31. – [10] 1 Joh 4, 18; 5, 3.

→ anbeten – Frömmigkeit – geweiht

Fürsprache
Jedes Bitt*gebet für einen Nächsten ist Fürsprache für jemand. *Abraham[1], *Mose[2], der *Knecht Jahwes[3] sind angesehene Fürsprecher, die den *Mittler schlechthin ankündigen, Jesus Christus. Die Fürsprache ist ein Gebet (gr. *deomai*: »Mangel haben an, brauchen, beten«), das man nicht für sich selbst, sondern für jemand anderen verrichtet[4]. Eine andere Art der Fürsprache besteht im Gespräch, das man mit jemand führt, um ihn zugunsten des Nächsten oder in einer Sache umzustimmen (gr. *entygchanō*): so ist Jesus Christus Fürsprecher[5], oder der Heilige Geist[6] oder die Gläubigen im allgemeinen[7]. Der Begriff der Fürsprache setzt den Begriff der solidarischen Verpflichtung zwischen den Einzelnen voraus.

[1] Gen 18, 16–33; 19, 29. – [2] Ex 32, 11–14. – [3] Jes 53, 12. – [4] Apg 8, 24; Phil 1, 4. 19; Eph 6, 18. – [5] Röm 8, 34; Hebr 7, 25. – [6] Röm 8, 26f. – [7] 1 Tim 2, 1.

→ beten – Mittler

Fürst dieser Welt
→ Satan

Fürsten
Gr. *archai*, Plural von *archē* (Aktionsbezeichnung): »Beginn, Initiative«, daher die Gewalten, Himmlische Mächte[1].

[1] Röm 8, 38; 1 Kor 15, 24; Eph 1, 21; 3, 10; 6, 12; Kol 1, 16; 2, 10. 15 □.

Fuß

1. Der Fuß (gr. *pous*) kennzeichnet die Macht oder die Autorität eines Menschen: Der antike Sieger setzte seinen Fuß auf den Nacken des Besiegten. »Unter die Füße von jemand legen« bedeutet, sich seiner Macht unterwerfen: etwa die Feinde Christi und alle Dinge, die »unter« ihm sind[1], oder in den Visionen der Offenbarung des Johannes die Elemente des Weltalls[2]. »Sich jemand zu Füßen werfen« oder »sie umarmen« heißt, seine Überlegenheit anerkennen, ihn inständig bitten, ihm danken, ihn anbeten[3]; zu jemandes Füßen »sitzen« meint untergeben, Schüler sein[4]; eine Person oder eine Sache zu jemandens Füßen »niederlegen« heißt, sie ihm anvertrauen[5].

[1] Dtn 2, 5; 1 Kön 5, 17; Ps 8, 7; 110, 1; vgl. Mt 22, 44 (= Mk 12, 36 = Lk 20, 43); Apg 2, 35; 1 Kor 15, 25. 27; Eph 1, 22; Hebr 1, 13; 2, 8. – [2] Offb 10, 2; 12, 1. – [3] Mt 18, 29; 28, 9; Lk 17, 16; Joh 11, 32; Apg 10, 25; Offb 3, 9; 19, 10. – [4] Lk 8, 35; Apg 22, 3. – [5] Mt 15, 30; Apg 4, 35; 7, 58.

2. Es war Aufgabe der Sklaven, dem Gast die Schuhe auszuziehen[6].

[6] vgl. Mk 1, 7.

3. Den Staub von den Füßen schütteln ist eine Geste der Trennung[7].

[7] Mt 10, 14 (= Mk 6, 11 = Lk 9, 5); Apg 15, 31.

→ Schuhe – waschen

Futtertrog
→ Krippe

Gabe
Gr. *dōron, dōrea* (von *didōmi*: »geben«). Das Wort bezeichnet ohne Zweifel das, was gegeben wird, aber auch die Absicht des Gebers: unverdient, begründet, auf Vorteil bedacht.

1. Gott hat seinen Sohn gegeben[1], seine heiligmachende *Gnade[2], alle möglichen Gaben[3], vor allem den *Heiligen Geist[4] und mit ihm die *Gnadengaben[5]. Gott gab Jesus den Geist, die *Gerichtsmacht, die Taten, die er vollbringen sollte, die Jünger[6].

[1] Joh 3, 16; 4, 10. – [2] Röm 3, 24; 5, 15–17; 2 Kor 9, 15. – [3] Mt 7, 11; Joh 6, 32; Jak 1, 17. – [4] Lk 11, 13; Joh 14, 16; Apg 2, 38; 5, 32; 8, 20; 10, 45; 15, 8; 2 Kor 1, 22; 5, 5; 1 Thess 4, 8; 1 Joh 3, 24. – [5] 1 Kor 12, 7. – [6] Joh 3, 34; 5, 22. 36; 10, 29; 17, 6. 9; 18, 9.

2. Jesus Christus gibt das Brot und den *Becher[7], sein Leben[8], er gibt sich für uns hin (gr. *para-didōmi*)[9]; er gibt Gewalt und Macht[10], Gottessohnschaft, das Wasser des Lebens, das Leben, den Frieden, die Herrlichkeit[11], schließlich verschiedene Gaben[12].

[7] Mt 26, 26f (= Mk 14, 22f = Lk 22, 19); Joh 6, 51. – [8] Mt 20, 28 (= Mk 10, 45); Lk 22, 19; Gal 1, 4; 1 Tim 2, 6; Tit 2, 14; vgl. Joh 10, 11. 15. 17f; 1 Joh 3, 16. – [9] Gal 2, 20; Eph 5, 2. 25. – [10] Mt 10, 1 (= Mk 6, 7 = Lk 9, 1); 16, 19; Lk 10, 19. – [11] Joh 1, 12; 4, 14f; 6, 33; 10, 28; 14, 27; 17, 22. – [12] Eph 4, 8.

3. Der Jünger, der umsonst bekommen hat (gr. *dōrean*), muß auch umsonst geben[13] und Gott *kultische Opfergaben darbringen[14].

[13] Mt 10, 8; Röm 3, 24; 2 Kor 11, 7; 2 Thess 3, 8; Offb 21, 6; 22, 17. – [14] Mt 5, 23f; 8, 4; Röm 11, 35; vgl. Joh 13, 37; Röm 12, 1f.

→ Gnade – Gnadengaben – Überlieferung

Gabriel
Hebr. *Gabrī'ēl*: »Man Gottes« oder »Gott hat sich stark gezeigt«. Dieser *Engel ist damit beauftragt, den Sinn von Visionen und des Ablaufs der Geschichte zu erklären, das Eingreifen Gottes zum Heil der Menschen, besonders aber das Kommen des *Messias anzukünden[1].

[1] Dan 8, 16; 9, 21–27; Lk 1, 11–38 □.

Gadarener (das Land der)
Vom gr. *gadarēnos,* Gebiet von Gadara. Eine zur *Dekapolis gehörende hellenistische Stadt, etwa 10 km südöstlich des Sees Gennesaret. Mt setzt es, anscheinend zu Unrecht, dem Land der *Gerasener gleich[1].

[1] Mt 8, 28; vgl. Lk 8, 26. 37 □.

→ *Karte* 4

Galater (Brief an die)
Ein Brief, den Paulus um 54 oder 56 von *Ephesus aus an die Nordgalater schrieb. Paulus selbst hat ihnen das Evangelium verkündet und will sie nun vor der Lehre und den Angriffen seiner Gegner warnen, bei denen es sich um *Judaisten, nicht einfach *Judenchristen, handelte.
→ *Einl.* XV

Galatien
Gr. *Galatēs, Galatia.* Ein Gebiet im Norden der Zentral-Türkei, wo auch das heutige Ankara liegt; der Name kommt von den Bewohnern, keltischen

Eroberern (Galliern) aus dem 3. Jh. v. Chr. Dieses Gebiet war wenig hellenisiert. Galatien war seit 25 v. Chr. eine römische *Provinz, in der Zeit des NT gehörten auch einige Gebiete im Süden dazu: ein Teil *Phrygiens, *Pisidien, *Lykaonien, Isaurien[1]. Einige wenige Exegeten meinen, Paulus habe auch in Süd-Galatien das Evangelium verkündet.

[1] Apg 16, 6; 18, 23; 1 Kor 16, 1; Gal 1, 2; 3, 1; 2 Tim 4, 10; 1 Petr 1, 1 □.

→ Galater (Brief an die) – *Karte* 3

Galiläa

Gr. *Galilaia,* aus dem hebr. *hag-gālīl*: »der Kreis«. Nordteil Palästinas. Gehörte von 4 v. Chr. bis 37 n. Chr. zur *Tetrarchie des *Herodes Antipas; von 39 bis 44 zum Königreich des *Herodes Agrippa I; nach 44 wurde das Gebiet durch einen römischen *Statthalter verwaltet. In Erinnerung an die *assyrische und *chaldäische Invasion, die zu einer Vermischung von Völkerschaften und zur Ansiedlung vieler Heiden führten, spricht man auch vom »Galiläa der Heidenvölker«[1]. Seitdem waren die Galiläer, die man an ihrem Akzent erkennen konnte[2], bei den anderen Juden in Verruf gekommen[3]. Mt hat das Wirken Jesu systematisch in Galiläa eingesetzt[4].

[1] Jes 8, 23; Mt 4, 15f. – [2] Mt 26, 73. – [3] Joh 7, 52. – [4] Mt 10, 5.

→ *Einl.* II; III. 2. D. – *Karte* 4

Galiläa (der See von)

Der See von Galiläa wird im AT See von Kinneret[1] oder von Gennesaret genannt[2]. Er ist 21 km lang, 12 km breit, 42 bis 48 m tief und liegt 208–210 m unter dem Meeresspiegel. Charakteristisch für ihn sind fischreiche Wasser und plötzliche Stürme. An seinen Ufern oder in der Umgebung spielte sich das größte Teil der galiläischen Tätigkeit Jesu ab. Er wird auch »das Meer von Galiläa«[3], »der See von Gennesaret«[4] oder »der See von Tiberias«[5] genannt, gewöhnlich einfach »das Meer«, seltener »der See«[6].

[1] Num 34, 11; Jos 13, 27. – [2] 1 Makk 11, 67. – [3] Mt 4, 18; 15, 29; Mk 1, 16; 7, 31; Joh 6, 1 △. – [4] Lk 5, 1 △. – [5] Joh 6, 1; 21, 1 △. – [6] Lk 5, 2; 8, 22f. 33 △.

→ *Karte* 4

Gallio

Bruder des Philosophen Seneca; nach der *Chronologie, die sich auf die Inschrift von Delphi stützt, war er in den Jahren 51–52 und 52–53 Prokonsul in *Achaia. Sein Verhalten zeigt, daß er den christlichen Glauben für eine »erlaubte Religion« hielt[1].

[1] Apg 18, 12–14. 17 □.

Gamaliel

Gr. *Gamaliel,* von hebr. *Gamlī'ēl*: »Gott hat mir Gutes getan«. Rabbi Gamaliel I. oder der Ältere, wahrscheinlich ein Enkel *Hillels, war ein *Pharisäer und ein berühmter Gesetzes*lehrer. Er war Lehrer des *Saulus und zeigte Verständnis für den neuen Glauben[1].

[1] Apg 5, 34–39; 22, 3 □.

Ganzopfer
→ Brandopfer

Gastfreundschaft
Gr. *philo-xenia*: »Liebe des Fremden«. Diese Handlung wird mit den Verben *xenizō*: »beherbergen, bewirten« und *dechomai* oder *lambanō*: »annehmen, aufnehmen« beschrieben. Die Gastfreundschaft war im Altertum ein geheiligtes Recht, im AT wird sie befürwortet[1], im NT zur Geltung gebracht. Die Verweigerung der Gastfreundschaft erweckt Entrüstung[2], die Nachlässigkeit wird registriert[3], die Uneigennützigkeit verlangt[4]. Ihr Geheimnis wird von Jesus enthüllt: im Fremden nimmt man Christus selbst auf oder verstößt ihn[5]. Darum ist die dienstbereite Gastfreundschaft ein Prüfstein für wirklich christliches Verhalten[6].

[1] Gen 18, 1–8; 19, 8; Ri 4, 17–22; 19, 3–9; Ijob 31, 32; Weish 19, 13–17; Sir 31, 21. – [2] Lk 9, 53f; vgl. Mt 10, 14f; 22, 7. – [3] Lk 7, 44–46. – [4] Lk 14, 13f; vgl. 10, 34f; – [5] Mt 10, 40; 25, 35. 43; Joh 1, 11; Hebr 13, 2. – [6] Röm 12, 13; 1 Tim 3, 2; 5, 10; Tit 1, 8; 1 Petr 4, 9.

→ Fremder – Herberge

gebären
1. Gr. *tiktō*, gebraucht im biologischen Sinn und im bezug auf die Frau: »ein Kind zur Welt bringen«[1], nie in bildlicher Bedeutung.

[1] Mt 1, 21…; Lk 1, 31…; Gal 4, 27; Offb 12, 2–5.

2. Gr. *gennaō* (Kausativ von *gignomai*): »zeugen, gebären«. Dieses Wort gebraucht man sowohl für die physische Zeugung als auch für die *Adoption. Doch im Unterschied zu den Nachbarreligionen, die gerne an sexuellen Vorstellungen festhalten, wenn sie vom Verhältnis zwischen der Gottheit und den Menschen sprechen wollen, spricht das AT nur von der Adoption, wenn sie auf Gott, der zeugt, Bezug nimmt; so verhält es sich mit den Psalmen, die auf die *Salbung und die Inthronisation des *Königs-Messias abheben[2]. Genauso bezieht sich im NT die Zeugung Jesu, von der immer nur unter Verweis auf Ps 2, 7 gesprochen wird, nicht auf die Geburt, sondern auf seine Taufe oder auf seine Auferstehung[3]. Ebenso handelt es sich im bezug auf die Gläubigen um ihre »Geburt« oder »Wiedergeburt« im Glauben[4].

[2] Ps 2, 7; 110, 3. – [3] (Lk 3, 22;) Apg 13, 33; Hebr 1, 5; 5, 5. – [4] Joh 1, 13; 3, 3–8; 1 Petr 1, 23; 1 Joh 2, 29; 3, 9; 4, 7; 5, 1. 4. 18.

3. Paulus, Erbe der jüdischen Überlieferung, kann von sich sagen, er habe zum Glauben gezeugt[5] oder er habe geistige Kinder[6].

[5] 1 Kor 4, 15; Phlm 10; vgl. Gal 4, 19. – [6] 1 Kor 4, 17; 1 Tim 1, 2; 2 Tim 2, 1; 1 Petr 5, 13.

→ geboren werden – Geschlecht – Geschlechtsregister – Kind

Gebetskapsel
Gr. *phylaktērion*: »Aufbewahrungsort« (Wachkorps), sowie »Mittel zur Bewahrung« (Amulett), Talisman; hier vielleicht von gr. *phylassō*: »hüten« (das Gesetz); aram. *tᵉphillīn*, vielleicht von hebr. *tᵉphillā*: »Gebet« abgeleitet (→ *Einl.* XIII. 2. B. a). Zwei kubische Lederetuis, von denen jedes vier auf Pergament geschriebene wesentliche Abschnitte der Tora, darunter einen Teil des Schema[e1] enthält. Jeder erwachsene Jude mußte sie, außer am Sabbat, beim Morgengebet mit Bändern am linken Arm (nahe dem Herzen) und

an der Stirn befestigen². Einige Fromme trugen sie während des ganzen Tages.
Dieser Brauch, der von den »orthodoxen« Juden heute noch beachtet wird, geht auf ein wörtliches Verständnis von Dtn 6, 8 zurück: »Du sollst meine Worte als Zeichen um das Handgelenk binden. Sie sollen zum Schmuck auf deiner Stirn werden.« Jesus kritisiert nur die Zurschaustellung und das Übermaß, das dazu führte, die Gebetskapseln immer größer zu machen³.

[1] Ex 13, 1–10; 13, 11–13; Dtn 6, 4–9; 11, 13–21. – [2] Dtn 6, 8; vgl. Ex 13, 9. 16; Dtn 11, 18. – [3] Mt 23, 5 □.

→ Quaste

geboren werden

Wie die meisten Religionen benützt auch die Bibel das *Symbol der Wiedergeburt, um ihren Glauben an ein anderes Leben auszudrücken, das schon hienieden durch die Gottheit bewilligt wird. Doch ihre Konzeption ist eine grundsätzlich andere: Es handelt sich nicht um einen magischen Einweihungsritus, der die menschliche Natur umwandeln würde, sondern um eine Tat Gottes, der Israel beim Auszug aus *Ägypten zu seinem *Erstgeborenen gemacht hat[1] und der die endgültige Erneuerung aufgrund des in die Herzen geschriebenen *Gesetzes verheißt[2]. Nach dem späten Judentum machte die *Taufe den *Proselyten zu einem Neugeborenen.
Das NT sagt klar, daß der Glaubende »geboren wird aus« (gr. *gennēthēnai ek*, Passiv von *gennaō*: »gebären«) dem Geist und dem Wasser[3] oder von oben[4]. Die letztgenannte Zusage schwingt im Griechischen mit, wenn gesagt wird, daß der Glaubende »wiedergeboren wird« (gr. *ana-gennaomai*) durch die Kraft der *Auferstehung[5] oder durch das *Wort Gottes[6]. Schließlich wird der Einzelne durch die »Wieder-geburt« (gr. *palin-genesia*) am Ende der Zeit[7] in die große Geschichte der »neuen Schöpfung« aufgenommen[8]. Dieselbe Wiedergeburt geschieht auch durch die Taufe[9]; von nun an trägt der Glaubende den Keim der Unvergänglichkeit in sich und wird durch ihn zu einem neuen Leben befähigt[10].

[1] Ex 4, 22; Dtn 32, 6. 18f. – [2] Ez 36, 26f. – [3] Joh 3, 5f 8. – [4] Joh 3, 3. 7. – [5] 1 Petr 1, 3. – [6] 1 Petr 1, 23; vgl. Jak 1, 18. – [7] Mt 19, 28; vgl. Offb 21, 5. – [8] 2 Kor 5, 17. – [9] Tit 3, 5. – [10] 1 Joh 3, 9; vgl. 1 Joh 2, 29; 4, 7.

→ gebären – Kind – neu – Sohn Gottes – Taufe

Gebot

Gr. *entolē* (von *entellomai*: »befehlen, vorschreiben«), hebr. *miṣwā*.
1. Der Begriff bezieht sich auf eine einzelne Regel des Gesetzes (gr. *nomos*) oder des christlichen Lebens[1]. Gewöhnlicherweise gebraucht man ihn, um den persönlichen Charakter der Vorschrift zu betonen; die Vorschrift ist ja nicht nur ein Paragraph, sondern eine Aufforderung[2]; mit diesem Wort kann man auch das kennzeichnen, was das Wesentliche am Gesetz ausmacht[3].

[1] Mt 5, 19; Mk 10, 5; Lk 1, 6; 23, 56. – [2] Mt 15, 3 (= Mk 7, 8f); 19, 17 (= Mk 10, 19); 1 Kor 7, 19; 14, 37; Eph 2, 15. – [3] Mt 22, 36. 38. 40 (= Mk 12, 28. 31 = Lk 18, 20).

2. Johannes wendet *nomos* nur auf das jüdische Gesetz an, mit *entolē* dagegen bezeichnet er den positiven Aspekt des Gesetzes. Im Gebot äußert und offenbart sich die Liebe des Vaters; durch das Gebot erlangt der Glaubende

Gemeinschaft mit dem Vater[4]. Wie die allgemeine Tradition schon formuliert hatte[5], ist Jesu einziges Gebot das der Liebe[6]; diese Liebe entspringt der gegenseitigen Liebe des Vaters und des Sohnes; ihr Modell hat sie im Verhalten Jesu von Nazaret[7].

[4] 2 Joh 4–6. – [5] Röm 13, 9; Eph 6, 2. – [6] Joh 13, 34; 14, 15. 21; 15, 10. 12. 14. 17; 1 Joh 2, 3f. 7f; 3, 23f; 4, 21; 5, 2f; vgl. Offb 14, 12. – [7] Joh 10, 17f; 12, 49f; 14, 31; 17, 26.

→ *Einl.* XII. 1. D. – Gesetz

Gedächtnis

Gr. *mimnēskomai*: »gedenken, sich erinnern«. Grundlage dieses Wortfeldes ist die hebr. Wurzel *zākar,* durch die der Jude sich als ein Mann der *Tradition erweist, der tief in seinem Volk verwurzelt ist; so wie Gott, der sich an seinen Bund und seine Verheißungen erinnert[1], erinnert sich auch der Glaubende gerne an die Machttaten Gottes, um sich im echten Glauben zu bewahren[2]. So kann er in Gott die Zeitlichkeit überwinden. Der Christ unterscheidet sich vom AT dadurch, daß er bei der Eucharistie das erlösende Kreuzesereignis vergegenwärtigt; er feiert das Gedächtnis (gr. *eis tēn anamnēsin*) Jesu[3]. Nach Joh wird dies Gedächtnis durch das Wirken des Heiligen Geistes ermöglicht; indem er ins Gedächtnis zurückruft, macht er die Gegenwart Jesu verständlich und aktualisiert sie[4].

[1] Gen 9, 15f; 30, 22; Ex 2, 24; 32, 13; 1 Sam 1, 20; Ps 98, 3; 105, 8. 42; Jer 15, 15; 18, 20; 31, 34; Hebr 8, 12; 10, 17. – [2] Ex 20, 8; Dtn 5, 15; 8, 2; 26, 3–10; Ps 103, 18; 105, 5; Mal 3, 22. – [3] Lk 22, 19; Apg 20, 35; 1 Kol 11, 24f; 2 Tim 2, 8. – [4] Joh 14, 26.

Geduld

1. Gr. *makrothymia* (von *makros*: »lang« und *thymos*: »Herz, Mut, Eifer, Zorn«): »langer Mut, Geduld, Ausdauer«. Die *Septuaginta und das NT übersetzen mit diesem Wort das hebr. *'erek 'appajim*: »den Zorn zurückhalten / lange Nase haben/«, von daher der »Langmut«: »einen langen Atem haben«. Geduld kennzeichnet den Bundesgott[1], der seine leidenden Erwählten nicht vergißt[2] und der abwarten kann, um dem Sünder Zeit zur Umkehr zu geben[3]. Der Mensch seinerseits soll in der Kraft des Geistes seinem Nächsten gegenüber geduldig sein[4], um der Liebe willen langmütig[5], und dem Bauern gleich geduldig auf die Parusie des Herrn warten[6].

[1] Ex 34, 6; Num 14, 18; Ps 103, 8; Sir 2, 11; Röm 2, 4. – [2] Lk 18, 7. – [3] Röm 9, 22; 1 Tim 1, 16; 1 Petr 3, 20; 2 Petr 3, 9. 15. – [4] Mt 18, 26. 29; Eph 4, 2; Kol 1, 11; 3, 12; 1 Thess 5, 14. – [5] 1 Kor 13, 4; 2 Kor 6, 6; Gal 5, 22. – [6] Jak 5, 7f.

2. Gr. *anochē/anechomai* (von *ana*: »oben« und *echomai*: »halten«): »hochhalten, aufrechthalten, standhalten, er-tragen«. Gemeint ist weniger die innere Grundhaltung als das in ihr gründende äußere Verhalten: etwas Schlimmes passieren lassen. So verzögert Gott seinen Zorn, ohne daß er darauf verzichten würde, seine Gerechtigkeit aufzurichten[7]. Jesus hat das Unverständnis seiner Zeitgenossen geduldig ertragen[8]; der Glaubende seinerseits soll in der Erprobung, in der Verfolgung oder ganz einfach im täglichen Leben mit den anderen geduldig sein[9]. Die Geduld kann sich zur Beständigkeit (gr. *hypomonē*) entwickeln[10].

[7] Röm 2, 4; 3, 26. – [8] Mt 17, 17 (= Mk 9, 19 = Lk 9, 41). – [9] 1 Kor 4, 12; Eph 4, 2; Kol 3, 13; 2 Tim 2, 24. – [10] 2 Thess 1, 4.

→ Barmherzigkeit – Hoffnung – Standhaftigkeit

Gefangener

Gr. *aichmalōtos* (von *aichmē*: »Spitze, Speer, Schlacht«, und *haliskomai*: »gefangen werden«): »Kriegsgefangener«. Das Wort bezeichnet allgemein einen im *Gefängnie Einsitzenden[1]. In Erinnerung an die *Gefangenschaft der Juden in Babylonien und an ihre Rückkehr[2] redet man vom Menschen als Gefangenem der Sünde[3]; doch Jesus hat ihn befreit, um ihn zu seinem Gefangenen zu machen[4]. Daneben meint die Gefangenschaft eine schreckliche, für das Ende der Zeiten angekündigte Strafe[5], von der Gott durch Jesus Christus befreit[6].

[1] Röm 16, 7; Kol 4, 10; Phlm 23. – [2] Jes 45, 13; Jer 1, 3; Ez 1, 1f. – [3] Röm 7, 23; vgl. 2 Tim 3, 6. – [4] Eph 4, 8; vgl. 2 Kor 10, 5. – [5] Jer 15, 2; Lk 21, 24. – [6] Jes 61, 1; Lk 4, 18.

→ Exil – freilassen – Gefangenschaft – Gefängnis – Sklave

Gefangenschaft

Gr. *metoikesia* (von *metoikos*: »Fremder«). Die Deportation nach *Babylon geschah in drei Etappen. Die Zahl der Deportierten ist schwer auszumachen, denn die vorhandenen Daten stimmen nicht miteinander überein[1]. Im Jahr 597 wurden zwischen 3000 und 10 000 Männer aus der gehobenen Schicht umgesiedelt. Im Jahr 586 zwischen 1000 und 15 000 Männer mit ihren Familien. Im Jahr 581 folgten 745 Personen, also »der Rest«. Die Rückkehr fand im Jahr 538 statt[2]. Manche Juden blieben im Ausland und bildeten so den ersten Kern der *Diaspora[3].

[1] 2 Kön 24, 10–17; 25, 7. 11f; Jer 52, 30. – [2] 2 Chr 36, 22f. – [3] Mt 1, 11f; Apg 7, 43 □.

→ Diaspora – Exil – freilassen – Fremder – Gefangener

Gefangenschaftsbriefe
→ Brief

Gefängnis

Gr. *desmōtērion* (von *deō*: »binden, fesseln« und *desmōtēs*: »Gefangener«), *phylakē* (von *phylassō*: »bewachen«). Hauptsächlich eine vorbeugende Strafmaßnahme vor der richterlichen Entscheidung[1], auch eine repressive Strafe, etwa für *Schuldner, die nicht bezahlen können[2]. Die Gefangenen waren an den Füßen, den Händen oder dem Hals an Soldaten oder an die Mauern gebunden oder gekettet[3]. Im *metaphorischen Sinn der Ort, an dem der Satan eingeschlossen ist[4], an dem die noch nicht geretteten Menschen festgehalten werden[5] oder die Gefangenen der Sünde[6].

[1] Mt 14, 3 (= Mk 6, 17); Lk 3, 20; Apg 4, 3; 5, 18; 12, 4f; 16, 23; 21, 33–28, 31; 2 Kor 6, 5; 11, 23; Eph 3, 1; Phil 1, 7; Hebr 11, 36. – [2] Mt 5, 25; 18, 30. – [3] Jer 29, 26; Mt 27, 2 (= Mk 15, 1); Joh 18, 12; Apg 12, 6; 16, 24; 26, 29. 31; 2 Tim 2, 9. – [4] Offb 20, 2. 7; vgl. Jud 6. – [5] Lk 4, 18; 1 Petr 3, 19. – [6] Röm 7, 6–23.

→ Einl. XIV. 1. B. – Gefangenschaft

Gegner

Gr. *anti-keimenos*: »der, der gegenüber ist, der Feind«, der Gegner[1]; der Satan ist der Widersacher im wahrsten Sinne des Wortes[2]. Ebenso wird das gr. *en-antios* gebraucht: »gegenüber stehend, entgegengesetzt«; es kann sich sowohl auf die Naturkräfte beziehen, z. B. auf den Wind[3], wie auf die Menschen⁴, die Mächte⁵ oder den Satan⁶. Das gr. *anti-dikos* bedeutet die »gegnerische Partei«⁷, damit kann auch der Satan gemeint sein⁸.

[1] Lk 13, 17; 21, 15; 1 Kor 16, 9; Gal 5, 17; Phil 1, 28; 1 Tim 1, 10. – [2] 2 Thess 2, 4; 1 Tim 5, 14 □. – [3] Mt 14, 24 (= Mk 6, 48); Apg 27, 4. – [4] Apg 17, 7; 28, 17; 1 Thess 2, 15; Hebr 10, 27. – [5] Apg 26, 9; Kol 2, 14. – [6] Tit 2, 8 △. – [7] Mt 5, 25 (= Lk 12, 58); Lk 18, 3. – [8] 1 Petr 5, 8 △.

→ Satan

Geheimnis

Gr. *mystērion* (von *myō*: »[den Mund] schließen«; *myeō*: »einführen« in die kultischen Zeremonien, wie etwa die von Eleusis, der Isis, des *Mithra; *mystēs*: »Eingeweihter«. Kult oder Wissen, das den Eingeweihten vorbehalten ist.

1. *Im weiteren Sinn*: »eine verborgene, dunkle Angelegenheit; Geheimnis«[1]. Entspricht dem hebr. *sōd*[2] und dem aram. *rāz*[3]. Im AT (*Daniel[4], *Weisheit[5]) und in der *apokryphen Literatur (*Henoch, *Qumran) beziehen sich die göttlichen Geheimnisse auf den ewigen Heils*plan; betont wird dabei nicht das, was die Vernunft nicht durchdringen kann, sondern die *Offenbarung. Dementsprechend ist auch im NT das Wort gewöhnlich mit einem offenbarenden oder ankündigenden Verb verknüpft; es hat also nicht mit den griechischen Mysterienkulten[6] oder mit den orientalischen Religionen zu tun.

[1] Tob 12, 7. 11; Sir 27, 16. 21. – [2] Am 3, 7. – [3] Dan 2. – [4] Dan 2, 28; 4, 6. – [5] Weish 2, 22; 6, 22; 12, 5. – [6] 1 Kor 12, 2; vgl. Weish 14, 23.

2. *Drei Hauptbedeutungen* können im NT unterschieden werden:
– die Großtaten Gottes, sein Eingreifen zur Errichtung seines *Reichs[7], seine verborgene, in Jesus Christus offenbarte *Weisheit, das Geheimnis schlechthin[8];
– die geheimen Offenbarungen[9];
– der tiefere Sinn einiger Wirklichkeiten, etwa die Bestimmung Israels[10], die Tätigkeit des *Antichrist[11], die Ehe[12].

[7] Mt 13, 11; 13, 35; Offb 10, 7. – [8] Röm 16, 25; 1 Kor 2, 7f; Eph 1, 9; 3, 3; 6, 19; Kol 1, 25–27; 1 Tim 3, 16. – [9] Offb 1, 20; 17, 7. – [10] Röm 11, 25. – [11] 2 Thess 2, 7. – [12] Eph 5, 32.

→ *Einl.* IV. 6. B. C.

Gehinnom, Gehenna

Hebr. *Gē'-Hinnōm*, gr. *gehenna*: Tal südlich von Jerusalem. Verflucht seit der Zeit, als man dort Menschenopfer darbrachte; dort wurden ständig Kadaver und Abfall verbrannt[1]. Daher erklärt sich der metaphorische Gebrauch des Wortes: Ort der Bestrafung durch Feuer[2], *eschatologische Strafe[3] und Macht, die schon jetzt am Werk ist[4]. Diese Lehre wird in den *Apokryphen noch deutlicher betont.

[1] 2 Kön 23, 10; Jer 7, 31f. – [2] Mt 18, 8f (= Mk 9, 43. 45. 47). – [3] Jes 66, 24; Mt 5, 22. 29f; 10, 28 (= Lk 12, 5); 23, 33. – [4] Mt 23, 15; Jak 3, 6 □.

→ Feuersee – Hölle – *Karte* 1

gehorchen, Gehorsam

Gewöhnlich geben die Worte Gehorsam und Ungehorsam das gr. *hyp-akoē*, *par-akoē* wieder, die etwas Gehörtes bestimmen (gr. *akoē*, von *akouō*: »hören, horchen«): das heißt die Stimme *hören, indem man sich unterstellt *(hypo)* oder das Hören verweigern indem man sich daneben stellt *(para)*: von hier die Haltung des Festhaltens am Glauben[1] oder die Weigerung durch Abrücken[2]. Manchmal werden damit die Worte *peithomai, apeitheō* übersetzt; sie bedeuten: »sich überreden lassen« oder »sich empören«, »sich anvertrauen« oder »sich hüten vor«, aufnahmebereit oder verschlossen sein, sich unterwerfen oder widerstehen[3].

[1] Gen 22, 18; Ex 5, 2; 1 Sam 15, 22; Mt 8, 27 (= Mk 4, 41); Röm 1, 5; 5, 19; 10, 16; 2 Kor 10, 5; Phil 2, 8; Hebr 11, 8. – [2] Mt 18, 17; Mk 5, 36; Röm 5, 19. 2 Kor 10, 6; Hebr 2, 2. – [3] Lk 1, 17; Apg 5, 29. 32; 26, 19; 27, 21; Röm 1, 30; 2, 8; 10, 21; 11, 30–32; Gal 5, 7; Eph 2, 2; 5, 6; Hebr 3, 18; 4, 6. 11; Jak 3, 3.

→ Bund – hören – Ohr – Sünde – Treue – vertrauen – Wille Gottes

Geier

Gr. *aetos*: »*Adler[1], Geier«. Die Bibel unterscheidet die beiden Raubvögel kaum, man kann auch nicht genau sagen, ob es sich um den Bartgeier, um den großen aschfarbenen oder um den dunkelschwingeligen Geier handelt. Als Aasfresser[2] ist er ein unreines Tier[3]. Wenn sein kahler Hals erwähnt wird, ist sicherlich ein Geier gemeint[4].

[1] wahrscheinlich Apg 4, 7; 8, 13; 12, 14. – [2] Ijob 39, 30; Mt 24, 28 (= Lk 17, 37). – [3] Lev 11, 13; Dtn 14, 12. – [4] Mi 1, 16.

Geißelung

1. Die Geißel bestand aus Riemen, die mit Knochenstücken oder Metallkugeln durchsetzt waren (lat. *flagrum*), oder aus dünnen Riemen (aus Leder?) (lat. *flagellum*). Der Sträfling wurde entweder mit den Händen an einen Pfosten gebunden, oder gebeugt zusammengebunden, oder auf dem Boden beziehungsweise auf einer Bank ausgestreckt. Nach der jüdischen Gesetzgebung bekam er höchstens 39 Hiebe, denn das Gesetz hat verboten, mehr als 40 Hiebe zu geben[1] (der Kodex Hammurabi schrieb 60, der Koran später 80 oder 100 Hiebe vor); dreizehn Hiebe gab man auf die Brust, 26 auf den Rücken.

[1] Dtn 25, 3; 2 Kor 11, 24.

2. Die Geißelung wurde unterschiedlich praktiziert. Die *jüdische Gesetzgebung* kannte die Geißelung für gewisse Straftaten, die in der Synagoge vollzogen wurde[2] (gr. *mastigoō*). Jesus sagt seinen Jüngern vorher, daß sie so behandelt werden[3]. Die römische Marter hieß *verberatio* (gr. *phragelloō* [aus dem lat. *flagello*: »auspeitschen«], oder durch Angleichung an die vorher genannte Art des Strafvollzugs: *mastigoō*). Sie kam bei Sklaven und Nicht-Bürgern, die zum Tode verurteilt waren, zur Anwendung. Diese Strafe wurde an Jesus vollzogen[4]. Die Folter fand während der Verhöre statt, die den Verdächtigen zum Geständnis bringen sollten[5]. Die Ordnungskräfte verabreichten die Strafe mit Ruten oder Prügeln (gr. *rabdizō*). Paulus sagt, daß er diese Pein dreimal erlitten hat[6].

[2] Dtn 25, 2f. – [3] Mt 10, 17; 23, 34. – [4] Mt 20, 19 (= Mk 10, 34 = Lk 18, 33); 27, 26 (= Mk 15, 15); vgl. Lk 23, 16. – [5] Apg 22, 24f. – [6] 2 Kor 11, 25; vgl. Apg 16, 22. 37.

→ Kreuzigung

Geist

1. Im ursprünglichen Sinn bedeutet das gr. *pneuma* (hebr. *rūaḥ*) Atem, Wind[1]. Der menschliche Atem kommt von Gott und kehrt, wenn der Mensch stirbt, zu Gott zurück[2]; Gott aber kann ihn zurückgeben, denn der Mensch gibt ihn an Gott, damit er ihn bei sich aufnimmt[3].

[1] Gen 3, 8; Joh 3, 8; 20, 22; 2 Thess 2, 8; Hebr 1, 7. – [2] Gen 2, 7; Mt 27, 50; Joh 19, 30; Apg 7, 59; Jak 2, 26. – [3] Lk 23, 46; Hebr 12, 23; Offb 11, 11; vgl. Lk 8, 55.

2. Der Geist des Menschen bedeutet, genauso wie die *Seele, die Person selbst in ihrer tiefster Innigkeit[4] oder in ihrer Ganzheit[5]. Er unterscheidet sich von dem, was sichtbar ist, vom *Leib[6], und von dem, was schwach ist[7].

[4] Mk 2, 8; 1 Kor 2, 11. – [5] Gen 6, 17; Phil 4, 23; 2 Tim 4, 22; Phlm 25. – [6] 1 Kor 5, 3; 7, 34; 2 Kor 7, 1; Kol 2, 5. – [7] Mt 26, 41 (= Mk 14, 38).

3. Im Geist des Glaubenden wohnt der *Geist Gottes, der sich mit ihm verbindet, um in ihm den kindlichen Gebetsruf zu wecken[8], ihn mit dem Herrn zu vereinen und ein Geist mit ihm zu werden[9]; auf diese Weise wird er vollkommen erneuert[10]. Von daher wird es nicht selten schwierig, zu entscheiden, ob sich das Wort auf den Menschen oder auf Gott bezieht[11]; das bedeutet, daß Gott, der Geist ist[12], sich diejenigen aneignen kann, mit denen er sich vereint. Der Gläubige kann dann, wiedergeboren durch den Geist, den *Kult im Geist und in der Wahrheit darbringen[13].

[8] Röm 8, 16. 26. – [9] 1 Kor 6, 17. – [10] Eph 4, 23. – [11] Röm 12, 11; 2 Kor 6, 6. – [12] Joh 4, 24. – [13] Joh 3, 6; 4, 24.

4. Paulus sieht den Geist im Gegensatz zum *Fleisch; es sind zwei Mächte, die im Menschen wirksam sind[14]. Der geisterfüllte Mensch (gr. *pneumatikos*) kann irdisch (gr. *psychikos*) werden[15], in den Zustand des Fleisches zurückfallen[16]. Es gibt Psychiker, die den Geist nicht haben[17]. Anderseits kann auch der irdische Leib, oder der Leib des Psychikers, geisterfüllt werden[18].

[14] Röm 8, 4; Gal 5, 16–25. – [15] 1 Kor 2, 14f. – [16] 1 Kor 3, 1. – [17] Jak 3, 15; Jud 19. – [18] 1 Kor 15, 44.

5. Der Geist widersetzt sich dem Buchstaben, so wie die Lebensmacht sich der Macht des Todes widersetzt[19]; Christus führt vom Buchstaben zum Geist in Freiheit[20].

[19] 2 Kor 3, 6. – [20] 2 Kor 3, 17; Gal 5, 13–18.

6. Gr. *pneumata* (Pl. von *pneuma*: »Wind, Geist«). Eine andere Bezeichnung für *Engel[21], für die guten[22], wie vor allem für die schlechten[23], die man meist als unrein bezeichnet[24]: sie wurden durch Jesus[25] und seine Jünger[26] aus den *Besessenen vertrieben. Man muß sie bekämpfen[27] und sie unterscheiden, denn sie sind betrügerisch[28].

[21] Apg 23, 8f; Hebr 12, 9. – [22] Hebr 1, 14; Offb 4, 5; 5, 6. – [23] Mt 12, 45 (= Lk 11, 26); Lk 7, 21; 8, 2; Apg 19, 16. – [24] Mt 12, 43 (= Lk 11, 24); Mk 1, 23; 5, 2. – [25] Mt 8, 16; Mk 1, 26f; 3, 11; 5, 13; 9, 25; Lk 7, 21... – [26] Mt 10, 1 (= Mk 6, 7 = Lk 9, 1); Apg 8, 7; 19, 12. – [27] Eph 2, 2; 6, 12. – [28] 1 Kor 12, 10; 1 Tim 4, 1; 1 Joh 4, 1; Offb 16, 14.

→ Besessener – Dämonen – Engel – Fleisch – Geist Gottes – Herrschaften – Mensch – Seele – Wind

Geist Gottes, der Heilige Geist

1. Im AT wird das Wirken des Gottesgeistes in seinem Kommen und Schwinden *charismatisch erfahren[1], ebenso kennt ihn auch das NT. Der Geist kommt unerwartet über den Menschen, er erhebt ihn und befähigt ihn zu

außerordentlichen Taten; das betrifft das *prophetische Reden[2], bemerkenswerte Taten[3], so daß von einigen gesagt wird, sie seien vom Heiligen Geist erfüllt[4]. Daher kommt die *Weisheit der geistigen Menschen[5] und die Charismen, die der Geist hervorbringt[6].

[1] Vgl. Ri 3, 10; 11, 29; 14, 6; 1 Sam 11, 6. – [2] Lk 1, 41. 57; Apg 2, 4. 17; 6, 10; 7, 55; 11, 28. – [3] Lk 2, 27; 4, 1. 14; Apg 8, 39; 21, 11. – [4] Lk 2, 25; Apg 6, 5; 11, 24. – [5] 1 Kor 2, 10. – [6] 1 Kor 12, 3–13.

2. Andererseits erfüllt das NT die Weissagung des AT, die verheißen hatte, der Geist werde ununterbrochen auf dem Messias ruhen[7] und in allen Herzen ausgegossen[8], gleichsam als neue Schöpfung[9]. Der Geist kommt auf Jesus herab und ruht auf ihn[10]; dadurch wird gezeigt, daß Jesus durch seine Empfängnis *heilig war[11]; er hat den Geist unbegrenzt[12], und er gibt seinen Geist[13].

[7] Jes 11, 2; 42, 1; 61, 1. – [8] Ez 36, 26. – [9] Ez 39, 29. – [10] Mt 3, 16; Mk 1, 10; Lk 3, 22; Joh 1, 33; Apg 2, 33; 10, 38. – [11] Mt 1, 20; Lk 1, 35. – [12] Joh 3, 34. – [13] Joh 16, 14f; 19, 30.

3. Die *Taufe mit Heiligem Geist gewährt Anteil an diesem beständigen Geschenk[14]. Der Geist gießt die *Liebe in den Herzen aus[15], er tritt für uns ein[16], er bürgt für unsere *Hoffnung[17]. Deswegen kann man sagen, daß die *Gesetzesordnung der Geistesordnung gewichen ist. Der Geist weiht den *Tempel ein, den von nun an die Glaubenden bilden[18]; durch seine *Lehre bringt der *Anwalt die Worte Jesu in Erinnerung[19] und steht den Jüngern bei wenn sie *Zeugnis ablegen[20].

[14] Apg 1, 5; 2, 38; 8, 17–19; 10, 44–47; 19, 6; Röm 8, 9 – [15] Röm 5, 5. – [16] Röm 8, 26f. Gal 4, 6. – [17] 2 Kor 5, 5. – [18] 1 Kor 3, 16; 2 Kor 1, 22. – [19] Joh 14, 26. – [20] Mt 10, 20; Joh 16, 4–15.

→ *Einl.* XIV. 1.C. – Anwalt – Gabe – Gnadengabe – Gott

Geld
→ Silber

Geldbeutel
Das NT erwähnt, neben dem Gürtel, dessen Falten als Geldbeutel dienten[1], noch die Vorratstasche (gr. *pēra*)[2], die Geldbörse (gr. *ballantion*)[3] und tragbare Schatulle, ursprünglich eine Büchse mit Schlitz (gr. *glōssokomon*)[4].

[1] Mt 10, 9. – [2] Mt 10, 10 (= Mk 6, 8 = Lk 9, 3); Lk 10, 4; 22, 35f △. – [3] Lk 10, 4; 12, 33; 22, 35f; △. – [4] Joh 12, 6; 13, 29 △.

Geldwechsler
Gr. *kollybistēs, kermatistēs*. Geldwechsler wurden im Tempelbereich geduldet, weil man für die Tempelsteuer jüdisches Geld brauchte; sie tauschten es gegen das ausländische Geld um, und zwar im Verhältnis von einem Silber-*obolus für einen Halb*schekel[1].

[1] Mt 21, 12 (= Mk 11, 15 = Joh 2, 15); Joh 2, 14 □.

→ Bank – Tempel

Geliebter
Gr. *agapētos*. In bezug auf Jesus hat dieses Epitheton *messianische Bedeutung; es entspricht Bezeichnungen wie »Einziger« und »Auserwählter«[1]. Es charakterisiert die besondere Sohnschaft Jesu[2]. Sehr oft wird es auch auf die

Gläubigen bezogen und drückt die Liebe aus, die sie von Gott[3] und von den Brüdern erfahren[4]. Über den »Jünger, den Jesus liebte« vgl. *Jünger (3).

[1] Vergleichen Mt 12, 18 mit Jes 42, 1; Mt 17, 5 (= Mk 9, 7) und Lk 9, 35. – [2] Mt 3, 17 (= Mk 1, 11 = Lk 3, 22); Mk 12, 6 (= Lk 20, 13); 2 Petr 1, 17 □. – [3] Röm 1, 7. – [4] Apg 15, 25; Röm 16, 5; Jak 1, 16; 1 Joh 2, 7.

→ Auserwählung – Liebe – Sohn Gottes

Gelübde
In Israel, ja ganz allgemein in der antiken Welt war es üblich, sich durch ein Gelübde (gr. *euchē,* meint auch »Gebet«) zu binden[1]; der freiwillige religiöse Akt, durch den man eine Gunst erbitten oder Gnade erlangen wollte, bedeutete eine strenge Verpflichtung. Das Gesetz und die Propheten mühten sich, das Auswuchern oder den Mißbrauch[2] einzugrenzen. Das Gelübde des zeitweiligen *Nasiräats[3] verlangte, daß man sich neben anderen Bußübungen die Haare – Zeichen der männlichen Kraft – nicht schneiden ließ. Zum Abschluß mußte man im Tempel Opfer darbringen, sich den Kopf scheren lassen und die Haare auf dem Altar verbrennen.

[1] Apg 18, 18. – [2] Mt 15, 5f (= Mk 7, 11–13). – [3] Num 6; Ri 13, 5; Apg 21, 23 □.

→ beten – Eid – Korban

Gemeinschaft
Gr. *koinōnia* (von *koinos*: »gemeinsam«, *koinoō*: »zusammenlegen, gemein machen«): »teilhaben, miteinander teilen, teilnehmen an« (gr. *met-echō*: »Anteil haben«), daher Teilhabe, Gemeinsamkeit. Mit den beiden Worten bezeichnet man die Teilhabe am *Altar, sowie am *Leib und am *Blut Christi[1]. Die Gemeinschaft bedeutet Teilhabe an Christus[2], an dem Geist[3], an der göttlichen Natur[4], im gemeinsamen Glaubensleben[5]. Sie äußert sich im brüderlichen Zusammenhalten[6], in der Gemeinsamkeit von Hab und Gut[7], in der *Kollekte zugunsten Jerusalems[8].

[1] 1Kor 10, 16f. 18. 20f. – [2] Phil 3, 10; 1 Petr 4, 13; Hebr 3, 14. – [3] 2 Kor 13, 13; Phil 2, 1; Hebr 6, 4. – [4] 2 Petr 1, 4. – [5] Tit 1, 4; 1 Joh 1, 3. – [6] Apg 2, 42; 2 Kor 1, 7; Phil 4, 14; 1 Joh 1, 6f. – [7] Apg 2, 44; 4, 32; Gal 6, 6; 1 Tim 6, 18; Hebr 13, 16. – [8] vgl. Röm 12, 13; 2 Kor 8–9.

→ Becher – Herrenmahl – Kollekte

Gennesaret
1. Gr. *Gennēsaret,* entsprechend dem hebr. *Ginnōsar*; Ort (oder Landschaft) am rechten Ufer des Sees von Tiberias, zwischen Magdala und Kafarnaum[1].

[1] Mt 14, 34; Mk 6, 53 □.

2. Nur Lk gibt dem See diesen Namen[2].

[2] Lk 5, 1 □.

→ Galiläa (der See von) – *Karte* 4

Gerasener (das Land der)
Vom gr. *gerasēnos*; Gebiet von Gerasa, einer Stadt der *Dekapolis in der Nähe von Jabbok, etwa 55 km südöstlich des Sees von Tiberias, identisch mit dem heutigen Dscherasch. Die Austreibung des Dämons in die Schweineher-

de hat wahrscheinlich in El-Kursi, südlich von Wādi es-Samak, am östlichen Ufer des Sees stattgefunden[1].

[1] Mk 5, 1; Lk 8, 26. 37 □.

→ Karte 4

Gerechtigkeit, Gerechtmachung
Gr. *dikaiosynē, dikaios*: »gerecht, mit dem Recht übereinstimmend«; *dikaiōsis*: »Gerechtmachung, Rechtfertigung«; *dikaioō*: »rechtfertigen«; *dikē*: »Recht, Strafe, Vergeltung«; all diese Begriffe leiten sich vom Wortstamm *dik-* her, der die Richtung angibt, etwa *deiknymi*: »zeigen«. Sie übersetzen das hebr. ṣedeq (ṣᵉdāqā), ṣaddīq, mit dem eine Haltung beschrieben wird, die einen Gemeinschaftsbund zwischen zwei Parteien begründet und erhält.
1. *Die Gerechtigkeit Gottes* ist vor allem Heilsgerechtigkeit: Der gerechte Gott erfüllt in Treue zu seinem *Bund seine Heils*verheißungen[1]. Sie kämpft für die Durchsetzung von Recht und Glück, ohne mit der ausgleichenden Gerechtigkeit identisch zu werden (Gleichgewicht von Verpflichtungen und Lasten)[2]. Nur selten wird der Begriff im Zusammenhang mit der richterlichen (gr. *dikaiōma*: »Urteil, Vorschriften«[3]) oder der distributiven Gerechtigkeit verwendet (*Belohnung)[4], nie für die strafende Gerechtigkeit. *Zorn und Gerechtigkeit Gottes sind nicht zwei aufeinanderfolgende Momente der Geschichte; sie sind Ausdruck für das konsequente Handeln Gottes, der den Sünder zu sich heranführt oder ihn abweist[5]. Letztlich ist Jesus Gerechtigkeit in Person[6].

[1] Ps 40, 10f; Jes 45, 21; 46, 13; Mt 3, 15; 21, 32; Röm 3, 21–26. – [2] Sam 8, 15; Ps 45, 4–8; Jes 41, 2; vgl. Mt 20, 4. – [3] Lk 1, 6; Röm 1, 32; 2, 26; 8, 4; Hebr 9, 1. 10; Offb 15, 4. – [4] 2 Thess 1, 5f; Hebr 2, 2; vgl. Lk 23, 41. – [5] Ps 85, 4–6; Mi 7, 7–9; Röm 1, 17f. 10, 3; Phil 3, 9; Jak 1, 20. – [6] 1 Kor 1, 30; vgl. 2 Kor 5, 21.

2. *Gott macht gerecht*: er erachtet für (oder macht) gerecht, er macht recht, er befreit[7]. Der Mensch kann sich nicht gerecht machen; Gott allein macht gerecht[8]; er vergibt dem Gottlosen nicht aufgrund seiner Werke oder seines *Gesetzesgehorsams[9], sondern aufgrund der *Gnade Jesu Christi, des auferstandenen Gerechten, mit dem der Glaubende durch den Glauben eins ist[10]. In dem gerechtfertigten Menschen weckt Christus das Leben des heiligenden *Geistes, der Quelle der Liebeswerke ist[11].

[7] Gen 44, 16; Sir 23, 11. – [8] Jes 50, 8; Röm 4, 5f; 8, 33; vgl. Lk 10, 29. – [9] Ijob 4, 17; Ps 143, 1f; Gal 2, 15–21; 3, 6–29. – [10] Hos 2, 21f; Mt 9, 13 (= Mk 2, 17 = Lk 5, 32); Röm 1, 17; 3, 21–26; 3, 27–4, 25; 9, 30–32; 10, 3–10; Phil 3, 8f; Tit 3, 5–7. – [11] Mt 12, 37; Röm 2, 13; 5, 1; 1 Kor 1, 30; Hebr 11, 7; Jak 2, 14–26.

3. *Die Gerechtigkeit des Menschen* besteht darin, das »recht« zu sein, was Gott will, daß er sei; d.h. dem göttlichen *Willen[12] gemäß zu leben und dadurch im Bund zu sein[13]. Lukas behält Worte, die an das Judentum erinnern: Jesus, die Eltern des Täufers, Simeon, Kornelius sind allsamt Gerechte[14], während andere sich als solche ausgeben[15]. Auch bei Mt finden sich Nachklänge daran[16], doch er rühmt die neue, christliche Gerechtigkeit[17].

[12] Mi 6, 8; Lk 1, 75; Eph 6, 14; 2 Tim 2, 22; 1 Joh 2, 29; 3, 10; Offb 19, 8. – [13] Ps 7, 9; 17, 1–5; 18, 22–24; 26, 1–6. – [14] Lk 1, 6; 2, 25; 23, 47–50; Apg 3, 14; 7, 52; 10, 22; 22, 14; vgl. Mk 6, 20; Jak 5, 6; 1 Joh 3, 7. – [15] Lk 10, 29; 16, 15 (= Mt 23, 28); 20, 20. – [16] Mt 1, 19; 10, 41; 13, 17. 43. 49; 23, 35; 25, 37. 46; 27, 19. – [17] Mt 5, 6–10. 20; 6, 1. 33.

→ *Einl.* VI. 4. – Gesetzlosigkeit – Glaube – Lohn – Treue

Gericht

1. Gr. *krisis.* Die ursprüngliche Bedeutung im Gr.: »auslesen, seihen, trennen, unterscheiden[1], werten[2], prüfen[3]«; darüber hinaus haben die Worte *krinō, krisis* normalerweise einen juridischen Beiklang: ein Recht, das man nach dem Gesetz festlegen soll[4], Fehler, die wieder gutzumachen sind, Gerechtigkeit, die durch den Richter wieder hergestellt werden muß[5], Entscheidungen, die man getroffen hat[6]. Dieses gerichtliche Tun ist kennzeichnend für das Werk Gottes und Christi.

[1] Mt 16, 3; Lk 12, 57; 1 Kor 11, 29–32; 12, 10; Hebr 5, 14. – [2] Lk 7, 43; 19, 22; Joh 7, 24; 8, 15f; Apg 4, 19; 16, 15; 26, 8; Röm 14, 1. 3–5; 1 Kor 14, 24. 29. – [3] 1 Kor 11, 31. – [4] Lk 23, 24; Joh 18, 31; Apg 23, 3; 24, 6. – [5] Mt 5, 25; Lk 12, 14. – [6] Apg 3, 13; 16, 4; 20, 16; 21, 25; 25, 25; 1 Kor 7, 37; Tit 3, 12.

2. Gott ist Richter über die Lebenden und die Toten[7]. Diese Überzeugung beruht auf zwei offenkundigen Tatsachen. Man muß der *Gerechtigkeit Achtung verschaffen und man muß sie verwirklichen[8]. Der gerechte und barmherzige Gott kennt das Herz des Menschen[9]. Darum ist das Gericht letztlich nicht von Menschen abhängig[10]; Gott hat es seinem Sohn Jesus anvertraut, der es am Ende der Zeiten abgeben wird[11].

[7] 1 Sam 2, 10; Ps 67, 5; 75, 8; Jer 25, 31; Apg 17, 31; Röm 3, 6; 1 Kor 4, 4; 5, 13; Hebr 12, 23; 1 Petr 4, 5. – [8] Gen 16, 5; Ex 5, 21; Ps 72, 1f; Jes 11, 3f; Jer 23, 5; Mt 12, 18. 20; 23, 23; Apg 8, 33; 1 Petr 2, 23. – [9] Ps 7, 10; Jer 11, 20; 17, 10; Lk 18, 6; Hebr 4, 12. – [10] Mt 7, 1f (= Lk 6, 37); 1 Kor 4, 3. 5; 10, 29; Jak 4, 12. – [11] Joh 5, 22–27; Apg 10, 42; 2 Tim 4, 1.

3. Die Bilder und Vorstellungen sind althergebracht: ein letztes Geschworenengericht[12], Prozeß[13], Vergeltung nach dem Verhalten[14], am Letzten »*Tag«[15], beim »Gericht«[16]. Dies Gericht orientiert sich vor allem an der Nächstenliebe[17] und am Hören auf das Wort des Evangeliums[18]; wenn man das ablehnt, kann dasselbe Wort *krinō* »verdammen« bedeuten[19].

[12] Mt 19, 28 (= Lk 22, 30); 25, 31–46; 2 Tim 4, 8; Hebr 6, 2; 9, 27; 10, 27; Offb 20, 4. – [13] Jes 41, 21–24; Jer 2, 9; Hos 4, 1; 1 Kor 6, 1–7. – [14] Mt 16, 27; Röm 2, 2. 12. 16; 5, 16; Hebr 13, 4; Jak 2, 13; 1 Petr 1, 17; Offb 20, 12f. – [15] Mt 10, 15; 11, 22. 24; 12, 36; Röm 2, 5. 16; 2 Petr 2, 9; 3, 7; 1 Joh 4, 17; Jud 6. – [16] Mt 12, 41f; Lk 10, 14; 11, 31f. – [17] Mt 25, 31–46; 1 Joh 3, 14. – [18] Joh 12, 48; 2 Thess 2, 12. – [19] Mt 23, 33; Mk 12, 40 (= Lk 20, 47); Lk 11, 32; 24, 30; Joh 5, 29.

4. Johannes weist auf, daß dies Gericht des Letzten Tages[20] schon in der Geschichte wirksam wird. Jesus ist in die Welt gekommen, ihm hat der Vater das Gericht überlassen[21]; doch er ist keinesfalls zu einem Verdammungsgericht gekommen, sondern um zu beurteilen, auszulesen, die Menschen zu richten, die im Angesicht des Lichts leben[22]. Seitdem ist der Fürst dieser Welt gerichtet und verurteilt, denn Gott richtet, indem er Jesus aus dem Tod rettet, und der Paraklet überzeugt die Glaubenden von der Gerechtigkeit der Sache Christi[23].

[20] Joh 12, 48. – [21] Joh 5, 22. 27. – [22] Joh 3, 17. 18–21; 9, 39; 12, 31. 47. – [23] Joh 16, 8–11.

→ beurteilen – Gerechtigkeit – Prozeß – verdammen

Gerichtshof

1. Gr. *kritērion.* Ort wo man Recht spricht[1].

[1] Jak 2, 6 △.

2. Gr. *bēma*: »Richtersitz«[1].

[1] Mt 27, 19; Joh 19, 13; Apg 18, 12. 16f; 25, 6. 10. 17; Röm 14, 10; 2 Kor 5, 10 △.

3. Gr. *hēmera*: »Tag (an dem das Gericht tagt)«, »Gerichtstag«[1].

[1] 1 Kor 4, 3 △.

→ *Einl.* VI. 4. A

Gerste

Gr. *krithē*. Eine in Palästina vielverbreitete Getreideart; sie wird im Frühjahr geerntet. Mit der Darbringung einer Gerstengabe als *Erstling begannen die *Sabbate der Paschafeste. Im Preis niedriger als *Weizen, darum machte man aus ihr das Brot der Armen[1].

[1] Lev 23, 15; Rut 3, 15; 2 Kön 4, 42; Joh 6, 9. 13; Offb 6, 6 □.

Gesang
→ Lied

Geschlecht

Gr. *genos* (von *gignomai*: »geboren werden«): »Geschlecht, Rasse, Familie«. Das Wort kann städtische Herkunft von jemand bezeichnen[1], den Stand der Familie, der er zugehört[2], doch ganz besonders die Zugehörigkeit zu Israel[3], dem für alle Zeit erwählten Geschlecht[4] oder auch den göttlichen Ursprung der Menschen[5].

[1] Mt 7, 26; Apg 4, 36; 7, 13; 18, 2. 24. – [2] Apg 4, 6. – [3] Apg 7, 19; 13, 26; 2 Kor 11, 26; Gal 1, 14; Phil 3, 5; Offb 22, 16. – [4] 1 Petr 2, 9. – [5] Apg 17, 28f □.

→ gebären – Geburt – Geschlechtsregister

[Geschlechtsregister]

1. Die Semiten zitieren gerne das Verzeichnis der Vorfahren einer historischen Persönlichkeit. Das Verb *gebären (und zeugen) bezieht sich dabei nicht ausschließlich auf die direkte, nicht einmal auf die Nachkommenschaft im physischen Sinne: Joram[1] kann »Vater von« Usija, der sein Urenkel war, genannt werden; ein Mann kann ein Volk »zeugen«[2]. Eine Person kann zwei Gechlechtsregister haben, je nach der Überlieferung[3].

[1] Mt 1, 8. – [2] Gen 10. – [3] 1 Chr 2, 3–3, 4; 4, 1–23; 7, 6–12; 8, 1–40.

2. Von Jesus sind zwei Geschlechtsregister überliefert[4]; beide halten sich an Josef, den Vater Jesu, doch über die Zahl der Vorfahren machen sie sehr unterschiedliche Angaben. Es ist nicht damit getan, daß man behauptet, das eine Register enthielte den Stammbaum Josefs, das andere den der Maria, oder daß man sich eine doppelte Heirat von zwei Schwägern vorstellt; Mt geht es darum, die Abstammung Jesu von David zu zeigen, Lk aber will die universale Aszendenz Jesu bis zurück zu *Adam beweisen.

[4] Mt 1, 1–17; Lk 3, 23–38.

3. Es führt nicht weiter, wenn man die unwahrscheinliche und nicht nachprüfbare Hypothese von dreimal 14 Generationen, die Mt erwähnt, wieder aufgreift[5] und auf die Gematrie (vgl. *Zahlen) des Namens David hinweist (D + W + D = 4 + 6 + 4): die wirkliche Schreibart des Namens David ist nicht bekannt (vielleicht DWYD) und das mattäische Geschlechtsregister hat sowohl Abraham als auch David im Auge. Es ist besser, die damaligen apokalyptischen Zeitrechnungen zu Hilfe zu nehmen. Nach 4 *Esra ist die

Weltgeschichte in 12 Epochen von sieben Wochen geteilt; nach Lk wird Jesus zu Beginn der zwölften und letzten Woche der Weltgeschichte geboren, denn er nennt 11 × 7 = 77 Namen von Vorfahren. Das Buch *Henoch teilt die Epoche Israels in sieben Wochen auf: zwei Wochen von Israel bis Salomo, zwei von Salomo bis zum Exil, zwei vom Exil bis zur »Zeit des Schwertes«; nach Mt wäre Jesus am Anfang der siebten und letzten Woche gekommen, denn er zählt 6 × 7 Vorfahren auf; die Schwierigkeit entsteht dadurch, daß Mt selbst von 3 × 14 spricht. Daher wäre es am einfachsten, man würde annehmen, Mt habe das überlieferte Geschlechtsregister Davids[6] bearbeitet; er erwähnte die Namen der drei Patriarchen und erstellte so eine Abfolge von 14 Namen. Er hielt sich an die drei klassischen Zeitabschnitte (Abraham, David, Exil) und vervollständigte die Liste, indem er auch die beiden anderen Reihen auf 14 Glieder auffüllte.

[5] Mt 1,17. – [6] Rut 4, 18–22 = 1 Chr 2, 10–13.

Gesetz

Gr. *nomos* (von *nemō*: »teilen, zuteilen, besitzen«): »Brauch, Sitte, Gesetz«, hebr. *tōrā*: »Lehre, Gesetz«. Ein Wort, das sich bei Paulus häufig, in den Evangelien selten, bei Mt, in den katholischen Briefen (außer Jak) und in der Offenbarung des Johannes überhaupt nicht findet.

1. Im breiten Sinn meint der Begriff manchmal das ganze AT[1]. Gewöhnlich sind die fünf biblischen *Bücher gemeint, die dem *Mose als dem Sachverwalter des Gotteswillens für das Volk[2] zugeschrieben werden: die *Tora oder der *Pentateuch.

[1] Joh 10,34; Röm 3, 19f; 1 Kor 14, 21. – [2] Mt 7, 12; 12, 5; Lk 2, 27; 16, 17; 24, 44; Röm 3, 21; Gal 4, 21; *Einl.* XII.

2. Im strengen Sinn ist das Gesetz die *Offenbarung, die Israel[3] von Gott als Lebensordnung empfangen hat. Es darf nie von Gott, der ihm durch sein Wort allein Geltung verleihen kann, getrennt werden. Wenn der Dekalog nicht Dialog wird, erstarrt er zum Katalog.

[3] *Einl.* VIII. 2. C. d; XII. 1; XIV.

3. Jesus hat das als lebendige Offenbarung verstandene Gesetz des AT nicht abgeschafft; er hat es zur *Erfüllung gebracht[4]. Obgleich er sich ihm unterstellt[5], wertet er die Einzelvorschriften in ihrem Bezug zur Forderung der inneren Umkehr und wendet sich gegen den zeitgenössischen Legalismus, der sie undifferenziert überbewertete[6]. Er konzentriert das Gesetz auf das Doppelgebot der Gottes- und Nächstenliebe[7], er radikalisiert es, indem er es mit der absoluten Verpflichtung zur Liebe gleichsetzt[8], er personalisiert es indem er sagt: »Ich aber sage euch...«[9].

[4] Mt 5, 17. – [5] Mt 5, 18; Lk 2, 22–24. 27. 39; 16, 17. – [6] Mt 12, 5; 15, 6; 23, 23. – [7] Mt 22, 36. 40 (= Lk 10, 26). – [8] Mt 5, 43f; Lk 6, 27f. – [9] Mt 5, 22. 28. 32. 34.

4. Johannes verwendet das Wort »Gesetz« nur in der Bedeutung des alten Gesetzes[10]. Paulus, der den Begriff in verschiedenen Bedeutungsvarianten verwendet, benutzt ihn auch zur Bezeichnung der atl. Ordnung der Beziehungen zwischen Gott und Israel. Diese »Ordnung« ist überholt, denn Christus hat sie zu Ende gebracht[11], er, durch den die Herrschaft der Gnade beginnt[12].

[10] Joh 1, 17; 8, 17; 10, 34. – [11] Röm 10, 4. – [12] Röm 5, 21; 6, 14.

5. In seiner Polemik gegen jene, die das Gesetz als Quelle der Rechtfertigung sahen, sagt Paulus, das Gesetz sei nichts als eine simple Anweisung für das Gute, das zu tun ist, selbst wenn es auf Gott selbst zurückgeht[13]. Seine Weisungen vermögen aus sich selbst nicht, den menschlichen Lebensstil zu verändern. Darauf hatten schon die Propheten hingewiesen[14].

[13] Röm 7, 7–25. – [14] Jer 31, 33; *Einl.* I. 4.

6. Das Wort kann sich schließlich auf zwei Extreme der *Heilsplanes Gottes beziehen. Einmal spricht man von dem Gesetz, das dem *Gewissen eingezeichnet ist, das »natürlicherweise« erfüllt wird, ohne daß man sich seiner göttlichen Herkunft bewußt sein müßte. Damit ist nicht eine Ordnung gemeint, in der Gott fehlt; es ist vielmehr die Situation derer beschrieben, die nicht den jüdischen oder christlichen *Glauben haben[15]. Das andere Extrem besteht darin, daß Paulus vom »Gesetz Christi«[16] spricht, womit er nicht erklären will, auch im Neuen Bund gelte eine legalistische Ordnung, sondern nachweisen, daß das Gesetz, das mit Christus am Kreuz gestorben ist, gewissermaßen aufersteht und zwar durch die Kraft des Geistes, der bewirkt, daß den Menschen das Verständnis für die Worte Jesu von Nazaret aufgeht[17]. In demselben Sinn spricht *Jakobus von dem »königlichen Gesetz der Freiheit«[18]. Für Johannes dagegen, der das Gesetz mit dem Gesetz des Mose gleichsetzt, geht alles, was am Gesetz positiv ist, in das »neue *Gebot« über[19].

[15] Röm 2, 14f. – [16] Gal 6, 2; vgl. 1 Kor 9, 21. – [17] Röm 8, 1–17. – [18] Jak 1, 25; 2, 8. 12. – [19] Joh 13, 34f; 15, 12. 17; 1 Joh 3, 23.

→ Gebot – Gesetzesgelehrter – Lehrer

Gesetzesgelehrter

Gr. *nomikos*: wörtlich »was das Gesetz betrifft«[1], »Jurist«[2]. Ein Begriff, den vor allem Lk benutzt, um die Schriftgelehrten als Spezialisten der Gesetzesanwendung zu charakterisieren[3], als einen *Gesetzeslehrer (gr. *nomodidaskalos*)[4].

[1] Tit 3, 9. – [2] Tit 3, 13. – [3] (Mt 22, 35;) Lk 7, 30; 10, 25; 11, 45f, 52; 14, 3 △. – [4] Lk 5, 17; Apg 5, 34; 1 Tim 1, 7 △.

→ *Einl.* XII. 1. C. – Lehrer – Schriftgelehrter

Gesetzeslehrer
→ Lehrer

Gesetzlosigkeit

Dies Wort meint nicht verschiedene Sünden, die der Mensch begehen kann, sondern grundsätzlich Opposition gegen Gott, die an der Wurzel aller Sünden steckt und die besonders zum Unglauben treibt. Das gr. *anomia* (von *nomos*: »Gesetz« mit der Verneinungspartikel *a*) charakterisiert diese *eschatologische, Gott feindliche Kraft am deutlichsten, von der das Judentum zur Zeit Jesu gerne spricht[1]. Das gr. *adikia* (von *dikē*: »Vorschrift, Strafgerechtigkeit«, mit Verneinungspartikel *a*): »Ungerechtigkeit« kann manchmal auch in diesem Sinne übersetzt werden in Fällen, in denen die *Gerechtigkeit im biblischen Sinn mitgemeint ist oder wenn aus dem Kontext hervorgeht, daß es sich mehr um die Kraft als um das entstandene Resultat handelt[2].

[1] Mt 7, 23; 13, 41; 23, 28; 24, 12; Röm 4, 7; 6, 19; 2 Kor 6, 14; 2 Thess 2, 3. 7; Tit 2, 14; Hebr 1, 9; 10, 17; 1 Joh 3, 4 △. – [2] Röm 1, 18; 2, 8; 9, 14; 1 Kor 13, 6; 2 Thess 2, 10. 12; 2 Tim 2, 19; 1 Joh 1, 9; 5, 17.

→ Gerechtigkeit – Gesetz – Sünde

Gesicht
Gr. *prosōpon* (abgeleitet von *ōps*: »Blick«): »vor dem Blick«.
1. Das Gesicht soll die Empfindungen des *Herzens widerspiegeln[1], andernfalls gerät man in Gefahr, durch ein Urteil, das sich nur nach dem *Aussehen der Person richtet, die Objektivität zu verlieren[2]; weder Gott noch Jesus urteilen so[3].

[1] Spr 27, 19; Sir 13, 25; Mt 6, 16f. – [2] Kol 3, 25; Jak 2, 1–9; Jud 16. – [3] 1 Sam 16, 7; Sir 35, 22; Jer 11, 20; Mt 22, 16 (=Mk 12, 14 = Lk 20, 21); Apg 10, 34; Röm 2, 11; Gal 2, 6; Eph 6, 9; 1 Petr 1, 17.

2. Das Angesicht Gottes, das die *Engel schauen[4], das aber kein Mensch je *gesehen hat[5], ist Gott selbst, der sich dem Menschen zuwendet[6]. In dieser Welt wurde das Angesicht Gottes durch Jesus gegenwärtig, in ihm kann man den Vater sehen[7]; es ist vorweggenommen in der *Verklärung Jesu[8], aber es bleibt hier auf Erden verhöhnt, verhüllt, entstellt[9].

[4] Mt 18, 10. – [5] Ex 33, 18–23; Jes 6, 5; Joh 1, 18; 5, 37. – [6] Ps 4, 7; 80, 4; 104, 29; Jes 54, 8; Apg 2, 28; 1 Petr 3, 12; vgl. Num 6, 25; Ps 22, 25. – [7] Joh 14, 9. – [8] Mt 17, 2 (= Lk 9, 29). – [9] Mk 14, 65.

3. Auf dem unverhüllten Gesicht des Glaubenden spiegelt sich die *Herrlichkeit Gottes, die vom Gesicht Christi strahlt[10]; er wartet darauf, einmal Gott direkt zu sehen, von Angesicht zu Angesicht[11].

[10] 2 Kor 3, 18; 4, 6. – [11] 1 Kor 13, 12; Offb 22, 3f; vgl. Mt 5, 8; Hebr 9, 24; 12, 14; 1 Joh 3, 2.

→ Herrlichkeit – sehen

Gestalt, Form
Zwei griechische Worte entsprechen dem, was wir, ohne die ganze Bedeutungsbreite zu erfassen, mit dem Wort »Gestalt« bezeichnen. *Morphē* (= M), etymologisch unklar: »Erscheinungsform, Gestaltung«, und *schēma* (= S), von *echō*: »halten, sich halten«: »Haltung, Verhalten, Figur, Gewand«; beide Wörter haben zusammengesetzte Bildungen: angleichen *(syn-)*, umgestalten, verwandeln *(meta-)*.
1. Entgegen dem Sprachgebrauch, der gerne Form und Inhalt gegenüberstellt, als würde es sich um Schein und Wirklichkeit handeln, sollte man die »Gestalt« nicht als etwas sehen, was dem Wesen hinzugefügt wäre, wie ein Gewand das über den Leib gestülpt wird, sondern als das Sein selbst, das sich äußert, sich sehen läßt, sich selbst darstellt.
2. So gibt etwa das Gesetz Gestalt, ist Ausdruck für die Erkenntnis und die Wahrheit[1]. Was mit der »Gestalt dieser Welt« im Begriff ist zu vergehen, ist nicht das Sichtbare, sondern die Welt selbst, deren Struktur durch Sünde bestimmt ist[2]. Von den zwei Möglichkeiten, die Jesus hatte, um sich selbst darzustellen, wählte er nicht die Züge, die einen Herrn charakterisieren, sondern die eines *Sklaven; er hat sich zum Sklaven gemacht und sich so

gezeigt³. Bei den Ostererscheinungen zeigte er andere Züge als jene, an denen man Jesus von Nazaret hätte erkennen können⁴.

¹ Röm 2, 20 *(M)*. – ² 1 Kor 7, 31 *(S)*. – ³ Jes 52, 14 *(M)*; Phil 2, 6f *(MS)*. – ⁴ Mk 16, 12 *(M)*.

3. Schon im NT ist mit »gleichförmig werden« nicht gemeint, daß man ein Modell nachahmt, sondern daß man von innen her einer Macht ausgeliefert ist, der *Welt⁵, den *Begierden⁶, oder daß man von der Wirkmacht des *Todes Christi ergriffen ist⁷ und das *Ebenbild des Sohnes in sich selbst zum Durchbruch kommen läßt⁸. Umgestaltet, *verwandelt werden, meint nicht, daß das Aussehen sich ändert, sondern daß man im Grund des Selbst die *Herrlichkeit, die vom *Antlitz Christi strahlt⁹, wirksam werden läßt, oder ein neues Seinsprinzip, Jesus Christus selbst, der unseren sterblichen *Leib in die Gestalt seines verherrlichten Leibes umwandeln wird¹⁰.

⁵ Röm 12,2 *(S)*. – ⁶ 1 Petr 1, 14 *(S)*. – ⁷ Phil 3, 10 *(M)*. – ⁸ Röm 8, 29 *(M)*; Gal 4, 19 *(M)*; vgl. 2 Kor 3, 18. – ⁹ Mt 17, 2 *(M)*. – ¹⁰ Phil 3, 21 *(SM)*.

4. Die Lügenapostel tarnen sich nicht als Apostel, und Satan tarnt sich nicht als Engel des Lichts; sie erscheinen als solche¹¹. In der Endzeit wird es einige geben, die fromm zu sein scheinen, doch ihre *Frömmigkeit stammt nicht von Christus¹². Paulus bietet sich den Korinthern nicht selbst als »*Beispiel« an; seine Lehre gewinnt dadurch Gestalt, daß er sie auf Apollos und sich selbst anwendet¹³.

¹¹ 2 Kor 11, 13–15 *(S)*. – ¹² 2 Tim 3, 5 *(M)*. – ¹³ 1 Kor 4, 6 *(S)* □.

5. Als literarischer Begriff bezieht sich die Form auf das, was die Festigkeit und Beständigkeit des gesammelten Materials garantiert. Das Wort wird besonders auf kleinere literarische Einheiten angewandt, es hat also eine begrenztere Bedeutung als »literarische Gattung«.

→ Aussehen – Bild – Struktur – Typos

Getreideschwinge

Gr. *ptyon*. Landwirtschaftliches Gerät, mit dessen Hilfe man bei zerhackten Halmen die schwereren Körner vom leichteren Spreu und dem Stroh trennt. Das Wort meint manchmal die Gabel mit mehreren Zähnen (oder Schippe), manchmal einen flachen, schüsselartigen Korb¹.

¹ Jes 30, 24; Jer 15, 7; Mt 3, 12; Lk 3, 17 □.

→ *Einl.* VII. 1. A

Getsemani

Gr. *Gethsēmani* (von hebr. *gat*: »Presse, Kelter« [oder *gē'*: »Tal«] *und šᵉmānī*: »Olive«): »Ölkelter«. Ein Gut am Fuß des *Ölbergs, »Garten« östlich von *Kidron, wo Jesus seine *Agonie erlebte¹.

¹ Mt 26, 36; Mk 14, 32 □.

→ Karte 1

Gewalt

Gr. *ex-ousia* (zu verbinden mit dem Partizip von *ex-estin*: »es ist erlaubt, man darf«)¹. Das Wort besagt, daß die *Macht, die man innehat oder die man erhalten hat, nur im Rahmen einer rechtlichen, politischen, sozialen, moralischen Ordnung ausgeübt werden darf². Gott bestimmt den Lauf der Geschichte³, verfügt über seine Geschöpfe⁴, überträgt seine Macht an die Menschen⁵ oder an Boten, Engel oder andere⁶. Der Teufel versucht, sie sich anzueignen⁷. Die Gewalt Jesu ist an den Auftrag gebunden, den er von Gott erhält. Sie gibt ihm eine absolute Sicherheit, eine erstaunliche Freiheit⁸. Durch diese Gewalt heilt er die Kranken, vertreibt die Dämonen und verkündigt die Gute Nachricht⁹. Er überträgt sie auf seine Jünger¹⁰; durch die Art, wie er den Menschen dient, zeigt er ihnen, wie man sie ausüben soll¹¹. Nach der Auferweckung erhält er sie von Gott endgültig¹². Christus entzieht der Obrigkeit die Gewalt nicht¹³; doch der Gläubige darf, obwohl ihm »alles erlaubt ist«, von keiner Gewalt abhängig werden¹⁴.

¹ Mt 12, 2. 10; 22, 17. – ² Apg 8, 19; 9, 14; 26, 10. 12. – ³ Apg 1, 7. – ⁴ Lk 12, 5; Röm 9, 21. – ⁵ Joh 19, 11; Röm 13, 1f. – ⁶ Offb 6, 8; 9, 3. 10. 19. – ⁷ Lk 4, 6; 22, 53; Eph 2, 2; Kol 1, 13; Offb 13, 2. 4. 12. – ⁸ Mt 21, 23–27 (= Mk 11, 27–33 = Lk 20, 1–8); Joh 5, 27; 10, 18; 17, 2. – ⁹ Mt 7, 29; 9, 6 (= Mk 2, 10 = Lk 5, 24); 9, 8; Mk 1, 27 (= Lk 4, 36). – ¹⁰ Mt 10, 1. – ¹¹ Mt 20, 25–28 (= Mk 10, 42–45 = Lk 22, 24–27). – ¹² Mt 28, 18. – ¹³ Röm 13, 1–3; Tit 3, 1. – ¹⁴ 1 Kor 6, 12; 8, 9; 9, 4–18; 10, 23.

→ *Einl.* VI. 2. B. – Freiheit – Macht

Gewalten
Gr. *exousiai*; himmlische Wesen, oftmals mit schädlichem Einfluß, gewöhnlich zusammen genannt mit den »Mächten«; Christus hat sie besiegt¹.

¹ 1 Petr 3, 22.

→ Herrschaften

Gewaltsamkeit
Die gr. Worte *bia, biazomai,* selten im NT zu finden, haben dort die Bedeutung Gewalt (gr. *bia*)¹, Zwang (gr. *parabiazomai*)² oder Gewaltanwendung im strikten Sinn (gr. *biazō, biastēs*). Die Gewalttätigkeit entspringt einer vitalen Kraft, die um sich selbst zu erhalten, dazu neigt, das Leben des anderen zu vernichten. Im NT werden verschiedene Gruppen als Gewalttäter bezeichnet: Angreifer, Gegner, jene, die die Menschen daran hindern, in das Reich zu gelangen, dem deswegen »Gewalt angetan wird«³. Lk interpretiert das Wort Jesu im umgekehrten Sinn; er spricht von der Gewalttätigkeit der Jünger, die sie in ihrem Kampf um den Zutritt zum Reich anwenden⁴. In jedem Fall ist der Einbruch des Reiches Gottes der auslösende Faktor für die Gewaltsamkeit.

¹ Apg 5, 26; 21, 35. – ² Lk 24, 29; Apg 16, 15 △. – ³ Mt 11, 12 △. – ⁴ Lk 16, 16; vgl. 13, 24 △.

→ Begierde – Eifer – Haß – Kampf – Macht

Gewand
Gr. *chitōn,* lat. *tunica.* Oberkleid, das man unter dem *Mantel trägt¹, eine Art langes Hemd, das auf dem Leib getragen wird, mit kurzen Ärmeln oder am Handgelenk geschlossen. Normalerweise weiß, mit farbigen Borten geschmückt, es kann nahtlos sein oder scheinen². Man behielt es bei der Arbeit an, doch raffte man es dann mit einem *Gürtel³. Manche, Fest- oder Feiertagskleider, reichten bis zu den Füßen (gr. *podērēs*)⁴. Die Reichen trugen manchmal ein zweites, ärmelloses Gewand⁵.

¹ Hld 5, 3; Mt 5, 40 (= Lk 6, 29); Apg 9, 39; Jud 23. – ² Joh 19, 23. – ³ Ex 12, 11; 2 Kön 4, 29; Lk 17, 8; Apg 12, 8. – ⁴ Gen 37, 3; Ex 29, 5; 2 Sam 13, 18; Weish 18, 24; Ez 9, 3; Offb 1, 13 △. – ⁵ Mt 10, 10 (= Mk 6, 9 = Lk 9, 3); Mk 14, 63; Lk 3, 11 ☐.

→ *Einl.* VIII. 1. B. – Kleidung – Mantel

geweiht
1. Gr. *hieros*. Nach frühmenschlicher Überzeugung bezeichnet man eine Wirklichkeit (Ort, Person, Gegenstand) als geweiht, die – wegen ihres Kontaktes mit der Gottheit und manchmal im Blick auf einen bestimmten Dienst – sowohl aus der profanen (lat. *pro*: »vor, außer« und *fanum*: »Tempel«; gr. *bebēlos*: »wohin man kommen kann«, im Gegensatz zu *abaton*: »Ort, wo man nicht hineingehen kann« = »geweihter Ort«) wie aus der alltäglichen (gr. *koinos*) Welt herausgenommen ist. Die Unterscheidung zwischen dem Geweihten und dem Profanen gründet im menschlichen Geist, der eine Gottheit an diesem oder jenem Ort der Welt lokalisiert, um die Begegnung mit ihr zu ermöglichen; im Grunde handelt es sich nur um die Übertragung des ursprünglichen Unterschieds zwischen dem *Heiligen und dem *Sünder.
2. Im AT erscheinen als geweiht: Orte (etwa *hieron*: »*Tempel«), Personen (etwa *hiereus*: »*Priester«), Zeiten (der *Sabbat) oder Nahrungsmittel, die für *rein erklärt werden. Jesus respektierte das Geweihte, solange es die Verwirklichung der Heiligkeit (die Gottes- und die Nächstenliebe) nicht hinderte, deren irdisches Abbild es darstellt. Weder der Sabbat oder die Speisevorschriften, noch die (wesenseigene) Sünde der *Samariter oder Zöllner trennen Jesus von der alltäglichen Welt.
3. Das NT übernimmt die Worte aus der Gruppe *hieros* nur in seltenen Fällen: So bezeichnet werden das Opferfleisch, das den Götzen dargebracht wurde[1], Lästerungen[2], und – als Ausnahme – die Schriften[3], der Dienst am Evangelium[4], oder gewisse Personen, die ein heiliges Leben führen[5]. Wo der Geist wirkt, gibt es weder Geweihtes noch Profanes, so wenig wie es Juden oder Griechen gibt: alle Glaubenden sind in Christus Jesus heilig, also kann alles geheiligt werden (gr. *hagios*). Die Unterscheidung geweiht/profan wird zur Unterscheidung Heiliger/Sünder.

[1] 1 Kor 10, 28. – [2] Apg 19, 37; Röm 2, 22. – [3] 2 Tim 3, 15. – [4] Röm 15, 16; 1 Kor 9, 13. – [5] Tit 2, 3.

→ Gottesdienst – heilig – Opfer – rein

[Gewichte]
Israel kannte das *Talent (34,272 kg), die *Mine (0,571 kg), den *Schekel (11,424 g) und den Halbschekel. In der hellenistischen Zeit waren diese Gewichte aus Blei. Nach ihnen wurden *Münzen genannt. Das NT erwähnt nur das Talent (gr. *talantiaios*) und das römische *Pfund (gr. *litra*) (327, 45 g)[1].

[1] Joh 12, 3; 19, 39; Offb 16, 21.

→ Maße – Münzen

Gewissen
Gr. *syneidēsis* (ein entsprechendes hebräisches Wort fehlt). Konkretes Urteilsvermögen, durch das man entscheidet, daß etwas an sich gut oder schlecht ist (oder war). Ijob z. B. kann behaupten, daß ihm sein Herz nichts vorwirft[1]. Das griechische Wort, das Paulus dem religiösen Sprachgebrauch seiner Zeit entnommen hat, drückt das indirekte Urteil aus, das die Bibel dem *Herzen vorbehält. Wenn Paulus von dem »ins Herz der Heiden geschriebenen Gesetz« spricht, beschreibt er das Gewissen, nach dem sie sich richten, indem sie von Natur aus das tun, was das *Gesetz fordert[2]; der

Gottesplan ist ins Herz eines jeden Menschen geschrieben, noch bevor ihn die Offenbarung endgültig klarmacht: Der Mensch wird im Zwiegespräch mit Gott geboren[3] und in der Praxis verfährt er mehr oder weniger nach Gottes Plan.

Das Gewissen ist nicht autonom (gegründet auf der menschlichen Kenntnis von Gut und Böse), sondern »theonom«: Sein Urteil unterliegt immer dem Urteil Gottes[4]. Nur der Glaube erleuchtet das Gewissen[5], das sich selbst für rein und untadelig halten kann[6].

Das reine Gewissen macht frei[7], aber die Freiheit selbst ist durch die Anforderungen des Gewissens eines anderen Menschen bedingt[8] und durch Gott selbst[9]. Im Hebräerbrief wird das Wort im Zusammenhang mit dem Darbringen von Opfern gebraucht[10].

[1] Ijob 27, 6. – [2] Röm 2, 14f. – [3] vgl. Röm 1, 19–21. – [4] 1 Kor 4, 4; 2 Kor 4, 2; 5, 11. – [5] Röm 13, 4f; 1 Tim 1, 5. 19; 3, 9; 4, 1f; 2 Tim 1, 3; Tit 1, 15. – [6] Apg 23, 1; 24, 16; Röm 9, 1; 2 Kor 1, 12; Hebr 10, 22; 13, 18; 1 Petr 3, 16. 21. – [7] 1 Kor 10, 29. – [8] Röm 14, 15–20; 1 Kor 8, 7–13; 10, 23–29. – [9] 1 Kor 6, 12; 1 Petr 2, 19. – [10] Hebr 9, 9. 14; 10, 2 □.

→ Herz

Gewürze
→ Wohlgeruch

Glaube
Gr. *pistis* (von *pith-ti-s*: »Gewährung des Vertrauens«; dem entspricht auch *peithomai*: »glauben an, vertrauen auf, sich verlassen auf«): »Vertrauen«. Das Wort *pisteuō* hat dieselbe Bedeutung. Durch diese griechischen Wörter konnte die *Septuaginta das hebr. *'emūnā, he'emīn* (von der Wurzel *'mn*: »beständig sein«) wiedergeben, mit der zusätzlichen Nuance der Zuverlässigkeit und dem Aspekt der *Wahrheit (hebr. *'emet*), wobei es sich nicht um eine Enthüllung, sondern um Errichtung einer lebendigen Beziehung zwischen zwei Wesen handelt. Eine andere semitische Wortgrundlage ergibt sich aus der Wurzel *bāṭaḥ*: »sich stützen auf, sich jemand anvertrauen«, das der gr. Bedeutung von *Vertrauen genauer entspricht. Zu dem Wortgebrauch des AT fügt das NT die Wendungen: *pisteuein eis*: »glauben an« und *pisteuein hoti*: »glauben daß« hinzu. Ein korrektes Verständnis dessen, was Glaube im biblischen Sinn meint, erlangt man nur, wenn man sowohl den Aspekt des Vertrauens als auch den der Wahrheit als Vertrauen beachtet. Johannes gebraucht nur das Verbum.

1. *Abraham ist Typos und Vater der Glaubenden. Gott hat die Initiative ergriffen und verspricht ihm *Land und Nachkommenschaft; darauf antwortet Abraham durch *Gehorsam gegenüber seinem Wort, und gegen den Augenschein auch durch Glauben[1]. Nachdem er einen Sohn bekam, ist er aufgefordert, ihn als Opfer darzubringen, aber nur, um ihn wiederzubekommen. Durch diese *Prüfung lernt er den Unterschied zwischen der *Verheißung Gottes und dem Gott der Verheißungen kennen[2]. So wird er zum Vater vieler Völker[3].

[1] Gen 12, 1–3; 15, 1–6; Röm 4, 18–22; Hebr 11, 8–10. – [2] Gen 22; Hebr 11, 17–19. – [3] Lk 1, 54f; Röm 4, 17.

2. Der Mensch lebt durch den Glauben, ohne ihn kann er nicht bestehen[4]. Der Glaube ist eine persönliche Antwort des Menschen auf die Initiative

Gottes, die man in seinem Wort und in seinem Heilshandeln erkennt[5]. Er ist nicht Ergebnis menschlichen Nachdenkens; er wird uns durch die Macht Gottes geschenkt, durch den Heiligen Geist[6]. Das Wort aufnehmen bedeutet, sein ganzes Wesen in Beziehung zu Gott zu bringen, denn der Glaube richtet sich nicht in erster Linie auf eine Anzahl von Einzelwahrheiten, sondern auf die eine, grundlegende, personale *Wahrheit, von der diese Teilwahrheiten ihren Wert erhalten. Der Glaube ist *Erkennen im biblischen Sinn dieses Wortes; er ergreift das ganze Wesen; ihm geht es um die Zustimmung des Verstandes und nicht um einen Sprung ins Leere, um unumschränktes Vertrauen gegenüber dem lebendigen und wahren Gott, um ein totales Sich-Verlassen auf ihn und um *Gehorsam aus Liebe[7].

[4] Jes 7, 9; Hab 2, 3f; Röm 1, 17. – [5] Röm 10, 14f; Gal 1, 11f. – [6] Apg 5, 11; Röm 3, 27; 4, 2–5; 1 Kor 12, 3; Eph 2, 8f; 2 Thess 2, 13. – [7] Röm 1, 5; 6, 17; 2 Kor 10, 4; 1 Thess 1, 6; 2 Thess 1, 8.

3. Der Glaube, den Jesus während seines irdischen Lebens im Blick auf mögliche Wunder forderte, ist Glaube an die Allmacht Gottes[3]. Doch er fordert dasselbe, wenn er die Menschen um die Aufnahme seines eigenen Wortes anhält[9] oder wenn er die seligpreist, die das Wort Gottes gehört und befolgt hatte[10].

[8] Mk 11, 22. – [9] Mt 18, 6; Joh 14, 1. – [10] Lk 11, 28; vgl. 1, 45.

4. Das spezifische Objekt des christlichen Glaubens ist das Geheimnis Jesu Christi, den Gott von den Toten auferweckt[11] und zum Retter aller Menschen gemacht hat[12]. Das Wort hat manchmal »objektiven« Sinn, wenn es die apostolische Botschaft bezeichnet[13]; der *Prophet muß in Eintracht mit dem Glauben der Kirche bleiben (*kata tēn analogian tēs pisteōs*: »in Übereinstimmung mit dem Glauben«)[14].

[11] Röm 4, 24; 10, 9; 1 Kor 12, 3; 15, 3–5; Phil 2, 8–11. – [12] Apg 4, 12; Röm 3, 23–26; 1 Kor 1, 30f; Gal 2, 16; Eph 1, 3–11. – [13] Röm 10,8; Gal 1, 23; 3, 2. 5; 6, 10; Eph 4, 5; 1 Tim 3, 9; 4, 1. 6; Tit 1, 4. – [14] Röm 12, 6.

5. Der Glaube allein gibt Rechtfertigung, nicht das Tun der Gesetzeswerke[15]. Doch durch die Liebe ist der Glaube zur Tat motiviert und bringt köstliche *Früchte der Liebe hervor[16]. Von hier aus wird die »Ordnung« des Glaubens verständlich, die an die Stelle der *Gesetzesordnung tritt[17].

[15] Röm 3, 21–26; 10, 6; Gal 3, 16. – [16] Röm 8, 14; 1 Kor 6, 9–11; Gal 5, 25; 6, 8; 1 Thess 1, 3; Jak 2, 17–26. – [17] Röm 1, 17; Gal 3, 6–29.

6. Der Glaube bedeutet Zustimmung des ganzen Wesens, er ist *Treue in der *Prüfung[18] und ständiges Fortschreiten in der Erkenntnis Gottes, das zur *Weisheit wird[19]. Der Glaube ist an die Hoffnung und an die *Liebe gebunden; daraus ergeben sich zwei Aspekte: Das Noch-Nicht-Schauen (das sich im Himmel wandelt)[20] und die Aufnahme des Wortes (die im Himmel fortdauert)[21].

[18] 1 Kor 16, 13; Phil 1, 29; Eph 6, 16; Kol 1, 23; 2, 5–7; 1 Thess 3, 2f; 2 Thess 1, 4. – [19] 1 Kor 1, 19f; 2 Kor 10, 15; Eph 3, 16–19; Phil 3, 8–10; 1 Thess 3, 10; 2 Thess 1, 3. – [20] 1 Kor 13, 12; Hebr 2, 8; Offb 22, 4. – [21] Joh 17, 14. 17; 1 Kor 13, 13; 1 Thess 1, 6; 1 Joh 2, 5.

→ *Einl.* X. – Amen – sehen – treu – Unglaube – Vertrauen – Wahrheit

Glaubensbekenntnis
→ bekennen

Gleichnis
1. Zur Bezeichnung des mit Vergleich und Rätsel arbeitenden literarischen Modus gibt es verschiedene Begriffe. Die gr. Worte *parabolē* (*para* und *ballō*: »parallel setzen«) und *paroimia* entsprechen dem hebr. *māšāl* und *ḥīdā*, die eine größere Bedeutungsbreite haben. Sie meinen nämlich nicht nur den ausgeführten Vergleich, sondern auch das Rätsel, den allegorisierenden Vergleich, der nicht bloß eine Illustration intendiert, sondern die Aufforderung enthält, nach einer Bedeutung zu suchen.
2. Bei den Synoptikern wird manchmal ein Satz oder ein Sprichwort[1], normalerweise ein in einer gut verständlichen Erzählung ausgebauter Vergleich Gleichnis genannt: so die Gleichnisse vom Reich, von den bösen Winzern, vom Hochzeitsfest, vom Feigenbaum, von Satan der Satan austreibt, vom Splitter und dem Balken, vom reichen Mann, vom wachsamen Knecht, vom unfruchtbaren Feigenbaum, von der Einladung zum Mahl, vom verlorenen Schaf, vom gottlosen Richter, vom Pharisäer und dem Zöllner, vom anvertrauten Geld[2]. Die einzelnen Elemente dieser Gleichnisse ergeben, gelöst vom jeweiligen Kontext, keinen Sinn; sie zielen nur auf eine einzige Belehrung.

[1] Mt 15, 15 (= Mk 7, 17); Lk 4, 23; 5, 36. – [2] Mt 13 (= Mk 4 = Lk 8); 21, 33–45 (= Mk 12, 1–11 = Lk 20, 9–18); 22, 1–14 (= Lk 14, 15–24); 24, 32 (= Mk 13, 28 = Lk 21, 29); Mk 3, 23; Lk 6, 39; 12, 16; 12, 41; 13, 6; 14, 7; 15, 3; 18, 1; 18, 9; 19, 11.

3. Joh bevorzugt den gr. Begriff *paroimia* und stellt ihn oft in Gegensatz zu *parrhēsia*: »verhüllte Rede«[3] und verleiht damit dem Wort einen rätselhafteren Sinn als das Wort »Gleichnis« ihn hat. Indessen muß festgestellt werden, daß *paroimia* auch für ein Sprichwort verwendet wird[4]. Ihres Inhalts wegen neigt man dazu, die johanneischen Gleichnisse in die Nähe der *Allegorien zu rücken, in denen, im Gegensatz zu den Gleichnissen, jedes einzelne Detail seine eigene Bedeutung hat: der gute Hirt, der wahre Weinstock[5].

[3] Joh 16, 25–29. – [4] 2 Petr 2, 22. – [5] Joh 10, 6; 15, 1–6.

4. Das Wort *parabolē* wird auch mit der Bedeutung *Symbol oder *Typos gebraucht[6].

[6] Hebr 9, 9; 11, 19.

→ Allegorie – lehren – Mysterium – Offenbarung – Weisheit

[Glossolalie]
Von gr. *glōssa*: »Zunge, Sprache« und *lalia*: »Reden«: »verzückt reden, reden in *Sprachen«.

Glückselig
→ selig

Gnade
Gr. *charis* (verwandt mit *chara*: »Freude«) ist Übersetzung von hebr. *ḥēn* (sich mit Gunst zu jemand »niederbeugen«) und von *ḥesed* (zusätzlich das Motiv der Treue gegenüber dem Bund). Dieses Wort, das Jesus nie benutzt, erscheint vor allem im theologischen Sprachgebrauch des Paulus (100 mal bei Paulus auf 155 im ganzen NT).

1. *Gott* ist Gnade, ist unerschöpfliche Quelle der Gunst, die er dem Menschen erweist[1]; sie erreicht ihren Gipfel in Jesus Christus[2]. So wird die Gnadenordnung eingeführt, die die *Gesetzesordnung ablöst[3]; jetzt wird der Mensch beschenkt[4], im Gegensatz also zu jedweder Vorstellung von einer geschuldeten *Belohnung[5]. Das ist die Gute Nachricht[6], das die Gunst, die am Anfang[7] und am Ende der paulinischen Briefe gewünscht wird[8].

[1] Ex 34, 6f; Ps 36, 8–10; Eph 2, 7; Kol 1, 6; Hebr 4, 16; vgl. 1 Kor 16, 3; 2 Kor 8, 6–9. 19. – [2] Joh 1, 14. 16; Eph 1, 6f. – [3] Joh 1, 17; Röm 5, 2. 17; 6, 14; 2 Thess 1, 12; 1 Tim 1, 14. – [4] Röm 3, 24; 11, 5; Gal 1, 15; Eph 2, 5. 8; 2 Thess 2, 16. – [5] Röm 4, 4. 16; 5, 1. 15; 11, 6. – [6] Apg 14, 3; 20, 24. 32; 1 Petr 5, 12. – [7] Röm 1, 7; 1 Kor 1, 3 ...; 1 Petr 1, 2; 2 Petr 1, 2. – [8] Röm 16, 20; 1 Kor 16, 23 ...; Hebr 13, 25; vgl. Offb 22, 21.

2. Der Reichtum der vielgestaltigen Gnade[9] zeigt sich in der gnädigen Aufmerksamkeit Gottes[10], im Nachlaß der Verfehlungen (*Verzeihung)[11], in der *Gabe des ewigen Lebens[12], in der Überfülle der geistigen Gaben (gr. *charisma*)[13].

[9] Röm 5, 17. 20; 2 Kor 4, 15; 9, 8. 14; Eph 1, 7; 2, 7; 1 Tim 1, 14; 1 Petr 5, 10. – [10] Lk 2, 40; Apg 14, 26; 15, 40; vgl. Apg 24, 27; 25, 9. – [11] Röm 5, 15. 20f; Eph 1, 7; Kol 2, 13; 3, 13; 2 Tim 1, 9; Tit 2, 11; 3, 7; Hebr 2, 9; vgl. Lk 7, 42f; Apg 3, 14; 25, 11. 16; Eph 4, 32. – [12] Röm 6, 23. – [13] Röm 1, 11; 11, 29; 12, 6; 1 Kor 1, 7; 7, 7; 12, 4; Eph 4, 7; 1 Petr 4, 10.

3. Vom Standpunkt des Beschenkten her werden die Ausdrücke gebraucht: Gunst gefunden haben, voll Gnade sein, Gnade bei Gott gefunden haben[14] oder bei Menschen[15], oder aber um die Gunst werben als Belohnung oder als Beweis der Anerkennung[16]. Mit diesem Aspekt läßt sich die Verwendung des Wortes im Sinn von »Dank sei...« verbinden[17].

[14] Gen 6, 8; Lk 1, 28. 30; 2, 52; Joh 1, 14; Apg 6, 8; 7, 46. – [15] Gen 39, 4; Apg 2, 47; 4, 33; 7, 10. – [16] Lk 6, 32–34; 17, 9 (vgl. 17, 16). – [17] Röm 6, 17; 7, 25; 2 Kor 9, 15; Kol 3, 16; 1 Tim 1, 12 2 Tim 1, 3.

4. Im alltäglichen, ursprünglichen Sinn: Armut der Sprache[18].

[18] Spr 22, 11; Sir 21, 16; 37, 21; Lk 4, 22; Kol 4, 6.

→ Barmherzigkeit – Danksagung – Gabe – Gnadengabe – Gerechtigkeit – grüßen

Gnadengabe

Gr. *charisma* (von *charizomai*: »aus Gnaden schenken« und *charis*: »Gunst; das, worüber man sich freut«).

1. *Im breiteren Sinne*: die von Gott gewährten unverdienten Gaben: geistliche Gaben im allgemeinen, der Heilige Geist, das Heil in Jesus Christus, das ewige Leben, die Vorzugsrechte Israels, Befreiung aus einer Gefahr[1].

[1] Röm 1, 11; 5, 15f; 6, 23; 11, 29; 2 Kor 1, 11.

2. *Im technischen Sinne*: unverdiente Gnade, die einer bestimmten Person gewährt wird und ihr ermöglicht, durch den *Geist Taten zu verwirklichen, die dem Wohl der Gemeinde dienen[2]. Diese Gnadengaben sind auf den *Aufbau des *Leibes Christi hin geordnet; man muß sie einerseits nüchtern betrachten, andererseits aber sind sie wünschenswert im Dienst der Liebe[3]. Es ist schwierig, eine Gesamtliste der Gnadengaben aufzustellen[4].

[2] Röm 12, 6; 1 Kor 1, 7; 7, 7; 1 Tim 4, 14; 2 Tim 1, 6; 1 Petr 4, 10. – [3] 1 Kor 12, 4. 9. 28. 30f ⊐. – [4] Vgl. Röm 12, 6–8; 1 Kor 12, 28–30; Eph 4, 11.

→ Gabe

[Gnosis]
Von gr. *gnōsis*: »*Erkenntnis, Wissen«.
1. Als Gnosis bezeichnet man im weiteren Sinn die religiösen Bewegungen, die das *Heil nur in der Erkenntnis der göttlichen Geheimnisse suchen und die irdischen Werte verleugnen.
2. Im strengen Sinne des Wortes ist Gnostizismus eine religiöse Bewegung, die zwischen dem 1. Jh. v. Chr. und dem 4. Jh n. Chr. sowohl im Judentum wie im Hellenismus oder im Christentum auftrat. Ihre Kennzeichen sind die *Dualismen, die Schöpfung und Erlösung trennen, theoretische Spekulationen über die Emanationen des Göttlichen in der Welt, die Erlösungstheorien, die den menschlichen Geist von der Materie, in der er gefangen gehalten wird, befreien wollen, damit er zu seiner ursprünglichen Heimat, das heißt der Gottheit, zurückkehren könne.

Goël, *gō'ēl*
→ Löser

Gog und Magog
Nach Ezechiel ist *Gōg* König in einer Region, die *Magōg* genannt wird[1]; in den jüdischen und christlichen *Apokalypsen treten unter diesem Namen zwei Völker auf, die Israel (die Kirche) in der messianischen Zeit angreifen werden; sie werden besiegt[2].

[1] Ez 38, 2–39, 15. – [2] Offb 20, 8 □.

Gold
Gr. *chrysos*. Das kostbare Metall war in Israel, das es vor allem aus Südarabien importierte, seit der Antike bekannt; es wurde für Münzen verwendet; da es keineswegs unentbehrlich war, wurde es für vergänglich gehalten[1]. Es kennzeichnet indessen das, was schön, reich, glänzend, wertvoll und dauerhaft ist[2].

[1] Koh 12, 6; Mt 10, 9; Apg 3, 6; 20, 33; 1 Kor 3, 12; 1 Tim 2, 9; Jak 2, 2; 5, 3; 1 Petr 1, 7. 18; 3, 3. – [2] Mt 2, 11; 23, 16f; Apg 17, 29; 2 Tim 2, 20; Hebr 9, 4; Offb 1, 12f; 3, 18.

→ Reichtum – Silber

Golgota
Aus dem aram. *gulgoltā*, das dem hebr. *gulgōlet*: »Schädel« entspricht. Ein Gebiet mit vielen Gärten und Gräbern außerhalb der Stadt, nordwestlich von Jerusalem. Vielleicht gab es dort eine kleine Bodenerhöhung, die an die Form eines Schädels erinnerte; vgl. Kalvarienberg. Die Stätte, wo Jesus gekreuzigt wurde[1].

[1] Mt 27, 23; Mk 15, 22; Joh 19, 17 □.

→ *Karte* 1

Gott
1. Das gr. Wort *Theos* entspricht gewöhnlich dem hebr. El, einer im semitischen Raum üblichen Bezeichnung für Gott, die zugleich Eigenname ist (der Plural Elohim käme daher, daß man die Gottheit als eine Vielzahl von

Kräften verstand). Diesen Namen haben die Patriarchen aus ihrer Umwelt übernommen[1]; in ihm hat Jahwe seinen wahren Namen offenbart[2]. Der Gott des NT ist derselbe wie der Gott des AT, doch erst in Jesus Christus hat er sich in seiner ganzen Fülle offenbart.

[1] Gen 14, 18–22. – [2] Ex 3, 14.

2. Gott ist einzig; durch diese Grundaussage unterscheiden sich sowohl Israel als auch die Christen von den benachbarten Religionen[3]. Er ist der Gott der Väter, der Gott Abrahams, Isaaks und Jakobs[4]. Neben ihm kann kein anderer geduldet werden[5]. Nur an ihn allein glaubt man[6], auf ihn setzt man die Hoffnung[7], weil er der lebendige und wahre Gott ist[8].

[3] Dtn 6, 4f; Mk 12, 29f; Röm 3, 30; 1 Kor 8, 4–6; Eph 4, 6; Jak 2, 19. – [4] Ex 3, 6; Mt 22, 32(= Mk 12, 26 = Lk 20, 37); Apg 3, 13; 5, 30; 22, 14. – [5] Ex 20, 3; 1 Kön 19,18; Jes 42, 8; 43, 10f; Jer 2, 11; Mt 6, 24; Apg 14, 15; 17, 24f; Gal 4, 8f; Phil 3, 19. – [6] Jes 7, 9; Joh 14, 1; Röm 4, 3; Gal 3, 6; Jak 2, 23; 1 Petr 1, 21. – [7] Jes 8, 17; Apg 24, 15; Röm 4, 18. – [8] Ri 8, 19; 1 Kön 17, 1; Ps 36, 10; 1 Thess 1, 9; 1 Tim 1, 17.

3. Gott ist der Herrscher des Alls. Er ist Schöpfer des Himmels und der Erde[9], er thront im Himmel[10], er ist der Höchste[11], er ist der Erste und der Letzte, der Herr über Zeiten und Geschichte[12]; für ihn ist alles möglich[13]. Die erste Pflicht des Menschen besteht in der An-erkennung des Schöpfers[14] und seine Grundhaltung soll unerschütterliches Vertrauen sein[15].

[9] Gen 1, 1; Apg 17, 24; Hebr 3, 4; Offb 10, 6. – [10] Ps 11, 4; Jes 66, 1; Mt 5, 34. – [11] Ps 91, 1; 92, 2; Jes 57, 15; Lk 1, 32. – [12] Jes 44, 6; 48, 12; Offb 1, 8; 21, 6. – [13] Gen 18, 14; Ijob 42, 2; Mt 19, 26; Lk 1, 37; Apg 5, 39. – [14] Röm 1, 19. 21f. – [15] Mt 6, 8. 30

4. Gott ist keine unpersönliche Kraft, die in der ganzen Welt verstreut wäre; sein Personsein wird durch Anthropomorphismen beschrieben: Er spricht, er wirkt, er gebietet, er will mit den Menschen einen ewigdauernden Bund schließen... Jesu eigene Offenbarung, schon im AT angedeutet[16], besteht darin, daß der Name Gottes weiterhin nicht nur »unser Gott, mein Gott« ist[17], sondern daß dieser Name lautet »Vater«[18]. Zu ihm soll man im Verborgenen beten[19], ihm schenkt man Vertrauen[20]: denn wir sind seine Kinder[21], wir stammen von ihm[22].

[16] Ex 4, 22f; Dtn 32, 6; Jes 63, 16; Jer 31, 9; Hos 11, 9. – [17] Ex 15, 2; Jos 24, 18; Ps 31, 15; 48, 15; Apg 2, 39; Röm 1, 8; 2 Kor 12, 21; Phil 1, 3; Offb 7, 12. 19, 5. – [18] Mt 11, 25f (= Lk 10, 21f); Mk 14, 36; Lk 23, 34. 46; Joh 11, 41; 17, 1. 5. 11. – [19] Mt 6, 4. 18. – [20] Mt 6, 26–32; 10, 29–31; Lk 15. – [21] Röm 8, 16; Gal 4, 6. – [22] 1 Joh 3, 9; 4, 4.

5. Es gibt unzählige Bezeichnungen für Gott. Er ist *heilig und *eifersüchtig, seinen Zusagen *treu, allgegenwärtig, *gerecht, *Retter, *barmherzig... Zwei charakteristische Züge aber sollte man sich merken. Niemand hat Gott je *gesehen und die Menschen suchen ihn tastend[23]; der einzige Sohn, der am Herzen des Vaters ruht, er hat Kunde von ihm gebracht[24]; durch das von der Sohnschaft geprägte Verhalten Jesu kann der Glaubende Gott in Blick bekommen und ihn kennenlernen[25]. Von Gott ist offenbart, daß er Geist ist[26], besonders aber, daß er *Liebe ist, Quelle der Liebe auf Erden[27].

[23] Apg 17, 23–27. – [24] Joh 1, 18. – [25] Joh 5, 19f. 30; 14, 9. – [26] Joh 4, 24. – [27] Joh 3, 16; 1 Joh 4, 8. 10.

6. Jesus Christus stammt von Gott, er ist *Immanuel, »Gott mit uns«[28]. Er ist von Gott gesandt, ist *Gottessohn[29]. Er ist das *Ebenbild des unsichtbaren Gottes[30], in ihm wohnt die *Fülle des göttlichen Lebens[31]. Er ist eins mit Gott[32], seine Worte und Taten sind dieselben wie die Gottes[33]. Dennoch ist er nur *Mittler des Heils[34] und verwechselt sich nie mit Gott selbst[35]. Nichts-

destoweniger wird er in einigen Texten Gott genannt, doch mit Nuancen, die es zu beachten gilt[36].

[28] Jes 7, 14; Mt 1, 23; Offb 21, 3. – [29] Röm 1, 3f. – [30] Kol 1, 15. – [31] Kol 2, 9. – [32] Joh 10, 30; 14, 10; 17, 11. 21. – [33] Joh 9, 4; 17, 4. – [34] 2 Kor 5, 19; Kol 1, 20. – [35] Eph 1, 20; Phil 2, 9f; 1 Petr 3, 22. – [36] Joh 1, 1. 18; 20, 28; Röm 9, 4f; Tit 2, 13; 1 Joh 5, 20.

7. Was einzig Jesus Christus zuzukommen scheint, ist auch von Gott ausgesagt; so spricht man von der Kirche Gottes[37], vom Tempel Gottes[38]. Schließlich gibt es einige Formeln, die in der Richtung des Dreieinigkeitsdogmas (Vater, Sohn, Geist) weisen, das sich in der nachneutestamentlichen Zeit herauskristallisiert hat[39], häufiger sind jedoch die Formeln, die nur zwei Elemente berücksichtigen (Vater, Sohn)[40].

[37] Apg 20, 28; 1 Kor 1, 2; 1 Thess 2, 14. – [38] 1 Kor 3, 16; 2 Kor 6, 16; Eph 2, 21f. – [39] 1 Kor 12, 4–6; 2 Kor 13, 13. – [40] Joh 16, 14; 1 Kor 8, 6; 2 Kor 3, 17; 1 Tim 2, 5; 1 Joh 2, 1.

→ *Einl.* X. 2. – abba – Geist Gottes – Götter – Götzendienst – Gottessohn – Herr – Jahwe – Plan Gottes – Wille Gottes

Götter

Gr. *theoi,* Pl. von *theos*: »Gott«.
1. Das NT gibt ein Bild von der polytheistischen Mentalität seiner Zeit. Da gibt es *Artemis, die Große Göttin[1], und den unbekannten Gott der Athener[2]; da werden Herodes Agrippa[3], Paulus und Barnabas[4], Paulus allein[5] als »Gott« gefeiert; jedesmal aber werden all die Versuche auf den Glauben an den einzigen *Gott zurückgeführt[6]. Paulus wendet sich mit Nachdruck gegen den Polytheismus[7], gegen diese Götter, die ein Nichts sind[8] und deren Verehrung eine Gotteslästerung ist[9].

[1] Apg 19, 24–37. – [2] Apg 17, 23. – [3] Apg 12, 22; vgl. Dan 11, 36f; 2 Thess 2, 4. – [4] Apg 14, 11. – [5] Apg 28, 6. – [6] Apg 14, 15; 17, 24–27; 19, 26. – [7] Gal 4, 8f; 1 Thess 1, 9; 4, 5. – [8] 1 Kor 8, 4–6. – [9] Apg 7, 40. 42; 1 Kor 10, 20.

2. Das NT kennt den Gebrauch dieses Begriffs in übertragenem Sinne so wie er im AT vorkommt; manche Könige[10] oder Richter[11] waren solche Götter, sie sind Götter, in dem Sinne, daß sie *Herren sind über ihre Untertanen und ihre Herzen durchschauen. Außerdem können die Mächte dieser Erde, die *Dämonen, »Götter« genannt werden: »es gibt viele Götter«[12]; es gibt »den Gott dieser Weltzeit«[13]; auch die Macht, der man sich unterwirft, wie etwa der Bauch oder die Essensvorschriften, kann für »Gott« erklärt werden[14].

[10] 2 Sam 14, 17; Ps 45, 7. – [11] Ps 58, 2; 82, 6; Joh 10, 34f. – [12] 1 Kor 8, 5. – [13] 2 Kor 4, 4. – [14] Phil 3, 19.

→ Gott – Götzendienst

Gottesdienst
→ Kult

Gotteserscheinung
→ Theophanie

gottesfürchtig

Gr. *ton theon phoboumenos* (von *phobeomai*: »fürchten«) oder *sebomenos* (von *sebomai*: »kultisch verehren«). So nannte man die in der *Diaspora zahlreichen Nicht-Juden, die von dem monotheistischen jüdischen Glauben angezogen waren, aber nur einzelne Bräuche einhielten: *Sabbat, Vorschriften für das Essen, Tempel*steuer, *Wallfahrten. Von den *Proselyten unterscheiden sie sich dadurch, daß sie nicht beschnitten werden, folglich sind sie von rechtlichem Standpunkt her *Heiden. Man könnte sie als »Anbeter« bezeichnen[1].

[1] 2 Chr 5, 6; Apg 10, 2; 11, 18; 13, 16. 26 (.50); 16, 14; 17, 4. 17; 18, 7 □.

→ *Einl.* IV. 6. E; IV. 7. A. − anbeten − Frömmigkeit − Proselyt

gottlos
→ Antichrist − Frömmigkeit

Götzendienst, Götzen
Gr. *eidōlo-latria* (von *eidōlon*: »Bild« und *latreia*: »Kultdienst«). Der einzige *Gott kann nicht bildlich dargestellt werden[1]; aus diesem Grund fühlte Israel sich immer wieder vom heidnischen Kult und von den sakralen Bildern der fremden Gottheiten angezogen[2]. Seit dem *Exil, und auch schon früher, sieht das Judentum in diesen stummen Bildern nur Nichtigkeit[3]. Sie sind trügerisch, und ihre Verehrung gilt den Dämonen[4]. Bei der Bekehrung gibt der Heide die Götzen seiner Stadt und seiner Heimat auf, um dem lebendigen Gott zu dienen[5]; er soll sich hüten vor der *Habgier, die ein Götzendienst ist[6].

[1] Ex 20, 2–5; Dtn 4, 15–24; Apg 17, 29; Röm 1, 23. − [2] Ri 8, 24–27; 17, 1–18, 31; 1 Kön 12, 28f; 15, 13; Apg 7, 41–43; 15, 20; 17, 16; Röm 2, 22; 1 Ko 5, 10f; 6, 9; 10, 7. − [3] Ps 115; Weish 15; Jes 44; Bar 6; 1 Kor 8, 4; 10, 19–21; 12, 2. − [4] Offb 9, 20. − [5] 1 Thess 1, 9. − [6] Eph 5, 5, Kol 3, 5.

→ *Einl.* VI. 4. C. 2. − Bild − Götter − Kult − Prostitution − Silber − Tierfleisch

Götzenopferfleisch
→ Tierfleisch

Grab
In ntl. Zeit bestehen die Grabmale (gr. *mnēma, mnēmeion*: »Gedächtnis«, Bauwerk, das dazu bestimmt ist, die Erinnerung an den Verstorbenen wachzuhalten) oder Begräbnisstätten (gr. *taphos*, von *thaptō*: »begraben«) aus Gewölben, die in Grotten eingerichtet oder in den Felsen gehauen werden[1]. In jedem Frühjahr werden sie außen mit Kalk geweißt[2], damit die Passanten sie erkennen und die durch ihre Berührung verursachte gesetzliche Unreinheit vermeiden[3]. Der niedere, manchmal geschmückte Eingang[4], wurde gewöhnlich mit einem großen Stein, den man davorrollte, verschlossen und manchmal versiegelt[5]. Im Innern an den Rückwänden[6] enthielt die Grabkammer steinerne Bänke oder aus der Felsenwand gehauene Nischen in die man die Leichname legte. Die Gräber wurden vor den Städten angelegt, z. B. auf *Golgota. In Jerusalem hatten die Fremden einen eigenen, von dem der Juden getrennten Begräbnisplatz[7]. Kein Grab zu haben bedeutete eine schreckliche Strafe[8], denn das hieß, nicht »mit seinen Vätern vereinigt sein«, dem Vergessen ausgeliefert, jedem Vorüberkommenden preisgegeben[9].

[1] Mt 27, 60 (= Mk 15, 46 = Lk 23, 53). − [2] Mt 23, 27. − [3] Lk 11, 44. − [4] Mt 23, 29. − [5] Mt 27, 66; Mk 15, 46; 16, 3. − [6] Joh 20, 5. 11. − [7] Mt 27, 7. − [8] Offb 11, 9. − [9] 2 Kön 9, 10. 34–37; Jer 22, 18f.

→ *Einl.* VIII. 2. D. b. − begraben − Sarg

Grieche, griechisch
Gr. *Hellēn.*
1. Das Wort bezeichnet im allgemeinen jeden Menschen griechischer Sprache und Kultur, unabhängig von seiner Herkunft[1]. Der jüdischen *Diaspora ist es zu verdanken, daß einige Griechen mit der Religion Israels sympathisierten[2].

[1] Röm 1, 14; Gal 2, 3. – [2] Joh 12, 20.

2. In der Gegenüberstellung zu den *Juden bezeichnet dieses Wort die Nicht-Juden, d. h. die Heiden[3]. Es gibt zwar eine Reihenfolge des Zutritts zu dem Glauben, nach der die Griechen hinter den Juden eingeordnet sind[4], doch diese Unterscheidung wurde in Christus aufgehoben[5].

[3] 2 Makk 4, 36; Mk 7, 26; Joh 7, 35; Apg 11, 20…; 1 Kor 1, 24. – [4] Röm 1, 16; 2, 9f. – [5] Röm 3, 9; 10,12; 1 Kor 12, 13; Gal 3, 28; Kol 3, 11.

3. Paulus charakterisiert die Griechen im eigentlichen Sinne des Wortes als Menschen, die durch die menschliche Vernunft zur *Weisheit kommen wollen[6].

[6] 1 Kor 1, 22.

4. Die in der hellenistischen und römischen Welt seit der Eroberung des Alexanders (von 333 v. Chr. bis 500 n. Chr.) »gemeinsame« (gr. *koinē*) Sprache ist ein Griechisch, das sich stark von der klassischen, attischen Sprache unterscheidet, weil es Elemente aus dem Ionischen oder aus verschiedenen Dialekten in sich aufgenommen hat; man darf es aber nicht einfach mit der Umgangssprache der ägyptischen Papyri gleichsetzen. Die *Septuaginta und das NT bedienen sich dieser Sprache im Bereich der Phonetik und der Satzlehre; der Stil aber und der Sinn der Wörter hängen meistenteils von der biblischen Sprache ab (so z. B. bei *Herrlichkeit, *Segen…). Das ntl. Griechisch ist nicht einheitlich. Der *semitische Hintergrund ist in den Worten Jesu deutlich spürbar. Mk hält sich mehr an die Umgangssprache und hat zahlreiche »Latinismen«. Bei Mt kann man oft Hebraismen begegnen, aber insgesamt ist seine Sprache gut griechisch. Lk, der auch auf attische Weise reden kann (so Lk 1, 1–4) ahmt gerne den Sprachstil der Septuaginta nach. Paulus hat einen persönlichen Stil, was bei einem Menschen, der zweisprachig war, nicht verwundert. Joh schreibt in normalem Griechisch, doch sein Stil ist überraschend. Die Pastoralbriefe, wie die Briefe des Jakobus und Petrus nähern sich einer guten *koinē*-Sprache. Der Brief an die Hebräer steht der literarischen Sprache noch am nächsten.

→ *Einl.* IV. 5; V. 3. C; IX. 9. – Barbar – gottesfürchtig – Heide – Hellenismus – Proselyt

Griechenland
Gr. *Hellas.* Griechischer Name der römischen Provinz *Achaia[1].

[1] Apg 20, 2 □.

grüßen, Gruß
1. Gr. *aspazomai*: »bereitwillig, mit Freude aufnehmen, grüßen«. Das Wort ist klassisch im NT, doch man kann ihm eine Nebenbedeutung in Richtung »Heil« im Sinne von »retten« nicht unterschieben[1].

[1] Mt 5, 47; 10, 12; 23, 7; Mk 15, 18; Lk 1, 29. 40f; Apg 18, 22; 20, 1; Röm 16…

2. Gr. *chaire* (Imperativ von *chairō*: »sich freuen, fröhlich sein«): »Sei fröhlich! Freue dich! Sei gegrüßt! Gott schütze dich!« – griechische Begrüßungsformel, bei Begegnungen, die in der Bibel oft durch den Wunsch des *Friedens (hebr. *šālōm*) und der *Gnade (gr. *charis*) ersetzt wird[2].

[2] Mt 26, 49; 27, 29 (= Mk 15, 18 = Joh 19, 3); 28, 9; Lk 1, 28; Apg 15, 23; 23, 26; Jak 1, 1; 2 Joh 10f △.

Gürtel

Gr. *zōnē*. Ein längliches Stück Stoff oder Leder, manchmal reich geschmückt[1], das gewöhnlich dem Zweck diente, den Schoß des *Gewandes aufzuschürzen, um es beim Gehen oder bei der Arbeit bequemer zu haben[2]. Umgürtet sein bedeutet im übertragenen Sinne völlig bereit sein für etwas[3]. Im Gürtel konnte man verschiedenes tragen, unter anderem den *Geldbeutel[4]. Dasselbe gr. Wort kann auch *Lendenschurz bedeuten[5].

[1] Ex 28, 4; Offb 1, 13; 15, 6. – [2] Ex 12, 11; 2 Kön 4, 29; Lk 12, 37; 17, 8; Joh 13, 4f; 21, 7; Apg 12, 8. – [3] Jer 1, 17; Lk 12, 35; Joh 21, 18; Apg 21, 11; Eph 6, 14; 1 Petr 1, 13. – [4] 2 Sam 20, 8; Ez 9, 2; Mt 10, 9 (= Mk 6, 8). – [5] Mt 3, 4 (= Mk 1, 6) □.

→ Kleidung

Güte
→ Sanftmut

Haar

Den Angaben des AT zufolge trug man Haare gern lang (z. B. Abschalom, der sein Haar nur einmal im Jahr schneiden ließ, so daß es 2300 g wog[1]), Paulus dagegen brandmarkt diesen Brauch[2]. Zum Zeichen der Trauer[3] oder nach der Erfüllung eines Gelübdes[4] schnitt man das Haar ab (im letzten Fall wurde es verbrannt[5]). Für die Frauen gehört ihre Haartracht zur Kleidung[6], aber sie dürfen es nicht in übertriebenem Maß pflegen[7]. Es handelt sich dabei eindeutig um Ratschläge, die den Geist der Epoche widerspiegeln.

[1] 2 Sam 14, 26. – [2] 1 Kor 11, 14. – [3] Jes 3, 24; Jer 7, 29; Am 8, 10. – [4] Ri 5, 2; 13, 5; Apg 18, 18; 21, 23f. – [5] Num 6, 18. – [6] 1 Kor 11, 15. – [7] Jes 3, 16f; 1 Tim 2, 9; 1 Petr 3, 3.

→ *Einl.* VIII. 1. C. c.

Habgier

Gr. *pleonexia* (von *pleon*: »mehr« und *echō*: »ich habe«). *Machtgier, die sich in der Unterdrückung und Gewaltsamkeit anderen Menschen gegenüber zeigt[1], in Ausbeutung oder Betrug[2]. *Begierde[3], die zusammen mit *Unreinheit[4] und vor allem mit *Geld auftritt[5]. Sie ist das Zeichen eines gottlosen Lebens[6] und kann deswegen als *Götzendienst bezeichnet werden[7].

[1] Jer 22, 17; Ez 22, 27. – [2] 2 Kor 2, 11; 7, 2. – [3] Mk 7, 22. – [4] 1 Kor 5, 10f; Eph 4, 19; 5, 3; Kol 3, 5; 1 Thess 4, 6. – [5] Lk 12, 15; 2 Kor 9, 5; 12, 17f; 1 Thess 2, 5; 2 Petr 2, 3. 14. – [6] Röm 1, 29; 1 Kor 6, 10. – [7] Eph 5, 5; Kol 3, 5 □.

→ Begierde – Eifersucht – Geld – Gewaltsamkeit – Laster

Hades

Gr. Name *Haidēs* (Volksetymologie *a-eidēs*: »unsichtbar«) des Gottes der Totenwelt nach der gr. Mythologie, später des Aufenthalts der Toten, der *Totenwelt. Im NT bezeichnet er auch das Untere, die Unterwelt[1], wo sich die Toten befinden[2]; er wird sogar zum Reich des *Todes, zu seiner Verkörperung[3]. Jesus wurde daraus befreit, erhält den Schlüssel[4] dazu und hat seiner Kirche versprochen, daß sie dessen Macht widerstehen wird[5]. Am Letzten Tag wird der Hades in den Feuersee geworfen[6].

[1] Mt 11, 23 (= Lk 10, 15). – [2] Lk 16, 23; Offb 20, 13. – [3] Ijob 38, 17; Jes 28, 15; Offb 6, 8. – [4] Apg 2, 24. 27. 31; Offb 1, 18. – [5] Mt 16, 18. – [6] Offb 20, 14 □.

→ Feuersee – Scheol – Totenwelt

Hagar

Hebr. *hāgār*. Ägyptische Magd von Sara, von der Abraham einen Sohn hatte; sie wurde zusammen mit ihrem Kind verstoßen[1]. Nach Paulus ist sie *Typos des alten Bundes; Paulus scheint es um ein Wortspiel mit der angenommenen Etymologie zu gehen; *hā-hār* bezeichnet im Hebräischen »den *Berg« im wahrsten Sinn des Wortes, also den *Sinai[2].

[1] Gen 16, 1–16; 21, 9–21. – [2] Gal 4, 24f □.

Hahnenschrei

Gr. *alektorophōnia*, von *alektōr*: »Hahn« und *phōnē*: »*Stimme«. Ende der dritten *Nachtwache (3 Uhr am *Morgen)[1].

[1] Mk 13, 35 □; vgl. Mt 16, 34 (= Mk 14, 30 = Lk 22, 34 = Joh 13, 38); 26, 74f (= Mk 14, 68. 72 = Lk 22, 60f = Joh 18, 27).

→ Stunde – Tag

Hakeldamach

Gr. *Hakeldamach,* von aram. *haqēl* (Feld) und *dᵉmā* (Blut): »Blutacker«. Nach Apg 1, 19 kann es sich dabei um das Blut des Judas handeln. Nach Mt 27, 6–10 ist das Blut Jesu gemeint, der Acker aber ist wegen der Prophetie Sach 11, 12f – die Jer 18, 2f; 19, 1f; 32, 7–9 eingefügt wurde – zum Töpferacker geworden. Eine christliche Tradition lokalisiert diesen Acker seit dem 4.Jh. im Tal Hinnom, wo ehemals die Töpfer gearbeitet hatten.

→ *Karte* 1

[Hallel]
→ Halleluja – Psalmen

Halleluja

Gr. *allēlouia,* aus dem hebr. *hallᵉlūjā,* was »Preist Ja (= Jahwe)« bedeutet. Eine liturgische Akklamation, die sich am Anfang oder am Ende einiger *Psalmen findet[1]; ein *Lobruf der Erwählten, die den Endsieg Gottes preisen[2].

[1] Ps 111–117. – [2] Offb 19, 1. 3. 4. 6 □.

Hals
→ Nacken

Hananias

Gr. *Ananias,* von hebr. *ḥananjā*: »Jahwe ist gnädig«.
1. Ein jüdischer Christ in Jerusalem, Ehemann der Saphira, der die Apostel belügen wollte[1].

[1] Apg 5, 1. 3. 5 □.

2. Ein jüdischer Christ in Damaskus, der Saulus taufte[1].

[1] Apg 9, 10–17; 22, 12 □.

3. Hoherpriester (47–59 n.Chr.), Vorsitzender des *Hohen Rates, der über Paulus zu Gericht saß[1].

[1] Apg 23, 2; 24, 1 □.

Hand

1. Gr. *cheir,* hebr. *jād* (*kaph*: »Handfläche«). Die Hand Gottes ist Symbol für seine überlegene *Macht. Stark und gewaltig[1] herrscht sie über der Geschichte des Volkes[2]; man kann ihr vertrauen[3]. Der Vater hat alles in die Hände des Sohnes gegeben[4], er macht sie allmächtig[5]. Wenn die Hand des Herrn mit jemand ist[6], werden auch seine Hände mächtig[7].

[1] Dtn 3, 24; 4, 34; Ijob 19, 21; Hebr 10, 31; 1 Petr 5, 6. – [2] Ex 13, 3. 14; 1 Sam 5, 9; Ps 8, 7; Apg 4, 28. 30. – [3] Dtn 33, 3; Ps 31, 6; 73, 23; Weish 3, 1; Mt 4, 6 (= Lk 4, 11); Lk 23, 46; Joh 10, 29. – [4] Mt 3, 12 (= Lk 3, 17); Joh 3, 35; 13, 3. – [5] Joh 10, 28f; vgl. Mt 11, 27. – [6] Ps 89, 22; 139, 5; Jer 1, 9; Ez 1, 3; Lk 1, 66; Apg 7, 25; 11, 21; 14, 3; 19, 11. – [7] Mk 6, 2; Apg 5, 12.

2. So erklärt sich die Geste der *Handauflegung* mit seinen verschiedenen Bedeutungen im AT: *Segen[8], Opferritus[9], *Sündenbock[10], Initiationsritus[11], Substitutionsritus[12]. Mit dieser Gebärde segnet[13] oder *heilt[14] Jesus; seine Jünger tun dasselbe[15]. Die Gebärde wird zum Ritus, durch den man

eine Vollmacht, ein Amt überträgt[16], und vielleicht nach der *Taufe die Gabe des Geistes[17].

[8] Gen 48, 14. – [9] Lev 3; Num 8. – [10] Lev 16, 21. – [11] Num 27, 18. 23. – [12] Lev 24, 14; Dan 13, 34. – [13] Mt 19, 13. 15 (= Mk 10, 16); Lk 24, 50; Offb 1, 17. – [14] Mk 6, 5; 8, 23. 25; Lk 4, 40; 13, 13. – [15] Mt 9, 18; Mk 7, 32; 16, 18; Apg 9, 12. 17; 28, 8. – [16] Apg 6, 6; 13, 3; 1 Tim 4, 14; 5, 22; 2 Tim 1, 6. – [17] Apg 8, 17f; 19, 6; Hebr 6, 2.

Handauflegung
→ Hand

Händler
→ Wechsler – Tempel

Hanna
Gr. *Anna,* nach dem hebr. *ḥannā*: »mit Gnaden überhäuft«. Name der Mutter Samuels[1] und einer jüdischen Witwe, die Prophetin war[2]. Nach den *Apokryphen Name der Mutter Marias, der Mutter Jesu.

[1] 1 Sam 1, 2–2, 21. – [2] Lk 2, 36 □.

Hannas
Gr. *Annas,* nach dem hebr. *ḥananjā*: »Jahwe hat sich erbarmt«. Seit dem Jahr 6 n. Chr. Hoherpriester[1]; er stammte aus einer einflußreichen priesterlichen Familie, war Schwiegervater des Kajafas und vielleicht Anführer der *Sadduzäer. Nach der Gefangennahme wurde Jesus zu Hannas geführt, obwohl er schon i. J. 15 n. Chr. seines Amtes enthoben wurde[2]; er gehörte dem *Hohen Rat an, der Petrus und Johannes richtete[3].

[1] Lk 3, 2. – [2] Joh 18, 13. 24. – [3] Apg 4, 6 □.

Harfe
Streng genommen spricht das NT nie vom *psaltērion* (von *psallō*: »die Saite eines Musikinstrumentes in Schwingung versetzen«), dem hebr. *nēbel,* einem zehnsaitigen Musikinstrument, das seit dem Altertum bekannt war und in der sakralen Musik, besonders zur Begleitung des Gesangs, gebraucht wurde. Von der *kinnōr* (gr. *kithara*: »Zither«) unterschied sie sich durch den Resonanzboden. Wenn man das gr. *kithara* mit »Harfe« übersetzt, gibt man eine Verständnishilfe für das, was mit »Zither« gemeint war; sie hat mit der Gitarre nichts zu tun[1].

[1] 1 Sam 10, 5; 2 Sam 6, 5; Ps 33, 2; 92, 4; 144, 9; Jes 5, 12; 14, 11; Am 5, 23; 6, 5.

→ *Einl.* IX. 6. – Zither

Harmagedon
Ein Ort, an dem sich nach Offb 16, 16 die Herrscher der ganzen Welt zum letzten Krieg sammeln. Diese hebr. Bezeichnung will vermutlich das hebr. Wort *har*: »Berg« mit dem Äquivalent von Megiddo verbinden, der Stadt in der Ebene Jesreel, wo mehrere israelitische Könige umgekommen sind, wie z. B. Joschija[1]; diese Stadt war schlechthin zum Symbol für eine Katastrophe geworden[2]. Nach dem Kontext von Offb 16, 16 kann man hier auch an den »Berg der Versammlung«[3] denken, wo Gog, der *eschatologische *Feind, umgekommen ist[4].

[1] Ri 5, 19; 2 Kön 9, 27; 23, 29f. – [2] Sach 12, 11. – [3] Jes 14, 13. – [4] Ez 38, 2. 4; Offb 20, 8.

Haß
Gr. *misos*.
1. Der Haß ist das Gegenteil der *Liebe, er ist Mord[1]. Er ist satanischen Ursprungs und Frucht der Sünde[2]. Daher die unausweichliche Wahl, vor die der Mensch gestellt wird, dem Gott seine Wahrheit und seine Liebe zeigt; er muß wählen: entweder, oder[3]. Durch sein Sterben hat Jesus den Haß getötet[4]. Seither darf man nur das *Böse hassen und niemals den Sünder[5].

[1] Gen 4, 2–8. – [2] Weish 2, 24; 1 Joh 2, 9. 11; 3, 10. 12. 15. – [3] Ps 26, 4f; 119, 113; Spr 8, 13; Am 5, 15; Mt 6, 24 (= Lk 16, 13); Röm 8, 7; Jak 4, 4; 1 Joh 2, 15. – [4] Eph 2, 14. 16. – [5] Lk 6, 27.

2. Weil der Semit gerne in Gedanken zwei gegensätzliche Begriffe zusammenstellt, ohne Zwischennuancen zu vermerken, kann »hassen« auch bedeuten: »weniger lieben«[6]. So ist es in bezug auf Gott[7] oder wenn es sich um die Angehörigen handelt oder um den Betroffenen selbst, der mit dem Ruf Gottes konfrontiert wird[8], oder schließlich um das, was den Juden zur Zeit Jesu gesagt wurde: »Du darfst deine *Feinde nicht lieben«[9].

[6] Gen 29, 31; Dtn 21, 15f. – [7] Mal 1, 2–4; Röm 9, 13. – [8] Lk 14, 26; vgl. Mt 10, 37; Joh 12, 25. – [9] Mt 5, 43.

→ Feind – Kain – Kampf – Vergeltung

Hauch
→ Geist

Hauptmann
Gr. *kentyriōn, hekatontarchēs*: »der über hundert gebietet«. Ein römischer Offizier niederen Ranges. Er kommandiert über eine Zenturie von 60 bis 100 Mann; er kann aber auch für die Verwaltungs- oder Gerichtsaufgaben abgestellt werden, vor allem in den entfernteren *Provinzen, wie *Judäa. Was die örtlichen Probleme anlangt, hat er mehr Entscheidungsfreiheit als die Verwaltung; im NT erscheint er als ein gerechter Mensch, so z. B. *Kornelius[1].

[1] Mt 8, 5. 8. 13 (= Lk 7, 2. 6); 27, 54; Mk 15, 39. 44f; Lk 23, 47; Apg 10, 1. 22; 21, 32; 22, 25f; 23, 17. 23; 24, 23; 27, 1. 3. 6. 11. 31. 43 □.

Haus
Gr. *oikos, oikia,* hebr. *bajit (bēt* in zusammengesetzten Worten wie etwa Bet-El: »Haus Gottes«). Wie in den meisten Sprachen kann Haus sowohl das Gebäude wie auch die Familie meinen[1]. Im Hebr. gründet die Analogie in der Doppelbedeutung der Wurzel *bānā*: ein Haus errichten, eine Familie gründen[2].

[1] Gen 12, 1; Lk 1, 69; 1 Kor 3, 9; 1 Tim 3, 15. – [2] 2 Sam 7, 5. 13.

→ *Einl.* VIII. 1. A. – bauen

Hebräer, hebräisch
Von hebr. *'ibrī*, gr. *hebraios*.
1. Hebräer ist eine ethnische Bezeichnung, die die palästinische Herkunft einiger Glieder des erwählten Volkes betont[1].

[1] Apg 6, 1; 2 Kor 11, 22; Phil 3, 5 △.

2. Die hebräische Sprache ist ein kanaanäischer Dialekt, der zusammen mit dem syrischen zu den nordwestsemitischen Sprachen gehört; die Hebräer haben ihn nach ihrer Niederlassung in Kanaan übernommen. Nach dem *Exil wurde er durch das Aramäische, eine verwandte Sprache, aus der Umgangssprache verdrängt, aber er wurde weiterhin als sakrale Sprache verwendet: ein Faktor, der für die Einheit des jüdischen Volkes nicht unbedeutend war. Es ist die Sprache der inspirierten Texte und des Gebetes, die Jesus sicher kannte[2].

[2] Lk 23, 38; Joh 5, 2; 19, 13. 17. 20; 20, 16; Apg 21, 40; 22, 2; 26, 14; Offb 9, 11; 16, 16 △.

→ *Einl.* III. 2. A; V. 3. B. – Israelit – Jude

[Hebräer (Brief an die)]
Kein Brief, sondern eine Art Ermahnung, an die ein kurzer Brief angehängt wurde (13, 22–25). Die Ermahnung ist in einer Sprache und in einem Stil geschrieben, die auf einen anderen Verfasser als Paulus hinweisen, der aber unbekannt bleibt; in der Gedankenführung steht er dem Paulus nahe, dadurch erklärt sich die Verbindung des Briefes mit der paulinischen Briefsammlung. Der Autor spricht zu den nicht näher bestimmten christlichen Gemeinden, die schon länger existieren und unter *judenchristlichem Einfluß stehen. Die Entstehungszeit ist unsicher, man könnte sie zwischen 65 und 70 ansetzen. Der Brief ist *deuterokanonisch.

→ *Einl.* XV.

Heer (himmlisches)
→ Zebaot

Heide
Lat. *paganus*: »Landbewohner«, eine Bezeichnung für die Nichtchristen, die sich nach der Ausbreitung des Christentums in der römischen Welt in einen ländlichen *(pagus)* Distrikt zurückziehen mußten. Der gr. Begriff *ethnikos* (abgeleitet von *ethnē*: »Nationen«) meint den Nichtjuden[1]. Die Heiden (gr. *hoi ex ethnōn*) unterscheiden sich vom erwählten *Volk dadurch, daß sie Gott nicht kennen[2], doch sie können als Beispiel dienen[3]: Auch sie sind von Gott geleitet[4] und sogar zum Glauben gerufen[5]. Die Unterscheidung Juden/ Heiden dauert weiter in der Zeit, in der es die Kirche gibt, die ihre Versöhnung vorwegnimmt[6].

[1] Jes 8, 23; Mt 5, 47; 6, 7; 18, 17; 3 Joh 7; vgl. Gal 2, 14 □. – [2] Gal 2, 15; Eph 2, 11f; 1 Thess 4, 5. – [3] Mt 5, 47; Röm 15, 9–12. – [4] Jes 45; Mt 8, 10; Apg 14, 16. – [5] Lk 13, 28; Apg 11, 1. 18; Offb 12, 5; 15, 4; 21, 24. – [6] Röm 9–11; Eph 2, 11–21.

→ *Einl.* I. 3. C; III. 2. G; IV. 6–7; VI. 1. B. – Heidenvölker – Nation

Heidenvölker
Hebr. *gōjīm,* gr. *ethnikoi*. Diesen Namen benutzten zuerst die Juden zur Bezeichnung der Nicht-Juden, dann die Christen für die Nicht-Christen. Durch diese Benennung, die heute nicht mehr üblich ist, sollten die Völker im Blick auf ihre Religion als Nicht-Christen bezeichnet werden[1].

[1] Mt 5, 47; 6, 7; 18, 17; Gal 2, 14; 3 Joh 7 □.

→ Heide – Nation

Heil
Gr. *sōtēria*, von *sōzō*: »*retten«.

heilen
1. Außer den im Griechischen klassischen Verben *therapeuō*: »pflegen, Diener werden von«[1], *iaomai*: »von einer Krankheit heilen«[2], oder *hygiainō*: »Gesundheit geben«[3], sind im NT in dieser Bedeutung folgende Verben gebräuchlich: *katharizō*: »vom Aussatz rein machen«[4], *sōzō*: »retten«[5], und einmal *apolyō*: »loslösen«[6].

[1] Mt 4, 23; 8, 7; Lk 4, 23... – [2] Mt 8, 8... – [3] Joh 5, 4–15; Apg 4, 10. – [4] Mt 8, 2f (= Mk 1, 40–44 = Lk 5, 12–14); 10, 8; 11, 5 (= Lk 7, 22); Lk 4, 27; 17, 14–17 □. – [5] Mt 9, 21f; Mk 10, 52; Lk 17, 19... – [6] Lk 13, 12.

2. Jesus heilte viele Kranke, gewöhnlich durch das bloße Wort (Ausnahme Mk 7, 33; 8, 23; Joh 9, 6)[7], häufig im Zusammenhang mit dem Sabbat[8], er gab damit zu verstehen, daß das Reich Gottes nahe ist[9].

[7] Mk 1, 25; 2, 11; 9, 25. – [8] Mt 12, 10–12; Mk 3, 2. 4. Lk 6, 7. 9; 13, 14–16; 14, 3; Joh 5, 16. 18; 9, 14. – [9] Mt 11, 4f (= Lk 7, 22); Lk 6, 19; Apg 10, 38.

3. Die Macht, Kranke zu heilen, wurde den *Zwölf[10] und sogar den 72 Jüngern gegeben[11]. Diese Tätigkeit übt man im Namen Jesu aus[12]. Es gibt auch eine *Gabe der Heilung[13].

[10] Mt 10, 1. 8; Mk 6, 13; 16, 18; Lk 9, 1. 6. – [11] Lk 10, 9. – [12] Apg 3, 6; 19, 13. – [13] 1 Kor 12, 9. 28; vgl. Jak 5, 14f.

→ Krankheit – Salbung

heilig
»Heilig« ist nicht mit *geweiht (gr. *hieros*) zu verwechseln, das eine Wirklichkeit dieser Welt meint, die dem profanen Gebrauch entzogen wurde, damit sie der Gottheit geweiht werde. Nach der Bibel ist nur Gott heilig. Doch auch ein Wesen (Person oder Sache) kann heilig genannt werden. Durch diese Bezeichnung ist gesagt, daß eine neue Beziehung zwischen Gott und diesem Wesen entstanden ist, und zwar wird entweder das Dasein des heiligen (gr. *hagios*) Gottes in ihm unterstrichen oder es wird an die durch diese neue (gr. *hosios*) Beziehung geforderte *Bundestreue dieses Menschen erinnert.

1. Das gr. Wort *hagios* übersetzt gewöhnlich das hebr. *qādōš*; die Etymologie ist unsicher, es meint »trennen« und »der Gottheit gehören«. Wie das AT, verkündet auch das NT, daß Gott allein heilig ist[1], daß sein *Name geheiligt werden soll, d. h. daß Gott von allen Menschen als Gott anerkannt werden soll[2]. Und in der Tat strahlt die göttliche Heiligkeit auf ihre Umgebung aus und teilt sich ihr mit: den Engeln[3], den Propheten[4], den Erwählten[5], dem Tempel[6], dem Gesetz[7], den Schriften[8]. Das Neue des NT besteht darin, daß der Ruf zur Heiligkeit[9] einzig in Jesus vernommen werden kann, dem Heiligen Gottes[10], der sich heiligt (und sich opfert), damit die Menschen geheiligt werden[11]. Diesem Ruf kann man nur durch den Geist, der der Heilige schlechthin ist, folgen[12]: Der Geist, den Gott bei der Taufe gibt, gibt dem Glaubenden Anteil an der Heiligkeit Gottes[13], er macht ihn des vernommenen Rufes würdig[14] und befähigt ihn, daß er um sich diese Liebe, die der Heilige Geist selbst ist, verbreitet[15].

Das Verb *hagiazō* (»heiligen«) kann an die »Weihe« anklingen, bei der man an das »Opfer« denkt[16]. Es sagt mehr als *hagnizō*, das vor allem im eigentlich kultischen Sinn gebraucht wird[17].
Als »*das Heilige*« (Plural *ta hagia*, außer Hebr 9, 1)[18] bezeichnet man den heiligen Ort mitten auf dem Tempelplatz. Der Eingang war durch einen großen *Vorhang beschützt. Jenseits lag das *Allerheiligste*.

[1] Hos 11, 9; Joh 17, 11; 1 Petr 1, 15f; Offb 4, 8; 6, 10. – [2] Jes 6, 3; Mt 6, 9; Lk 1, 49. – [3] Mk 8, 38; Apg 10, 22; Offb 14, 10. – [4] Lk 1, 70. – [5] Lev 19, 2; 1 Petr 1, 15f. – [6] Mt 24, 15; Apg 6, 13. – [7] Röm 7, 12. – [8] Röm 1, 2. – [9] 1 Thess 4, 7; 2 Tim 1, 9. – [10] Mk 1, 24; Lk 1, 35; Joh 6, 69; Apg 4, 27; Offb 3, 7. – [11] Joh 17, 17. 19. – [12] Lk 3, 16; 1 Kor 3, 16f; *passim*. – [13] Eph 2, 21; 1 Petr 2, 9. – [14] 1 Thess 3, 13; Offb 22, 11. – [15] Röm 5, 5; 15, 30; Eph 4, 16; 2 Tim 1, 7. – [16] Joh 17, 19. – [17] Jak 4, 8; 1 Petr 1, 22. – [18] Hebr 8, 2; 9, 2–25; 10, 19; 13, 11.

2. Mit dem Begriff *hosios* bestimmt man das treue Verhalten des Menschen Gott gegenüber oder die Beziehungen der Dinge zum göttlichen Gesetz. Die Septuaginta verbindet ihn unter anderem mit der Vorstellung der *Frömmigkeit im biblischen Sinn, d. h. mit der Treue, mit der die *ḥasīdīm* (die »Frommen«) dem Gottesbund anhängen. Das NT bezeichnet die Christen als Glieder der erwählten Gemeinschaft nicht mit der gängigen Bezeichnung *hosioi*, sondern setzt dafür *hagioi* oder »Erwählte«[19]. Doch wird immer noch Gott als der Heilige bekannt[20]; Jesus ist der Getreue, der die Verwesung nicht schauen wird[21], der Schuld- und Sündlose[22]. Der Glaubende kann sich »religiös«, »fromm«[23] verhalten oder im Gegenteil, ohne Ehrfurcht sein[24].

[19] Apg 9, 13; Röm 1, 7... – [20] Offb 15, 3f (Ps 145, 17); 16, 5 (Dtn 32, 4). – [21] Apg 2, 27; 13, 34f (Ps 16, 10). – [22] Hebr 7, 26. – [23] Lk 1, 75; Eph 4, 24; 1 Thess 2, 10; 1 Tim 2, 8; Tit 1, 8. – [24] 1 Tim 1, 9; 2 Tim 3, 2 △.

→ Anathema – Frömmigkeit – Gerechtigkeit – geweiht – Liebe – Opfer – Priester – rein – Segen – Sünde

der Heilige Geist
→ Geist Gottes

Heiligtum
Mit diesem Wort sollte das gr. *naos* übersetzt werden; es bezeichnet die Tempelgebäude im Blick darauf, daß es sich um einen heiligen Ort handelt[1].

[1] Mt 23, 16f; 27, 40...

→ das Allerheiligste – heilig – Tempel

Heimat
Gr. *patris*. Das Wort bezeichnet entweder das Land der Väter als Ganzes[1], oder den Geburtsort, die Stadt oder das Dorf in dem die Familie sich niedergelassen hat[2]. Obwohl Jesus über Jerusalem weinte, hatte er keine irdische Bleibe[3], wie schon die Patriarchen, die nach einer besseren Heimat suchten[4].

[1] 2 Makk 8, 21; Joh 4, 44. – [2] Mt 13, 54 (= Mk 6, 1). 57 (= Mk 6, 4 = Lk 4, 24). – [3] vgl. Mt 8, 20; Lk 19, 41; Joh 1, 38. – [4] Hebr 11, 14–16; vgl. Phil 3, 20; 1 Petr 1, 1 □.

[Hellenismus]
1. Die Zeitperiode zwischen Alexander dem Großen (gest. 323 v. Chr.) und Augustus (gest. 14 n. Chr.).

2. Mit diesem Wort wird auch die Verbreitung der *griechischen Kultur bezeichnet, die durch die Eroberungen des Alexanders möglich wurde, sowie die Vermischung dieser Kultur mit der Welt des orientalischen Denkens.
→ *Einl.* IV. 5.

3. Der Hellenismus, der auf die jüdische Denkart der *Diaspora Einfluß gehabt hat (*Weisheit, die *Sibyllinischer Orakel), ist in einige Formulierungen des christlichen Glaubens eingedrungen; es handelt sich dabei nicht nur um den Wortschatz (Gnosis, Epiphanie...) oder um die Argumentationsart (die *stoische Diatribe), sondern um den Sinn selbst (*Weisheit, *Logos, *Typos und Wirklichkeit...).

Hellenist
Gr. *Hellēnistēs*: »derjenige, der Griechisch spricht oder nach der griechischen Art lebt«: So z. B. *Stephanus oder *Saulus. In der Apostelgeschichte ist darunter ein griechisch sprechender Jude aus der *Diaspora zu verstehen[1].

[1] Apg 6, 1; 9, 29; 11, 20 □.

→ *Einl.* I. 3. A; III. 3. – Grieche

Hemd
→ Mantel

[Henochbücher]
Die Henoch-Literatur besteht aus einer Kompilation von Ermahnungen, Gleichnissen und Prophetien, die alle zur *apokalyptischen Gattung gehören und dem Patriarchen Henoch zugeschrieben werden[1].

[1] Gen 5, 3–18; 1 Chr 1, 1–3; Lk 3, 37; Hebr 11, 5.

1. Das *Buch Henoch (1 Hen)* umfaßt 108 Kapitel, die sich in fünf aus verschiedener Zeit stammende Gruppen verteilen. Grundlage sind die Kapitel 1–36 und 83–104, die vor dem 1. Jh. v. Chr. entstanden sind, dann die Visionen (Kap. 83–90), die noch vor 150 zu datieren sind. Der Text ist außerordentlich wichtig für das Verständnis der ntl. *Eschatologie. – Die Bilderreden (Kap. 37–71) könnten aus dem 3. Jh. n. Chr. stammen. Sie sprechen von dem »Menschensohn«, womit sie den präexistenten Messias meinen, der mehr war als ein Mensch. Dieser Text wurde bisher in *Qumran nicht entdeckt: Zufall oder Zensur? – Schließlich gehört noch das astronomische Büchlein dazu (Kap. 72–82) und eine Erzählung über die Sintflut (Kap. 106–108). Dieses Buch wird im NT im Brief des Judas 14f zitiert.
2. Die *Geheimnisse des Henoch (2 Hen,* das slawische Henochbuch), ein ursprünglich in griechischer Sprache geschriebenes Buch, das aber nur in zwei slawischen Übertragungen erhalten ist; eine dieser Übertragungen, die kürzere und weniger phantasievolle, ist im 10. Jh. n. Chr. entstanden. Der Urtext stammt wahrscheinlich aus der Zeit vor 70 n. Chr.
3. Das *hebräische Henochbuch (3 Hen)* ist jüngeren Datums als die beiden oben erwähnten. Der Einfluß des Gnostizismus und Rabbinismus ist klar. Das Buch wurde im 3.–4. Jh. n. Chr. geschrieben.
→ Apokryphen

Herberge
Gr. *pan-docheion*: »Aufnahme für alle«[1]. Zu unterscheiden von *katalyma* (von *kata-lyō*: »aus-spannen«): »Gästezimmer, Gastraum«, sei es in einem Haus, sei es in einem Karawanserei, wo man sich vorübergehend aufhält[2]. Nicht identisch mit *xenia*: »Quartier, Unterkunft«[3].

[1] Lk 10, 34f △. – [2] Mk 14, 14 (= Lk 22, 11); Lk 2, 7; vgl. 9, 12; 19, 7 △. – [3] Apg 28, 23; Phlm 22 △.

Herde
Gr. *poimnē, poimnion* (verwandt mit *poimainō*: »weiden«)[1].

[1] Mt 26, 31 (= Mk 14, 27); Lk 2, 8; 12, 32; Joh 10, 16; Apg 20, 28f; 1 Kor 9, 7; 1 Petr 5, 2f □.

→ *Einl.* VII. 1. B. – Hirt – Schaf – Ziege

[Hermeneutik]
Gr. *hermēneuein*: »ausdrücken, auslegen, übersetzen«. Der Begriff meinte zunächst die Theorie der Auslegung des Textes; heute versteht man ihn mehr im Sinn der aktualisierenden Interpretation; d. h. einer Interpretation, die sich als »Übersetzung, Übertragung« gibt mit dem Ziel, den Text heute zu verstehen und zu sagen.

→ beurteilen – Exegese

Herodes
Gr. *Hērōdēs,* von *hērōs*: »edel, Heros«. Das NT erwähnt drei Personen mit diesem Namen → *Herodes den Großen* → *Herodes Antipas* → *Herodes Agrippa I*. Außer diesen drei gehören Herodes Boëthos, der Mt 14, 3 = Mk 6, 17 *Philippus genannt wird, sowie *Agrippa II in diesen Zusammenhang.

Herodes Agrippa I.
Enkel *Herodes des Großen (über Mariamne I und Aristobul), geboren 10–9 v. Chr. Freund von Caligula (von dem er i. J. 37 die *Tetrarchie des *Philippus und Abilene, dann i. J. 39 Galiläa und Peräa bekommen hat) und *Klaudius (der ihm i. J. 41 *Judäa und *Samarien übertragen und ihm damit das ganze Königreich seines Großvaters gegeben hat). Er starb nach sechs Regierungsjahren plötzlich (37–44) in Cäsarea. Um sich die Gunst des Volkes zu erwerben, hat er die erste christliche Gemeinde verfolgt[1].

[1] Apg 12, 1–23 □.

→ *Einl.* I. 1. D. – Herodes

Herodes Antipas
Gr. *Antipas,* Verkürzung aus *Anti-patros*: »anstelle des Vaters«. Sohn *Herodes des Großen und der Malthake, jüngerer Bruder des *Archelaus, geboren 22 v. Chr. I. J. 4 v. Chr. wurde er *Tetrarch von Galiläa und Peräa. Er entließ seine Frau, eine Tochter des *Aretas IV und ging gegen die Vorschriften des jüdischen Gesetzes eine Verbindung mit *Herodias, der Frau seines Halbbruders ein. Er gründete, beziehungsweise befestigte mehrere Städte, unter anderem *Tiberias, die seine Residenz wurde. I. J. 39 wurde er durch die Römer nach Lugdunum Convenarum in Gallien verbannt[1].

[1] Mt 14, 1. 3. 6; Mk 6, 14. 17. 21. 26; 8, 15; Lk 3, 1; 8, 3; 13, 31; 23, 7. 15; Apg 4, 27; 13, 1 □.

→ *Einl.* I. 1. D. – Herodes

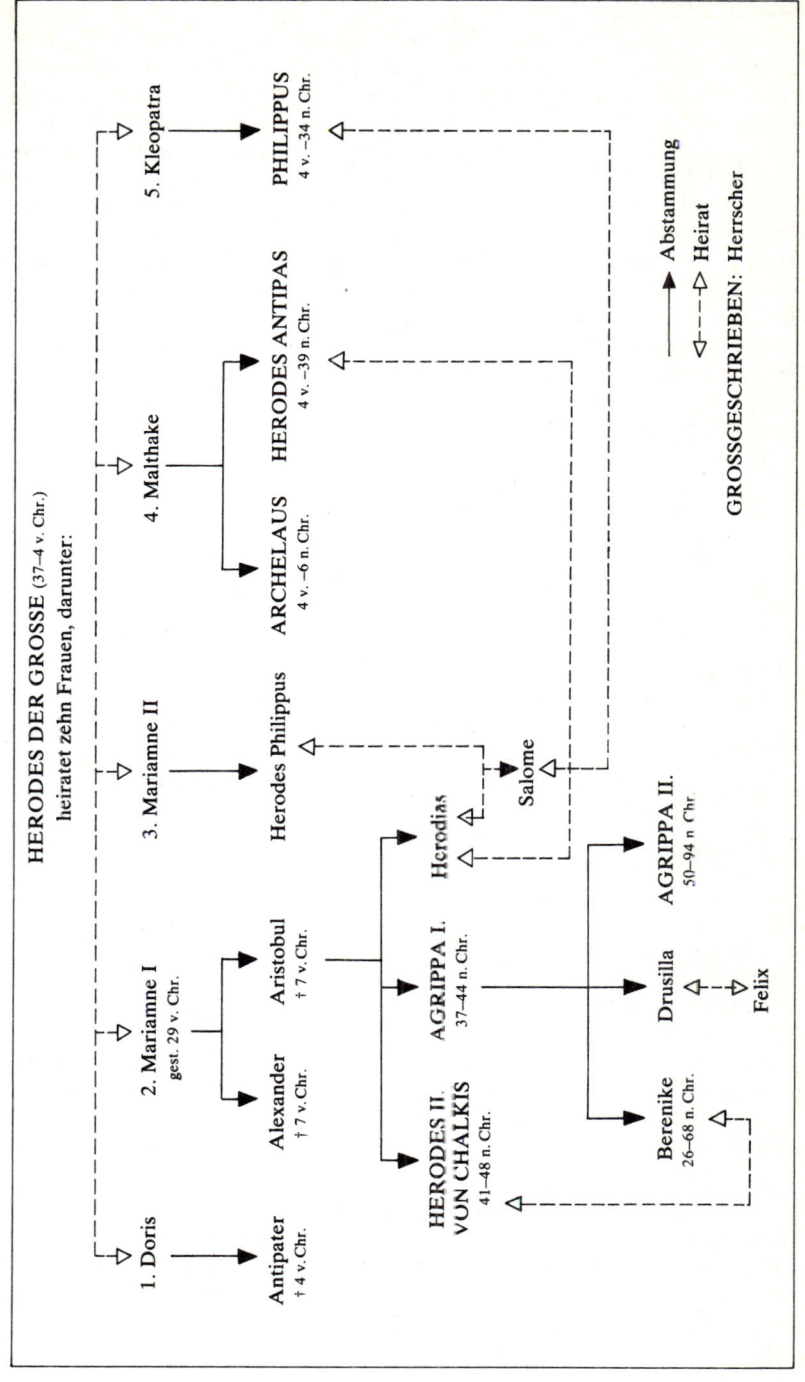

Herodes der Große
Geboren gegen 73 v. Chr.; sein Vater war der Idumäer Antipater, seine Mutter eine arabische Prinzessin. Er hatte zehn Frauen (von denen fünf bekannt sind: Doris, Mariamne I, Mariamne II, Malthake und Kleopatra) und sieben Söhne (Antipater, Alexander, Aristobul, Herodes Boëthos Philippus, Archelaus, Herodes Antipas und Philippus). Es gelang ihm mit Roms Hilfe (er deklarierte sich als ihr Freund) von *Julius *Cäsar bis *Augustus, seine Macht zu behaupten und sie weit auszubauen. Er wurde 47 v. Chr. *Statthalter von Galiläa, *Tetrarch, dann i. J. 41–40 König von Judäa, i. J. 37 Herr über Jerusalem, später über Samaria und mehrere andere Städte, darunter Jericho; er starb i. J. 4 v. Chr. Als großer Bauherr hat er Jerusalem mit zahlreichen bedeutenden Bauwerken ausgestattet, er hat hellenistische Städte, denen er gern den Namen des Kaisers gibt, wie z. B. *Cäsarea, gegründet oder wiederaufgebaut. Seine blutrünstige Diktatur, die Ermordung seiner drei Söhne gibt der Erzählung über den Kindermord in Betlehem einige Wahrscheinlichkeit[1].

[1] Mt 2, 1–22; Lk 1, 5; Apg 23, 35 □.

→ *Einl.* I. I. D. – Herodes

Herodianer
Anhänger des *Herodes Antipas, die sich feindlich zu Jesus stellen[1].

[1] Mt 22, 16; Mk 3, 6; 12, 13 □.

Herodias
Enkelin Herodes des Großen durch Mariamne I und Aristobul; sie verließ ihren Onkel und Ehemann Herodes Philippus I und lebte gesetzwidrig mit einem anderen Onkel, Herodes Antipas zusammen, dem sie i. J. 39 in die Verbannung nach Lugdunum Convenarum in Gallien folgte[1].

[1] Mt 14, 3. 6; Mk 6, 17. 19. 22; Lk 3, 19 □.

→ Herodes

Herr
Gr. *kyrios,* übersetzt das hebr. *'ādōn,* das aram. *mārā*: »Meister«, derjenige, der über einen oder über eine Sache verfügt.
1. Königstitel *Jahwes, dessen im heiligen Tetragramm geschriebener Name in *Adonai* umgewandelt wurde: »Mein Herr«[1]; er drückt das Vertrauen seiner Diener in seine absolute Erhabenheit aus. Dieser Titel ist zum Eigennamen Gottes geworden; im Griechischen wurde er durch *Kyrios* übersetzt, was bald die Herrschaft, bald den unaussprechlichen Namen Gottes bezeichnet.

[1] Gen 15, 2. 8.

2. Ausgehend von Ps 110 zeigt Jesus, daß der Messias »Herr« und folglich dem David, dessen Sohn er ist, überlegen ist[2]. Die ersten Christen betrachteten Jesus als den Herrn[3]; damit ist nicht die Natur, sondern die Macht Jesu Christi angesprochen: Ihm wird dieselbe Erhabenheit zugeteilt wie Jahwe[4].

[2] Mt 22, 43–45 (= Mk 12, 35–37 = Lk 20, 41–44). – [3] Apg 2, 36; Röm 10, 9; 1 Kor 12, 3; 16, 22; Offb 22, 20f. – [4] Phil 2, 9. 11; Joh 20, 28.

3. Dieser Titel könnte eine Art des Protestes gegen die Anmaßung der Kaiser darstellen[5].

[5] 1 Kor 8, 5f; Offb 17, 14; 19, 16.

→ Erhöhung Christi – Himmelfahrt – Maranatha – Meister

Herrenmahl

Gr. *kyriakon deipnon* (1 Kor 11, 20). Neben *Brechen des Brotes älteste Bezeichnung für das eucharistische Opfermahl der Christen. Drei einander ergänzende Gesichtspunkte sind darin wesentlich.

1. *Verkündigung des Opfertodes Jesu* durch die Gedächtnisfeier seines letzten Mahles (das »Abendmahl«). Zwei Überlieferungsstränge (Lukas/Paulus und Markus/Mattäus) verstehen dies letzte Mahl in einem zeichenhaften Zusammenhang: aufzuzeigen, wie Jesus seinen Tod verstanden hat. Der erste Überlieferungsstrang stellt eine Verbindung zum Opfer des *Knechts her, den Jesaja besingt[1]; der zweite erkennt hier die Erfüllung des *Bundesopfers des Mose am Sinai[2]. Der eine wie der andere bestätigt die *erlösende Wirksamkeit des Todes Jesu für die *Vielen; dies tut auch Johannes[3]. Das Gebot des Gedächtnisses[4] ist nur in der von Paulus/Lukas vertretenen Überlieferung enthalten; Markus/Mattäus geht es nur darum, den freiwilligen Charakter des Opfers Jesu aufzuzeigen.

[1] Jes 53, 12; Lk 22, 19f; 1 Kor 11, 25. – [2] Ex 24, 4–8; Mt 26, 28; Mk 14, 24. – [3] Joh 6, 51. – [4] Lk 22, 19; 1 Kor 11, 24f.

2. *Gemeinschaft mit dem lebendigen Herrn*. Paulus greift auf eine alte Form des Opfermahls zurück und rückt die Einheit derer, die am Leib und am Blut Christi teilhaben (gr. *met-echō*) und teilnehmen (gr. *koinōneō*) in den Vordergrund[5]. Die österliche Färbung der Erzählung gibt die Sicherheit, daß die Gegenwart des auferstandenen Herrn Wirklichkeit ist; diesen besonderen Zug unterstreicht Paulus durch die Analogie, die er zwischen dem eucharistischen und dem *götzendienerischen Mahl sieht[6]. Mit der synoptischen Überlieferung, die die Erzählungen von Jesu Speisung der Menge in der Wüste[7] eucharistisch einfärbte, zeigt Johannes im eucharistischen Mahl die Vollendung der Gabe des *Manna durch die des ewigen Lebens[8].

[5] 1 Kor 10, 16f. – [6] Mt 26, 30 (= Mk 14, 26); 1 Kor 10, 18–21; 11, 27. – [7] Mt 14, 19 (= Mk 6, 41 = Lk 9, 16); 15, 36 (= Mk 8, 6f). – [8] Joh 6, 26–58.

3. *Im Blick auf die Wiederkunft Christi* wird der Heilstod Jesu verkündet[9]. Nach einer anderen Überlieferung, die sich in den Einsetzungsberichten erhalten hat, verweist Jesus selbst auf das eschatologische Festmahl[10], während das Abendmahl als eucharistisches Mahl der Zeit seiner Abwesenheit vorbehalten ist.

[9] 1 Kor 11, 26. – [10] Mt 26, 29; Mk 14, 25; Lk 22, 16–18.

→ Becher – Brotbrechen – Eucharistie – Gemeinschaft – Mahl – Maranatha – Opfer

Herrlichkeit

Gr. *doxa,* übersetzt hebr. *kābōd.* Dieses Wort hat im NT nie die normale griechische Bedeutung: »Meinung«, es bedeutet manchmal Glanz, Ruhm, normalerweise das, worauf sich das Ansehen gründet, was ihm Gewicht gibt (in der hebr. Wurzel *kbd* ist der Gedanke an Gewicht mit inbegriffen[1]): Reichtum[2], Bedeutung in der Gesellschaft[3].

[1] 2 Sam 14, 26. – [2] Gen 13, 2; 31, 1; Mt 4, 8; 6, 29. – [3] Gen 45, 13; 1 Kön 3, 13.

1. Der Gott der Herrlichkeit[4] hat diesen Reichtum und Macht, und zwar in einer solchen *Fülle, daß sie sich ausgießt und ihren Reichtum in der ganzen Schöpfung verbreitet[5]. In den *Theophanien erscheint die Herrlichkeit gewöhnlich in Verbindung mit einer *Wolke, die sie verhüllt und gleichzeitig offenbar macht[6]. Diese Fülle wird schon in den Engeln sichtbar, sie verdichtet sich in Jesus Christus[7]; sie soll sich von neuem in die verherrlichten *Leiber ergießen, durch die sie unerschöpflich weiterströmen wird[8]. Die Herrlichkeit Gottes das ist Gott, der sich offenbar gemacht hat, das ist Jesus Christus, und das ist der verwandelte Mensch[9].

[4] Apg 7, 2; Eph 1, 17. – [5] Ps 19, 2; Weish 13, 1–9; Jes 6, 3; Röm 1, 20f. – [6] Ex 19, 16; 33, 20; Lk 9, 31f. 34f; 2 Petr 1, 17. – [7] Joh 1, 14; Tit 2, 13. – [8] Röm 8, 17; Phil 3, 21; Kol 3, 4. – [9] Ps 8, 6; 2 Kor 3, 18; 4, 6.

2. Dadurch, daß man Gott Herrlichkeit gibt, daß man ihn verherrlicht, erkennt man an, daß Gott dem, was von ihm gesagt worden ist, vollkommen entspricht[10].

[10] Ps 3, 4; Jes 42, 8. 12; Lk 2, 14; 19, 38; Offb 4, 9.

3. »Die Herrlichkeiten« meint eine Bezeichnung für die *Engel des Himmels[11].

[11] 2 Petr 2, 10; Jud 8.

→ Doxologie – Licht – Ruhm – Verklärung – weiß – Wolke

Herrlichkeiten
Gr. *kyriotētes* (Plural von *kyriotēs*: »Herrschgewalt«): himmlische Wesen, die unter Christus stehen[1]. Im Singular kann das Wort Christus bezeichnen[2].

[1] Eph 1, 21; Kol 1, 16. – [2] 2 Petr 2, 10; Jud 8 □.

→ Herrschaften

Herrschaften
Unter diesem Stichwort sind mehrere griechische Wörter zusammengetragen, die in den Bibelübersetzungen unterschiedlich wiedergegeben werden. *Archai*[1] (von *archē*: »Anfang, Haupt«): »Behörden, Herrschaften, Fürsten«; *dynameis*[2] (Kräfte): »Mächte, Wunderkräfte«; *exousiai*[3]: »Mächte, Gewalten«; *kyriotētes*[4] (von *kyrios*: »Herr«): »Herrschaften, Herrlichkeiten«; *thronoi*[5] (wörtlich: »Sitze«): »Throne«. Es gibt auch andere gleichbedeutende Ausdrücke im NT, so *archontes tou aiōnos, kosmokratores*[6]: »Machthaber dieser Welt«, *pneumatika tēs ponērias*[7]: »die bösen Geister«.

[1] Röm 8, 38; 1 Kor 15, 24; Eph 1, 21; 3, 10; 6, 12; Kol 1, 16; 2, 10. 15 △. – [2] Röm 8, 38; 1 Kor 15, 24; Eph 1, 21; 1 Petr 3, 22. – [3] 1 Kor 15, 24; Eph 1, 21; 3, 10; 6, 12; Kol 1, 16; 2, 10. 15; 1 Petr 3, 22 △. – [4] Eph 1, 21; Kol 1, 16 △. – [5] Kol 1, 16 △. – [6] 1 Kor 2, 6. 8 △; Eph 6, 12 △. – [7] Eph 6, 12 △.

1. Diese Begriffe, unterschiedlich und untereinander austauschbar zugleich, meinen die Personifikation außerirdischer nichtgöttlicher Wesen, die mannigfachen Erscheinungsformen der Macht, die dem *Satan, dem Fürsten dieser Welt, zugeschrieben wird. Damit sind nicht die »bösen *Engel« gemeint, sondern die kosmischen Kräfte, die nachdem sie sich verirrt haben,

ausgesöhnt, bezähmt werden müssen. Die Bezeichnungen werden bisweilen nach dem allgemeinen Wort für Engel gesetzt[8], sie treten mindestens paarweise auf, so als wollte man auf die Gesamtheit und Stärke der Kräfte hindeuten, die dem Heil der Menschen entgegen wirken und auf ihren Einfluß auf Personen[9], politische Institutionen[10], den Lauf der Ereignisse[11], die Natur[12], der sich besonders gegen die Gläubigen richtet[13]. Ihre Hierarchie läßt sich nicht auseinanderhalten (auch wenn die Tradition sie in verschiedene Klassen der Engel gruppieren möchte), auch eine Einzelaufstellung jeder Einheit ist unmöglich. Einige Autoren meinen, daß sich die Darstellung dieser »Herrschaften« aus dem jüdischen Glauben herleitet, der dafür eintrat, daß überirdische Wesen jede irdische Gewalt steuerten, seien es Menschen, seien es Institutionen, oder daß sie eine Rolle bei der Einführung des alten Gesetzes gespielt hätten.

[8] Röm 8, 38; 1 Petr 3, 22. – [9] Mk 1, 23; Apg 5, 16; 10, 38; Joh 8, 44; Jak 3, 14f; Offb 2, 10f. – [10] vgl. Offb 13, besonders 13, 4. – [11] 1 Thess 2, 18; vgl. Röm 8, 35. – [12] Gal 4, 8–10; Kol 2, 16. 18. – [13] 1 Tim 4, 1; Eph 6, 10–12.

2. Das NT, dem jede Art von *Dualismus fremd ist, macht klar, daß diese »Herrschaften« vom Ursprung her Geschöpfe sind[14] und daß sie sich ihre übergeordnete Stellung angemaßt haben. Sie haben den Plan Gottes verkannt[15]. Durch seinen Sieg hat Christus sie entthront[16] und sie sind ihm seitdem untergeordnet[17]. Zwar ist der Gläubige noch ihrer Feindschaft ausgesetzt[18], doch sie vermögen es nicht, ihn von Christus zu trennen[19].

[14] Kol 1, 16. – [15] Eph 3, 10. – [16] 1 Kor 15, 24; Kol 2, 15. – [17] Eph 1, 21; Kol 2, 10; 1 Petr 3, 22. – [18] Eph 6, 12. – [19] Röm 8, 38.

→ Dämonen – Elemente dieser Welt – Engel – Geist – Macht – Satan

Herz

Gr. *kardia,* hebr. *leb.* Dieses Wort bezeichnet im NT gelegentlich den Sitz der Lebenskräfte[1]; normalerweise wird es in übertragenem Sinne gebraucht. Es bezieht sich nicht ausschließlich auf das Gemütsleben[2], sondern betrachtet das Herz als die Quelle verschiedener menschlicher Äußerungsmöglichkeiten: ein im Unterschied zum *Gesicht oder *Lippen geheimer Ort[3], Quelle des spekulativen Denkens[4] (nahe verwandt dem »*Geist«: gr. *nous*[5]), des Glaubens[6], der Fassungskraft[7], der *Verhärtung[8]; Zentrum der Entscheidungen[9], des *Gewissens, des nicht geschriebenen *Gesetzes[10] und der Begegnung mit Gott[11], der allein die Tiefe des Herzens kennt[12]. Das Herz brennt, wenn es die Stimme Christi vernimmt[13]; der in ihm wohnende Geist des Sohnes[14] macht offenbar dem Menschen die Liebe Gottes[15] und läßt ihn rufen: »*Abba, Vater«[16]. Das Herz des Gläubigen *fürchtet sich nicht mehr[17], durch das *Blut Christi ist es rein[18] und wird so zu einem reinen[19], starken[20], friedlichen[21] Herzen.

[1] Lk 21, 34; Apg 14, 17; Jak 5, 5. – [2] Joh 16, 6. 22; Apg 2, 26. 37. – [3] Mt 15, 8 (= Mk 7, 6); 2 Kor 5, 12; 1 Thess 2, 17; 1 Petr 3, 4. – [4] Mk 2, 6. 8; Lk 3, 15. – [5] Lk 9, 47; Apg 16, 14; 2 Kor 3, 14f; Phil 4, 7; Offb 2, 23. – [6] Mk 11, 23; Röm 10, 8f. – [7] Lk 24, 25; Eph 1, 18. – [8] Mk 6, 52. – [9] Mt 22, 37 (= Mk 12, 30 = Lk 10, 27); 1 Kor 7, 37; 2 Kor 9, 7. – [10] Mt 15, 18f (= Mk 7, 19. 21); Röm 2, 15. – [11] Mt 13, 19 (= Lk 8, 12. 15). – [12] Lk 16, 15; Apg 15, 8; Röm 8, 27; 1 Kor 4, 5; 1 Thess 2, 4. – [13] Lk 24, 32. – [14] 2 Kor 1, 22; Eph 3, 17. – [15] Röm 5, 5. – [16] Gal 4, 6. – [17] 1 Joh 3, 19–21. – [18] Hebr 10, 22. – [19] Mt 5, 8; 1 Tim 1, 5. – [20] 2 Thess 2, 17; Hebr 13, 9. – [21] Joh 14, 1. 27; Kol 3, 15.

→ Geist – Gewissen – Seele – Verhärtung

Heuchler

Gr. *hypokritēs* (von *hypo-krinomai*: »erklären, indem man die Antwort aus dem tiefen Inneren kommen läßt«, besonders in bezug auf Träume; daher: »antworten, darstellen (ein Theaterstück), deklamieren«): »derjenige, der eine Rolle spielt«[1]. Diese Bezeichnung bezieht sich nicht nur auf den Menschen, dessen Worte und Taten nicht mit seinen Gedanken übereinstimmen[2]; das Wort hat auch eine Bedeutung, die wahrscheinlich dem entsprechenden aramäischen Wort *ḥanᵉphā* entstammt, das im AT gewöhnlich »Ruchloser, Gottloser« bedeutet. Der Heuchler ist fähig, ungläubig zu werden[3] und manchmal wird er auch blind[4]: seine Urteilskraft ist verdorbt, verdreht[5]. Am Gegenpol steht die von Verstellung und Winkelzügen freie Aufrichtigkeit[6].

[1] Lk 20, 30; Gal 2, 13. – [2] Mt 6, 2. 5. 16; 15, 7; 22, 18; 23. 13. – [3] Mt 24, 51; vgl. Lk 12, 46. – [4] Mt 7, 5. – [5] Lk 6, 42; 12, 56; 13, 15. – [6] Röm 12, 9; 2 Kor 6, 6; 1 Tim 1, 5; 1 Petr 1, 22.

→ Laster – lügen

Heulen und Zähneknirschen

Der Ausdruck beschreibt den Ärger und den Zorn der Verdammten, die das Glück der Gerechten sehen[1].

[1] Mt 8, 12; 13, 42. 50; 22, 13; 24, 51; 25, 30; Lk 13, 28; vgl. Ps 112, 10; Klgl 2, 16; Apg 7, 54 □.

→ Hölle – Traurigkeit

Heuschrecke

Gr. *akris*. Nahrung der Armen[1]. Die Invasion von Heuschrecken als Strafe[2] und Fluch[3] ist ein Bild des Gerichts[4] oder Symbol für den Ansturm der das Gottesreich bekämpfenden Mächte[5].

[1] Lev 11, 22; Mt 3, 4 (= Mk 1, 6). – [2] Ex 10. – [3] Dtn 28, 38. – [4] Joël 1, 4. – [5] Offb 9, 3. 7 □.

→ *Einl.* II. 6; VIII. 1. D.

Hierapolis

Gr. *Hierapolis*: »heilige Stadt«. Stadt in *Phrygien, gegründet im 2. Jh. v. Chr. einige km nördlich vom Zusammenfluß von Lykus und Mäander. Die Stadt verdankt ihren Wohlstand den Heißwasserquellen und dem Wollhandel. Heimat des *Epiktet[1].

[1] Kol 4, 13 □.

[Hillel]

Der große Hillel war ein Zeitgenosse *Herodes des Großen; er lebte zwischen 30 v. Chr. bis 10 n. Chr. Er war ein *pharisäischer Lehrer, der eine freiere Auslegung der *Gesetzestexte befürwortete.

Himmel

Gr. *ouranos,* hebr. *šāmajim.*
1. Teil des Weltalls, der immer vor der Erde genannt wird, mit der er dieses Weltall bildet.
2. Die antike Kosmologie versteht den Himmel zuerst als ein unzugängliches

Gebiet¹, das »oben« liegt. Ein festes Gewölbe (Firmament) trennt die obere (himmlische) Welt von der unteren (irdischen); sie öffnet sich leicht, damit die göttlichen Schätze durchdringen können: der *Regen², das *Manna³, der *Geist⁴. Über dem sichtbaren Himmel und über den oberen *Wassern befindet sich der unsichtbare Himmel, »der höchste Himmel«⁵. Gott thront im Himmel, die Erde gehört zum menschlichen Bereich⁶. In diesem Sinne bringt der Unterschied zwischen Himmel und Erde den wesentlichen Unterschied zwischen Gott und Mensch zum Ausdruck, d. h. er spricht die Transzendenz Gottes aus.

¹ Dtn 30, 12f; Joh 3, 13; Röm 10, 6. – ² Lk 4, 25; Apg 14, 17; Jak 5, 17f; Offb 11, 6. – ³ Ex 16, 14; Ps 78, 24; Joh 6, 31. – ⁴ Mt 3, 16f (= Mk 1, 10 = Joh 1, 32); Apg 2, 2; 1 Petr 1, 12. – ⁵ 2 Kor 12, 2; Eph 4, 10. – ⁶ Ps 2, 4; Mt 5, 34; Apg 7, 49.

3. Andererseits ist der Himmel der Ort, der die Erde beherrscht, von dort wird Gottes höchste Gewalt ausgeübt. Gott ist der Gott *des Himmels,* der *Herr über die Erde⁷. Doch ist mit Himmel weniger ein Ort gemeint als ein Ausgangspunkt der göttlichen Herrschaft. Aus dem Himmel sendet Gott seine Engel⁸, offenbart sich und läßt seine *Stimme hören⁹, schickt das *Feuer seines *Zornes¹⁰; dorthin läßt er Jesus hinaufsteigen¹¹, dort gibt er den Gläubigen »einen Platz«¹². In diesem Sinn ist Himmel einer der Namen Gottes, so etwa im Spätjudentum¹³. Die Augen zum Himmel erheben heißt, zu Gott aufblicken¹⁴.

⁷ Offb 11, 13; 16, 11. – ⁸ Mt 24, 31; Lk 22, 43; Gal 1, 8. – ⁹ Mt 3, 17 (= Mk 1, 11 = Lk 3, 22); Joh 12, 28; 2 Petr 1, 18. – ¹⁰ Lk 9, 54; 17, 29f; Röm 1, 18; Offb 20, 9. – ¹¹ Apg 1, 11; Eph 4, 10; 1 Thess 1, 10; Hebr 7, 26. – ¹² Eph 2, 6. – ¹³ Mt 5, 10; 6, 20; 21 25 (= Mk 11, 30); Lk 10, 20; 15, 18. 21; Joh 3, 27. – ¹⁴ Mt 14, 19 (= Mk 6, 41 = Lk 9, 16); Mk 7, 34; Lk 18, 13; Joh 17, 1; Apg 7, 55.

4. Die Juden ließen sich nicht durch diesen Sprachgebrauch täuschen; sie blieben sich bewußt, daß der Himmel nicht ein Ort, sondern Gott selbst ist: Herr aller Menschen, allen gegenwärtig, den weder der Himmel noch der höchste Himmel umfassen kann¹⁵; »der himmlische Vater« wacht über all seine Kinder¹⁶. In diesem Sinne ist der Himmel nicht über uns, sondern in uns, doch er wird nicht identisch mit uns. Schließlich ist der Himmel in Jesus auf der Erde gegenwärtig und die Engel kommen jetzt schon vom Himmel auf die Erde herab¹⁷. »In den Himmel kommen« heißt Gott finden.

¹⁵ 1 Kön 8, 17; vgl. 8, 13. – ¹⁶ Mt 6, 26. 32. – ¹⁷ Joh 1, 51; vgl. Gen 28, 12.

5. Die *apokalyptische Tradition meint, daß das Schicksal der Erde im Himmel aufgeschrieben ist. Beten, daß sich alles erfüllt »auf der Erde wie im Himmel«, »auf Erden so wie im Himmel«¹⁸ bedeutet, Gott darum zu bitten, daß die Erde das wird, was sie nach dem Plan Gottes sein soll.

¹⁸ Mt 6, 10.

→ *Einl.* V. 1. – Erde – Paradies – Weltall

Himmelfahrt

Die Szene wird von Lukas beschrieben¹ und am Ende des *Markusevangeliums erwähnt². Zwei Aspekte sind bedeutsam: Die durch sie ausgedrückte Trennung (gr. *di-istēmi*)³ bedeutet, daß eine bestimmte Beziehung zwischen Christus und seinen Jüngern aufhört bis zur *Parusie. Als Hinaufnahme in die Höhe (*ep-airō*⁴) oder Hinaufsteigen (*ana-*) in den Himmel (gr. *ana-bainō*⁵, *ana-lambanō*⁶, *ana-pherō*⁷) symbolisiert sie die *Erhöhung, die Verherrlichung oder die Herrschaft des Christus, der im ganzen Weltall gegenwärtig ist.

[1] Lk 24, 51; Apg 1, 3–11. – [2] Mk 16, 19. – [3] Lk 24, 51. – [4] Apg 1, 9; vgl. Mt 9, 15 (= Mk 2, 20 = Lk 5, 35); Joh 14, 2f. – [5] Joh 6, 62; 20, 17; Röm 10, 6; Eph 4, 8–10; vgl. Apg 2, 34. – [6] Mk 16, 19; Lk 9, 51; Apg 1, 2. 9. 11. 22; 1 Tim 3, 16. – [7] Lk 24, 51.

→ Erhöhung des Christus

Hirt
Gr. *poimēn*.
1. Am frühen Morgen geht der Dorfhirte vor den *Schafen und *Ziegen her, die man seiner Sorge anvertraut hat; abends führt er sie zur Tränke an die Quelle; dort sammelt jeder Eigentümer sein Kleinvieh, indem er sich ihm durch Zungenschnalzen zu erkennen gibt. Die Hirten gehörten zur Zeit Jesu zu den kleinen Leuten, die das Gesetz weder kannten noch es beobachtet haben. Doch eben ihnen wurde die Gute Nachricht von der Geburt Jesu verkündet[1].

[1] Lk 2, 8–20.

2. Die Weltliteratur stellt den Hirten üblicherweise als Führernatur, als Leiter einer politischen oder religiösen Gemeinde dar. Dasselbe trifft auf das AT zu, obwohl man Jahwe oder die israelitischen Könige nur ausnahmsweise mit diesem Titel benennt[2]; andererseits besteht die lebendige Erwartung eines Hirten, der am Ende der Zeiten kommen wird, um sein Volk anstelle der Führer, die ihrer Aufgabe untreu geworden sind, zu weiden[3].

[2] Gen 48, 15; 49, 24; Num 27, 15–20; 2 Sam 7, 7f; Ps 23. – [3] Jes 40, 10f; Jer 23, 1–4; Ez 34, 2–10; Mi 4, 6f.

3. Wie Gott, den er als einen fürsorgenden Hirten beschreibt[4], ist auch Jesus voll Mitleid für die verlorenen Schafe[5], die ohne Hirten sind[6]; er läßt sich sogar schlagen, denn er vertraut auf Gott, der ihn die kleine Herde sammeln läßt[7]. Der *Menschensohn wird am Letzten Tag die Herde zum Gericht versammeln[8]. Alle diese Einzelzüge hat das 4. Evangelium in der Allegorie vom Guten Hirten zusammengetragen[9]; die Gläubigen ihrerseits sahen in Jesus den endgültigen Hirten[10].

[4] Lk 15, 4–7. – [5] Mt 10, 6; 15, 24; Lk 19, 10. – [6] Mt 9, 36 (= Mk 6, 34). – [7] Mt 26, 31f (= Mk 14, 27f); Lk 12, 32. – [8] Mt 25, 31f. – [9] Joh 10, 1–30. – [10] Hebr 13, 20; 1 Petr 2, 25; 5, 4; Offb 7, 17.

4. Die Hirten, als erster der Petrus[11], haben über die Kirche zu wachen[12], nach einem verlorenen Schaf zu suchen[13] und die Herde vor den Wölfen zu bewahren[14].

[11] Joh 21, 16. – [12] Eph 4, 11. – [13] Mt 18, 12–14. – [14] Apg 20, 28–31.

[historisch-kritische Exegese]
Ein Wissenschaftszweig, der die Geschichtlichkeit des Berichtes über ein Ereignis: »Das geschah« oder die *Echtheit eines Wortes: »Das sagte der und der« zu bestimmen sucht.

Hochmut
1. Eine ganze Reihe griechischer Wörter vermittelt die Vorstellung der Überheblichkeit, entweder direkt durch das Wort *hypsoō*: »erhöhen« (z. B. sich selbst)[1], überheblich sein[2], oder durch das vor *airō*: »heben«[3], ebenso

vor *(ē)phania*: eine gekünstelte Haltung, die das Gegenteil von Demut ist⁴,
vor *phroneō*: »schätzen«⁵, vor *ogkos*: »Umfang«⁶ gesetzte Präfix *hyper*
(»über«).

¹ Mt 23, 12; Lk 1, 52; 2 Kor 10, 5. – ² Röm 11, 20. – ³ 2 Kor 12, 7; 2 Thess 2, 4 △. – ⁴ Mk 7, 22; Lk
1, 51; Röm 1, 30; 2 Tim 3, 2; Jak 4, 6; 1 Petr 5, 5 △. – ⁵ Röm 12, 3 △. – ⁶ 2 Petr 2, 18; Jud 16 △.

2. Ein anderes Bild bezieht sich auf die durch den Atem entstehende Aufblähung, von daher sich aufblähen, sich aufblasen, gr. *physioō* (verwandt mit *physaō*)⁷. Man könnte damit vergleichen *typhoō*: »benebeln«, verblendet werden vom Nebel des Hochmuts⁸.

⁷ 1 Kor 4, 6. 18f; 5, 2; 8, 1; 13, 4; 2 Kor 12, 20; Kol 2, 18 △. – ⁸ 1 Tim 3, 6; 6, 4; 2 Tim 3, 4 △.

3. Angeberei und Großtuerei (*alazoneia*⁹; vgl. den *miles gloriosus* von Plautus) sind mit dem im pejorativen Sinn verstandenen Wort *kauchēsis* gemeint: Ein Mensch rühmt sich, weil er seine Sicherheit und sein *Vertrauen in sich selber setzt¹⁰; der echte *Stolz dagegen gründet einzig in Gott¹¹.

⁹ Röm 1, 30; 2 Tim 3, 2; Jak 4, 16; 1 Joh 2, 16 △. – ¹⁰ Ps 49, 7. – ¹¹ Sir 50, 20; Jer 9, 22f; Röm 3, 27;
4, 2; 11, 18; 1 Kor 1, 29. 31; 3, 21; 4, 7; 5, 6; 2 Kor 10, 8–17; 11, 10–30; Gal 6, 13f; Eph 2, 9; Jak 3,
14.

→ Demut – Stolz – Vertrauen

Hochzeit

1. Gr. *gamos*. Jesus hat in Kana an einer Hochzeit teilgenommen¹. Das NT versteht die Hochzeitsfeierlichkeiten als Hinweis auf das *eschatologische Fest², die Hochzeit des *Lammes³. Alle Menschen sind dazu eingeladen⁴, wenn sie ein hochzeitliches *Kleid tragen⁵.

¹ Joh 2, 1–3. – ² Jes 25, 6. – ³ Offb 19, 7. 9. – ⁴ Mt 22, 9. – ⁵ Mt 22, 11f.

2. Gr. *nymphōn* meint eher den Hochzeitssaal⁶ in dem sich die »Hochzeitsgäste«, die Geladenen versammeln⁷. Die Jungvermählten werden gr. *nymphios*⁸ (Bräutigam) und *nymphē*⁹ (Braut) genannt.

⁶ Mt 22, 10. – ⁷ Mt 9, 15 (= Mk 2, 19 = Lk 5, 34). – ⁸ Mt 9, 15 (= Mt 2, 19f = Lk 5, 34f); 25, 1. 5f.
10; Joh 2, 9; 3, 29; Offb 18, 23. – ⁹ Mt 10, 35 (= Lk 12, 53); 25, 1; Joh 3, 29; Offb 18, 23; 21, 2. 9;
22, 17 △.

→ *Einl.* VIII. 2. B. – Bräutigam – Heirat – Verlobte

Hoffnung, hoffen
Gr. *elpis, elpizō*.
1. Das Substantiv erscheint kein einziges mal in Evangelien, das Verb nur einmal bei Mt in einem Zitat aus dem AT, einmal mit theologischer Bedeutung bei Lk und einmal bei Joh¹. Im Gegensatz dazu findet man diese Wörter häufig außerhalb der Evangelien, vor allem bei Paulus. Hoffen heißt erwarten, daß das verwirklicht wird, was man sich wünscht. Diese Empfindung bezieht sich auf etwas, was man noch nicht besitzt, es wird also *Standhaftigkeit vorausgesetzt. Das Neue der atl. Konzeption besteht darin, daß Jahwe selbst die Hoffnung Israels ist² und daß die Hoffnung sich durch den *Glauben in die auf Gottes *Treue gründende Sicherheit wandelt³. Mit dem NT ändert sich die Situation des Gläubigen grundsätzlich, denn er ist aufgespannt zwischen dem *schon da* (das in der Rechtfertigung, der Sohnschaft und der Gabe des Heiligen Geistes besteht) der Gegenwart und dem *noch*

nicht (das sind: der Himmel, das ewige Leben, das Schauen von Angesicht zu Angesicht) der Zukunft.

[1] Mt 12, 21; Lk 6, 34; 23, 8; 24, 21; Joh 5, 45. – [2] Ps 71, 5; Jer 14, 18; 17, 13. – [3] Jes 8, 17; Mi 7, 7.

2. Die Hoffnung als subjektive Haltung ist nie ein ängstliches Warten von der Art, wie man es bei den Heiden findet[4]; der ihr wesenseigene Glaube gibt ihr die Zuversicht[5] und das Durchhaltevermögen im Angesicht des Todes[6]. Sie wird von Gott geschenkt[7] bei der Verkündigung des Evangeliums[8], in der Kraft des Heiligen Geistes, der die *Erstlingsgabe der Herrlichkeit darstellt[9]. Ausdauernd erträgt (gr. *hypomenō*) die Hoffnung die *Probe, die in der Spannung zwischen dem *schon da* und dem *noch nicht* besteht[10], auch in Bedrängnis[11], bis zu dem Punkt, daß die Hoffnung manchmal *Standhaftigkeit (gr. *hypomonē*) genannt wird[12].

[4] Eph 2, 12; 1 Thess 4, 13. – [5] Hebr 11, 1. – [6] Röm 4, 18; 8, 20f. 38. – [7] 2 Thess 2, 16. – [8] Kol 1, 23. – [9] Röm 8, 23; 15, 13. – [10] Röm 5, 4; 8, 25. – [11] Röm 12, 12; 2 Kor 1, 6; 6, 4; Hebr 10, 36; Offb 2, 3. – [12] 1 Thess 1, 3; 2 Thess 1, 4; Tit 2, 2.

3. Objektiv gesehen richtet sich die lebendige Hoffnung[13] auf das Heil[14], die Auferstehung[15], das ewige Leben[16], das Schauen Gottes[17] und seine Herrlichkeit[18]. Es geht ihr also nicht um ein irdisches Wohlbefinden, sondern um die Ankunft des Reiches Gottes, die unsere Leiber und die ganze Welt verwandeln wird[19]; die Hoffnung ist Gott allein und sein Sohn Jesus[20].

[13] 1 Petr 1, 3. – [14] 1 Thess 5, 8. – [15] Apg 23, 6; 24, 15; 1 Kor 15, 19. – [16] Tit 1, 2; 3, 7. – [17] 1 Joh 3, 2f. – [18] Röm 5, 2; 2 Kor 3, 12; Kol 1, 27. – [19] Röm 8, 20f; Phil 1, 20. – [20] Mt 12, 21; 1 Tim 1, 1.

4. Mit Erwartung (gr. *ekdechomai, prosdechomai*) wird an sich nur ein Aspekt der Hoffnung ausgedrückt, sie kann auch bloß die aufnahmebereite Haltung bedeuten, die durch das Wort »Hoffnung« ergänzt wird[21]. Manchmal aber kann sie aufgrund des Kontextes mit der Hoffnung gleichgestellt werden: so die Erwartung des Messias, des Königreichs Gottes, des Trostes Israels, der Auferstehung, der Erlösung des Leibes, des neuen Himmels und der neuen Erde[22]. In ihr kann starke Anspannung zum Ausdruck kommen, so wie wenn etwa ein Tier seinen Kopf aufrichtet, um vor etwas, das bevorsteht, auf der Hut zu sein (gr. *apokaradokia*, von *to kara*: »der Kopf«)[23].

[21] Gal 5, 5; Phil 1, 20; Tit 2, 13. – [22] Mt 11, 3 (= Lk 7, 19f); Mk 15, 43 (= Lk 23, 51); Lk 2, 25. 38; Apg 24, 15; Röm 8, 23; 2 Petr 3, 13. – [23] Röm 8, 19; Phil 1, 20.

→ *Einl.* XII. 2. A. – Geduld – Glaube – Standhaftigkeit – Vertrauen

Hoherpriester, die Hohenpriester

Gr. *arch-iereus,* aus *archō*: »erster sein« und *hiereus*: »Priester«.

1. Im *Singular*: der oberste jüdische Priester, entstammt aus der priesterlichen Oberschicht. Er verfügt über große zivilrechtliche und religiöse Autorität, so daß er das Volk bei den Römern repräsentiert. Er steht dem *Hohen Rat vor[1], aber seine Privilegien und Pflichten betreffen vor allem den *Kult. Er ist durch eine besondere *Salbung geweiht und mit einer Heiligkeit bekleidet, die in ihrer Art einzig ist; er bringt das tägliche *Opfer dar[2], führt den Vorsitz bei feierlichen Zeremonien und darf als einziger am *Versöhnungstag in das *Allerheiligste eintreten[3]. Er wird von den Römern für das Amt bestimmt und des Amtes enthoben, aber auch dann, wenn er nicht mehr Hoherpriester ist, behält er sein Ansehen, wie z.B. *Hannas[4]. Nach dem Brief an die Hebräer ist Christus mit seinem Eintritt in den Himmel der

Hohepriester auf ewig geworden, jedoch nicht nach der Ordnung *Aarons, sondern nach der des *Melchisedek[5]. Er führte das Amt des Hohenpriesters zur Vollendung, indem er selber sowohl der *Priester als das Opfer war und wurde zum einzigen *Mittler des Neuen *Bundes[6].

[1] Vgl. Mt 26, 57. – [2] Ex 29, 42. – [3] Hebr 9, 25. – [4] Lk 3, 2; Joh 18, 13. 24. – [5] Hebr 4, 14; – 5, 10; 6, 20. – [6] Hebr 9, 1–28.

2. Im *Plural*: Die Angehörigen der priesterlichen Oberschicht in Jerusalem, die zum Hohen Rat zugelassen sind[7] und sich um die Finanzen kümmern[8] und um die Tempelpolizei[9]. Zusammen mit den *Ältesten und den *Schriftgelehrten stellen sie die Gesamtheit der Obrigkeit des jüdischen Volkes[10].

[7] Mt 26, 59. – [8] Mt 27, 3. – [9] Mk 14, 1. 10. – [10] Mt 26, 3; Mk 15, 31.

→ Aaron – Kult – Mittler – Opfer – Priester – *Tafel* S. 24

Hoher Rat

Gr. *synedrion* (von *hedra*: »Sitz« und *syn*: »zusammen«), entspricht dem hebr. *sanhedrīn*; der Ausdruck ist gegen 65 v. Chr. bezeugt. Die Institution scheint die Nachfolge der »Großen Versammlung« (hebr. *hak-k^{e}neset hagg^{e}dōlā*) aus der Zeit des *Esra übernommen zu haben. Der Sanhedrin zählte 71 Mitglieder, vielleicht in Erinnerung an Mose und die 70 Ältesten (Ex 24, 1; Num 11, 16). Im Griechischen waren auch folgende Bezeichnungen üblich: *gerousia* (Ältestenversammlung)[1], *presbytērion*[2], (*boulē*[3]). Über seine Bedeutung und seine Zuständigkeit – *Einl.* VI. 4. A.

[1] Apg 5, 21 △. – [2] Lk 22, 66; Apg 22, 5. – [3] Vgl. Mk 15, 43; Lk 23, 50.

[Hölle]

Lat. *infer*: »das Untere«. Zu unterscheiden von der *Totenwelt, dem Aufenthaltsort der Toten. Dies Wort an sich kommt in der Bibel nicht vor, aber es faßt in unseren Augen das Schicksal zusammen, das die Sünder erwartet. Das NT beschreibt die Hölle drohend, es benutzt mehrere Bilder, die aus verschiedenen *Mythologien herstammen: *Abgrund, äußere *Finsternis, *Feuersee, glühender Feuer*ofen, das *Feuer, das nie erlöscht, Feuerqual, *Gehinnom, *Wurm, Verderben, ewige Bestrafung, Strafe, Verdammnis, Untergang, Ort, wo man weint und mit den Zähnen knirscht, die Tatsache, daß man nicht mehr erkannt wird und nicht *erkennt, schließlich die Macht des *Todes.

Schon aus dieser Aufzählung ist ersichtlich, wie reich die Erfahrung und wie unbeholfen die Sprache ist. Alle diese Ausdrücke wollen auf bildhafte Weise mitteilen, daß der Sünder endgültig »fern von« Gott und von seinem Christus sein wird, d. h. er wird »getrennt«, abgeschnitten, entfernt von der Quelle des Lebens[1].

[1] Ps 6, 6; 88, 11; Mt 7, 23; 25, 41.

→ strafen – Totenwelt – Zorn

Honig

Gr. *meli*. In der Wüste von Judäa gab es sehr viel Honig, den die wilden Bienen in die Felshöhlen legten[1]. Einige vertreten die Ansicht, es handelt sich eher um Pflanzenhonig, den Saft von Weintrauben, Datteln oder Feigen[2].

[1] Ri 14, 8f. 18; Mt 3, 4; Mk 1, 6. – [2] Ez 3, 3; Offb 10, 9f □.

hören

Gr. *akouō*: »hören, zuhören«, mit den zusammengesetzten Formen *eis-akouō*: »erhören«, und *hyp-akouō*: »Gehör geben«, *par-akouō*: »ungehorsam sein«. Das biblische Leben besteht darin, daß man auf »Gott hört«, das *Sehen dagegen wird an das Ende der Zeiten verlegt. »Sehen und hören« heißt, das irdische Sehen durch ein Hören, das in das *Gehorchen mündet, vollenden und bestätigen[1]. »Hören und handeln«, die Worte zu bewahren, bedeutet, sie in die Tat umzusetzen; im Wort »hören« allein ist das nicht unbedingt gesagt[2]. »Hören und verstehen« meint, als Gegensatz zur Verhärtung, das Wort annehmen, *glauben[3].

[1] Mt 11, 4; 13, 16f (= Lk 10, 24); 17, 5 (= Mk 9, 7 = Lk 9, 35); Lk 2, 20; Apg 2, 33; 4, 20; 1 Joh 1, 3. 5; Offb 1, 10; 5, 11; 22, 8. – [2] Mt 7, 24. 26 (= Lk 6, 47. 49); Lk 11, 28; Joh 10, 16. 27; 12, 47; Röm 2, 13; Hebr 4, 7; Jak 1, 22f. – [3] Ps 40, 7f; Jes 50, 5; Mt 11, 15; 13, 15. 19. 23; 15, 10; Mk 4, 16; Joh 5, 37; 6, 45; 8. 43. 47; Apg 16, 14; Offb 2, 7.

→ gehorchen – Ohr – sehen – Stimme – Wort

Horn

Gr. *keras*, hebr. *qeren*. Waffe des Widders und des Stiers, die bei einem Hirtenvolk Kraft und Stolz bedeutet[1]. Daher Symbol der *Macht des *Messias und des *Lammes[2]. Die Hörner des *Drachens und des *Tieres würden die Vasallenstaaten Roms symbolisieren[3]. Die Bedeutung der vier Hörner des *Altars (Höcker an den vier Ecken)[4] ist umstritten, vielleicht stehen sie in Zusammenhang mit den aufgerichteten Steinen (hebr. *maṣṣēbā*).

[1] 1 Sam 2, 10; Ijob 16, 15; Ez 29, 21; Lk 1, 69. – [2] Ps 132, 17; Dan 7, 7f; Offb 5, 6. – [3] Offb 12, 3; 13, 1. 11; 17, 3. 7. 12. 16. – [4] Ex 27, 2; 29, 12; 1 Kön 1, 50; Offb 9, 13 □.

Hosanna

Aus dem hebr. *hōšīʿā nāʾ*: »Hilfe!« (von hebr. *hōšīaʿ*: »retten«)[1]. Eine beliebte Akklamation[2], die unseren Lebehoch!-Rufen entspricht; sie wird beim Laubhüttenfest und bei feierlichen Umzügen gebraucht[3]. Der Ausdruck könnte auch von dem aram. *ʿušʿnā*: »Kraft, Macht« kommen und bedeuten: »Lob dem!«[4].

[1] Ps 118, 25. – [2] 2 Sam 14, 4; Ps 12, 2. – [3] Lev 23, 40; Mk 11, 9; Joh 12, 13. – [4] Mt 21, 9. 15; Mk 11, 10 □.

Hosea

Hebr. *hōšēaʿ* (zusammengezogen aus *jᵉhōšūaʿ*: »Jahwe rettet«). *Prophet im 8. Jh. vor Chr. während des Niedergangs des Nordreichs. Obgleich sein Verfasser nur einmal im NT genannt wird[1], gehört das Buch Hosea doch zu den Teilen der *Bibel, die die Kirche auf der Suche nach ihrem Selbstverständnis gern zu Rate zieht. Hier findet sie nicht nur das bemerkenswerte Wort von der *Barmherzigkeit, die mehr ist als das *Opfer[2], sondern auch das Bild der Bedrohung, die über den Sündern lagert[3]; von hier aus versteht sie, daß die Kirche aus zwei Völkern besteht[4]; hier wird ihre Verkündigung Gottes als des Siegers über den Tod[5] bestätigt.

[1] Röm 9, 25. – [2] Mt 9, 13; 12, 7 (= Hos 6, 6). – [3] Lk 23, 30 (= Hos 10, 8); vgl. Offb 6, 16. – [4] Röm 9, 25f (= Hos 2, 1. 25); 1 Petr 2, 10 (= Hos 1, 6. 9; 2, 3. 25). – [5] Mt 2, 15 (= Hos 11, 1); 1 Kor 15, 55 (= Hos 13, 14) □.

→ *Einl.* XII. – Bibel – Prophet – *Tafel* S. 63

Hund
Gr. *kyōn, kynarion.* Neben dem zahmen Haustier[1] gab es den gefürchteten, wilden Hund[2]. Das Wort kann verächtlich, beleidigend gebraucht werden[3].

[1] Ex 11, 7; Tob 6, 1; 11, 4; Mt 15, 26f (= Mk 7, 27f). – [2] 1 Kön 14, 11; Ps 22, 17; 59, 7; Lk 16, 21. –
[3] Dtn 23, 19; 1 Sam 17, 43; 24, 15; Mt 7, 6; Phil 3, 2; 2 Petr 2, 22; Offb 22, 15 □.

Hymnus
Gr. *hymnos* (von *hymneō*: »ein ernstes Lied singen«, ein religiöses oder heroisches Gedicht singen. Lieder, die aus der Liturgie stammen; in ihnen wird Jesus voll Freude als der von Gott verherrlichte Herr gepriesen; den biblischen *Psalmen verwandt[1]. Die Fachkritiker glauben ihren Nachhall durch die Texte des NT hindurch, vor allem in *Doxologien und christlichen Hymnen[2], feststellen zu können.

[1] Apg 16, 25; Eph 5, 19; Kol 3, 16; Hebr 2, 12 □. – [2] Lk 1, 46–55. 68–75; 2, 29–32; Joh 1, 1. 3f. 9–11. 14*a. b. e.* 16. 17; Röm 10, 5–8; Eph 4, 7–10; 5, 14; Phil 2, 6–11; Kol 1, 5–20; 1 Tim 3, 16; Hebr 1, 3f; 1 Petr 1, 19f; 2, 23f; 3, 18–22; 4, 6; Offb *passim.*

→ Doxologie – Lied – Psalmen

[Ignatius von Antiochien]
Bischof von Antiochia in Syrien. Einer der ersten apostolischen *Väter, von dem wir mehrere um das Jahr 110 geschriebene Briefe haben (an die Gemeinden in Ephesus, Magnesia, Philadelphia, Rom, Smyrna, Tralles, und an Polykarp).

Ijob
Gr. *Iōb,* hebr. *'ijjōb* = *'ajja-'ābū*: »Wo ist der Vater (Gott)?« Hauptgestalt des Buches, das unter seinem Namen bekannt ist. Beispiel der Gerechtigkeit und der Langmut[1].

[1] Ez 14, 14–20; Jak 5, 11 □.

→ *Tafel* S. 63

Ikonium
Gr. *Ikonion.* Stadt in *Lykaonien, auf der kleinasiatischen Hochebene; Paulus hat hier mehrmals Evangelium verkündigt[1]. Heute *Konya.*

[1] Apg 13, 51; 14, 1. 19. 21; 16, 2; 2 Tim 3, 11 □.

→ *Karte* 2

Immanuel
Hebr. *'immānū'ēl*: »Gott mit uns«. Symbolischer Name, der dem erhofften Sohn des Königs Ahas[1] und auch *Jesus gegeben wurde[2].

[1] Jes 7, 14; 8, 8. 10. – [2] Mt 1, 23; vgl. 28, 20 □.

inspiriert
1. Gr. *theopneustos* (von *theos*: »Gott« und *pneō*: »wehen, blasen«). »Jedes Buch der Schrift ist von Gottes Geist inspiriert«[1]. Nach der jüdischen Überzeugung sind alle Schriften des Gesetzes und der Propheten »Worte Gottes«[2], man kann sie nicht abschaffen[3], in ihnen findet man das ewige Leben[4].

[1] 2 Tim 3, 16 △. – [2] Röm 3, 2. – [3] Joh 10, 35. – [4] Joh 5, 39.

2. In weiterem Sinne kann man von den Verfassern der heiligen Schriften sagen, daß sie »inspiriert« sind: Sie waren »vom Heiligen Geist getrieben«[5], so daß man undifferenziert sagen konnte: »Gott spricht durch N.N.«, oder »N.N. spricht«[6].

[5] 2 Petr 1, 21. – [6] Mt 1, 22; Apg 3, 21; 4, 25; vgl. 2 Petr 3, 16.

→ *Einl.* XII. – Bibel – Geist – Schrift

Illyrien
Gr. *Illyrikon.* Eine Berglandschaft im Nordwesten Makedoniens, entspricht dem heutigen Albanien und Jugoslawien. Das Land wurde 167 v. Chr. von Römern besetzt, i. J. 27 v. Chr. wurde es kaiserliche *Provinz. Im 1. Jh. n. Chr. hat man Illyrien gerne als *Dalmatien bezeichnet, obwohl dieser Name sich eher auf die adriatische Küste bezieht, während Illyrien das Gebiet nahe der makedonischen Grenze meinte[1].

[1] Röm 15, 19 □; vgl. 2 Tim 4, 10.

→ *Karte* 3

Irrtum

Gr. *planē* (davon *planaō*: »irreführen, täuschen«): »Herumirren, Verirrung«. In Übereinstimmung mit der biblischen Auffassung von *Wahrheit besteht der Irrtum eigentlich nicht in einem Fehler aus Unwissenheit oder in einem durch den äußeren Anschein verursachten Versehen, sondern in der Absage an die Wahrheit, in Treulosigkeit, Täuschung. Das atl. Bild von den *Schafen, die sich verirrten, weil sie keinen Hirten hatten, wurde vom NT aufgegriffen[1]. *Satan und die falschen *Propheten werden die Menschen in die Irre führen[2] und sie von dem rechten Weg abbringen (gr. *meth-odeia*)[3]; sie werden die Menschen durch ihre Verschlagenheit und Arglist (gr. *dolos*)[4] verführen (gr. *apataō*: »prellen, hintergehen«)[5].

[1] 1 Kön 22, 17; Ps 119, 176; Jes 53, 6; Ez 34; Mt 18, 12f; 1 Petr 2, 25. – [2] Mt 24, 5. 11 24 (= Mk 13, 5f. 22 = Lk 21, 8); Eph 4, 14; 2 Thess 1, 11; 1 Tim 4 1; 2 Petr 2, 15; 2 Joh 7; Offb 2, 20; 12, 9; 19, 20; 20, 3. 8. – [3] Eph 4, 14; 6, 11. – [4] 2 Kor 4, 2; 11, 3 Eph 4, 14. – [5] Röm 7, 11; 16, 18; 2 Kor 11, 3; Eph 4, 22; 1 Tim 2, 14; Tit 1, 10; Jak 1, 26.

→ lügen – verführen – Wahrheit

Isaak

Gr. Isaak, von hebr. *jiṣḥāq,* verkürzt aus *jiṣḥāq-'ēl*: »Gott möge lachen [gewogen sein]!«[1]. Sohn *Abrahams und Vater *Jakobs[2]; er ist Kind und Erbe der göttlichen *Verheißung[3]. Geopfert von seinem Vater, aber vom Tod bewahrt[4] stellt er Christus im voraus dar und kündet die Freiheit der Glaubenden an[5].

[1] Gen 17, 17. 19; 18, 12; 21, 6; Gal 4, 27. – [2] Dtn 1, 8; Mt 1, 2; 8, 11; 22, 32 (= Mk 12, 26 = Lk 20, 37); Lk 3, 34; 13, 28; Apg 3, 13; 7, 8. 32. – [3] Gen 17, 15–22; 18, 9–15; 21, 1–7; Röm 9, 7. 9f; Gal 4, 23. 28; Hebr 11, 20. – [4] Gen 22, 1–19; Röm 4, 19; Hebr 11, 17f; Jak 2, 21. – [5] Gal 4, 22–31; Hebr 11, 9–19; vgl. Joh 8, 56 □.

Isebel

Gr. *Iezabel,* hebr. *'īzebel,* Bedeutung unbekannt, vielleicht »nicht erhobene« (vgl. *'ī-kābōd*: 1 Sam 4, 21). Name der heidnischen Ehefrau des Königs Ahab, Gegnerin des Propheten *Elija. In Offb 2, 20 ist Isebel entweder der wirkliche Name einer falschen Prophetin, oder ein Symbolname für diese Prophetin; es kann aber auch die Häresie der *Nikolaiten gemeint sein[1].

[1] 1 Kön 16, 31; 19, 1–3; 21, 5–15. 23; 2 Kön 9, 10. 22. 30–37 □.

Iskariot

→ Judas Iskariot – Simon Iskariot

Israel

Hebr. *Jiśrā'ēl,* zusammengesetzt aus einem Subjekt und einem Verb; die Etymologie von beiden ist umstritten. Das Subjekt *'ēl* bedeutet: »Ziel, Eigentum, Stammeshaupt«, davon »Gott«. Das Verb kommt von der Wurzel *śrr*: »blinken, erhellen, retten, herrschen«, oder von der Wurzel *śrh*: »kämpfen, streiten«. Davon die Bedeutung: »Möge Gott herrschen [über uns] *oder* kämpfen [für uns]«.
1. Name des *Jakob, nach der Volksetymologie: »Gottesstreiter«[1].

[1] Gen 32, 29; 35, 10; Röm 9, 6 △.

2. Ethnische Bezeichnung für den Nordteil des Königreichs *Davids[2], später des ganzen Landes[3].

[2] *Einl.* III. 2; 2 Sam 5, 3; 1 Kön 12, 19. – [3] Mt 2, 20f; 10, 23.

3. Sakraler Name des Volkes der Verheißungen, in dem zuvor *Juda den ersten Platz eingenommen hatte[4]; es bestand aus zwölf *Stämmen[5], deren Geschichte zeichenhaften Charakter hat[6].

[4] Dtn 5, 1; Jes 41, 8; Mt 2, 6; Apg 2, 36; 4, 10. – [5] Ex 24, 4; Mt 19, 28 (= Lk 22, 30). – [6] Apg 7, 2–53; Röm 11, 26f.

4. Politisch-religiöse Gemeinde von Nachkommen der *Judäer; der Name entspricht genau der Bezeichnung *Juden: Die Söhne Israels, Israel selbst[7].

[7] Neh 9, 1f; Joh 3, 10; Röm 9, 4; Phil 3, 5.

5. Wie die Propheten, die ankündigen, daß »nur ein *Rest gerettet wird«[8], unterscheiden die Christen zwischen dem Israel Gottes[9] und dem Israel nach dem Fleisch[10]. Sie meinen, daß sich durch die Gemeinde derer, die an Jesus glauben, die jüdischen Hoffnungen auf ein neues Israel, ein neues Gottesvolk erfüllen[11].

[8] Jes 10, 20f; 46, 3; Röm 9, 27. 29. – [9] Gal 6, 16. – [10] 1 Kor 10, 18. – [11] Jer 31, 31–33; Ez 36, 22–30; Röm 9, 6; Hebr 8, 8–10; Offb 7, 4; 21, 12.

→ *Einl.* III. 2. B. – Israelit – Volk Gottes

Israelit

Gr. *Israēlitēs*. Mit diesem Wort bezeichnet man die *Juden, besonders im Blick auf ihre Religion[1].

[1] Joh 1, 47; Apg 2, 22; 3, 12; 5, 35; 13, 16; 21, 28; Röm 9, 4; 11, 1; 2 Kor 11, 22 □.

Italien

Der Name bezog sich ursprünglich auf Südkalabrien, dann seit *Cäsar auf das heutige Italien. Im Land gab es, etwa in Rom und in Puteoli, bedeutende jüdische Gemeinden; daraus erklärt sich zu einem Teil die schnelle Verbreitung des Christentums in diesen Gegenden[1].

[1] Apg 18, 2; 27, 1. 6; Hebr 13, 24 □.

Ituräa

Gr. *Itouraia*. Ein heidnisches Gebiet im Nordosten Palästinas. Eine der drei Regionen der *Tetrarchie des Philippus mit der Hauptstadt Chalkis[1].

[1] Lk 3, 1 □.

Ja

Gr. *nai*. Über die zahlreichen Fälle hinaus, in denen das Ja eine zustimmende Antwort auf eine Frage einführt oder anzeigt[1], eine Antwort, die innere Gefühle zum Ausdruck bringen soll[2], sind einige Bedeutungsvarianten bemerkenswert. Gelegentlich entspricht das Ja einem *Amen und bestätigt eine Zustimmung durch einen Hinweis auf eine geheime Überzeugung[3]; in diesem Sinn ist das Ja Jesu zum Vater[4] und das des Geistes zur Kirche zu verstehen[5]. Mehr noch, in Jesus haben die göttlichen *Verheißungen ihr Ja[6]; in Jesus gründet und verwirklicht sich das Ja[7].

[1] Mt 9, 28; 13, 51; 17, 25; 21, 16; Joh 11, 27; 21, 25f .. – [2] Mt 5, 37; 2 Kor 1, 19; Jak 5, 12. – [3] Mt 11, 9 (= Lk 7, 26); Lk 11, 51; 12, 5; 2 Kor 1, 20; Offb 1, 7. – [4] Mt 11, 26 (= Lk 10, 21). – [5] Offb 14, 13. – [6] 2 Kor 1, 20. – [7] 2 Kor 1, 19.

→ Amen – Eid – Wahrheit

Jahr

1. Gr. *eniautos, etos*. Die Dauer des Jahres hängt davon ab, ob man sich nach dem Mond- oder nach dem Sonnen*kalender richtet. Das Jahr war in zwei Jahreszeiten aufgeteilt: Der *Winter, die Regenzeit also, dauerte vom 15. Oktober bis zum 15. Mai; der *Sommer, die Zeit der Trockenheit, dauerte vom 15. Mai bis zum 15. Oktober. Doch für einen frommen Juden markieren die *Feste den Jahresablauf.

2. Das Jahr ist die Zeiteinheit, an die man sich gewöhnlich hält, wenn man das Alter eines Menschen[1], die Dauer einer Krankheit[2], eine geschichtliche Epoche[3] oder ein bestimmtes Datum[4] angeben will. Bei der Angabe der Dauer rechnete man auch einen Bruchteil des Jahres als ein ganzes Jahr; so entsprechen die »drei Jahre«[5] oder die »vierzehn Jahre«[6] von den Paulus spricht, vielleicht nur anderthalb Jahren oder zwölf Jahren und einigen Monaten.

[1] Mk 5, 42; Lk 3, 37. 42; 3, 23; 8, 42; Joh 8, 57; Apg 4, 22; 1 Tim 5, 9. – [2] Mt 9, 20; Lk 13, 11; Joh 5, 5; Apg 9, 33. – [3] Apg 7, 6. 30. 36. 42; 13, 20; Gal 3, 17; Hebr 3, 10. 17; Offb 20, 2–7. – [4] Lk 3, 1. – [5] Gal 1, 18. – [6] Gal 2,1.

3. Die Regierungsjahre eines *Kaisers werden vom Tag seiner Thronbesteigung an berechnet. Kaiser Tiberius wurde am 19. August 767 nach der Gründung Roms (*ab Urbe condita*) gewählt, also im 14. Jahr n. Chr.; für »das fünfzehnte Jahr« seiner Regierung[7] würde sich dann die Zeit vom 19. August des Jahres 28 bis zum 18. August des Jahres 29 ergeben. Doch Lukas hätte sich statt nach der römischen Kalenderberechnung auch nach der syrischen richten können; dort begann das Jahr am 1. Oktober; in diesem Fall hätte das fünfzehnte Jahr des Tiberius am 1. Oktober 27 begonnen. Die Bibelkritiker neigen eher zu dieser zweiten Hypothese.

[7] Lk 3, 1.

→ Chronologie – Fest – Kalender – Monat – Tag – Woche

[Jahwe]

Die ökumenische deutsche Schreibweise (Loccumer Richtlinien) lautet Jahwe; die genauere Schreibweise wäre *Jahweh* (das die Fehlvokalisation von *Jehova* berichtigt) und dem heiligen Tetragramm der jüdischen Tradition entspricht: JHWH. Ein hebräischer Name, der sich vom Verb *hāwā* oder *hājā*: »eintreffen, werden, sein«, herleitet; so will es jedenfalls die Volksetymologie in der Erzählung von der Offenbarung des Namens, den Gott sich bei der Erscheinung im brennenden Dornbusch (Ex 3, 14) gegeben hat. Man diskutiert darüber, ob das Verb aktiv (der »Seiende«, wie die Septuaginta Ex 3, 14 übersetzt) oder kausativ (»der ins Sein setzt«) zu verstehen ist. Jedenfalls handelt es sich weder um ein Pronomen noch um ein Substantiv, sondern um ein aktives Verb, das die Tätigkeit Gottes beschreibt. Der Name legt Gott keineswegs auf ein Konzept fest, sondern zeigt ihn in seiner Aktivität als den, der treu bei seinem Volke anwesend ist. Die Linguisten entdecken in dem Wort eine Verwandtschaft mit der Form *Jau*, die in Babylon den Gott meint, der durch einen Menschen, der seinen Namen trägt, angerufen wird; so heißt etwa die Mutter des Mose *Jō-kebed*: »Herrlichkeit des Jō«.

→ Gott

Jakob
Gr. *Iakōb*, von hebr. *jaʿaqōb*, verkürzt aus *jaʿaqōb-ʾēl*: »Gott möge schützen (?)«; der Name wird erklärt in Verbindung mit *ʿāqab*: »er hat betrogen«[1].

[1] Gen 27, 36; Jer 9, 3.

1. Enkel *Abrahams, Sohn *Isaaks[2], seinem Bruder Esau vorgezogen[3], Vater der Zwölf Patriarchen[4]; er hat seinen Namen, der auch *Israel lautet, dem auserwählten Volk gegeben[5]. Das NT erwähnt einige Ereignisse aus seinem Leben[6].

[2] Gen 25–50; Mt 1, 2 (= Lk 3, 34); 8, 11 (= Lk 13, 28); 22, 32 (= Mk 12, 26 = Lk 20, 37); Apg 3, 13; 7, 8. 12. 14f. 32; Hebr 11, 9. – [3] Röm 9, 13; Hebr 11, 20; 12, 16. – [4] Mt 1, 2; Apg 7, 8. – [5] Lk 1, 33; Apg 7, 46; Röm 11, 26. – [6] Joh 4, 5f. 12; Apg 7, 8. 12. 14–16; Hebr 11, 21 □.

2. Vater des *Josef, des Mannes Marias[1].

[1] Mt 1, 15f □.

Jakobus
Gr. *Jakōbos*, von hebr. *jaʿaqōb*.

1. *Jakobus »der Ältere«.* Sohn des *Zebedäus und vielleicht der *Salome[1], älterer Bruder des *Johannes, beide »Donnersöhne« genannt[2], einer von den *Zwölf[3]. Zusammen mit Petrus und Johannes ist er einer der drei bevorzugten Zeugen der großen Augenblicke im Leben Jesu: Auferweckung der Tochter des Jairus, Verklärung, Agonie[4]. Er wurde unter *Herodes Agrippa I, zwischen 41 und 44, enthauptet[5].

[1] Mt 4, 21 (= Mk 1, 19f = Lk 5, 10); 27, 56; vgl. Mk 15, 40; Mk 10, 35. 41; vgl. Mt 20, 20. – [2] Mk 3, 17 (vgl. Lk 9, 54). – [3] Mt 10, 2 (= Mk 3, 17 = Lk 6, 14); Apg 1, 13. – [4] Mt 17, 1 (= Mk 9,2 = Lk 9, 28); vgl. Mk 1, 29; 5, 37 (= Lk 8, 51); 13, 3; Joh 21, 2. – [5] Apg 12, 2 □.

2. *Jakobus, Sohn des Alfäus,* einer der Zwölf[1]. Manchmal wird er mit Jakobus dem Kleinen verwechselt, wenn man Alfäus und Klopas unrichtigerweise identifiziert[2].

[1] Mt 10, 3 (= Mk 3, 18 = Lk 6, 15 = Apg 1, 13). – [2] Mk 15, 40; Joh 19, 25 □.

3. *Jakobus der Kleine* (genannt *der Jüngere*); Sohn des *Klopas und der *Maria[1], Bruder des Joses[2] und des Judas[3]. Wird oft mit Jakobus, dem Sohn des Alfäus, verwechselt. Jakobus hat den Auferstandenen gesehen, obwohl er nicht Jünger Jesu aus Nazaret war[4]. Vielleicht spielte er als »*Bruder des Herrn«[5] eine wesentliche Rolle in der Jerusalemer Kirche; auf ihn berufen

sich die *Judenchristen⁶. Die Tradition sieht in ihm den Verfasser des *Jakobusbriefes⁷. Nach dem Historiker Josephus, wurde er im Jahr 62 gesteinigt.

¹ Mt 27, 56 (= Mk 16, 1 = Lk 24, 10). – ² Mk 15, 40. – ³ Jud 1. – ⁴ 1 Kor 15, 7. – ⁵ Gal 1, 19; vgl. Mt 13, 55 (= Mk 6, 3). – ⁶ Apg 12, 17; 15, 13; 21, 18; Gal 2, 9. 12. – ⁷ Jak 1, 1 □.

4. Der Vater des Judas¹.

¹ Lk 6, 16; Apg 1, 13 □.

[Jakobusbrief]
Eine in gutem Griechisch von einem Christen jüdischer Herkunft geschriebene Ermahnung an Judenchristen. Sie nimmt die Überlieferung der Worte von *Jakobus dem Kleinen, nicht dem Apostel sondern dem Herrenbruder, auf. Sie könnte um 57–62 geschrieben sein, oder eher um 80–90. Dieser Brief ist *deuterokanonisch.

→ Einl. XV. – Briefe (die katholischen)

Jannes und Jambres
Die in 2 Tim 3, 8 genannten Namen der ägyptischen *Zauberer, von denen Ex 7, 11f. 22; 8, 3. 14f; 9, 11 spricht□.

Jeremia
Gr. *Ieremias,* von hebr. *jirmᵉjāhū*; wahrscheinliche Bedeutung: »Jahwe erhöhe«. Dieser große *Prophet aus dem 7.–6.Jh. v. Chr. hat die Zerstörung Jerusalems und die Wegführung ins Exil erlebt. Zur Zeit Jesu wartete man auf seine Wiederkehr¹. Das NT erwähnt besonders Kap. 31 aus seinem Buch über den neuen Bund² und über Rahel, die um ihre deportierten Kinder weint³. Ihm entlehnt Paulus seine Aufforderung zum legitimen Stolz⁴, und Mt schreibt ihm eine Prophetie des *Sacharja zu⁵.

¹ Mt 6, 14. – ² Hebr 8, 8–12; 10, 16f (= Jer 31, 31–34). – ³ Mt 2, 17f (= Jer 31, 15). – ⁴ 1 Kor 1, 31 (= Jer 9, 22f). – ⁵ Mt 27, 9 (= Sach 11, 12f; vgl. Jer 32, 6–9) □.

→ Einl. XII. 2. A. b. – Tafel S. 63

Jericho
Gr. *Ierichō,* von hebr. *jᵉrīḥō*. Schon im Neolithikum besiedelt. Jericho wird auch »Palmenstadt« genannt; *Herodes der Große hat sie in der Nähe der Ruinen einer kanaanäischen Stadt desselben Namens, in einer sehr fruchtbaren Oase in der Jordansenkung großzügig aufgebaut. Mit Jerusalem ist sie durch einen 37 km langen, abschüssigen Weg durch die Wüste Juda verbunden, der Straßenräuber begünstigt¹.

¹ Dtn 34, 3; Jos 5, 13–6, 26; Mt 20, 29 (= Mk 10, 46 = Lk 18, 35); Lk 10, 30; 19, 1; Hebr 11, 30 □.

→ Karte 4

Jerusalem
Gr. *Ierosolyma, Ierousalēm,* hebr. *jᵉrūšālēm, jᵉrūšālajim.*
1. Die kanaanäische Stadt *Uruschalim* (»Stiftung des Gottes Schalem«) ist seit ihrer Eroberung durch David¹ (10.Jh.) Mittelpunkt der jüdischen nationalen Einheit. Die biblische Überlieferung erkennt in ihr die Stadt des *Melchisedek und identifiziert den Ort mit dem Berg Morija, auf dem

*Abraham sein Opfer darbrachte. Hier hat Jahwe seit der Überführung der *Lade und seit dem Bau des *Tempels[2] seine Wohnung aufgeschlagen; sie ist die Heilige Stadt, das geistige Zentrum des Volkes, und zwar so sehr, daß ihre Geschichte das Schicksal Israels darstellt. Weil sie *Götzendienst betrieben hatte, wurde sie dem Gericht Gottes unterworfen[3]; sie wurde erobert und verbrannt (6. Jh.); nach dem *Exil wurde sie, durch den neuerrichteten Tempel, wieder zum Ort, an dem Gott anwesend ist, sie ist nach den Worten des Propheten ein Vorausbild der Stadt des Friedens (J*rūšalajim, von šālōm: »Friede«), in der das *eschatologische Gericht abgehalten wird und in der die Freude allen Völkern angeboten wird[4].

[1] 2 Sam 5. – [2] 2 Sam 6–7; 1 Kön 6–8. – [3] vgl. Ez 9, 1–10, 7. – [4] Jes 25, 6–10; Joël 4, 9–17.

2. Zur Zeit Jesu wurde die Stadt durch Herodes den Großen mit prächtigen Bauten ausgestattet: die Stadtmauern, die beiden Burgen Antonia und die Residenz, der neue Tempelplatz und der *Tempel selbst, viele Wohnhäuser, ein Theater, ein Amphitheater, ein Hippodrom. Im Norden und im Westen ist die Stadt von Gärten umgeben. Sie ist auch religiöses Zentrum und der Sitz des *Hohen Rates. An den Festen ziehen *Wallfahrer von überall her zum Tempel hinauf. Aus Rücksicht auf die Empfindlichkeit der Juden residiert die römische Behörde in *Cäsarea und kommt nur dann in die heilige Stadt Jerusalem, wenn sich dort große Volksmengen ansammeln.

3. Jesus kam öfters nach Jerusalem hinauf[5], dort hat er auch das Volk zum letzten Mal mit seiner Botschaft und mit seiner Person konfrontiert. Dort starb er den Kreuzestod. Und gerade in Jerusalem bildete sich die erste christliche Gemeinde, von dort strahlt die Verkündigung des Evangeliums in die Welt[6]. Hier leben auch die *Judenchristen unter der Führung des *Jakobus. Einige werden unruhig, weil auch die Heiden das Evangelium annehmen; sie wollen ihnen die *Beschneidung aufzwingen[7]. Auf dem *Apostelkonzil in Jerusalem hat man einen Kompromiß geschlossen[8]. Allmählich aber, mit der Verbreitung des christlichen Glaubens in Antiochia, in Ephesus und in Rom, verliert die Heilige Stadt ihre Rolle als das Zentrum des Christentums[9]. Ihre Rolle in der Verwirklichung des Heils ist zu Ende, nun wird sie zu einem *himmlischen Jerusalem, von dem das irdische nur *Typos war. Das neue Jerusalem ist, nachdem Christus seine Mission vollendet hatte, die endgültige Heimat aller Erlösten[10].

[5] Lk 13, 34f; Joh 2, 13. – [6] Apg 1, 8; 2, 1–11. – [7] Apg 15, 1. – [8] Apg 15, 23–29. – [9] Röm 15, 19. – [10] Hebr 12, 22; Offb 21, 1–22, 5.

→ *Einl.* I. 3. C; II. 3. B; II. 4; VI. 2. A. – Apostelkonzil – Barnabas – Judenchristen – *Karte* 1

Jesaja

Gr. *Ēsaias,* daher das deutsche Jesaja oder Isaias, von hebr. J*ša‛-jāhū: »Jahwe rettet«. Name eines jüdischen Propheten im 8. Jh. v. Chr. Er hat die Herrlichkeit des Herrn gesehen und Jesus angekündigt[1]. Das unter seinem Namen bekannt gewordene Werk ist die Sammlung von Prophetenworten, die im NT am häufigsten benutzt wird. Ihm selber schreibt man die Kapitel 1–12; 15–23; 28–33 des nach ihm benannten Buches zu. Die Kapitel 40–55 und 34–35 bilden *Deuterojesaja,* oder »Das Buch des Trostes für Israel«, entstanden während des *Exils. Die Kapitel 56–66, *Tritojesaja,* entstanden nach der Rückkehr aus dem Exil. Die *Apokalypse* (Kap. 24–27) ist nach dem 5. Jh. entstanden. Folgende Texte aus Jesaja werden, unter Nennung seines Namens oder anonym, im NT zitiert:

[1] Jes 6, 1–5; Joh 12, 41.

1. Ausgehend vom »Buch des Immanuel«[2] und einigen verwandten Texten erhellt das NT das Wesen des Neuen Israels, d. h. der Kirche. Hierher gehören: der Aufruf zur Bekehrung[3], die Verstocktheit des erwählten Volkes[4], die Ankündigung des Heils für die Völker[5], die Geburt des Immanuel[6]; er wird voll Vertrauen sein[7], ein Stein, über den man stolpert aber auch ein Eckstein[8].

[2] Jes 6, 1–9, 6. – [3] Jes 40, 3f (= Mt 3, 3 = Mk 1, 2f = Lk 3, 4f = Joh 1, 23); 52, 11 (= 2 Kor 6, 17). – [4] Jes 6, 9f (= Mt 13, 14f = Joh 12, 39f = Apg 28, 25–27; vgl. Mk 4, 12; Lk 8, 10); 29, 13 (= Mt 15, 7–9 = Mk 7, 6f). – [5] Jes 8, 23–9, 1 (= Mt 4, 14–16); 11, 10 (= Röm 15, 12); 40, 5 (= Lk 3, 6); 52, 7 (= Röm 10, 15). – [6] Jes 7, 14 (= Mt 1, 22f). – [7] Jes 8, 17f (= Hebr 2, 13). – [8] Jes 8, 14f (= 1 Petr 2, 8); 28, 16 (= Röm 9, 33 = 10, 11 = 1 Petr 2, 6).

2. Aus den »Knechtsliedern« und der verwandten Literatur hat das NT einige Ankündigungen aufgegriffen: die Heilssendung des Messias, den Gott sich erwählte[9] und der als Demütiger kommen wird[10]; sein Geschick wird zur Herrlichkeit, nachdem er zunächst mißverstanden und dem schmählichen Tod ausgeliefert war[11]; die Apostel werden zu den *Völkern gesandt und erleiden scheinbar dieselbe Niederlage[12].

[9] Jes 61, 1f (= Lk 4, 17–19). – [10] Jes 42, 1–4 (= Mt 12, 17–21). – [11] Jes 53, 1 (= Joh 12, 38); 53, 4 (= Mt 8, 17); 53, 7f (= Apg 8, 32f); 53, 9 (= 1 Petr 2, 22); 53, 12 (= Lk 22, 37). – [12] Jes 49, 6 (= Apg 13, 47); 53, 1 (= Röm 10, 16).

3. Dazu kommen andere Zitate: Gott wünschte sich schon immer einen Tempel, der wirklich Haus des Gebetes wäre[13] und nicht ein Gebäude aus Stein[14]. Alle Menschen haben gesündigt[15], aber die Sünde wird endgültig beseitigt werden[16], ein Rest wird gerettet[17] und alle werden Schüler Gottes werden[18]. Auf diese Weise werden durch Jesus, den Heiligen, der dem David verheißen war[19], die Heiden Israels Erbe antreten[20].

[13] Jes 56, 7 (= Mt 21, 13 = Mk 11, 17 = Lk 19, 46). – [14] Jes 66, 1f (= Apg 7, 48–50). – [15] Jes 59f (= Röm 3, 15–17). – [16] Jes 59, 20f (= Röm 11, 26f). – [17] Jes 1, 9 (= Röm 9, 29); 10, 22f (= Röm 9, 27f). – [18] Jes 54, 13 (= Joh 6, 45). – [19] Jes 55, 3 (= Apg 13, 34). – [20] Jes 65, 1f (= Röm 10, 20f).

→ *Einl.* XII. 2. A. b.–*Tafel* S. 63

[Jesaja (die Himmelfahrt des)]

Ein *apokryphes Werk, das eine aus dem 1. Jh. v. Chr. stammende jüdische Legende über das Martyrium Jesajas enthält[1], und zwei christliche *apokalyptische Fragmente, die um 100 oder 150 n. Chr. entstanden sind[2].

[1] *Asc. Jes.* 1, 1–3, 12; 5, 12–16. – [2] *Asc. Jes.* 3, 13–5, 1; 6, 1–11, 43.

Jesus Christus

1. Gr. *Iēsous,* von hebr. *ješūaʿ, ǰʰōšūaʿ:* »Jahwe rettet«. Diesen Namen trug vor Jesus von Nazaret *Josua[1] und wahrscheinlich auch Barabbas[2]. Durch den Namen Jesu von Nazaret soll der Mensch gerettet werden[3]. In dem zusammengesetzten Namen »Jesus Christus« sind ein Personenname (Jesus) und eine Funktionsbezeichnung (gr. *Christos*: »Gesalbter«) aneinandergefügt; so wird die historische Person untrennbar mit dem Objekt des Glaubens

verbunden; diese Benennung kommt in der Apostelgeschichte und in den Briefen häufig, in den Evangelien selten vor[4].

[1] Num 27, 18–23. – [2] Mt 27, 16f. – [3] Apg 4, 12; Phil 2, 9–11. – [4] Mt 1, 1. 18; 16, 21; Mk 1, 1; Joh 1, 17; 17, 3 □.

2. Wie bei den meisten Religionsstiftern, Mose, Buddha oder Mohammed, findet sich auch für das Leben Jesu kaum eine Bezeugung bei nichtglaubenden Schriftstellern. Erwähnen kann man allenfalls: *Josephus gegen 91, *Plinius im Jahr 112, Tacitus gegen 116, Sueton um 120, sowie nicht *kanonische Schriften wie das *Tomasevangelium. Die ntl. Texte außerhalb der Evangelien beziehen sich zweifelsohne auf die Person Jesu, doch sie geben keine Einzelheiten über sein irdisches Leben. Die vier Evangelien (Mattäus, Markus, Lukas und Johannes) bilden die historische Hauptquelle für Leben und Werk Jesu. Aufgrund ihres Glaubenszeugnisses kann der Historiker die Eigenart der Existenz Jesu – gewiß nur in großen Zügen und nur im Wesentlichen – rekonstruieren.

3. Jesus lebte in Palästina, hauptsächlich in Galiläa, genauer in *Kafarnaum, in der Nähe des Sees, und in *Jerusalem, der Hauptstadt Judäas. Die Zeit seines Lebens kann aufgrund eines sicheren Bezugspunktes bestimmt werden: *Johannes begann in dem Jahr, das dem 1. Oktober 27 oder dem Monat August 28 folgte, am Jordan zu predigen und zu taufen. Jesus starb an einem Freitag, dem 14. *Nisan, am Vorabend des jüdischen *Pascha. Damit werden zwei Datierungsmöglichkeiten wahrscheinlich: Der 7. April 30 und der 3. April 33. Seine übrigen Lebensdaten lassen sich nur annähernd bestimmen: Jesus wurde im Jahr 7 oder 6 vor unserer Zeitrechnung in *Betlehem geboren; sein öffentliches Wirken zwischen der Taufe durch Johannes (27–28) und seinem Tod (30 oder 33) dauerte ungefähr zwei Jahre und einige Monate, vielleicht ein Jahr mehr oder weniger.

4. In diesen historisch abgestützten Rahmen läßt sich der wahrscheinliche Lebensweg Jesu einzeichnen. Jesus lebte als *Zimmermann in *Nazaret, bis er sich in die Einsamkeit der jüdischen Wüste zurückzog und sich von Johannes taufen ließ. Dann praktiziert auch er selbst die johanneische Taufe, kehrt später nach Galiläa zurück und verkündet die Gute Nachricht vom Reich Gottes, heilt Kranke und treibt Dämonen aus. Er wendet sich vor allem den »Armen« zu, den Kindern, den Frauen, den Ausgestossenen; denen also, die von den praktizierenden Frommen verachtet wurden. Er tadelt den Rigorismus und die Beschränktheit gewisser *Pharisäer, aber er weigert sich auch, die revolutionären Bestrebungen der *Zeloten und des Volkes zur Erfüllung zu bringen. Um seinen Wirkungskreis zu erweitern, sammelt er eine Gruppe wandernder *Jünger um sich und wählt aus ihnen *Zwölf besonders Bevorzugte, die an die Zahl der israelitischen Stämme erinnern und das neue *Israel im voraus darstellen sollen. Jesus stößt bei den Volksmengen auf Unverständnis, bei den religiösen Führern auf eifersüchtigen Argwohn, auf politische Klugheit bei *Herodes Antipas (der den Johannes enthaupten ließ). Danach bricht er mit Galiläa und zieht zum letzten Mal nach Jerusalem hinauf, wo er am Palmsonntag einen triumphalen Einzug feiert. Er treibt die Händler aus dem Tempel und begeht damit einen Gewaltakt, der ihn in einen unüberbrückbaren Konflikt mit den saddurzäischen und pharisäischen Autoritäten bringt; man kommt zur Entscheidung, daß seiner Tätigkeit ein Ende gesetzt werden soll und daß man sich zu diesem Zweck der

Dienste *Judas des Verräters bedienen will. Einige Tage danach wird Jesus nach einem *Mahl, bei dem er sich von seinen Jüngern verabschiedet und auf symbolische Weise durch eucharistisches Reden und Tun seinen Tod ankündet, wahrscheinlich durch eine römische Truppe festgenommen. Dann verhören ihn die jüdischen Führer. Sie erklären ihn wegen Anmaßung göttlicher Würde und damit wegen Lästerung, des Todes schuldig. Darauf wird er dem Präfekten *Pilatus übergeben, der ihn als Aufwiegler behandelt, der dadurch, daß er sich selbst zum König der Juden erklärte, die öffentliche Ruhe störte. Sein Urteil lautet, er solle *gegeißelt und *gekreuzigt werden. Jesus stirbt am *Kreuz und wird *begraben. Nach dem Sabbat entdecken die Jünger, daß das Grab leer ist; nun beginnen sie zu verkünden, daß er *auferstanden und ihnen erschienen ist. Damit endet die Geschichte Jesu, an ihre Stelle tritt die Geschichte der christlichen Kirche.

5. Die Botschaft Jesu wurde durch die Weitergabe des Glaubens notwendigerweise umgeformt; trotzdem kann man sie mit einiger Wahrscheinlichkeit rekonstruieren. Jesus erwartet wie jeder gute Jude, der auf die Stimme des Johannes hörte, daß eine radikale *Zeitenwende bevorstehe; Gott wird auf entscheidende Weise eingreifen, seine *Königsherrschaft ist ganz nahe; man muß bereit sein, wachen und umkehren, um den kommenden Herrn zu empfangen. Im Unterschied zur Erwartung der Juden ist nach der Auffassung Jesu das Reich Gottes schon da, und zwar durch seine eigenen Taten: Der Finger Gottes wirkt[5]; hier ist einer, der mehr ist als Salomo, mehr als Jona[6]; es kommt darauf an, den verborgenen Schatz zu finden[7]; es kommt darauf an, daß man alles verläßt, um Jesus nachzufolgen[8]. Durch dieses Wirken will Gott die Menschen erfahren lassen, daß sie alle seine Kinder sind, ohne Unterschied von Rasse, Herkunft oder Verdienst; der *Nächste ist jeweils der, dem ich nahe bin[9]. Jesus verleiht der persönlichen Einzelexistenz eines jeden der *Kinder Gottes höheren Wert, jeder soll ihm ganz vertrauen[10]; dabei löst er jedoch das *Volk Gottes nicht auf, sondern gründet es auf ewig in seinem eigenen *Opfer und besiegelt Gottes *Bund mit den Menschen durch sein Blut für immer[11]. Jesus hat das *Gesetz und Israel nicht aufgehoben, sondern zur Erfüllung gebracht[12]. Die Glaubenden, die er um sich sammelt, bilden keine »Kirche« neben Israel; sie sind eine Gruppe, deren einziges einendes Prinzip in der Bindung an sein Wort und seine Person besteht[13].

Für den Historiker ist es ziemlich schwer, durch den Wort und Tat des Christus deutenden Glauben der Evangelisten hindurch festzustellen, was Jesus auf Erden wirklich gesagt und getan hat. Eine Vielfalt exegetischer Meinungen werden vertreten, das Folgende mag man gelten lassen: Gewiß hat Jesus sich nie ausdrücklich für den *Messias erklärt, er tat es erst kurz vor seinem Tod; gewiß hat Jesus sich nicht als »Sohn Gottes« bezeichnet, doch man kann ihm gewisse Worte zuschreiben, die die Frage nach seiner wahren Person aufwerfen. Jesus verstand sich selbst in einer einzigartigen Beziehung zu Gott, seinem Vater: Er ist der »Sohn« schlechthin[14], er nennt Gott »Abba«[15] und weiß sich auf besondere Weise eins mit ihm[16]. Andererseits erhebt er für sich den Anspruch, daß alle Menschen nur durch ihn zum ewigen Leben gelangen können[17]. Diese Worte werden durch sein Verhalten bekräftigt: Er erhebt den Anspruch, *Sünde vergeben zu können[18]; er hält *Mahl mit Sündern, um auf diese Weise darzutun, daß alle Menschen in die

Erneuerung des Gottesbundes einbezogen sind[19]; schließlich und vor allem verhält er sich zu seinen Jüngern wie einer, der »*dient«[20]. Wenn der Historiker Jesus von Nazaret die christologischen Titel, die der Glaube ihm gewährt, nicht zugestehen will, bleibt er an den ungewöhnlichen Ansprüchen hängen, die Jesus stellt und hört die alte Frage neu: »Ihr aber, für wen haltet ihr mich?«[21].

[5] Lk 11, 20. – [6] Lk 11, 31f. – [7] Mt 13, 44. – [8] Mt 16, 24–26. – [9] Lk 10, 29–37. – [10] Lk 12, 22–32. – [11] Lk 22, 20. – [12] Mt 5, 17. – [13] Mt 12, 30. – [14] Mk 12, 6; 13, 32. – [15] Mk 14, 36. – [16] Mt 11, 27. – [17] Mt 7, 24–27. – [18] Mk 2, 10. – [19] Mk 2, 16f. – [20] Mk 10, 45; Lk 22, 27. – [21] Mt 16, 15 (= Mk 8, 29).

6. Die einstimmige Antwort der Glaubenden auf diese Frage lautet: »Du bist der Christus und der Herr«. Diese Antwort ist auch für den Historiker wichtig, denn er kann sich ja nicht damit zufrieden geben, die Texte untersucht und ihren Kern (was der irdische Jesus sagte und tat) herausgeschält zu haben, sondern er ist verpflichtet, die Texte nach den in ihnen enthaltenen unterschiedlichen Interpretationen des Faktums zu befragen. Grob gesehen kann man in der Jesusüberlieferung vier Entwicklungsstufen unterscheiden. Jesus, aufgenommen in den Himmel, erfüllt die Hoffnungen Israels und wird der *Herr aller Zeiten[22]. Im Licht der Prophetien wird der Tod Jesu als die Quelle des *Heils verstanden[23]. Der Mensch Jesus hinterließ Lehren und Lebensregeln, die das christliche Verhalten bestimmen[24]. Und schließlich dringt der Glaube tiefer in das Geheimnis Jesu von Nazaret ein und fragt nach der menschlichen und göttlichen Herkunft dessen, von dem der Glaube sagt, daß er für immer lebt[25].

[22] Apg 2, 36; Röm 10, 9; 1 Thess 1, 10. – [23] Apg 3, 13. 26; 1 Kor 15, 3f. – [24] Hebr 10, 7; 1 Petr 2, 21–24. – [25] Mt 1–2; Lk 1–2; Joh 1, 1. 18; Röm 1, 3f; 5, 12–21; 1 Kor 15, 15; Phil 2, 6–11; Kol 1, 15; 2, 9; Hebr 1, 2f.

→ Auferstehung – Christus – Erscheinungen Christi – Gott – Herr – Kreuz – Lamm Gottes – Leib Christi – Menschensohn – Messias – Präexistenz – Sohn Gottes – Wort

Joch
Gr. *zygos*. Ein Holzstück, mit dem man die Köpfe eines Ochsenpaares bändigte und, im weiteren Sinn, ein Gespann von Zugtieren[1]. Eine in Israel althergebrachte Metapher für die Sklaverei[2], die Knechtschaft unter einem Tyrannen[3]. Die Metapher bezeichnet auch die tatsächliche Beziehung zwischen dem »Sklaven« und seinem Herrn[4], auch die echte Weisheit[5]; das Gesetz bewirkte jedoch, daß diese Beziehung drückend wurde[6]; das Joch Jesu, das an seine Stelle tritt, ist *sanft, das heißt leicht zu tragen, weil es gut angepaßt ist[7].

[1] Num 19, 2. – [2] Lev 26, 13; Jer 27–28; 1 Tim 6, 1. – [3] 1 Kön 12, 4. 9–11. 14. – [4] Jer 2, 20; 5, 5; Hos 11, 4. – [5] Sir 51, 26. – [6] Apg 15, 10; Gal 5, 1; vgl. Mt 23, 4. – [7] Mt 11, 29f.

→ Gesetz – Nacken – Sklave

Johannes
Gr. *Iōannēs,* von hebr. *yᵉhôḥānān, jôḥānān*: »Jahwe ist gnädig«.
1. Sohn des *Zebedäus und – vielleicht – der Salome[1], jüngerer Bruder von *Jakobus »dem Älteren«, beide werden »Donnersöhne« genannt[2], einer der *Zwölf[3]. Einer der drei bevorzugten Jünger, gewöhnlich in Gesellschaft von Petrus und Jakobus[4]. Eine der Säulen der Kirche[5]. Die Tradition identifi-

ziert ihn mit dem Jünger, den Jesus liebte und schreibt ihm die Autorschaft des vierten Evangeliums, der drei Briefe und der Offenbarung zu[6]. Er soll in Ephesus gelebt und Anfang des 2. Jh. unter Trajan den Martyrertod erlitten haben.

[1] Mt 4, 21 (= Mk 1, 19f = Lk 5, 10); 27, 56; vgl. Mk 15, 40. – [2] Mk 3, 17; vgl. Lk 9, 54. – [3] Mt 10, 2 (= Mk 3, 17 = Lk 6, 14); Apg 1, 13. – [4] Mt 17, 1 (= Mk 9, 2 = Lk 9, 28); Mk 1, 29; 5, 37 (= Lk 8, 51); 9, 38 (= Lk 9, 49); 10, 35. 41; 13, 3; 14, 33; Lk 9, 54; 22, 8; Joh 21, 2. – [5] Apg 3, 1. 3f. 11; 4, 13. 19; 8, 14; Gal 2, 9. – [6] Offb 1, 1. 4. 9; 22, 8 □.

2. Vater des Simon Petrus, auch Jona genannt[1].

[1] Mt 16, 17; Joh 1, 42; 21, 15–17 □.

3. Johannes Markus → Markus.

4. Ein Jude aus dem hohepriesterlichen Geschlecht[1].

[1] Apg 4, 6 □.

[Johannesevangelium]
Diese Schrift, entstanden gegen Ende des 1. Jh., unterscheidet sich stark von den *Synoptikern, aber auch sie ist ein *Evangelium; es berichtet von der Tätigkeit Jesu, um zum Glauben aufzufordern. Sein Lebensfaden folgt aber nicht mehr der Sequenz der zwei Perioden: zuerst Galiläa, dann Jerusalem, sondern hier wird vor und nur einige Episoden berichten von Galiläa. Joh läßt viele Einzelheiten aus, die die Synoptiker überliefert haben; er führt aber viele andere Details, sowohl historischer als auch topographischer Art an, die für den Historiker großen Wert haben. Das vierte Evangelium zeichnet sich besonders durch seine eigentümliche Perspektive aus. Es ist der Heilige Geist, der das Verstehen der Geschichte Jesu ermöglicht, so daß das Johannesevangelium auch als »geistiges Evangelium« bezeichnet wurde. Vom methodischen Gesichtspunkt her verkündet das Evangelium mittels der vergangenen Geschichte Jesu aus Nazaret die Gute Nachricht der gegenwärtigen Zeit. Charakteristisch für das Johannesevangelium ist auch die Aktualisierung der *Eschatologie; so wird es möglich, auch die Gabe des ewigen Lebens mit der Begegnung mit Jesus zu verbinden. Am Ursprung des Werkes steht die Gestalt des Apostels Johannes, obwohl das Charakteristische des Evangeliums auf johanneische Schule zurückgeht und obwohl erst spätere Redakteure das Werk zum Abschluß brachten.

→ *Einl.* XV.

[Johannesbriefe]
Drei Briefe, die wahrscheinlich von demselben Verfasser geschrieben wurden; er nennt sich »der Älteste«; man kann ihn mit dem Apostel Johannes identifizieren, wenigstens was die Autorschaft des ersten Briefes betrifft, der als letzter der drei geschrieben wurde. Der erste und der zweite Brief sind eine Art Ermahnung, die an eine Gruppe der Gemeinden geschickt wurde, um sie in der Glaubenstreue zu stärken. Der dritte Brief ist persönlicher Art.

→ *Einl.* XV. – deuterokanonische Schriften – Briefe (die katholischen)

Johannes der Täufer
Johannes, Sohn des *Zacharias und der *Elisabet[1], dessen Wirken ebenfalls vom jüdischen Historiker Josephus erwähnt wird, erscheint gegen 28 (oder

vielleicht schon seit 27) wie ein *Prophet in der Wüste[2]. In seiner Lehre finden sich gewisse Anklänge an einige Aspekte der in *Qumran gefundenen Schriften. Seine Tätigkeit hatte bei der Volksmenge einen großen Erfolg, aber sie dauerte nicht lange, denn schon ein oder zwei Jahre später ließ ihn *Herodes Antipas enthaupten[3]. »Die Taufe des Johannes«, ein stereotyper Ausdruck[4], führt im Vergleich mit den früheren *Taufpraktiken gewisse Neuerungen ein; sie betrifft zunächst die Juden (und nicht die Proselyten), man tauft nur einmal (und nicht jeden Tag, wie bei den *Essenern), sie fordert jeden zur *Umkehr auf (und klärt auf diese Weise auf, worin die von den Propheten angekündigte *eschatologische Reinigung besteht[5]). Die geschichtlichen Beziehungen zwischen Johannes und Jesus lassen sich nur schwer bestimmen. Jesus praktizierte eine ähnliche Taufe wie Johannes[6] und verkündete seine Bewunderung für den eschatologischen Gottesgesandten[7]. Auch Johannes selbst hat sich gefragt, ob Jesus nicht derjenige sei, der kommen sollte[8]. Nun wissen wir aber, daß sich parallel zur christlichen Bewegung eine Sekte behauptete, die »Johanniter«, Nachfolger der Johannesjünger; es wird erwähnt, daß sie gegen 54 in Ephesus leben[9]. Deswegen versucht Paulus, den Johannes Jesus unterzuordnen[10]; darum hat sich die Evangelienüberlieferung bemüht, die Rolle des Täufers zu reduzieren; um so mehr wird seine Rolle als die des Vorläufers und des Zeugen betont[11].

[1] Lk 1. – [2] Mt 3, 1. 4 (= Mk 1, 4. 6); Lk 3, 1f; 20, 6. – [3] Mt 14, 1–10 (= Mk 6, 14–27); Lk 3, 20. – [4] Mt 21, 25f (= Mk 11, 30. 32 = Lk 20, 4); Apg 1, 22; 18, 25; 19, 3. – [5] Ez 36, 25; Sach 13, 1. – [6] Joh 3, 22. – [7] Mt 11, 7–14; 17, 11–13. – [8] Mt 11, 2f (= Lk 7, 18f). – [9] Apg 18, 25; 19, 3f. – [10] Apg 13, 24f. – [11] Mt 3, 11–15 (= Mk 1, 7f = Lk 3, 15–18); Joh 1, 15. 19–36; 3, 27–30; 5, 35f; 10, 40f.

→ *Einl.* I. 2. – Taufe

Jona

Gr. *Iōnas,* hebr. *jōnā*: »Taube«.
1. Prophet im Nordreich im 8.Jh. v. Chr.[1]. Hauptgestalt des Buches (5.Jh.), das diesen Namen trägt; seine Person, seine Predigten, sein Aufenthalt im Bauch des großen Fisches waren für die Einwohner von Ninive ein Zeichen seiner Mission; ähnliches gilt für Jesus[2].

[1] 2 Kön 14, 25. – [2] Jona 1, 1; 3, 2–5; Mt 12, 39–41; 16, 4; Lk 11, 29f □.

→ *Einl.* XII. – *Tafel* S. 63
2. Vater des Simon Petrus[1].

[1] Mt 16, 17 □.

→ Johannes 2

Jonatan

Gr. *Iōnathas.* Ein Jude aus hohepriesterlichem Geschlecht[1].

[1] Apg 4, 6 □.

→ Johannes

Joppe

Gr. *Ioppē,* hebr. *jāphō*: »Schönheit«. Ein sehr alter und wichtiger Hafen, der dann durch *Cäsarea in Palästina verdrängt wurde. Dort hat Petrus Tabita wieder zum Leben erweckt; er wohnt bei dem Gerber *Simon und hat dort eine Vision, die ihn veranlaßt, den Hauptmann *Kornelius aufzusuchen. Heute Jaffa[1].

[1] Apg 9, 36–43; 10, 1–11, 13 □.

→ *Karte* 4

Jordan

1. Gr. *Iordanēs,* hebr. *jardēn* (von *jārad:* »herabkommen«). Der Fluß folgt einem gegen Ende des Tertiär entstandenen Erdspalt, der sich von Nordsyrien bis Ostafrika zieht; er entspringt in einer Höhe von 520 m und durchfließt 220 km bis zum Toten Meer (– 392 m)[1].

[1] Mt 3, 6. 13; Mk 1, 5. 9; Lk 4, 1 △.

→ *Einl.* II. 3. C. – *Karte* 4

2. Das NT unterscheidet zwischen der Jordangegend[2] und der Gegend »jenseits des Jordan«[3]. Letztere meint das linke Flußufer (das heutige Transjordanien), das lange Zeit von Fremden, wenn nicht von Feinden der Israeliten bewohnt wurde.

[2] Mt 3, 5 (= Lk 3, 3). – [3] Mt 4, 15 (= Mk 3, 8); 19, 1 (= Mk 10, 1); Joh 1, 28; 3, 26; 10, 40 △.

Josef

Gr. *Iōsēph,* hebr. *jōsēph,* abgekürzt aus *jōsēph'ēl:* »Gott möge hinzugeben [weitere Kinder zu dem, das gerade geboren wurde]!«

1. Erster Sohn des *Jakob und der Rahel[1]. Sein Lebensgeschick[2] scheint das Lebensschicksal Jesu anzukündigen[3]. *Eponym eines israelitischen *Stammes, der später unter seinen beiden Söhnen, Efraim und Manasse, aufgeteilt wurde[4]. Bezeichnet auch das Nordreich[5] oder Israel[6].

[1] Gen 30, 22–25. – [2] Gen 37–50; Joh 4, 5; Hebr 11, 21f. – [3] Apg 7, 9–18 △. – [4] Num 13, 11; Offb 7, 8 △. – [5] Ez 37, 16. – [6] Ps 77, 16.

2. Josef, der Gatte Marias, der Mutter Jesu[1], Nachkomme *Davids[2], wohnhaft in Nazaret[3], *Zimmermann, d. h. ein Handwerker[4]; man hielt ihn für den Vater Jesu[5].

[1] Mt 1, 16. 18–24; 2, 13. 19; Lk 1, 27; 2, 4. 16. – [2] Mt 1, 20; Lk 1, 27. – [3] Mt 2, 23; Lk 2, 4. 39. 51. – [4] Mt 13, 55. – [5] Lk 3, 23; 4, 22; Joh 1, 45; 6, 42 □.

3. Joses (Joset), Sohn *Marias (3), Bruder Jakobus des Kleinen, einer der *Brüder Jesu[1].

[1] Mt 13, 55 (= Mk 6, 3); Mt 27, 56 (= Mk 15, 40. 47) □.

4. Ein angesehener Jude aus Arimatäa[1].

[1] Mt 27, 57–59 (= Mk 15, 43–45 = Lk 23, 50); Joh 19, 38 □.

5. Josef, genannt Barsabbas, der als Nachfolger für die Stelle des Judas vorgeschlagen wurde[1].

[1] Apg 1, 23 □.

[Josephus]

Ein in Jerusalem i. J. 37 n. Chr. geborener Jude; starb gegen 98 in Rom. Er nahm, zuerst auf der Seite der Juden, später auf der Seite der Römer, am jüdischen Krieg teil und schrieb dessen Geschichte: *Der Jüdische Krieg* (75–79); er verfaßte auch *Die Jüdischen Altertümer* (um 95), eine Geschichte, die sich von der Schöpfung der Welt bis zum Jahr 66 hinzieht, sowie eine Schrift *Gegen Apion* (um 96), eine Verteidigung des oben genannten Buches gegen alle, die darin nur Fabeln und Legenden fanden. Die Nachrichten, die er gibt, haben einen sehr hohen historischen Wert, auch wenn man manches davon (wie die *Volkszählung durch Quirinius) bestreiten mag; besonders wichtig sind seine Angaben über Pilatus, Johannes den Täufer, Jakobus aus Jerusalem und die Notiz über die Jünger Jesu. Die apologetische Pointe seines Werks ist spürbar; er schreibt zum Ruhm des Volkes Israel, seiner eigenen Person und seiner Protektoren.

→ *Einl.* I. 2

Josua
Gr. *Iēsous,* hebr. *jᵉhōšūaʿ*: »Jahwe rettet«. Nachfolger des Mose, der die Hebräer zur Eroberung des verheißenen Landes geführt hat. Diese Geschichte wird im Buch Josua erzählt[1].

[1] Ex 17, 8–13; Num 11, 28; 13, 16; Sir 46, 1; Apg 7, 45; Hebr 4, 8 □.

Jota
Gr. *iōta*: der neunte Buchstabe des gr. Alphabets, entspricht *jōd,* dem zehnten Buchstaben des hebr. Alphabets. Beide sind, zur Zeit der Entstehung des NT, die kleinsten Buchstaben in ihrem entsprechenden Alphabet[1].

[1] Mt 5, 18 □.

[Jubiläen]
Oder »Kleine Genesis«. Ein atl. *Apokryph, das die Geschichte von der Weltschöpfung bis Mose erzählt. Es folgt einer Einteilung in 50 »Jubiläen« (von hebr. *jōbēl*: »Horn, das ein Fest oder ein Jubeljahr ankündet«), d. h. in Perioden von jeweils 49 Jahren, deren letztes mit der Niederlassung im Heiligen Land zusammenfällt. Das Werk entstand gegen 125 v. Chr. Es ist priesterlich-gesetzlich geprägt. In *Qumran entdeckte man den hebr. Text der Kap. 1–2, 21–22, 25 und 32–40; dieser Fund bestätigt den Wert der lateinischen und äthiopischen Übersetzung, die uns erhalten ist.

Juda
Gr. *Ioudas,* von hebr. *jᵉhūdā,* Abkürzung für *jᵉhūd-'ēl*: »gepriesen sei El«(?)[1]. Sohn von *Jakob und Lea[2], Ahnvater des israelitischen Hauptstammes[3], zu dem auch Jesus gehört[4]. Das Gebiet, das diesem Stamm zugefallen ist, trägt seinen Namen: *Judäa[5].

[1] Gen 29, 35. – [2] Mt 1, 2f; Lk 3, 33 △. – [3] Gen 49, 8–12; Mt 1, 2f; Lk 3, 33; Hebr 8, 8; Offb 7, 5. – [4] Hebr 7, 14; Offb 5, 5 △. – [5] Jos 15; Mt 2, 6; Lk 1, 39 △.

Judäa
Gr. *Ioudaia.*
1. In der *hellenistischen Zeit meint der Name den Südteil *Palästinas, das frühere Königreich *Juda mit der Hauptstadt Jerusalem[1]. Zunächst gehörte es zum Königreich *Herodes des Großen[2], dann zum Gebiet des Ethnarchen *Archelaus[3], seit 6 v. Chr. wurde es der römischen *Provinz Syrien zugeteilt[4], dazwischen war das Gebiet von 41–44 Herodes Agrippa I. unterstellt[5]. Hier

wurden Johannes und Jesus geboren[6]; hier vor allem verbreiteten ihre Botschaft der Täufer[7], Jesus[8] und die ersten christlichen Gemeinden[9].

[1] Mt 3, 5 (= Mk 1, 5); 4, 25 (= Mk 3, 7 = Lk 6, 17); Apg 1, 8; Röm 15, 31; 2 Kor 1, 16. – [2] Lk 1, 5. – [3] Mt 2, 22. – [4] Lk 3, 1. – [5] Apg 12, 19. – [6] Mt 2, 1. 5; Lk 1, 65; 2, 4. – [7] Mt 3, 1. – [8] Mt 19, 1 (= Mk 10, 1); Joh 3, 22; 4, 3. 47. 54; 7, 1. 3; 11, 7. – [9] Apg 2, 9; 8, 1; 9, 31; 11, 1. 29; 12, 19; 15, 1; 21, 10; 28, 21; Gal 1, 22; 1 Thess 2, 14 △.

2. Mit diesem Begriff kann auch *Palästina als Gesamtheit bezeichnet werden[10].

[10] Lk 4, 44; Apg 10, 37 △.

→ *Einl.* II. 1. – *Karte* 4

Judaisten

Von gr. *ioudaizō*: »sich als Jude verhalten«. So bezeichnet die Geschichte jene *Judenchristen, die trotz der Entscheidung des *Apostelkonzils von Jerusalem die aus dem Heidentum Bekehrten auf das jüdische *Gesetz, das sie selbst weiterhin beachteten, verpflichten wollten[1]. Sie leisteten Paulus, der in ihrer Haltung die implizite Ablehnung der rettenden Macht des einzigen Glaubens an Christus sah, leidenschaftlichen Widerstand[2]. Nicht zu verwechseln mit den »falschen Lehrern« jüdischen Ursprungs[3].

[1] Gal 2, 14 □; vgl. Apg 11, 2; 15, 5; 21, 20. – [2] Gal 2, 21. – [3] 1 Tim 1, 3–7; Tit 1, 10–16.

Judas

Gr. *Ioudas*, von hebr. *j^ehūdā* (→ Juda).

1. *Judas Iskariot*, gr. *Iskariōtēs*, manchmal *Iskariōth*[1], die Bedeutung ist unsicher; von hebr. *'īš kariōt*: »Mann aus Kariot«, oder von aram. *'išqarjā*: »der Falsche«, oder von gr. *sikarios*: »gedungener Mörder«. Sohn des *Simon, einer der *Zwölf[2], wird regelmäßig als letzter in der Apostelliste genannt mit der Bemerkung, daß er Jesus verraten hat[3]. Zwei Motive werden für seinen Verrat angegeben: Geldgier[4] und das Eingreifen des Satan[5]. Über seinen Tod gibt es unterschiedliche Überlieferungen[6].

[1] Mk 3, 19; 14, 40; Lk 6, 16. – [2] Mt 26, 14. 47 (= Mk 14, 10. 43 = Lk 22, 47f); Lk 22, 3; Joh 6, 71; Apg 1, 25f. – [3] Mt 10, 4 (= Mk 3, 19 = Lk 6, 16); 26, 25; 27, 3; Joh 6, 71; 12, 4; 13, 2; 18, 2. 3. 5; Apg 1, 16. – [4] Mt 27, 15f; Joh 12, 6; vgl. 13, 29. – [5] Lk 22, 3; Joh 6, 70f; 13, 2. 26f. – [6] Mt 27, 5; Apg 1, 18. 25f □.

2. *Judas der Galiläer*, in Gaulanitis geboren. Er zettelte, vermutlich wegen der *Volkszählung des Quirinius (6/7 n. Chr.) einen Aufstand an, kämpfte gegen das römische Joch und mit dem Kampfwort: »Es gibt keinen König außer Gott!« für die Wiederherstellung der Theokratie. Er gehört zu den Gründern der *Zelotenpartei[1].

[1] Apg 5, 37 □.

3. *Judas, ein Mann aus Damaskus,* wahrscheinlich *Judenchrist[1].

[1] Apg 9, 11 □.

4. *Judas, der Sohn des Jakobus,* einer der *Zwölf. Vergleicht man die Apostellisten, wird bei Mt an seiner Stelle Lebbäus genannt, bei Mk Taddäus[1].

[1] Lk 6, 16; Joh 14, 22; Apg 1, 13 □.

5. *Einer der *Brüder Jesu*[1].

[1] Mt 13, 55 (= Mk 6, 3) □.

6. *Judas,* möglicherweise Pseudonym des *Verfassers* eines unter diesem Namen bekannten Briefes[1]. Bruder des Jakobus, wird von einigen mit 5 identifiziert.

[1] Jud 1.

7. *Judas Barsabbas,* ein Jerusalemer Christ, der nach Antiochia gesandt wurde[1].

[1] Apg 15, 22. 27. 32 □.

[Judasbrief]
Eine Art Homilie mit deutlich jüdischem Akzent; sie wird nicht dem Apostel *Judas, sondern dem *Bruder des Herrn zugeschrieben. Vermutlich entstand sie zwischen 80–90.

→ *Einl.* XV. – Briefe (die katholischen) – deuterokanonische Schriften

Jude
Gr. *Ioudaios,* von hebr. *J̌hūdī* (→ Juda). In der *Apostelgeschichte erscheint das Wort in all seinen Bedeutungsvarianten.
1. *Völkische Bedeutung.* Ursprünglich einer, der zum Königreich *Juda gehörte[1]. Zur Zeit Jesu ein Glied des Volkes Israel[2], wobei die Zugehörigkeit zur ethnischen Gruppe betont wird, etwa in der synoptischen Bezeichnung »König der Juden«, – unter Ausschluß der *Samariter[3].

[1] 2 Kön 16, 6; Jer 32, 12. – [2] Joh 3, 1. – [3] Mt 2, 2; 27, 11 (= Mk 15, 2 = Lk 23, 3); Joh 4, 9. 22.

2. *Religiöse Bedeutung.* – a) *Diejenigen, die das Gesetz und die Überlieferungen des Mose beobachten*[4]. Paulus verbindet sie auf typische Weise mit den Griechen, sowohl um an ihren Vorrang in der Heilsordnung aufmerksam zu machen als auch um sie zusammen mit den Heiden dem Kreislauf der göttlichen Barmherzigkeit einzuordnen[5]. – b) *Im Gegensatz zu den Christen,* manchmal ohne pejorativen Beiklang[6], manchmal unter Hinweis auf ihre Ungläubigkeit Jesus gegenüber oder ihre feindselige Haltung gegenüber den Christen[7]. Bei Joh wird das Wort im allgemeinen nicht im ethnischen Sinn gebraucht, sondern dient zur Bezeichnung der Ungläubigen[8].

[4] Mk 7, 3; Joh 2, 6. 13; 5, 1; 6, 4; 7, 2; 11, 55; 12, 9. 11; Röm 2, 17. 28f; Offb 2, 9; 3, 9. – [5] Röm 2, 9; Gal 3, 28. – [6] Mt 28, 15; Joh 8, 31. – [7] Joh 9, 22; 2 Kor 11, 24. – [8] Joh 2, 18–20; 6, 41; 10, 31.

→ *Einl.* III. 2. C; IV. 6. E

[Judenchristen]
Eine Bezeichnung für Christen, Hebräer[1] oder Hellenisten, die aus dem Judentum, nicht aus dem Heidentum stammen. Leiter ihrer Gemeinde in Jerusalem ist *Jakobus, der »Bruder des Herrn«[2]; sie beobachten weiterhin das Gesetz und gewisse jüdische Bräuche[3], ohne jedoch der Einseitigkeit der *Judaisten zu verfallen[4]. Nach der Zerstörung von Jerusalem i.J. 70 n. Chr. zerstreut sich die Gemeinde.

[1] Apg 6, 1. – [2] Gal 1, 19; 2, 9–12. – [3] Apg 2, 46; 10, 14; 13, 2f; 18, 4. 18; 20, 6. 16; 21, 21–23. – [4] Apg 11, 2; Gal 2, 14–16.

→ *Einl.* I. 3. A

Judentum

Gr. *ioudaismos*. Man bezeichnet die Religion des nachexilischen Israel (nach 538 v. Chr.) als frühes Judentum. Die Periode ist durch die Entwicklung atl. Gedanken unter überwiegend hellenistischem Einfluß gekennzeichnet[1].

[1] Gal 1, 13f □.

→ *Einl.* I. 1. B; XI. – Hellenismus

Jünger

1. Gr. *mathētēs* (von *manthanō*: »lernen, sich an etwas gewöhnen, sich vertraut machen«[1]. Im AT gibt es nur einen Text[2] aus der jüdischen Epoche, der das Wort »Jünger« erwähnt; der Grund liegt sicher darin, daß das Verhältnis des Einzelnen zu Gott immer im Rahmen von Gesamtisrael verstanden wird; die Männer, die Mose, Elija, Elischa oder Jeremia begleiten sind nicht Jünger sondern *Diener (hebr. *mᵉšārēt*)[3]. Erst im *Judentum, und zwar wahrscheinlich unter dem Einfluß des *Hellenismus, hat sich die Vorstellung von einem *talmīd* entwickelt, der seinem *rabbi* gegenüber steht, der die göttliche Autorität in der Auslegung der Schriften überkommen hat.

[1] Ez 19, 3. 6; Mi 4, 3; Mt 9, 13; 11, 29. – [2] 1 Chr 25, 8. – [3] Ex 24, 13; 1 Kön 19, 21; 2 Kön 4, 12; Jer 32, 12f.

2. Im NT begegnet uns dieses Wort in den Evangelien und in der Apostelgeschichte. Es handelt sich dabei niemals um einen »Schüler«, der bei einem Lehrer zur Schule geht, sondern immer um jemand, der in einer engen und bindenden Beziehung zu einer Person steht[4]. Genauer gesagt Jünger ist derjenige, der von Jesus berufen[5] ihm *nachfolgt[6]; er muß den Willen Gottes befolgen[7] und bereit sein, sich bedingungslos an die Person Jesu zu binden, bereit sein zu sterben und sein Leben aus Liebe hingeben[8]. Eine solche Verhaltensweise setzt *Demut, *Armut[9] und sogar *Umkehr nach einem möglichen Fall voraus[10]. Man wollte die Jünger mit den *Zwölf und mit den Zweiundsiebzig[11] identifizieren, aber nach Apg ist jeder Gläubige Jünger[12].

[4] Mt 9, 14 (= Mk 2, 18 = Lk 5, 33); 11, 2 (= Lk 7, 18); Joh 1, 35; 9, 28. – [5] Mk 3, 13; Lk 6, 13; 10. 1. – [6] Lk 9, 57–62 (= Mt 8, 19–22). – [7] Mt 10, 29. – [8] Mt 10, 25. 37; 16, 24 (= Mk 8, 34f); Lk 14, 25f; Joh 13, 35; 15, 13. – [9] Mt 18, 1–4; 19, 23f; 23, 7. – [¹⁰] Lk 22, 32. – [11] Mt 10, 1; 11, 1; Lk 12, 1. – [12] Apg 6, 1; 9, 19.

3. Der »Jünger, den Jesus liebte« erscheint nur im vierten Evangelium; man kann von ihm nicht behaupten, daß er zu der Gruppe von Zwölf gehört; manchmal wird er als »anderer Jünger«[13] bezeichnet, manchmal als »der Jünger, den Jesus liebte«[14]. Beide Ausdrücke beziehen sich auf eine und dieselbe Person[15], eine historische Gestalt, ihre symbolische Bedeutung läßt sich nicht leugnen, aber man kann sie nicht näher bestimmen. Dieser Jünger, den Joh ausdrücklich Petrus gegenüberstellt, spielt immer die große Rolle, weil er richtig handelt und besonders »geliebt ist«. Er könnte die Funktion eines Jüngers symbolisieren, der fähig ist zu sehen, zu verstehen und zu sagen, weil er sich von Jesus geliebt weiß.

[13] Joh 18, 15f; 20, 3f. 8. – [14] Joh 13, 23–26; 19, 25–27; 20, 2; 21, 7. 20–23. 24. – [15] Joh 20, 2.

→ Meister – nachfolgen

Jungfrau

1. Gr. *parthenos*: »junges Mädchen, Jungfrau«[1], im weiteren Sinn: »unverheiratet, ledig«[2]; *metaphorisch die Kirche, die Braut Christi[3].

[1] Mt 1, 23; 25, 1–11; Lk 1, 27. – [2] Apg 21, 9; 1 Kor 7, 25–38; vgl. Lk 2, 36. – [3] 2 Kor 11, 2; Offb 14, 4 △.

2. Mt und Lk berichten unabhängig voneinander, daß Maria Jungfrau war[4], als sie Jesus durch den Heiligen Geist empfing[5].

[4] Mt 1, 23. 25; Lk 1, 27. – [5] Mt 1, 20; Lk 1, 34f; vgl. Gen 1, 2.

3. Wenn man von christlicher Jungfräulichkeit spricht, so ist damit ein zölibatäres Leben gemeint, das als Antwort auf den persönlichen Ruf Gottes freiwillig gewählt wurde[6]. Im Unterschied zur Ehe, die den Schöpfungsauftrag weiterführt, wird sie im NT als besondere *Gnadengabe gewertet; sie ist in keinem Fall verpflichtend für die Amtsinhaber in der Gemeinde[7]. Sie darf nicht mit der Unfruchtbarkeit, die als Übel gilt, verwechselt werden; sie findet ihre Berechtigung im Blick auf das zukünftige *Reich Gottes[8]. Auf ihre Art kennzeichnet sie eine absolute Treue zu Gott allein; darum wird die Kirche, die zu Christus geführt wird[9] und auch die Erwählten, die ihren Glauben vor allen Befleckungen durch den Götzendienst und seine Praktiken bewahrt haben[10], Jungfrau genannt. Die Jungfräulichkeit ist ein Sinnbild für den Zustand der *Auferstehung[11].

[6] Mt 19, 11. – [7] 1 Kor 7, 7f. – [8] Mt 19, 12; 1 Kor 7, 7. 26–31. – [9] 2 Kor 11, 2; Eph 5, 27. – [10] Offb 14, 4. – [11] Lk 20, 35; vgl. Mt 22, 30 = Mk 12, 25.

→ Ehe – Unfruchtbarkeit

Kafarnaum
Gr. *Kapharnaoum*, hebr. *kᵉfar naḥūm*: »Dorf des Nahum«, 4 km westlich der Einmündung des *Jordan in den See *Gennesaret. Grenzort zwischen den Gebieten der *Tetrarchen *Herodes und *Philippus, Sitz einer römischen Garnison, aber im Unterschied zu *Magdala und *Tiberias nicht hellenisiert. Kafarnaum ist die »Stadt Jesu«, die Heimat von Petrus und Andreas. Heute *tell ḥūm*[1].

[1] Mt 4, 13; 8, 5 (= Lk 7, 1); 11, 23 (= Lk 10, 15); 17, 24; Mk 1, 21 (= Lk 4, 31); 2, 1; 9, 33; Lk 4, 23; Joh 2, 12; 4, 46; 6, 17. 24. 59 □. Vgl. Mt 9, 1; Mk 1, 33.

→ *Karte* 4

Kain
Gr. *Kain*, von hebr. *qajīn*: »Schmied /?/«, Ahnherr der Keniter (?)[1]. Der erstgeborene Sohn von Adam und Eva. Er hat *Abel aus Eifersucht getötet und deckte so den *Haß auf, der seit den Anfängen im Herzen der Menschen wohnt[2]; er ist der Typos des Bösen, desjenigen, der den Gerechten, seinen Bruder, haßt[3].

[1] Num 24, 21f. – [2] Gen 4, 1–16; Hebr 11, 4. – [3] 1 Joh 3, 12. 15; Jud 11 □.

[Kaiser]
1. Lat. *imperator*: »Befehlshaber«; ursprünglich ein Titel, den man einem siegreich von einer militärischen Kampagne zurückkehrenden General bei seinem »Triumph« gab, dann, auf die Initiative von Oktavianus im 27 v. Chr. hin, Titel des ersten (lat. *princeps*) römischen Bürgers. Oktavianus genehmigte Kaiserkult in den *Provinzen; gegen ihn scheint das Buch der *Offenbarung des Johannes anzukämpfen.
2. In der ntl. Zeit herrschten folgende Kaiser:

*Tiberius (14–37)	Vitellius (17. 4.–21. 12. 69)
Caligula (37–41)	Vespasian (1. 7. 69–24. 6. 79)
*Claudius (41–54)	*Titus (79–81)
Nero (54–68)	Domitian (81–96)
Galba (68–69)	Nerva (96–98)
Otho (15. 1.–16. 4. 69)	Trajan (98–117)

→ *Einl.* IV. 2. A. – Augustus – Cäsar – *Tafel* S. 24

Kajafas
Gr. *Kaiaphas*. Er hieß mit Vornamen Josef, war Schwiegersohn des *Hannas und *Hoherpriester von 18 bis 36. Als *Sadduzäer war er zur Zusammenarbeit mit *Pilatus gern bereit. Er leitete den Prozeß gegen Jesus und die Apostel[1].

[1] Mt 26, 3. 57; Lk 3, 2; Joh 11, 49; 18, 13f. 24. 28; Apg 4, 6 □; vgl. Mt 26, 51 (= Mk 14, 47 = Lk 22, 50). 58 (= Mk 14, 53 = Lk 22, 54). 62f (= Mk 14, 60f). 65 (= Mk 14, 63); Mk 14, 66; Joh 11, 51; 18, 10. 15. 16. 19. 22. 26; Apg 5, 17.

[Kalender]
1. Die Einteilung des Jahres wird in verschiedenen Zivilisationen unterschiedlich gehandhabt. Anscheinend hatte Israel ursprünglich den Mondkalender der Nomaden übernommen; das Jahr zählte 354 Tage geteilt in zwölf *Monate (abwechselnd mit 29 und 30 Tagen); jeder Monat begann mit einer

Neu*mondphase. Zur Zeit Jesu berücksichtigte der offizielle Kalender auch das Sonnenjahr der Bauern; um die 365 Tage des Sonnenjahres zu erreichen, hat man alle drei Jahre zu den zwölf Mondmonaten einen zusätzlichen Monat zugeschlagen, oder aber – seit der Zeit des Seleukus (4. Jh. v. Chr.) – wurden alle 19 Jahre sieben zusätzliche Monate hinzugefügt. Nach dem Sonnenkalender fielen die Feste stets auf denselben Tag der Woche: Pascha auf Mittwoch, Pfingsten auf Sonntag.

2. Das bürgerliche Jahr begann nach dem babylonischen Brauch mit dem ersten Frühlingsmonat, *Nisan genannt. Ursprünglich aber war der Anfang des Jahres für Israel auf September festgelegt, wenn die landwirtschaftlichen Arbeiten zuende gingen; Spuren dieser Sitte zeigen sich in dem alten liturgischen Kalender, der eher mit dem Fest des Neumondes im September »am Ende des Jahres« (Ex 23, 16) als mit dem Paschafest beginnt (Lev 23, 5).

3. Man kennt in der Antike mehrere Zeitrechnungen. Die Zeitrechnung nach den Olympiaden begann am 1. Juli 776 v. Chr. Die römische Zeitrechnung setzte mit der Gründung Roms (*a(b) U(rbe) c(ondita): a.U.c.*) am 1. Januar 753 v. Chr. ein. Die seleukidische Zeitrechnung begann mit dem 1. Oktober 312 v. Chr. Die christliche Zeitrechnung hat ein armenischer Mönch, Dionysius der Kleine (im Jahre 526 n. Chr.) auf den 25. März der römischen Zeitrechnung 754 *a.U.c.* festgelegt. Zur Zeit Jesu glaubte man, daß die Welt vor etwa 5000 oder 4000 Jahren erschaffen wurde. Der julianische Kalender (von Julius Cäsar, der ihn im Jahr 45 v. Chr. einführte) regelt das Problem der Schaltjahre (der sechste Tag vor dem 1. März wird alle vier Jahre wiederholt). Der gregorianische Kalender (von dem Papst Gregor XIII., der ihn im Jahr 1582 einführte) hat, um die julianische Zeitrechnung mit der Sonne in Einklang zu bringen, zehn Tage zwischen dem 4. und 15. Oktober 1582 ganz

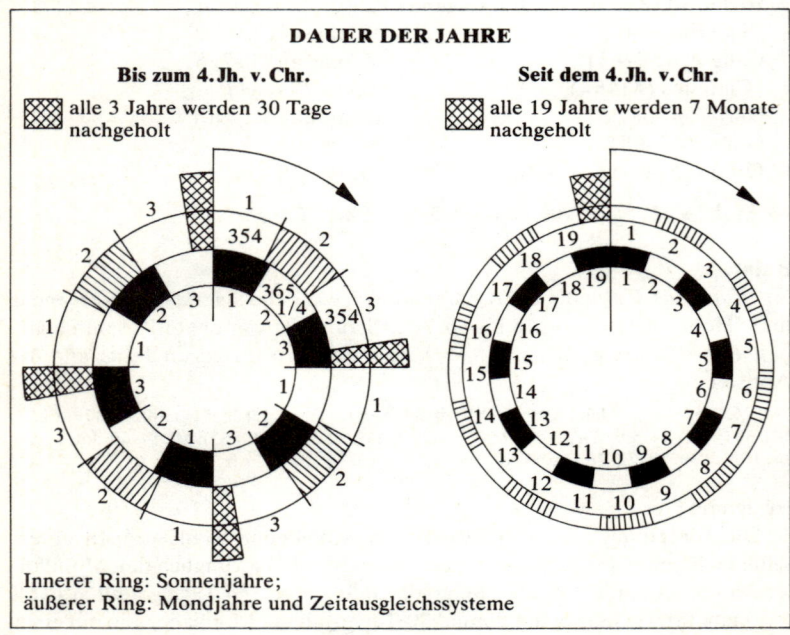

DAUER DER JAHRE

Bis zum 4. Jh. v. Chr.: alle 3 Jahre werden 30 Tage nachgeholt

Seit dem 4. Jh. v. Chr.: alle 19 Jahre werden 7 Monate nachgeholt

Innerer Ring: Sonnenjahre;
äußerer Ring: Mondjahre und Zeitausgleichssysteme

weggelassen; es wurde auch festgelegt, daß die Hunderterjahre nur dann Schaltjahre sein sollen, wenn ihre Jahreszahl durch 400 teilbar ist, so daß der julianische Kalender bis 2099 dreizehn Tage hinter dem gregorianischen Kalender zurück ist. Nach dem heutigen jüdischen Kalender fängt das Jahr 5736 am 6. September 1975 an.

4. In *Qumran hielt man sich an den Sonnenkalender (12 Monate mit 30 Tagen; alle drei Monate schaltete man einen zusätzlichen Tag ein). Das Jahr begann immer am gleichen Tag der Woche, d. h. normalerweise am Mittwoch, und das Paschafest fiel auf den gleichen Tag. Nach dieser Rechnung hätte das letzte *Mahl nicht am Donnerstag, sondern am Dienstag stattfinden können.

→ Chronologie – Fest – Jahr – Monat – Tag – Woche

Kamel
Gr. *kamēlos,* hebr. *gāmāl.* Eins der ältesten Reit- und Lasttiere, die man im Nahen Orient kennt; auch ein Zeichen des Reichtums bei den Beduinen[1]. Aus seinem Haar produzierte man *Kleidung[2]. Sprichwörtlich war seine Körpergröße, entweder an sich[3] oder im Vergleich mit der kleinen Mücke[4].

[1] Gen 12, 16; 30, 43; Ri 6, 5; Jes 60, 6. – [2] Mt 3, 4 (= Mk 1, 6). – [3] Mt 19, 24 (= Mk 10, 25 = Lk 18, 25). – [4] Mt 23, 24 □.

Kampf
1. Vom Krieg (gr. *polemos*) im eigentlichen Sinn des Wortes ist nur in apokalyptischen Textzusammenhängen die Rede (bei Lk 14, 31 und Jak 4, 1f: Ernste Auseinandersetzungen zwischen den Brüdern). Die militärische Expedition, der Feldzug (gr. *strateia*) hat manchmal übertragene Bedeutung: Paulus bekennt sich zu seinen Waffenkameraden[1] und fordert *Timotheus auf, ein guter Soldat zu sein[2]; das Leben eines Christen ist ein harter Kampf[3]; man muß die Rüstung (gr. *pan-oplia*) anziehen, um dem Teufel widerstehen zu können[4]; Jesus, das *Lamm Gottes, hat ihm seine Rüstung bereits abgenommen[5]. Für diesen Kampf braucht man Waffen[6]: Panzer[7], Helm[8], Schild[9], Schwert[10].

[1] Phil 2, 25; Phlm 2. – [2] 2 Tim 2, 3f; vgl. 1 Kor 9, 7. – [3] 2 Kor 10, 3f; 1 Tim 1, 18; Jak 4, 1; 1 Petr 2, 11; vgl. Röm 7, 23. – [4] Eph 6, 11. 13. – [5] Lk 11, 22; Joh 1, 29. – [6] Röm 6, 13; 13, 12; 2 Kor 6, 7; 10, 4; 1 Petr 4, 1. – [7] Eph 6, 14; 1 Thess 5, 8. – [8] Eph 6, 17; 1 Thess 5, 8 △. – [9] Eph 6, 16 △. – [10] Eph 6, 17.

2. Die sportlichen Spiele im Stadion[11] waren im Altertum, besonders bei den Griechen, beliebt; die Olympischen Spiele fanden alle vier Jahre, die Isthmischen Spiele in Korinth alle zwei Jahre statt. Auf dem Programm standen: Faustkampf (gr. *pykteuō*)[12], Ringen (gr. *palē*)[13], Sprung, Diskuswerfen, Speerwerfen, und vor allem der Lauf über zwölf bis vierundzwanzig Stadien[14]. Der Wettkampf (gr. *agōn*) kann das Ringen eines Christen charakterisieren, der sich der Sünde widersetzen und standhaft im Glauben bleiben will[15]. Diese Übungen (gr. *gymnazō*) werden empfohlen[16].

[11] 1 Kor 9, 24. – [12] 1 Kor 9, 26 △. – [13] Eph 6, 12 △. – [14] 1 Kor 9, 24. 26; vgl. 2 Tim 4, 7; Hebr 12, 1. – [15] Lk 13, 24; Röm 15, 30; 1 Kor 9, 25; Phil 1, 30; Kol 1, 29; 2, 1; 4, 12; 1 Thess 2, 2; 1 Tim 4, 10; 6, 12; 2 Tim 4, 7; Hebr 12, 1. 4; Jud 3 △. – [16] 1 Tim 4, 7f; Hebr 5, 14; 12, 11 △.

→ Athlet

Kana
Gr. *Kana,* von hebr. *qānē*: »Schilfrohr«. Ein Dorf in Galiläa, das nicht in Kafar Kenna, sondern in Ḫirbet Qana zu lokalisieren ist, ungefähr 14 km nordöstlich von Nazaret. Nach Johannes hat Jesus dort Wasser in Wein verwandelt[1].

[1] Joh 2, 1. 11; 4, 46; 21, 2 □.

→ *Karte* 4

[Kanaan]
Der Ausdruck »Land Kanaan« bezeichnet im AT eine ziemlich unbestimmte geographische Größe: Er bezieht sich auf *Palästina im engeren Sinne und auch auf die *syrische Küste; mit diesem Namen wird auch das den Hebräern verheißene *Land bezeichnet[1].

[1] Gen 11, 3; Ex 3, 8; Jes 19, 18; 23, 11.

Kanaaniter
Gr. *Chananaios,* Bewohner von Kanaan; auch Bezeichnung für phönikisch[1].

[1] Mt 15, 22; vgl. Mk 7, 26 □.

→ *Einl.* III. 2. G.

Kananäus
Gr. *Kananaios*; Beiname des Simon. Griechische Umschrift des aram. *qan-'ānajā*; dieser Beiname charakterisiert Simon als »Eiferer«. Die Parallelstelle Lk 6, 15 schreibt »Simon, den man den *Zeloten nannte«[1].

[1] Mt 10, 4 (= Mk 3, 18) □.

→ Simon – Zelot

Kandake
Gr. *Kandakē*. Ein Herrschername (ähnlich wie Pharao) der Fürstinnen von Meroë, einem Königreich in Südnubien oder *Äthiopien[1].

[1] Apg 8, 27 □.

[Kanon der Heiligen Schrift]
Gr. *kanōn*: »Norm«, daher: »Glaubensnorm«.
Liste der biblischen Bücher, die von den Juden und den christlichen Kirchen offiziell als *inspiriert anerkannt wurden.

→ *Einl.* XII; XV. – Bibel – deuterokanonische Schriften

Kappadokien
Gr. *Kappadokia.* Gebiet im Zentrum der heutigen Türkei. Römische Provinz seit 17. v. Chr.[1].

[1] Apg 2, 9; 1 Petr 1, 1 □.

→ *Karte* 3

Katholische Briefe
→ Briefe

Kefas
Gr. *Kēphas*, von aram. *kēphā'*: »Fels«, im gr. nicht mit *petra*, sondern durch *Petros* übersetzt. Ein Beiname, den Jesus dem *Simon gab; Paulus gebraucht ihn normalerweise[1].

[1] Joh 1, 42; 1 Kor 1, 12; 3, 22; 9, 5; 15, 5; Gal 1, 18; 2, 9. 11. 14 □.

→ Petrus

Kelch
Lat. *calix*: »*Becher«.

Kelter
Gr. *lēnos*. Eine auf zwei Ebenen in der Felsen gehauene Einrichtung zur Weingewinnung, daher die Bedeutung von *Presse. Die untere Kufe (gr. *hypolēnion*), in die der Most aus den Trauben, die man mit Füßen tritt, hinunterfloß, ist ein Bild für den *Zorn und die Strafe Gottes, der *Wein erinnert an das Blut[1].

[1] Jes 5, 2; 63, 2f; Jer 25, 30; Mt 21, 33; Mk 12, 1; Offb 14, 19f; 19, 15 □.

→ Presse – Wein

Kenchreä
Einer der drei Häfen von Korinth, im Osten des Isthmus, am Saronischen Golf. Hier konnten die von Osten kommenden Schiffe Korinth anlaufen, ohne daß sie den südlichen Teil *Griechenlands mit seinen gefährlichen Küsten umsegeln mußten. Paulus kam auf der Rückkehr von seiner zweiten Reise durch Kenchreä; dort gab es eine Gemeinde, in der Phöbe als Diakonisse war[1].

[1] Apg 18, 18; Röm 16, 1 □.

→ *Karte* 2

Kennzeichen
Gr. *stigmata*, Plural von *stigma*: »Verletzung mit Brandeisen, eine Markierung, die der Herr auf dem Körper eines Sklaven anbringt, um sein Eigentum zu zeichnen, sakrale Tätowierung«. Paulus spielt nicht auf eine Art »Stigmatisierung« im heutigen Wortsinn an, sondern auf die Narben, die von den Schlägen, die er im Dienst Christi empfangen hat, zurückgeblieben sind[1].

[1] Gal 6, 17 □.

→ Siegel

Kenosis
1. Gr. *kenōsis*: »entleeren, von allem berauben«. Fachbegriff der theologischen Sprache, mit dem man die »Erniedrigung« bezeichnet, von der in einem Abschnitt des Briefes an die Philipper die Rede ist: »Er entäußerte sich, wurde ein Sklave...« (Phil 2, 7). → 3.
2. Das Adjektiv, gr. *kenos*, meint eine Wirklichkeit (der Glaube, das Kreuz, der Stolz, die Ehre, die Lehre), die vergeblich[1], unfruchtbar[2], nichtig[3], nutz-

los[4] ist. Das Verb, gr. *kenoō,* meint die Aktion, die zu diesem Resultat führt[5].

[1] Apg 4, 25; 1 Kor 15, 58; 2 Kor 6, 1; Gal 2, 2; Phil 2, 16; 1 Thess 2, 1; 3, 5; Jak 4, 5. – [2] 1 Kor 15, 10. – [3] 1 Kor 15, 14; Eph 5, 6; Kol 2, 8. – [4] 1 Tim 6, 20; 2 Tim 2, 16; Jak 2, 20. – [5] Röm 4, 14; 1 Kor 1, 17; 9, 15; 2 Kor 9, 3.

3. Die Bedeutung des Ausdrucks »er entäußerte sich« hängt davon ab, wie man das gr. *morphē*: »Gestalt« interpretiert (handelt es sich um die göttliche und menschliche »Natur«, oder nur um die Erscheinungsweise, oder um »Züge«, unter denen »er« sich offenbart hat?). Er hängt ebenso davon ab, wie man das Subjekt des Satzes bestimmt (handelt es sich um das Wort, das Fleisch wird oder um Christus, der da ist?). Nach einer von den Exegeten allgemein geteilten Ansicht handelt es sich nicht um die Fleischwerdung des »*Wortes«, das die menschliche Natur angenommen hat, denn indem es sich erniedrigt hätte, hätte es die göttliche Natur abgelegt und indem es verherrlicht wurde, hätte es die menschliche Natur preisgegeben. Es handelt sich also um Christus, der nicht am Aussehen der göttlichen Herrlichkeit festgehalten hat, sondern der es vorzog, sich gering zu machen indem er wie ein *Sklave wurde. Der Text sagt nichts über irgendeine »Entäußerung« der Gottheit; er beschreibt die Phasen der Entäußerung Jesu Christi bis zum *Tod am Kreuz.

Kerubim

Gr. *cheroubin* (Plural von *cheroub*), aus dem hebr. *k^erubīm,* Plural eines Wortes, dessen akkadische Wurzel *karābu* bedeutet »segnen« und von das Partizip abgeleitet wird: *karibu,* Name einer zweitrangigen mesopotamischen Gottheit. Es sind geheimnisvolle himmlische Wesen, die man in der Gestalt geflügelter Löwen mit menschlichem Gesicht darstellt; sie sind Diener Jahwes[1], Stützen der göttlichen Majestät[2].

[1] Gen 3, 24; Ps 18, 11; Ez 28, 14; 41, 18f. – [2] Ex 25, 18. 22; 1 Sam 4, 4; Ps 80, 2; Hebr 9, 5 □.

→ Engel – Lebewesen

Kerygma

Fachbezeichnung, von gr. *kērygma*: »Verkündigung, Predigt«[1]. Häufiger wird das Verb *kēryssō* benutzt.

[1] Mt 12, 41 (= Lk 11, 32); Röm 16, 25; 1 Kor 1, 21; 2, 4; 15, 14; 2 Tim 4, 17; Tit 1, 3 □.

1. Die Verkündigung Jesu, der durch seine Auferstehung Christus, Herr und Retter geworden ist.
2. Im weiteren Sinn ist die Glaubens*unterweisung mitgemeint; sie ist Antwort, gleichsam ein Echo auf die Erfahrung der Kirche mit dem lebendigen Herrn.

→ verkündigen

Kidron

Gr. *Kedrōn,* hebr. *qidrōn* (von *qādar*: »trübe sein, unklar«). Bett eines normalerweise ausgetrockneten Bachs im Osten von Jerusalem, muß auf dem Weg zum *Ölberg und nach *Getsemani durchquert werden[1].

[1] 2 Sam 15, 23; 1 Kön 2, 37; Joh 18, 1 □.

→ *Karte* 1

Kilikien
Kr. *Kilikia*. Küstengebiet im Südosten der heutigen Türkei, seit 57 v. Chr. römische *Provinz, mit *Tarsus als der wichtigsten Stadt[1].

[1] Apg 6, 9; 15, 23. 41; 21, 39; 22, 3; 23, 34; 27, 5; Gal 1, 21 □.

→ Karte 3

Kind
1. *Unmündiges Kind* (gr. *nēpios*), ein Kind in zartem Alter, das man für schwach und wehrlos hält, das noch nicht verständig, das einfältig und unerfahren ist. Dieser Begriff steht dem Säugling nahe, der noch gestillt werden muß[1], er bildet den Gegensatz zum Erwachsenen[2], der eine feste Meinung hat[3], zum gebildeten Menschen[4], zum Lehrer[5], zu den *Vollkommenen[6]. Das gr. Wort *brephos* bezeichnet näherhin die Leibesfrucht[7], ein neugeborenes Kind[8], das mit Milch ernährt wird[9]; das ist die zarte Kindheit[10], die Lk in Kindern sieht, die man zu Jesus bringt[11].

[1] Mt 21, 16f; 1 Kor 3, 1f; Hebr 5, 12f. – [2] 1 Kor 13, 11; Gal 4, 1. 3. – [3] Eph 4, 14. – [4] Mt 11, 25f (= Lk 10, 21). – [5] Röm 2, 20. – [6] 1 Kor 3, 1f; Hebr 5, 12f. – [7] Lk 1, 41. 44. – [8] Lk 2, 12. 16; Apg 7, 19. – [9] 1 Petr 2, 2. – [10] 2 Tim 3, 15. – [11] Lk 18, 15.

2. *Der Knabe* (gr. *pais*, mit seinem Diminutiv *paidion*) wäre ein Junge zwischen dem siebten und vierzehnten Lebensjahr[12], in dem Jesus den Typos eines wahren Jüngers sieht[13], wahrscheinlich deswegen, weil er genauso wie ein *Armer vollständig abhängig ist und weil er alles bekommt wie ein Geschenk und nicht wie etwas, das ihm zusteht[14]. Darum soll der Jünger Jesu in den Stand des Kindes zurückkehren[15]. Dieses Wort bezeichnet auch den *Knecht.

[12] Lk 1, 59; 2, 43; 8, 51. 54; 11, 7. – [13] Mt 19, 14; vgl. 10, 42; Mk 9, 41. – [14] Mk 10, 15. – [15] Mt 18, 3; vgl. Joh 3, 5.

3. *Kind*, im Sinne von Sohn oder Tochter (gr. *teknon*, abgeleitet von *tiktō*: »gebären«). Es lebt in einem liebevollen Verhältnis mit seinen Eltern[16], die ihm zärtliche Liebe zeigen sollen[17] und Gehorsam erwarten können[18]. Dieses Wort bedeutet auch »Nachkommenschaft«[19]; es hat häufig metaphorische Bedeutung, mit der Nuance der Zuneigung, die zwei Wesen untereinander verbindet[20]. Es wird sogar benutzt als Bezeichnung für die Kinder Gottes, »die er gezeugt hat«[21]. Schließlich kann es die Zugehörigkeit zu einer Gruppe ausdrücken[22] oder das Vorhandensein einer Eigenschaft angeben[23].

[16] Mt 7, 11 (= Lk 11, 13); 10, 21 (= Mk 13, 12); 18, 25; 19, 29; 21, 28; 27, 25; Lk 15, 31; 23, 28. – [17] Eph 6, 4; Kol 3, 21. – [18] Eph 6, 1; Kol 3, 20. – [19] Mt 3, 9 (= Lk 3, 8); 23, 37 (= Lk 13, 34); Joh 8, 39; Röm 9, 7; Gal 4, 31. – [20] Mk 2, 5; 10, 24; Joh 13, 33; Gal 4, 19; 1 Joh 2, 1. 12. 28; 3, 7. 18; 4, 4; 5, 21. – [21] Joh 1, 12; Röm 8, 16f. 21; 1 Joh 3, 1f. – [22] 2 Joh 1. 4. 13. – [23] Eph 2, 3; 5, 8; 1 Petr 1, 14; 2 Petr 2, 14.

4. *Sohn* (gr. *hyios*): diese Benennung ist in vielen Punkten der vorhergehenden gleich. Auch sie macht das Verhältnis zu den Eltern[24], zu den Ahnen[25], zu einem Lehrer deutlich[26]. Die semitische Wendung »Sohn des« mit dem folgenden Namen kann die Zugehörigkeit zu einer Gruppe angeben (ein Gefährte, ein Anhänger...)[27] oder einen Zustand beziehungsweise eine Eigenschaft bezeichnen (ungestüm, friedlich, dieser Welt gehörend...)[28]. Manchmal wird mit Hilfe dieses Worts (und nicht mit *teknon*) die Distanz angezeigt, in die der Jünger seinen Eltern gegenüber geraten kann und wird,

wenn er von Jesus berufen ist[29]. Schließlich kennzeichnet es die Freiheit derer, die Söhne Gottes geworden sind[30], und zwar durch die *Adoption[31].

[24] Mt 20, 20; Mk 10, 45; Lk 1, 13. – [25] Mt 1, 20; Lk 19, 9. – [26] 1 Tim 1, 2; 1 Petr 5, 13. – [27] Mt 8, 12; 9, 15; 12, 27; 13, 38; 17, 25; 23, 15; Apg 3, 25; 23, 6. – [28] Mk 3, 17 (vgl. Lk 9, 54); Lk 10, 6; 16, 8; 20, 34. 36; Joh 12, 36; 17, 12; Apg 4, 36; 13, 10; Eph 2, 2; 5, 6. 8; 1 Thess 5, 5; 2 Thess 2, 3. – [29] Mt 10, 37; Lk 12, 53. – [30] Röm 8, 14. 19; Gal 3, 25f; 4, 7. – [31] Röm 8, 15.

→ *Einl.* VIII. 2. C. a–c. – Adoption – Sohn Gottes – Vater

Kirche

1. Gr. *ekklēsia*. Im Profangriechisch mit der Bedeutung: »politische Volksversammlung«[1]; im Bibelgriechisch handelt es sich um die Übersetzung verschiedener hebr. Wörter: *qāhāl* (von *qōl*: »Stimme«): »(liturgische) Gemeinde Israels«[2], oder *ʿēdā* (von *jāʿad*: »bestimmen«, daher *mōʿēd*: »bestimmte Zeit, Fest«): »Versammlung«. *Qāhāl* und *ʿēdā* werden auch durch *synagōgē* übersetzt (von *syn*: »zusammen« und *agō*: »vorwärtstreiben«): »Gemeinde«[3], besonders beliebt in *Qumran als Bezeichnung für die eschatologische Gemeinschaft der Auserwählten. Im Aramäischen konnte man sagen *ʿedtā* oder *kᵉništā*, oder auch *qᵉhālā*.

[1] Apg 19, 32. 39f. – [2] Dtn 4, 10; Jos 8, 35; Neh 8, 2. – [3] Num 16, 3; Dtn 5, 22.

2. Warum hat das NT *ekklēsia* der *synagōgē* vorgezogen? Die Antwort darauf ist vielfältig. *Ekklēsia* wurde von der *Septuaginta in vielen Fällen als Wiedergabe des hebr. *qāhāl* gewählt, wahrscheinlich wegen der Assonanz, vielleicht auch aus etymologischen Gründen (von *ek-kaleō*: »zusammenrufen«), um die »heilige Versammlung« des Gottesvolkes zu bezeichnen[4]. Andererseits gebrauchten die Juden lieber *synagōgē* vor allem als Bezeichnung für die örtlichen Versammlungen in der *Diaspora, und so kam *ekklēsia* außer Gebrauch. Von diesem Zeitpunkt an unterschieden sich die Christen mehr von den Juden und konnten auch dadurch den durch ihre »Versammlung« mitgemeinten Universalismus deutlicher ausdrücken.

[4] Ex 12, 16; Lev 23, 3; vgl. 1 Kor 11, 18.

3. Im Rahmen einer kurzen Notiz ist es nicht möglich, über die Geschichte des Wortes *ekklēsia* zu berichten. Einige Hinweise müssen genügen. Von Anfang an waren sich die Christen ihrer Zugehörigkeit zu einer von Gott in Jesus Christus einberufenen Versammlung bewußt. Zunächst drückten sie diese Zugehörigkeit dadurch aus, daß sie von der »Kirche, die in Jerusalem, in Antiochia, in Ephesus usw. ist«[5] sprachen; damit meinten sie, daß die einzige Versammlung »Gottes« an einem bestimmten Ort lokalisiert ist. Der Plural »die Kirchen« betont diese ortsgebundene Vielheit, ohne daß damit dem Glauben an die einzige Kirche Gottes Abbruch getan würde[6]. Mit diesem Bild sind wir in den ersten Paulusbriefen konfrontiert[7]. Doch in den Briefen an die Kolosser und an die Epheser wird die Kirche in ihrer Eigenschaft als eine Realität in dieser Welt dargestellt; ihre Existenz jedoch hängt einzig von dem Gott ab, der ihr unaufhörlich das Leben spendet[8]; ihre Aufgabe ist es, das Reich und das Königtum Gottes – mit denen sie sich nicht eigentlich identifiziert – zu verkünden[9].

[5] Apg 8, 1; 13, 1; 18, 22; 20, 17. 28. – [6] Apg 15, 41; 16, 5. – [7] Röm 16, 1; 1 Kor 16, 1. 19. – [8] Eph 1, 22; 3, 10; 5, 23–25. 27. 29. 32; Kol 1, 18. 24. – [9] Mt 16, 19; 18, 18; 1 Kor 11, 26; Eph 5, 27; Offb 21, 3. 5.

4. Das Wort *ekklēsia* fehlt in den Evangelien ganz bis auf zwei Stellen bei Mt[10]. Darum hat man sich gefragt, ob Jesus von Nazaret dieses Wort gesagt hat. Aus der um Jesus versammelten kleinen Herde[11] entstand die apostolische Kirche, und auch wenn die beiden Mattäus-Texte einer späteren Redaktion entstammen würden, steht der Überzeugung nichts im Wege, daß Jesus die Existenz einer »Kirche« verkündet hat, die man nicht in Zusammenhang mit dem »heiligen Rest« von Qumran bringen, sondern im Sinn des wahren Israel Gottes erklären sollte. Auch wenn die Bemühungen der Fachleute, ein aramäisches Äquivalent (aram. *k^eništā*) für *ekklēsia* im Mund Jesu zu finden zu keiner übereinstimmenden Meinung aller Fachkritiker geführt haben, hat Jesus doch »seine Kirche« angekündigt und gegründet. Im Deutschen könnte man das Wort mit »Versammlung«, »Gemeinschaft« oder »Gemeinde« wiedergeben, vorausgesetzt, daß man darunter eine Beziehung zu Gott[12] oder zu Jesus Christus versteht[13], und daß verhindert wird, daß sich die Bedeutung dieses Wortes auf die Bezeichnung eines simplen gesellschaftlichen Organismus reduziert.

[10] Mt 16, 18; 18, 17. – [11] Lk 12, 32. – [12] 1 Kor 1, 2; 11, 16. 22; 2 Kor 1, 1; Gal 1, 13; 1 Thess 2, 14. – [13] Röm 16, 16; Gal 1, 22.

→ *Einl*. I. 3–5; IV. 7; X. 3; XII. 2. A. – Amt – Apostel – Israel – Königreich – Leib Christi – Synagoge – Versammlung – Volk

[Kirchenväter]

Christliche Autoren der ersten Jahrhunderte, Männer, die Heiligkeit und Gelehrsamkeit in sich vereinen und die eine geistige Vaterschaft in der Kirche ausüben. Die *Apostolischen Väter* bilden eine wenig einheitliche Gruppe von Autoren aus der nachapostolischen Zeit; im folgenden die wichtigsten Texte: Der erste Brief des *Klemens von Rom* (96), der zweite *Klemensbrief* (gegen 150), die sieben *Briefe des Ignatius von Antiochien* (gegen 115), der *Barnabasbrief* (entweder 95, 115 oder erst 135), der *Hirt des Hermas* (gegen 140), der *Brief des Polykarp* (Ende des 1. Jh.), die Erzählung vom *Martyrium des Polykarp* (156?), die *Didache* (Ende des 1. Jh.), die Schriften des *Papias* (90–135), die Apologie des *Quadratus* (129), der Brief an *Diognet* (2. Jh.?).

Klagelied

Gr. *odyrmos*[1]: »Klage, Klagelied«, *thrēneō*[2]: »durch einen Trauer- oder Grabgesang jammern«, übersetzt das hebr. *qīnā*.

[1] Mt 2, 18; 2 Kor 7, 7 △. – [2] Mt 11, 17 (= Lk 7, 32); Lk 23, 27; Joh 16, 20 △.

→ Trauer – Traurigkeit

Klaudius

Gr. *Klaudios*, lat. *Claudius*. Tiberius Claudius Nero (10 v. Chr. bis 54 n. Chr.), Enkel des *Augustus und Neffe des *Tiberius; vierter römischer Kaiser, herrscht seit 41. In seine Regierungszeit fällt eine schwere Hungersnot i. J. 48; i. J. 49–50 hat er ein Dekret erlassen, durch das die Juden aus Rom verbannt wurden; diese Ereignisse werden von den Historikern Dio Cassius, Tazitus und Sueton bestätigt[1].

[1] Apg 11, 28; 18, 2 □.

Kleid
Gewöhnlich Übersetzung von gr. *stolē* (von *stellō*: »ausstatten«). Ober*kleidung, nicht genau das, was wir heute unter Kleid verstehen. Ausgenommen die Offenbarung des Johannes[1], in der das Wort gleichbedeutend ist mit *himation* (»*Mantel«), unterstreicht der Begriff die soziale Stellung dessen, der das Kleidungsstück trägt[2]. Der Hochzeitsanzug (gr. *endyma gamou*) wird manchmal mit »hochzeitliches Kleid« übersetzt; gemeint ist ein Festgewand[3].

[1] Vgl. Offb 6, 11; 7, 9. 13 und 3, 5. 18; 4, 4; sowie 7, 14; 22, 14 und 19, 13. – [2] Gen 41, 14. 42; Ex 28, 2; 40, 13; Num 20, 26; Sir 6, 29. 31; 45, 7; 50, 11; Mk 12, 38 (= Lk 20, 46); 16, 5; Lk 15, 22; vgl. 1 Tim 2, 9. – [3] Mt 22, 12 △.

→ *Einl.* VIII. 1. B. – Kleidung

Kleidung, bekleiden
Das Griechische hat verschiedene Worte, um diese Begriffe auszudrücken. Das allgemeine Wort ist *en-dyō*: »eintreten lassen in, einführen in«, davon *en-dyma*: »Kleidung«; *peri-ballō*: »umwerfen, einhüllen«; *amphi-azō*[1]: »um *(amphi)* sich legen«. Verschiedene Kleidungsstücke werden genannt. Unterkleidung: *Gewand und *Lendenschurz. Oberkleidung (hier kann die Übersetzung nur annähernd sein): *Kleid, Kleidungsstück, *Mantel, *Gürtel und *Schuhe.

[1] Mt 6, 30; 11, 8 (= Lk 7, 25) △.

1. Die Kleidung gehört zur Grundausstattung im Leben[2]. Gott sorgt dafür und entbindet den Menschen von der unruhigen Sorge in dieser Beziehung[3]. Den Armen bekleiden ist eine Pflicht[4].

[2] Sir 29, 21; Röm 8, 35; 1 Tim 6, 8; 2 Tim 4, 13; vgl. Apg 20, 33. – [3] Mt 6, 25. 28f; Lk 12, 22. 27. – [4] Ez 18, 7; Mt 25, 36. 38, 43; Lk 3, 11; Apg 9, 36. 39; Jak 2, 15; vgl. Mt 5, 40.

2. Als ein das soziale Leben kennzeichnendes Element bedeutet die Kleidung die Würde der Person[5], auch den Unterschied der Geschlechter[6]; sie charakterisiert den Einzelnen: den Propheten[7], den König[8], den Hohenpriester[9], den Reichen und den Armen[10], die Braut[11], die ehrbare Frau[12], den Menschen, über den man sich lustig macht[13]. Ihre Art wechselt je nach den Umständen: *Arbeit[14], *Fest[15], Prunk[16], Trauer und *Buße[17], *Herrlichkeit[18].

[5] Mt 27, 28; Lk 8, 27. 35; Joh 21, 7; Apg 10, 30; 12, 8; Offb 1, 13. – [6] Dtn 22, 5; 1 Kor 11, 5–15. – [7] Sach 13, 4; Mt 3, 4 (= Mk 1, 6); 7, 15; Offb 11, 3; vgl. Mt 11, 8. – [8] Apg 12, 21; Offb 17, 4; 18, 16; vgl. Mt 6, 29 (= Lk 12, 27). – [9] Lev 21, 10. – [10] Lk 7, 25; Jak 2, 2f. – [11] Offb 19, 8. – [12] 1 Tim 2, 9; 1 Petr 3, 3. – [13] Mt 27, 28; Lk 23, 11; Joh 19, 2. – [14] Mt 24, 18; Lk 17, 8. – [15] Mt 22, 11f; Lk 15, 22. – [16] Mk 12, 38. – [17] Mt 11, 21 (= Lk 10, 13). – [18] Mt 28, 3.

3. Die Kleidung bildet eine Einheit mit der Person[19], durch gewisse Gesten und in gewissen Bildern kann sie das Wesen ausdrücken. In Israel sind einige symbolische Handlungen verbreitet: das Gewand eines Gottesboten »berühren« heißt, Kontakt aufnehmen mit seiner Macht[20]; seine Kleider »zerreißen«, das meint seinen Schmerz oder seinen Zorn ausdrücken[21]; den Staub von seinen Kleidern »schütteln« bedeutet den Bruch mit jemand, den man verläßt[22]. Seine Kleider niederlegen kann eine Geste sein, die den Tod meint[23]. Einige Ausdrücke sind bildhaft zu verstehen; seine Kleider »waschen« oder »beschmutzen« meint, sich von der Sünde reinigen bzw. sündi-

gen[24]; »(die Lenden) gürten«: sich bereit halten[25]; seine Kleider »anbehalten«: wachsam bleiben[26].

[19] Jud 23. – [20] Mk 5, 27–30 (= Lk 8, 44; vgl. Mt 9, 20f) 5, 56; Apg 19, 12; vgl. 1 Kön 19, 19. – [21] Mt 26, 65; Apg 14, 14. – [22] Apg 18, 6. – [23] Joh 13, 4. – [24] Offb 3, 4; 22, 14. – [25] Lk 12, 35. – [26] Offb 16, 15.

4. In biblischer Sicht meint die Kleidung die endgültige Unversehrtheit des Menschen oder die Erneuerung des Gottgeeinten Wesens. Die Fellkleider, mit denen Gott die Nacktheit der schuldig gewordenen Stammeltern bedeckte, wiesen auf diese erhoffte Unversehrtheit hin[27]. Paulus vermehrt die Bilder, die dem Thema Kleidung entlehnt sind, um die gegenwärtige Umwandlung des Christen zu beschreiben[28], der durch die Taufe Christus selber anzieht[29], sowie die künftige Umwandlung seines Leibes[30]. Die himmlischen Wesen erscheinen in leuchtenden Gewändern[31], ebenso der verklärte Jesus[32]. Das weiße Kleid ist Symbol für das neue Sein (oder den Zustand) der Erwählten[33].

[27] Gen 3, 21. – [28] Röm 13, 12; Eph 4, 24; 6, 11. 14; Kol 2, 11; 3, 9f. 12; 1 Thess 5, 8; vgl. Lk 24, 49. – [29] Röm 13, 14; Gal 3, 27. – [30] 1 Kor 15, 53f; 2 Kor 5, 2–4. – [31] Lk 24, 4; Offb 15, 6; 19, 14 – [32] Mt 17, 2 (= Mk 9, 3 = Lk 9, 29). – [33] Offb 3, 5. 18; 4, 4; 6, 11; 7, 9. 13.

→ *Einl.* VII. 2; VIII. 1. B. – Kampf – Leinen – Purpur – Stoffe

kleingläubig
→ Unglaube

Kleopas, Klopas

1. Gr. *Kleopas* (Kurzform von *Kleopatros*). Einer der beiden Emmaus-Jünger. Von manchen wird er mit Klopas identifiziert[1].

[1] Lk 24, 18 □.

2. *Klōpas* (semitischer Name: *qlōpha*). Ehemann (oder Vater?) *Marias, der Mutter von *Jakobus dem Jüngeren und *Josef (oder Joses). Es ist unwahrscheinlich, daß er mit *Alfäus identisch ist[1].

[1] Joh 19, 25 □.

Knecht

1. Gr. *doulos*: »Sklave« wird später durch die Beziehung (zum König oder) zu Gott[1] zum Ehrentitel, den im AT die Gesandten Gottes[2], im NT Paulus und die Apostel[3] für sich in Anspruch nehmen. Das gr. *pais*: »junger Diener, Page, Kind« wird ebenfalls zur Bezeichnung von Hausdienern benutzt[4], vielleicht um die Beiklänge, die sich mit dem Wort »Sklave« verbinden, zu mildern. Das Wort bezeichnet die vollkommene Unterwerfung Gott gegenüber: »Knechte und Mägde Gottes«[5], eine Beziehung, die mit der Abhängigkeit eines Arbeiters gegen Bezahlung, Lohn oder Gehalt überhaupt nichts gemein hat (gr. *misthios, misthōtos*)[6].

[1] 2 Makk 7, 33. – [2] Offb 10, 7; 11, 18; 15, 3. – [3] Röm 1, 1; Gal 1, 10; Kol 4, 12; Tit 1, 1; Jak 1, 1; 2 Petr 1, 1; Jud 1. – [4] Mt 8, 6; 14, 2; 26, 69 (= Mk 14, 65 = Lk 22, 56); Lk 12, 45; 15, 26; Apg 12, 13; 16, 16; Gal 4, 22–31. – [5] Lk 1, 38. 48; 2, 29; Apg 2, 18; 4, 29; 16, 17; 2 Tim 2, 24; 1 Petr 2, 16; Offb 2, 20; 7, 3; 15, 3; 19, 2; 22, 3. 6. – [6] Mk 1, 20; Lk 15, 17. 19; Joh 10, 12f △.

2. Jesus wird zwar nach dem Bild des *doulos* beschrieben[7], doch nie mit diesem, für Menschen ehrenhaften, Titel angesprochen. Wenn Jesus als Diener Gottes charakterisiert werden soll, gebraucht man das Wort *pais*, das

im AT benutzt wird, um diesen oder jenen Gottesmann zu bezeichnen[8] oder den Namen Gottesknecht (Knecht Jahwes) aus den Liedern des Jesaja[9]. Die frühe Kirche hat die Funktionen im einzelnen beschrieben: Jesus kündet den Völkern das Gericht an, er gibt sein Leben als Opfer für die Vielen, er ist durch seinen Vater verherrlicht[10].

[7] Phil 2, 7. – [8] Gen 32, 11; Num 12, 7f; 2 Sam 3, 18; 2 Kön 9, 7f; Weish 2, 13; 9, 4f; Bar 1, 20; 2, 20. 28; Lk 1, 69; Apg 4, 25. – [9] Jes 42, 1–4; 49, 1–6; 50, 4–11; 52, 13–53, 12; Apg 8, 34; 1 Petr 2, 22–25. – [10] Mt 12, 18–21; 20, 28 (= Mk 10, 45); Apg 3, 13. 26; 4, 27. 30; Phil 2, 5–11.

→ dienen – Sklave

Knidos
Gr. *Knidos,* heute *Kap Krio,* zwischen den Inseln Kos und Rhodos, an der Südwestküste von Kleinasien[1]. Das Schiff, auf dem Paulus als Gefangener transportiert wurde, hat hier vergeblich Schutz gesucht.

[1] Apg 27, 7 □.

→ *Karte* 2

Knochen
Gr. *osteon*: »Knochen, Gebeine[1]«. Der Ausdruck »*Fleisch und Knochen« meint den irdischen Leib in seiner Gesamtheit; das, was dem Menschen die Kontaktaufnahme mit dem anderen erlaubt, daher der Sinn einer engen Verwandtschaft[2]; der Auferweckte ist kein Phantom, weil er sichtbare Beziehungen mit seinen Jüngern aufnehmen kann[3]. Der gekreuzigte Jesus ist das wahre Pascha*lamm, ihm dürfen die Knochen nicht gebrochen werden[4].

[1] Mt 23, 27; Hebr 11, 22. – [2] Gen 2, 23; 29, 14; Ri 9, 2; 2 Sam 19, 13. – [3] Lk 24, 39. – [4] Ex 12, 10. 46; Num 9, 12; Ps 34, 21; Joh 19, 33 □.

→ Fleisch – Leib

Kohorte
Gr. *speira,* lat. *cohors.* Die Kohorte ist 600 bis 1000 Mann stark und steht unter dem Kommando eines *Obersten; sie bildet die Grundeinheit einer römischen *Legion (die Legion hat 10 Kohorten, eine Kohorte 6 Zenturien). Es gibt auch Hilfskohorten, die in den unruhigen oder strategisch wichtigen *Provinzen stationiert sind; sie werden außerhalb *Italiens ausgehoben und nur ihr Kader ist römisch. Eine Kohorte war zur ständigen Überwachung Jerusalems abkommandiert. Eine andere begleitet den *Statthalter während seiner Reisen und beschützt seine Residenz[1].

[1] Mt 27, 27 (= Mk 15, 16); Joh 18, 3. 12; Apg 10, 1; 21, 31; 27, 1 □.

[Koine]
Gr. Adjektiv mit der Bedeutung: »gemeinsam, allgemein«. Bezeichnung für die im Römischen Reich zur Zeit des NT allgemein gesprochene *griechische Sprache *(koinē dialektos).*

Kollekte
1. Gr. *logeia* (von *legō*: »zusammenlesen«): Sammlung von Dingen, um den Armen zu helfen. Das NT gebraucht allerdings diesen Begriff nicht[1]. Drei andere Worte bezeichnen das Liebeswerk der Gemeinschaft, die die Brüder

im Glauben eint: *diakonia*: »Dienst«[2], *koinōnia*: »[Beteiligung an der] Gemeinschaft«[3] und *leitourgia* (von *leitourgeō*: »Kultdienst verrichten«): »Amtsdienst«[4]. Zwei andere Begriffe zeigen Ursprung und Ergebnis: *karpos*: »Frucht«[5], *charis*: »Geschenk«[6]. Damit verbunden ist der Gedanke an den »Eifer« (gr. *spoudē*)[7] und der Gedanke an das Beispiel, das Christus gab[8].

[1] 1 Kor 16, 1f. – [2] Apg 11, 29; Röm 15, 25. 31; 2 Kor 8 4. 19f; 9, 1. 12f. – [3] Röm 15, 26; vgl. Apg 2, 44; 2 Kor 8, 4. – [4] 2 Kor 9, 12; vgl. Röm 15, 27. – [5] Röm 15, 28. – [6] 1 Kor 16, 2f. – [7] 2 Kor 8, 8. (17.)22; vgl. Gal 2, 10. – [8] 2 Kor 8, 9.

2. Die beiden im NT (mehrmals) erwähnten Kollekten wurden für die *judenchristlichen Brüder veranstaltet; in Antiochia für die Brüder in Judäa[9], und in Galatien, in Korinth, in Makedonien und in Achaia für die Brüder in Jerusalem[10]. Paulus hat die zweite Kollekte in Gang gebracht; darauf legt er besonderen Wert, weil er in der Gabe und in ihrer Annahme[11] ein Zeichen der wirklichen Einheit zwischen den Gemeinden heidnischer und jüdischer Herkunft sieht. Zwischen diesen Kollekten und der jüdischen Sitte, dem Jerusalemer Tempel eine religiöse *Steuer zu entrichten kann eine Beziehung hergestellt werden.

[9] Apg 11, 28–30. – [10] 1 Kor 16, 1f; 2 Kor 8–9; vgl. Röm 15, 25–28. – [11] Röm 15, 31.

→ *Einl.* I. 3. C; VII. 4. – Almosen – Gemeinschaft – Liebe

Kolonie

Gr. *kolōnia*, aus dem lat. *colonia* (von *colere*: »anbauen«). Dieses Wort kennzeichnet einige Städte, in denen römische Soldaten angesiedelt worden waren und die dadurch die römischen *Bürgerrechte hatten; so z. B. Philippi[1].

[1] Apg 16, 12 □.

→ *Einl.* IV. 2. C.

Kolossä

Gr. *Kollossai*. Stadt in *Phrygien, im Lykustal, heute existiert sie nicht mehr. *Epaphras gründete dort eine Kirche[1].

[1] Kol 1, 2 □.

→ *Karte* 2

[Kolosser (Brief an die)]

Diesen Brief schrieb Paulus, sehr wahrscheinlich während seiner Gefangenschaft in Rom (61–63) oder vielleicht schon in Cäsarea (58–60), an die Kirche in *Kolossä; Anlaß war eine die Lehre betreffende Krise. Einige Kritiker bezweifeln seine *Echtheit.

→ *Einl.* XV. – Briefe

Königtum, König, Königreich

Gr. *basileus, basileia,* übersetzt das hebr. *melek, malkūt*. Der Unterschied zwischen Königtum und Königreich läßt sich nicht immer leicht bestimmen. In den Evangelien dürfte man nur dann »Königreich« übersetzen, wenn der Kontext eine räumliche Beziehung nahelegt[1]. Statt »Reich Gottes« gebraucht Mt lieber einen rabbinisierenden Ausdruck »Reich der Himmel, Himmelreich«; »Himmel« war eine Wendung, die »Gott« bedeutete[2].

[1] Mt 5, 20; 7, 21; 18, 3; 19, 23. – [2] Vgl. Mt 3,2 und Mk 1, 15.

1. Die höchste römische Obrigkeit galt bei den orientalischen Völkern als König nach hellenistischem Verständnis, also als eine Person, die ihre Macht von Gott erhalten hatte[3] um die Gerechtigkeit in seinem Königreich durchzusetzen.

[3] Joh 19, 12.

2. Schon immer vertrat Israel die Auffassung, daß Gott allein König ist, die Könige der Erde sind nur seine Statthalter. Zur Zeit Jesu gibt es weder König noch Königreich wie man sie in Israel seit Beginn der politischen Existenz gekannt hatte. Doch aus dieser Vergangenheit ist den Juden eine sehnsüchtige Erinnerung geblieben und auch eine gewisse Art zu denken. Alle warteten darauf, daß Jahwe endgültig über das Weltall, über Israel und die *Nationen herrsche[4]. Diese Hoffnung bekommt einen besonderen Akzent, je nachdem ob sie mit einer politischen Wiederherstellung nach der Befreiung aus der römischen Knechtschaft rechnet, oder ob sie sich auf eine Umwandlung geistiger Art richtet. Tatsächlich ist das Reich Gottes nicht eigentlich ein Ort, sondern eine besondere Beziehung zwischen Gott und dem Menschen, besonders den *Armen.

[4] Ps 47; 96.

3. In diesem letztgenannten Sinn ist die Ankündigung des nahegekommenen Reiches durch Jesus zu verstehen: darin besteht die Gute Nachricht[5]. Mehr noch, »das Reich Gottes ist schon zu euch gekommen«[6], sagt Jesus denen, die ihn verleumden; es ist also da, wirksam. Aber es ist nicht gewaltsam eingebrochen, wie der Täufer angekündigt hatte, sondern geheimnisvoll, wie ein Same mit unwiderstehlicher Kraft, den Gott in das Herz des Menschen gelegt hat[7].

[5] Mt 3, 2; 4, 17; 10, 7; Mk 1, 15. – [6] Mt 12, 28 (= Lk 11, 20). – [7] Mt 13, 24–30. 31–33. 36–50.

4. Wenn Jesus sich gegen Ende seines Lebens als König ausrufen läßt[8], dann als Friedenskönig, ohne irgendwelchen irdischen Ehrgeiz: seine Königsherrschaft ist nicht von dieser Welt[9]. Tatsächlich wurde Jesus einzig durch seine *Auferweckung von Gott als König eingesetzt; seitdem erstreckt sich sein Wirken über alle Menschen bis er die Herrschaft seinem Vater zurückgeben wird[10].

.[8] Mt 21, 5; Lk 19, 38; Joh 12, 13. 15. – [9] Joh 18, 36. – [10] 1 Kor 15, 24.

→ *Einl.* XII. 2. B

[Konkordanz]

1. Alphabetisches Register aller in einem Werk vorkommenden Wörter, so daß man sie vergleichen und in einzelnen Gruppen erfassen kann. Seit dem 16. Jh. gibt es biblische Konkordanzen in hebräischer, griechischer und lateinischer Sprache.

2. Neben Wort-Konkordanzen gibt es auch Sach- oder thematische Konkordanzen. Die letzteren bringen nicht nur eine alphabetische Zusammenstellung der Bibelstellen nach den einzelnen Worten geordnet, sondern gruppie-

ren entweder alle oder nur ausgewählte Bibelaussagen nach thematischen Gesichtspunkten.

3. Zu den bekanntesten Konkordanzen im deutschen Sprachraum gehören: *Bremer Biblische Hand-Concordanz* (seit 1866 mehrmals neu aufgelegt); *Calwer Bibelkonkordanz* (mehrere Auflagen seit 1893); *Zürcher Bibel-Konkordanz* (1969).

4. Die Konkordanz ist nicht zu verwechseln mit der *Synopse der Evangelien, die die gegenseitige Übereinstimmung zwischen den einzelnen Evangelien zeigen soll. Sie ist auch nicht zu verwechseln mit dem »Konkordismus«, einer Auslegungstheorie, die die biblischen Texte um jeden Preis in Übereinstimmung sei es untereinander, sei es mit den weltlichen Wissenschaften bringen will, unter Mißachtung der der Bibel eigenen Perspektiven oder auch der diese Texte kennzeichnenden *literarischen Gattungen.

Konzil von Jerusalem
→ Apostelkonzil

Kopf
Gr. *kephalē*. Ein Körperteil; das Wort wird in verschiedenen bildhaften Bedeutungen gebraucht.

1. *Das, was oben ist,* wie etwa beim menschlichen Leib; in dieser Richtung ist wahrscheinlich der Eck*stein, der das Bauwerk krönt, zu verstehen[1].

[1] Mt 21, 42 (= Mk 12, 10f = Lk 20, 17); Apg 4, 11; 1 Petr 2, 7.

2. *Das, was voraus ist,* wie etwa beim Leib des Tieres[2]; so ein Anführer, der Vorrang hat und die anderen führt[3]. Damit ist die Stellung Christi zum All[4] und im Verhältnis zur Kirche[5] umschrieben.

[2] Jes 9, 13. – [3] Ex 6, 14. – [4] 1 Kor 11, 3; Eph 1, 10. 22; Kol 2, 10. – [5] Eph 5, 23; vgl. 1 Kor 11, 3–5.

3. *Das, was Urgrund des Lebens ausmacht,* entsprechend der Physiologie der Antike, also Quelle des Zusammenhalts und des Wachstums: diese Funktion nimmt Christus im Bezug auf die Kirche ein[6].

[6] Eph 4, 15f; Kol 2, 19.

→ Kirche – Leib – Leib Christi

Korban
Gr. *korban*, von hebr. *qorbān*: Opfergabe für die *Schatzkammer des Tempels (gr. *korbanas*). Eine *Weiheformel, durch die das, was man auf diese Weise gelobt hatte, dem Profangebrauch entzogen wurde[1].

[1] Lev 1, 2; Num 7, 3; Mk 7, 11 □; vgl. Mt 15, 5.

→ Anathema

Korinth
Gr. *Korinthos*. Alte griechische Stadt an der Meerenge desselben Namens, i. J. 146 v. Chr. zerstört, i. J. 44 v. Chr. durch Julius Cäsar wieder aufgebaut, Hauptstadt der Provinz *Achaia und römisches Munizipium. Dank seiner zwei Häfen (darunter *Kenchreä), die an zwei Meeren liegen, ist Korinth ein Kommunikationsknoten zwischen Ost und West und ein bedeutendes Wirtschaftszentrum. Die sozialen Gegensätze sind stark ausgeprägt (zwei Drittel

der Bevölkerung sind Sklaven) und die Sitten so zügellos, daß das Zeitwort *korinthiazesthai* bedeutet: »ein ausschweifendes Leben führen«. Eine kosmopolitische Weltstadt, der *Hellenismus ist hier weniger stark als anderswo. Die Stadt liegt am Kreuzweg griechischer und orientalischer Religionen; der Kult der Aphrodite ist besonders verbreitet. Paulus hielt sich um 50–52[1] etwa achtzehn Monate in der Stadt auf.

[1] Apg 18, 1. 8. 10. 27; 19, 1; 1 Kor 1, 2; 2 Kor 1, 1. 23; 6, 11; 2 Tim 4, 20 □.

→ *Einl.* IV. 2. C; IV. 6. – Achaia – Apollos – Kenchreä – *Karte* 2

[Korinther (Briefe an die)]

Gegen 56 wendet sich Paulus in dem ersten Brief (der in Wirklichkeit ein zweiter ist; vgl. 1 Kor 5, 9) an die Gemeinde in Korinth, denn dort war das Heimischwerden des christlichen Glaubens in einer heidnischen Kultur mit sehr vielen Problemen verbunden. Der zweite Brief (der in Wirklichkeit ein vierter ist; vgl. 2 Kor 2, 3; 7, 8) ist aus *Makedonien um 57 an dieselben Empfänger gerichtet, die heftige Zusammenstöße erlebt hatten und die Paulus wieder zu besuchen hofft.

→ *Einl.* XV.

Kornelius

*Hauptmann einer in *Cäsarea stationierten *Kohorte. Er war der erste heidnische *Gottesfürchtige, der sich bekehrt hat[1].

[1] Apg 10, 1–31 □.

Krankheit

1. Das Griechische kennt verschiedene Begriffe zur näheren Bestimmung der Krankheit (gr. *nosos*[1]): Gebrechlichkeit (*arrōstos*[2], *asthenēs*[3]: »kraftlos«), Dahinsiechen (*malakia*[4]: »Schlaffheit«), geschlagen sein (von *mastix*[5]: »Plage«) oder sich übel fühlen (*kakōs echein*[6]). Die Krankheit wird nicht als ganz natürliche Erscheinung betrachtet, sondern immer in ihren Beziehungen zur *Sünde und zu den *Mächten des *Bösen. Doch weder die Propheten noch Jesus betrachten sie als kollektive Strafe[7].

[1] Mt 4, 23f; 8, 17; 9, 35; 10, 1; Mk 1, 34; Lk 4, 40; 6, 18; 7, 21; 9, 1; Joh 5, 4; Apg 9,12; 1 Tim 6, 4 △. – [2] Mt 14, 14; Mk 6, 5. 13; 16, 18; 1 Kor 11, 30 △. – [3] Lk 5, 15; Joh 11, 4; Apg 28, 9 ... – [4] Mt 4, 23; 9, 35; 10, 1 △. – [5] Mk 3, 10; 5, 29. 34; Lk 7, 21 △. – [6] Mt 4, 24; 8, 16; 9, 12; 14, 35; 17, 15; Mk 1, 32. 34; 2, 17; 6, 55; Lk 5, 31; 7, 2 △. – [7] Sir 38, 9f; Jes 53, 3–5; Ez 18; Lk 13, 1–5; Joh 9, 2f.

2. Angesichts unserer Krankheiten ist Jesus vom Mitleid ergriffen, er kämpft gegen sie indem er *heilt und indem er sie »auf sich nimmt«[8]; denn er versteht sie als Folge der Sünde und ein Zeichen für die Herrschaft *Satans[9]. Das Zurückweichen der Krankheit ist ein Zeichen für den fortschreitenden Sieg des *Lebens über den *Tod. Seitdem ist die Krankheit, wie alles Leiden, in den Strom der *Erlösung aufgenommen[10]; unterdessen lebt man in der Erwartung darauf, daß alle Menschen für immer durch das Laubwerk des Lebens*baumes geheilt werden[11].

[8] Mt 8, 16f; 20, 34; 25, 36. – [9] Lk 13, 16; Joh 5, 14. – [10] 2 Kor 4, 10; Kol 1, 24. – [11] Offb 22, 2; vgl. Ez 47, 12.

3. Das NT nennt verschiedene Krankheiten[12].
[12] *Einl.* VIII. 2. D.

→ Arzt – heilen – retten

Kranz
Gr. *stephanos*. Ursprünglich eine Haarbinde, später ein Emblem, das auf die Würde einer Person oder einer Sache hinweisen soll; dann, als Ausdruck der Freude an einem Fest, wird er in eine Girlande umgestaltet[1].

[1] Jes 3, 20; 61, 10; Ez 24, 17; Apg 14, 13.

1. Im alten Israel galt er als Zeichen dafür, daß die ganze Person des Königs[2] oder des Hohenpriesters[3] Jahwe *geweiht war. Im bildhaften Sinn meint er den sittlichen Ruhm[4].

[2] 2 Kön 11, 12; Ps 21, 4. – [3] Ex 29, 6; 39, 30; Lev 8, 9. – [4] Spr 12, 4.

2. Im NT bedeutet er den verheißenen Lohn[5], unverweslich wie Gold[6].

[5] 1 Kor 9, 25; Phil 4, 1; 1 Thess 2, 19; 2 Tim 2, 5; 4, 8; Hebr 2, 7. 9; Jak 1, 12; 1 Petr 5, 4; 'Offb 2, 10; 3, 11; 6, 2; 12, 1. – [6] Offb 4, 4. 10; 9, 7; 14, 14 □.

3. Der *Dornenkranz, den man Jesus aufsetzte, soll ein Spottbild des königlichen Diadems sein[7].

[7] Mt 27, 29 (= Mk 15, 17); Joh 19, 2. 5.

Kreta, Kreter
1. Gr. *Krētē*. Insel im Mittelmeer, deren minoische Zivilisation bis ins dritte Jahrtausend zurückreicht. I. J. 27 v. Chr. wurde sie der römischen senatorialen *Provinz von *Kyrenaika angegliedert. Die Juden waren dort nicht gern gesehen[1].

[1] Apg 27, 7. 12f. 21; Tit 1, 5 □.

→ *Karte* 3

2. Gr. *Krēs*. Am Pfingsttag befanden sich auch Kreter in Jerusalem. Das NT übernimmt ein wenig schmeichelhaftes Zitat des kretischen Dichters Epimenides aus Knossos (6. Jh. v. Chr.), das durch Kallimach überliefert wurde[1].

[1] Apg 2, 11; Tit 1, 12f □.

Kreuz
1. Gr. *stauros*. Ein Mittel zur Durchführung der Todesstrafe, manchmal auch gr. *xylon*: »Holz, Galgen« genannt[1]; an ihm starb Jesus von Nazaret. Ein Symbol des Leidens und der freiwilligen Passion Jesu[2], sowie des Bruches mit der Welt der *Begierden[3].

[1] Apg 5, 30; 10, 39; 13, 29; Gal 3, 13; 1 Petr 2, 24. – [2] Mt 27, 40. 42 (= Mk 15, 30. 32); Hebr 12, 2. – [3] Gal 5, 24.

2. Das Kreuz Jesu muß man als erschreckendes *Ärgernis akzeptieren[4], aber man muß es auch im Rahmen des göttlichen *Planes verstehen[5] und es nach dem beurteilen, was es bewirkte: Befreiung vom *Fluch des Gesetzes[6] und der Sünde[7], *Versöhnung mit Gott[8] ebenso wie zwischen Juden und Heiden[9], Wiederherstellung des *Friedens[10], die Quelle des Lebens[11]. Das Kreuz ist zu einer Kategorie des christlichen Denkens und der *Verkündigung geworden[12].

[4] 1 Kor 1, 23; Gal 5, 11; 6, 12. 14. – [5] Apg 13, 29. – [6] Gal 3, 13; Kol 2, 14f. – [7] Röm 8, 3; 1 Petr 2, 21–24. – [8] Kol 1, 20. – [9] Eph 2, 16. – [10] Eph 2, 14–18. – [11] Joh 3, 14f. – [12] 1 Kor 1, 17f. 25; Gal 3, 1.

3. Zeichen des Christen, der in der Nachfolge Jesu sein Kreuz auf sich nehmen und tragen soll[13], um so nicht nur deutlich zu machen, daß er für die böse *Welt gestorben ist[14], sondern auch, daß dies sein größter Ruhmestitel ist[15].

[13] Mt 10, 38; 16, 24 (= Mk 8, 34 = Lk 9, 23); Lk 14, 27. – [14] Röm 6, 6; Gal 2, 19. – [15] Joh 12, 26; Gal 6, 14. 17.

→ Baum – Jesus Christus – Kreuzigung – leiden – Prozeß Jesu

Kreuzigung

1. Die Hinrichtung eines Verbrechers durch den Tod am Kreuz ist zwar wahrscheinlich orientalischer Herkunft, aber sie wurde zu einer römischen Art der Todesstrafe, »der grausamsten und schändlichsten«, wie Cicero sagt. Sie wird verhängt über Sklaven und über Nichtbürger (im Fall des Aufruhrs, Diebstahls oder Mordes), gelegentlich auch über die Bürger (im Fall des Hochverrats). Die Juden kannten sie seit 88–83 v. Chr., als Alexander Jannai 800 Juden kreuzigte; vor allem aber seit dem Beginn der römischen Besatzung, besonders im Zusammenhang mit den Revolten in Galiläa. Die Christen haben diese Strafe nicht selten mit einer bei den Juden gebräuchlichen Praxis der Todesstrafe verglichen: Das Gesetz schrieb vor, daß der Leichnam eines schon hingerichteten Verbrechers auf einem außerhalb der Stadtmauern aufgestellten Holzpfahl gehängt (gr. *kremazō*) werden sollte; der Leichnam mußte, nachdem man ihn so als schändliches Beispiel hingestellt und mit Fluch belegt hatte, entfernt und vor dem Einbruch der Nacht begraben werden, denn er war ein Schandfleck für das ganze Volk[1]. Die Ähnlichkeit besteht also weniger in der Strafe selbst als in der Schande und im Fluch[2].

[1] Dtn 21, 22f; vgl. Hebr 13, 13. – [2] Lk 23, 39; Apg 5, 30; 10, 39; Gal 3, 13.

2. Für die Kreuzigung kam bei den Römern zum Kreuzesstamm noch ein Querbalken (lat. *patibulum*), den man oben auf dem Pfahl (lat. *crux commissa* T) oder etwas darunter in einer Kerbe (lat. *crux immissa* †) befestigte. Der Verurteilte mußte ihn selber zum Ort der Hinrichtung tragen, nachdem er der vorgeschriebenen *Geißelung unterzogen worden war. Gewöhnlich hängte man ihm eine Inschrift um den Hals, die den Verurteilungsgrund angab, und die dann oben am Kreuz befestigt wurde. Der Verurteilte wurde mit Stricken an Händen und Füßen ans Kreuz gebunden, oder häufiger daran festgenagelt. Die Henker hatten das Recht, die Kleidung des Verurteilten an sich zu nehmen. Nach jüdischer Sitte mußte man ihm ein berauschendes Getränk verabreichen. Der langsame Tod trat durch Erschöpfung oder durch Störungen der Atmungswege oder des Kreislaufs ein. Der Erstickungstod wurde dadurch beschleunigt, daß man dem Verurteilten die Beine zerschlug; danach konnte er sich nicht mehr aufrichten, um Atem zu schöpfen; so konnte man den Leichnam vor dem Einbruch der Nacht abnehmen, wie es die jüdische Vorschrift, insbesondere am Vorabend des Paschafestes, verlangt.

3. Aufgrund der Daten, die sich aus den Evangelien und aus der Archäologie ergeben, kann man einige historische Tatsachen bezüglich der Kreuzigung Jesu feststellen. Nachdem Pilatus sein Urteil amtlich gefällt hat, haben die römischen Soldaten nach vorausgegangener Geißelung die Kreuzigung nach der römischen (Soldatenwache, Verteilung der Kleider) und nach der jüdischen (Rauschgetränk) Praxis vorgenommen. Der Grund für die Verurtei-

lung war politisch: Jesus gilt als Aufständischer. Es läßt sich schwer sagen, ob das Kreuz Jesu eine *crux immissa* oder *commissa* war, wahrscheinlich war es aber in Form von T. Sehr wahrscheinlich ist es, daß so wie es Joh will, Jesus am Vorabend des Pascha, am Freitag dem 14. Nisan, gegen Mittag gekreuzigt wurde.

4. Das Ereignis wurde immer nur in Verbindung mit einer sinndeutenden Erklärung berichtet. Die Verantwortung für das Geschehene wird ohne Zweifel den Juden der damaligen Zeit zugeschrieben[3], aber das Geschehen selbst wird sofort in den Rahmen des göttlichen *Planes gestellt[4] und erhält einen überzeitlichen Wert, der das Geschehen ins Heute herüberträgt: Wer Christus untreu ist, der »kreuzigt erneut« den Sohn Gottes[5]. Wer ein treuer Jünger Christi sein will, der muß sein Kreuz »jeden Tag« auf sich nehmen[6]. Johannes schilderte die Erhöhung auf dem Kreuz als *Erhöhung in Herrlichkeit; er benutzt zu diesem Zweck das gr. *hypsōthēnai*; das würde dem palästinischen Aramäisch *izd^{e}qef* entsprechen, was sowohl »gekreuzigt werden« als auch »verherrlicht werden« bedeuten kann[7].

[3] Apg 3, 13–15; 1 Thess 2, 15. – [4] Apg 2, 23. – [5] Hebr 6, 6. – [6] Lk 9, 23. – [7] Joh 12, 33.

→ Erhöhung – Jesus Christus – Kreuz – Prozeß Jesu

Krippe

Gr. *phatnē*. Stelle im Stall, an der das Vieh gefüttert wird; daher, im weiteren Sinn, der Stall selbst[1].

[1] Lk 2, 7. 12. 16; 13, 15 □.

Krug

Ein Gefäß aus Ton oder Stein, mit dem man das Wasser schöpfte, in dem man es aufbewahrte und am Tisch reichte. Zur Bezeichnung dieses Gefäßes gebraucht man mehrere gr. Wörter: *antlēma*[1], *hydria*[2], *keramion*[3], *xestēs*[4].

[1] Joh 4, 11 △. – [2] Joh 2, 6f; 4, 28 △. – [3] Mk 14, 13 (= Lk 22, 10) △. – [4] Mk 7, 4 △.

→ Maße

Kult

1. Gr. *latreia/latreuō* (von *latron*: »Entlohnung«): »bezahlter Diener sein«, »bezahlte Arbeit, bezahlter Dienst, Kultdienst«, ambivalent wie das hebr. *'abōdā*: »Arbeit, Kultdienst«. Im Vergleich mit der *Septuaginta zeigt das NT eine klare Entwicklungslinie. Das NT stimmt mit dem Wortgebrauch der Septuaginta überein, wenn es das Wort auf den Götzenkult bezieht[1] oder verschiedentlich auf Israel[2], insbesonders aber wenn es seinen inneren Glaubens- oder Gebetsaspekt betont[3]. Auf die Christen angewandt zielt dieser kultische Terminus dagegen auf etwas anderes; ausgeübt im Heiligen Geist[4] bezeichnet er das apostolische Amt oder das Gebet des Paulus[5]; allgemeiner: der Gläubige soll einen »sinnvollen Gottesdienst« *(logikē)* verrichten[6], also entweder einen Kult, der nicht nur formal ist, oder vielleicht eher einen Kult, der nicht im Darbringen von Tieropfern sondern eines »lebendigen Opfers« (gr. *thysia zōsa*) besteht, oder auch in dem von wirklicher Bruderliebe diktierten Verhalten[7].

[1] Apg 7, 42; Röm 1, 25. – [2] Mt 4, 10 (= Lk 4, 8 = Dtn 6, 13); Lk 1, 74; 2, 37; Apg 7, 7 (= Ex 3, 12); 26, 6f; Röm 9, 4; Hebr 8, 5; 9, 9; 10, 2; 13, 10. – [3] Dtn 10, 12f; 11, 13; Dan 6, 11–16; Apg 24, 14. – [4] Phil 3, 3. – [5] Röm 1, 9; 2 Tim 1, 3. – [6] Röm 12, 1. – [7] Hebr 12, 28; vgl. 13, 1–6.

2. Gr. *leitourgeia/leitourgeō* (von *laos*: »Volk« und *ergon*: »Werk, Arbeit«): »öffentlicher Dienst[8], gegenseitiger Beistand, Kultdienst«. Auch hier folgt das NT dem Sprachgebrauch der Septuaginta nur wenn es vom Dienst oder von den Kultdienern in Israel redet: vom Gottesdienst des Mose[9] oder des Zacharias[10] oder des Christus, der sich selbst als Opfer dargebracht hat[11]. In einem Fall bezeichnet das Wort den christlichen Kult[12]; bezogen auf die Christen hat es normalerweise keinen rein kultischen Beiklang: Es beschreibt genauer den gegenseitigen Hilfsdienst wie die *Kollekte oder Almosen[13] und gibt ihnen den Charakter des Gottesdienstes.

[8] Röm 13, 6. – [9] Hebr 9, 21; 10, 11. – [10] Lk 1, 23. – [11] Hebr 8, 2. 6. – [12] Apg 13, 2. – [13] Röm 15, 27; 2 Kor 9, 12; Phil 2, 25. 30.

3. So läßt sich im Gebrauch verschiedener Worte dieselbe Entwicklung nachweisen: Solange sie sich auf Israel beziehen, haben sie kultische Bedeutung; doch dann beziehen sie sich auf eine persönliche Tat des Christus oder auf das christliche Leben im allgemeinen. So spricht man noch vom »Opfer« (gr. *thysia*) in bezug auf Abel, das goldene Kalb oder die vorgeschriebenen levitischen Opfer[14]; beim Opfer des Christus aber handelt es sich im Gegensatz dazu nicht um ein rituelles Opfer, sondern um seinen Tod und seine Verherrlichung[15]. Danach besteht das Opfer der Christen in ihrem Leben, ihrem Tod, ihren Almosen[16]. Die »heiligen Opfer«, die das »priesterliche Volk« darbringt, sind Gebet und tätige Liebe[17]. Auch die »*Opfergabe« (gr. *prosphora*) hat in bezug auf israelitische Bräuche rituellen Sinn[18]; dann bedeutet sie die freiwillige Opfergabe Christi[19], und in bezug auf Christen das apostolische Amt oder die tätige Liebe[20]. Dasselbe trifft auch für den Gebrauch des *priesterlichen Vokabulars zu (gr. *hiereus/hierateuma*). Es wird von den jüdischen Priestern und von Jesus Christus dem Hohenpriester gesprochen[21], aber nie von einem einzelnen christlichen Priester; das ganze Gottesvolk ist Priester, weil es die königliche Priesterschaft erhalten hat[22].

[14] Mk 12, 33; Lk 2, 24; Apg 7, 41f; Hebr 11, 4. – [15] Eph 5, 2; Hebr 9, 23. 26; 10, 12. 26. – [16] Röm 12, 1; Phil 2, 17; 4, 18. – [17] Hebr 13, 15; 1 Petr 2, 5. – [18] Apg 21, 26; 24, 17. – [19] Eph 5, 2; Hebr 10, 10. 14. – [20] Röm 15, 16; Phil 2, 17; 4, 18. – [21] Mt 8, 4; Hebr 2, 17. – [22] 1 Petr 2, 5. 9; Offb 1, 6; 5, 10; 20, 6 △.

4. Auch Johannes zeigt auf seine Weise, daß Jesus die alten Opfer abschaffte, selbst zum heiligen Tempel wurde[23] und den Raum für den Kult im Geist und in der Wahrheit schuf[24].

[23] Joh 2, 15. 21. – [24] Joh 4, 20–24.

→ *Einl.* IV. 6. A; XIII. – Amt – anbeten – beten – darbringen – dienen – Opfer – Priestertum

Kümmel
Gr. *kyminon,* lat. *nigella sativa.* Schwarze Gewürzsamenkörner, die man zusammen mit Pfeffer – gerne auf das Brot streute[1]. Die Pharisäer zahlten den *Zehnten[2] dafür, obwohl das vom Gesetz nicht vorgeschrieben war.

[1] Jes 28, 25. 27. – [2] Mt 23, 23 □.

küssen
Gr. *(kata-)phileō, philēma.* Erweis der Zuneigung und Zärtlichkeit[1]. Zeichen einer wahren oder fingierten Achtung[2]. Was den kultischen Brauch betrifft,

so erwähnt das NT den Kuß der *Götzen gar nicht[3], aber die Gebärde wird genannt: Sie soll die Einheit der Gemeinde zum Ausdruck bringen[4].

[1] Gen 29, 13; Ex 4, 27; Lk 15, 20; Apg 20, 37; vgl. Mk 9, 36; 10, 16. – [2] 2 Sam 20, 9f; Mt 26, 48f (= Mk 14, 44f = Lk 22, 47f); Lk 7, 38. 45. – [3] 1 Kön 19, 18; Hos 13, 2. – [4] Röm 16, 16; 1 Kor 16, 20; 2 Kor 13, 12; 1 Thess 5, 26; 1 Petr 5, 14 □.

→ anbeten

Kyrene, Kyrener

1. Gr. *Kyrēnē*. Stadt westlich des Nildelta, im heutigen Libyen. Die Kyrenaika war zuerst eine griechische Kolonie, dann wurde sie i. J. 75–74 v. Chr. römische prätorianische Provinz, und i. J. 67 v. Chr. Bestandteil von *Kreta, das i. J. 27 v. Chr. Senatsprovinz wurde[1].

[1] Apg 2, 10 □.

→ *Karte* 3

2. Gr. *Kyrēnaios*. Bezeichnung für zahlreiche Juden in der Kyrenaika, die in gespannten Verhältnissen mit der griechischen Bevölkerung lebten. *Simon trug das Kreuz Jesu[1].

[1] Mt 27, 32 (= Mk 15, 21 = Lk 23, 26); Apg 6, 9; 11, 20; 13, 1; vgl. 27, 17 □.

Kyrios
→ Herr – Meister

lachen
Gr. *gelaō*: »lachen, lachen über, sich lustig machen über«.
1. Dem biblischen Gesetz von der eschatologischen Umkehr der Lebenssituation entsprechend wird sich das Lachen der Zufriedenen in Weinen und Trauer wandeln[1], während das Weinen der Unglücklichen zum Lachen schattenloser Freude[2], zum Lachen aus vollem Herzen wird[3].
[1] Lk 6, 25; Jak 4, 9. – [2] Lk 6, 21. – [3] Ijob 8, 21; Ps 126, 2.

2. Das Lachen des Spötters zeigt, besonders wenn es einen leidenden Gerechten betrifft[4], seinen Unglauben angesichts eines unerwarteten Ereignisses[5]. Diese Spöttereien und Verhöhnungen (gr. *chleuazō, mykterizō, empaizō*), die an *Beleidigung grenzen, wurden durch den leidenden Jesus hervorgerufen[6], durch die Ankündigung der Auferstehung[7], durch das Wirken nach außen des Heiligen Geistes[8]; am Ende der Zeiten werden sie erneut ausbrechen[9].
[4] Ps 22, 8. – [5] Mt 9, 24 (= Mk 5, 40 = Lk 8, 53). – [6] Mt 27, 29. 31. 41; Mk 15, 20. 31; Lk 22, 63; 23, 11. 35f. – [7] Apg 17, 32. – [8] Apg 2, 13. – [9] 2 Petr 3, 3; Jud 18.

→ beleidigen – Freude – Trauer

Lade
Die Lade (hebr. *'arōn*) war ein hölzerner Kasten, der die »Bundestafeln« oder die Gesetzestafeln, auf denen der *Dekalog eingraviert war, enthalten haben soll[1]. Tragbares Heiligtum der Hebräer in der Wüste, sichtbares Zeichen der Anwesenheit Gottes[2]. Sie war im *Allerheiligsten des salomonischen Tempels aufgestellt und mit einer goldenen Deckplatte, der *Sühneplatte, bedeckt[3]. Später ist sie verschwunden, wahrscheinlich bei der Zerstörung des Tempels i. J. 587 v. Chr.
[1] Dtn 10, 1f; 1 Kön 8, 9; Hebr 9, 4. – [2] Num 10, 35f; 1 Sam 4, 3–7; Offb 11, 19 △. – [3] Ex 25, 17. 22.

lahm
Gr. *chōlos*. Lahme Menschen waren in Palästina ebenso oft zu treffen wie die Blinden. Nach dem Gesetz war ein Lahmer fürs Priesteramt nicht geeignet[1]; ihm galt aber auch die Zuwendung Gottes[2], Jesu[3] und der Apostel[4].
[1] Lev 21, 18. – [2] Jes 35, 6; Mt 11, 5 (= Lk 7, 22). – [3] Mt 15, 30f; 18, 8 (= Mk 9, 45); 21, 14; Lk 14, 13. 21. – [4] Apg 3, 2; 8, 7; 14, 8; vgl. Joh 5, 3; Hebr 12, 13 □.

Laken
Gr. *sindōn*. Ein Leinen- oder Wollstoff, der als Kleidung oder Schleier gebraucht wurde[1].
[1] Mk 14, 51f □.

→ Leinentuch

Lamm Gottes
1. In der *Offenbarung des Johannes wird der auferstandene Christus als geschlachtetes Lamm (gr. *arnion*) beschrieben[1], das doch Leben und Herrlichkeit hat[2]. Er führt den *Kampf und befreit das Gottesvolk mit der Kraft eines *Löwen[3]. Dieses Bild ist der apokalyptischen Literatur entnommen (Henoch), nach der die Herde nicht von einem starken *Tier, sondern von

einem Lamm angeführt wird. Das Lamm ist der Herr der Geschichte[4] und fordert die Menschen auf, ihm zu folgen[5], bis zu seinem Hochzeitstag[6].

[1] Offb 5, 6. 12; 13, 8; vgl. 7, 14; 12, 11. – [2] Offb 5, 8. 13; 7, 9f; 14, 1. – [3] Offb 5, 5; 17, 14. – [4] Offb 6, 1. 16f; 14, 10. – [5] Offb 7, 17; 14, 4; 15, 3. – [6] Offb 19, 7. 9; 21, 9.

2. Christus betrachtete man bald als Paschalamm (gr. *amnos*), das die Menschen um den Preis seines Blutes loskauft[7], bald als Erfüllung des prophetischen Typos des Gottesknechts, des stummen Lammes, das zur Opferstätte geführt wird[8].

[7] Ex 12, 5. 13; 1 Petr 1, 19; vgl. Joh 19, 36; 1 Kor 5, 7. – [8] Jes 53, 7; Apg 8, 32.

3. Nach der Schilderung von Joh stellt Johannes der Täufer Jesus als Lamm (gr. *amnos*) dar, das die Sünde der Welt hinwegnimmt[9]; diese Vorstellung nimmt die *apokalyptische Tradition von einem siegreichen Lamm auf und die *essenische Tradition vom *Messias, der die Welt von ihrer Sünde rein macht[10]. Ein Glaubender kann den Satz des Täufers als Hinweis auf das Paschalamm und auf den Gottesknecht verstehen.

[9] Joh 1, 29. – [10] vgl. 1 Joh 3, 4f.

Lampe

1. Gr. *lampas,* hebr. *lappīd*: scheint eher eine Fackel oder eine Laterne zu bezeichnen[1].

[1] Gen 15, 17; Ex 20, 18; Ri 7, 16; 15, 4; Jdt 10, 22; Ijob 41, 11; Sir 48, 1; Jes 62, 1; Ez 1, 13; Dan 10, 6. Mt 25, 1–8; Joh 18, 3; Apg 20, 8; Offb 4, 5; 8, 10 △.

2. Gr. *lychnos, lychnia,* hebr. *nēr, m^enōrā*. Zur Zeit Jesu aus Ton, rund und flach, mit einer Halterung für den Docht, mit *Öl gespeist und auf einen Aufsatz gestellt[1]. Sie brennt Tag und Nacht, an ihr entzündet man das *Feuer, sie gibt im dunklen *Haus *Licht[2]. Erlischt sie, so stockt das Leben[3]. Sie ist zum Leuchten bestimmt[4], darum kann sie Symbol für die *Wachsamkeit werden[5], für das Leuchten der Glaubenden und der Gemeinden[6], für das prophetische Wort[7] und für die Gegenwart Gottes[8] oder des Lammes[9]. Wenn die Kirchengemeinden gemeint sind[10], wäre es angemessener, vom Kandelaber oder von *Leuchter zu sprechen.

[1] Mt 5, 15 (= Mk 4, 21 = Lk 8, 16 = 11, 33). – [2] Lk 15, 8. – [3] Ijob 18, 5f; Spr 1, 9; Jer 25, 10; Offb 18, 23. – [4] Mt 6, 22; Mk 4, 21; Lk 11, 33f. 36. – [5] Ex 27, 20f; 2 Chr 29, 7; Lk 12, 35. – [6] Mt 5, 15; Phil 2, 15; Offb 11, 4. – [7] Joh 5, 35; 2 Petr 1, 19. – [8] 2 Sam 22, 29; Ps 119, 105; Spr 20, 27; Offb 22, 5. – [9] Offb 21, 23. – [10] Offb 1, 12f. 20; 2, 1. 5; vgl. Hebr 9, 2 △.

Laodizea

Gr. *Laodikeia.* Eine Stadt in *Phrygien (Kleinasien). Ihre Textilindustrie hatte jene von *Kolossä verdrängt[1]. Paulus sorgt sich um ihre, vielleicht von *Epaphras gegründete Christengemeinde[2] und schickt ihr einen heute verlorenen Brief[3]; an sie ist eine der sieben Botschaften der Offenbarung gerichtet[4].

[1] Vgl. Offb 3, 17f. – [2] Kol 1, 7; 4, 12f. 15. – [3] Kol 2, 1; 4, 16. – [4] Offb 1, 11; 3, 14 □.

→ Karte 2

Laster

1. Mängel und böse Neigungen, die Religion und Moral mißbilligen, werden im NT gern gebrandmarkt: Man findet 96 Begriffe, davon 83 in den paulinischen Schriften (30 nur in den *Pastoralbriefen).

2. Wie bei den volkstümlichen Philosophen und den *Stoikern, wie im Judentum und besonders in *Qumran, werden die Laster auch im NT listenartig aneinandergereiht[1]. Es ist bemerkenswert, daß im Unterschied zum *Tugendvokabular das der Laster weitgehend aus dem heidnischen Milieu entlehnt wurde, doch die Konzeption des NT unterscheidet sich grundlegend. In der griechischen Welt war man der Ansicht, die Laster kämen aus der Unwissenheit, aus der Torheit oder aus der menschlichen Schwäche. In Qumran ist man der Ansicht, die Taten eines Menschen entsprechen dem Geist, der ihn ganz und gar beherrscht: dem Licht oder der Finsternis. Für das NT dagegen gilt, daß die Laster aus dem Herzen des Menschen kommen[2], oder aus dem »Fleisch«[3], sie sind die Frucht der Sünde, nicht des Irrtums. Sie verursachen den Tod[4].

[1] Mt 15, 19 (= Mk 7, 21f); Röm 1, 29–31; 13, 13; 1 Kor 5, 10f; 6, 9f; 2 Kor 12, 20; Gal 5, 19–21; Eph 4, 31; 5, 3–5; Kol 3, 5. 8; 1 Tim 1, 9f; 6, 4f; 2 Tim 3, 2–5; Tit 3, 3; 1 Petr 4, 3; Offb 21, 8; 22, 15. – [2] Mt 15, 19 (= Mk 7, 21). – [3] Röm 7, 5. 18. 25; 8, 8; 13, 14; Gal 5, 16–19; Eph 2, 3; Kol 2, 18. 23; 1 Petr 2, 11; 2 Petr 2, 10. 18; 1 Joh 2, 16. – [4] Röm 1, 29–31; 8, 13; Gal 6, 8.

3. Der allgemeinste Ausdruck meint: »das, was sich nicht gehört« (gr. *ta mē katechonta*)[5] oder »das Böse« (gr. *ta ponēra*)[6]. Da die Listen kein Ordnungsprinzip enthalten, versuchen wir, die meistgenannten Laster drei Kategorien zuzuordnen.

[5] Röm 1, 28; vgl. Eph 5, 4. – [6] Mk 7, 23.

4. *Aufzählung*
- *Gegen Gott.* *Götzendienst, sakrale *Prostitution, *Magie, Hexerei, Gottlosigkeit, *Lästerung, Widerstand gegen Gott, *Hochmut, Ungerechtigkeit, *Torheit oder unsinniges Verhalten.
- *Gegen den anderen und gegen das Zusammenleben*
  – Die Verhaltensweisen, die zum Zwiespalt führen, nehmen den größten Raum ein. Nach ihrer Häufigkeit: Mord, Verleumdung, *Beschimpfung, Beleidigung, Hader, böse Absicht, leidenschaftliches Verhalten, *Zorn, *Eifersucht und *Neid, *Begierde, Schmähung, Streitsucht, Zwietracht, Schikanen, Arglist, Betrug und *Lüge, falsches *Zeugnis, Mangel an Herzlichkeit, *Heuchelei, *Haß...
  – Angriffe auf das Eigentum des anderen; *Habgier, Geiz, Gier, Raubsucht, Diebstahl...
- *Gegen die Reinheit im weiteren Sinn*
  – im allgemeinen: *Unreinheit, Unmoral, Mangel an Lebensart, unzüchtige Gesinnung, Liederlichkeit, *Ausschweifung, Verderbtheit, Sinnenlust...
  – *Ehebruch, *Unzucht, ungezügeltes Sexualleben, Homosexualität...
  – Orgien, Trinkereien, Schlemmereien aller Art, Völlerei...

lästern

1. Gr. *blas-phēmeō* (von *blas,* verwandt mit *blabē*: »Unrecht, Schaden« und *phēmi*: »sagen«): »beschimpfen, Übles reden gegen, verleumden«. Im Blick auf den heiligen Gott, dessen *Namen die Juden nicht einmal aussprechen wollen, werden die Lästerung und Entweihung der heiligen Dinge, die zu den für die Heiden typischen Verfehlungen gehören[1], mit *Steinigung bestraft[2]. Mehr noch, man darf nichts tun, was die Lästerung herausfordern könnte[3]. Dieses Wort kann, wie im Profangriechisch, auch im breiteren Sinne die

Schmähung gegen Gott, gegen seinen *Weg oder seine *Gesandten in Wort oder Tat bezeichnen[4].

[1] 2 Kön 19, 4. 6. 20–22; Röm 2, 24; Offb 13, 6. – [2] Lev 24, 16; Apg 6, 11. – [3] 1 Tim 6, 1; Tit 2, 5. – [4] Apg 13, 45; 18, 6; 1 Tim 1, 13; 1 Petr 4, 4; 2 Petr 2, 2; Offb 2, 9; 16, 9.

2. Hauptpunkt der Anklage gegen Jesus, der sich – besonders durch die Macht über die Sünden – göttliche *Gewalt aneignete[5]. Ablehnung der Person und des Wortes Christi[6].

[5] Mt 9, 3 (= Mk 2, 7 = Lk 5, 21); 26, 65 (= Mk 14, 64); Joh 5, 18; 10, 33. – [6] Apg 18, 6.

3. Die Lästerung gegen den Geist besteht darin, daß man die von Jesus vorgenommenen *Exorzismen dem *Teufel zuschreibt; nach einer anderen Meinung würde es sich dabei um eine Opposition gegen Gott handeln, der am Ende der Zeiten eingreift um die Sünden zu vergeben und die Menschen zu retten. Diese Stellung einzunehmen heißt es, sich dem verzeihenden Gott zu entziehen[7].

[7] Mt 12, 31f (= Mk 3, 28f = Lk 12, 10).

→ beleidigen – beschimpfen – verfluchen – verleumden

Laubhüttenfest
Hebr. *sukkōt,* gr. *skēnopēgia* (von *skēnē*: »Zelt« und *pēgnymi*: »einschlagen, festmachen«).
1. Herbst*fest aus Anlaß der Ernte[1] oder der Weinlese[2], um Gott zu danken und ihm einen Korb voller Früchte darzubringen[3]. Der Name des *Laubhüttenfestes* erinnert an die aus Zweigen gemachten Hütten, unter denen man während der Erntezeit kampierte und an jene Hütten, die man in Jerusalem für die sieben Festtage – die mit einem achten endeten – errichtete[4]. Von hier aus entsteht eine abgeleitete Bedeutung: die Erinnerung an den Wüstenzug, als die Hebräer unter Zelten Schutz suchten[5].

[1] Ex 23, 16. – [2] Ri 9, 27. – [3] Dtn 26, 2. – [4] Lev 23, 24–36; Num 29, 35; Joh 7, 2 □. – [5] Lev 23, 42f.

2. Eine Woche mit volkstümlichen Vergnügungen, Trinken und zusätzlichen Opfern. Die Liturgie geht über den Dank an Gott hinaus, sie gipfelt am siebten Tag in einem Gebet um *Regen: Bei diesem Libationsritus wurde Wasser aus dem Schiloachteich geschöpft, die Erzählungen von den Wundern des Exodus wurden gelesen und Prophetien, die mit dem Bild der Quelle die geistige Erneuerung des *Zion ankünden[6]. An diesem Tag tritt Jesus als derjenige auf, der den Durst stillen kann[7]. Joh 8, 12 konnte durch die Verkündigung Jesu als des Lichtes der Welt auf den Lichtritus vom Abend anspielen, der von sakralen Tänzen begleitet war.

[6] Sach 14, 16–19; Ez 47, 1–12; Jes 12, 3. – [7] Joh 7, 37f.

→ *Einl.* XIII. 3. B

laufen
Gr. *trechō*: »laufen«, und gr. *diōkō*: »nachlaufen, nachjagen, daher: verfolgen«. Die Worte werden sowohl im eigentlichen als auch im übertragenen Sinn gebraucht. Das Wort Gottes läuft schnell und erreicht sein Ziel[1]. Manchmal wird vom menschlichen Dasein als von einem Gehen gesprochen[2]; vom Lauf spricht man, wenn der eifrige Gehorsam oder eine dringende Aufgabe gemeint sind[3]. Schließlich benützt man, unter dem Einfluß der

Wett*kämpfe, das Bild vom Lauf im Sport*stadion[4], in dem uns der Vollender unseres Glaubens, unser »Vorläufer« vorausgeht (gr. *prodromos,* von *edramon,* einem Aorist von *trechō*)[5]. Es kommt darauf an, nicht vergebens zu laufen, sondern seinen Lauf zu vollenden[6].

[1] Ps 147, 15; Weish 18, 15; 2 Thess 3, 1. – [2] Joh 8, 12; 1 Joh 1, 6–7. – [3] Ps 119, 32; Jes 40, 31; Apg 13, 24f; 20, 24. – [4] 1 Kor 9, 24–27; Phil 3, 12–14. – [5] Hebr 6, 20 △; 12, 1f. – [6] 1 Kor 9, 26; Gal 2, 2; Phil 2, 16; 2 Tim 4, 7; vgl. Röm 9, 16.

Lazarus

Gr. *zōē,* entspricht *zēn*: »leben«.

1. Ein Bürger von *Betanien, Bruder von Marta und Maria, von Jesus ins Leben zurückgerufen[1].

[1] Joh 11, 1. 2. 5. 11. 14. 43; 12, 1. 2. 9. 10. 17 □.

2. Name eines Armen, der in einem *Gleichnis erwähnt wird; der einzige Fall, in dem eine fiktive Person einen Namen erhält; er wurde möglicherweise seiner Bedeutung wegen gewählt[1].

[1] Lk 16, 20. 23. 24. 25 □.

Leben

Gr. *zōē,* entspricht *zēn*: »leben«.

1. Im Begriff Leben steckt die Vorstellung einer Kraft, die sich vor allem im Atem (= *Seele) und dem *Blut zeigt[1]. Was sich bewegt, das hält man für »lebendig«; so wird auch das Wasser einer Quelle als »lebendiges Wasser« bezeichnet[2]. Nach der Grundvorstellung der Bibel ist Gott (der Vater) der Lebendige schlechthin, der einzig ursprünglich Lebendige; alles geschaffene Leben dagegen ist brüchig und vergänglich, gleichwohl kostbar in den Augen Gottes[3].

[1] Lev 17, 14. – [2] Joh 4, 10f; 7, 38. – [3] 1 Kön 17, 1; Ijob 7, 7; Ps 36, 10; Jes 40, 7f; Mt 6, 25–34; 16, 16; 26, 63; Joh 6, 57; Apg 14, 15; 1 Thess 1, 9; Hebr 10, 31; Offb 4, 9f.

2. Abgesehen von Paulus und Johannes wird im NT die atl. Vorstellung des Lebens weitergeführt. Das irdische Leben ist das Gut schlechthin, man identifiziert es mit der »Seele« (gr. *psychē*)[4]; doch der Mensch kann es durch die Güter, über die er verfügt, nicht sichern[5] – er hat es als eine Gabe von dem Lebendigen empfangen[6]. Fern von Gott sein, das ist wie tot sein[7]; leben, das heißt, sich von seinem Wort nähren[8], sich ihm in der Sorge um seine »Seele« völlig anvertrauen[9]. Darum wird Jesus, der diese Grundhaltung auf Erden gelebt hat, »der Lebendige«[10] schlechthin; kurz gesagt, das »ewige Leben« ist das eigentliche »Leben«[11].

[4] Mt 10, 39 (= Lk 17, 33); 16, 25f (= Mk 8, 35–37 = Lk 9, 24). – [5] Lk 12, 15. – [6] Apg 17, 25. – [7] Lk 15, 24. 32. – [8] Mt 4, 4 (= Lk 4, 4). – [9] Mt 6, 25 (= Lk 12, 22f). – [10] Lk 24, 5; Offb 1, 18; vgl. Apg 1, 3; 3, 15; 25, 19; Hebr 7, 25; vgl. Dtn 30, 19. – [11] Mt 38, 8f (= Mk 9, 43. 45).

3. Paulus gewinnt ein neues Verständnis des Lebens im Blick auf jenes Leben, das Jesus nach seinem Tod bei seiner Auferweckung erhalten hat[12]. Letztlich ist Leben Christus selbst[13]; das heißt, man muß sich durch den Glauben in den Lebendigen beschlagnahmen lassen[14], nicht mehr sich selbst leben, sondern für immer dem Herrn gehören[15]. Dies neue Leben beginnt zwar schon hienieden, doch erst nach der Zerstörung des letzten Feindes, des Todes, verwirklicht es sich voll[16].

[12] Röm 14, 9; 2 Kor 13, 4. – [13] Gal 2, 20. – [14] Röm 14, 7f; 2 Kor 5, 15. – [15] Phil 1, 21. – [16] 1 Kor 15, 22. 26; Gal 5, 25; Kol 3, 3f.

4. Johannes verstand das Leben im Zusammenhang mit dem präexistierenden Wort, der göttlichen Schöpferkraft[17]. Jesus bringt nicht nur das wahre Leben[18], er selbst ist das Leben[19], ein Leben, das auch reines Licht ist[20]. Dieses sein eigenes Leben gibt er aus Liebe zum Vater und zu den Menschen hin[21], um es aufs neue zu empfangen[22] und es in Fülle zu teilen[23]. Wenn der Mensch daran Anteil erhalten will, muß er glauben[24], er muß auch seine Brüder lieben, sonst bleibt er im Tod[25].

[17] Joh 1, 4; 1 Joh 1, 1f. – [18] Joh 6, 58; 10, 28. – [19] Joh 6, 35. 57; 11, 25f. – [20] Joh 8, 12. – [21] Joh 10, 15f; 15, 13; 1 Joh 3, 18. – [22] Joh 10, 17f. – [23] Joh 4, 14; 5, 26; 6, 35. 47. 51. 57; 10, 10; 1 Joh 5, 12. – [24] Joh 3, 15f; 6, 40. 47. – [25] 1 Joh 3, 14f.

→ ewig – Seele – Tod

Lebewesen

Gr. *zōa* (Plural von *zōon,* geht auf *zēn:* »leben« zurück): »Tiere«[1] oder in der Offenbarung des Johannes fremdartige Wesen, die im Anklang an die Vision der *Kerubim (Ez 1, 5–14) und der Serafim (Jes 6, 2f) beschrieben werden[2]. Einige alte Autoren verstehen sie als Sinnbild für die vier Evangelisten je nach den Anfängen ihrer Bücher: Mattäus als Mensch (mit dessen Genealogie er beginnt), Markus als den Löwen (die Wüste, in der der Täufer predigt), Lukas als den Stier (den Zacharias im Tempel opferte), Johannes als Adler (der die Tiefen des Wortes erforscht).

[1] Hebr 13, 11; 2 Petr 2, 12; Jud 10 △. – [2] Offb 4, 6–9; 5, 6. 8. 11. 14; 6, 1. 3. 5. 6. 7; 7, 11; 14, 3; 15, 7; 19, 4 △.

[Legat]

Lat. *legatus Augusti pro praetore*: Befehlshaber der *Legion, vom Kaiser mit seiner vollen Autorität delegiert; er hat den Rang eines *Statthalters der Provinz. Der Legat von *Syrien verfügte über 3 Legionen mit 18 bis 30000 Legionären.

Legion

Gr. *legiōn,* von lat. *legio.* Setzt sich aus 10 *Kohorten zusammen, umfaßt also 6 bis 10000 Menschen; die größte römische Armee-Einheit. Im NT gleichbedeutend mit »Menge«[1].

[1] Mt 26, 53; Mk 5, 9. 15; Lk 8, 30 □.

lehren

Gr. *didaskō,* hebr. *limmad* (davon: *Talmud). Lehren heißt nach dem Judentum, den *Willen Gottes dank einer besseren Kenntnis der Schrift vermitteln, und zwar nicht auf abstrakte Weise oder zwecks Entwicklung der geistigen Kräfte, sondern um einen Menschen zum Gehorsam Gott gegenüber aufzufordern. Wie die Juden, also von der konkreten Situation ausgehend, lehrt auch Jesus in den *Synagogen[1] oder im *Tempel[2]; außerdem lehrt er auch unter freiem Himmel[3]. Wie im Judentum üblich, spricht er von Gott, von seinem Königreich und von seinem Willen; er unterscheidet sich aber durch die Radikalität seiner Lehre, durch seine unvergleichliche »*Gewaltsvollmacht«, aus der er sich nur in den Streitgesprächen auf die Schrift zu berufen braucht[4] und die – laut Johannes – von seinem Vater stammt[5]; außerdem macht er den Nächsten und das Verhältnis zu seiner eigenen

Person zum Mittelpunkt dieser Lehre. In der Kirche ist die Lehre eine *Geistesgabe, die in der Auslegung der Schrift und in der aufbauenden Ermahnung besteht[6]. Der wichtigste Lehrer ist der Heilige *Geist, dessen Salbung wir empfangen haben[7].

[1] Mt 9, 35; 13, 54 (= Mk 6, 2 = Lk 4, 15); Mk 1, 21f (= Lk 4, 31f). – [2] Mt 21, 23 (= Mk 12, 35 = Lk 20, 1); 26, 55 (= Mk 14, 49); Lk 19, 47. – [3] Mt 5, 2; Mk 6, 34; Lk 5, 3; 13, 26. – [4] Mt 7, 29; Mk 1, 27; 11, 28. – [5] Joh 7, 16f; 8, 28; vgl. 6, 44f. – [6] Röm 12, 7; 1 Kor 14, 26. – [7] 1 Joh 2, 20. 27.

2. Es gibt – wie im Judentum – auch eine gewisse Art der Lehre (gr. *didachē*)[8], die zur Amtsfunktion werden kann[9]. Diese amtliche Funktion der Belehrung (gr. *didaskalia*), die bei den Juden ausgeübt wird[10], gibt es auch bei den Christen[11] und sie wird mit der Zeit zum Charakteristikum der apostolischen Belehrung, die im Unterschied zu den falschen Lehren[12] gesund, gut und heilsam ist[13].

[8] Apg 2, 42; 5, 28; 13, 12; 17, 19; Röm 6, 17; 16, 17. – [9] 2 Tim 4, 2f; Hebr 6, 2; 2 Joh 9f. – [10] Mt 15, 9 (= Mk 7, 7). – [11] 1 Kor 12, 28f; Eph 4, 11. – [12] Mt 16, 12; Eph 4, 14; Kol 2, 22; 1 Tim 4, 1; Offb 2, 14f. 24. – [13] 1 Tim 1, 10; 4, 6; 6, 3; 2 Tim 4, 3; Tit 1, 9; 2, 1.

3. In der jüdischen Gesellschaft hat der Meister (gr. *didaskalos,* hebr. *rabbi*[14], gr. *epistatēs*[15]) großes Ansehen; seine Autorität wird in der Gestalt des »Lehrers der Gerechtigkeit« aus *Qumran einprägsam typisiert: er ist Priester, Exeget, Gesetzesausleger, er offenbart die Geheimnisse Gottes, ist Vater der Gemeinde, Träger des Heiligen Geistes, eschatologischer Prophet, der zum Heil bringen soll. Jesus ließ sich als *Meister anreden; man verlangte von ihm, daß er in juristische Probleme eingreife und *Streitfragen entscheide[16]; er hat seine *Jünger beauftragt, diese Aufgabe nach ihm zu übernehmen, jedoch ohne den nur für ihn vorbehaltenen Titel[17]; sie sollten in seinem Namen handeln[18]. Durch den Geist werden diese Lehrer dann zu *charismatischen Katecheten[19].

[14] Joh 1, 38; 20, 16. – [15] Lk 8, 24. 45; 9, 33. 49; 17, 13. – [16] Mt 22, 24; Lk 12, 13f. – [17] Mt 23, 8; 20; Mk 14, 14. – [18] Apg 4, 18; 5, 28. – [19] Joh 14, 26; Apg 13, 1; 1 Kor 12, 28; Eph 4, 11.

→ *Einl.* IX. 1. 2; XII. 1; XII. 3. B. – Rabbi – unterweisen – verkündigen

Lehrer

Gr. *didaskalos* (von *didaskō*: »lehren«).
1. Der *Schriftgelehrte in seiner Eigenschaft als der *Lehrende[1]. Dieser Begriff wird manchmal verdeutlicht als *nomo-didaskalos*: »Gesetzeslehrer«[2].

[1] Lk 2, 46; Joh 3, 10; Röm 2, 20 △. – [2] Lk 5, 17; Apg 5, 34; 1 Tim 1, 7 △.

2. Ein Christ, der die *Gnadengabe beziehungsweise den Lehrauftrag erhalten hat[3]. Es wäre geziemend, dieses Wort nicht mit »Meister« zu übersetzen, denn es gibt nur einen Lehrer, einen Meister[4].

[3] Apg 13, 1; 1 Kor 12, 28f; Eph 4, 11; 1 Tim 2, 7; 2 Tim 1, 11; 4, 3; Hebr 5, 12; Jak 3, 1 △. – [4] Mt 23, 8.

→ *Einl.* XII. 1. C. – Herr – lehren – Meister – Rabbi – Schriftgelehrter – Stuhl des Mose

Leib

Gr. *sōma* gibt das hebr. *bāśār* wieder, das auch mit *sarx*: »Fleisch« übersetzt wird. Das Wort bezeichnet üblicherweise den Organismus von Fleisch und

Knochen, der dem einzelnen Menschen ständig zur Verfügung steht[1] und der bei seinem Tod zum Leichnam wird[2] (häufig wird dafür gebraucht gr. *ptōma*[3]). Manchmal meint das Wort, griechischer Auffassung folgend, das, was die Vielfalt der Glieder zur Einheit macht[4]. In der Bibel ist mit Leib im allgemeinen das gemeint, was dem Menschen die Beziehung zu seinen Mitmenschen und zum Weltall ermöglicht; er gibt ihm die Fähigkeit, sich zum Ausdruck zu bringen.

[1] Mt 5, 29f; 6, 22f (= Lk 11, 34. 36). 25 (= Lk 12, 22f) 1 Kor 5, 3; 7, 34; 9, 27; 13, 3; Gal 6, 17; Jak 2, 16. – [2] Mt 27, 52. 58 (= Mk 15, 43 = Lk 23, 52 = Joh 19, 38); Lk 17, 37 (vgl. Mt 24, 28); 23, 55; 24, 3. 23; Joh 19, 40; 20, 12; Apg 9, 40. – [3] Mt 14, 12 (= Mk 6, 29); 24, 28 (vgl. Lk 17, 37); Mk 15, 45 (vgl. 15, 43); Offb 11, 8f △. – [4] Röm 12, 4; 1 Kor 12, 12–26.

1. Der Leib bezeichnet die Person unter dem äußeren, sichtbaren Aspekt[5], so daß das Wort sogar einem Personalpronomen gleich sein kann[6]. Die Würde des Leibes beruht vor allem in der Zeugungskraft[7]. Die »Sünde gegen den Leib«[8] meint wahrscheinlich die Sünde gegen die menschliche Persönlichkeit, insofern sie sich nach außen zum Ausdruck bringt. Es gibt keinen Katalog der Sünden des Leibes, nur einen Katalog der Sünden des Fleisches[9]. Um den Leib kämpfen die Kräfte des Fleisches und des Geistes.

[5] Röm 6, 12; 12, 1. – [6] Vgl. 1 Kor 6, 19 und 3, 17; oder 1 Kor 6, 15 mit Eph 5, 30. – [7] Röm 1, 24; 4, 19; 1 Kor 6, 13–20; 7, 4. – [8] 1 Kor 6, 18. – [9] Gal 5, 19.

2. Paulus stellt die Würde des Leibes nicht in Frage, doch er entwirft eine besondere Theologie. Das Fleisch, in dem die *Sünde wohnt[10], hat sich dem Leib unterjocht. Seitdem gibt es einen »sündhaften Leib«, weil die Sünde den Leib beherrschen[11] und ihn zum Tod führen kann[12]. Der Leib wird dann mit dem schwachen *Fleisch identisch[13]; er bezeichnet das zum Sklaven der Sünde gewordene menschliche Selbst.

[10] Röm 7, 20. – [11] Röm 6, 6. 16. – [12] Röm 7, 24; 8, 10. – [13] Röm 6, 12; 8, 13.

3. Christus hat den »fleischlichen Leib« angenommen[14] und ist zum Ort geworden, wo sich *Versöhnung vollzieht. »Der von der Sünde beherrschte Leib« des Gläubigen wird vernichtet[15]; er sagt sich los von diesem fleischlichen Leib, der dem Tod geweiht ist[16]. Jetzt kann er Gott in seinem Leib verherrlichen, »seinen Leib als Opfer darbringen« in einem lebendigen *Gottesdienst[17]. Dadurch, daß Christus uns sich einverleibt, macht er aus unseren Leibern seinen einzigen Leib. So wird der Leib, im Gegensatz zum Fleisch, *auferstehen[18]. Er ist ein elendes Wesen, das *umgewandelt wird in einen *verherrlichten, einen geistigen Leib[19]; und dies nicht durch ein einfaches Hinüberwechseln, sondern durch einen klaren Bruch hindurch[20].

[14] Kol 1, 22. – [15] Röm 6, 6. – [16] Kol 2, 11. – [17] Röm 12, 1; 1 Kor 6, 20. – [18] Röm 8, 11; 1 Kor 6, 14. [19] 1 Kor 15, 44; Phil 3, 21. – [20] 2 Kor 5, 8.

→ *Einl.* V. 2. B. – Fleisch – Geist – Knochen – Leib Christi – Menschen – Seele

Leib Christi

Gr. *sōma tou Christou*.
1. *Der Leib Jesu.* Während seines irdischen Lebens hat Jesus sich, so wie jeder andere Mensch, leiblich ausgedrückt[1]; dieser dem Tod ausgelieferte Leib[2] wurde am Morgen nach dem Sabbat nicht mehr gefunden[3]. Er ist ja zum *Tempel des neuen *Kults geworden[4], zum geistigen Leib[5]. Unsere

hinfälligen Leiber werden eines Tages verwandelt in die Gestalt seines verherrlichten Leibes[6].

[1] Mt 26, 12 (= Mk 14, 8); Hebr 10, 5; vgl. 1 Joh 4, 2. – [2] Mt 27, 58 (= Mk 15, 43 = Lk 23, 52 = Joh 19, 38); Lk 23, 55; Joh 19, 40; Röm 7, 4; Kol 1, 22; Hebr 10, 10; 1 Petr 2, 24. – [3] Lk 24, 3. 23; Joh 20, 12. – [4] Joh 2, 18–22. – [5] 1 Kor 15, 44. – [6] Phil 3, 20f.

2. *Der eucharistische Leib*. Jesus benutzte diesen Ausdruck, um damit seine neue, *eucharistische Gegenwart zu bezeichnen[7], an der wir Anteil haben um so einen einzigen Leib zu bilden[8].

[7] Mt 26, 26 (= Mk 14, 22 = Lk 22, 19 = 1 Kor 11, 24). – [8] 1 Kor 10, 16f.

3. *Der Leib Christi*. Der Ausdruck hat einige Vorstufen. Paulus nahm zunächst das hellenistische Vorbild auf und bezeichnete die Glaubenden als viele Glieder, die Christus zur Einheit eines Leibes verbindet[9]. Gleichzeitig betrachtete er alle Christen als Glieder Christi[10]; dieser Gedanke ist semitisch. Semitischer Herkunft ist auch in den Gefangenschafts*briefen die Vorstellung von der *Kirche als Leib Christi, der Juden und Heiden vereinigt[11]; je stärker die Kirche wächst, desto deutlicher wird sie zum Ausdruck Christi[12].

[9] Röm 12, 4f; 1 Kor 12, 12–27; vgl. Gal 3, 27. – [10] 1 Kor 6, 15. – [11] Eph 1, 22f; 2, 14–16; 3, 6; 4, 4; 5, 23. 30; Kol 1, 18. 24; 2, 17. 19; 3, 15. – [12] Eph 4, 12. 16.

leiden
Gr. *paschō*: »Eine Empfindung haben, leiden«.
1. Jesus Christus hat gelitten und ist gestorben. Der Tatbestand wird im NT stets betont[1]; diese Leiden wurden von Jesus angekündigt[2], vom Auferweckten und von den Glaubenden dem Heilsplan Gottes zugeordnet[3]. So ergeben sie einen Sinn, die Befreiung von der Sünde[4]: Christus hat für uns gelitten[5], weil er »Mit-Leiden« mit unseren Schwächen hatte[6]. Diese Interpretation wurde dadurch möglich, daß Jesus, gleichwie der Knecht Jahwes, gestorben ist und in den Himmel erhoben wurde[7].

[1] Lk 22, 15; Apg 1, 3; Hebr 2, 18; 5, 8; 13, 12; 1 Petr 2, 23; 5, 1. – [2] Mt 16, 21 (= Mk 8, 31 = Lk 9, 22); 17, 12 (= Mk 9, 12); Lk 17, 25. – [3] Lk 24, 26. 46; Apg 3, 8; 17, 3; 26, 23; 1 Petr 1, 11. – [4] 1 Petr 3, 18. – [5] 2 Kor 1, 5; 1 Petr 2, 21. – [6] Hebr 4, 15. – [7] Jes 53; Phil 2, 8–11; Hebr 2, 9f.

2. Der Jünger Christi ist zur »Teilhabe« an den Leiden Christi gerufen[8], so daß alles, was in sich selbst keinen Sinn hat, in einen großen Zusammenhang gebracht wird und von ihm her Wert erhält[9]: der Glaubende ergänzt seinerseits, was den Leiden Christi mangelt[10] und kann »mit-leiden« mit den anderen[11]. Trost kann ihn erfüllen, denn die *Herrlichkeit ist durch die Leiden eines Augenblicks hindurch[12] schon am Werk. So kann er das Paradox von der *Glückseligkeit der Verfolgten verstehen[13].

[8] Apg 9, 16; 2 Kor 1, 5; Phil 3, 10; 1 Petr 4, 1. 13; Offb 2, 10. – [9] Röm 8, 17; Jak 5, 10. – [10] Phil 1, 29; Kol 1, 24; 2 Tim 2, 3. – [11] 1 Thess 2, 14; 2 Thess 1, 5; 2 Tim 3, 11; Hebr. 10, 34; 1 Petr 3, 8; 5, 9. – [12] Röm 8, 18; 2 Kor 1, 5f; 1 Petr 5, 10. – [13] Mt 5, 10–12 (= Lk 6, 22f; 1 Petr 3, 14.

→ Probe – Verfolgung

Leiden
→ Plage

Leidenschaften
→ Begierde

Leidensgeschichte
→ Passion Christi – Prozeß Jesu

Lein(en)
Der Lein wurde in Ägypten und Palästina angebaut[1]; er wurde für das Gewebe von kostbaren *Stoffen (hebr. *bad,* gr. *linon*) verwendet, die vor allem für kultische *Kleidung bestimmt waren[2]. Das hebr. Wort *šēš, būṣ,* gr. *byssos,* scheint eine besonders gute Leinenqualität zu bezeichnen, die bei den Priestern und reichen Leuten beliebt war[3] Aus diesem Stoff waren die für die *Beerdigung bestimmten *Leinentücher und *Binden.

[1] Ex 9, 3; Jos 2, 6. – [2] Lev 6, 3; 16, 4. 23; 2 Sam 6, 14 Dan 10, 5; 12, 6f; Offb 15, 6. – [3] Gen 41, 42; Ex 39, 28; 2 Chr 5, 12; Spr 31, 22; Lk 16, 19; Offb 18, 12. 16; 19, 8. 14 □.

Leinenbinde
→ Binde

Leinentuch
1. Gr. *sindōn.* Ein großes Stück aus feinem Stoff, in das man den Leichnam für die *Beerdigung einwickelte[1].

[1] Mt 27, 59 (= Mk 15, 46 = Lk 23, 53).

→ *Einl.* VIII. 2. D. b. – Laken
2. Gr. *lention* (von lat. *linteum*). Ein Stück Stoff, das man als Schürze oder als Handtuch verwenden konnte[1].

[1] Joh 13, 4f □.

Lenden
1. Gr. *nephroi.* Wie Gott, so »prüft« auch der Auferstandene »Herz und Nieren«[1], d. h. die geheimen Bereiche des Menschen, wo die verborgenen Pläne entstehen und sich glühende Leidenschaften entflammen.

[1] Jer 11, 20; 17, 10; Offb 2, 23 △; vgl. Ps 139, 12f; Joh 2, 25.

2. Gr. *osphys.* Die Lenden bezeichnen auch die Hüftgegend, in der sich die Kraft des Mannes konzentriert[2]; man muß sie umgürtet halten um für den Kampf gerüstet zu sein[3]. In ihnen konzentriert sich die Zeugungskraft[4].

[2] Ijob 40, 16. – [3] Lk 12, 35; Eph 6, 14; 1 Petr 1, 13; vgl. Mt 3, 4; Mk 1, 6. – [4] Gen 35, 11; Apg 2, 30; Hebr 7, 5. 10 △.

Lendenschurz
Gr. *zōnē.* Eine Art Stoffkilt oder eine mehr oder minder lange, um die Lenden geschlungene Fellschürze. Aus dieser alten Bekleidung der Kanaaniter wurde ein der Unterhose entsprechendes Kleidungsstück. Was Johannes den Täufer betrifft, so kann es sich um einen den *Mantel zusammenhaltenden Gürtel handeln oder um die prophetische Kleidung, d. h. um einen Lendenschurz und einen Mantel[1].

[1] 1 Sam 2, 18; Jer 13, 1f; Mt 3, 4 (= Mk 1, 6); vgl. 2 Kön 1, 8; Sach 13, 4 □.

→ Gürtel – Kleidung

Lepton
Gr. *lepton* von *leptos*: »winzig, fein« (*lepō*: »die Hülle entfernen, schälen«), zu ergänzen *nomisma*: »das, was offiziell gebräuchlich ist, Geld«. Die kleinste griechische und römische Münze, aus Bronze (ungefähr 1,55 g) von geringem Wert (1/8 *As). Manchmal mit dem Obolus oder dem Chalkos gleichgesetzt. Einige Übersetzer schlagen vor, das Wort mit »Pfennig« oder »Heller« zu übersetzen[1].

[1] Mk 12, 42; Lk 12, 59; 21, 2 □.

→ Münzen

Leuchter
Gr. *lychnia*.
1. *Hausgerät* als Traggestell für die Lampen[1].

[1] Mt 5, 15 (= Mk 4, 21 = Lk 8, 16 = 11, 33).

2. *Kultobjekt*: im *Heiligtum befand sich ein siebenarmiger Leuchter[2]; die Römer haben ihn dann erbeutet; seine Darstellung ist seit 81 auf dem Triumphbogen des *Titus in Rom abgebildet; er ist ein Symbol der Hoffnung Israels. In der Offenbarung des Johannes bezeichnet dieses Wort die Kirchen[3].

[2] Hebr 9, 2. – [3] Sach 4, 1–14; Offb 1, 12f. 20; 2, 1. 5; 11, 4 □.

→ Lampe

Levi
Gr. *Leui, Leuei*, hebr. *Lēwī*; die Bedeutung ist unklar, nach der Volksetymologie: »sich verbinden, sich heften an«.
1. Sohn von *Jakob und Lea, *Eponym des priesterlichen *Stammes der *Leviten[1].

[1] Gen 29, 34; Dtn 33, 8–11; Hebr 7, 5. 9; Offb 7, 7 □.

2. Ein Zöllner, der Mt 9, 9 Mattäus genannt wird[1].

[1] Mk 2, 14; Lk 5, 27. 29 □.

[Levirat]
Von lat. *levir*: »Schwager«. Eine Vorschrift, durch die das Fortleben des Namens und die Sicherung des Familienvermögens gewährt werden sollte: der älteste Bruder eines ohne Nachkommen verstorbenen Mannes mußte die Witwe heiraten[1]. Es ist eine Ausnahme in den Regelungen über die Verwandtschaftsehe[2]. Der Brauch wird durch die Geschichten von Tamar[3] und Rut[4] veranschaulicht und auch durch die Gewissensfrage, mit der die *Sadduzäer Jesus lächerlich machen wollten[5].

[1] Dtn 25, 5–10. – [2] Lev 18, 16; 20, 21. – [3] Gen 38. – [4] Rut 2, 20; 3, 12. – [5] Mt 22, 23–33 (= Mk 12, 18–27 = Lk 20, 27–38).

→ *Einl.* VIII. 2. B. e. – Ehe

Leviten
Gr. *Leuitēs,* hebr. *lēwī.* Die Nachkommen des priesterlichen Stammes Levi[1], ehemals Priester an den ländlichen Kulthöhen, wurden sie zu einer Art

niederem Klerus, der nicht zum *Altar treten durfte² und der mit Aufgaben betraut war, die den Kult begleiten sollten: Musizieren, Vorbereitung der Opfer, Annahme des Zehnten³; die Leviten stellten auch die Tempelpolizei.

¹ Dtn 33, 8–11; Lk 10, 32; Joh 1, 19; Apg 4, 36; Hebr 7, 11. – ² 2 Kön 23, 9; Ez 44, 10–16. – ³ Hebr 7, 5. 9 □.

→ *Einl.* VIII. 2. C; XIII. 1. A. b. – Aaron – Hoherpriester – Levi – Priester – Priestertum – Zehnt

[Liber Antiquitatum Biblicarum]
Atl. *Apokryph. Ein erbauendes *Buch über die biblischen Altertümer,* d. h. über die Heilsgeschichte von Adam bis Saul. Wir besitzen eine lateinische Übersetzung, die auf einer griechischen aus dem hebräischen Original verfertigten Version beruht. Christliche Interpolationen lassen sich nicht erkennen. Das Werk wird vor 70 n. Chr. datiert. Fälschlicherweise wurde es Philo zugeschrieben, daher die Angabe, es stamme von »Pseudo-Philo«.

Libyen
Ein Land westlich von *Ägypten, an *Kyrene angrenzend¹.
¹ Apg 2, 10 □.

Licht
Gr. *phōs,* hebr. *'ōr.*
1. Von Gott geschaffen, bezeichnet es die Helligkeit¹, die die Sonne², das *Feuer³ und die *Lampen⁴ ausstrahlen.

¹ Gen 1, 3. 5; Joh 11, 9f. – ² Offb 22, 5. – ³ Mk 14, 54 (= Lk 22, 56). – ⁴ Lk 8, 16; 11, 33; 15, 8; Apg 16, 29; 2 Petr 1, 19; Offb 18, 23; 22, 5.

2. Licht ist Symbol des Glücks, des Wohlstands und der Freude⁵ und kommt von Gott, der selbst Licht ist⁶ und in seinen Herrlichkeitsoffenbarungen vom Licht umgeben ist⁷, so bei der *Verklärung Jesu⁸ oder in der Damaskuserscheinung⁹ oder auch wenn er seine Engel *bekleidet¹⁰. Die Jünger Jesu sollen der Welt das Licht bringen¹¹ und am hellen Tage reden¹². Der *Morgenstern glänzt schon in ihren Herzen, während sie auf das Licht des himmlischen *Jerusalem warten¹³.

⁵ Ps 27, 1; Jes 58, 8; Am 5, 20; Mt 4, 16; Lk 1, 79; 2. 32. – ⁶ Ps 36, 10; 1 Tim 6, 16; 1 Joh 1, 5. – ⁷ Ps 104, 2; Ez 43, 2. – ⁸ Mt 17, 2. 5. – ⁹ Apg 9, 3; 22, 6. 9. 11; 26, 13. – ¹⁰ Apg 12, 7. – ¹¹ Mt 5, 14. 16; Lk 12, 35. – ¹² Mt 10, 27; Lk 12, 3. – ¹³ 2 Petr 1, 19; Offb 21, 23f; 22, 5.

3. Nach Paulus erstrahlt in unseren *Herzen das Licht durch die Vermittlung Christi, als Abglanz der *Herrlichkeit Gottes¹⁴, so daß es sich nicht mit der *Finsternis vermischen kann¹⁵. Der Glaubende ist »Kind des Lichts« geworden¹⁶, was zum untadeligen Leben führt¹⁷ und zur Ausstrahlung des Lichts verpflichtet¹⁸. Im *Kampf gegen *Satan, der sich als *Engel des Lichts verkleidet¹⁹, gilt es, die Waffen des Lichts zu ergreifen²⁰. Doch der Vater des Lichts wird alles ans Licht bringen²¹.

¹⁴ 2 Kor 4, 4. 6; Kol 1, 12; 2 Tim 1, 10. – ¹⁵ 2 Kor 6, 14. – ¹⁶ Eph 5, 8; 1 Thess 5, 5; vgl. Lk 16, 8. – ¹⁷ Eph 5, 9. – ¹⁸ Phil 2, 15. – ¹⁹ 2 Kor 11, 14. – ²⁰ Röm 13, 12. – ²¹ 1 Kor 4, 5; vgl. Jak 1, 17.

4. Nach Johannes ist Jesus Christus das wahre Licht²², das die Glaubenden in Kinder des Lichts verwandelt²³. Das Licht liegt im *Kampf gegen die Finster-

nis[24], der Mensch muß sich zwischen ihnen entscheiden, d. h. er muß in Jesus glauben und seine Brüder lieben[25].

[22] Joh 1, 4; 8, 12; 9, 5; 12, 35. 46. – [23] Joh 12, 36. – [24] Joh 1, 9; 1 Joh 2, 8. – [25] Joh 3, 19–21; 1 Joh 2, 10.

→ Finsternis – Herrlichkeit – Tag

Liebe

1. Das hebr. Wort *'ahābā* wird in der Bibel durch das gr. *agapē* übersetzt. Das Substantiv kommt in der Profansprache fast überhaupt nicht vor, nicht selten dagegen das Zeitwort *agapaō*: »mit Zuneigung aufnehmen«, besonders in bezug auf ein Kind, einen Gast. Dieser Begriff will den wohlüberlegten Charakter einer zärtlichen »Zuneigung zu« jemand aussagen (gr. *phileō, philia*). Das Wort *erōs* (»Liebe aus Leidenschaft«) wird nie gebraucht. Kennzeichnend für das atl. Verständnis der Liebe ist ihre wesensmäßige Bindung an die *Erwählung. Die ersten biblischen Autoren zeigen, noch ehe das Deuteronomium diesen Gedanken systematisch darstellte, daß Gott die Menschen oder das Volk erwählt, daß er zu ihren Gunsten handelt usw. *Gerechtigkeit, *Gesetz, *Gnade, *Erbe – das alles sind Kundgebungen der Liebe Gottes, der immer Initiative ergreift[1]. In der prophetischen Tradition wird, angefangen mit Hosea, die Liebe Gottes als eine leidenschaftliche – weil treue – eheliche Liebe geschildert[2]. Es wird ständig betont, daß die Antwort des Menschen nur in der Gottesliebe bestehen kann, die sich im *Gehorsam und in der *Treue bestätigt[3]. Das Gesetz befiehlt, daß man seinen *Nächsten liebe wie sich selbst[4], d. h. so wie das eigene Leben, das man nicht hassen kann.

[1] Dtn 6, 5; 7, 6–11. – [2] Jes 54, 4–8; Jer 2; 3, 6–10; 31, 3f; Hos 1–3; 11. – [3] Ex 20, 6; Dtn 10, 12f. – [4] Lev 19, 18.

2. Die *synoptische Tradition,* die Jesus als den *geliebten (gr. *agapētos*) Sohn[5] darstellt, spricht dennoch nicht ausdrücklich von der Liebe Gottes zu den Menschen, sondern von seiner *Barmherzigkeit[6]; Jesus offenbarte die Liebe Gottes nicht durch direkte Aussagen, sondern indirekt durch sein Verhalten und seine Lehre[7]. Das Neue im Vergleich mit dem AT besteht darin, daß er das *Gebot der *Nächstenliebe dem Gebot der Gottesliebe zuordnet und es auf ihm gründet[8]; er sprengt die Grenzen der jüdischen Tradition radikal, indem er verlangt, daß man die *Feinde liebt[9].

[5] Mt 3, 17 (= Mk 1, 11 = Lk 3, 22); 12, 18; 17, 5 (= Mk 9, 7 = Lk 9, 35); Mk 12, 6 (= Lk 20, 13). – [6] Mt 9, 13 (= 12, 7). – [7] Mt 18, 33; Lk 15. – [8] Mt 22, 37. 39 (= Mk 12, 30f. 33 = Lk 10, 27). – [9] Mt 5, 43–46; Lk 6, 27. 32. 35.

3. *Paulus* folgt dem AT, wenn er normalerweise Liebe und *Erwählung verbindet[10]; die »Berufenen« sind die »Geliebten« (gr. *agapētoi*)[11]. Die Liebesinitiative wird in der *Heilstat offenkundig[12]; so ist Jesus selbst derjenige, der indem er sich ausliefert, seine Liebe offenbart[13]. Die Liebe entreißt die Menschen dem *Zorn und *versöhnt sie mit Gott, denn die Liebe ist stärker als der Tod[14]. Gott und Liebe sind in gewisser Weise austauschbare Begriffe[15]. Die Liebe Christi wird schließlich als eheliche Liebe dargestellt, und das nicht, um ein erotisches Symbol aus ihr zu machen, sondern um die Liebe aus Erwählung und die Treue zu betonen[16].

Der gerecht gemachte Gläubige erkennt, dank dem Geist, daß Gott ihn liebt[17]. Seine Antwort besteht in der Kundgabe seiner (An)erkennung und in der Hingabe seines Glaubens (der mit der Liebe verbunden ist)[18]. Die Liebe selbst wird ziemlich selten erwähnt[19]. Der Gläubige soll seinen Nächsten lieben[20]. Der Glaube stiftet zwar die brüderliche Liebe[21], aber es ist eben die Liebe, die einem gläubigen Dasein seine Echtheit verleiht[22]. Sie allein bringt die Gemeinde der Gläubigen hervor, der *Leib Christi[23].

[10] Röm 9, 13. 25; 11, 28. – [11] Röm 1, 7; Kol 3, 12. – [12] Röm 5, 8; 8, 35. – [13] 2 Kor 5, 14f; Gal 2, 20; 2 Thess 2, 13; Eph 3, 19; 5, 2. – [14] Röm 8, 37; 1 Kor 15, 55; 2 Kor 5, 1; 1 Thess 1, 10. – [15] 2 Kor 13, 11. 13. – [16] Eph 5, 25. – [17] Röm 5, 5; 15, 30. – [18] Eph 6, 23; 1 Thess 1, 3; 3, 6; 5, 8; 1 Tim 1, 14. – [19] Röm 8, 28; 1 Kor 2, 9; 8, 3. – [20] Röm 13, 8–10; Gal 5, 14. – [21] Gal 5, 6. – [22] 1 Kor 13, 1–8. – [23] 1 Kor 8, 1; 14, 1; 16, 14; Eph 1, 15; 3, 17; 4, 16; Phil 2, 1; Kol 2, 2; 2 Thess 1, 3.

4. **Johannes** geht so weit, daß er Gott und die Liebe (gr. *agapē*) identifiziert[24]. Gott hat uns als erster geliebt, indem er seinen Sohn gesandt hat[25]. Der Mensch muß mit der Liebe antworten, mit derjenigen, die den Sohn mit dem Vater verbindet[26]; die Gläubigen sind in diese Liebesbeziehung einbezogen[27] und sollen den Vater und den Sohn mit gleicher Liebe lieben[28]. Diese Liebe stiftet die brüderliche Liebe[27], und sie soll ihrerseits, wie bei Paulus, die Echtheit des Glaubens bekräftigen[30].

[24] 1 Joh 4, 8. 16. – [25] 1 Joh 3, 1. 16. – [26] Joh 14, 31 1 Joh 4, 19. – [27] Joh 17, 26. – [28] Joh 14, 21. – [29] Joh 13, 34; 1 Joh 4, 21. – [30] 1 Joh 3, 10; 4, 7f. 20f.

5. Das Zeitwort *phileō* bezeichnet mehr die Zuneigung zu jemand oder etwas[31]. Es wird selten zur Bezeichnung der Gottesliebe benutzt[32], sondern vor allem, um die freundschaftliche Liebe Jesu[33], die er auch von den Gläubigen verlangt, auszudrücken. Manchmal dient es dazu, um die Liebe zu Gott oder zu Jesus zu bezeichnen[34], und man kann keinen Unterschied im Vergleich mit dem Zeitwort *agapaō* erkennen[35]. Vor allem aber dient es zur Bezeichnung der brüderlichen Liebe bzw. der Bruderliebe (lat. *caritas*)[36]. Die emotionale Liebe wird manchmal mit Worten, die sich von gr. *stergō*[37] ableiten bezeichnet, die Kameradschaft mit gr. *hetairos*[38].

[31] Mt 6, 5; 23, 6; Lk 7, 6; 11, 5–8; 14, 10. 12; 15, 6–9. 29; 16, 9; 21, 16; 20, 46; 23, 12; Joh 19, 12; Apg 10, 24; 19, 31; 27, 3; 28, 2. 7; Tit 1, 8; Jak 4, 4 3 Joh 9. 15; Offb 22, 15. – [32] Joh 5, 20; 16, 27; Tit 3, 4; Jak 2, 23. – [33] Mt 11, 19 (= Lk 7, 34); Lk 12, 4; Joh 3, 29; 11, 3. 11. 36; 15. 13–15; 20, 2; Offb 3, 19. – [34] Mt 10, 37; Joh 16, 27; 1 Kor 16, 22; 2 Tim 3, 4. – [35] Joh 21, 15–17. – [36] Röm 12, 10; 1 Thess 4, 9; Tit 2, 4; 3, 15; Hebr 13, 1; 1 Petr 1, 22; 3 8; 2 Petr 1, 7. – [37] Röm 1, 31; 12, 10; 2 Tim 3, 3. – [38] Mt 11, 16; 20, 13; 22, 12; 26, 50.

→ Auserwählung – Barmherzigkeit – Geist Gottes – Geliebter – Gott

Lied

Gr. *ōidē* (von *aidō*: »singen, preisen«): Lied, Lobgesang. Die Christen gaben während des Gottesdienstes ihrem Glauben Ausdruck in den *Hymnen der Freude[1]. Ihre Lobgesänge lassen sich von den biblischen *Psalmen, die zu dieser liturgischen Gattung gehören, nur schwer unterscheiden[2]. *Plinius berichtet i. J. 112, daß die Christen für Christus Lieder sangen wie für einen Gott *(carmen Christo quasi deo dicere)*. Spuren dieser Lieder kann man in der Offenbarung des Johannes entdecken[3].

[1] Eph 5, 19; Kol 3, 16; Offb 5, 9; 14, 3; 15, 3 △. – [2] 1 Kor 14, 15. 26; Eph 5, 19; Kol 3, 16; Jak 5, 13 △. – [3] Offb 5, 9f. 12–14; 7, 12; 11, 15f; 12, 10–12; 15, 3f; 19, 1f. 6–8.

→ *Einl.* IX. 6. – Doxologie – Hymnus – Psalmen

Lilie
Gr. *krinon*, hebr. *šūšan*. Ein Sammelbegriff für verschiedene wildwachsende Feldblumen mit auffallend starken Farben (Lilie, Herbstzeitlose, Iris, Tulpe, Narzisse). Mt 6, 28 (= Lk 12, 27) sind vielleicht die Anemonen gemeint, deren rote Farbe an die königliche Kleidung Salomos erinnern konnte[1].
[1] Vgl. Hld 2, 1f. 16; 4, 5; 6, 2f; Hos 14, 6 □.

Lippen
Gr. *cheilos*. Durch sie werden die Absichten des *Herzens offenbar[1]. Das Wort, die »Frucht der Lippen«, bedeutet, den *Namen Gottes *bekennen[2] und ihn verkünden[3].
[1] Ps 141, 3; Spr 10, 32; 26, 23; Jes 29, 13; Mt 15, 8 (= Mk 7, 6); Röm 3, 13; 1 Petr 3, 10. – [2] Ps 51, 17; Jes 6, 5; 57, 19; Zef 3, 9; Hebr 13, 15. – [3] 1 Kor 14, 21 □.

[Literarische Einheit]
Eine in sich abgeschlossene *Perikope oder eine Reihe von Perikopen.
→ Sequenz

[Literarische Gattung]
1. Art zu reden nach einer feststehenden Form. So z.B. die Gattung Brief: von 13 500 antiken Briefen haben 4500 den gleichen Briefbeginn (»Protokoll«) und dasselbe Briefende, und zwar in einer Zeitperiode von etwa 1000 Jahren.
2. Die literarische Gattung setzt voraus, daß Formen des Lebens, Tuns, Denkens, Schreibens nach den je persönlichen Vorstellungen abgewandelt werden können. So bringt etwa Paulus eine Änderung in die Gattung Brief, wenn er die Freude *(chara),* die man sich üblicherweise wünschte, durch die Gnade (gr. *charis*) ersetzt.
3. Neben den verschiedenen Gattungen, die sich auf die Jesus zugeschriebenen Worte beziehen (**logia,* Lebensregeln, *Gleichnisse usw.), finden wir in Evangelien die Darstellung seines Wirkens in der Form von Wunderberichten, Paradigmen, Streitgesprächen, Berichten über Jesus, Summarien usw.
4. Die Feststellung der jeweiligen literarischen Gattung basiert auf der *Literarkritik und führt nicht unmittelbar zur kritischen Beurteilung der geschichtlichen Wahrheit des Berichteten.

→ Allegorie – Apokalypse – Formgeschichte – Gestalt – Gleichnis – Redaktionsgeschichte – Sitz im Leben

[Literarkritik]
Wissenschaftliche Methode, der es darum geht, die Frühgeschichte, die Struktur und den Sinn eines Textes, insbesondere durch die Quellenkritik, aufzuspüren.

Lobgesang
→ Lied – Psalmen

[Logia]
Plural des gr. Wortes *logion*: »Antwort des Orakels, Wort, Spruch«.
1. Ein Spruch, der nicht unbedingt in den jetzigen Kontext zugehört: z. B. Mt 5, 13; 5, 15.
2. Papias (100–130 n. Chr.) verfaßte eine *Auslegung der Worte des Herrn*: ihm folgend glauben die Bibelwissenschaftler, daß die *synoptischen Evangelien auf eine Sammlung von Worten Jesu zurückgreifen konnten; sie wird oft mit dem Siglum *Q bezeichnet.

→ Agrapha – Exegese – Literarische Gattung – Q – Sitz im Leben – Tomasevangelium

Logos
Das gr. Wort bedeutet: »Wort, Spruch, Rede«. Es übersetzt das hebr. *dābār*, das sowohl das gesprochene *Wort[1], wie auch Sache, Ding, Angelegenheit bezeichnen kann[2]. In der johanneischen Literatur ist das personifizierte *Wort gemeint[3].

[1] Mt 7, 24. 28; 8, 8; 15, 12; Lk 4, 32. 36. – [2] Mt 21, 24 (= Mk 11, 29 = Lk 20, 3); Apg 8, 21; 15, 6. – [3] Joh 1, 1. 14; 1 Joh 1, 1; Offb 19, 13.

→ Wort

Lohn
Gr. *misthos*: »Gehalt, Bezahlung, Lohn, Sold, Honorar«, daher der »Söldner/Lohnarbeiter« (gr. *misthōtos*) und die »gerechte Belohnung« (gr. *misth-apo-dosia*).
1. Das NT kennt die Entlohnung im strengen Sinne: »der Arbeiter verdient seinen Lohn«[1]; man muß mit denen, die man dingt, den »Lohnarbeitern«[2], eine gerechte Bezahlung verabreden[3]. Es ist eine schwere Sünde, den Lohn eines Arbeiters zurückzuhalten[4]. Im übertragenen Sinn bedeutet Lohn die unausweichliche Folge einer Handlung[5].

[1] Lk 10, 7 (vgl. Mt 10, 10); Joh 4, 36; Röm 4, 4; 1 Kor 3, 8. 14; 9, 17f; 1 Tim 5, 18; Offb 22, 12; vgl. Mt 20, 8. – [2] Mk 1, 20; Lk 15, 17. 19. – [3] Mt 20, 2; Lk 3, 14. – [4] Lev 19, 13; Dtn 24, 14; Jak 5, 4. – [5] Röm 1, 27; 6, 23; Hebr 2, 2; 10, 35; 2 Petr 2, 13.

2. Wenn man nach den Beziehungen zu Gott fragt, gilt für die *Belohnung nicht mehr das Diktat der ausgleichenden Gerechtigkeit. Der Lohnarbeiter kümmert sich nur um seinen Verdienst[6], der Glaubende aber empfängt alles von Gott, nicht als Geschuldetes, sondern als eine *Gabe[7]. Einzig in diesem Sinn spricht man von dem belohnenden Gott und von einer Entlohnung[8], die letztlich Gott selbst ist[9].

[6] Joh 10, 12f. – [7] Mt 20, 14f; Röm 4, 4f. – [8] Mt 5, 12; 6, 1; 10, 41f; Hebr 11, 6; Offb 11, 18. – [9] Mt 6, 4–18.

→ *Einl.* XIV. 2. A. – Belohnung – Gerechtigkeit

Lösegeld
Gr. *lytron*[1], *antilytron*[2], abgeleitet von *lyō*: »losreißen, losbinden, befreien«. Ein Lösegeld wird für die Freilassung eines Kriegsgefangenen bezahlt; es ist auch die Summe, die man für den Rückkauf eines Sklaven ausgibt.

[1] Mt 20, 28 (= Mk 10, 45) □. – [2] 1 Tim 2, 6 □.

→ befreien – Erlösung – freikaufen

lösen

Gr. *lyō* (und Zusammensetzungen): »losmachen, vernichten«. Man bindet ein Eselsfohlen los[1], gelöst werden die Schuhriemen[2], die Binden[3], die Ketten eines Gefangenen[4], ein Siegel[5], das Eheband[6], die Fessel der Krankheit (wie einen Ochsen von der *Krippe)[7], des Gesetzes und der Schrift[8] oder des Sabbat[9], schließlich die Fessel der Sünde[10] und des Todes[11]. Der Sinn von »vernichten« ist nur in bezug auf den Tempel[12], das Werk Gottes oder des Teufels[13], ein Hindernis[14], den menschlichen Körper[15] und die Elemente des Weltalls[16] sicher. Besteht irgendein Zusammenhang zwischen diesen zwei Bedeutungen? Mann kann das Gesetz des *Sabbat oder der *Sünde bildhaft mit den Fesseln verbinden, die aus dem Menschen einen Sklaven machen, und von denen die Kirche loslösen kann[17]. Der Begriff ist praktisch gleichbedeutend mit: »(sich) von etwas befreien«. Schließlich bezeichnet er manchmal das Werk der *Erlösung[18].

[1] Mk 11, 2–5. – [2] Mk 1, 7 (= Lk 3, 16); Apg 7, 33; 13, 25. – [3] Joh 11, 44. – [4] Apg 22, 30; vgl. Offb 9, 14f; 20, 3. 7. – [5] Offb 5, 2. – [6] 1 Kor 7, 27. – [7] Mk 7, 35; Lk 13, 12. 15f. – [8] Mt 5, 17. 19; Joh 7, 23; 10, 35. – [9] Joh 5, 18. – [10] 1 Joh 3, 8. – [11] Apg 2, 24. – [12] Mt 24, 2 (= Mk 13, 2 = Lk 21, 6); 26, 61 (= Mk 14, 58); 27, 40 (= Mk 15, 29); Joh 2, 19; Apg 6, 14. – [13] Apg 5, 38f; Röm 14, 20; Gal 2, 18; 1 Joh 3, 8. – [14] Eph 2, 14. – [15] 2 Kor 5, 1. – [16] 2 Petr 3, 10–12. – [17] Mt 16, 19; 18, 18; vgl. Lk 6, 37. – [18] Offb 1, 5.

→ binden und lösen – freilassen – verzeihen

[Löser]

Hebr. Wort *gō'ēl* bezeichnet den nahen Verwandten, der verpflichtet ist, Güter oder Personen loszukaufen, die in Besitz eines Fremden gelangt sind. Er ist Erlöser, Verteidiger, Beschützer der Interessen der einzelnen Person und der Gruppe, besonders in Sachen Erbteilung, Unfruchtbarkeit oder Rache[1].

[1] Lev 25, 25–55; Num 35, 19; Dtn 25, 5.

→ *Einl.* VIII. 2. A. a. – Erlösung

Lot

Gr. *Lōt*, hebr. *lōṭ*, etymologisch unsicher. *Abrahams Neffe, der mit ihm nach Kanaan auswanderte[1]. Inmitten der Sünder von Sodom blieb er »gerecht« und wurde durch Gott gerettet[2]. Das Strafgericht, das seine Mitbürger traf, erinnert an den »*Tag des *Menschensohnes«; dasjenige, das seine Frau traf, mahnt, »an jenem Tag« nicht wieder umzukehren[3].

[1] Gen 11, 27. 31; 13, 1–13. – [2] Gen 19. – [3] Weish 10, 6f; Sir 16, 8; Lk 17, 28f. 32; 2 Petr 2, 6–8 □.

Löwe

Gr. *leōn*. Ein wildes Tier, das aus den unbewohnten Gebieten um den Jordan bis in das jüdäische Weideland vordringen konnte[1]. Seiner Stärke wegen ist er Bild des brutalen Feindes[2], des mächtigen Gotteswortes[3], des Sieges des Helden, des Löwen aus Juda[4].

[1] Jer 49, 19; Mi 5, 7. – [2] 2 Kön 17, 25; Dan 6, 4–24; 2 Tim 4, 17; Hebr 11, 33; 1 Petr 5, 8; Offb 9, 8. 17; 10, 3; 13, 2. – [3] Jer 25, 30; Offb 4, 7; 10, 3. – [4] Gen 49, 9f; Num 23, 24; 1 Sam 17, 34; Offb 5, 5 □.

→ Tiere

lügen

Gr. *pseudomai.* Lügen meint nicht nur eine Täuschung durch das Aussehen oder durch Worte, die nicht dem Sein und Denken entsprechen[1]; wer lügt, der zerbricht die zwischenmenschliche Beziehung[2] und die Beziehung zu Gott, der nicht lügt[3]. Die *Wahrheit besteht ja in zwischenmenschlicher Beziehung; lügen heißt also ins Verderben stürzen, die Solidarität zerstören, den anderen töten[4].

[1] Ex 20, 16; Joh 8, 55; Röm 9, 1; 2 Kor 11, 31; 1 Tim 2 7; 4, 2; Tit 1, 12; Jak 3, 14; Offb 3, 9. – [2] Ps 78, 36; 101, 7; Spr 6, 19; 30, 8; Jer 9, 4f; 13, 25; Mt 5, 1; Röm 1, 25; 3, 4. 7; Eph 4, 25; Kol 3, 9; 1 Tim 1, 10; 1 Joh 1, 6; 2, 4. 21f; 4, 20; Offb 14, 5; 21, 8. 27; 22, 15. – [3] Ps 89; Tit 1, 2; Hebr 6, 18; 1 Joh 1, 10; 2, 27. – [4] Joh 8, 40–44; 2 Thess 2, 9.

→ Heuchler – Irrtum – Laster – Wahrheit

Lukas

Gr. *Loukas,* möglicherweise ein Diminutiv des lat. *Lucanus.* Heidnischer Herkunft, Arzt, Reisebegleiter des Paulus; dies deuten die Abschnitte der Apg an, die in der ersten Person Plural (»Wir-Berichte«) geschrieben sind[1]. Lukas ist der Verfasser des dritten Evangeliums und der *Apostelgeschichte[2].

[1] Apg 16, 10–17; 20, 5–15; 21, 1–18; 27, 1–28, 16. – [2] Kol 4, 14; 2 Tim 4, 11; Phlm 24 □.

[Lukasevangelium]

Wahrscheinlich nach 70 (Zerstörung Jerusalems) und vor 80–90 n. Chr. von einem Griechen verfaßt, den die Überlieferung mit dem medizinisch gebildeten Reisebegleiter des Paulus (Kol 4, 14) identifiziert. In diesem Evangelium kommen zahlreiche Überlieferungen zu Wort; es wurde für Christen aus dem hellenistischen Kulturkreis verfaßt und bildet den ersten Teil eines Werks, das zusammen mit der *Apostelgeschichte den *Heilsplan Gottes nachzeichnet.

→ *Einl.* XV

Lydda

Gr. *Lydda,* hebr. *Lōd,* zwischen Tel Aviv und Jerusalem. Eine alte Stadt, in der Petrus den Äneas heilte und wo sich gegen Ende des 1. Jh. v. Chr. ein bedeutendes Zentrum *talmudischer Studien entwickelt hatte, mit zwei berühmten *Rabbinen: Elieser ben Hyrkan und Aqiba[1].

[1] 1 Chr 8, 12; Apg 9, 32. 35. 38 □.

→ *Karte* 4

Lykaonien

Gr. *Lykaonia.* Gebiet im Hochland der heutigen Türkei, im Norden von *Kilikien, seit 25 v. Chr. mit der römischen *Provinz *Galatien vereint. Man sprach *griechisch aber auch die Muttersprache. Paulus brachte den in diesem Gebiet liegenden Städten *Ikonium, *Lystra und *Derbe das Evangelium[1].

[1] Apg 14, 6 □.

→ *Karte* 3

Lysias
Gr. *Lysias*. Ein *Oberst griechischer oder orientalischer Herkunft, hatte aber das römische *Bürgerrecht und war mit der Aufrechterhaltung der Ordnung in Jerusalem betraut. Er griff bei dem Aufruhr gegen Paulus ein[1]; sein Name wird nur zweimal erwähnt[2].

[1] Apg 21, 31–23, 30. – [2] Apg 23, 26 (und 24, 7); 24, 22 □.

Lystra
Gr. *Lystra, Lystroi*. Eine kleine Stadt in *Lykaonien, nordwestlich von *Ikonium. Wurde 6 v. Chr. römische Kolonie[1].

[1] Apg 14, 6. 8. 21; 16, 1f; 2 Tim 3, 11 □.

→ *Karte* 2

Macht
Das Wort übersetzt vor allem das gr. *dynamis*; es umfaßt nicht, wie *exousia* (»Gewalt«) den vorgegebenen Rahmen, in dem die Macht ausgeübt wird, sondern erstreckt sich auf die Vorstellung der Kraft *(ischys, kratos)* mitsamt einer potentiellen Möglichkeit (eine Kraft, die bereit ist, wirksam zu werden); Jesus verdankt seine *dynamis* eher der *Salbung durch den Geist, seine *exousia* dagegen ist eher an seine *Sendung durch Gott gebunden.

1. Die Alten glaubten, die Welt sei von Kräften belebt, die sich auf verschiedene Weise äußern: der starke Mann, der durch seine Würde oder seinen Stand hervorgehobene Mann, der Staat, die unpersönlichen Chaosmächte, die Geister, die sich gegenseitig bekriegen. Während in den benachbarten Religionen ein gewisser Dualismus verbreitet war, sieht die Bibel – ohne die Wirklichkeit dieser »Mächte«[1] in Frage zu stellen – in Gott den Allmächtigen[2], den Schöpfer des Alls, der durch seine Großtaten in die Geschichte eingreift[3] und der durch seinen Geist die Fähigkeiten des Menschen[4] steigert.

[1] Mt 24, 29 (= Mk 13, 25 = Lk 21, 26); Röm 8, 38; 1 Kor 15, 24; Eph 1, 21; 1 Petr 3, 22. – [2] Mk 14, 62; Lk 1, 49. – [3] Mt 22, 29 (= Mk 12, 24). – [4] Mt 19, 26 (= Mk 10, 27 = Lk 18, 27); Mk 14, 36; Joh 3, 3.

2. Jesus hat offenbart, daß der Allmächtige Gott *Vater ist, daß also am Ursprung seiner Macht die *Liebe ist. Jesus hat das Wirken dieser Allmacht in seinen *Wundern (*dynameis*: »Machttaten«)[5] gezeigt, in unerwarteten Taten der Güte, die er dank einer ihm innewohnenden Kraft vollbringt[6]; diese Kraft gibt er seinen Jüngern[7]. So hat Jesus den *Gegner entmachtet[8].

[5] Mt 12, 22–30; Lk 19, 37. – [6] Mk 5, 30; Lk 4, 14; Apg 10, 38. – [7] Apg 1, 8; 4, 7. 33; 6, 8. – [8] Mk 3, 26f; Lk 10, 19.

3. Die christliche Meinung erklärte, daß alles, auch die *Herrschaften und Mächte, in und auf Christus hin geschaffen ist[9]; die *Auferstehung hat den Sieg der Allmacht[10] über die Mächte schlechthin, also den *Tod und die *Sünde[11], wirksam besiegelt. Gewiß, Sünde und Tod wirken weiterhin in der Welt, doch sie werden vernichtet, wenn Christus die Herrschaft seinem Vater zurückbringt[12].

[9] Kol 1, 16. – [10] Röm 1, 4; 2 Kor 13, 4; Phil 3, 10. – [11] 1 Kor 15, 56. – [12] 1 Kor 15, 20; Offb 1, 18; 20, 14.

4. Auch wenn sich die von der Personifizierung dieser Mächte geprägte Kosmologie in unsere Vorstellungen nur schwer einfügt, bleibt es doch dabei, daß Sünde und Tod wirksam sind. Deswegen soll die Vorstellung von Gott als dem Allmächtigen Vater beibehalten werden. Damit ist letztlich gesagt, daß die Liebe stärker ist als der Tod und darin auch stärker als die Sünde, die die letzte Ursache des Todes ist. Jesus hat den Sinn dieser Macht gezeigt, indem er sie in Dienst und Hingabe, bis zur Aufopferung seines Lebens übte.

→ Gewalt – Herrschaften – Wunder

Mächte
Gr. *dynameis,* Plural von *dynamis*: »Macht«. Wird auch mit »*Herrschaften«, »Gewalten« übersetzt[1].

[1] Mt 24, 29 (= Mk 13, 25 = Lk 21, 26); Röm 8, 38; 1 Kor 15, 24; Eph 1, 21; 1 Petr 3, 22 □.

→ Herrschaften – Macht

Magadan
Ein sonst unbekannter Ort am Ufer des Sees *Gennesaret; Mk 8, 10 nennt ihn *Dalmanuta[1].

[1] Mt 15, 39 □.

Magdalene
Heimat der Maria aus Magdala[1] (vgl. hebr. *migdol*: »Turm«), eine Stadt am See von *Galiläa, nördlich von *Tiberias. Gelegentlich wird sie mit *Magadan und mit *Dalmanuta identifiziert. Bezeichnung für Maria-Magdalena.

[1] Mt 27, 56.

Magie
Gr. *mageia*. Erhebt den Anspruch, mit verschiedenen Mitteln eine okkulte Macht über die Gottheit auszuüben: magische Knoten, Beschwörung von Geistern, von Toten oder von *Sternen, Zauberformeln, Zauberwerk, Wahrsagerei, Hexerei (gr. *pharmakeia*). Die Magie war in der antiken Welt stark verbreitet[1]; sie drang trotz der Verbote durch das Gesetz in Israel ein[2]. Das NT lehnt sie entschieden ab[3].

[1] Ex 7, 11; Jes 47, 9; Apg 8, 9. 11; 13, 6. 8; 19, 19; Offb 9, 21; 18, 23. – [2] Ex 22, 17; Lev 19, 26. 31; Num 23, 23; Dtn 18, 10f; 1 Sam 28; 2 Kön 9, 22; 17, 13; Mi 5, 11. – [3] Gal 5, 20; Offb 21, 8; 22, 15.

→ *Einl.* IV. 6. D; VI. 4. C. b. – Götzendienst –Laster – Orakel

Magier
Gr. *magos*. Nach Herodot ursprünglich Name eines persischen Stammes mit priesterlichen Funktionen, der sich auf die Erklärung von Phänomenen am Himmel verstand, Sterndeuter[1]. Bei den von Mt erwähnten handelt es sich um weise Männer, die mit der jüdischen Welt nicht vertraut waren[2]; man kann weder sagen, daß sie »Könige« waren, noch daß es sich um »drei« gehandelt hätte. In der griechischen Umwelt: Zauberer[3].

[1] Jer 39, 3. 13; Dan 1, 20; 2, 2. 10. 27; 4, 4; 5, 7. 11. 15. – [2] Mt 2, 1. 7. 16. – [3] Apg 8, 9. 11; 13, 6. 8 □.

Mahl
1. Wie bei den Griechen, gab es auch bei den Juden nach dem Frühstück, das man vor Arbeitsbeginn einnahm, zwei Mahlzeiten[1]: die eine, ziemlich leicht, im Lauf des Vormittags oder gegen Mittag (*ariston*[2]) und die andere, die Hauptmahlzeit, am Abend (*deipnon*[3]). Man setzte oder legte sich auf die Erde[4] oder auf Liegepolster[5], auf die linke Seite gelehnt, aß mit der Hand vom Brotfladen. Gewöhnlich begnügte man sich mit Brot, Wasser und Früchten, am Abend kam eine warme Speise dazu. Fleisch und Wein galten als Luxus und kamen nur bei großen Gelegenheiten, von denen es übrigens nicht wenige gab, auf den Tisch[6]; daher Schlemmereien und Trinkgelagen[7].

[1] Lk 14, 2. – [2] Joh 21, 12. – [3] Lk 17, 8. – [4] Mt 14, 19. – [5] Am 2, 8; 6, 4; Joh 13, 23. – [6] Mt 14, 6; 22, 2; Lk 15, 22–32; Joh 2, 1. – [7] Gal 5, 21.

2. Manchmal wurde durch das Mahl ein *Bund sanktioniert[8]. Im gemeinsamen Mahl kommt die Verbundenheit im lebenserhaltenden Essen zum Ausdruck; diese Tischgemeinschaft beruht auf dem Sinn der *Gastfreundschaft[9] und der Einheit der Herzen, andernfalls wäre sie satanischer Verrat[10]. Auf diese Weise hat Jesus seine Liebe zu den »Sündern« bezeugt[11]. Gleichwie die

Propheten[12], hat er das himmlische Glück als ein fröhliches Festmahl geschildert[13] und das *eschatologische Mahl erhofft[14].

[8] Gen 26, 30; 31, 46. 54. – [9] Lk 7, 36–50. – [10] Ps 41, 10; Jer 41, 1f; Joh 13, 18. 26f. – [11] Lk 15, 1f; 19, 2–10. – [12] Jes 25, 6. – [13] Mt 8, 11; Lk 13, 29; vgl Offb 3, 20. – [14] Mt 26, 29; Lk 22, 30.

3. Das Mahl, das den Höhepunkt der rituellen *Opfer bildete, war Zeichen für die *Gemeinschaft mit Gott[15]; dies gilt auch für das *Herrenmahl[16]. Beim »Brotbrechen«[17] dagegen konnte es sich auch nur um ein gewöhnliches Mahl, Ausdruck der brüderlichen Gemeinschaft, handeln, das doch aber zum Herrenmahl werden konnte[18].

[15] Ex 18, 12; 24, 11; 1 Kor 10, 18. 20f. – [16] 1 Kor 10, 16f. – [17] Apg 2, 42. 46. – [18] 1 Kor 11, 20–34.

4. Was das letzte Mahl Jesu betrifft, so sind sich die Bibelwissenschaftler nicht einig darüber, ob es für ein jüdisches *Paschamahl gehalten werden darf, denn nach den Synoptikern hat Jesus das Paschamahl am Donnerstagabend, am Vortag seines Todes gefeiert[19], nach Johannes dagegen starb Jesus unmittelbar vor Beginn des jüdischen Paschamahls[20]. Drei Hypothesen wurden vorgetragen: a. ein Paschamahl, das Jesus aus freien Stücken vorweggenommen hätte; b. ein Paschamahl nach einem nicht offiziellen *Kalender; c. ein brüderliches Mahl, das Jesus dem Paschamahl nachgestaltet hätte. Nach der letzten Hypothese hat Jesus den jüdischen Ritus des *Pascha nicht durch einen anderen Ritus erfüllt, sondern durch den Akt seines Opfertodes, der im Augenblick des Pascha geschah.

[19] Mt 26, 17. 20 (= Mk 14, 12. 17); Lk 22, 15f. – [20] Joh 18, 28; 19, 14. 31.

→ Herrenmahl – Pascha

5. Die Mahlzeiten, die der Auferstandene mit seinen Jüngern hielt[21] erinnern an die Gelegenheiten, bei denen Jesus auf Erden mit den Seinen gegessen hat, gleichzeitig sind sie Vorwegnahme des eschatologischen Festmahls.

[21] Lk 24, 30; Joh 21, 13; Apg 1, 4; 10, 41.

→ *Einl.* VIII. 1. D. – Agape – Brot – Brotbrechen – Feste – Wein

Makedonien
Gebiet im Norden Griechenlands. Seit 146 v. Chr. römische *Provinz. Paulus durchquerte oder besuchte sie oft[1].

[1] Apg 16, 9f. 12; 18, 5; 19, 21f. 29; 20, 1. 3; 27, 2; Röm 15, 26; 1 Kor 16, 5; 2 Kor 1, 16; 2, 13; 7, 5; 8, 1; 9, 2. 4; 11, 9; Phil 4, 15; 1 Thess 1, 8; 4, 10; 1 Tim 1, 3 □.

→ Einl. IV. 3. C. – Philippi – Thessalonich – *Karte* 3

[Makkabäer]
1. Hebr. *maqqābī*, Beiname des Judas, dritten Sohnes des Mattatias, der den jüdischen Widerstand gegen den Bedrücker Antiochus Epiphanes (166–161 v. Chr.) organisierte. Beiname, der den sieben Martyrerbrüdern gegeben wurde. Der Begriff könnte von *maqqebet* abgeleitet sein: »Hammer«; er würde dann dem Beinamen Karl Martell entsprechen.
2. *Das erste Buch der Makkabäer* erzählt die jüdische Geschichte von 175 bis 135 v. Chr. Es wurde zu Beginn des 1. Jh. v. Chr. unter Alexander Jannai (103–76) hebräisch verfaßt, doch wir besitzen nur die griechische Version. Ein *deuterokanonisches Buch.

3. *Das zweite Buch der Makkabäer* erzählt dieselbe Geschichte auf eine vermeintlich erbaulichere Weise. Es wurde gegen 120 v. Chr. griechisch geschrieben. Ein *deuterokanonisches Buch.
4. *Das dritte Buch der Makkabäer* ist ein zwischen dem 1. Jh. v. Chr. und dem 1. Jh. n. Chr. entstandenes griechisches *Apokryph. Es hat mit den beiden vorher genannten kanonischen Büchern nichts gemeinsam. Auf romanhafte Weise erzählt es den Triumph der Juden über ihre Feinde.
5. *Das vierte Buch der Makkabäer* ist ein griechisches *Apokryph aus dem 1. Jh. n. Chr. Eine stoisch geprägte Rede, die von der Erzählung vom mutigen Martyrium der Makkabäer ausgeht.

Mammon
Gr. *mamōnas,* aram. *māmōn*: »Reichtum«; das Wort ist mit der Wurzel *'mn* zu verbinden: »das, was sicher ist, auf was man zählen kann, was dauert«. Der Begriff erscheint in der späten biblischen und rabbinischen Literatur im bezug auf den ungerechten Reichtum. Ebenso im NT[1].

[1] Sir 31, 8; Mt 6, 24; Lk 16, 9. 11. 13 □.

→ Reichtum – Silber

[Mandäismus]
Glaubenslehren und Riten einer gnostischen und baptistischen Sekte, die sich im Süden Mesopotamiens niedergelassen hatte. Der Begriff leitet sich von aram. *manda*: »Erkenntnis« her; die Mitglieder der Sekte werden auch *Nazoräer (möglicherweise von der Wurzel *nṣr*: »beobachten«) und Sabäer (von der Wurzel *sbʿ*: »Bäder«) genannt. In den ziemlich späten Texten wird ein gnostischer *Dualismus (Licht/Finsternis) erkennbar, babylonische, iranische, manichäische und selbst moslemische Einflüsse. Sie enthalten auch einige Ähnlichkeiten mit dem NT, vor allem mit dem Evangelium nach Joh; doch kann man schwerlich von einer gegenseitigen Abhängigkeit sprechen. Die mandäische Sprache ist östliches *Aramäisch.

[Manichäismus]
Eine Lehre, die auf Mani, einen Perser des 3. Jh. n. Chr. zurückgeht. Nach ihr sind das Gute und das Böse zwei ursächliche Prinzipien des Seins, die voneinander unabhängig sind und sich ständig bekämpfen.

Manna
Gr. *manna*: »Weihrauchkorn«, nimmt das gr. *man* auf, durch das die *Septuaginta das hebr. *mān* übersetzt. Eine volkstümliche Etymologie (hebr. *mā hū*: »was ist das?«[1]) weist hier auf die geheimnisvolle Herkunft der Nahrung, die Gott seinem Volk während des *Wüstenzugs gab[2]. Dieses Ereignis wurde im Lauf der biblischen Überlieferung verschieden interpretiert: Hilfe und *Probe für Israel[3], geistliche Nahrung[4], Typos für die *Gabe Christi[5], *eschatologische Speise[6].

[1] Ex 16, 15. – [2] Ex 16; Num 11, 7–9; Hebr 9, 4. – [3] Dtn 8, 1–6; Mt 4, 1–4 (= Lk 4, 1–4). – [4] Weish 16, 20–29; 1 Kor 10, 3. – [5] Joh 6, 31. 49. – [6] Ps 78, 23–25; Offb 2, 17 □.

Mantel

1. Nach heutigem Verständnis übersetzt dieses Wort gr. *phainolēs*, lat. *paenula*: eine Art Pelerine, ein Cape mit Kapuze, ein Kasack, der den Oberkörper bedeckt[1].

[1] 2 Tim 4, 13 □.

2. Dient oft als Übersetzung von gr. *himation*, lat. *toga*: Ein rechteckiges Stück Woll- oder Leinenstoff, nahtlos, mit Öffnungen für die Arme; man wirft es um die Schultern oder trägt es um den Körper gewickelt[1]; wenn man beweglicher sein wollte, legte man es ab[2]; nachts konnte man es als Decke benutzen[3]. Ein »Mantel« im heutigen Wortsinn ist also nicht gemeint, sondern allgemeiner ein *Oberkleid im Gegensatz zur Tunika, dem Untergewand[4]. Es handelt sich um eine Art Joppe, die über dem Hemd getragen wurde und von der Etikette vorgeschrieben war. Im Plural sollte dieses gr. Wort mit allgemeinerem Begriff »Kleidung« übersetzt werden[5].

[1] Apg 12, 8. – [2] Mt 24, 18; Mk 10, 50; Apg 7, 58; 22, 20. – [3] Ex 22, 25f; Dtn 24, 12f; Mt 5, 40 (= Lk 6, 29). – [4] Mt 24, 18 (= Mk 13, 16); Lk 22, 36; Apg 9. 39. – [5] Mt 17, 2 (= Mk 9, 3 = Lk 9, 29); 21, 7f (= Mk 11, 7f = Lk 19, 35f); 26, 65; 27, 31 (= Mk 15, 20 = Joh 19, 2). 35 (= Mk 15, 24 = Lk 23, 34); Mk 5, 28. 30; Lk 7, 25; 24, 4; Joh 13, 4. 12; 19, 2?f; Apg 1, 10; 7, 58; 10, 30; 14, 14; 16, 22; 18, 6; 20, 33; 22, 20. 23; Jak 5, 2; 1 Petr 3, 3; Offb 3, 4f. 18; 4, 4; 16, 15.

3. Gr. *chlamys*. Eine Art Soldatenkasack, ohne Ärmel, griechischer Herkunft. Ein breites Stück Stoff, das man auf der linken Schulter mit einer Klammer zusammenhält; die beiden Enden werden auf der rechten Seite aufgerafft[1].

[1] Mt 27, 28–31 □.

→ Gewand – Kleid – Kleidung

Maranatha

Ein aramäischer Ausdruck, der vielleicht von der Liturgie geprägt wurde. Folgende Übersetzungen sind möglich: »Der Herr kommt« *(māran-atā),* oder: »Unser Herr, komm!« *(māranā-tā)*[1]. In der gr. Übersetzung: »Komm, Herr Jesus«[2].

[1] 1 Kor 16, 22. – [2] Offb 22, 20 □.

Maria

Gr. *Maria(m),* hebr. *Mirjām.*

1. *Maria, Mutter Jesu,* stammt aus Nazaret, mit *Josef verheiratet, Base von *Elisabet[1]. Die Evangelien bezeichnen sie als Tochter *Zion, als die Jungfrau, die den Messias gebiert, die Glaubende schlechthin, die ihren Glauben und ihren vollkommenen Gehorsam durch ihre Mutterschaft bezeugt[2]. Die Mutter Jesu ist zu Beginn[3] und am Ende des öffentlichen Lebens ihres Sohnes dabei[4]. Die Überlieferung sieht in ihr »die neue *Eva«, die Mutter aller Glaubenden[5].

[1] Mt 1–2; 13, 55 (= Mk 6, 3); Lk 1–2; Apg 1, 14. – [2] Lk 1, 38. 45; 11, 27f. – [3] Joh 2, 1–12. – [4] Joh 19, 25f. – [5] Joh 19, 27; Offb 12; vgl. Gen 3, 15. 20.

→ Frau – Jungfrau – Mutter

2. *Maria, Mutter Jakobus des Kleinen und Josef* (Joses). Sie wird manchmal mit Maria, der Frau des *Klopas, einer Schwester der Mutter Jesu, gleichgesetzt. Meist wird sie zusammen mit Maria von Magdala genannt[1].

[1] Mt 27, 56. 61; 28, 1; Mk 15, 40. 47; 16, 1; Lk 24 10; Joh 19, 25 □.

3. *Maria aus Betanien,* Schwester von *Marta und *Lazarus[1]. Johannes identifiziert sie mit jener Frau, die den Herrn mit Öl gesalbt hatte[2]. Einige Exegeten sehen in ihr unüberlegterweise die Sünderin von Lk 7, 37–50.

[1] Lk 10, 39. 42. – [2] Joh 11, 1–12, 3 □.

4. *Maria, Mutter des Markus*[1].

[1] Apg 12, 12 □.

5. *Eine römische Christin*[1].

[1] Röm 16, 6 □.

Maria Magdalene

Gr. *Maria hē Magdalēnē*: »Maria die Magdalenerin«. Eine Frau, die Jesus von ihrer früheren Besessenheit geheilt hatte; sie ist beim Tod und dem Begräbnis Jesu anwesend, die erste Frau, die dem Auferstandenen begegnete. Nicht identisch mit *Maria aus Betanien, auch nicht mit der Sünderin von Lk 7, 37–50[1].

[1] Mt 27, 56. 61; 28, 1; Mk 15, 40. 47; 16, 1. 9; Lk 8, 2; 24, 10; Joh 19, 25; 20, 1. 11. 16. 18 □.

Marktplatz

Gr. *agora*: »Versammlung, Marktplatz« (hebr. *šūq*: »Suk«). Die öffentlichen Plätze befanden sich nicht im Innern, sondern am Eingang der Städte und Dörfer. Hier spielt sich das öffentliche Leben ab[1], hier wird Gericht gehalten[2], hier steht man herum[3], hier spielt man[4], oder man stellt sich zur Schau[5]. Mit breiten *Straßen wird etwas anderes gemeint.

[1] Hld 3, 2; Mk 6, 56; 7, 4; Apg 17, 17. – [2] Apg 16, 19; vgl. 19, 38. – [3] Mt 20, 3; Apg 17, 5. – [4] Mt 11, 16 (= Lk 7, 32). – [5] Mt 23, 7 (= Mk 12, 38 = Lk 20, 46) □.

→ Agora – Straße – Tor

Markus

Gr. *Markos,* ein ursprünglich römischer Name mit der Bedeutung: »Hammer«. Johannes mit dem Beinamen Markus ist der Sohn der Maria aus Jerusalem, ein Vetter von *Barnabas, Begleiter des Paulus auf der ersten Reise[1]; vielleicht mit dem Mann identisch, der sowohl mit Paulus als auch mit Petrus in Beziehung steht[2]. Die Überlieferung sieht in ihm den Verfasser des zweiten, *kanonischen Evangeliums.

[1] Apg 12, 12. 25; 13, 5. 13; 15, 37. 39. – [2] Kol 4, 10; 2 Tim 4, 11; Phlm 24; 1 Petr 5, 13 □.

[Markusevangelium]

Das älteste *Evangelium, vermutlich nach 64 (Verfolgung durch Nero), aber vor 70 (Zerstörung des Tempels) in Rom geschrieben; greift zahlreiche schriftliche oder mündliche Traditionen auf, von denen einige möglicherweise auf den Apostel Petrus zurückreichen. Die Adressaten, wahrscheinlich Nicht-Juden, werden zum Glauben an Jesus Christus aufgefordert. Durch den Text hindurch läßt sich die Stimme eines Zeugen erkennen, und die einer Gemeinde, die seine Glaubensunterweisung umsetzt. Der Markusschluß (16, 9–20) ist zwar *kanonisch, aber nicht *authentisch; er entstand wohl um das Ende des 1. Jh.

→ *Einl.* XV

Marta
Gr. *Martha*. Schwester von *Maria aus Betanien und *Lazarus[1].

[1] Lk 10, 38–41; Joh 11, 1–39; 12, 2 □.

Märtyrer
Gr. *martys*: »Zeuge«. Auf der Grundlage des AT[1], der *apokryphen Märtyrererzählungen[2] und der Worte Jesu[3] wird der Begriff schließlich zum Titel, den der erhält, der sein Leben aus Treue zum *Zeugnis für Jesus hingibt[4].

[1] 2 Makk 6–7; Dan 3, 24–26. – [2] Vgl. Hebr 11, 35–39. – [3] Mt 10, 18 (= Mk 13, 9); 10, 32f (= Lk 12, 8f); Joh 15, 13. – [4] Apg 22, 20(?); Offb 2, 13; 6, 9; 17, 6; 20, 4.

Maß
1. Gr. *metrētēs*, Metrete. Griechisches Flüssigkeitsmaß. Entspricht dem hebr. *'ēphā*, Efa, oder auch dem *bat*. Es faßt 1/10 *kor*, d. h. 36, 441[1].

[1] Joh 2, 6 □.

2. Gr. *saton*, von hebr. *s^e'ā*, Sea. Antikes Hohlmaß für Trockenes, faßt 1/3 Efa, d. h. 12, 131[1].

[1] Mt 13, 33; Lk 13, 21 □.

3. Gr. *koros*, von hebr. *kor*. Antikes Hohlmaß sowohl für Trockenes wie auch für Flüssiges, faßt 3641, d. h. 10 Efa. Ihm entspricht auch das hebr. *ḥomer*, Hómer; es bezeichnet die Last, die ein Esel transportieren konnte[1].

[1] Lk 16, 7 □.

4. Gr. *choinix*. Griechisches Hohlmaß für Trockenes, faßt ungefähr 1,21 l, oder 1/10 Sea[1].

[1] Offb 6, 6 □.

→ Maße

[Maße]
Die im NT genannten Längen- oder Hohlmaße lassen sich kaum genau bestimmen, denn zum einen ändern sich die grundgelegten Basiswerte mit der babylonischen, hellenistischen, römischen, syrischen, palästinischen Zivilisation, und zum anderen haben sich diese einzelnen Wertungen miteinander vermischt. So erklären sich die unterschiedlichen Angaben in den Übersichten, die in Lexikas oder Bibeln angegeben werden. Es scheint indessen ein konstantes Element zu geben, nämlich das Verhältnis, in dem die einzelnen Maße zueinander stehen. Es wurde in der folgenden Übersicht genau berücksichtigt. Auch wenn der Grundwert (Elle und Efa) sich ändert, bleibt das Verhältnis zu den anderen Größen konstant: der Faden entspricht 4 Ellen, das Stadion 400; das Sea entspricht 1/3 Efa, das Kor faßt 10 Efa. Die geschätzten Angaben hängen also letztlich von den angenommenen Basiswerten ab.

Längenmaße. Sie werden vom menschlichen Körper her bestimmt. Die Elle wird vom Ellbogen bis zur Spitze des Mittelfingers gemessen; die Spanne (eine halbe Elle) vom Daumen bis zur Spitze des kleinen Fingers der gespreizten Hand; die Handbreite (ein Drittel der Spanne) entspricht einer an der Fingerwurzel gemessenen Handbreite; die Fingerbreite (= eine Daumenbreite, ¹/₄ der Handbreite). Entfernungen haben die Juden auch nach der Länge eines »Sabbatswegs« bestimmt (zwischen 1100 und 1250 m). Das Rohr oder Meßrute entspricht 6 Ellen. *Hohlmaße.* Man unterscheidet zwischen Hohlmaßen für Trockenes (Weizen, Gerste...) und solchen für Flüssigkeiten (Öl, Wein...). Im NT werden zwei hebräische Trockenmaße mit einer gräzisierten Bezeichnung erwähnt: Das Sea und das Kor, daneben ein griechisches, das Maß *(choinix)* und ein römisches Maß, der Scheffel (gr. *modios*) oder Eimer. Für Flüssigkeiten benutzte man in Palästina das gr. *xestēs*: »Sester, Krug« (0,461), das Mk 7,4 mit der geläufigen Bedeutung »Krug« erwähnt wird, das hebr. Bat und die gr. Metrete, die beide gleich groß sind.

LÄNGENMASSE

						Syrisch	Palästinisch	Griechisch-römisch
Meile	1					1572,7 m	1537,5 m	1478,9 m
Stadion	7,5	1				213	205	185
Faden	750	100	1			2,13	2,05	1,85
Schritt	1500	200	2	1		1,065	1,065	0,925
Elle	3000	400	4	2	1	0,5328	0,525	0,462
Fuß	4500	600	6	3	1,5	0,3552	0,341	0,308

HOHLMASSE

Kor	1				364 l
Efa – Metrete – Bat – Krug	10	1			36,44
Sea	30	3	1		12,13
Maß, choinix	300	30	10	1	1,21

Mattäus
Gr. *Maththaios.* *Zöllner, der Abgaben und Steuern einzog; Mt identifiziert ihn mit Levi. Einer der *Zwölf. Die Überlieferung schreibt ihm das erste Evangelium zu[1].

[1] Mt 9, 9; 10, 3; Mk 3, 18; Lk 6, 15; Apg 1, 13; vgl. Mk 2, 14 (= Lk 5, 27. 29) □.

[Mattäusevangelium]
Das erste in der Sammlung der vier *Evangelien. Eine frühe Überlieferung schreibt es dem Apostel desselben Namens zu. In ihm findet man den Widerhall palästinischer Überlieferungen, doch es handelt sich nicht um die Übersetzung irgendeines aramäischen Originals, sondern das Werk wurde griechisch abgefaßt. Es entstand spätestens zwischen 80 und 90, vermutlich in Syrien und wendet sich, so glauben die einen, an Judenchristen, nach der Meinung anderer an *hellenistische Christen. Dieses aus dem Glauben und für den Glauben geschriebene Evangelium mißt den Lehren Jesu besondere Bedeutung zu, aber es stellt die Botschaft Christi so dar, daß es ein Leben

schildert, dem eine lehrhafte Bedeutung zukommt. Ein Evangelium der Kirche schlechthin.

→ *Einl.* XV

Mattias

Gr. *Matthias,* gekürzte Form von *Mattatias*; der Jünger, der anstelle von Judas Iskariot gewählt und so einer der zwölf Apostel wurde[1].

[1] Apg 1, 23. 26 □.

Maulbeerbaum

Gr. *sykaminos,* abgeleitet von *sykē*: »Feigenbaum«. Eine Staude, die saftige Früchte trägt; von ihren Blättern ernährt sich die Seidenraupe. Nicht zu verwechseln mit dem *Maulbeerfeigenbaum[1].

[1] Lk 17, 6 □.

Maulbeerfeigenbaum

Von gr. *syko-morea* (von *sykē*: »Feigenbaum«, *moron*: »Maulbeere«). Der Baum gedeiht im Tiefland; er gehört zur Gattung der Feigenbäume, seine unteren Zweige sprießen knapp über dem Boden. Wird als Bauholz verwendet[1].

[1] 1 Chr 27, 28; Jes 9, 9; Am 7, 14; Lk 19, 4 □.

Meder

Gr. *Mēdoi.* Volksstamm iranischer Herkunft, südlich vom Kaspischen Meer angesiedelt. Seit 550 v. Chr. politisch mit den Persern verbunden. Um 720 v. Chr. wurden die Israeliten aus *Samarien zu ihnen deportiert[1]

[1] Gen 10, 2; 2 Kön 17, 6; 18, 11; Tob 1, 14; Apg 2, 9 □.

Meer

Gr. *thalassa.*
1. Mit der Erde und dem Himmel eine der drei Regionen, aus denen das Universum besteht[1]. Wird auch als Bezeichnung für das Mittelmeer[2], das Rote Meer (manchmal gr. *erythros*[3]) und den See von Tiberias[4] benutzt. Mit dem »gläsernen Meer«[5] ist der himmlische Ozean gemeint, aus dem der Regen kommt.

[1] Apg 4, 24; 14, 15; Offb 10, 6; 14, 7. – [2] Apg 10, 6 32; 17, 14; 27, 30. – [3] Apg 7, 36; 1 Kor 10, 1f; Hebr 11, 29 △. – [4] Num 34, 11; Mt 4, 13... – [5] Offb 4, 6; 15, 2 △.

2. Das Meer steht in Verbindung mit dem chaotischen Urgrund der Anfänge[6]; es ist der Ort, an dem die dämonischen Mächte leben und wirken[7] und an dem die Toten versammelt werden[8]; eines Tages wird er vernichtet werden[9]. Wie Gott, so herrscht auch Jesus über die entfesselten Fluten und, wenn es notwendig ist, geht er auf ihnen; Petrus dagegen droht darin zu versinken seines mangelnden Glaubens wegen[10].

[6] Gen 1, 2. 9f; 7, 11; Sir 43, 25. – [7] Ijob 7, 12; Jes 27, 1; 51, 9f; Dan 7; Mt 8, 32; Offb 7, 2f; 13, 1. – [8] Offb 20, 13. – [9] Offb 21, 1. – [10] Ps 89, 9f; Jona 1; Nah 1, 4; Mt 8, 24–27 (= Mk 4, 37–41 = Lk 8, 23–25); 14, 24–27 (= Mk 6, 47–50; Joh 6, 17–20)

→ *Einl.* V. 1. – Dämonen – Galiläa (der See von) – Wasser

Meile
Gr. *milion,* lat. *mille passus*: »tausend (Doppel-)Schritte«, ein römisches Längenmaß, entspricht 7½ *Stadien, ungefähr 1,5 km. Grenzsteine markierten diese Distanz entlang der römischen Straßen[1].

[1] Mt 5, 41 □.

→ Maße

Meister
Das Wort hat verschiedene Bedeutungsvarianten: »derjenige, der herrscht«, »der Wissende«, »der Kenner«.
1. *Oikodespotēs*: »Herr des Hauses«[1]; *despotēs*: »Eigentümer, Besitzer«[2] – wird auf Gott oder Christus übertragen[3].

[1] Mt 10, 25; 13, 27. – [2] 1 Tim 6, 1f; Tit 2, 9; 1 Petr 2, 18; *Einl.* VIII. 2. A. – [3] Lk 2, 29; Apg 4, 24; 2 Tim 2, 21; 2 Petr 2, 1; Jud 4; Offb 6, 10 △.

2. *Kyrios,* davon abgeleitet *kyrieuō*: »überlegen sein, herrschen«, gewöhnlich mit »Herr« übersetzt[4].

[4] Mt 6, 24 (= Lk 16, 13); 18, 25; 20, 8; 21, 30; 24, 45–50; Joh 20, 15.

3. *Epistatēs*: »der Überlegene«[5]; so übersetzt Lk das hebr. **rabbi* ins Griechische.

[5] Lk 5, 5; 8, 24. 45; 9, 33. 49; 17, 13 △.

4. *Didaskalos* (hebr. **rabbi*): »der Lehrende, Lehrer«, oft gebrauchte Anrede für Jesus[6].

[6] Mt 8, 19; Mk 4, 38; Lk 7, 40; Joh 1, 38.

→ Herr – lehren – Rabbi

Melchisedek
Hebr. *malkī-ṣedeq*: »Mein König ist Gerechtigkeit«. König-Priester[1], Gründer des königlichen Priestertums[2], das dem des Aaron überlegen ist[3]; er erscheint ohne Anfang seiner Tage und ohne Ende seines Lebens und stellt Christus im voraus dar[4].

[1] Gen 14, 18–20. – [2] Ps 110, 4. – [3] Hebr 7, 1–17. – [4] Hebr 5, 6. 10; 6, 20 □.

→ Aaron – Priestertum

Mensch
Gr. *anthrōpos,* hebr. *'ādām, 'enōš.*
1. Die Juden betrachten, anders als der westliche Mensch, den Menschen nicht unabhängig von seiner religiösen Situation. Der Mensch ist nicht einfach ein fest zusammengesetzter Körper aus *Leib und *Seele, sondern ein Wesen, das durch seinen Lebensatem, durch seinen *Geist an Gott hängt[1]. Der Mensch, der Ab*bild Gottes ist, soll sich vermehren, um die Erde zu bevölkern[2]. Der Mensch ist also kein Einzelwesen, das man für sich allein betrachten könnte; schon durch sein *Fleisch ist er ein soziales Wesen; indem der Mensch in der *Frau, die Gott ihm vorstellte, den Ausdruck des Selbst in seiner eigentümlichen Verschiedenheit anerkennt, lernt er durch die Liebe über sich selbst hinauszuwachsen[3]. Jede Begegnung mit dem *Nächsten zeigt auf verschiedene Art und Weise den die Gesellschaft gründenden Bezug.

Schließlich ist der Mensch das Bild des göttlichen *Herrseins und muß die Erde seiner Herrschaft unterwerfen[4].

[1] Gen 2, 7. – [2] Gen 1, 26–28. – [3] Gen 2, 23f. – [4] Gen 1, 28f.

2. Wie kann man aber dieses Idealbild erreichen? Die Sünde hat die Menschheitsfamilie entzweit[5], das All feindlich gemacht[6], den Menschen dem *Tod ausgeliefert[7] und dem *Gewissen die Zwietracht gebracht[8]. Nur Jesus hat dieses Ideal verwirklicht als *Knecht Gottes, der bis in den Tod treu war[9]; er hat die Menschen mit Gott und miteinander *versöhnt[10].

[5] Gen 3–11. – [6] Röm 8, 20. – [7] Gen 3, 19; Weish 2, 24; Röm 5, 12. – [8] Röm 7, 7–24. – [9] Jes 52, 13–53, 12; Phil 2, 6–11. – [10] 2 Kor 5, 18–21.

3. Jesus Christus, der sich selbst mit dem *Menschensohn gleichsetzte, ist der neue und letzte *Adam[11], der Neue Mensch[12] schlechthin, derjenige, mit dem jeder Mensch den alten Menschen dadurch ablegen kann, daß er ihn kreuzigt[13]; er kann sein Denken wandeln[14], dem Denken Christi gleichschalten[15]; dann kann er den neuen Menschen anziehen[16]. Der innere Mensch wird auf diese Weise eine neue Schöpfung[17]. Die ganze Menschheit hat ihr einigendes Prinzip in Jesus Christus. So können alle Menschen, trotz der Verschiedenheit des Geschlechts, der Rasse und der sozialen Stellung, sich begegnen[18].

[11] 1 Kor 15, 45. – [12] Eph 2, 15. – [13] Röm 6, 6; Kol 3, 9. – [14] Röm 12, 2. – [15] 1 Kor 2, 16. – [16] Eph 4, 22–24. – [17] 2 Kor 4, 16; 5, 17. – [18] Gal 3, 28.

→ *Einl.* V. 2. – Adam – Menschensohn

Menschensohn

Der Ausdruck stellt die Exegeten des NT vor schwierige Probleme; die Meinungen sind denn auch sehr unterschiedlich. Im folgenden soll eine Ansicht vorgetragen werden.

1. *Am Ursprung des Begriffs* trifft man auf zwei Überlieferungsstränge. Der eine hält sich an Ezechiel, der zwischen dem hebr. *ben-'ādām* (aram. *bar-nāšā*): »Sohn des Menschen«, und dem Personalpronomen ein Gleichheitszeichen setzt[1]. Der andere ist von der Apokalyptik geprägt und wird in Daniel am deutlichsten greifbar[2]. Nach dieser Vorstellung steigt »einer wie ein Menschensohn«, der das »Volk der Heiligen des Höchsten« repräsentiert, von der Erde *mit* den Wolken des Himmels hinauf, tritt vor den Thron des Hochbetagten, um als Herrscher eingesetzt zu werden. Daniel greift wahrscheinlich die Redewendung des Ezechiel auf, um die künftige Erhöhung des idealen jüdischen Volkes zu preisen. Anscheinend hat diese Idee die Sprache der späteren jüdischen Apokalypsen beeinflußt, z. B. das vierte Buch *Esra, oder die Bilderreden des *Henoch; doch hier spielen auch andere Faktoren eine Rolle, wie etwa die Erwartung eines aus dem Himmel kommenden Retters. Auf keinen Fall darf man ähnliche Vorstellungen, die in gnostischen (mandäischen, manichäischen, iranischen) Texten zu finden sind, mit den Ursprüngen der jüdischen Überlieferung vermischen; denn all diese Vorstellungen sind nachchristlich.

[1] Ps 8, 5; 80, 18; Ez 2, 1; Hebr 2, 6. – [2] Dan 7, 13; Offb 1, 13; 14, 14.

2. *Vom Kontext des Danielbuches her* ist der Ausdruck »der Menschensohn« (gr. *ho hyios tou anthrōpou*) in der synoptischen *Apokalypse und beim Verhör vor dem *Hohen Rat[3] zu verstehen. Deutliche Unterschiede machen

auf die Entwicklung aufmerksam, die seit Daniel stattgefunden hat. Zunächst sollte man beachten, daß das NT dem Ausdruck »einer wie ein Menschensohn« zwei Artikel zufügt: im NT handelt es sich um »*den* Sohn *des* Menschen«. Hier ist also nicht mehr von einer Gesamtheit die Rede, die einem Menschen ähnlich ist, sondern von einem Einzelnen, der das Volk verkörpert.

Ein anderer Unterschied wird in den verschiedenen Überlieferungsvarianten der betreffenden Texte greifbar. Die eine Gruppe[4] hält sich eng an den Text des Daniel: der Menschensohn kommt *mit* den Wolken des Himmels, er wird erhöht, oder sitzt zur Rechten der Macht Gottes. Dasselbe Bild der Erhöhung findet sich in einigen Texten des Johannes[5]. Die andere Gruppe dagegen[6] – sie war zweifelsohne vom Glauben an die Auferstehung Jesu und der Erwartung der Ankunft des himmlischen Retters beeinflußt – behauptet, daß der Menschensohn *auf* (oder *in*) den Wolken komme und herabsteige, um Gericht zu halten. In diesem Fall besitzt der Menschensohn Eigenschaften, die über die des Messias, des Sohnes Davids hinausgehen: Er stammt aus der göttlichen, transzendenten Welt. Auch diese Auffassung findet sich in einigen johanneischen Texten, die bezeugen, daß der Menschensohn »im Himmel« ist und von dort herabsteigt[7].

[3] Mt 24, 30 (= Mk 13, 26 = Lk 21, 27); 26, 64 (= Mk 14, 62 = Lk 22, 69). – [4] Mk 14, 62; Lk 22, 69. – [5] Joh 1, 51; 8, 28; Apg 7, 56. – [6] Mt 24, 30 (= Mk 13, 26 = Lk 21, 27); 26, 64. – [7] Joh 3, 13f; 6, 62.

3. Erscheint der Ausdruck *aus dem danielischen Kontext gelöst,* kann »der Menschensohn« dem Personalpronomen entsprechen, so wie in der ezechielischen Tradition[8]. Es fällt auf, daß die Bezeichnung genaugenommen nur für das irdische Leben Jesu und für sein Kommen am Ende der Zeiten gilt. Er bezeichnet also nicht so sehr das, was Jesus ist, sondern das, was er in der Erniedrigung des menschlichen Daseins tut[9] oder das, was er tun wird, nämlich Gericht halten über die Menschen[10]. Anders als in den Apokalypsen üblich, wird von Jesus gesagt, daß er diese Funktion schon hier auf Erden ausübe[11], und zwar im Blick auf das überwundene Leiden[12].

[8] Vgl. Mt 5, 11 und Lk 6, 22; Mt 16, 13. 21 und Mk 8, 27. 31; Mt 10, 32f und Lk 12, 8f. – [9] Mt 8, 20 (= Lk 9, 58); 11, 19 (= Lk 7, 34). – [10] Mt 16, 27; 25, 31; Lk 17, 22, 8f. – [11] Mt 9, 6 (= Mk 2, 10 = Lk 5, 24); 12, 8 (= Mk 2, 28 = Lk 6, 5). – [12] Mt 17, 22f; 20, 18; Mk 8, 31; 10, 33. 45; Lk 9, 22. 44.

4. *Jesus und der Menschensohn.* Zwei literarische Tatsachen sind uns vorgegeben. Der Titel erscheint nur in den Evangelien und Apg 7, 56. Jesus benutzt ihn nur in der dritten Person, so als würde es sich um einen anderen, nicht um ihn selbst handeln. Daher die Frage: Hat Jesus selbst diesen Titel gebraucht? Die Antwort muß differenzieren. In einigen Fällen spricht alles dafür, daß die Urgemeinde das ursprüngliche »ich« Jesu durch eine Wendung ersetzte, mit der die Richterfunktion ausgedrückt war[13]. In anderen Fällen dagegen würde die literarische Situation noch wirrer, wenn man sich weigerte, den Ausdruck als Selbstaussage Jesu zu akzeptieren; vor allem, weil »der Menschensohn« (abgesehen von Apg 7, 56) nur in den Evangelien auftritt. Andererseits benutzt Jesus den Ausdruck, wie üblich, in der dritten Person; es lag ihm wenig daran, sich selbst (abgesehen von seiner Todesstunde) als Messias zu bezeichnen[14]. Nun bliebe zu klären, in welchem Sinn Jesus diesen Ausdruck gebrauchen konnte. Dazu pflegt man zu sagen, daß – auch wenn es sich nicht um einen damals gängigen »Titel« handelte – diese apokalyptische Gestalt so voller Geheimnis war, daß Jesus durch sie auf die

Herrlichkeitsgestalt seiner Existenz verweisen konnte, ohne sie ganz zu enthüllen.

[13] Vgl. Anmerkung 8. – [14] Mk 14, 62 (aber vgl. Mt 26, 64).

→ *Einl.* XII. 2. C.

Mesopotamien

Gr. *Mesopotamia.* Im breiteren Sinne des Wortes das Gebiet »zwischen den Flüssen« Tigris und Eufrat. Heimat des Abraham[1].

[1] Apg 2, 9; 7, 2 □.

Messias

Gr. *Messias,* Übersetzung des hebr. *māšīaḥ*, aram. *mᵉšīḥā'*: »Gesalbt«.

1. Der Titel wird im AT vor allem dem König zugelegt, dann den durch die Salbung geweihten Priestern, schließlich in einem ganz besonderen Sinn dem verheißenen Befreier, den man allgemein als Sohn Davids erwartet[1].

[1] *Einl.* XII. 2. C; Ex 28, 41; 1 Sam 9, 16; 2 Sam 7, 12–16; Ps 132, 17.

2. Zur Zeit Jesu war mit dem Messiastitel die Vorstellung eines innerzeitlichen Königtums verbunden[2]. Jesus selbst will nicht, daß man ihm diesen Titel gibt[3], doch am Ende seines Lebens läßt er sich mit einem gleichbedeutenden Titel zujubeln: *Sohn Davids[4]. Andererseits verweist er, wenn er sein eigenes Geschick ankündet, in die jenseitige Welt des *Menschensohnes[5] und verknüpft ihn gleichzeitig mit dem Leiden, das auf ihn wartet[6].

[2] Joh 6, 15. – [3] Mt 16, 20 (= Mk 8, 30 = Lk 9, 21); Lk 4, 41. – [4] Mt 20, 30 (= Mk 10, 47f = Lk 18, 38f), – [5] Mt 26, 63f (= Mk 14, 61f = Lk 22, 69). – [6] Mt 16, 21f (= Mk 8, 31f = Lk 9, 22); 17, 22f (= Mk 9, 13f = Lk 9, 44); 20, 18f (= Mk 10, 33f = Lk 18, 31. 33).

3. Normalerweise benutzt das NT das griechische Äquivalent »Christus«[7]. Die ersten Christen bekannten, daß der Auferstandene der Christus ist und dies in einem Sinn, der die jüdischen Erwartungen erfüllt und übertrifft. Sie verbanden den Christustitel gern mit dem Titel Herr[8].

[7] Außer Joh 1, 41; 4, 25 △. – [8] Apg 2, 36.

→ Christus – Herr – Jesus Christus – Sohn Davids

[Metapher]

Gr. *metaphora* (von *pherō*: »tragen« und *meta*: »zwischen, von einer Seite zur andern«): »Übertragung eines Sinns«. Eine Sprachform, die (unausgesprochen) einen Vergleich voraussetzt (»Achilles stürzt sich, so wie ein Löwe«) und den Namen eines Objekts auf ein anderes überträgt (»Der Löwe stürzt sich«). Die Bibel macht gern von metaphorischer Sprache Gebrauch, die dann einen Überlieferungswert bekommt: So ist der »Besitzer des Weinbergs« Gott selbst, die »Knechte« sind die Propheten usw. (Mt 20, 8; 21, 33–44).

→ Allegorie – Gleichnis – Literarische Gattung

Michael

Gr. *Michaēl,* hebr. *mīkā'ēl*: »Wer ist wie Gott?«. Erzengel, der den *Drachen besiegte[1].

[1] Dan 10, 13. 21; 12, 1; Jud 9; Offb 12, 7 □.

[Midrasch]

Das hebr. Wort *midrāš* (von hebr. *dāraš*: »suchen«) meint Studium und Erklärung zugleich: »Forschen«.

1. Der Begriff bezieht sich auf die synagogale Exegese, die sich auf Überlieferung und Reflexion stützt (und nicht wie in der *Apokalyptik auf Offenbarung). Eine Methode, mit deren Hilfe ein Schriftabschnitt im Blick auf das Heute und als Ermahnung zu besserem Leben erklärt und erläutert wird; man kann sie weder mit der Fabel noch mit der fabulierenden Legende in Verbindung bringen. Diese Methode ist eine Weiterentwicklung der biblischen Art über die Schriften der Vergangenheit nachzudenken; so etwa Ez 16; Jes 60–62; Ps 78, Weish oder *apokryphe Schriften wie die *Jubiläen oder die *Testamente der Zwölf Patriarchen oder auch Mt 21, 2–7 über Sach 9, 9.

2. Eine Schrift (Plural: *midrāšīm*), in der diese überlieferten Auslegungen gesammelt sind. Auf die gesetzgebenden Teile der *Tora angewandt liefert Midrasch neue Lebensregeln; diese Auslegungsart heißt dann die Halacha (*halākā*, von hebr. *hālak*: »gehen, führen«); das sind für das Buch Exodus die *Mechilta* (= »Maß«), für Levitikus die *Sifra* (= »Buch«), für Numeri und das Deuteronomium die *Sifre* (»Bücher«). – Bei Anwendung auf die erzählenden Teile der Tora geht es dem Midrasch darum, die Bedeutung der Erzählungen und Ereignisse aufzuweisen; diese Auslegungsart heißt dann die Haggada (*haggādā*, aram. *'aggadtā*): »Darstellung«; so die *Genesis rabba*, das *Hohelied rabba*, die *Klagelieder rabba* (*Rabba* kommt entweder vom Namen des ersten Verfassers, Rabbi Hoschaja Rabba, oder von hebr. *rab*, daher »Große bzw. Ausführliche Genesis«).

→ *Einl.* XII. 1. C.

Milch

Gr. *gala*. Die Milch von Schaf, Ziege oder Kuh bildete die Grundnahrung der *Hebräer in der Nomadenzeit und auch nach ihrer Niederlassung in Kanaan, dem Land der Weideplätze[1]. Zusammen mit Honig oder Wein gehört die Milch zum Bild des messianischen Reichtums und Glücks[2]. *Metaphorisch für das Wort Christi[3] oder die Anfänge der Unterweisung im christlichen Glauben gebraucht[4].

[1] Dtn 32, 14; Spr 27, 27; 1 Kor 9, 7. – [2] Ex 3, 8; Sir 39, 26; 46, 8; Jer 11, 5; Ez 20, 6. 15; Joël 4, 18. – [3] 1 Petr 2, 2. – [4] 1 Kor 3, 2; Hebr 5, 12f □.

Milet

Gr. *Milētos*. Hafenstadt an der Westküste von Kleinasien[1].

[1] Apg 20, 15. 17; 2 Tim 4, 20 □.

→ *Karte* 2

[Millenarismus]

Im Wortsinn: Lehre, die Offb 20, 1–6 wörtlich versteht und erklärt: Eine Periode von 1000 Jahren geht dem Letzten Gericht und der Errichtung des Gottesreiches voraus; während dieser Zeit wird Christus zusammen mit den Heiligen, die die »erste Auferstehung« erfahren haben, siegreich auf Erden regieren.

Im weiteren Sinn: Jede Konzeption, nach der die kommende Welt im Bild eines verheißenen Landes, eines irdischen Paradieses erwartet wird, was sich auf den Mythos vom ursprünglichen Goldenen Zeitalter oder auf den irdischen Messianismus stützt.

Mine
Gr. *mna*. Griechische Münzeinheit, aus Silber (436 g); entspricht dem Arbeitslohn für etwa 15 Jahre[1].

[1] Lk 19, 13–25 □.

→ Münzen

Minze
Gr. *hēdyosmon,* lat. *mentha piperita.* Ein sehr verbreitetes aromatisches Kraut, das als Gewürz verwendet wird. Die Pharisäer fühlten sich verpflichtet auch dafür den *Zehnten zu bezahlen, obgleich das im Gesetz nicht vorgeschrieben war[1].

[1] Mt 23, 23; Lk 11, 42 □.

[Mischna]
1. Hebr. Wort (von *šānā*: »wiederholen«): »Lehre«. Ursprünglich: mündliche Repetition des *Gesetzes.
2. Eine von Jehuda Hannasi (135–200) aufgrund mündlicher und schriftlicher tannaitischer Überlieferungen redigierte Sammlung (von aram. *tannain*: »Rezitatoren«, die zwischen 10 und 200 n.Chr. lebten). Diese juristische Sammlung gliedert sich in 6 Teile oder »Ordnungen« (hebr. *sᵉdārīm*), 63 Traktate (hebr. *massektōt*), 523 Kapitel (hebr. *pᵉrāqīm*), in denen die verschiedenen *mišnājōt* (Weisungen) gesammelt sind. Mischna bildet die Grundlage des *Talmud.

→ *Einl.* XII. 1. B. – Gesetz – Tora

[Mithra]
Alte indoeuropäische Gottheit. Ihre »*Mysterienreligion« dringt erst im 2. Jh. n. Chr., besonders unter dem Bild des siegreichen Sonnengottes *(sol invictus),* in das römische Reich ein.

Mitleid
→ Barmherzigkeit

Mittag
1. *Als Zeitangabe*: Mitte des Tages (gr. *mesēmbria = hēmeras mesēs*), die 6. *Stunde[1].

[1] Apg 22, 6; 26, 13 □.

2. *Als geographische Angabe*: Die südlichen Länder (gr. *mesēmbria*)[2]. Normalerweise gebraucht man das Wort *notos,* das eigentlich den »Südwind« meint[3].

[2] Gen 24, 62; Apg 8, 26 □. – [3] Hld 4, 16; Mt 12, 42 (= Lk 11, 31); Lk 12, 55; 13, 29; Apg 27, 13; Offb 21, 13 □.

→ Stunde – Tag

Mitternacht
Gr. *mesonyktion*¹, aus: »mitten in der Nacht«² = Ende der zweiten Nachtwache.
¹ Ex 12, 29; Mk 13, 35; Lk 11, 5; Apg 16, 25; 20, 7 △. – ² Mt 25, 6; Apg 27, 27 △.

→ Nacht – Nachtwache – Stunde – Tag

Mittler
Gr. *mesitēs*.
1. Nach normalem Wortgebrauch ein Vermittler zwischen zwei Parteien, die eine Übereinkunft suchen. Die meisten Religionen versuchten, den Abstand, den man zwischen Gott und den Menschen fühlt, zu überbrücken. Man hat Magier, Priester, Könige, himmlische Helden, Inkarnationen von Wischnu oder Mithra, alle möglichen Wesen mit der die Gottheit und die Menschheit verbindenden Funktion betraut. Bei den Juden spielen *Engel, Könige, Propheten, Priester, der Knecht Jahwes diese Rolle; doch nur Mose wird letzten Endes als der dargestellt, der durch Gesetz und Kult Mittler des Bundes ist.
2. Paulus jedoch erklärt, daß die gesuchte Vermittlung nicht zustandekam. Das *Gesetz, das sich im Buchstaben verleiblicht, ist zum *Amt der Verurteilung geworden¹ und führt, weil es den Zustand der Sünde bewußt macht², zur *Verdammung³. Die Opfergaben, die man im *Kult darbringt, schaffen keine wirkliche *Gemeinschaft mit Gott⁴. Gesetz und Kult betonen den Abstand, ohne die Übereinstimmung herstellen zu können.
¹ 2 Kor 3, 6–9. – ² Röm 7, 7–15. – ³ Gal 3, 10f. – ⁴ Hebr 10, 1–11.

3. Jesus wird als der einzige Mittler dargestellt⁵. Warum? Nicht aufgrund – wie es einige Theologen meinen – seiner Menschwerdung, weil er in seiner Person zwei Naturen, die göttliche und die menschliche, vereint, sondern seines *Versöhnung wirkenden Opfers wegen. Am Kreuz vollzieht sich die stärkstmögliche Trennung zwischen den Menschen und Gott⁶ und zur selben Zeit der vollkommene *Gehorsam Gott gegenüber und die ungeteilte Loyalität mit den Menschen⁷.
⁵ 1 Tim 2, 5; Hebr 8, 6; 9, 14f. – ⁶ Mk 15, 34; Gal 3, 13. – ⁷ Hebr 5, 7–9.

4. Jesus der Mittler ist nicht nur irgendein Dritter, ein Mittel, das durch seine *Fürsprache eine Beziehung der Menschen zu Gott »vermittelt«; er ist derjenige, durch den für immer eine *Gemeinschaft zwischen Gott und den Menschen entsteht⁸.
⁸ Joh 14, 6.

Moloch
Gr. *Moloch*. Gr. Umschrift des hebr. *molek*. Ein Wort, das möglicherweise aus einer beabsichtigten Fehlschreibung von *melek* (»König«) entstand, oder – was wahrscheinlicher ist – auf einen Fachausdruck für ein Kinderopfer zurückgeht. Eine kanaanäische Gottheit, die Menschenopfer forderte¹.
¹ Lev 20, 5; 2 Kön 16, 3; 23, 10; Am 5, 26; Apg 7, 43 ☐.

→ Gehinnom

Monat
1. Der Monat (gr. *mēn*) hängt, wie das Wort andeutet, von den Mondphasen ab: Monat *(jeraḥ, mēn)* und Mond *(jārēaḥ, mēnē)* leiten sich – wie im Deutschen – von demselben Wortstamm her. Der Mondmonat zählt abwechselnd 29 oder 30 Tage (die Astronomie errechnet seine mittlere Dauer mit 29 Tagen, 12 Stunden, 44 Minuten, 2,8 Sekunden). Die Monate haben (im NT nicht erwähnte) Namen und Ordnungszahlen, der erste war der *Nisan (März-April).
2. Wegen der Verbindung zwischen *Kalender und Kult kann das Wort »Monat« auch zur Bezeichnung eines religiösen Festes werden[1]. Mit »Neumond« kann der »neue Monat« gemeint sein, oder auch der »neue Mond«[2]; den Neumond feierte man mit Opferdarbringung[3].

[1] Gal 4, 10. – [2] Kol 2, 16 △. – [3] Num 28, 11–15; Ez 46, 6f.

→ Kalender – Mond – Nisan

Mond
Gr. *selēnē*. Obwohl der Neumond (gr. *neomēnia*) nicht *kultisch geehrt wurde[1], bestimmt er den *Festkalender[2] und übt fühlbaren Einfluß auf die Menschen[3]. Nach *apokalyptischer Vorstellung wird er am letzten Tag seine *weißleuchtende Farbe und seinen Glanz verlieren[4].

[1] Dtn 4, 19; 17, 3; Jer 8, 2; 2 Kön 23, 5. – [2] Gen 1, 14. Lev 23; Num 10, 10; Ps 81, 4; Jes 1, 13; Hos 2, 13; Kol 2, 16. – [3] Ps 121, 6; Mt 4, 24; 17, 15. – [4] Jes 24, 23; 30, 26; Joël 3, 4; Mt 24, 29 (= Mk 13, 24); Lk 21, 25; Apg 2, 20; 1 Kor 15, 41; Offb 6, 12; 8, 12; 12, 1; 21, 23 □.

→ *Einl.* V. 1; XIII. 3. A.

Mondsüchtiger
Gr. *selēniakos* (von *selēniazomai*: »unter dem Einfluß des Mondes stehen«). Ein Kranker, von dem man glaubte, er stehe unter dem Einfluß der *Mondphasen und werde zeitweilig von Krämpfen, die man einem bösen *Geist zuschrieb, »gepackt«. Vielleicht mit der Epilepsie gleichzusetzen. Die Heilung wird ähnlich wie die des *Besessenen beschrieben[1].

[1] Mt 4, 24; 17, 15 □.

Morgen
Gr. *prōi*. Gemeint ist nicht der Vormittag, sondern die vierte Nachtwache (3.00 bis 6.00 Uhr), wenn es zu tagen beginnt[1]. Das gr. *orthros* sagt es genauer: »Morgenfrühe, Morgenrot«[2].

[1] Mt 16, 3; 20, 1; 21, 18; 27, 1; Mk 1, 35; 11, 20; 13, 35; 15, 1; 16, 2. 9; Joh 18, 28; 20, 1; 21, 4; Apg 28, 23; Offb 2, 28; 22, 16 □. – [2] Lk 21, 38; 24, 1. 22. Joh 8, 2; Apg 5, 21 □.

→ Nachtwache

Mose
Gr. *Mō[y]sēs*, hebr. *mōše* (ein ursprünglich ägyptischer Name: *mos* = Sohn, so z. B. *Tūtmosis*).
1. Befreier und Gesetzgeber Israels. Zur Zeit Jesu hatte das hellenistische Judentum ihn zum Helden, zum Genie gemacht; im palästinischen Judentum galt er vor allem als der inspirierte Verfasser der fünf Bücher der *Tora[1], als

höchster Mittler des *Gesetzes zwischen Gott und dem Volk[2], als unübertrefflicher Lehrer[3], schließlich als der *Prophet schlechthin, dessen Wiederkunft man erwartete[4]. Die ihm zugeschriebene Autorität konnte die Juden an der Erkenntnis der Autorität, die in Jesu Wort und Tun offenbar wurde, hindern[5].

[1] Mt 22, 24 (= Mk 10, 3f = Lk 20, 28); Mk 7, 10; 10, 3f. – [2] Joh 7, 19. 22; Röm 9, 15; 10, 5; vgl. Gal 3, 19. – [3] Mt 8, 4 (= Mk 1, 44 = Lk 5, 14); 23, 2; Joh 7, 22f. – [4] Apg 3, 22; 7, 37. – [5] Joh 5, 45f; 7, 28f; 2 Kor 3, 15.

2. In den Augen der Christen steht Jesus höher als Mose, der als Führer und Befreier, als Gesetzgeber und Prophet auf ihn hinweist[6].

[6] Mt 17, 3; Joh 1, 17. 45; Apg 7, 35; 13, 38; 26, 22; Hebr 3, 2f.

→ Aaron – Bund – Gesetz – Mittler – Prophet

[Mose (Himmelfahrt, Apokalypse des)]
1. Die *Himmelfahrt des Mose* ist ein atl. *Apokryph, das kurz nach dem Tod des Herodes (4 v. Chr.) entstand.
2. Die *Apokalypse des Mose* ist ein atl. Apokryph, das zwischen 20 v. Chr. und 50 n. Chr. entstand. Identisch mit dem *Leben von Adam und Eva*; dieser Titel entspricht dem Inhalt genauer.

Motte
Gr. *sēs*. Larve eines Insektes, die *Stoffe zerfrißt; kam in der Zeit überreichlich vor[1].

[1] Mt 6, 19f; Lk 12, 33; Jak 5, 2 □.

→ Wurm

Mühlstein
Gr. *mylos*. Zwei Mühlsteine waren aufeinandergelegt, der obere drehbar; mit ihnen mahlte man das Korn, das man jeden Tag brauchte. Die schwere Arbeit oblag den Frauen[1]; doch wenn der Mühlstein sich nicht mehr dreht, bedeutet das Ende des Lebens[2]. Größere Mühlen wurden durch Esel bewegt[3].

[1] Ex 11, 5; Mt 24, 41. – [2] Koh 12, 3f; Jer 25, 10; Offb 18, 21f. – [3] Mt 18, 6; Mk 9, 42 □.

[Münzen]
1. Bevor es die Münzprägung gab, richtete sich die Bezahlung lange Zeit nach einem festgelegten *Gewicht eines Edelmetalls. Daraus erklärt sich, daß manche Münzen (die Mine, der Schekel, das Talent) nach einer Gewichtseinheit benannt sind. So etwa wäre das *Talent im Prinzip jenes Gewicht an Metall, das ein Mensch tragen konnte; es wurde in 60 *Minen unterteilt und die Mine in 60 *Schekel. Nach der babylonischen Gewichtsskala wog das Talent 30,300 kg.
2. Zur Zeit Jesu kursierten in Palästina verschiedene Münzen aus Bronze, Silber und Gold. Das gr. Geldsystem galt in Israel seit der Zeit der *Seleukiden; mit den Eroberungen Alexanders des Großen wurde es allgemein

eingeführt und blieb auch später neben dem Geldsystem der römischen Besatzungsmacht in Geltung. Zudem brachten Pilger, Soldaten und Händler Münzen aus diesem oder jenem fremden Land. Die Frage nach eigentlich jüdischen Münzen bleibt umstritten. Die Münzprägung setzt politische Unabhängigkeit voraus, die Israel seit der Königszeit, aus der keine Münze bezeugt ist, kaum mehr hatte. Andererseits weiß man von einem jüdischen Schekel, den man, freilich auf unsicherer Basis, in die Zeit der persischen Herrschaft oder häufiger in die Makkabäerzeit zurückverlegt. Die Hasmonäer und vor allem Herodes der Große und seine Nachfolger konnten Bronzemünzen prägen; die römischen Statthalter taten dasselbe; in beiden Fällen waren die Münzen ausschließlich auf den örtlichen Umlauf beschränkt. Im NT wird keine einzige *jüdische* Münze ausdrücklich genannt. Der vage Ausdruck »Silberstück« wurde manchmal mit »Schekel« übersetzt (ein Name, der einer jüdischen Münze zugelegt wird) oder irrtümlicherweise mit »Denar« (eine römische Münze); die Frage bleibt ungeklärt.

Das griechische und das römische Geld wird im NT ausdrücklich genannt. Die Grundeinheit der gr. Währung ist die Silber*drachme, die in 6 silberne Oboloi und in 48 bronzene Chalkoi geteilt wird. Zwei Drachmen sind 1 *Doppeldrachme; 4 Drachmen = 1 Tetradrachme, die manchmal *Statér genannt wird. Daneben gab es eine bronzene Kleinmünze, das *Lepton, $^1/_7$ des Chalkos. Sehr große Summen wurden mit *Talenten und *Minen errechnet, das entspricht 6000 und 100 Drachmen. Der Silber*denar bildete die Grundeinheit der römischen Währung; er wurde in 4 Messingsesterzen und 16 bronzene *As unterteilt. Das As teilte sich in 4 *Quadrans.

3. Der Feingehalt und das Gewicht der Neuprägungen sind kaum bekannt, darum kann der jeweilige Wert nur annäherungsweise erschlossen werden. Eine Bestimmung der Kaufkraft wäre noch unsicherer. Die in der folgenden Tabelle angeführten Zahlen geben darum lediglich eine Übersicht über die Größenordnung und das Verhältnis, in dem die einzelnen Einheiten zueinander stehen.

SILBER	Talent	1									
	Mine	60	1								
	Statér = Schekel	1500	25	1							
	Doppeldrachme	3000	50	2	1						
	Drachme = Denar	6000	100	4	2	1					
BRONZE	(Sesterz)	24000	400	15	8	4	1				
	(dipondius)	48000	800	32	16	8	2	1			
	As	96000	1600	64	32	16	4	2	1		
	(semis)	192000	3200	128	64	32	8	4	2	1	
	Quadrans	384000	6400	256	128	64	16	8	4	2	1
	Lepton	768000	128000	512	256	128	32	16	8	4	2	1

Mutter

Gr. *mētēr*.

1. Das NT weiß um die Empfindungen einer *Frau, die empfängt[1], die schwanger wird[2], in Schmerzen ein Kind gebiert[3], es stillt[4], sich um die Zukunft ihrer Kinder sorgt[5] oder die beweint, die gestorben sind[6]. Die

Mutterschaft ist gut und erfüllend[7]. Gleich dem Vater hat auch die Mutter ein Recht auf die Achtung ihrer Kinder[8].

[1] Lk 1, 24. 31. 36; 2, 21. – [2] Mt 1, 18. 23; Lk 2, 5. – [3] Lk 1, 13. 57; 23, 29; Joh 16, 21; Offb 12, 2. 4f. – [4] Mt 24, 19 (= Mk 13, 17 = Lk 21, 23); Lk 11, 27. – [5] Mt 20, 20. – [6] Mt 2, 18. – [7] 1 Tim 2, 15; 5, 14. – [8] Mt 15, 4–6 (= Mk 7. 10–12); 19, 19 (= Mk 10, 19 = Lk 18, 20).

2. Im NT wird die Würde der Mutter damit begründet, daß Jesus von einer Frau geboren wurde[9] und ist untrennbar von »seiner Mutter«[10]. Jesus jedoch preist in ihr nur die, die auf das Wort Gottes gehört hat[11] und scheut sich nicht, während seines öffentlichen Lebens[12] bis zum Tag seines Todes hin[13] sich abweisend ihr gegenüber zu verhalten; denn seine Mutter ist jeder, der den Willen »seines Vaters« tut[14]. Darum kann auch der Ruf in die Nachfolge Jesu über der Kindespflicht stehen[15].

[9] Gal 4, 4. – [10] Mt 2, 11. 13f. 20f. – [11] Lk 11, 27f. – [12] Lk 2, 48; Joh 2, 4. – [13] Joh 19, 27. – [14] Mt 12, 46–50 (= Mk 3, 31–35 = Lk 8, 19–21). – [15] Mt 10, 35. 37 (= Lk 12, 53; 14, 26); 19, 29 (= Mk 10, 29f).

3. Die Mutterrolle wird metaphorisch auf das himmlische Jerusalem übertragen, das an die Stelle des irdischen Jerusalem treten wird[16] und als die Frau schlechthin gezeichnet wird[17]. Wie Gott selbst[18] gleicht auch Jesus einer Mutter, die ihre Kinder sammelt[19]. Paulus vergleicht seinen Dienst mit den Geburtswehen[20] und mit der zärtlichen Fürsorge einer Mutter[21].

[16] Gal 4, 26; Offb 21, 2. – [17] Offb 12. – [18] Jes 49, 15; 66, 13. – [19] Lk 19, 41–44. – [20] Gal 4, 19. – [21] 1 Thess 2, 7f.

→ Frau – Kind – Vater

Myrrhe
Gr. *smyrna,* hebr. *mōr* (von einer Wurzel mit der Bedeutung: »bitter«). Ein kostbarer Balsam, der aus einem roten Harz gewonnen wird; er wurde aus Arabien eingeführt und zu *Duftstoffen für die Hochzeit[1] und beim *Begräbnis gebraucht[2]; als Beimischung zum geweihten Öl konnte er als Opfer dargebracht werden[3]. Wurde die bitter schmeckende Myrrhe mit Wein vermischt, so mehrte sich seine berauschende Kraft; nach einer jüdischen Sitte wurde das Getränk manchmal den zum Tod Verurteilten gereicht[4].

[1] Ps 45, 8f; Spr 7, 17; Hld 1, 13; 4, 14; 5, 5. 13. – [2] Joh 19, 39. – [3] Ex 30, 23–35; Mt 2, 11. – [4] Mk 15, 23.

→ Duftstoff – Essig

Mysien
Gr. *Mysia.* Das nordwestliche Gebiet der heutigen Türkei, gehörte seit 129 v. Chr. zur römischen *Provinz *Asien[1].

[1] Apg 16, 7f; vgl. 20, 6 □.

→ Pergamon – Troas – *Karte* 3

Mysterium
→ Geheimnis

Mythos

Gr. *mythos* (leitet sich nicht von *myeō*: »einführen, einweihen« her, sondern möglicherweise von einer indoeuropäischen Wurzel mit der Bedeutung: »Denken, Betrachten«): »Wort, Erzählung, Fabel«.

1. Nach landläufigem Sprachgebrauch meint dieses Wort, im abschätzigen Sinn, eine »Legende«[1], die im Gegensatz zum wahrheitsgemäßen Bericht der Augenzeugen steht[2].

[1] 1 Tim 1, 4; 4, 7; Tit 1, 14. – [2] 2 Tim 4, 4; 2 Petr 1, 16 □.

2. Nach modernem Verständnis ist unter Mythos die deduktive Form zu verstehen, die man dem Bereich der Wahrheit gibt, der durch eine Definition nicht vermittelt werden kann. Es handelt sich um eine Erzählung, in der der Ursprung, das Wesen und das Ziel der Welt der Menschen von der göttlichen Welt her bestimmt und erklärt werden. Darum darf der Mythos weder mit den erfundenen Geschichten, die menschliche Einfalt erdenkt, gleichgesetzt werden, noch mit der literarischen Einkleidung irgendeiner Wirklichkeit. Seiner Formalstruktur nach ist der Mythos wirksame Aktualisierung eines Ereignisses aus der Urzeit, wobei es keine Rolle spielt, ob man dies Ereignis für historisch hält oder nicht.

3. Israel hat von diesen frühesten grundsätzlichen Formulierungen des religiösen Lebens profitiert und sie in die Perspektive des absoluten Monotheismus eingefügt. Darum kann man bei einigen Erzählungen zu Recht von Mythos sprechen: Adams Sünde, Sintflut, die Kriege der Völker und Antichrist, der neue Adam, mythische Motive (Auszüge aus mythischen Epen) lassen sich auch in einigen – besonders in apokalyptischen – Überlieferungen aufweisen.

→ Symbol – Wahrheit

Naaman
Gr. *Naiman*. Aus *Damaskus gebürtiger General der syrischen Armee; wurde durch *Elischa vom Aussatz geheilt[1].
[1] 2 Kön 5; Lk 4, 27 □.

[nabatäisch]
Das nabatäische Reich hatte seine Blütezeit von 1. Jh. v. Chr. bis zum 1. Jh. n. Chr. Es reichte vom Roten Meer (Golf von Aqaba) bis Damaskus, längs der palästinischen Grenze. Haupstadt war Petra. 106 n. Chr. wird es zur römischen Provinz *Arabien. Die Sprache war *aramäisch.
→ Arabien – Aretas IV

nachfolgen
1. Gr. *akoloutheō*, von *akolouthos* (Verbindungs-*a* und *keleuthos*: »Weg«): »Begleiter«, als Übersetzung des hebr. »hinter einem hergehen«, »jemand nachfolgen« (gr. *erchomai opisō*), ohne nennenswerten Sinnunterschied. Zwei wichtige Hinweise: Der Ausdruck wie auch das Verb finden sich nur in den Evangelien[1] und meinen, im übertragenen Sinn, den irdischen Jesus[2]. Das AT benutzt nicht die Ausdrücke in bezug auf Gott, doch ziemlich häufig zur Bezeichnung des *Götzendienstes[3]; im Judentum kennzeichnet es die Beziehung des *Schülers und des Dieners zum *Rabbi.

[1] Außerdem 1 Petr 2, 21; Offb 14, 4. – [2] Außerdem Joh 21, 19–22; Apg 5, 37; 20, 30; 1 Tim 5, 15; 2 Petr 2, 10; Jud 7; Offb 13, 3; 19, 14. – [3] Dtn 4, 3; 13, 5; Ri 2, 12; 1 Kön 18, 21; Hos 2, 7.

2. Jesus ruft die Menschen in seine Nachfolge[4]. Gleichwie im AT heißt das auch bei ihm nicht »nachahmen« oder »Verhalten lehren«, sondern »sich binden an, gehorchen«[5], dem entspricht das johanneische »glauben«[6]. Jesus nachfolgen, d. h. in das gegenwärtige Gottesreich eintreten, sich seinem Schicksal und besonders seinem Kreuz und seiner Herrlichkeit verbunden wissen[7]. Nach Ostern handelt es sich nicht mehr darum, Jesus zu folgen[8], sondern um das »Sein in Christus«[9].

[4] Mt 4, 19 (= Mk 1, 17. 20); 9, 9 (= Mk 2, 14 = Lk 5, 27); 19, 21 (= Mk 10, 21 = Lk 18, 22); Joh 1, 43. – [5] Dtn 13, 5; 1 Kön 14, 8. – [6] Joh 8, 12; 10, 4f. 27. – [7] Mt 8, 19. 22 (= Lk 9, 57. 59); 10, 38; 16, 24 (= Mk 8, 34 = Lk 9, 23); Joh 12, 26. – [8] Ausgenommen Joh 21, 19–22; Offb 14, 4. – [9] Gal 3, 28.

Nachlaß der Sünden
→ vergeben – Sünde

der Nächste
Gr. *plēsion*: »nahe bei«, so übersetzt die *Septuaginta auf paradoxe Weise das hebr. *rēaʽ*: »der andere«, derjenige, der nicht mein Blutsbruder ist, den man jedoch als Teilhaber oder Genossen haben möchte. Im Gegensatz zum *Bruder, dem man durch Blutsverwandschaft verbunden ist, gehört der Nächste nicht zum Vaterhaus, doch er nähert sich ihm. Zwei Merkmale unterscheiden das NT vom hebräischen AT. Mein Nächster, dem ich Gerechtigkeit schulde, ist nicht nur der israelitische Bruder[1], nicht nur der seßhaft gewordene *Fremde[2], sondern jeder Mensch, der in meine Nähe kommt, wäre es auch ein Feind[3]. Die Frage, zu der Jesus im Beispiel vom barmherzigen Samariter[4] auffordert, lautet nicht mehr: »Wer ist mein Nächster?«,

sondern »Bin ich nicht der Nächste für diesen Menschen in Not?«: nicht mehr das eigene Selbst, sondern der andere steht im Mittelpunkt.

[1] Lev 17, 3; 19, 11. 13. 16–18. – [2] Lev 17, 8. 10. 13 19, 34. – [3] Mt 5, 43–48. – [4] Lk 10, 29–37.

→ *Einl.* VII. 2. A; XIV. 1. B. – Bruder – Fremder – Liebe

Nacht
Gr. *nyx.*
1. Die Römer teilten die Zeit zwischen Sonnenuntergang und Sonnenaufgang in vier *Nachtwachen ein; ihre Dauer war nicht immer die gleiche.
2. Der Schöpfungssymbolismus sieht in der Nacht die tödlichen Finsternisse und die Hoffnung auf den Tag[1]. Er wurde im Blick auf die Osternacht, in der sich das Heil erfüllte, neu interpretiert[2]. Seitdem gehört der Glaubende, obwohl er noch *in* der Nacht ist, nicht *der* Nacht, bis dann der *Tag anbricht, dessen Licht nicht mehr erlischt[3]. Gott offenbart sich gern in der Nacht[4], der Zeit, die man für das Gebet bevorzugt[5].

[1] Gen 1, 5; Ps 130, 6; Jes 21, 11; Joh 11, 10; Röm 13, 12. – [2] Ex 11, 4; 12, 12. 29; Weish 18, 14f; 1 Kor 11, 23. – [3] 1 Thess 5, 5; Offb 21, 25; 22, 5. – [4] Apg 5, 19; 16, 9; 18, 9; 23, 11; 27, 23; 1 Thess 5, 2. – [5] Mk 1, 35; Lk 6, 12.

→ Finsternis – Licht – Nachtwache – Tag

Nachtwache
Gr. *phylakē* (vgl. *phylassō*: »bewachen«). Die militärische Nachtwache wurde ursprünglich bei den Juden dreimal, bei den Römern viermal abgelöst. Zur Zeit Jesu hatten die Juden die römische Einteilung der Nacht übernommen: Erste Wache (ungefähr von 18.00–21.00 Uhr: der *Abend), die zweite (von 21.00–24.00 Uhr: Mitternacht), die dritte (von 0.00–3.00 Uhr: der *Hahnenschrei), die vierte (von 3.00–6.00 Uhr: der *Morgen).

→ Abend – Hahnenschrei – Morgen – Nacht – Stunde – wachen – *Tafel* S. 387

Nacken
Gr. *trachēlos*: »Hals«[1]. Der Körperteil, der sich beim Tier unter dem Joch härtet, von daher »Halsstarrigkeit« (gr *sklēro-trachēlos*), Symbol des Starrsinns[2].

[1] Mt 18, 6 (= Mk 9, 42 = Lk 17, 2); Lk 15, 20; Apg 15, 10; 20, 37; Röm 16, 4 △. – [2] Apg 7, 51; vgl. Jes 48, 4 △.

[Nag Hammadi]
Ein Dorf in Oberägypten, in der Nähe von Chenoboskion, wo Pachomius im 4. Jh. Klöster gegründet hatte. Um 1947 wurden hier 13 Bücherbände entdeckt; sie bilden eine Bibliothek von etwa 1000 Seiten und enthalten Werke, die allermeist aus dem Griechischen ins Koptische übersetzt wurden (die Sprache der ägyptischen Christen; Alphabet ist griechisch mit sieben zusätzlichen Buchstaben, die aus dem »Demotischen«, der Volksschrift der Alten Ägypter, entnommen wurden). Erwähnenswert sind: *Das Apokryphon des Johannes* (= Das geheime Buch des Johannes), *Die Weisheit Jesu, Das Evangelium der Wahrheit* (eine Homilie, die die Wahrheit der Evangelien

enthüllen will), das *Tomasevangelium und das *Philippusevangelium (eine Sammlung von *gnostischen Sentenzen und Gedanken).

→ Apokryphen – Gnosis

Name
Gr. *onoma,* hebr. *šēm.*
1. Am 8. Tag nach der Geburt erhält das Kind von seinen Eltern oder von Gott selbst einen Namen, der seine Rolle in der Welt bestimmt[1]; dieser Name wird manchmal im Lauf des Lebens geändert[2]. In der griechisch-römischen Zeit trugen die *Diasporajuden einen zweiten, griechischen oder lateinischen Namen[3].

[1] Gen 3, 20; 1 Sam 25, 25; Mt 1, 21. 23; Lk 1, 13. 63. – [2] Gen 17, 5; 32, 28–30; 2 Kön 23, 34; Mt 16, 18. – [3] Apg 13, 9.

2. Nach einer weit verbreiteten Überzeugung sagt der Name das Wesen einer Person aus. Damit wird zugleich aktive Gegenwart wie auch die Distanz ausgedrückt, so etwa, wenn man sagt, Jahwe lasse seinen Namen auf der Erde wohnen[4]. Auch jemands Namen kennen bedeutet, Zugang zum Geheimnis seines Wesens zu haben[5] und ihn sogar in gewisser Weise zu beherrschen[6].

[4] Dtn 12, 5; 2 Sam 7, 13; 1 Kön 3, 2; 8, 16. – [5] Joh 10, 3; Offb 19, 12. – [6] Gen 2, 19f; 2 Sam 5, 9; 12, 28; Ps 49, 12.

3. »Der Name« bezeichnet *Jahwe selbst[7]. Wer den Namen Jahwes kennt, der befindet sich in seiner Gegenwart[8]. Wer ihn anruft, tritt in Gemeinschaft mit ihm[9]; wer ihn heiligt, der anerkennt ihn als Gott[10]; wer ihn leichtfertig gebraucht, verfügt ungebührlich über seine Person[11]. Jesus hat geoffenbart, daß der wahre Name Gottes »Vater« ist[12].

[7] Lev 24, 11–16; Dtn 12, 5; Ps 54, 3; 89, 25; Joh 12, 28. – [8] Ex 3, 13–16; Joh 17, 26. – [9] Apg 2, 36. – [10] Jes 29, 23; Mt 6, 9. – [11] Ex 20, 7; Röm 2, 24; Offb 13, 6. – [12] Joh 17, 6; Röm 8, 15; Gal 4, 6.

4. Jesus erhält die Namen *Immanuel, *Herr, *Christus, *Sohn Gottes. Ja er erbt sogar den Namen, der Gott allein gehört[13]. Darum kann der Glaubende in seinem Namen beten und handeln, d. h. in enger Verbindung mit seiner Macht[14], in der Erwartung, daß er einen neuen Namen empfängt[15], vielleicht jenen, der jeden Namen übertrifft[16], oder auch den des Sohnes, mit dem er gerufen wird[17].

[13] Apg 5, 41; Phil 2, 10f; 3 Joh 7. – [14] Mt 7, 22; 18, 20; Mk 9, 38; 16, 17; Lk 10, 17; Joh 14, 13f; 15, 16; Apg 3, 6; 10, 43. – [15] Jes 62, 2; Offb 2, 17; 3, 12; 14, 1. – [16] Phil 2, 9. – [17] Mt 5, 9; 1 Joh 3, 1.

→ Berufung – lästern

Narde
Gr. *nardos.* Das duftende Öl einer Pflanze aus dem Himalaja; sehr selten, darum oft gefälscht. Nach der Überlieferung des späten Judentums gehört die Narde zu den Dingen, die Adam aus dem *Paradies mitgenommen hatte[1].

[1] Mk 14, 3; Joh 12, 3 □.

→ Duftstoff

[Nasiräat]
Von hebr. *nāzīr:* »herausgenommen, geweiht«. Eine religiöse Übung, die manchmal mit einem dauernden[1], manchmal auf rund dreißig Tage be-

schränkten *Gelübde verknüpft ist²; in diesem Fall endete es mit einem Opfer im Tempel³. Das Gelübde verpflichtete, sich die Haare nicht schneiden zu lassen, keine gegorenen Getränke zu trinken, die gesetzliche Unreinheit zu meiden⁴.

¹ Ri 13, 4f; 1 Sam 1, 11. 28; Lk 1, 15; vgl. Am 2, 11. – ² Num 6, 2. – ³ 1 Makk 3, 49; Apg 21, 23. – ⁴ Num 6, 1–21.

→ Gelübde

Natanael

Hebr. *nᵉtan'ēl*: »Gott hat gegeben«. Nach Joh in Kana geboren, einer der ersten Jünger Jesu, ein Typos des Israeliten, der zum Glauben befähigt ist. Seit dem 9. Jh. wird er manchmal mit *Bartolomäus, der wie er mit *Philippus zusammen genannt wird, identifiziert¹.

¹ Joh 1, 45–50; 21, 2; vgl. Mt 10, 3 □.

Nation, Nationen

1. Im Singular meint das gr. *ethnos* (hebr. *gōj*) die Nation als politische Größe¹, die jüdische Nation², oder auch das christliche Volk, das neue Volk³, den heiligen Stamm⁴.

¹ Mt 24, 7; Apg 7, 7; 8, 9. – ² Lk 7, 5; 23, 2; Joh 11, 48. 50–52; 18, 35; Apg 10, 22; 24, 2. 10. 17; 26, 4; 28, 19 △. – ³ Mt 21, 43; vgl. Jer 7, 28f. – ⁴ 1 Petr 2, 9; vgl. Ex 19, 6.

2. Im Plural meint das gr. *ethnē* (hebr. *gōjīm*) ganz allgemein die *heidnischen Völker, in sehr seltenen Fällen Christen heidnischer Herkunft⁵, normalerweise alle, die nicht zum erwählten Volk gehören⁶, gewissermaßen »die anderen«, die weder den jüdischen noch den christlichen Glauben bekennen⁷. Deutsche Übersetzungen haben hier unterschiedlich Heiden, Völker, Nationen. In einigen Fällen läßt sich aus dem Kontext erkennen, daß der Begriff im politischen Sinn zu verstehen ist. Bisweilen jedoch ist eine sichere Unterscheidung nicht möglich⁸.

⁵ Röm 11, 25; Gal 2, 12; Eph 3, 1. – ⁶ Gen 10, 5; Dtr 7, 6; Jer 10, 25; Mt 4, 15; 10, 5; 20, 25; Lk 21, 24; Apg 4, 25. – ⁷ Mt 6, 32; 1 Kor 5, 1; 12, 2; 1 Petr 2, 12. – ⁸ Lk 21, 25; 24, 47.

→ Heide – Heidenvölker – Volk

Nazaret

1. Gr. *Nazaret(h)*¹ oder *Nazara*²; aram. vielleicht *naṣᵉrat* oder *naṣᵉrā*. Unbedeutender kleiner Marktflecken in Galiläa, wird weder im AT noch bei Josephus oder im Talmud erwähnt. Der Ort liegt 350 m hoch, 4,5 km von Sepphoris entfernt, wo Judas der Galiläer i.J. 6 n. Chr. seine Revolte begann³; durch Nazaret führte eine Straße, über die Sepphoris Anschluß an eine Damaskus mit Ägypten verbindende Nebenstraße hatte.

¹ Mt 2, 23; 21, 11; Mk 1, 9; Lk 1, 26; 2, 4. 39. 51; Joh 1, 45f; Apg 10, 38 △. – ² Mt 4, 13; Lk 4, 16 △. – ³ *Einl.* II. 3. B; XI. 4.

→ *Karte* 4

2. Gr. *Nazarēnos*, zu übersetzen: »aus Nazaret stammend«, »Bewohner von *Nazaret«¹.

¹ Mk 1, 24; 10, 47; 14, 67; 16, 6; Lk 4, 34; 24, 19 △.

[Nazaretinschrift]
Die sog. Nazaretinschrift wurde 1878 entdeckt; es ist eine Marmorplatte (60 × 37,5 cm), auf der sich eine griechisch geschriebene Anordnung über die Grabschändung findet. Die Spezialisten betrachten die Inschrift heute als die Übersetzung eines lateinischen Textes eines Edikts, das Kaiser Augustus i. J. 8 durch den Statthalter Coponius anläßlich einer Entweihung des Tempels durch die Samariter erließ; sie hatten hier Knochen von toten Tieren verstreut. Man kann diesen Erlaß also nicht mit dem Gerücht über den Raub des Leichnams Jesu durch die Jünger (Mt 27, 62–66; 28, 11–15) in Verbindung bringen. Im folgenden die Übersetzung des *Diatagma Kaisaros*:
»Anordnung des Kaisers. Es ist mein Wille, daß die Gräber und Grabmale, die aus Pietät für Vorfahren, Kinder oder Verwandte errichtet wurden, für immer unantastbar bleiben. Wenn aber einer jemanden überführt sie zerstört zu haben, oder die Bestatteten auf andere Weise freigelegt zu haben, oder die Bestatteten arglistig in betrügerischer Absicht anderswohin gebracht zu haben, oder Grabsteine und Grabmale verlegt zu haben, der soll, so verfüge ich, gerichtet werden wie Menschen, die sich gegen die Religion vergehen. Man wird also den Bestatteten viel größere Ehre erweisen. Niemandem soll erlaubt sein, irgendetwas anzutasten. Ich bestimme, daß bei Zuwiderhandeln der Schuldige wegen Grabschändung zum Tod verurteilt wird.«

Nazoräer
Gr. *Nazōraios,* übersetzt »Nazoräer« oder »Nazarener«; gemeint ist Jesus[1], der Galiläer[2], und einmal die Christen[3]. Das Problem der etymologischen Herkunft des Begriffs ist ungelöst. Man leitet es bald von hebr. *nāzīr,* Nasiräer: »geweiht, heilig«[4] ab, bald von *nēṣer*: »Schößling, Trieb«[5], oder von *nᵉṣūrīm*: »der Rest«[6].

[1] Mt 2, 23; Lk 18, 37; Joh 18, 5. 7; 19, 19; Apg 2, 22; 3, 6; 4, 10; 6, 14; 22, 8; 26, 9. – [2] Vgl. Mt 26, 71 und 26, 69. – [3] Apg 24, 5 △. – [4] Ri 13, 5; vgl. 16, 17; Mk 1, 24. – [5] Jes 11, 1. – [6] Jes 49, 6.

Neid
Gr. *phthonos*: »das Gefühl, das man empfindet, wenn man sieht, daß andere Leute etwas haben, was man selbst haben möchte«; man hat aber dabei nicht den Wunsch, die Sache ausschließlich für sich allein zu besitzen (das wäre die *Eifersucht). Eins der *Laster, die das NT brandmarkt[1] und das in einigen Fällen der Eifersucht sehr nahe kommen kann[2].

[1] Röm 1, 29; Gal 5, 21. 23; 1 Tim 6, 4; Tit 3, 3; 1 Petr 2, 1. – [2] Mt 27, 18 (= Mk 15, 10); Phil 1, 15; Jak 4, 5 □.

→ Eifersucht – Laster

neu
Zur Bezeichnung für das Neue gibt es zwei gr. Worte. *Kainos (K),* das häufigere, meint das, was noch nie gebraucht wurde[1], das Unerwartete[2], das erdachte, ganz andere, das was erneuert. *Neos (N)* meint das, was im Vergleich zum Vergangenen neu ist, jung, nicht alt; etwa den Jüngeren[3], oder den nicht gegorenen Wein[4]. Manchmal wird der eine wie der andere Begriff mit dem Wort »alt« (gr. *palaios*) verknüpft; dann ist eine Ganzheit gemeint[5] oder ein Gegensatz: Der Geist und der Buchstabe[6], der neue und der alte

Mensch[7], das neue Sein und das alte[8], die beiden Bünde[9], das neue Gebot[10], der neue Teig[11], die erneuerte Gesinnung[12].

[1] Mt 9, 17 (= Mk 2, 21f = Lk 5, 38); 27, 60 (= Joh 19, 41). – [2] Mk 16, 17. – [3] (N) Lk 15, 12f; 22, 26; Joh 21, 18. – [4] (N) Mt 9, 17 (= Mk 2, 22 = Lk 5, 37–39). – [5] Mt 13, 52. – [6] Röm 7, 6. – [7] Eph 4, 24; Kol 3, 10 (K und N). – [8] 2 Kor 5, 17. – [9] Hebr 8, 13; 12, 24 (N). – [10] 1 Joh 2, 7. – [11] 1 Kor 5, 7. – [12] Eph 4, 23.

1. Neu vor allem ist der *Bund, der die Prophetie erfüllt[13] und darum neu ist[14]; mit ihm ist alles erneuert[15]: die Schöpfung[16], das Leben[17], dank der neuen Wirklichkeit des Geistes[18].

[13] Jer 31, 31; Ez 36, 26. – [14] Lk 22, 20; 1 Kor 11, 25; 2 Kor 3, 6; Hebr 8, 8. 13; 9, 15; Hebr 12, 24 (N). – [15] Offb 21, 5. – [16] 2 Kor 5, 17; Gal 6, 15. – [17] Röm 6, 4. – [18] Röm 7, 6; Tit 3, 5.

2. Jesus kam und brachte eine neue Lehre[19], er gab sein neues Gebot, neu in dem Sinn, daß er es selbst mit dem neuen Bund verknüpfte[20].

[19] Mk 1, 27; Apg 17, 19. 21. – [20] Joh 13, 34; 1 Joh 2. 7f; 2 Joh 2, 5.

3. Christus, der neue *Mensch[21], macht die Glaubenden zu neuen Menschen[22], die im Geist unaufhörlich ihre Gesinnung[23], den inneren Menschen[24] erneuern sollen; sie haben einen neuen *Namen empfangen[25].

[21] Eph 2, 15. – [22] Eph 4, 24; Kol 3, 10 (K und N); vgl. Hebr 6, 6. – [23] Röm 12, 2; Eph 4, 23 (N). – [24] 2 Kor 4, 16; Kol 3, 10 (N). – [25] Offb 2, 27; 3, 12.

4. Die Kirche ist aufgerichtet auf die neuen Himmel und die neue Erde[26], das himmlische Jerusalem[27], wo Jesus mit seinen Jüngern von neuem Wein trinken wird[28] und wo die Erwählten das neue Lied singen[29].

[26] 2 Petr 3, 13; Offb 21, 1. – [27] Offb 3, 12; 21, 2. – [28] Mt 26, 29 (= Mk 14, 25). – [29] Offb 5, 9; 14, 3.

→ der Alte – Tempelweihefest

Neues Testament
Gr. *hē kainē diathēkē*: »der neue *Bund«. Das Gesamt der 27 Bücher, die von der Kirche als *kanonisch anerkannt werden.

→ *Einl.* XV. – Bibel – Kanon – Testament

Neumond
Gr. *neomēnia*, von *neos*: »neu« und *mēnē*: »Mond«: »Neumond, neuer Monat, erster Tag des Monats«[1].

[1] Gal 4, 10; Kol 2, 16 □.

→ Jahr – Kalender – Mond – Tag

Nieren
→ Lenden

Nikodemus
Gr. *Nikodēmos* (= »siegreiches Volk«), ein bei den Griechen und in der jüdischen Tradition weitverbreiteter Name. Pharisäer, ein angesehener Jude, ein »Lehrer Israels«, vielleicht Mitglied des *Hohen Rates. Johannes schildert ihn als rechten und gläubigen Mann, der aber Jesus gegenüber verschlossen bleibt[1].

[1] Joh 3, 1. 4. 9; 7, 50; 19, 39 □.

Nikolaiten
Gr. *Nikolaitai*. Nach Offb 2, 6. 15 □ eine möglicherweise christliche Sekte mit einer vielleicht gnostisch-libertinischen Tendenz. Der Nikolaus, nach dem sie sich benennen, ist unbekannt.

[Nisan]
Babylonischer Name des *Monats, der mit dem ersten Neumond nach der Frühjahrs-Tagundnachtgleiche begann. Zur Zeit Jesu begann das Jahr mit diesem Monat.
→ Kalender

Noach
Gr. *Nōe,* von hebr. *nōaḥ* (*nwh*: »ausruhen«)[1]. Der priesterlichen[2], weisheitlichen[3] und apokalyptischen (*Henochbuch)[4] Linie folgend sieht das NT in ihm den Typos des gerechten und wachsamen Mannes, der der unmittelbar bevorstehenden Bestrafung entgeht und das Heil erhält[5].

[1] Gen 5, 29–9, 28; Lk 3, 36. – [2] Gen 6, 9. – [3] Weish 10, 4; Sir 44, 17. – [4] *Henochbuch* 6, 1–11, 2; 60, 1–25; 65, 1–69, 25; 106, 1–107, 3 – [5] Mt 24, 37–39 (= Lk 17, 26f); Hebr 11, 7; 1 Petr 3, 20; 2 Petr 2, 5.

→ Sintflut

Obergemach
1. Das »Oberzimmer« (gr. *anagaion,* von *ana*: »hinauf« und *gaia*: »Erde, Boden«)[1], weit und mit Teppichen bedeckt; »Aufenthaltsraum« (gr. *kataly-ma*)[2], wo Jesus mit seinen Jüngern das Pascha feierte.

[1] Mk 14, 15 (= Lk 22, 12)△. – [2] Mk 14, 14 (= Lk 22, 11); vgl. Lk 2, 7 △.

2. Der Ort, an dem sich die Jünger nach dem Tode Jesu versammelt hatten und wo der Auferstandene erschienen ist, hat im Griechischen keinen besonderen Namen erhalten; es ist einfach ein »da, wo«[3].

[3] Lk 24, 33; Joh 20, 19. 26.

→ *Karte* 1

3. Das »Obergemach« (gr. *hyperōon,* von *hyper*: »darüber«), in dem sich die 120 Jünger nach dem Weggang Jesu versammelt hatten, um Mattias zu wählen, und in dem sie sich auch bei der Ausgießung des Heiligen Geistes am Pfingsttag befanden[4]; dieser Raum liegt im Obergeschoß des Hauses und dient normalerweise als Gästezimmer[5].

[4] Apg 1, 13. – [5] Apg 9, 37. 39; 20, 8 △.

→ *Einl.* VIII. 1. A.

Oberst
Gr. *chiliarchos* (von *chilioi*: »tausend«, und *archos*: »Führer«): Führer der *Kohorte, Offizier[1].

[1] Apg 21, 31–24, 22.

[Obolus]
Gr. *obolos.* Gr. Kleinmünze, Wert $^1/_6$ der *Drachme und 8 Kupferstücke (gr. *chalkos*).
→ Münzen

Ofen
Gr. *kaminos.* Erwähnt wird: der Ofen des Töpfers[1], der Schmelzofen des Schmiedes[2], der Feuerofen für die Todesstrafe[3].

[1] Sir 27, 5; 38, 30. – [2] Jes 48, 10; Ez 22, 18–22; Offb 1, 15. – [3] Dan 3, 6. 20–23; Mt 13, 42. 50; Offb 9, 2 ☐.

→ Hölle

Offenbarung
Gr. *apo-kalyptō* (*apo*: »weg von, fern« und *kalyptō*: »zudecken, verbergen«): »enthüllen«. Genauer: Sich-Kundmachen des unsichtbaren, geheimnisvollen Gottes, den der Mensch aus sich selbst nicht erreichen kann, der sich also selbst erkennen und lieben läßt. Gleichbedeutende Ausdrücke: offenbar machen (gr. *phainō, phaneroō*), bekannt machen, ins Licht setzen, »erklären« (gr. *exēgeomai*), zeigen, sagen, verkündigen, lehren.
1. Gott offenbart sich durch seine Schöpfung, und zwar nicht, damit diese ihn so erst kennenlerne, sondern damit sie ihn wieder-erkenne: Auf diese Weise führt Gott einen Dialog mit seinen Geschöpfen[1]. Gott offenbart sich auch in *Theophanien oder durch *Mittler: Engel, Worte, Visionen, *Zeichen.

[1] Röm 1, 19–21; vgl. Weish 13, 3–5.

2. Jesus kommt, um die im AT angedeutete Offenbarung zu krönen[2]. In seinen *Gleichnissen macht er das Geheimnis des göttlichen *Plans bekannt[3]; denn er allein kennt den *Vater[4]. Seinen Erwählten schenkt Gott besondere Offenbarungen[5]. Alles endet damit, daß es offenbar wird[6], doch die volle Offenbarung findet erst bei der *Parusie statt[7].

[2] Joh 1, 18; Hebr 1, 1f. – [3] Mt 13, 35; Mk 4, 11. – [4] Mt 11, 25–27 (= Lk 10, 21f). – [5] Mt 16, 17; Gal 1, 16; 1 Kor 2, 10. – [6] Mk 4, 22. – [7] 1 Kor 1, 7; 2 Thess 1, 7.

→ Apokalypse – erkennen – Wahrheit

Offenbarung des Johannes
→ Apokalypse

Ohr
Gr. *ous*. Das Körperglied, das man »Ohr«[1] nennt, ist Symbol für die Fassungskraft, aber mit einem eigenen Akzent, der ihn vom *Auge unterscheidet, und zwar: *hören heißt *gehorchen. »Ohren haben«[2] bedeutet, fähig sein zu verstehen, aber gleichzeitig auch, die Möglichkeit haben, sie zu verstopfen und sie »unbeschnitten zu machen«[3], wenn man nicht hören und verstehen will[4]. Um Aufmerksamkeit zu wecken, lädt man ein, »sich die Worte in die Ohren zu legen« (gr. *en-ōtizomai*)[5], man versucht, sie dort »eindringen zu lassen«[6]. Wenn Jesus den *Tauben »die Ohren öffnet«[7], dann geschieht dies als Symbol für die Tat Gottes, der »das Gehör einpflanzt«[8], so daß die Worte »sich im Hören erfüllen« können[9]: Das Wort wird zum gegenwärtigen Ereignis. Solche Ohren können »*selig« gepriesen werden und, zusammen mit den Augen[10], bezeichnen sie das Wesen in seiner Ganzheit. Im Gegensatz zur Verkündigung von den Dächern kann man ins Ohr flüstern, im Geheimen sprechen und vernehmen[11]. Immer geht es dabei um *Offenbarung und um *Weisheit; das Ohr kann selbst mit dem *Herzen gleichgesetzt werden[12].

[1] 1 Kor 12, 16. – [2] Mt 11, 15; 13, 9; Mk 7, 16; Offb 2, 7. – [3] Jer 6, 10; Apg 7, 51. – [4] Jes 6, 10; Mt 13, 15; Apg 28, 27. – [5] Jes 28, 23; Apg 2, 14 △. – [6] Jer 9, 19; Lk 9, 44. – [7] Jes 35, 5f; Mt 11, 5 (= Lk 7, 22); Mk 7, 34f. – [8] Ps 40, 7; Jes 50, 4f; vgl. Hebr 10, 5. – [9] Lk 4, 21; vgl. 1, 44. – [10] Mt 13, 16. – [11] Mt 10, 27 (= Lk 12, 3). – [12] 1 Kön 3, 9; Spr 23, 12.

→ gehorchen – hören

Öl
Gr. *elaion* und *elaia*: »Ölbaum«; im Hebr. *šemen*: »fett«, *jiṣhār*: »Ausbruch, frisches Öl«. Es wird, mit Ausnahme vom »lauteren« Öl[1], durch Auspressen zerstoßener Oliven gewonnen[2]. Ein lebenswichtiges Nahrungsmittel[3], Zeichen des *Segens[4]. Öl kann auf verschiedene Weise verwendet werden: als *Lichtquelle[5]; zur Linderung von Wundschmerzen[6], zur Stärkung der Kranken[7], zur Gesichtspflege[8] und zur Freude für das Herz[9]. Man benutzt es vermischt mit Duftstoffen, um den Gast zu ehren[10].

[1] Ex 27, 20. – [2] Ijob 24, 11. – [3] Sir 39, 26. – [4] Dtn 7, 13; 28, 40. – [5] Mt 25, 3f. – [6] Jes 1, 6; Lk 10, 34. – [7] Mk 6, 13; Jak 5, 14. – [8] Ps 104, 15; Mt 6, 17. – [9] Ps 45, 8; Jes 61, 3; Hebr 1, 9. – [10] Ps 23, 5; Lk 7, 46.

→ Duftstoff – salben

Ölbaum

Gr. *elaia*. Zusammen mit dem Feigenbaum und dem Weinstock eine der drei Pflanzen, die für Palästina charakteristisch sind[1]. Da er immer grün ist, wird er gern als Symbol für den Gerechten benutzt[2] und für die Weisheit, die den Weg der Gerechtigkeit offenbart[3].

[1] Röm 11, 17. 24; Jak 3, 12. – [2] Ps 52, 10; Offb 11, 4. – [3] Sir 24, 14. 19–23 □.

→ *Einl.* II; VII. 1. A. – Öl – Pfropfen

Ölberg

Gr. *to oros tōn Elaiōn* oder auch *oros kaloumenon Elaiōn*: »Hügel genannt Olivenhain«[1] (= Eleona). Ein Bergkamm ungefähr 3 km östlich von Jerusalem, mindestens 1 km von den Stadtmauern entfernt, jenseits des *Kidrontals. Eine herrliche Aussicht auf die Stadt und auf den Tempelplatz. In der Nähe des Kidron liegt *Getsemani; auf dem südlichen Gipfel *Betfage (812 m); gegenüber im Osten *Betanien. Die römische Straße von Jericho nach Jerusalem führt über den Ölberg. Zur Zeit Jesu war der Hügel dicht mit Ölbäumen bewachsen, ein günstiger Ort, wenn man sich allein zurückziehen wollte[2].

[1] Mt 21, 1 (= Mk 11, 1); 24, 3 (= Mk 13, 3); 26, 30 (= Mk 14, 26 = Lk 22, 39); Joh 8, 1. – [2] Lk 19, 29; 21, 37; Apg 1, 12 □.

→ *Karte* 1

Omega

→ Alpha und Omega

Onesimus

Gr. *Onēsimos*: »nützlich, gewinnbringend, vorteilhaft«. Ein Sklave, für den Paulus im Brief an *Philemon, der vielleicht sein Herr ist, eintritt[1].

[1] Kol 4, 9; Phlm 10 □.

→ Archippus – Philemon

Opfer

Gr. *thysia*: »Opfer«, *prosphora*: »Gabe, Opfergabe«, *holokautōma*: »Brandopfer«, *spendō*: »ein Trankopfer darbringen«.

1. Das israelitische Ritual kennt verschiedene Opferarten: das Brandopfer, das Gemeinschaftsopfer, das Opfer für die Sünde, das Speisopfer, die Schaubrote, die Rauchopfer. Allgemein *definiert* handelt es sich beim Opfer um eine Gabe von Pflanzen oder Tieren, die Gott auf dem Altar dargebracht und durch ihre teilweise oder gänzliche Vernichtung dem profanen Gebrauch entzogen werden.

2. Für alle Opfer gilt derselbe *Ritus* bei der Darbringung der Opfergabe: Der Glaubende legt die *Hände auf die Gaben, die der Priester angenommen hat; damit drückt er zweifelsohne aus, daß er sich selbst durch dieses Opfer darbringt. Danach wird die Opfergabe entweder vom *Feuer ganz verzehrt, oder zwischen dem Priester und dem Opfernden geteilt. Im Fall der Darbringung eines Tieropfers wird die Symbolik deutlich, wenn man die biblische Bedeutung des *Blutes bedenkt, das das Leben selbst ist[1] und nicht mit dem *Fleisch zusammen gegessen werden darf (*Tierfleischopfer)[2]. Nach der

Opferung (die keine besondere Bedeutung hat) wird das Fleisch geteilt oder verbrannt; das Blut dagegen wird auf den Altar, der als Symbol für Gott gilt, gegossen[3].

[1] Lev 17, 11. 14; Dtn 12, 23. – [2] Dtn 12, 16. – [3] Lev 1, 5. 11.

3. Der genaue *Sinn* des Ritus läßt sich schwer bestimmen. Versuchsweise könnte man sagen: Ein Glaubender, oder das Volk, sucht die Nähe Gottes dadurch, daß er eine unwiderrufliche Gabe mit ihm teilt. Damit soll die Distanz, die sich durch eine Sünde oder Übertretung eines Verbots zwischen ihm und Gott aufgetan hat, überbrückt werden. Er drückt diesen Wunsch durch eine Opfergabe aus und nähert sich Gott mittels des auf dem *Altar vergossenen Blutes; auf diese Weise wird der Kontakt wiederhergestellt. Dank dieser »Ent*sühnung« wird er Gott wieder genehm. Bei der Darbringung des *Brandopfers kommt die unwiderrufliche Hingabe zum Ausdruck; das Aufsteigen der *Duftstoffe ist Zeichen fürs Eindringen in das Unsichtbare. So verwirklicht sich der Übergang vom Profanen in das *Geweihte. Symbolisch wird der *Bund erneuert, die *Gemeinschaft wiederhergestellt.

4. Der Ritus wird dann nicht richtig verstanden, wenn man seinen Sinn mit Zerstörung und Leiden in Verbindung bringt. Der Ritus wird verfälscht, wenn man ihn von seinem Sinn ablöst und zum Formalismus macht: Die Propheten und nach ihnen Jesus protestieren gegen eine solch magisierende Praxis[4].

[4] Mt 5, 23f; 9, 13; 12, 7.

5. Jesus hat das Opfer nicht verurteilt; er selbst ist das Paschaopferlamm; weil die früheren Opfer aus sich selbst die endgültige *Vergebung nicht erlangen konnten, hat er endgültig das vollkommene Opfer dargebracht, in dem er sich ein für allemal als einzigartige Gabe zu unserer Heiligung darbrachte[5]. Paulus bezeugt, daß die Eucharistie Opfercharakter hat; er macht einen Vergleich zwischen ihr und den heidnischen Opfern[6]. Die Riten sind nur dann sinnvoll, wenn sie Ausdruck für die Hingabe der Person, wenn sie ein angemessener Gottesdienst sind[7]: diesen Charakter haben die geistigen Opfer, die die Kirche, die heilige Priesterschaft, darbringt[8]. Als Opfer schließlich bezeichnet man nicht nur eine Gabe, die Gott dargebracht wird, sondern auch das, was man einem anderen gibt, um ihm zu helfen[9].

[5] Lev 4, 26; Hebr 7, 27; 9, 12; 10, 1. – [6] 1 Kor 10, 16–21. – [7] Röm 12, 1. – [8] 1 Petr 2, 5. – [9] Phil 4, 18; Hebr 13, 16.

→ *Einl.* XIII. 2. A. – Altar – Blut – Brandopfer – Bund – darbringen – Duftstoff – Erlösung – Erstlinge – Eucharistie – Feuer – heilig – Kult – sühnen – Tempel – verzeihen

opfern
→ Opfer – Götzenopferfleisch

Orakel
Antwort, die eine Gottheit einem sie befragenden Menschen gibt. Das NT macht auf diese mantische Praxis (gr. *manteuomai*)[1] aufmerksam, doch es verwendet den Spezialbegriff *chrēmatismos* nur im Blick auf eine von Gott kommende *Offenbarung[2]; in Verbindung mit dem Verb *chrēmatizō* erhält diese Offenbarung zuweilen die Form einer Ermahnung, daher die Überset-

zung »Weisung Gottes durch...«; doch es handelt sich einfach um eine Anweisung: für Josef, für Simeon, für Kornelius, für Mose, für Noach oder für die Menschen. Gott offenbart seinen Willen ohne daß man ihn darum bitten müßte[3]. Abgesehen von diesen Fällen schwingt in der deutschen Übersetzung »Orakel« ein Beiklang, den das NT scheint vermeiden zu wollen, zumal die *Septuaginta, der das NT meistenteils folgt, das Wort *chrēmatizō* nicht aufgenommen hat, sondern das Verb »reden« (gr. *legō*, hebr. *dibber*) wählte. Zweifelsohne kann der Kontext in einem Fall in Verbindung mit dem gr. *logia* diese Interpretation nahelegen[4], doch es ist unnötig, der einfachen biblischen Aussage einen magischen Ton zuzuschreiben, den sie selbst beseitigt hat[5].

[1] Apg 16, 16 △. – [2] Röm 11, 4 △. – [3] Mt 2, 12. 22; Lk 2, 26; Apg 10, 22; Hebr 8, 5; 11, 7; 12, 25 △. – [4] Apg 7, 38. – [5] Mt 2, 17; 12, 17; 13, 35; 21, 4; 22 31; 27, 9; Röm 3, 2; Hebr 5, 12.

→ Magie – Offenbarung – Traum

Ordnung

1. Für das AT wie für das NT gilt, daß Gott die Welt »nach Maß, Zahl und Gewicht geordnet hat«[1]; Paulus erinnert in seiner Predigt vor den Heiden an diese Anordnung, wenn er darauf verweist, wie Gott die festen Zeiten, die Jahreszeiten usw. festgesetzt hat[2].

[1] Weish 11, 20. – [2] Apg 14, 17; 17, 24–27.

2. Gr. *taxis, tagma*. Die Gemeinschaft der Christen soll sich, auch wenn Charismatiker zu ihr gehören, streng an die Ordnung halten[3].

[3] 1 Kor 14, 40; 15, 23; vgl. Kol 2, 5.

3. »Nach der Ordnung des Melchisedek« meint »auf die Art des Melchisedek«; damit werden zwei Arten des *Priestertums unterschieden[4].

[4] Hebr 5, 6. 10; 6, 20; 7, 11. 17 △; vgl. Ps 110, 4.

Orient, Ost

Lat. *oriens* (Partizip praesens von *oriri*: »aufgehen«), gr. *anatolē* (von *anatellō*: »aufgehen lassen«): »Sonnenaufgang, der Osten«.
1. Eine der vier Himmelsrichtungen. »Sich orientieren« heißt, sich nach der aufgehenden Sonne richten[1], wie die Magier nach dem Stern[2]; das bedeutet, den Süden (den Negev) zu seiner Rechten haben, hinter sich den Westen (das *Meer) und zur Linken den Norden (ferne, geheime Region).

[1] Ez 43, 1; Offb 21, 13. – [2] Mt 2, 2. 9.

2. Ein Gebiet im Osten von Palästina, Transjordanien[3], dort wo die »Söhne des Ostens« wohnen[4], oder noch weiter östlich[5]. Aus dieser Richtung kann ausnahmsweise das Unheil kommen[6]; normalerweise kommt von dort das Glück, etwa die Herrlichkeit des Gottes Israels[7].

[3] Num 32, 19. – [4] Ri 6, 3. – [5] Mt 2, 1; 8, 11 (= Lk 13 29); 24, 27. – [6] Offb 16, 12. – [7] Ez 43, 2; Offb 7, 2; vgl. 2 Petr 1, 19.

3. Ein Bildwort mit dem man das Licht bezeichnet, das auf die Finsternis folgt[8], den Stern oder auch die Sonne der Gerechtigkeit[9].

[8] Jes 8, 23–9, 1; Mt 4, 16. – [9] Lk 1, 78; vgl. Mal 3, 20.

[österlich]
1. Alles, was die Paschazeit betrifft.
2. Genauer das, was mit dem Glauben der ersten Christen an die Auferstehung Jesu gemeint ist.

Ostern
→ Pascha

[Palästina]
Gr. *hē Palaistinē (Syria)*, hebr. *pᵉlešet*. Ursprünglich das Land der Philister (die es jedoch nur zu einem kleinen Teil besetzt hielten); danach 65 n. Chr. der römischen Provinz *Syrien zugeteiltes Gebiet; schließlich seit 139 n. Chr. die römische Provinz Judäa.

→ *Einl.* I. 1; II; III. 1–2. – *Karte* 4

Palme
Die Dattelpalme (gr. *phoinix*, hebr. *tāmār*, die früher im Jordantal üppig gedieh, wurde für heilig gehalten und auf dem Tempel und manchen Synagogen dargestellt[1]. Ein Bild für den Gerechten, die Schönheit, die Weisheit[2]. Man schwenkte die Palmzweige (gr. *baion*), als Zeichen der Freude, am *Laubhüttenfest[3] oder um einen siegreichen Führer zu ehren[4].

[1] Ri 4, 5; 1 Kön 6, 29–35; Ez 40, 16. – [2] Ps 92, 13; Hld 7, 8; Sir 24, 14. – [3] Lev 23, 40. – [4] 1 Makk 13, 37. 51; Joh 12, 13; Offb 7, 9 □.

→ *Einl.* II. 5

Paphos
→ Zypern

Paradies
Das gr. *paradeisos* (abgeleitet aus dem Persischen; hebr. *pardēs*: »Park«) übersetzt das hebr. *gān*: »Garten«. Eden bezeichnet, in Übereinstimmung mit der Auffassung, daß das Leben der Götter so ist, wie das der Glücklichen auf dieser Erde, das ursprüngliche irdische Paradies[1], das Paradies der Wonne[2], das Paradies Gottes[3], den Ort, in dem man hofft mit Gott »in den höchsten Himmeln« zu leben[4]. Im Judentum suchte man hier den verborgenen Ort, an dem die Toten die Auferstehung erwarten; die Vorstellung von diesem Aufenthalt wurde nach Lk für den zur Einsicht gekommenen Verbrecher durch die Aussicht auf das »sein mit Jesus« umgewandelt[5].

[1] Gen 2, 8. – [2] Gen 3, 23f; Ez 31, 9; Joël 2, 3. – [3] Ez 28, 13; Offb 2, 7. – [4] 2 Kor 12, 4. – [5] Lk 23, 43 □.

→ Himmel – Totenwelt

Paraklet
→ Anwalt

[Parallele]
Ein Begriff aus der Literarkritik. Gemeint ist ein Abschnitt eines Evangeliums, der mit einem Abschnitt eines anderen, normalerweise synoptischen Evangeliums, eng übereinstimmt. Parallele Texte werden durch das Zeichen = kenntlich gemacht.

→ Dublette – synoptisch

Parfüm
→ Duftstoff

Parther
Gr. *Parthoi.* Im Südosten des Kaspischen Meeres wohnende Völkerschaft iranischen Ursprungs. Von 248 v. Chr. bis 224 n. Chr. bildeten sie ein unabhängiges Königreich, das beständig in Kriege mit den Römern verwickelt war. Unter ihnen gab es Juden[1].

[1] Apg 2, 9 □.

Parusie
Gr. *parousia* (vom Partizip des Wortes *par-eimi*: »da sein«); bedeutet gewöhnlich Gegenwart[1] oder »Ankunft«[2]. In der griechisch-römischen Welt benutzt man dies Wort für die offiziellen Besuche des Kaisers, im übrigen ist es mit der *apokalyptischen Überlieferung des AT, die sich auf das Kommen des Herrn bezieht, verbunden[3]. Gemeint ist eigentlich die Ankunft des Herrn, das Kommen seines *Tages[4]. Sie kann zur Verbesserung des christlichen Lebenswandels führen wenn man sie mit Liebe erwartet[5].

[1] 1 Kor 16, 17; 2 Kor 10, 10; Phil 1, 26; 2, 12. – [2] 2 Kor 7, 6f. – [3] Sach 9, 9. – [4] Mt 24, 3. 27. 37. 39; 1 Kor 15, 23; 1 Thess 2, 19; 3, 13; 4, 15; 2 Thess 2, 1. 8f; 2 Petr 1, 16. – [5] 1 Thess 5, 23; Jak 5, 7f; 2 Petr 3, 4. 12; 1 Joh 2, 28 □.

→ Gericht – Tag des Herrn

Pascha
Gr. *pascha,* hebr. *pesaḥ,* aram. *pasḥa* (die Etymologie ist umstritten: »Besänftigung«, »Schlag«, der die Erstgeborenen trifft, »überspringen« der Häuser der Hebräer). Der Name bezeichnet sowohl das Fest als auch das geschlachtete Lamm.
1. *Das jüdische Pascha.* Das israelitische Hauptfest begann im April, am Abend des 14. Nisan (letzter Tag vor dem auf die Frühjahrs-Tagundnachtgleiche folgenden Vollmond) und erstreckte sich auf die folgenden sieben Tage, die Woche der *Ungesäuerten Brote[1]. Das alte Frühlingsfest der Nomaden (die Hirten opferten die Erstgeborenen der Herde)[1] war zum Gedächtnisfeier des Ereignisses geworden, das zur Volksgründung führte: Jahwe ließ die Hebräer durch das Schilfmeer hindurch aus Ägypten ziehen[2]. Grundsätzlich mußte jeder Jude eine *Wallfahrt nach Jerusalem machen, um dort das Pascha, das Hauptfest, zu feiern; das tat auch Jesus.
Nach den Gewohnheiten, an die man sich zur Zeit Jesu vermutlich hielt, wurde das Paschamahl am späten Nachmittag des 14. Nisan vorbereitet. Während der sieben folgenden Tage durfte man kein gesäuertes Brot essen. Jede Familie mußte ein fehlerloses, männliches, einjähriges *Lamm (oder ein *Ziegenböckchen) im Tempel darbringen. Sein *Blut wurde sorgfältig aufgefangen, um damit später mit einem Ysopzweig den Rahmen und die Oberschwelle der Eingangstüren der Häuser zu bezeichnen. Danach wurde das ganze Lamm gebraten, ohne daß ihm ein Knochen gebrochen wurde[3]. Dann versammelten sich die Tischgenossen in ausreichender Zahl, am liebsten im Obergemach, das für diesen Anlaß mit Teppichen geschmückt war. Das Mahl begann mit einem Becher voller Wein, über den der Hausvater zwei Segnungen sprach; anschließend wurde er rund um den Tisch weitergereicht. Ein Wasserbecken ging von Hand zu Hand; so konnten sich die Teilnehmer vor dem Paschamahl *reinigen. Während ein zweiter Becher mit Wein weitergereicht wurde, erklärte der Hausvater den jüngsten Tischge-

nossen die Bedeutung der verschiedenen Riten. Das Lamm bewirkte, daß der Todesengel vor dem Auszug aus Ägypten an den Häusern der Hebräer vorbeiging; das ungesäuerte Brot ist jenes, das die Hebräer in Eile mitnahmen, als sie aus Ägypten flohen, denn es blieb keine Zeit für die Gärung[4]. Nachdem der erste Teil des *Hallel gesungen war[5] nahm der Hausvater die Brote, brach sie und teilte sie unter die Tischgenossen. Man aß das Paschalamm mit bitteren Kräutern und Stücken des ungesäuerten Brotes, die in *haroset* (ein aus Feigen und Trauben in Wein gekochtes Kompott, Symbol für die Backsteine, die die Hebräer in der ägyptischen Gefangenschaft herstellen mußten) getaucht wurden. Das Paschalamm mußte ganz gegessen, die Reste vor Anbruch des Morgens verbrannt werden. Danach trank man den Segensbecher und schließlich stimmte man den zweiten Teil des Hallel an[6]. Mit einem letzten Becher Wein endete das Mahl. Man trennte sich, ohne jedoch das Haus zu verlassen; denn in der ganzen Paschanacht war es verboten, hinauszugehen.

[1] Ex 12, 15–20. – [2] Ex 12, 11–14. 23; Hebr 11, 28. – [3] Joh 19, 33. – [4] Ex 12, 17–20. – [5] Ps 113–114. – [6] Ps 115–118; Mk 14, 26.

2. *Das christliche Pascha* feiert die Auferstehung Jesu am ersten Wochentag nach dem 14. Nisan, d. h. am *Sonntag[7]. Darüber hinaus ist es Gedächtnis des Opfers Jesu und Vorwegnahme des *eschatologischen Festes[8]. Paulus identifiziert Christus mit dem Paschalamm und zieht aus dem Brauch der ungesäuerten Brote Konsequenzen für das österliche Leben der Christen in Heiligkeit und Reinheit[9].

[7] Lk 24, 1; Apg 20, 7; 1 Kor 16, 2; Offb 1, 10. – [8] 1 Kor 11, 26. – [9] 1 Kor 5, 6–8; vgl. Offb 5, 6; 13, 8.

→ *Einl.* VI. 4. C. b; XIII. 3. B. – Auferstehung – Eucharistie – Fest – Gedächtnis – Mahl – Obergemach – Opfer – Ungesäuerte Brote

[Passion Christi]
Von lat. *pati*: »ertragen, *leiden«, gr. *paschō*. Der Begriff umfaßt die Leiden, die Jesus angekündet und erlitten hat, und in denen dann die Christen *erlösende Wirkung für die Befreiung der Menschen gesehen haben.

→ Geißelung – Kreuz – Kreuzigung – leiden – Prozeß Jesu

[Pastoralbriefe]
→ Briefe

Patmos
Kleine, felsige Insel im Ägäischen Meer, südlich von Samos, westlich von *Milet. Hier befand sich der Verfasser der *Offenbarung des Johannes »um des Wortes Gottes und des Zeugnisses Jesu willen«. Obwohl nichts in diesen Worten darauf schließen läßt, daß er deportiert oder gefangen gewesen wäre, folgert die spätere Überlieferung doch aus dieser Äußerung, daß der Aufenthalt auf Patmos auf eine Verfolgung entweder unter Domitian (gegen 94) oder vielleicht Nero (um 70) zurückgehe[1].

[1] Offb 1, 9 □.

→ *Karte* 2

Paulus
Gr. *Paulos.* Ein zum Stamm Benjamin gehörender Jude aus Tarsus; *Pharisäer, durch Geburt römischer Bürger[1]. Zunächst Christenverfolger bekehrt er sich zu Christus, der ihm *erschienen ist[2]; er wird Apostel der Heiden, die er im Verlauf von drei großen Missionsreisen aufsucht[3]. Er wurde in Jerusalem verhaftet und nach zweijähriger Gefangenschaft in Cäsarea nach Rom überführt[4]. Er verfaßte zahlreiche Briefe, die nicht alle erhalten sind: 2 an die Thessalonicher, 1 an die Philipper, 4 an die Korinther, 1 an die Galater, 1 an die Römer, 1 an Philemon, 1 an die Kolosser; ihm werden auch die folgenden Briefe zugeschrieben: 1 an die Epheser, 2 an Timotheus, 1 an Titus. Dagegen ist er nicht der Verfasser des Hebräerbriefes.
Das theologische Denken des Paulus läßt sich nicht in einer Formel zusammenfassen, weder in der »Rechtfertigung durch den Glauben«, noch im »Leben in Christus Jesus«. In der Entwicklung dieses ziemlich komplizierten Denkens lassen sich drei Phasen unterscheiden. In der ersten Phase (*Thessalonicherbriefe) sind seine Reaktionen von der unmittelbaren *Parusieerwartung bestimmt; das zurückliegende Osterereignis bildet das Gleichgewicht zu einer Lehre, die sich einseitig am bevorstehenden Ende der Zeiten orientieren konnte. In der zweiten Phase (Briefe an die *Philipper, *Galater, *Korinther und an die *Römer) entfaltet Paulus die gegenwärtige christliche Existenz in ihrer ganzen Dichte; dabei handelt es sich nicht nur um einen Augenblick zwischen etwas Vergangenem und etwas Zukünftigem; durch die Taufe wird das vergangene Osterereignis aktualisiert und durch die Gabe des Geistes die zukünftige Parusie; der Römerbrief bietet eine echte Synthese des paulinischen Denkens in dieser Zeit. In der dritten Phase (Briefe an die *Kolosser, an *Philemon und an die *Epheser) greift Paulus die alte Vorstellung von der *Erhöhung auf und betrachtet Christus und den Christen »in den Himmeln«. Von diesem Gipfelpunkt aus malt der Epheserbrief eine schnelle Synthese des Heilsplans Gottes. In den *Pastoralbriefen wird die paulinische Botschaft für eine Kirche umgesetzt, die es mit neuen Bedrohungen der Lehre zu tun hat.
Die paulinische Lehre hatte einen beträchtlichen Einfluß, so daß in der spätesten Schrift des NT die dem Paulus geschenkte Weisheit gelobt wird, doch es wird auch vor möglichen Irrtümern in der Interpretation der oft schwer verständlichen Gedankengängen gewarnt[5].

[1] Apg 16, 21. 37f; 22, 25–29; 23, 27; Phil 3, 5. – [2] Apg 9, 1–30; 22, 3–21; 26, 9–20; 1 Kor 9, 1; Gal 1, 13–17; Phil 3, 12. – [3] Apg 13, 1–14, 28; 15, 36–18, 22; 18, 23–21, 14. – [4] Apg 21, 17–28, 31. – [5] 2 Petr 3, 15f.

→ *Einl.* I. 4. – *Chronologie.* – *Karten* 2–3. – *Tafel* S. 468

[Pentateuch]
Von gr. *hē pentateuchos biblos,* »das fünfteilige *Buch«: die fünf Bücher (Genesis, Exodus, Levitikus, Numeri, Deuteronomium), die die *Tora im eigentlichen Sinn bilden. Diese Unterteilung ist nicht ursprünglich, doch sie bestand schon zur Zeit der Übersetzung der *Septuaginta. Im NT entspricht ihm das *Gesetz *(ho nomos).*

Pergamon
Gr. *Pergamos*. Heute *Bergama* (Türkei). Alte Hauptstadt von *Mysien, berühmt besonders unter der Herrschaft der Attaliden; damals, gegen 170 v. Chr., verbreitete sich der Gebrauch des Pergaments, der Leder von Pergamon *(hē pergamēnē diphthera)*. Berühmtes Zentrum der Heilungen durch den Gott Asklepios-Äskulap. Seit 129 v. Chr. (zusammen mit *Ephesus) Hauptstadt der römischen *Provinz Asien. Hier gab es einen Tempel zu Ehren des Augustus und Roms[1].

[1] Offb 1, 11; 2, 12 □.

→ *Karte* 2

[Perikope]
Ein Abschnitt, der aus einem Gesamtzusammenhang herausgeschnitten (gr. *peri-koptō*) werden kann; so etwa die Heilung des Aussätzigen[1].

[1] Mk 1, 40–44.

Perle
Gr. *margaritēs*. Ein sehr beliebter und teurer Schmuck[1], kann Frauen als Geschmeide dienen[2]; im übertragenen Sinn meint die Perle den unschätzbaren Wert des Gottesreichs[3] und den Glanz des himmlischen Jerusalem[4].

[1] Offb 18, 12. – [2] 1 Tim 2, 9; Offb 17, 4; 18, 16. – [3] Mt 7, 6; 13, 45f. – [4] Offb 21, 21 □.

Pest
Gr. *loimos*. Schon im AT ein Gattungsname, mit dem man jede Epidemie mit tödlichem Ausgang bezeichnete: Cholera, Pest im eigentlichen Wortsinn, Typhus usw. Eine der drei großen Gottesstrafen, die als Vorzeichen des Endes angekündigt sind[1]; wird manchmal als »Tod« bezeichnet[2]. Ein Ausdruck der Verachtung[3].

[1] Lk 21, 11. – [2] 2 Sam 24, 13f; Offb 6, 8; 18, 8. – [3] 1 Makk 10, 61; Apg 24, 5 □.

Petrus
Gr. *Petros*: »*Stein«, männliche Form von *Petra*: »Fels«, entsprechend seinem Beinamen *Kēphas*, einer Gräzisierung von aram. *Kēphā'*: »Fels«[1]. *Simon, Sohn des Jona, Bruder des Andreas, der erste der *Zwölf[2]. Aus *Betsaida stammender Fischer; er wohnt in *Kafarnaum mit seiner Schwiegermutter[3], woraus man schließt, daß er verheiratet war. Im Leben Jesu und in der Frühkirche nimmt er einen besonderen Platz unter den Jüngern ein. Nach einer gut bezeugten Überlieferung lebte Petrus einige Zeit in Rom und starb dort unter Nero (zwischen 64 und 67) als Märtyrer den Kreuzestod. Zwei Briefe tragen seinen Namen.

[1] Mt 16, 18; Joh 1, 42. – [2] Mt 4, 18; 10, 2 (= Mk 3, 16 = Lk 6, 14); 16, 17. – [3] Mk 1, 29f (= Lk 4, 38); Joh 1, 44.

→ *Einl.* I. 3–4; VI. 2. B. – Kephas – Simon

[Petrus (Briefe des)]
1. Der Überlieferung zufolge hätte Petrus den ersten Brief vor 64 (Verfolgung durch Nero) in Rom geschrieben. Die Einwände, die kritische Exegeten gegen diese Datierung vorbringen, sind nicht unwiderlegbar.

2. Der zweite Brief ähnelt dem *literarischen Genus der »Testamente« (*Abschiedsrede eines Sterbenden); damit, daß er (1, 1) auf Petrus zurückgeführt wird ist noch nicht über seine *Echtheit entschieden. Manche Wissenschaftler datieren ihn in die Jahre 70–80; die meisten verlagern seine Entstehung auf die Zeit um 125. Der Brief scheint sich an Kirchen zu richten, die in Glaube und Sitte von der Irrlehre bedroht sind. Ein *deuterokanonischer Brief.

→ *Einl.* XV. – Briefe

Pfad
→ Weg

Pfand
→ Anzahlung

Pferd
Gr. *hippos.* Last- und Reittier, das man bei Kämpfen einsetzte[1]. Zeichen menschlicher Macht[2], von der Bibel kritisiert[3] oder – in übertragenem Sinn – in der *Apokalyptik verwendet[4].

[1] Jer 6, 23; Jak 3, 3. – [2] 1 Kön 9, 19. 22; 10, 28. – [3] Dtn 17, 17; Ps 20, 8; Jes 2, 7; Mi 5, 9; Sach 9, 10. – [4] Sach 1, 8; Offb 6, 2–8; 19, 11–21.

Pfingsten
1. *Jüdisches Fest,* das diesen Namen spät (2. Jh. v. Chr.) aufgrund der Tatsache erhielt, daß man es am 50. Tag (gr. *hē pentēkostē*) nach Pascha feierte. Es fiel zusammen mit einem *Erntefest,* einem Tag der *Danksagung, an dem nach den »sieben Wochen« – so lange dauerte durchschnittlich die Ernte – die *Erstlinge der Bodenerzeugnisse dargebracht wurden[1]; es ist das Fest der »ersten Früchte«, das *Wochenfest*[2]. Es bot Anlaß zu einer *Wallfahrt nach Jerusalem[3], die eine Wiederholung und Krönung der österlichen Wallfahrt war. Die Rabbinen erblickten darin später die jährliche Erinnerung an den *Bund, bei dem das Gesetz am *Sinai gegeben wurde[4].

[1] Ex 23, 16. – [2] Ex 34, 22; Lev 23, 15; Dtn 16, 9. – [3] Apg 2, 9; 20, 16; 1 Kor 16, 8 □. – [4] Vgl. Ex 19, 1–16.

2. *Das christliche Fest* erinnert an das Pfingstfest, das auf den Tod Jesu folgte. Es ist durch die *eschatologische Gabe des Heiligen Geistes gekennzeichnet. Mit ihm beginnt die Zeit der Kirche, die allen Völkern offensteht[5].

[5] Joël 3, 1–5; Apg 2, 1–11.

→ *Einl.* XIII. 3. B. – Fest

Pfropfen
Das Bild Röm 11, 17–24 kehrt das normale Pfropfverfahren in sein Gegenteil. In diesem Text könnte es einfach um die notwendige Abhängigkeit des Pfropfreises vom Baum gehen, oder, wenn man den wilden *Ölbaum mit dem Heiden vergleicht, das Paradox meinen, daß die Heiden das Heil zuerst erhalten haben.

Pfund
Gr. *litra*. Römische Gewichtseinheit, ungefähr 327,5 g[1].

[1] Joh 12, 3; 19, 39 □.

→ Gewichte

Pharisäer
Gr. *pharisaios*, von aram. *p^{e}rīšajjā'*: »der Getrennte«. Der Begriff, seit 135 v. Chr. bezeugt, wird unterschiedlich erklärt: er bezeichnet einen Juden, der sich von Judas Makkabäus und den Hassidäern trennt, oder einen, der sich durch die Konsequenz seiner Lebensführung von der Sünde trennt, oder endlich einen, der sich dadurch trennt, daß er unterscheidet, was im Gesetz gut ist. Trotz der verallgemeinernden Darstellung der Evangelien erkennt man, daß Jesus nicht die ganze Bewegung der Pharisäer, wohl aber den Pharisäismus verurteilt hat, d.h. die dauernde Gefahr, die jeden religiösen Menschen bedroht, der sich bei seiner Suche nach Gott an eine Gesetzespraxis bindet. Es gab übrigens nicht nur Pharisäer, die Jesus an ihren Tisch luden, sondern auch solche, die für ihn Partei ergriffen, sei es um ihn gegen Herodes zu verteidigen, sei es dadurch, daß sie christlichen Glauben angenommen haben[1].

[1] Lk 13, 31; Apg 5, 34; 15, 5; 23, 9.

→ *Einl.* XI. 2. – Gamaliel – Nikodemus – Paulus – Sadduzäer

Philadelphia
Gr. *Philadelpheia*. Hellenistische Stadt in Lydien in Kleinasien, gegründet von Attalus II. Philadelphus (159–138 v.Chr.). I.J. 17 n.Chr. durch ein Erdbeben zerstört, von *Tiberius wieder unter dem Namen Neo-*Cäsarea aufgebaut. Die Ursprünge der örtlichen Christengemeinde, die in der Verfolgung treu blieb[1], sind unbekannt. Nicht zu verwechseln mit Rabba der Ammoniter[2] (dem heutigen *Ammān* in Jordanien), das von Ptolemäus II. Philadelphus (285–246 v.Chr.) den Namen Philadelphia erhielt und 63 v.Chr. eine der Städte der *Dekapolis wurde.

[1] Offb 1, 11; 3, 7 □. – [2] 2 Sam 10–12; Jer 49, 2; Ez 25, 5.

→ *Karte* 2

Philemon
Gr. *Philēmōn*. Ein Christ, bei dem sich die Kirche von *Kolossä versammelte, vielleicht der Herr des Sklaven *Onesimus. Empfänger des Briefs an Philemon[1].

[1] Phlm 1 □.

→ Archippus – Onesimus

[Philemon (der Brief an)]
Kürzester Paulusbrief, in seiner römischen Gefangenschaft (oder in Cäsarea) zur selben Zeit wie der Brief an die Kolosser geschrieben.

→ *Einl.* XV

Philippi
Gr. *Philippoi.* Die Stadt wurde im 7. Jh. v. Chr. gegründet und gehörte seit 146 v. Chr. zur römischen Provinz *Makedonien. Ihre günstige Lage an der via Egnatia machte sie zum strategischen Punkt und zur Handelsstadt. Nach der Schlacht von Actium (31 v. Chr.) wurde sie römische Kolonie und kam so in die Vorteile des *jus italicum,* d. h. sie besaß dieselben Rechte und Privilegien wie die *Bürger von *Italien. Paulus war der christlichen Gemeinde, die er hier i. J. 51 gegründet hatte, sehr verbunden[1].

[1] Apg 16, 12; 20, 6; Phil 1, 1; 1 Thess 2, 2 ☐.

→ Philipper (Brief an die) – *Karte* 2

[Philipper (Brief an die)]
Paulus schrieb diesen Brief an die Gemeinde in *Philippi, die er selbst gegründet hatte und der er besonders verbunden blieb. Obwohl man den Brief gewöhnlich in das Jahr 63, die Zeit der ersten Gefangenschaft datiert, glauben die Exegeten, daß er schon i. J. 56 von *Ephesus abgeschickt wurde, wo Paulus ebenfalls im Gefängnis gewesen sein konnte[1]. Manche Exegeten vertreten die Meinung, daß im jetzigen Brief verschiedene, ursprünglich selbständige, kürzere briefliche Mitteilungen gesammelt sind: ein Dankbrief[2] und eine Warnung vor den *Judaisten[3].

[1] Vgl. 1 Kor 15, 32; 2 Kor 1, 8. – [2] Phil 1, 1–3, 1; 4, 10–23. – [3] Phil 3, 1–4, 9.

→ *Einl.* XV. – Briefe

Philippus
Gr. *Philippos:* »Pferdeliebhaber«.
1. *Herodes Philippus* I., mit richtigem Namen Herodes Boethos. Sohn von *Herodes dem Großen und Mariamne II, Ehemann der *Herodias. I. J. 5 v. Chr. von der Thronfolge ausgeschlossen, zog er ohne seine Frau nach Rom und lebte dort als Privatmann[1].

[1] Mt 14, 3; Mk 6, 17 ☐.

→ Herodes
2. *Herodes Philippus* II. I. J. 24 v. Chr. als Sohn *Herodes des Großen und der Kleopatra geboren; verheiratet mit Salome. Von 4 v. Chr. bis 34 n. Chr. *Tetrarch von *Ituräa, *Trachonitis und den Gebieten um den See Gennesaret[1].

[1] Lk 3, 1 ☐.

→ *Einl.* I. 1. D. – Betsaida – Cäsarea Philippi – Herodes
3. Einer der *Zwölf, stammt aus Betsaida. Zwei apokryphe Schriften werden ihm zugeschrieben: das in Nag Hammadi gefundene *Philippusevangelium* und die *Philippusakten*[1].

[1] Mt 10, 3 (= Mk 3, 18 = Lk 6, 14 = Apg 1, 13); Joh 1, 43–48; 6, 5. 7; 12, 21f; 14, 8f ☐.

4. Einer der *Sieben, er tauft und wird »Evangelist« genannt[1].

[1] Apg 6, 5; 8, 5–40; 21, 8 ☐.

[Philo von Alexandria]
Gr. *Philōn.* Jüdischer Philosoph (gegen 13 v. Chr. bis 45–50 n. Chr.). Vielleicht war *Apollos sein Schüler[1]. Das Werk des Philo konnte einigen Ein-

fluß auf die Verfasser des NT ausüben. So etwa auf Paulus, wenn er den Felsen des *Exodus mit Christus, der Weisheit Gottes, vergleicht[2], wenn er von den beiden *Adam spricht[3] oder Christus als *Bild und Erstgeborenen Gottes bezeichnet[4]. Dasselbe gilt auch für den *Hebräerbrief oder für die johanneische Auffassung vom *Logos. Über Pseudo-Philo → *Liber Antiquitatum Biblicarum.

[1] Apg 19, 1–3; 1 Kor 1, 12. – [2] 1 Kor 10, 1–5. – [3] 1 Kor 15, 47–49. – [4] Kol 1, 15.

Philosophie

Gr. philo-sophia: »Liebe zur Weisheit (oder zur Wissenschaft)«. Kol 2, 8 ist weder von einem aristotelischen, noch von einem epikuräischen oder stoischen (Apg 17, 18 □) Denksystem die Rede, sondern von einer *Gnosis, die vorgibt, das Heil zu vermitteln.

→ Einl. IV. 6. C. – Elemente dieser Welt – Epikuräer – erkennen – Gnosis – Stoiker – Weisheit

Phrygien

Gr. Phrygia. Das Gebiet der Hochebene der heutigen Türkei; etwa im 12. Jh. v. Chr. von Indoeuropäern erobert, kam nacheinander unter die Herrschaft der Perser (546 v. Chr.), der Seleukiden (312), von *Pergamon (188) und schließlich der Römer, die das Gebiet (gegen 120) der römischen *Provinz *Asien eingliederten. Hier entstand der Mysterienkult der Kybele. Seit dem 3. Jh. leben hier zahlreiche Juden[1].

[1] Apg 2, 10; 16, 6; 18, 23 □.

→ Hierapolis – Kolossä – Laodizea – Karte 3

Pilatus

Pontius Pilatus, römischer Ritter, unter *Tiberius von 26 bis 36 *Präfekt von Judäa. Bei den Juden war er wenig beliebt, weil er verschiedene und ungeschickte, sie betreffende Maßnahmen getroffen hatte; er griff unter anderem auf die *Schatzkammer des Tempels zurück, um eine Wasserleitung zu bauen und unterdrückte die dadurch entflammte Rebellion mit Gewalt. I. J. 36 (oder 37) wurde Pilatus, der ungerecht gegen die *Samariter vorgegangen war, von Vitellius, dem Legaten in Syrien seiner Ämter enthoben und nach Rom zurückgeschickt; dort verliert sich seine Spur. Man schreibt ihm eine apokryphe Schrift zu, den Brief des Pilatus an Claudius, den Tertullian (vor 197) möglicherweise kennen konnte und einen Briefwechsel mit Tiberius, der im Mittelalter entstand[1].

[1] Mt 27 (= Mk 15 = Lk 23); Lk 3, 1; 13, 1; Joh 18, 29–19, 38; Apg 3, 13; 4, 27; 13, 28; 1 Tim 6, 13; vgl. Mt 28, 14; Lk 20, 20 □.

[Pirke Abot]

Hebr. pirqē 'ābōt: »Sprüche (wörtl.: »Kapitel«) der Väter«. Ein Traktat der *Mischna, der auch ins jüdische Gebetbuch aufgenommen wurde und an den sechs Sabbaten zwischen *Pascha und dem Wochenfest (*Pfingsten) gelesen wird. Hier wird die ununterbrochene Kette der *Überlieferung von Mose bis zu den Schülern von Jochanan ben Zakkai (1. Jh. n. Chr.) hergestellt; darin wird die Rechtmäßigkeit der rabbinischen Orthodoxie begründet (1, 1–15;

2, 8–14). Daran fügt sich eine Sammlung von Aussprüchen verschiedener Väter der jüdischen Überlieferung (hauptsächlich aus dem 1. Jh. v. Chr. bis zum 2. Jh. n. Chr.). Ein Werk von hohem religiösem und moralischem Rang; es gleicht dem Buch der *Sprichwörter und dem Buch Jesus *Sirach.

Plage

Lat. *flagellum*: »Geißel«; gr. *mastix*. Anderes gr. Wort *plēgē* (verwandt mit *plēssō*: »schlagen«): »der erhaltene Schlag«[1], Wunde, und daher »Unglück«. Übel, die als Schicksalsschläge verstanden werden[2] oder als göttliche Strafen für diese sündhafte Welt; sie werden in der Offenbarung des Johannes nach dem Beispiel der ägyptischen Plagen angekündigt[3].

[1] Lk 12, 48. – [2] Mk 3, 10; 5, 29. 34; Lk 7, 21. – [3] Ex 7, 14–12, 34; 2 Makk 7, 37; 9, 5. 11; Sir 27, 25–27; Offb 8, 12–21, 9; 22, 18.

Plan Gottes

Mit diesem Begriff werden mehrere griechischen Wörter wiedergegeben, deren Nuancen sich nur schwerlich genau bestimmen lassen. Am nächsten stünde noch *boulē* (von *boulomai*: »wollen«, das im gebräuchlichen Griechisch gerne durch *thelō* ersetzt wird)[1]; man begegnet auch *thelēma*[2] (was zuerst mehr auf Verlangen als auf einen Plan hindeutete), *prothesis* (was der *Prädestination gleichkommt)[3], *eudokia* (betont das Wohlgefallen Gottes)[4], oder *oikonomia* (verbindet sich mit dem Gedanken einer geordneten Einteilung)[5]. All diese Worte wollen das sagen, was Gott mit der ganzen Schöpfung *will, nämlich das *Heil aller Menschen in Jesus Christus[6].

[1] Lk 7, 30; Apg 2, 23; 4, 28; 13, 36; 20, 27; Eph 1, 11; Hebr 6, 17. – [2] Röm 2, 18; 1 Kor 1, 1; 2 Kor 1, 1; Gal 1, 4; Eph 1, 1. 5. 9–11; 2 Tim 1, 1. – [3] Röm 8, 28; 9, 11; Eph 1, 9. 11; 3, 11; 2 Tim 1, 9. – [4] Mt 11, 26; Lk 12, 32; 1 Kor 1, 21; 10, 5. – [5] 1 Tim 1, 4. – [6] Eph 1, 9f; 1 Tim 2, 4.

1. Der von Ewigkeit her in der göttlichen Prädestination festgelegte Plan Gottes wurde im Laufe des AT skizzenhaft festgehalten in den kultischen Glaubensbekenntnissen, in den Stellungnahmen der Propheten, die den Sinn der Geschehnisse zeigen, in den historischen Zusammenfassungen, im weisheitlichen Denken oder in der *Apokalyptik. Schon die Einordnung der Bücher des AT im *Kanon (von Genesis bis Makkabäer) ist eine Skizze des göttlichen Planes.

2. Jesus stellte sich als derjenige dar, der in der *Fülle der *Zeit kommt[7]; sein Schicksal bedeutet das Schicksal des Gottesvolkes[8].

[7] Mt 12, 28; 1 Kor 10, 11; Gal 4, 4. – [8] Mt 21, 33–44; 22, 1–11.

3. Die Urkirche, namentlich Lukas, stellt die Ereignisse in den Rahmen des allgemeinen *Heilsplanes[9], das gilt besonders für das *Ärgernis der Kreuzigung Jesu[10] und die Ankündigung des Heils für alle Menschen und nicht nur für Israel[11].

[9] Lk 7, 30. – [10] Apg 2, 23; 4, 28; 13, 36; 20, 27. – [11] Apg 10, 35f.

4. Paulus wiederum gibt in den Briefen an die Römer und an die Epheser eine Zusammenfassung des göttlichen Planes; im einzelnen versucht er, die Situation Israels, das Christus ablehnt, zu begreifen, denn darin liegt ein Anstoß für den Glauben[12].

[12] Röm 3, 1–8; 9–11; Eph 2, 14–22.

→ Auserwählung – prädestinieren – Wille Gottes

Pleroma
→ Fülle

[Plinius der Jüngere]
C.P. Cecilius Secundus Plinius (geboren 61 n.Chr.), ein Neffe Plinius des Älteren (der eine *Historia naturalis* verfaßte), seit 110 Gouverneur der römischen Provinz *Pontus/Bithynien. I. J. 112 schrieb er einen berühmten Brief an Trajan, in dem er berichtet, die *Christen dieses Gebiets sängen Christus Lieder wie einem Gott *(carmen Christo quasi deo dicere)*.

[Pointe]
Wort, Satz oder Thema einer literarischen Einheit, in der sich die Aussage, die der Autor beabsichtigt, konzentriert. So kann dasselbe *Gleichnis betonen, daß Gott sich um das Schaf sorgt, das »verloren« war (Lk 15, 4–7) oder daß die Führer der Gemeinde sich um den kümmern, »der sich verirrt hat« (Mt 18, 10–14).

[Pompejus]
Gnaeus Pompeius (106–48 v. Chr.), hervorragender römischer Oberbefehlshaber, Rivale von *Cäsar, der sich gegen ihn durchsetzte. Sieger über Mithridates, König von *Pontus; er griff in die Rivalitäten der judäischen Führer ein und bemächtigte sich i. J. 63 Jerusalems; hier dringt er in das *Allerheiligste ein, doch er plündert den Tempel nicht und erklärt den jüdischen Kult für erlaubt. Er schuf die römische *Provinz Syrien und gründete die *Dekapolis.
→ *Einl.* I. 1. C.

Pontus
Gebiet im Norden der heutigen Türkei, am Ufer des Schwarzen Meers (Pontus Euxinus); gr. *Pontos*: »hohes, offenes Meer«, *euxeinos*: »wirtlich« (als Gegensatz gemeint?): das Schwarze Meer. Seit 65 v. Chr. eine römische *Provinz. Hier lebten Juden wie *Aquila und seine Frau, dann die bei *Plinius erwähnten Christen[1].

[1] Apg 2, 9; 18, 2; 1 Petr 1,1 □.

→ Bithynien – *Karte 3*

prädestinieren
Gr. *proorizō* (von *pro*: »vorher« und *horizō*: »begrenzen, bestimmen«): »vorherbestimmen«. Das Substantiv kommt im NT überhaupt nicht vor. Dies Zeitwort beschreibt im Zusammenspiel mit anderen Wörtern ähnlicher Bedeutung auf anthropomorphe Weise das Wirken Gottes, das die menschliche Zeit beherrscht; da der Gläubige den verwirklichten Plan Gottes kennt, verlegt er ihn an den Ursprung, vor die Erschaffung der Welt[1].

[1] Eph 1, 4.

1. Gott hat Jesus für seinen Heilstod vorherbestimmt[2]; er hat auch die »*Erwählten«[3] dazu vorherbestimmt, daß sie das Heil empfangen, daß sie an Kindesstatt angenommen werden, daß sie die Weisheit erhalten, und das aufgrund eines vorher festgesetzten *Plans[4]. Er hat sie »im voraus gekannt« (gr. *pro-ginōskō*), d. h. »im voraus erwählt«[5]. Er hat sie »im voraus bereitet«

(gr. *pro-etoimazō*)[6], um die guten Werke, die sie zu tun haben, herrlich aufleuchten zu lassen[7]; er hat ein Reich »bereitet« *(hetoimazō),* in dem es vorgesehene Plätze gibt[8], das Heil[9], kurz: alles, was die brauchen, die ihn lieben[10]. Er hat den Christus oder die Sendung des Paulus »im voraus gefügt« (gr. *pro-cheirizomai*)[11]. Er hat »bestimmt, festgesetzt« (gr. *horizō*) Zeiten und Stätten für das Menschengeschlecht[12], das Schicksal des Menschensohnes, der als Gottessohn Richter aller sein wird[13], und ein neues Heute für die Glaubenden[14]. Gott »setzt fest« (gr. *tassō*) die wichtigeren Momente der Schöpfung[15] sowie das ewige Leben[16]. Er »stellt her, bringt in Ordnung« (gr. *kat-artizō*) die Welt, den Leib Jesu[17]. Er »stellt auf für« (gr. *tithēmi eis*) das Heil[18], so daß Jesus »eingesetzt ist« (gr. *keimai eis*) um die Menschen aufzurichten, und Paulus für das Evangelium[19]. Damit ist die ständige Gegenwart Gottes beschrieben, die alle Dinge leitet, und zwar um des *Heils der Menschen willen. Man sollte dennoch merken, daß die Zeitwörter *hetoimazō, keimai* und *tithēmi* für die Betroffenen auch zu einem negativen Ergebnis führen können: zum Fall und ewigem Feuer[20]; doch diese Worte haben nie das Präfix *pro-*, außerdem ist zu bedenken, daß die semitische Mentalität gerne Haupt- und Nebenursachen ineinanderschiebt. Damit ist gesagt, daß die Heilsinitiative Gottes die Geheimnisse der Herzen ans Licht bringen wird; Christus ist in der Welt ein Zeichen des Widerspruchs. Es könnte der Anschein entstehen, als verübe die biblische Sprache einen Anschlag auf die menschliche Freiheit; dem ist nicht so: während von den Erwählten gesagt wird, daß sie »im voraus für die Herrlichkeit bereitet sind«, bemerkt man von den anderen bloß, daß sie »ganz bereit für den Untergang sind«[21].

[2] Apg 4, 28; vgl. 2, 23. – [3] Röm 8, 29; 11, 2; 1 Petr 1, 2. – [4] Röm 8, 29f; 1 Kor 2, 7; Eph 1, 5. 11. – [5] 1 Petr 1, 20. – [6] Röm 9, 23. – [7] Eph 2, 10. – [8] Mt 20, 23 (= Mk 10, 40); 25, 34; Joh 14, 2f. – [9] Lk 2, 31f. – [10] 1 Kor 2, 9. – [11] Apg 3, 20; 22, 14; 26, 16. – [12] Apg 17, 26. – [13] Lk 22, 22; Apg 2, 23; 10, 42; 17, 31; Röm 1, 4. – [14] Hebr 4, 7. – [15] Apg 17, 26. – [16] Apg 13, 48. – [17] Hebr 10, 5; 11, 3. – [18] 1 Thess 5, 9; 1 Petr 2, 8. – [19] Lk 2, 34; Phil 1, 16. – [20] Mt 25, 41; Lk 2, 34. – [21] Röm 9, 22f.

2. Die Verben haben eine zeitliche Dimension, sei es durch die Präposition *pro-* (vor, vorausgehend: daher die Vorstellung von der Initiative), sei es aufgrund des Kontextes. Durch die Brille unserer Zeitbedingtheit gesehen muß die göttliche Vor-liebe als »Prä-destination« erscheinen, womit sogar die Verwerfung von den Nicht-Erwählten impliziert wird, aber es handelt sich hier um den Versuch, eine Wirklichkeit in die Raum- und Zeitkategorien zu übertragen, die diesen Kategorien nicht unterworfen ist. Durch das Präfix *Vor-* oder *Prä-* wird eine Vorrangigkeit in die Zeit projiziert, wie sie der Ordnung zwischenmenschlicher oder Gott-menschlicher Beziehungen entspricht. Darum gewinnt die zeitbezogene Sprache ihren wirklichen Sinn erst durch die Übertragung in personale Wendungen: »Er, Gott, hat uns als erster geliebt«[22], indem er seine unwiderstehliche Anziehungskraft auf die Menschen wirken läßt[23].

[22] Eph 1, 1. 3–5; 1 Joh 4, 19. – [23] Joh 6, 44; 10, 29; 17, 2. 6. 15. 24.

→ Auserwählung – Zeit

[Präexistenz]

1. Der Mensch hat immer versucht, das Geheimnis der Geschichte zu durchdringen, durch seinen Glauben in jene Vor-Zeit zurückzustoßen, die Gott gehört. Also ist der Mensch ein gefallener Gott, der sich der Himmel erin-

nert. Nach den Juden war die göttliche *Weisheit am Urbeginn der Schöpfung am Werk[1]; nach der Henochüberlieferung war der Menschensohn der Schöpfung präexistent.

[1] *Einl.* XII. 3. C; Ijob 28, 20–27; Spr 8, 22–31.

2. Diese Vorstellungen haben das NT beeinflußt; es konzentriert seinen Glauben auf Jesus und proklamiert Christus als *Bild des unsichtbaren Gottes, als *Erstgeborenen der ganzen Schöpfung[2], als *Sohn Gottes, der gekommen ist um die Welt zu retten[3]; er ist Gott mit Gott[4]. Außerdem wird, vielleicht im Kontakt mit hellenistischen Vorstellungen, von ihm gesagt, daß er vom Himmel auf die Erde herabgestiegen ist[5].

[2] Kol 1, 15. – [3] Gal 4, 4. – [4] Joh 1, 1. – [5] Joh 3, 13; 6, 38. 62.

3. Dieser Sprachgebrauch will den Glaubenden nicht dazu bringen, seine Glaubenssicherheit mit einer räumlichen oder zeitlichen Vorstellung zu identifizieren, sondern durch sie hindurch die Ganzheit des Mysteriums Jesu Christi in Blick zu bekommen. Jesus von Nazaret ist der einzigartige Mensch, in dem und durch den alle Menschen das Heil erhalten. Als Auferstandener umspannt er durch seine Gegenwart die ganze Dauer der Zeit. Darauf kommt es den Präexistenzaussagen an, wenn sie Christus vor der Zeit situieren.

→ Auserwählung – Jesus Christus – prädestinieren

Präfekt
→ *Einl.* IV. 2. B. b. – Statthalter

Prätorium
Gr. *praitōrion*, von lat. *praetorium*.
1. Sitz des Prätors, eines römischen Beamten mit militärischen Vollmachten, dem auch die Justiz unterstellt war[1].

[1] Mt 27, 27; Mk 15, 16; Joh 18, 28. 33; 19, 9 □.

2. Ein Palast, der von einem Präfekten oder einem *Statthalter belegt war, etwa der Palast des Herodes in Cäsarea[2].

[2] Apg 23, 35 □.

3. Prätorium bezeichnet auch einen Stab und eine »Wache«[3].

[3] Phil 1, 13 □.

Presbyter
Von gr. *presbyteros* (substantiviertes Adjektiv, Komparativ von *presbys*: »der Ältere von zweien«, »Erstgeborener/Älterer«[1], »Greis«[2]); damit wird der Älteste gemeint, Jude[3] oder Christ[4]; er ist Gemeindeleiter entsprechend dem Vorsteher/Bischof, aber nicht dem Priester (im heutigen Sinn).

[1] Lk 15, 25. – [2] Joh 8, 9; Apg 2, 17; 1 Tim 5, 1f; Offb 4, 4. 10; 5, 5–14. – [3] Mt 15, 2; Apg 4, 5; Hebr 11, 2. – [4] Apg 14, 23; Jak 5, 14.

→ *Einl.* I. 4. – Ältester – Priester – Vorsteher

Presse
Gr. *lēnos*: eigentlich *Kelter zur Weinbereitung. Die Presse bestand aus zwei ineinander übergehenden Teilen; der erste, eine mit Fliesen belegte Tenne,

auf der man die Trauben mit den Füßen im Rhythmus von Liedern und Freudenrufen zermalmte[1]; der zweite, eine in den Felsen gehauene Kelter, in die der Most floß[2]. Es gibt auch Ölpressen. Die Presse ist Symbol für die erdrückende Prüfung[3]; Gott wird mit dem Winzer verglichen, der in der Presse die Trauben tritt[4], und die Kelter wird zum *Zorn Gottes[5].

[1] Ri 6, 11; Jes 16, 10. – [2] Num 18, 27. – [3] Lam 1, 15. – [4] Jes 63, 2f. – [5] Offb 14, 19f.

→ Kelter – Öl – Wein

Priester
Das Wort leitet sich ab von gr. *presbyteros*: »Alter«, »Ältester«, der mit der Vorsteherschaft für die Versammlung der Glaubenden betraute. Heute ist sein Verständnis von der Bedeutung des gr. Begriffs *hiereus* (von *hieros*: »geweiht«) mitgeprägt; in diesem letzteren Sinn wird das Wort im folgenden untersucht.

1. Bezeichnet bei den Heiden[1] wie im AT jeden, der für den Bereich des *Geweihten verantwortlich ist[2]. Zur Zeit Jesu war die Priesterschaft erbliches Privileg der priesterlichen Familien der Nachkommen *Aarons. Von ihnen hebt sich der von den Römern designierte und von ihnen eingesetzte *Hohepriester ab; die Oberpriester oder Hohepriester gehören zur priesterlichen Aristokratie in Jerusalem. Wenn er das geforderte Alter erreicht hatte, wurde der Priester durch eine Weihe zur Darbringung der *Opfer[3], zur Durchführung der Riten[4] und zum Dienst im Tempel[5] (die Opfer vorbereiten, die Duftstoffe verbrennen lassen...) befähigt. Die Unterweisung im Gesetz gehörte nicht mehr zu seinem Aufgabenbereich, sondern zum Reservat der *Schriftgelehrten[6]. Die Priester wohnten gewöhnlich in Dörfern, in denen sie »Pfründen« besaßen; sie waren in Klassen eingeteilt und dienten abwechselnd je eine Woche am Tempel[7].

[1] Apg 14, 13. – [2] *Einl.* XIII. 1–2. – [3] Hebr 10, 11. – [4] Mt 8, 4 (= Mk 1, 44 = Lk 5, 14); Lk 17, 14. – [5] Lk 1, 5. 8f. – [6] Mt 7, 29. – [7] Lk 1, 8.

2. Im NT wird dies priesterliche Vokabular nie auf die Diener des Neuen Bundes übertragen, abgesehen nur von Röm 15, 16, wo es um Dienst am Evangelium geht. Jesus Christus allein ist *Hoherpriester und er ist es in einem neuen Sinn: In Erfüllung des Alten Bundes bewirkt er eine Wandlung vom *Kultischen zum Personalen. Das kultische Opfer gilt seitdem nur noch durch das persönliche Opfer Jesu; wenn Jesus sich »darbringt«, ist die Kirche »geheiligt«[8] und erhält ihren Auftrag, das geistige Opfer darzubringen[9].

[8] Joh 17, 19f. – [9] 1 Petr 2, 5–9; Offb 1, 6; 5, 10; 20, 6; vgl. Ex 19, 6.

→ Aaron – geweiht – Hoherpriester – Melchisedek – Opfer – Priestertum

Priestertum
Lat. *sacerdotium*; dieses Abstraktum bezeichnet den Stand des *Priesters,* des Mannes, der die geweihten Gegenstände, das »Geweihte« *(sacer)* »stiftet, macht« *(do),* der einweiht *(sacrificium).* Das Wort dient zur Übersetzung verschiedener gr. Worte: *hierōsynē*[1] (Würde des Priestertums), *hierateia*[2] (Funktion des Priestertums), *hierateuma*[3] (Priesterschaft).

[1] Hebr 7, 11f. 24 △. – [2] Lk 1, 9; Hebr 7, 5 △. – [3] 1 Petr 2, 5. 9 △; vgl. Lk 1, 8.

1. Die priesterliche Funktion durchlief im AT und im Judentum eine lange Entwicklung. Zunächst wurde sie vom Familienvater oder vom König ausgeübt, dann wurde sie einem besonderen *Stamm, dem Stamm *Levi anvertraut. Hier entstand eine hierarchische Struktur: An der Spitze der *Hohepriester, der zwei wesentliche Funktionen innehatte, die Opfer darzubringen und im Dienst der *Tora zu stehen; dann kamen die *Priester, Söhne *Aarons; schließlich die *Leviten[4].

[4] Ex 32, 25–29; Dtn 33, 8–11; Hebr 7, 5.

2. Die Christen lösten die bisherige priesterliche Institution auf; sie sahen in Jesus den einzigen und endgültigen Hohenpriester nach der Ordnung des *Melchisedek[5]; Christus bringt sich selbst als das vollkommene Opfer dar[6].

[5] Hebr 7, 11–24. – [6] Eph 5, 2; Hebr 9, 14.

3. Das christliche Volk ist als Ganzes eine Priesterschaft, damit beauftragt, durch Jesus Christus geistliche *Opfer darzubringen und das Wort Christi zu verbreiten[7]. Das gesamte christliche Leben wird zu einem geistlichen *Kult[8].

[7] 1 Petr 2, 5. 9; Offb 1, 6; 5, 10; 20, 6. – [8] Röm 12, 1; Phil 2, 17; 4, 18; Hebr 13, 15f.

4. Wird das Priestertum des Volks durch einige wenige »Repräsentanten« mit besonderem Anspruch praktiziert? Das NT gibt auf diese Frage nicht ausdrücklich Antwort; man kann sie weder in einer Verlängerung noch in einer Erneuerung der priesterlichen Institution des AT suchen; sie scheint durch die Struktur der *Kirche gegeben sowie durch den Ritus der Auflegung der *Hände, durch den eine Standesvollmacht, Teilnahme am einzigen Priestertum Christi weitergegeben wird.

→ Kult – Opfer – Priester – Volk

Priszilla
Gr. *Priskilla,* Frau des *Aquila[1].
[1] Apg 18, 2 □.

Probe, auf die Probe stellen
1. *Auf die Probe stellen* (gr. *peirazō*). Die Probe gehört natürlicherweise zum menschlichen Dasein, denn jede Begegnung zweier Wesen stellt ihre Freiheit auf die Probe. Die Probe an sich ist keine *Versuchung, sondern Aufforderung zu einem intensiveren Leben und zu einer tieferen Beziehung. Gott stellt seine Freunde manchmal auf die Probe: Abraham[1], die Glaubenden[2]; normalerweise bewahrt er vor ihr oder befreit aus ihr[3]; denn er paßt die Probe der Kraft des Menschen an[4]. Jesus wurde während seines Lebens auf die Probe gestellt, darum kann er den Geprüften helfen[5] und ihnen den *Kranz des Lebens geben[6].

[1] Gen 22, 1; Hebr 11, 17. – [2] Apg 20, 19; 2 Kor 13, 5; Jak 1, 2. 12; 1 Petr 1, 6; 4, 12; Offb 2, 10. – [3] 2 Petr 2, 9; Offb 3, 10. – [4] 1 Kor 10, 13. – [5] Hebr 2, 18. – [6] Jak 1, 12.

2. *Eine Haltung überprüfen, bewerten, billigen* (gr. *dokimazō*). Der Gläubige muß die Dinge, die Gefühle, die Personen, sich selbst überprüfen (das bedeutet in mancher Hinsicht auch »Erprobung« des anderen)[7]. Dann wird dieser andere für »fähig«, für »geeignet« erklärt; er hat seine Probe bestanden, er ist aufgrund seiner inneren Erkenntnis »erprobt«, er ist anerkannt[8]

oder aber verworfen⁹. Manchmal hat dieses Wort nur die banale Bedeutung: »versuchen, probieren«¹⁰, genauso wie in einigen Fällen auch *peirazō*¹¹.

⁷ Lk 12, 56; Röm 2, 18; 12, 2; 1 Kor 11, 28; 2 Kor 8, 8; Gal 6, 4; Eph 5, 10; 1 Tim 3, 10; 1 Joh 4, 1. – ⁸ Röm 14, 18; 1 Kor 11, 19; 16, 4; Jak 1, 12. – ⁹ Röm 1, 28; 1 Kor 9, 27; 2 Kor 13, 5–7. – ¹⁰ Lk 14, 19. – ¹¹ Apg 9, 26; 16, 7; 24, 6; 26, 21; Hebr 11, 29.

→ beurteilen – leiden – versuchen

Prokonsul
Von lat. *proconsul,* gr. *anthypatos.* Ehemaliger Konsul, der mit der Verwaltung einer senatorialen *Provinz betraut ist¹. Der Prokonsul hat also keinerlei militärische Vollmacht; seine Funktion bildet das Ende einer für die Mitglieder der römischen Aristokratie ehrenvollen Karriere. *Sergius Paulus ist verständig und kommt zum Glauben². Gallio erweist sich durch sein Eingreifen als weise³.

¹ Apg 19, 38. – ² Apg 13, 7–12. – ³ Apg 18, 12–17 □.

→ *Einl.* IV. 2. B; IV. 4

Prophet
Gr. *prophētēs* (von *phēmi*: »sagen« und *pro*: »vor«, »anstelle von«, »im voraus« oder »öffentlich«): Dieser Bote des Worts ist ein Mensch, den Gott berufen und inspiriert hat, damit er ein Geheimnis offenkundig mache, ein *Orakel gebe, das Planen und den Willen Gottes bekannt und begreiflich mache, schließlich um manchmal Zukünftiges anzukünden. Das hebr. Wort *nābī* (abgeleitet vom akkadischen: »rufen, ankünden«) hat ziemlich genau denselben Sinn. Durch den biblischen Propheten verwirklicht Gott seinen Heilsplan und sagt sein Wort, das auf eine Veränderung der gegenwärtigen Zeit zielt und manchmal das Kommende ankündet.

1. *Die Propheten des AT* bilden mit dem *Gesetz (und den Weisen) die Heilige Schrift¹; zuweilen werden ihre Namen, wie der des Jesaja, Jeremia oder Samuel zitiert². Durch ihren Mund läßt Gott seinen *Plan erkennen, nicht damit man seine Genauigkeit unabhängig von der Erfüllung der Prophetie überprüfen könne, sondern damit man befähigt werde, die kommenden, vielleicht ärgerniserregenden Ereignisse, wie etwa das Kreuz Jesu, einzuordnen³. »Der Prophet gleich *Mose« ist einer der *Typoi, unter denen Christus sich offenbaren sollte⁴.

¹ Mt 5, 17; Apg 13, 15; Röm 3, 21. – ² Mt 4, 14; 16, 14; Apg 3, 24. – ³ Apg 3, 18. 21. – ⁴ Dtn 18, 15; Joh 1, 21; 6, 14; 7, 40; Apg 3, 22f; 7, 37.

2. Rund um Jesus lebten prophetische Menschen: Zacharias, Hanna⁵ und vor allem *Johannes der Täufer*⁶; er aktualisiert die Forderungen des Gesetzes⁶, kündet das unmittelbar bevorstehende Gericht an⁷, bietet die Taufe der Umkehr an⁸ und erkennt Den, der da ist⁹. *Jesus* wird als Prophet eingeschätzt¹⁰, doch er erhebt keinen Anspruch auf diesen Titel; er begnügt sich damit, so zu handeln; er entlarvt die Willkür der jüdischen Religionsbehörden und der Juden im allgemeinen¹¹, er offenbart die Bedeutung der Zeichen der Zeit¹² und versteht sich selbst als dem tragischen Prophetengeschick ausgeliefert¹³, wobei er trotzdem seine einzigartige Bestimmung ankündet¹⁴.

Doch er ist den Propheten überlegen[15], denn er bewirkt das Heil[16] und spricht prophetische Worte aus eigener Vollmacht[17].

[5] Lk 1, 67; 2, 36. – [6] Mt 11, 9f. 13; 14, 4; Lk 3, 11–14. – [7] Mt 3, 2. 8. – [8] Mt 3, 11 (= Mk 1, 7f = Lk 3, 16). – [9] Joh 1, 26. 31. – [10] Mt 16, 14 (= Mk 8, 28 = Lk 9, 19); Lk 7, 16; Joh 6, 14; 7, 40; 9, 17. – [11] Mt 15, 7; Mk 11, 15–17; Lk 11, 52. – [12] Mt 16, 2f (= Lk 12, 54–56). – [13] Mt 23, 37 (= Lk 13, 34). – [14] Mt 21, 37 (= Mk 12, 6 = Lk 20, 13). – [15] Mt 12, 41 (= Lk 11, 32). – [16] Lk 10, 24; 1 Petr 1, 10f. – [17] Mt 5, 22; 7, 29.

3. Der Heilige Geist erneuert die Gabe der Prophetie an Pfingsten und während der Zeit der Kirche[18]; es gibt die *Gnadengabe der Prophetie[19], die in der Kirche von Männern und Frauen aller Art wahrgenommen wird[20]. Die Rolle dieser Propheten besteht, anders als die der Propheten, die das Fundament der Kirche bilden[21], darin, Geheimnisse zu offenbaren[22], zu ermahnen, zu festigen, aufzubauen[23]; im Unterschied zu den falschen Propheten (gr. *pseudo-prophētēs*)[24] sprechen sie in Übereinstimmung mit der apostolischen Autorität[25].

[18] Num 11, 29; Joël 3, 1f; Apg 2, 4. 17f; 19, 6. – [19] 1 Kor 14, 1–5; 1 Thess 5, 20. – [20] Apg 11, 27f; 13, 1f; 21, 9f; Offb 10, 11; 18, 20. – [21] 1 Kor 12, 28f; Eph 2, 20; 4, 11. – [22] 1 Kor 13, 2; Offb 1, 3; 22, 7. 10. 18f. – [23] 1 Kor 14, 3; Offb 10, 7; 11, 3. – [24] Mt 7, 15. 24, 11. 24 (= Mk 13, 22); Lk 6, 26; Apg 13, 6; 2 Petr 2, 1; 1 Joh 4, 1; Offb 2, 20; 16, 13; 19, 20; 20, 10 △. – [25] 1 Kor 14, 27. 33; 1 Tim 1, 18.

→ *Einl.* XII. 2. – Bibel – Daniel – Elija – Elischa – Hosea – Jeremia – Jesaja – Jona – Mose – Sacharja – *Tafel* S. 63

Proselyt

Gr. *prosēlytos* (bezieht sich auf die futurische Form *pros-eleusomai* des Verbs *pros-erchomai*: »hinzutreten zu«). Ein vom Heidentum zum Judentum gekommener Konvertit, der durch die *Beschneidung, ein *Bad der *Reinigung und ein im Tempel dargebrachtes *Opfer in das jüdische Volk aufgenommen wurde. Obgleich er nicht voll als Jude anerkannt wird und obwohl er einige Einschränkungen auf rechtlichem Gebiet akzeptieren muß, gilt er nach einem rabbinischen Ausdruck als geistlich »neu Geborener« und ist verpflichtet, das Gesamt des *Gesetzes zu beachten[1]. Zu unterscheiden von den *Gottesfürchtigen.

[1] Mt 23, 15; Apg 2, 11; 6, 5; 13, 43 □.

Über die missionarische Bewegung: → *Einl.* IV. 6. E; IV. 7; vgl. XI. 2.

Prostitution
→ Unzucht

Provinz

Lat. *provincia*, gr. *ep-archia* (von *archō*: »befehlen«). Von den Römern besetztes Gebiet, das unter der Verwaltung eines *Statthalters einen Staat bildete. Wenn sie befriedet war, wurde die Provinz *senatorisch* genannt und unterstand einem *Prokonsul (z. B. *Achaia); solange die Anwesenheit von Truppen notwendig war, wurde sie *kaiserlich* genannt und war einem Legaten, einem Präfekten oder einem Prokurator (wie etwa *Judäa) unterstellt[1].

[1] Apg 23, 34; 25, 1.

→ *Einl.* IV. 2. B.

[Prozeß Jesu]
1. Der Prozeß Jesu ist in vier Bearbeitungen überliefert[1], die in einigem voneinander abweichen, im wesentlichen aber übereinstimmen. Es handelt sich nicht um Wortprotokolle der Sitzungen, sondern christliche Glaubenszeugnisse, in denen apologetische Tendenzen deutlich greifbar werden. Darum ist es schwierig, die Einzelheiten der historischen Abläufe zu rekonstruieren. Andere, ebenfalls im NT berichtete Prozeßabläufe lassen einige Schlußfolgerungen zu: zwar ergibt der Vergleich mit dem Vorgehen gegen Petrus und Johannes[2] oder die Zwölf[3] nichts, wohl aber der Prozeß des Paulus vor Gallio[4], vor dem Hohen Rat[5], vor Felix[6], vor Festus und Agrippa[7], und schließlich die Steinigung des Stephanus[8]. Die Historiker sind sich einig: Die Todesstrafe war an die Entscheidung des Statthalters gebunden, zumindest dann, wenn er sein Amt ausübte, also nicht unbedingt im Fall von Herodes, der Johannes den Täufer verurteilte[9], oder bei der Verurteilung von Jakobus durch Agrippa[10]. Die Steinigung des Stephanus scheint der einzige Fall zu sein, bei dem das *jus gladii* des Statthalters nicht beachtet wurde.

[1] Mt 26, 57–27, 31; Mk 14, 53–15, 20; Lk 22, 54–23, 25; Joh 18, 12–19, 16. – [2] Apg 4, 5–22. – [3] Apg 5, 17–41. – [4] Apg 18, 12–17. – [5] Apg 22, 30–23, 10. – [6] Apg 23, 33–24, 26. – [7] Apg 25, 1–26, 32. – [8] Apg 6, 8–7, 60. – [9] Mt 14, 3–11 (= Mk 6, 17–29 = Lk 3, 19f); vgl. Lk 23, 3–11. – [10] Apg 12, 1–6.

2. Den juristischen Prozeßverlauf kennen wir nur durch die Gesetzesvorschriften der *Mischna, also aus der Zeit um 150 n.Chr. Darum ist es schwierig, diese Angaben mit den Erzählungen der Evangelisten in Übereinstimmung zu bringen. Der Mischna zufolge versammelten sich die Mitglieder des Hohen Rates unter dem Vorsitz des Hohenpriesters im Kreis auf Stufen sitzen. Angeklagte, Ankläger und Zeugen befanden sich in der Mitte. Das Urteil konnte weder in der Nacht noch am Festtag, den Vorabend eingeschlossen, gefällt werden. Die Richter durften weder als Ankläger noch als Zeugen auftreten. Der Angeklagte hatte einen Verteidiger zur Seite. Vor der Urteilsverkündung zog ein Bote durchs Land, um Entlastungszeugen aufzurufen. Ein einziger Entlastungszeuge genügte, für die Anklage dagegen waren zwei gefordert. Die Verurteilung dürfte frühestens 24 Stunden nach der ersten Gerichtssitzung verkündet werden. Man diskutiert, um was es sich bei der Anklage wegen Gottes*lästerung handelt.

→ *Einl.* VI. 4. C. – Hoher Rat

Prüfung
→ Probe

Psalmen
Gr. *psalmos* (von *psallō*: »die Saite eines Musikinstruments vibrieren lassen«) »ein Gedicht zur Begleitung von Musik«.
1. Jüdische *Lieder, von Gott *inspiriert; sie bilden, in einem Buch des AT gesammelt, das *Gebet des erwählten Volkes und das Gebet Jesu. Zuweilen werden sie auf David zurückgeführt. Im Blick auf Christus werden sie in *messianischem Sinn interpretiert[1]. Nach dem Paschamahl wurde das Hallel

gesungen, d.h. die Psalmen 115–118; diesen Brauch meint das Wort *hymneō* (»die Hymne singen«)[2].

[1] Lk 20, 42; 24, 44; Apg 1, 20; 13, 33; vgl. Röm 15 9. – [2] Mt 26, 30 (= Mk 14, 26).

2. Vom Heiligen Geist inspirierte christliche Lieder[3].

[3] 1 Kor 14, 15. 26; Eph 5, 19; Kol 3, 16; Jak 5, 13 □.

→ *Einl.* XII; XIII. 2. B. – Doxologie – Hymnus – Lied

Psychiker
→ Geist 4

Purpur
Gr. *porphyra*. Tiefroter, zum violetten neigender Farbstoff; man gewinnt ihn aus der Flüssigkeit, die von einem Meeresweichtier ausgeschieden wird. Ein sehr teurer Stoff[1].

[1] Est 8, 15; Dan 5, 7; Mk 15, 17. 20; Lk 16, 19; Joh 19, 2. 5; Apg 16, 14; Offb 17, 4; 18, 12. 16 □.

[Q]
Anfangsbuchstabe des Wortes *Quelle*; damit bezeichnet man in der Literarkritik die Überlieferungen, die Mt und Lk gemeinsam haben und die bei Mk dagegen fehlen. Verschiedene Forscher beziehen die Abkürzung bald auf ein Dokument, dessen Umfang, Eigenart und Herkunft sie glauben bestimmen zu können, bald auf eine Sammlung ursprünglich verschiedenartiger Materialien; im letzteren Fall wäre Q eine bequeme Kennmarke zur Bezeichnung der »doppelten Tradition«, d.h. der Tradition, die zwar Mt und Lk, nicht aber Mk zugrundeliegt.

→ synoptisch

Quadrans
Gr. *kodrantēs,* lat. *quadrans.* Kleine Bronzemünze (3, 10 g), entspricht einem »Viertel« des *As oder auch zwei *Lepton[1].

[1] Mt 5, 26; Mk 12, 42 □.

→ Münzen

Quaste
Gr. *kraspedon.* Übersetzung des hebr. ṣīṣīt: »Büschel«. Jeder fromme Israelit trug an vier Zipfeln seines Mantels einen Stoffstreifen, in dem ein himmelblauer (oder violetter) Faden war, der an die Gebote Gottes erinnern sollte[1]. Dadurch konnte man seine Frömmigkeit zeigen[2] oder man konnte auf sich aufmerksam machen[3].

[1] Num 15, 38f; vgl. Ez 8, 3. – [2] Mt 9, 20 (= Lk 8, 44); 14, 36 (= Mk 6, 56). – [3] Mt 23, 5 □.

→ Gebetskapsel – Kleidung

[Quellen]
Ein Begriff aus dem Bereich der Literarkritik; er bezeichnet die mündlichen oder schriftlichen Urkunden, die von den Autoren des NT benutzt wurden. Einige Literarkritiker nehmen an, daß Mt und Lk außer ihren Eigenquellen zwei Quellen gemeinsam benutzen, nämlich Mk und *Q, daher die Bezeichnung »Zweiquellentheorie«. Andere Literarkritiker dagegen vertreten die Meinung, daß die synoptische Evangelien entweder auf viele Quellen zurückgehen, die während ihrer mündlichen Überlieferung von verschiedenen Kreisen der Urgemeinde geprägt wurden, oder sie nehmen zwei entscheidende Urkunden an: die eine stark gegliedert (umfaßt Jesu Wirken in Galiläa), die andere dagegen ziemlich fließend (entspricht Mt 5–13).

→ Literarkritik – Q – synoptisch

Quirinius
Gr. *Kyrēnios.* Publius Sulpicius Quirinius war seit 6 n. Chr. Gouverneur von Syrien; als Konsul war er seit 12 v. Chr. mit der römischen Politik im Nahen Osten betraut[1].

[1] Lk 2, 2 □.

→ Volkszählung

[Qumran]
Ein Ort am Nordwestufer des Toten Meeres, 13 km südlich von Jericho. Heute ʿ*Ain Feschcha*. Nach ihm wurde eine Art »Kloster« benannt, in dem von 150 v. Chr. bis 68 n. Chr. Juden wohnten, die sich vom offiziellen Judentum getrennt hatten; ihre Eigenart: Genaue Einhaltung der gesetzlichen Reinheitsvorschriften (es wurden häufige *Waschungen praktiziert), Festhalten – was die Ordnung der liturgischen Feste anlangt – am alten Sonnen-*kalender, eine *dualistische und deterministische Auffassung vom Plan Gottes, Ablehnung des aus den Steinen gebauten Tempels. In vielem gleicht die Sekte den *Essenern und dem *Damaskusdokument. Seit 1947 haben Ausgrabungen eine ansehnliche Bibliothek zutage gefördert, die in den umliegenden Höhlen verborgen war: Hebräische Texte aus der Bibel und den Apokryphen, griechische Übersetzungen der Bibel, sekteneigene Schriften. In den sie betreffenden Zitierungen sagt der Buchstabe Q, daß die Handschrift aus Qumran stammt; die vorangestellte Zahl bezieht sich auf die Höhle, in der das Manuskript gefunden wurde, der folgende Buchstabe bezeichnet die Schrift selbst. Z. B. 1 QS (hebr. *sērek*: »Regel« der Gemeinschaft oder Sektenregel); 1 QH (hebr. *hōdajōt*: »Hymnen, Psalmen«); 1 QM (hebr. *milḥāmā*: »Krieg« zwischen den Söhnen des Lichts und den Söhnen der Finsternis); 1 Qp (hebr. *pēšer*: »Interpretation« eines Textes wie etwa Habakuk: 1 Qp Hab). Von den Qumranschriften aus fällt neues Licht auf die ntl. Texte; es geht besonders darum, daß neben den *Pharisäern eine weitere religiöse Strömung bestand.

→ *Einl.* XI. 3. – *Karte* 4

Rabbi
1. Die hebräische Bezeichnung (*rabbī*[1]) und die aramäische (*rabbūnī*[2]) bedeuten beide: »mein Meister«. Eine ehrerbietige Anrede, die man für *Gesetzeslehrer gebrauchte. Jesus lehnt diesen Brauch ab[3].

[1] Mt 26, 25; Joh 3, 26... – [2] Mk 10, 51; Joh 20, 16 △. – [3] Mt 23, 7f.

2. Seit 70 n. Chr. Bezeichnung für die jüdischen Kenner der Schriften, die dann die Rabbinenschulen bildeten.

→ *Einl.* XII. 1. C. – lehren – Meister

[Rabbinismus]
Von hebr. *rabbī*: »Meister«. Jüdische Lehrüberlieferung, die im 1. Jh. entsteht und das Leben der Gemeinde noch heute bestimmt. Die rabbinische Literatur besteht im wesentlichen aus dem *Talmud, den *Midraschim und der Tosephta (von hebr. *'āsaf*: »sammeln, hinzufügen«: ergänzende Überlieferungen).

Rache
→ Vergeltung

Raka
Gr. *raka*. Selten benutzter aramäischer Ausdruck, wahrscheinlich von hebr. *rēqā*: »leere«. Kopf ohne Hirn, »Dummkopf«, oder ein Mensch ohne Moral[1].

[1] Mt 5, 22 □.

→ Torheit

Rebekka
Gr. *Rebekka*, hebr. *ribqā*. Tochter des Betuël und Schwester Labans[1]; sie heiratete *Isaak, dem sie nach zwanzigjähriger Unfruchtbarkeit Zwillinge gebar[2]. Ihre Vorliebe für *Jakob wird als Symbol dafür verstanden, daß Gott die *Freiheit der Wahl hat[3].

[1] Gen 24, 15. – [2] Gen 25, 21; Röm 9, 10. – [3] Gen 25, 28; 27, 5–17; Mal 1, 2f; Röm 9, 11–13 □.

die Rechte (Seite)
Gr. *dexios*, hebr. *jāmīn*: »was auf der rechten Seite ist«.
1. Bezeichnung für die edlere Seite des Menschen (Hand, Wange)[1], auch für die Macht Gottes[2].

[1] Mt 5, 29f. 39. – [2] Ps 73, 23; Jes 62, 8; Apg 2, 33; 5, 31.

2. Der Platz auf der rechten Seite ist vorteilhafter als der Platz auf der linken[3]. Der *Menschensohn darf sitzen zur Rechten der *Macht[4].

[3] Gen 48, 13f; Koh 10, 2; Mt 25, 33. – [4] Ps 110, 1; Mt 22, 44 (= Mk 12, 36 = Lk 20, 42); 26, 64 (= Mk 14, 62 = Lk 22, 69); Mk 16, 19; Apg 2, 34; Eph 1, 20; Kol 3, 1; Hebr 1, 3. 13; 8, 1; 10, 12; 12, 2; vgl. Apg 7, 55f.

Rechtfertigung
→ Gerechtigkeit

[redaktionell]
Dieses Adjektiv meint einen Text, der von einem Autor in bestimmter Absicht stilistisch bearbeitet wurde, oder eine Passage, die in einen bereits bestehenden Textzusammenhang eingebaut wurde; so etwa ist das *Vaterunser* in die Ermahnungen über das Almosen, das Gebet und das Fasten eingefügt[1].

[1] Mt 6, 9–13 in 6, 2–18.

→ Literarkritik – Redaktionsgeschichte

[Redaktionsgeschichte]
Der Begriff bezeichnet eine Methode der *Literarkritik, die die *Formgeschichte* ergänzt. Sie beschäftigt sich mit der Frage, wie die kleinen *literarischen Einheiten, die zuvor abgegrenzt wurden, von den Evangelisten zusammengestellt wurden. Sie versucht, das letzte Stadium in der Entwicklung der Evangelien, d. h. das Stadium unserer heutigen Texte zu bestimmen, indem sie die Arbeit der letzten Redaktoren genauer festlegt. Tatsächlich erhalten die kleinen Einheiten je nach dem Kontext, dem sie eingefügt werden, einen anderen Sinn.

→ *Einl.* XV. 3.

Regen
Gr. *brochē, hyetos*. Nach Belieben öffnet Gott die Wasserreservoire, die sich nach den Vorstellungen der Hebräer über den Himmeln befanden[1]. Dies Wasser vom Himmel ist, wenn auch manchmal katastrophal[2], unerläßlich für die Fruchtbarkeit der Felder. Da er nicht wie etwa die Bewässerung durch die Arbeit der Menschen erzeugt werden kann, ist der Regen Sinnbild der unentgeltlichen fruchtbaren Gabe Gottes[3]. Wenn er aus Feuer besteht, symbolisiert er die Strafe[4].

[1] Ps 33, 7; Mi 5, 6; Offb 11, 6. – [2] Mt 7, 25. 27; Apg 28, 2. – [3] Lev 26,3f; Jes 55, 10; Mt 5, 45; Apg 14, 17; Hebr 6, 7; Jak 5, 17f. – [4] Gen 19,24; Lk 17, 29 □.

→ *Einl.* II. 4; V. 1.

reich, Reichtum
1. Gr. *ploutos* (verwandt mit *polys*: »viel« und mit *plēthos*, lat. *plenus*: »große Menge«): »Fülle [von Gütern des Lebens]«, insbesondere materieller Güter. In der Bibel entspricht dieses Wort oft dem hebr. *kābōd*: »Herrlichkeit«[1]. Obwohl das NT (besonders Lk und Mt) die *eschatologische Dimension des Daseins deutlich macht, verdammt es den Reichtum nicht, der auch Gottes *Segen bezeichnen kann[2]; doch es macht auf die Gefahren aufmerksam und weist nachdrücklich darauf hin, was Arm-sein bedeutet.

[1] 1 Kön 3, 13; Röm 9, 23; Eph 1, 18; 3, 16; Kol 1, 27. – [2] Gen 49, 25; Dtn 28, 1–4.

2. Gott allein ist reich[3] und macht reich[4]. Der Mensch seinerseits darf nicht danach trachten, sich selbst zu bereichern[5], sondern er soll sein Geld dazu verwenden, den *Armen zu helfen[6], wie etwa in der Kollekte[7].

[3] Röm 2, 4; 9, 23; 10, 12; 11, 33; Eph 1, 7; 2, 4. 7; Phil 4, 19; Tit 3, 6. – [4] 2 Kor 8, 9; Jak 2, 5. – [5] Lk 12, 21. – [6] Lk 12, 33. – [7] 2 Kor 8–9; Gal 2, 10.

3. Gewiß sind auch die Reichen in das Reich gerufen[8]; manche gelangen hinein und geben von ihren Gütern[9], doch das ist für sie sehr schwierig[10], so sehr, daß Jesus erklärt, sie seien »Unglückliche«[11]. Sie sind der Versuchung der Selbstgefälligkeit ausgesetzt[12], sie übersehen, daß sie nur Geschöpfe sind[13], sie achten nicht auf den Armen[14]. Darum die eindringlichen Ermahnungen im Jakobusbrief[15].

[8] Lk 19, 2. – [9] Mt 27, 57; Lk 19, 8; Apg 4, 37. – [10] Mt 19, 23–26 (= Mk 10, 23–27 = Lk 18, 24–27). – [11] Lk 6, 24. – [12] Mt 13, 22 (= Mk 4, 19 = Lk 8, 14); 1 Tim 6, 9. – [13] Lk 12, 16–21; 1 Tim 6, 17f. – [14] Lk 16, 19–22; Jak 2, 6. – [15] Jak 5, 1–6.

4. Wenn »Besitz« gemeint ist, wird Reichtum mit anderen Begriffen ausgedrückt: *chrēma*: »das, worüber man verfügt«[16], *ktēmata*: »was man erworben hat«[17], *hyparchonta, hyparxis*: »das was am Anfang (gr. *archē*) unter *(hypo)* der Hand ist, die Güter, über die man verfügt«[18], *ousia*: »das Dasein und seine Güter«[19], und in pejorativem Sinn *mamōnas*: »das, worauf man baut«, der ungerechte Reichtum[20], den man nicht in Schatzkammern (gr. *thesauros*) anhäufen soll[21].

[16] 2 Chr 1, 11f; Mk 10, 23f (= Lk 18, 24); Apg 4, 37; 8, 18. 20; 24, 26 △. – [17] Mt 10, 9; 19, 22 (= Mk 10, 22); Lk 18, 12; 21, 19; Apg 1, 18; 2, 45; 4, 34; 5, 1; 8, 20; 22, 28; 1 Thess 4, 4 △. – [18] Spr 6, 31; Mt 19, 21; 24, 47 (= Lk 12, 44); 25, 14; Lk 8, 3; 11, 21; 12, 15. 33; 14, 33; 16, 1; 19, 8; Apg 2, 45; 3, 6; 4, 32. 37; 1 Kor 13, 3; Hebr 10, 34; 2 Petr 1, 8 △. – [19] Lk 11, 41; 15, 12f △. – [20] Mt 6, 24; Lk 16, 9. 11. 13 △; vgl. Spr 18, 10f; Sir 31, 5f. – [21] Mt 6, 19–21 (= Lk 12, 33f); 19, 21 (= Mk 10, 21 = Lk 18, 22); Jak 5, 3…

→ *Einl.* VII. 4. – Almosen – arm – Habgier – Mammon – Silber

Reich Gottes
→ Königtum

Reich des Todes
→ Totenwelt

rein

Die Reinheit meint den Zustand, der von dem (Person, Tier oder Sache) gefordert ist, der sich dem *heiligen Gott nähert. Der Begriff ist in erster Linie *kultisch; seine moralische oder geistliche Bedeutung kommt erst später hinzu. Zwei hauptsächliche griechische Wortfamilien sind hier zu verzeichnen: *hagnos,* ebenso wie *hagios* von der Wurzel *hag*-: »heilig« abgeleitet, unterstreicht zunächst den Zustand, den der Mensch in der kultischen Verbindung mit dem Heiligen Gott[1] gewinnen muß. *Katharos* (etymologisch unsicher) kann auch »sauber« bedeuten[2] und bezieht sich vor allem auf die kultische, moralische oder geistliche Situation des Menschen. Angesichts Gottes, der allein heilig ist, kann jemand *a-kathartos* sein, aber in keinem Fall nicht-*hagnos*. Außer diesen zwei Wörterfamilien (die unten mit ihren Initialbuchstaben *H* und *K* gekennzeichnet werden), gibt es mehrere Worte, die versuchen, den Zustand der Reinheit zu beschreiben; es sind vor allem Worte mit der Verneinungspartikel *a*: ohne Schmutz (*a-miantos,* von *miasma*)[3], ohne Fehl (*a-mōmos*)[4], ungetrübt (*a-keraios*)[5], ohne Flecken (*a-spilos*)[6], ohne Runzel (*rhytis*)[7]; oder auf positive wie *eilikrinēs*: »lauter«[8] wie negative Weise wie *koinos*: »unrein, gemein«[9], *rhypos*: »Schmutz«[10] gebildete Worte.

[1] 1 Petr 1, 15f. 22. – [2] Mt 27, 59; Offb 15, 6; 19, 8. 14; 21, 18. 21. – [3] Joh 18, 28; Tit 1, 15; Hebr 7,

26; 12, 15; 13, 4; Jak 1, 27; 1 Petr 1, 4; 2 Petr 2, 10. 20; Jud 8 △. – [4] Eph 1, 4; 5, 27; Phil 2, 15; Kol 1, 22; Hebr 9, 14; 1 Petr 1, 19; 2 Petr 2, 13; 3, 14; Jud 24; Offb 14, 5 △. – [5] Mt 10, 15; Röm 16, 19; Phil 2, 15 △. – [6] Eph 5, 27; 1 Tim 6, 14; Jak 1, 27; 3, 6; 1 Petr 1, 19; 2 Petr 2, 13; 3, 14; Jud 23 △. – [7] Eph 5, 27 △. – [8] 1 Kor 5, 8; 2 Kor 1, 12; 2, 17; Phil 1, 10; 2 Petr 3, 1 △. – [9] Mt 15, 11. 18. 20; Mk 7; Apg 10, 14f. 28; 11, 8f; 21, 28; Röm 14, 14; Hebr 9, 13; 10, 29; Offb 21, 27 △. – [10] Jak 1, 21; 2, 2; 1 Petr 3, 21; Offb 22, 11 △.

1. *Kultische Reinheit.* Wenn die Juden in bestimmten Riten die Bedingungen, unter denen man in die geweihte Zone eintreten kann, die der heilige Gott sich in der profanen Welt reserviert hat, festlegen, teilen sie die Auffassungen ihrer Zeit[11]. Die entgegengesetzte Zone bilden die Dämonen, die als »unreine Geister« bestimmt werden. Jesus hat wie seine Zeitgenossen[12] die rituellen Vorschriften beachtet[13]; doch die Auswüchse in ihrer Beobachtung, vor allem die Tabus bei den Nahrungsmitteln hat er gebrandmarkt[14], ja er erklärte diese Riten in dem Maß für nutzlos, als sie nicht Ausdruck der Herzensreinheit sind[15]. Die junge Kirche brauchte lange Zeit, um von diesen Tabus loszukommen[16]; Paulus kämpft gegen sie an, wenn er sie in die Nähe der »*Elementarmächte dieser Welt«[17] rückt; denn, so sagt er, »für die Reinen ist alles rein«[18].

[11] Ex 19, 10; Lev 11–16; Num 6, 3. – [12] Lk 2, 22; Joh 2, 6; 11, 55; Apg 21, 24–26; 24, 18. – [13] Mt 8, 4 (= Mk 1, 44 = Lk 5, 14); Lk 17, 14 (*K*). – [14] Mt 15, 1–20 (= Mk 7, 1–23); 23, 25. 27; Lk 11, 39. – [15] Mt 5, 8; Mk 7, 19; vgl. 1 Tim 1, 5; 3, 9; 2 Tim 1, 3. – [16] Apg 10, 15; 11, 9; 15, 9; Gal 2, 12. – [17] Gal 4, 3. 9; Kol 2, 16–23. – [18] Röm 14, 14. 20; 1 Kor 10, 23; Tit 1, 15.

2. *Christliche Reinheit.* Die Glaubenden haben verstanden, daß Jesus durch sein *Wort[19] und das *Blut, das er vergossen hat[20], der Ursprung der authentischen Reinheit ist. Die Worte Reinigung oder Reinheit erhalten von daher eine moralische und geistige Dimension, die ihren Sinn verändert. Der Glaubende muß am Letzten Tag Gott gegenüber (Wurzel *K*) untadelig und schuldlos sein[21]; den Menschen gegenüber (Wurzel *H*) keusch, rein, »redlich«, loyal[22]; negativ ausgedrückt, er muß die Unreinheit (Wurzel *K*) meiden[23]. Quell dieser »Tugenden« ist der Heilige Geist[24].

[19] Mk 7, 1–23; Joh 15, 3; vgl. 1 Petr 1, 22. – [20] Joh 13, 10; Eph 5, 26; Tit 2, 14; Hebr 1, 3; 9–10; 1 Joh 1, 7. 9; 3, 3. – [21] 1 Kor 5, 7; 2 Kor 7, 1; Kol 1, 22; 1 Thess 2, 3; 2 Tim 2, 21f; Jak 1. 27; 4, 8. – [22] 2 Kor 6, 6; 7, 11; 11, 3; Phil 1, 17; 1 Tim 4, 12; 5, 2. 22; Tit 2, 5; Jak 4, 8; 1 Petr 3, 2. – [23] Röm 1, 24; 6, 19; Gal 5, 19; Eph 4, 19; 5, 3. 5; Kol 3, 5; 1 Thess 2, 3; 4, 7; Offb 17, 4. – [24] Gal 5, 22.

→ *Einl.* XIV. 1. A; XIV. 2. B. – geweiht – heilig – Sünde

Rest

Gr. *leimma*[1], *hypo-leimma*[2]. »Das, was von einem Ganzen fortbesteht« – eine Erfahrung Israels, das verschiedene Katastrophen überlebte. Der Ausdruck »der heilige Rest« bezieht sich jedoch nicht auf den historischen Rest[3], sondern auf die Gemeinschaft, die am Letzten Tag gerettet wird: es ist der *eschatologische Rest[4]. Die andere Bezeichnung: »der gläubige Rest« meint den *gläubigen Teil des erwählten Volkes, zum Beispiel den, den Gott in der Zeit des Elija für sich übrigbehalten hat[5].
Die *Pharisäer und auch die Anhänger von *Qumran versuchen, die Gemeinde des Neuen Bundes zu gründen, auch Johannes der Täufer bereitet einen heiligen Rest vor, eine Gemeinschaft, die jedem Juden offensteht, der kommt, um Buße zu tun[6]. Jesus ruft jeden Menschen zu sich, der die Gnade Gottes annimmt; alle sind zum Festmahl eingeladen[7]. Nur eine Kerngruppe der Juden antwortet auf diesen Ruf, doch das genügt, um die Treue Gottes zu

seinen *Verheißungen zu rechtfertigen[8]. In einem weiteren Sinn bildet die Kirche jetzt schon dieses *Israel Gottes; sie bürgt dafür, daß sich am Ende das ganze Gottesvolk bekehren wird[9].

[1] Röm 11, 5 △. – [2] Röm 9, 27 △. – [3] Jer 6, 9; Ez 9, 8; Am 5, 15. – [4] Jes 4, 4; 10, 22; Jer 23, 3; Mi 5, 6–8; Zef 3, 12. – [5] Röm 11, 3–5. – [6] Mt 3, 9. 12. – [7] Mt 22, 14. – [8] Röm 11, 7. – [9] Röm 11, 11–24.

→ *Einl.* III. 1. – Auserwählung

retten

Gr. *sōzō* (von *saos*: »gesund, heil«): »bei guter Gesundheit halten, bewahren, erhalten«. Zu dieser primären Bedeutung kommt der Gedanke an die Gefahr, vor der man beschützt oder aus der man befreit wird. Der Kontext oder eine beigefügte Präposition erleichtern die Entscheidung für die eine oder andere Bedeutung.

1. *Schützen,* vor einer Gefahr bewahren, gesund und munter erhalten im Sturm oder unter feindlich gesinnten Leuten (gewöhnlich das gr. *diasōzō*[1] oder *rhyomai apo*[2]). In diesem Sinn kann auch die Wendung »sein Leben retten«[3] oder »in der Stunde bewahrt werden«[4] verstanden werden.

[1] Apg 23, 24; 27, 31. 34. 43f; 28, 1. 4. – [2] Mt 6, 13; Röm 15, 31; 2 Thess 3, 2; 2 Tim 4, 18 △. – [3] Mt 16, 25 (= Mk 8, 35 = Lk 9, 24). – [4] Joh 12, 27.

2. *Aus Gefahr befreien*: außer *sōzō* gebraucht man auch folgende Worte: »herausreißen aus« (gr. *ex-aireō*, unten mit dem Buchstaben *E* bezeichnet), »herausziehen«, oder gr. *rhyesthai ek* (unten durch *R* kenntlich gemacht): »befreien von« dem Sturm[5], der Krankheit[6], von Verfolgungen[7], der Macht des Bösen und des Todes[8] usw. Das Ergebnis der Aktion ist das »heilen« (ebenfalls im Sinn von *sōzō*); in dieser Hinsicht sind die Heilungen, die Jesus wirkte, Symbol für das Heil[9]. Der Glaube gewährt die lebendige Beziehung, durch die Gott die Heilung wirkt: »Dein Glaube hat dich gerettet«[10]; der Zweifel zieht den Untergang nach sich her[11], die Hoffnung garantiert das endgültige Heil[12]. Jesu wollte sich nicht selbst vor dem Tod retten[13].

[5] Mt 8, 25. – [6] Mt 9, 21f (= Mk 5, 28 = Lk 8, 48). – [7] Lk 1, 71; (mit *E*:) Apg 7, 10. 34; 12, 11; 26, 17; (mit *R*:) Lk 1, 74; 2 Tim 3, 11; 2 Petr 2, 9. – [8] Mt 1, 21; (mit *R*:) Röm 7, 24; 2 Kor 1, 10; Kol 1, 13; 1 Thess 1, 10; 2 Tim 4, 17. – [9] Mt 9, 22; 14, 36; Joh 11, 12. – [10] Mk 10, 52; Lk 17, 19; 18, 42. – [11] Mt 8, 26; 14, 31. – [12] Röm 8, 24. – [13] Mt 27, 40. 42 (= Mk 15, 30f = Lk 23, 35. 37. 39); Hebr 5, 7.

3. Gott, der Lebendige, ist der *Retter*[14]; auch Jesus, dessen Name »Jahwe rettet«[15] das Heil bringt[16], ist der Retter. Die Anwendung des Titels auf den Messias scheint hellenistischen Ursprungs[17]. Dadurch wird der universale Charakter des Heils betont[18].

[14] Ps 25, 5; Lk 1, 47; 1 Tim 1, 1; Tit 1, 3; 3, 4; 2 Tim 1, 10. – [15] Mt 1, 21. – [16] Apg 4, 12. – [17] Lk 2, 11; Apg 5, 31; 13, 23. – [18] Joh 4, 42; 1 Tim 4, 10; 2 Tim 1, 10; Tit 1, 3; 2, 10f; 3, 4–6; 1 Joh 4, 14.

→ Erlösung – freilassen – heilen – wiederherstellen

[Rezension]

1. In der *Literarkritik ist damit die schriftliche Fixierung einer *Überlieferung gemeint.
2. In der *Textkritik bezeichnet Rezension die in einem bestimmten Manuskript vertretene Lesart.

Rhodos
Gr. *Rhodos*. Insel in der Ägäis, vor der südwestlichen Küste der Türkei; dort gab es eine jüdische Kolonie¹.

¹ Apg 21, 1 □.

→ *Karte* 2

Rom
Gr. *Rōmē*. Hauptstadt des Reiches, das seit 63 v. Chr. über Judäa herrschte. Eine gefürchtete Macht¹, die sich ihrer Überlegenheit rühmte²; es war ein Privileg, römischer *Bürger zu sein³. Zur Zeit des *Augustus waren mehrere tausend Juden in Rom ansässig⁴; i. J. 19 n. Chr. wurden 4000 davon nach Sardinien vertrieben; i. J. 32 erließ *Tiberius ein Edikt zugunsten der Juden, doch 49–50 kam es wieder zu einer Vertreibung⁵. Man kennt die Ursprünge der christlichen Gemeinde, der Paulus einen Brief schrieb, nicht⁶. Paulus selbst gelangte als Gefangener dorthin und blieb dort zwei Jahre unter Bewachung⁷. Rom wird als *Babylon gebrandmarkt⁸.

¹ Joh 11, 48; Apg 28, 17. – ² Apg 16, 21. – ³ Apg 22, 25–29. – ⁴ Apg 2, 10. – ⁵ Apg 18, 2. – ⁶ Röm 1, 7. 15; vgl. Apg 19, 21; 23, 11. – ⁷ Apg 28, 14–16. 30; 2 Tim 1, 17. – ⁸ 1 Petr 5, 13; Offb 17, 5; 18, 2 □.

→ *Einl.* III. 2. G; IV. 1–2; IV. 4. D; VI. 2. – *Karte* 3

[Römer (der Brief an die)]
Brief, den Paulus gegen 57–58 von *Korinth aus an die Kirche von Rom schrieb. Als Paulus im Begriff war, den Ertrag seiner in den Kirchen *Asiens durchgeführten *Kollekte nach Jerusalem zu bringen, hat er sich schon dem Westen zugewandt; hier entwirft er ein meisterhaftes Fresko des göttlichen *Planes.

→ *Einl.* XV.

Ruhe
Abgesehen von den Fällen in denen das Wort Entspannung (gr. *anesis*)¹, Erfrischung *(anapsyxis)*², oder Bleibe *(epi-* oder *kata-skēnoō*: ein Wort, das sich auf *skēnoō*: »das Zelt aufschlagen«³ bezieht, das das Gegenteil der Reise meint) bedeutet, ist mit diesem Begriff das Aufhören einer Bewegung oder einer Arbeit *(ana-* oder *kata-pauomai)* gemeint⁴. Der Hebräerbrief hat eine Theologie der Ruhe Gottes erarbeitet, der Ruhe des verheißenen Landes; alle sind eingeladen, hineinzugehen⁵; das ist die Sabbatruhe *(sabbatismos)*, die dem Gottesvolk vorbehalten ist⁶. Jesus verschafft Ruhe denen, die zu ihm kommen⁷.

¹ 2 Kor 2, 13; 7, 5; 8, 13; 2 Thess 1, 7 △. – ² Apg 3, 20; Phil 2, 19; 2 Tim 1, 16 △. – ³ Apg 2, 26; 2 Kor 12, 9. – ⁴ Mt 12, 43 (= Lk 11, 24); 26, 45 (= Mk 14, 41); Mk 6, 31; Lk 10, 6; 12, 19; Apg 7, 49; Röm 2, 17; 1 Petr 4, 14; Offb 4, 8; 6, 11; 14, 11. – ⁵ Hebr 3, 7–4, 11. – ⁶ Hebr 4, 9. – ⁷ Mt 11, 28f; Offb 14, 13.

→ *Sabbat – Schlaf*

Ruhm
Das gr. *kauchēsis* (*kauchaomai*: »sich rühmen, stolz sein auf«), auch mit der Bedeutung Prahlerei¹, ist nicht durchweg mit »Hochmut« zu übersetzen;

eigentlich gemeint ist die Zuversicht, das Vertrauen, die Tatsache, daß man sich jemandes oder einer Sache rühmt, daß man vor sich, vor anderen, vor Gott selbst bestehen kann[2].

[1] Röm 3, 27; 4, 2; 11, 18; 1 Kor 1, 29; 3, 21; 5, 6; 2 Kor 12, 1; Gal 6, 13; Jak 4, 16. – [2] Röm 2, 17. 23; 5, 2. 3. 11; 15, 17; 1 Kor 9, 15. 16; 15, 31; 2 Kor 1, 12–14; 5, 12; 7, 4. 14; 8, 24; 9, 2. 3; 12, 1–9; Gal 6, 4–14; Phil 1, 26; 2, 16; 3, 3; 1 Thess 2, 19; 2 Thess 1, 4; Jak 1, 9.

→ Herrlichkeit – Hochmut – Vertrauen – Zuversicht

Rüsttag
Gr. *paraskeuē*: »Vorabend«. Vorabend des Sabbat oder des Pascha, an dem alles für das Fest vorbereitet werden mußte[1].

[1] Mt 27, 62; Mk 15, 42; Lk 23, 54; Joh 19, 14. 31. 42 □.

→ *Einl.* XIII. 2. B. b. – Fest – Sabbat

Rüstung
→ Kampf

Sabbat

1. Gr. *sabbaton,* hebr. *šabbāt.* Die Etymologie ist unsicher; sie verbindet sich entweder mit hebr. *šābat*: »aufhören, ruhen, mit der Arbeit aufhören«, oder mit hebr. *šibʿat,* Fem. von *šebaʿ*: »sieben« So konnte das Wort im Sinn von »ausruhen« verstanden werden, oder – durch Weiterentwicklung – als »anhalten/innehalten, um (Gott) zu loben«.

2. Das Gebot der *Ruhe am siebten Tag, eine Besonderheit Israels, ist vormosaischen Ursprungs und ist mit dem geheiligten Rhythmus der *Woche und des *Mondes verknüpft. Im wesentlichen werden für dieses Gebot zwei Begründungen vorgebracht: der humanitäre Aspekt der Ruhe, vor allem für die Sklaven[1], oder die Nachahmung Gottes, der sich nach dem Schöpfungswerk ausruhte[2]. Wer den Sabbat einhält, zeigt seine Treue.

[1] Ex 23, 12; Dtn 5, 14; vgl. 5, 15. – [2] Gen 2, 2f; Ex 20, 11; 31, 17.

3. Die Gesetzgebung über den Sabbat wird mit der Zeit bis ins kleinste Detail entwickelt; verschiedenes wird verboten: die Nahrung vorbereiten, Feuer anzünden, Holz sammeln[3], Obst pflücken, einem Tier oder einem Menschen aus der Gefahr helfen, Lasten tragen, mehr als 1250 m zu Fuß gehen[4], einen Knoten lösen oder mehr als einen Buchstaben des Alphabets zu schreiben. Die Kasuistiker waren sich nicht einig über den Anwendungsbereich und den verpflichtenden Charakter dieser verschiedenen Praktiken.

[3] Ex 16, 23; 35, 3; Num 15, 32. – [4] Mt 12, 2. 11; Joh 5, 10; Apg 1, 12.

4. Jesus hat den Sabbat eingehalten[5], doch den Formalismus der Gesetzeslehrer hat er nicht nur in Worten[6] sondern auch durch seine Taten[7] hart kritisiert. Als Herr des Sabbat gab er ihm seinen wahren Sinn zurück[8] und zeigte diesen Sinn im Verweis auf den Vater, der, indem er Leben gibt, allzeit wirkt[9].

[5] Mk 1, 21; Lk 4, 16. – [6] Mt 12, 12. – [7] Mk 3, 2–5; Lk 13, 10–16; 14, 1–6; Joh 5, 8f; 9, 14. – [8] Mk 2, 27f. – [9] Joh 5, 16f.

5. Die Jünger Jesu haben zunächst an der Beobachtung des Sabbat festgehalten[10] und ihn dazu benutzt, das Evangelium zu verkünden[11]. Doch bald wurde der Tag nach dem Sabbat, der erste Tag der Woche, zum »Herrentag«, dem Sonntag. Der Sabbat – unser Samstag – hat nur noch die Bedeutung als *Typos; er verweist auf die himmlische Ruhe[12].

[10] Mt 28, 1; Joh 19, 42. – [11] Z.B. Apg 13, 14; 16, 13. – [12] Hebr 4, 1–11; vgl. Offb 14, 13.

→ *Einl.* XIII. 2. B. b. – Ruhe – Sonntag

Sacharja

Gr. *Zacharias,* hebr. *zᵉkar-jā*: »Jahwe gedenkt«. Sohn des Barachias, einer der zwölf kleinen *Propheten; wird im NT zitiert, doch namentlich nicht erwähnt[1].

[1] Sach 1, 1; 9, 9; Mt 21, 4; 27, 9 □.

Sack

1. Gr. *sakkos,* hebr. *śaq*: »grobes Tuch«, aus Ziegen- oder Kamelhaar hergestellt. Der lateinische Begriff *cilicium,* der dasselbe Gewebe meint, weist darauf hin, daß es gewöhnlich in *Kilikien fabriziert wurde; Paulus war Zeltmacher vom Beruf[1].

[1] Apg 18, 3.

2. Schurz oder Gewand von grobem Schnitt und aus grobem Stoff[2]; schmucklos, bedeckte den Körper vom Hals bis zu den Knöcheln wie ein Leinentuch; ein Buß- und Trauergewand, das man Tag und Nacht um die Lenden trug[3]. Ein solcher Fell- oder Ledersack[4] konnte, als Überbleibsel der primitiven Bekleidung, auch das Kleid der Propheten sein[5].

[2] Jes 3, 24; 50, 3; Offb 6, 12. – [3] Neh 9, 1; Jes 15, 3; Jona 3, 5. 8; Mt 11, 21 (= Lk 10, 13). – [4] Mt 3, 4. – [5] Jes 20, 2; Offb 11, 3.

3. In der Bedeutung von »Vorratsack« vgl. *Geldbeutel (andere gr. Worte).

Sadduzäer

Gr. *saddoukaios,* von aram. *zaddūqājā,* vom Eigennamen des Hohenpriesters Zadok (gr. *Sadōk*), des Gegenspielers von Abjatar[1]. Der Name Zadok kommt von hebr. *ṣaddīq*: »gerecht«. Die Nachkommenschaft des Zadok hatte großen Einfluß im Klerus von Jerusalem; das ging so weit, daß man nicht mehr von den »Söhnen Aarons«, sondern von den »Söhnen des Zadok« sprach[2]. Bei Mt werden sie gewöhnlich mit den *Pharisäern zusammen genannt[3], doch sie unterscheiden sich deutlich von ihnen durch ihre Glaubenssätze[4], durch ihre politische Einstellung[5] und auch durch ihre Haltung zu Jesus und den ersten Christen[6].

[1] 2 Sam 8, 17; 1 Kön 1, 8. – [2] 2 Kön 15, 33; Ez 40, 46. – [3] Mt 3, 7; 16, 1. 6. 11f; 22, 34. – [4] Mt 22, 23 (= Mk 12, 18 = Lk 20, 27); Apg 23, 6–8. – [5] *Einl.* XI. 1. – [6] Apg 4, 1; 5, 17 □; vgl. Mt 26, 57 (= Mk 14, 53).

→ *Einl.* VI. 4. A; XI. 1. – Pharisäer

Salamis

Gr. *Salamis,* Hafenstadt an der Westküste *Zyperns; Paulus, Barnabas und Markus kamen dorthin[1].

[1] Apg 13, 5 □.

→ *Karte* 2

salben

1. Gr. *aleiphō*: »überstreichen« (mit Öl, mit Duftstoffen). Die Geste hat verschiedene Bedeutungen: Schönheit und Gesundheit des Körpers[1], Freude[2], Ehrenzeichen[3], Heilung eines Kranken[4].

[1] Rut 3, 3; 2 Chr 28, 15; Mt 6, 17. – [2] Jdt 10, 3; Dan 10, 3. – [3] Ps 23, 5; Jes 61, 3; Mk 16, 1; Lk 7, 38. 46; Joh 11, 2; 12, 3. – [4] Mk 6, 13; Jak 5, 14 △.

2. Gr. *chriō,* hebr. *māšaḥ,* ein Verb, das nur im Zusammenhang mit dem kultischen *Einweihen vorkommt. Der Brauch entwickelte sich vielleicht aufgrund der der Geste zuerkannten Symbolik: das *Öl durchdringt alles, selbst den *Stein. So werden ein *König, ein *Priester, ein *Prophet, ein *Altar durch die Weihe auf ganz besondere Weise ausgesondert[5]. Durch die Salbung erhielt der König die Kraft des Geistes[6]; sie machte ihn zum »Gesalbten« (hebr. *māšīaḥ* = der *Messias) des Herrn; das NT hat atl. Texte über die Salbung des König-Priesters auf Jesus übertragen[7]. Die priesterliche Salbung wird für Jesus nicht in Anspruch genommen, denn er ist nicht Hoherpriester wie *Aaron, sondern nach der Ordnung des *Melchisedek[8]. Die prophetische Salbung dagegen ist auch von Jesus ausgesagt und zwar im Zusammenhang mit seiner Taufe[9]. Im Christen schließlich, der bei seiner

Taufe »gesalbt« wird, bleibt das Salböl (gr. *chrisma*) bestehen, d. h. das Wort Gottes, das er durch den Heiligen Geist von Christus empfangen hat oder auch der Geist selbst, der ihn in allem unterweist[10].

[5] Ex 30, 29f; 1 Sam 10, 1. 6; 1 Kön 19, 16. – [6] 1 Sam 16, 13. – [7] Ps 2, 2; 110, 1; Apg 4, 25–27; Hebr 1, 8f. – [8] Lev 4, 5; 8, 12; Hebr 5, 5–10. – [9] Jes 61, 1; Lk 4, 18–21; Apg 10, 38; vgl. Lk 3, 21f. – [10] 1 Joh 2, 20. 27; vgl. Joh 14, 26; 2 Kor 1, 21.

→ Christus – Duftstoff – Heilung – Messias – Öl

Salome
Gr. *Salōmē*.
1. Tochter von *Herodes Philippus I und der Herodias, im NT namentlich nicht genannt[1].

[1] Vgl. Mt 14, 6–11 (= Mk 6, 22–28).

→ *Tafel* S. 217
2. Eine der Frauen, die Jesus von Galiläa aus gefolgt waren und ihm gedient hatten; sie war bei der Kreuzigung und beim Begräbnis dabei und unter denen, die feststellten, daß das Grab Jesu leer ist. Vielleicht eine Schwester von Maria und Mutter der Söhne des Zebedäus[1].

[1] Mk 15, 40; 16, 1; vgl. Mt 27, 56; Joh 19, 25 ☐.

Salomo
Gr. *Salmōn, Solomōn*. Sohn von David und Batseba[1], von 970 bis 931 König über Israel[2], Vorfahre Jesu[3]. Die Tradition erinnert an seine Weisheit[4], die Pracht seiner Herrschaft[5] und den Tempel, den er gebaut hat[6]. Ihm schreibt sie das Buch der *Weisheit zu. Doch Jesus ist mehr als Salomo[7].

[1] Mt 1, 6. – [2] 1 Kön 1–11; 2 Chr 1–9. – [3] Mt 1, 7–16. – [4] Mt 12, 42; Lk 11, 31. – [5] Mt 6, 29; Lk 12, 27. – [6] Joh 10, 23; Apg 3, 11; 5, 12; 7, 47. – [7] Mt 12, 42; Lk 11, 31 ☐.

[Salomo (Psalmen des)]
*Apokryphe Sammlung von 18 Psalmen, die um 70 v. Chr. entstanden und zum Großteil *pharisäisch orientiert sind; sie geben ein gutes Bild von den *messianischen Erwartungen zur Zeit Jesu. Sie wurden hebräisch verfaßt, sind aber nur in griechischer und syrischer Übersetzung erhalten.

Salz
Gr. *halas*. Findet sich überreichlich im Gebiet des Toten bzw. Salz-Meeres[1]. Salz macht die Nahrung schmackhaft[2] und dient der Konservierung[3]. Ein unerläßlicher Bestandteil der Mahlzeit[4] und vielleicht reinigende Zugabe der *Opfergaben[5]. Es gibt dem Dasein Geschmack[6] und kennzeichnet das brüderliche Miteinanderreden[7].

[1] Gen 14, 3. – [2] Ijob 6, 6; Mt 5, 13. – [3] Bar 6, 27. – [4] Apg 1, 4. – [5] Lev 2, 13; Ez 43, 24; Mk 9, 49. – [6] Mk 9, 50; Lk 14, 34. – [7] Kol 4, 6; vgl. Jak 3, 12 ☐

→ *Einl*. II. 2; VIII. 1. D. b; VIII. 2. C. a.

Samaria, Samarien, Samariter
Gr. *Samareia*. Von Omri gegen 880 gegründete Hauptstadt des Nordreichs[1]. Das umliegende Gebiet wird nach ihr Samarien genannt[2]. Nach der Deportation von 722 wird sie von einer Mischbevölkerung bewohnt[3]. I. J. 108 v. Chr. wurde die Stadt zerstört, i. J. 30 v. Chr. mit dem Namen *Sebastē* wieder

aufgebaut. Im 1.Jh. galten die Samariter als Häretiker, als gesetzlich unrein[4]. Die Einstellung Jesu zu ihnen ist um so überraschender[5], ebenso die der Urkirche[6].

[1] 1 Kön 16, 24. – [2] Lk 17, 11; Joh 4, 4f; Apg 8, 1–8. – [3] 2 Kön 17, 3–6. 24. – [4] Lk 9, 52; Joh 4, 9; 8, 48. – [5] Lk 10, 33; 17, 16; Joh 4, 5–40. – [6] Mt 10, 5; Apg 1, 8; 8, 5–25; 9, 31; 15, 3 □.

→ *Einl.* II; III. 2. E; XI. – *Karte* 4

Sandale
Gr. *sandalion,* ein Wort persischer Herkunft.
→ Schuhe

Sanftmut
1. Gr. *praytēs, prays.* Nicht die Resignation der »Demütigen«[1], sondern die positive Bereitschaft für Gott und jeden Menschen[2].

[1] Ps 37, 11. – [2] 1 Kor 4, 21; 2 Tim 2, 25; Tit 3, 2; Jak 1, 21; 3, 13; 1 Petr 3, 4. 16.

2. Jesus, »gütig und von Herzen demütig«[3], geht nicht auf die öffentlichen Plätze, um dort zu schreien und zu diskutieren, er löscht den noch glimmenden Docht nicht aus, und vor allem predigt und praktiziert er die Barmherzigkeit Gottes[4]. Schließlich zieht er, der Prophetie entsprechend, mit wenig Prachtaufwand in Jerusalem ein[5].

[3] Mt 11, 29. – [4] 2 Kor 10, 1; vgl. Mt 9, 13; 12, 7. 19f. – [5] Mt 21, 5.

3. Die Sanftmut ist Frucht des Heiligen Geistes[6]; sie ist ein Aspekt der Güte und der Demut, mit denen sie oft zusammen aufgezählt wird[7]. Sie besteht in der Freiheit eines Christen, der – weil er sich von Gott geliebt weiß – die zuvorkommende Gottesliebe ausstrahlt; solche Sanftmut preist Jesus selig und solche Sanftmut wird in den Briefen empfohlen[8].

[6] Gal 5, 23. – [7] Gal 6, 1; Eph 4, 2; Kol 3, 12 (= 1 Tim 3, 12). – [8] Mt 5, 5; 1 Tim 5, 11; Jak 3, 13.

→ arm – Demut – Tugend

Sanhedrin, Synedrium
→ Hoher Rat

Sanktuarium
→ Heiligtum

Sara
Gr. *Sarra,* hebr. *śārā*: »Fürstin«. Frau Abrahams[1] und Mutter des Isaak. Im Gegensatz zu der Sklavin *Hagar ist sie frei; ihre Mutterschaft verdankt sie göttlicher Verheißung[2], darum ist sie *Typos des himmlischen Jerusalems, das Menschen hervorbringt, die vom Gesetz frei sind und vom Geist leben[3].

[1] Gen 11, 29; 1 Petr 3, 6. – [2] Gen 18, 10; Röm 4, 19; 9, 9; Hebr 11, 11. – [3] Gal 4, 22–31 □.

Sardes
Gr. *Sardeis.* Frühere Hauptstadt von Lydien, wo im 6.Jh. v. Chr. König Krösus regierte, von *Tiberius nach einem Erdbeben i. J. 17 n. Chr. wieder aufgebaut. Bekannt durch seine Wollindustrie[1].

[1] Offb 1, 11; 3, 1. 4 □.

→ *Karte* 2 und 3

Sarg
Gr. *soros*. Die in Palästina gefundenen Särge sind ausländischer Herkunft. Hier wurden die Toten, in *Leinen eingewickelt, aufgebahrt, dann auf einer Art Bahre oder Trage weggebracht und so ohne Sarg ins Grab gelegt[1].

[1] 2 Sam 3, 31; Lk 7, 14 □.

→ *Einl.* VIII. 2. D. b. – begraben

Satan
1. Hebr. *śāṭān*: »Gegner«, ein Gattungsname; manchmal wird er personifiziert, um die wirksame Macht zu bezeichnen, die sich Gott und dem Heil der Menschen entgegenstellt (z. B. Petrus[1]). Viele Namen werden ihm zugelegt: Ankläger, *Beelzebul, *Belial, der Böse, Drache, Feind, Fürst der Dämonen, Fürst dieser Welt, Gegner, Lügner, Menschenmörder, Schlange, der Schlechte, *Teufel, (Untier), Verführer, Versucher, Welt. Auf sein Konto geht alles, was dem Gottesplan[2] entgegenwirkt: die Aktion des *Antichrist[3], der Ursprung der Sünde, die Widerstände, denen der Apostel begegnet[4], der Verrat des *Judas[5], der Betrug des *Hananias[6], gewisse Krankheiten[7], die Herrschaft des Todes[8], die Brut der Lügner und Mörder[9], die Versuchung zur Sünde[10]. Er wirkt in dieser Welt, um die Menschen von Gott abzubringen[11].

[1] Mt 16, 23; vgl. 1 Petr 5, 8. – [2] Mt 13, 39; Mk 4, 15. – [3] 2 Thess 2, 3f. – [4] 2 Kor 12, 7; 1 Thess 2, 18. – [5] Lk 22, 3; Joh 13, 27; 14, 30. – [6] Apg 5, 3. – [7] Lk 13, 15. – [8] Hebr 2, 14. – [9] Joh 8, 44. – [10] 1 Kor 7, 5; 1 Thess 3, 5. – [11] 1 Chr 21, 1; Ijob 1, 6–12; Sach 3, 1; Lk 22, 31; Joh 12, 31; 16, 11.

2. Das NT beschreibt an verschiedenen Stellen die Niederlage des Satan. Die Erzählung von der dreifachen *Versuchung[12] rekapituliert in einer geheimnisvollen, vom Satan herbeigeführten Szene die Hauptversuchungen, in die die Menschen Jesus geführt haben[13]. Doch Jesus hat Satan besiegt[14]. Der Glaubende, der sich für Christus entschieden hat[15], triumphiert über Satan, indem er die Ränke, Schlingen, Betrügereien, Schachzüge[16] dessen vereitelt, der sich als Engel des Lichts verkleidet[17]. Die Offenbarung des Johannes[18] beschreibt die Niederlage des Gegners in symbolischen, schwer zu deutenden Bildern.

[12] Mt 4, 1–11 (= Lk 4, 1–13). – [13] Mt 16, 23; 27, 42; Joh 6, 15; vgl. Lk 22, 28. – [14] Mt 12, 28; Lk 10, 18; Joh 12, 31; 16, 11. 33; Offb 12, 9–13. – [15] 2 Kor 6, 14; 1 Joh 5, 18f. – [16] 2 Kor 2, 11; Eph 6, 11; 1 Tim 3, 7; 6, 9. – [17] 2 Kor 11, 14. – [18] Offb 12–20.

3. Von seinem Wesen her ist Gott nicht der Urheber des *Bösen in der Welt. Durch die Personifizierung Satans läßt sich der Kampf bewerten, den die menschliche Freiheit angesichts des rufenden Gottes auszufechten hat. Unter den vielen Namen Satans kann die Bezeichnung »Fürst dieser Welt« wohl am ehesten dazu beitragen, diese Gestalt von ihrem legendären Flitterwerk, von dem die Bibel nichts weiß, zu befreien, ohne daß die Wirklichkeit dieser uns überlegenen bösen Macht verwässert würde.

→ das Böse – Dämonen – Engel – Herrschaften

Sauerteig
Gr. *zymē*. Ein Stück *Brotteig, den man gären ließ und mit dem frischen Teig vermengte, damit er aufgehe. Der Sauerteig vermag es, die gesamte Menge zu heben[1]. Da die Früheren glaubten, bei dem Prozeß ändere sich die Substanz, verbot das Gesetz, den Sauerteig für kultische Opfer zu verwen-

den², darum hat er, bildhaft verwendet, gewöhnlich pejorative Bedeutung und meint ein verborgenes, korrumpierendes Element³.

[1] Hos 7, 4; Mt 13, 33 (= Lk 13, 20f). – [2] Ex 23, 18; Lev 2, 11. – [3] Mt 16, 6 (= Mk 8, 15 = Lk 12, 1); 16, 11f; 1 Kor 5, 6–8; Gal 5, 9 □.

→ Ungesäuerte Brote

Säulenhalle
Gr. *stoa*. Ein bedeckter Gang im freien, dessen Dach von Säulen getragen wird. Im NT wird die »Halle Salomos«[1] an der Ostseite des Tempels erwähnt, Treffpunkt für die Bewohner Jerusalems, sowie die berühmte Säulenhalle in Athen², in der die *Stoiker spazierengingen, und auch die fünf Säulenhallen des Teiches *Betesda³.

[1] Joh 10, 23; Apg 3, 11; 5, 12. – [2] Apg 17, 22. – [3] Joh 5, 2 □.

Saulus
Gr. *Saoul, Saulos*, von hebr. *šā'ūl*. Geburtsname des Paulus (lateinische Form desselben Namens)[1].

[1] Apg 9, 4; 13, 9.

→ Paulus

Schaf
Gr. *probaton*, bezeichnet öfters das »Kleinvieh« (hebr. *śe*). Zählt zu den wichtigsten Reichtümern Palästinas (Wolle, Milch, Fell, Fleisch). Häufig als *Opfer dargebracht[1]. Sowohl die Propheten als auch Jesus erwähnen sie oft, um im Gegensatz zu den schlechten Hirten die Fürsorge Gottes den Menschen gegenüber auszudrücken².

[1] Dtn 15, 19; 18, 4. – [2] Num 27, 17; 1 Kön 22, 17; Ps 23, 1; Jes 53, 7; Jer 11, 19; Ez 34, 5; Mt 7, 15; 9, 36 (= Mk 6, 34); 10, 6. 16; 18, 12; 26, 31 (= Mk 14, 27); Lk 15, 4–6; Joh 10, 1–27; 21, 16f; Hebr 13, 20.

→ *Einl.* II. 6. – Hirt – Lamm – Schaftor

Schaftor
Gr. *probatikē* (*hē pylē*) (von *probaton*: »Schaf«): »das Schaftor«. Eines der Tore im Nordosten der Tempelmauer, durch das die für die Opfer bestimmten Tiere kamen[1]. Nicht weit davon befand sich der *Teich *Betesda², in dem man – so Origenes – die betreffenden Tiere gewaschen hätte.

[1] Neh 3, 1. – [2] Joh 5, 2 □.

→ *Karte* 1

Scharlach
Gr. *kokkinos* (von *kokkos*: »Schildlaus«). Farbstoff von einem starken Rot oder Karmin (nicht Karmesinrot). Kostbarer Stoff, gebraucht im Kult oder als Prunkkleidung[1].

[1] Lev 14, 4; Jes 1, 18; Mt 27, 28; Hebr 9, 19; Offb 17, 3f; 18, 12. 16 □.

Scharon
Gr. *Sarōn,* hebr. *šārōn.* Sprichwörtlich fruchtbare Küstenebene zwischen Jaffa und dem Karmel[1].

[1] Jos 12, 18; Hld 2, 1; Jes 35, 2; Apg 9, 35 □.

→ *Einl.* II. 3. A. − Karte 4

Schatten
1. Gr. *skia.* Bezieht sich auf eine doppelte Erfahrung: insofern er den Mangel an Licht bedeutet, ist er der *Finsternis des Todes[1] gleich; insofern er aber das *Licht voraussetzt und vor der Sonnenhitze schützt[2], ist er Symbol für die schützende Gegenwart und Macht Gottes[3]. Von hier aus ist das Verb *episkiazō* zu verstehen: »Jemand mit seinem Schatten bedecken«[4].

[1] Jes 9, 1; Mt 4, 16; Lk 1, 79. − [2] Ijob 7, 2; Jona 4, 5f; Mk 4, 32f; vgl. Offb 7, 15f. − [3] Ps 17, 8; 91, 1; Jes 4, 5f; 25, 4f; 49, 2; Ez 31, 6; Hebr 9, 5. − [4] Ex 40, 35; Num 9, 18. 22; Weish 19, 7; Mt 17, 5; Lk 1, 35; 9, 34; Apg 5, 15 △.

2. In einem anderen Denkzusammenhang wird der Schatten als Gegensatz zur Realität *(sōma)* verstanden, als Typos der dargestellten Sache[1].

[1] Kol 2, 17; Hebr 8, 5; 10, 1 △.

→ Finsternis − Nacht − Tod − Wolke − Zelt

Schatzkammer (des Tempels)
Gr. *gazophylakeion* (von persisch *gaza*: »Schatz des Königs [von Persien]« und dem gr. *phylakeion*: »Ort, den man bewacht«), oder *korbanas* (von hebr. *qorbān*: »Gott geweiht«).
1. Der Raum, der den Tempelschatz enthielt, der Öffentlichkeit nicht zugänglich[1].

[1] Neh 10, 39; 2 Makk 3, 6; Mal 3, 10; Mt 27, 6 △.

2. Im weiteren Sinn, die an den Raum angrenzende Halle[2].

[2] 1 Chr 9, 26; Joh 8, 20 △.

3. Der trompetenförmige Opferkasten[3].

[3] Mk 12, 41. 43; Lk 21, 1 △.

→ Korban

Schaubrote
Gr. *artoi tēs protheseōs*: »Brote, niedergelegt vor« dem Angesicht Jahwes, zwölf an der Zahl; sie wurden auf einen Tisch (nicht auf den *Altar, sondern in dem *Heiligen) gelegt und jeden *Sabbat von den Priestern, die sie verzehrten, erneuert. Der Ursprung dieses sehr alten Ritus der »Schaubrote«, auch die heiligen Brote genannt, bleibt stark umstritten[1].

[1] Lev 24, 5–8; Mt 12, 4 (= Mk 2, 26 = Lk 6, 4); Hebr 9, 2 □.

Scheffel
Gr. *modios,* lat. *modius.* Römisches Hohlmaß für Trockenes, es faßte etwa 8, 75 l. Die Armen konnten den Behälter als Schüssel oder als Behältnis für die Nahrung gebrauchen[1].

[1] Mt 5, 15; Mk 4, 21 (= Lk 11, 33) □.

→ Maße

[Schekel]
Gr. *siklos,* hebr. *šeqel*: »Gewicht«. Alte Gewichtseinheit (14 g), wurde dann zur jüdischen Münzeinheit, aus Silber, gleichwertig dem griechischen *Stater bzw. der Tetradrachme. Er entsprach etwa dem Lohn für vier Arbeitstage (4 Denare). Um die Münze vom Gewicht zu unterscheiden, sprach man oft von einem »Silber«-Schekel (gr. *argyria*)[1].

[1] Mt 26, 15; 27, 3–9; 28, 12. 15; Apg 19, 19 △.

→ Gewichte – Münzen

[Scheol]
Hebr. *šᵉōl* (das Wort ist etymologisch unklar, man verbindet es mit verschiedenen Wurzeln mit der Bedeutung: »Verderben«, »niedrig sein«, »Ort der Befragung«): Ort, wo die Toten wohnen, »die Totenwelt«. Gewöhnlich durch gr. *haidēs*: »*Hades« wiedergegeben.

→ Totenwelt

Schilfrohr
Gr. *kalamos.*
1. Eine Binsenart, die in Palästina und entlang des Jordan verbreitet ist. Man konnte sie als Maßstab benutzen[1] und den zurechtgeschnittenen Schaft als Rute[2] oder als Schreibfeder[3]. Schon im AT ein Bild der Schwäche[4], der Brüchigkeit[5] und der Unbeständigkeit[6].

[1] Ez 40, 3–9; Offb 11, 1; 21, 15f. – [2] Mt 27, 29f. 48 (= Mk 15, 19. 36). – [3] Ps 45, 2; 3 Joh 13. – [4] Jes 42, 3; Mt 12, 20. – [5] Jes 9, 13. – [6] Mt 11, 7 (= Lk 7, 24) □.

2. Als *Maß entspricht das Schilfrohr 3,15 m.

→ Maße

Schiloach
Gr. *Silōam,* hebr. *šilōaḥ.*
1. *Der Teich*: Hier endet der »Kanal« (hebr. *haš-šilōaḥ*), den König Hiskija gegen 700 v. Chr. südöstlich von Jerusalem baute. Die Wasser der Gihonquelle wurden hier umgeleitet, um die Stadt zu versorgen. In ntl. Zeit war das Bassin von einer Säulenhalle, einem Werk *Herodes des Großen, umgeben[1].

[1] 2 Kön 20, 20; Sir 48, 17; Jes 8, 6; 22, 11; Joh 9, 7. 11 □.

→ Teich – *Karte* 1
2. *Der Turm*: Zweifelsohne stand er irgendwo im *Kidrontal in der Nähe des Teichs, der ihm den Namen gab[1].
[1] Lk 13, 4 □.

Schlaf
Gr. *hypnos.*
1. Der Schlaf gibt regenerierende *Ruhe und ist Zeichen für kindliches *Vertrauen[1]; die Zeit, die Gott für sein Kommen bevorzugt[2].

[1] Ps 4, 9; Mk 4, 38; 1 Thess 4, 14. – [2] Gen 15, 2. 12; 28, 16; Mt 1, 24; 2, 13f. 19–23.

2. Der Schlaf ist in die finstere Nacht gebettet, so kann er einen Zustand der Schuld bezeichnen[3] im Gegensatz zur Wachsamkeit (gr. *agr-hypnia*[4]).

[3] 1 Kön 19, 4–8; Jona 1, 5; Mk 14, 34. 37. 40. – [4] Mk 13, 33; Lk 21, 36; 2 Kor 6, 5; 11, 27; Eph 6, 18; Hebr 13, 17 △; vgl. Röm 13, 11.

3. Der Schlaf ist Symbol für den Tod, ein Zustand, den die Auferweckung beendet[5].

[5] Dan 12, 2; Mk 5, 39; 13, 36; Joh 11, 13; 1 Kor 15. 20. 51; Eph 5, 14; 1 Thess 5, 6. 10.

Schlagzeug

Gr. *kymbalon*. Ein Musikinstrument, das sich aus zwei Tellern oder aus zwei Metallkegeln zusammensetzte, die man aneinander schlug[1].

[1] 1 Kor 13, 1 □.

Schlange

Gr. *ophis*.

1. In Palästina verbreitet (30 Arten), manchmal mit tödlichem Gift.

2. Das NT übernimmt nicht den chthonischen Symbolismus, der aus der Schlange ein Attribut der Heilungsgötter gemacht hat (in griechischer Welt Emblem des Äskulap), dagegen doch die Überlieferung von der ehernen Schlange, die die Hebräer in der Wüste heilte, als sie von Schlangen gebissen worden waren; sie weist auf den am Kreuz erhöhten Jesus hin, der die Glaubenden, die vertrauend zu ihm aufblicken, rettet[1].

[1] Num 21, 8f; Weish 16, 5–7; Joh 3, 14; vgl. 19, 37; 1 Kor 10, 9.

3. Mythische Bezeichnung für den *Satan, die Schlange im irdischen Paradies, den Verführer[2].

[2] Gen 3; 2 Kor 11, 3; Offb 12, 9; 20, 2.

4. Ein *unreines Tier[3], das sich vom Staub ernährt[4], arglistig[5], böse[6], überheblich ist[7] und Lästerworte ausspricht[8]. Die Jünger haben die Macht erhalten, die Schlange mit Füßen zu treten[9]; die Glaubenden brauchen sie nicht zu fürchten, ja, sie können sie in ihre Hände nehmen[10]. So ist sie auch Symbol für die Macht des Bösen, das besiegt ist.

[3] Lev 11, 10. 42; vgl. Apg 10, 12; 11, 6. – [4] Gen 3, 14f; Jes 65, 25; Mi 7, 17. – [5] Mt 10, 16. – [6] Mt 7, 10 (= Lk 11, 11); vgl. 12, 34. – [7] Mt 23, 33; vgl. 3, 7 (= Lk 3, 7). – [8] Ijob 20, 16; Ps 58, 5; Röm 3, 13. – [9] Ps 91, 13; Lk 10, 19. – [10] Jes 11, 8; Mk 16, 18; Apg 28, 3.

→ Bestie – Drache

Schlauch

Gr. *askos*. Sackförmig zusammengenähte Ziegenhaut, dazu bestimmt, Flüssigkeiten aufzunehmen oder zu transportieren. Ein Schlauch, in den man einmal neuen *Wein eingefüllt hatte, konnte nicht zum zweitenmal zum gleichen Zweck benutzt werden, denn eine zweite Gärung würde ihn zum Platzen bringen[1].

[1] Ijob 32, 19; Mt 9, 17 (= Mk 2, 22 = Lk 5, 37f) □.

Schleier

Gr. *kalymma* (von *kalyptō*: »bedecken«). Ein Tuch mit dem man den Kopf und oft das Gesicht bedeckt.

1. Nach orientalischer Sitte[1], die sich bei Paulus widerspiegelt[2], trug die jüdische Frau in der Öffentlichkeit normalerweise den Kopfschleier. Man diskutiert über die Gründe dieses Brauchs: Zucht[3] vor der Heirat[4], ein Mittel, das dazu verhalf, unerkannt zu bleiben[5], Zeichen der Zugehörigkeit zu einem Ehemann[6]. Im Gegensatz zu den heidnischen Mysterien-

kulten schreibt Paulus für die liturgischen Zusammenkünfte den Schleier vor[7].

[1] Jes 47, 2. – [2] 1 Kor 11, 6. – [3] Gen 24, 65; Hld 4, 1. 3. – [4] Gen 29, 23. 25. – [5] Gen 38, 15. 19; 1 Petr 2, 16. – [6] 1 Kor 11, 9f. – [7] 1 Kor 11, 5f. 13.

2. Man kann den Schleier auch benutzen, um das Gesicht zu verbergen, sei es, um jemand zu verspotten[8], sei es um sich vor dem Widerschein der Herrlichkeit Gottes zu schützen[9].

[8] Mk 14, 65 (= Lk 22, 64). – [9] Ex 34, 33–35; 2 Kor 3, 13–18.

→ Frau – Kleidung

Schlüssel

Gr. *kleis* (von *kleiō*: »schließen«). Weil man mit dem Schlüssel die *Tür aufmachen und schließen kann[1], symbolisiert er Gewalt und Herrschaft seines Besitzers über das *Königreich des Himmels, über Wissen, den *Tod, den *Hades oder den *Abgrund[2].

[1] 1 Sam 23, 7; Offb 3, 7. – [2] Jes 22, 22; Mt 16, 19; Lk 11, 52; Offb 1, 18; 9, 1; 20, 1 □.

→ *Einl.* VIII. 1. A. – binden und lösen – Tür

schmecken

Gr. *geuomai*.

1. *Im eigentlichen Sinne.* Den Geschmack einer Speise anerkennen[1], essen[2].

[1] 1 Sam 14, 43; Ijob 12, 11; Mt 27, 34; Joh 2, 9. – [2] Jona 3, 7; Lk 14, 24; Apg 10, 10; 20, 11; 23, 14; Kol 2, 21.

2. *Im metaphorischen Sinne.* Das Wort bringt den Erfahrungscharakter einer *Erkenntnis zum Ausdruck, die *Weisheit werden kann. Wie ein neugeborenes Kind, das die unverfälschte Milch mag, kann der Neubekehrte den Herrn erfahren[3], als Vorgeschmack der himmlischen Gabe, die aus dem Wort Gottes besteht[4]. Den Tod kosten heißt, seine Bitterkeit wahrnehmen[5]; Jesus hat es getan, um die Menschen davor zu bewahren[6], so daß der Gläubige den Tod nie verkosten wird[7].

[3] Ps 34, 9; 1 Petr 2, 3. – [4] Hebr 6, 4f. – [5] 1 Sam 15, 32; Mt 16, 28 (= Mk 9,1 = Lk 9, 27). – [6] Hebr 2, 9. – [7] Joh 8, 52 □.

Schöpfung

Gr. *ktisis* (von *ktizō*: »gründen, einsetzen, bauen, schaffen«), hebr. *bārā*.

1. Im Anfang gründete (gr. *katabolē*: »Grundlegung«; von *ballō*: »werfen« und *kata*: »nach unten, hinab«) der präexistente[1] Gott die Welt, und zwar im Blick auf sein Eingreifen in die Geschichte der Menschen[2]. Wie ein Töpfer hat er Adam und Eva »geformt, gestaltet« (gr. *plassō*)[3], er hat sie ebenso »gemacht, hervorgebracht« (gr. *poieō*)[4] wie das Weltall[5]. Der Schöpfer (gr. *ktistēs*)[6] ist »derjenige, der geschaffen hat« (gr. *ktisas*)[7], der durch sein *Wort alles ordnete[8]; er gab den Dingen Existenz, die vorher nicht existierten[9]. Gott der Schöpfer hat sich nicht auf diese Urtat beschränkt[10]; er erhält die Geschöpfe dauernd am Leben[11], er läßt sie auf ihn hin leben[12], gibt ihnen Sinn und Güte[13] und bestätigt so ihr Vertrauen[14].

[1] Joh 17, 24; Eph 1, 4; 1 Petr 1, 20. – [2] Mt 13, 35; 25, 34; Lk 11, 50; Hebr 4, 3; 9, 26; Offb 13, 8; 17, 8 △. – [3] Gen 2; Röm 9, 20; 1 Tim 2, 13 △. – [4] Mt 19, 4 (= Mk 10, 6). – [5] Apg 4, 24; 7, 50; 14, 15; 17, 24; Röm 1, 20; 9, 20f; Hebr 12, 27; Offb 14, 7. – [6] 1 Petr 4, 19 △. – [7] Mt 19, 4; Röm 1, 25; Eph

3, 9; Kol 3, 10. – [8] Hebr 11, 3. – [9] 2 Makk 7, 28; Röm 4, 17. – [10] Mk 10, 6; 13, 19; 1 Kor 11, 9; Hebr 9, 11; 2 Petr 3, 4; Offb 4, 11; 10, 6. – [11] Apg 17, 28; 1 Tim 6, 13; Hebr 1, 3. – [12] Röm 11, 36; 1 Kor 8, 6; Hebr 2, 10; 4, 13. – [13] Röm 1, 20. 25f; Eph 4, 24; 1 Tim 4, 3f. – [14] Apg 4, 24; Röm 8, 39.

2. Neu ist im NT vor allem die Tatsache, daß Jesus in enger Verbindung mit Gott seinem Vater selbst Schöpfer, Vorbild und Zweck aller Dinge ist[15]. In Christus beginnt eine neue Schöpfung[16]. So entstehen parallele Verhältnisse: Jesus ist der neue *Adam[17], das Haupt der erlösten Menschheit[18]. Alle Menschen sind »in Christus Jesus auf die guten Werke hin geschaffen«[19]. Darüber hinaus wird das ganze Weltall, dessen sündhafte *Struktur sich unaufhörlich auflöst[20], dem aber die gute Nachricht verkündigt wird[21], in ihm Zugang zur herrlichen *Freiheit der Kinder Gottes haben[22] und alles wird neu gemacht[23].

[15] Joh 1, 1f. 14; 1 Kor 8, 6; Kol 1, 16f; Hebr 1, 2f; Offb 3, 4. – [16] 2 Kor 5, 17; Gal 6, 15; Kol 3, 10. – [17] Röm 5, 12. 18; 1 Kor 15, 21. 45. – [18] Eph 1, 22f; 2, 15; Kol 1, 18. – [19] Eph 2, 10; vgl. Joh 1, 12; Röm 8, 14–17; Gal 3, 26–28. – [20] 1 Kor 7, 31. – [21] Mk 16, 15; Kol 1, 23. – [22] Röm 8, 18–22; Jak 1, 18. – [23] Offb 21, 1–5.

→ Welt – Weltall

Schrift

Gr. *graphē*. Fixierung von Gedanken und Worten. Zur Art des Schreibens → *Einl.* IX. 3.

1. *Die Schrift fixiert das Wort.* Wenn ein Mensch (oder Gott persönlich)[1] schreibt, gibt er seinem Wort einen unantastbaren Wert und Charakter[2]. Die Schrift soll die *Erinnerung wachhalten[3], sie sicherstellen und bestätigen[4]. Auf diesem Weg sind die ersten Christen, Erben der biblischen Überlieferung, dazu gekommen, das AT als »die heiligen Schriften« zu bezeichnen[5] und sich auf sie als das *Wort Gottes zu berufen, gleich ob es sich um einen bestimmten Abschnitt handelte[6] oder um das Ganze[7]. Durch die Formel: »Es steht geschrieben«[8] hebt man hervor, daß der *Plan Gottes sich in Jesus Christus erfüllt hat[9], daß die *Verheißung verwirklicht wurde[10]. Gegen Ende des 1. Jh. bezeichnete man die Schriften der Apostel als »heilige Schriften«[11].

[1] Ex 32, 16; 32, 32. – [2] Jer 36, 23f; Joh 10, 35; 19, 22; Offb 22, 18f. – [3] Ex 17, 14; Dtn 6, 8f; 11, 20. – [4] Ex 39, 30; Jes 8, 16. – [5] Röm 1, 2; 2 Tim 3, 15. – [6] Mt 21, 42; 22, 29; Mk 12, 10; Lk 4, 21; Joh 2, 22; Apg 1, 16. – [7] Mt 26, 54; Lk 24, 32. 45; Joh 5, 39; Apg 17, 2; 1 Kor 15, 3f. – [8] Mt 2, 5; 4, 4... – [9] Lk 16, 16; 24, 25f; Apg 20, 27. – [10] Hebr 3, 7–19; 1 Petr 1, 10f. – [11] 1 Tim 5, 18; 2 Petr 3, 16.

2. *Die Schrift bleibt an das Wort gebunden.* Auch wenn aus der Schrift nichts verloren gehen darf, nicht einmal ein Jota[12], so ist es nicht die Schrift, sondern das Wort Gottes, das auf ewig bleibt[13] und ihr den Sinn gibt: daher der Übergang von dem auf Steinen geschriebenen *Gesetz zum Gesetz, daß in den Herzen geschrieben ist[14]. Hier liegt der Grund für die paulinische Kritik am geschriebenen Buchstaben, im Gegensatz zum Geist[15]. Abgesehen von den Streitgesprächen (auch dann ohne die üblichen Formeln[16]) zitiert Jesus die Schrift nicht so, wie es die *Schriftgelehrten zur Rechtfertigung ihrer Aussagen tun; – auch wenn ihm durch die Evangelienüberlieferung diese Argumentationsweise zugeschrieben wird[17]. Johannes stellt sogar die Schrift und das Wort Jesu auf gleicher Stufe nebeneinander[18].

[12] Mt 5, 18; Joh 10, 35. – [13] Ps 119, 89. – [14] Jer 31, 33; Ez 36, 27; Joh 6, 45. – [15] 2 Kor 3. – [16] Mt 22, 43. – [17] Vgl. Mt 21, 13 und Joh 2, 16; Mt 26, 31 und Joh 16, 32. – [18] Joh 2, 22; 13, 9.

→ *Einl.* IX. 5. B; XII. – Bibel – Buch – erfüllen – Schriftgelehrter – Wort

Schriftgelehrter

Gr. *grammateus* (von *grammata*: »Schriftzeichen, Schriften, Texte«; vgl. *graphō*: »schreiben«): »Sekretär«[1], hebr. *sōfēr* (von *sāfar*: »zählen«): »Buchmensch, Literat«.

1. Kenner und offizieller Interpret der heiligen Schriften[2]. Nach langen Studien wurde man ungefähr im Alter von 40 Jahren als Schriftgelehrter eingesetzt und erhielt damit auch Autorität in juristischen Entscheidungen (anderes gr. Wort *nomikos*: »*Gesetzesgelehrter«), vor allem im *Hohen Rat, wo er von Rechts wegen seinen Sitz hatte. Von den angesehenen Schriftgelehrten seien genannt: *Hillel und Schammai (20 v. Chr), *Gamaliel[3], Jochanan ben Zakai (gegen 70 n. Chr.). Oftmals gehörten die Schriftgelehrten zu den Pharisäern.

[1] Apg 19, 35. – [2] 1 Makk 2, 42; 7, 12f; Sir 38, 24–39, 11; 1 Kor 1, 20. – [3] Apg 5, 34; 22, 3.

2. Weder Jesus noch die Apostel hatten diese gelehrte Ausbildung erhalten[4]. Jesus tadelt die in ihrer Gelehrtheit gründenden Übertreibungen und ihre Ehrsucht[5]. Er bezeichnet seine eigenen Jünger mit diesem Titel[6].

[4] Joh 7, 15; Apg 4, 13. – [5] Mt 23, 1–22. 29–36; Lk 11, 45–52; 20, 46f; vgl. Mt 5, 21–48. – [6] Mt 13, 52; 23, 34 (vgl. Lk 11, 49).

→ *Einl.* XII. 1. C. – Gesetzesgelehrter – Gesetzeslehrer

Schriftzeichen
→ Buchstabe

Schuhe

Gr. *hypo-dēma* (von *deō*: »binden« und *hypo*: »unten«), manchmal genauer *sandalion*. Die normalen Schuhe, die man nur im Freien trug, waren Sandalen[1], eine lederne Sohle, die man mit Riemen am Fuß festband[2]. Weil die Wege sehr verstaubt waren, galt es als Gebot der *Gastfreundschaft, die Füße der Besucher zu *waschen. Auf Reisen nahm man gerne ein Ersatzpaar mit[3]. Nach dem Zeugnis der Ikonographie trugen vornehme Personen feste Schuhe[4].

[1] Mk 6, 9; Apg 12, 8 △. – [2] Mt 3, 11; Mk 1, 7 (= Lk 3, 16 = Joh 1, 27); Apg 7, 33; 13, 25; Eph 6, 15. – [3] Mt 10, 10 (= Lk 10, 4); Lk 22, 35. – [4] Vgl. Lk 15, 22.

→ Kleidung

Schulden

Gr. *opheilē, opheilēma*. Ein Begriff aus der juristischen Sprache, der die Verpflichtung einer Person (des Schuldners) gegenüber einer anderen (seines Gläubigers) anzeigt[1]. Die Zahlungsunfähigkeit könnte die *Gefängnisstrafe oder *Sklaverei nach sich ziehen[2].

[1] Lk 16, 5. 7; Röm 13, 7f; Phlm 18f. – [2] Mt 18, 30. 34.

1. Im Judentum verstand man zuletzt das Verhältnis des Menschen zu Gott als das Verhältnis des Schuldners gegenüber seinem Gläubiger; der Mensch mußte seine Schuld durch seine Werke zurückzahlen[3]. Jesus behält zwar das Bild bei, doch in zwei *Gleichnissen beweist er, daß der Mensch von Gott allein die *Verzeihung erhält, weil die Schuld nicht zurückbezahlt werden kann[4]. Die Größe der erhaltenen Gabe muß sich in der Liebe widerspiegeln[5].

Die Verzeihung von Beleidigungen wird zum Maß für die erbetene göttliche Verzeihung[6].

[3] Lk 13, 4; Röm 4, 4. – [4] Mt 18, 23–27. – [5] Lk 7, 41–43. – [6] Mt 6, 12 (= Lk 11, 4).

2. In den Ermahnungen wird die Schuld als Pflicht (gr. *opheilō*) verstanden, aber der juristische und religiöse Hintergrund des Begriffs geht dabei nicht verloren. Diese Pflicht ist die normale Folgerung aus der Tatsache des Christseins[7].

[7] Röm 13, 7f; 1 Kor 11, 7. 10; 2 Thess 1, 3; 2, 13; Hebr 2, 17; 5, 3; 1 Joh 2, 6.

→ *Einl.* VI. 4. B. d; VI. 4. C. c. – Sünde – Verzeihung

Schwäche

Gr. *astheneia* (von *sthenos*: »Kraft, Stärke« und Verneinungspartikel *a*): »kraftlos«; gr. *arrōstos* (von *rhōnnymai*: »kräftig, stark sein«): »schwach, krank«.

→ Krankheit

Schwefel

Gr. *theion*. Mineralische Substanz, die im Gebiet um das Tote Meer reichlich vorkommt und den Boden unfruchtbar macht. Die Bestrafung von Sodom durch einen Regen von *Feuer und Schwefel ist typisch gemeint[1]. Dieser Strafe[2] entspricht in der Offenbarung des Johannes, daß man in den Feuer- und Schwefelsee geworfen wird[3].

[1] Gen 19, 24; Dtn 29, 22; Ps 11, 6; Jes 34, 9; Ez 38, 22; Lk 17, 29. – [2] Ijob 18, 15; Jes 30, 33; Offb 9, 17f; 14, 10. – [3] Offb 19, 20; 20, 10; 21, 8 □.

→ Feuer – Feuersee

Schwein

Gr. *choiros*. In den nichtsemitischen Religionen ein heiliges Tier, das manchmal rituell geschlachtet wird[1]. Für Israel gilt es als Sinnbild ritueller Un*reinheit[2] und als solches ist es für die Ernährung wie für die Opfer verboten[3]. In der hellenisierten *Dekapolis wurden Schweine in Herden gezüchtet[4]. Das Handwerk des Schweinehirten war entehrend, umsomehr als es ständigen Kontakt mit den Heiden bedeutete[5].

[1] Jes 65, 4; 66, 3. 17. – [2] Mt 7, 6. – [3] Lev 11, 7; Dtn 14, 8; 2 Makk 6, 18–21. – [4] Mt 8, 30–32 (= Mk 5, 11–13 = Lk 8, 32f); Mk 5, 16. – [5] Lk 15, 15f □

→ *Einl.* VIII. 1. D. a.

Schweißtuch

Gr. *soudarion* (entlehnt aus dem lat. *sudarium*). Eine Art Tuch oder Taschentuch[1], mit dem man Schweiß abwischte. Es wurde auch benutzt, um Geld einzuwickeln[2], oder um den Kopf der Toten zu umhüllen[3].

[1] Apg 19, 12. – [2] Lk 19, 20. – [3] Joh 11, 44; 20, 7 □

→ *Einl.* VIII. 2. D. b.

schwören

Gr. *omnymi, omnyō*.

→ Eid

Sea
→ Maß

Secharja
Gr. Zacharias, von hebr. $z^e kar-jā$: »Jahwe gedenkt«.
Name eines Propheten, der im Tempel ermordet wurde; vielleicht ein Sohn des Jojada, der Sohn des Barachias genannt wird[1].

[1] 2 Chr 24, 20–22; Mt 23, 35 (= Lk 11, 51) □.

Seele
Gr. *psychē*, hebr. *nefeš*, was man nicht nur mit »Seele« übersetzen kann, sondern auch mit »Leben«, »Person«, oder sogar mit einem Fürwort: »ich«, »jemand«. Schon diese Verschiedenheit der Übersetzungen zeigt die Bedeutungsbreite, die dieses Wort haben kann. Es umfaßt einen viel ausgedehnteren Bereich als ihm eine popularisierende Anthropologie zugesteht, die die Seele nur als einen Bestandteil des menschlichen Wesens versteht.

1. Ursprünglich bezeichnet die Seele den *Lebensatem,* den der Mensch hat, wenn er lebt[1], und der den sterbenden Menschen verläßt[2]. Dieser Atem ist nicht Eigentum des Menschen, er ist eine Gabe Gottes[3]. Der Mensch wurde »zum lebendigen Wesen«, weil Gott, der einzig Lebende, den Lebensatem in seine Nase blies[4]. Die Seele ist nicht als solche *unsterblich, aber es ist möglich, daß sie nicht auf ewig stirbt[5]; nur Gott selbst kann sie *auferstehen lassen und ihr das Heil geben[6].

[1] 2 Sam 1, 9; 1 Kön 17, 21; Apg 20, 10. – [2] Gen 35, 18; Lk 21, 26; Apg 5, 5. 10; 12, 23. – [3] Ps 104, 29f; Lk 12, 20. – [4] Gen 2, 7; 1 Kor 15, 45. – [5] Weish 2, 23; Mt 10, 28; Offb 6, 9; 20, 4. – [6] 2 Makk 7, 9. 14. 23; Weish 16, 14; Hebr 10, 39; 1 Petr 1, 9.

2. Im weiteren Sinn bezeichnet die Seele ein *lebendiges Wesen,* eine Person[7]. Eine Seele das ist jemand, das ist das Ich[8]. Das bin ich selbst, mit einer Nuance von Innerlichkeit und von Lebenskraft[9], durch die ich mich selbst auf verschiedene Weise zum Ausdruck bringen und verschiedenartige Empfindungen erfahren kann[10]. In einem Text, der im NT nur einmal vorkommt[11], meint der Ausdruck »Seele und Leib« vermutlich nicht zwei Bestandteile des Menschen, sondern die menschliche Person in ihren Ausdrucksformen, so wie Lukas sie verstand. In einem anderen Text, der in seiner Art ebenfalls einmalig ist[12], meint Paulus mit »Geist, Seele und Leib« nicht eine dreiteilige Struktur des Menschen (was weder semitisch noch griechisch wäre), vielmehr spricht er vom ganzen *Menschen unter seinen verschiedenen Aspekten.

[7] Gen 1, 20f; 46, 27; Mk 3, 4 (= Lk 6, 9); Apg 2, 41. 43; 3, 23; 7, 14; 27, 10. 37; Röm 2, 9; 13, 1; 1 Petr 3, 20; Offb 8, 9; 16, 3; 18, 13. – [8] 1 Sam 18, 1. 3; Mt 12, 18; Hebr 10, 38. – [9] Am 6, 8; Mt 22, 37 (= Mk 12, 30 = Lk 10, 27); 2 Kor 1, 23; Eph 6, 6; Kol 3, 23. – [10] Dtn 6, 5; Mt 11, 29; 26, 38 (= Mk 14, 34); Lk 1, 46; 12, 19; Joh 12, 27; Phil 2, 19f; Hebr 12, 3. – [11] Mt 10, 28 (= Lk 12, 4f). – [12] 1 Thess 5, 23.

3. Schließlich ist der Begriff Seele ambivalent, genauso wie der Begriff *Leben,* mit dem man ihn normalerweise übersetzt. Er kann das irdische und sterbliche Leben bezeichnen, das man bewahren möchte[13], um das man sich nicht übertrieben sorgen sollte[14], das man bereitwillig aufopfern, aufs Spiel setzen[15] oder sogar hingeben[16] sollte, so wie das Jesus beispielhaft getan hat[17]. Die Hoffnung auf das *ewige Leben, das Gott selbst ist, fordert dazu auf, sich nicht selbst um eine Sicherung des zeitlichen Lebens zu mühen[18],

sondern vielmehr es geringzuachten[19], um es Gott zu übergeben, der es allein retten kann[20].

[13] Mt 2, 20; Lk 21, 19; Apg 2, 27; Röm 11, 3. – [14] Mt 6, 25 (= Lk 12, 22f). – [15] Apg 15, 26; 20, 24; Röm 16, 4; Phil 2, 30. – [16] Joh 13, 37f; 15, 13; 1 Thess 2, 8; 1 Joh 3, 16; Offb 12, 11. – [17] Mt 20, 28 (= Mk 10, 45); Joh 10, 11. 15. 17. – [18] Mt 10, 39; 16, 25 (= Mk 8, 35–37 = Lk 9, 24); Lk 17, 33. – [19] Lk 14, 26; Joh 12, 25. – [20] Jak 1, 21; 5, 20.

→ Einl. IV. 6. C. – Geist – Leben – Leib – Mensch

segeln
→ fahren zu Wasser

Segen
Gr. *eulogia* (von *eu*: »gut« und *legō*: »reden«): »Lob«[1].

1. Normalerweise bleibt in diesem Begriff das semitische Substrat des entsprechenden hebr. Wortes erhalten; *bᵉrākā* meint mehr als nur ein Wort; es ist ein Akt, durch den eine Gabe übertragen wird, besonders – in den Anfängen der biblischen Überlieferung – die Gabe des *Lebens[2]. Segnen heißt die göttliche Gabe nennen und sie übertragen[3]. Daher kann man den Segen auch *erben[4].

[1] Offb 5, 12; 7, 12. – [2] Gen 27, 25–30. – [3] Num 6, 24–26; Dtn 28, 3–6. – [4] Gal 3, 8; 1 Petr 3, 9.

2. Gott ist der Segnende schlechthin[5]. Der Segen erreicht seinen Höhepunkt in Christus, der den Heiligen Geist, das höchste Erbteil, gibt[6].

[5] Mt 25, 34; Hebr 6, 7. – [6] Apg 3, 25; Gal 3, 14; Eph 1, 3; Hebr 12, 17.

3. Der Mensch antwortet auf Gottes Segen mit *Danksagung, mit der *Eucharistie[7]. Ein Mensch, der Gott segnet, trägt den Segen zu seiner Quelle zurück[8]. Jesus segnete seine Jünger[9], aber es ist nicht gesagt, daß er »das Brot segnet«[10]: er »sprach den Segen über dem Brot und dem Becher«[11]. Wenn man jemand segnet, dann tut man es im Namen Gottes, denn nur er allein kann segnen und in den Strom seines eigenen Lebens integrieren[12]. Schließlich erkennt der Mensch, daß der oder jener von Gott gesegnet ist[13].

[7] 1 Kor 10, 16. – [8] Lk 1, 64; 2, 28; 24, 53; Eph 1, 3; Jak 3, 9; 1 Petr 1, 3. – [9] Mk 10, 16; Lk 24, 50f. – [10] Ausnahme: Lk 9, 16. – [11] Mt 14, 19 (= Mk 6, 41); 26, 26 (= Mk 14, 22); Lk 24, 30. – [12] Lk 1, 42; Röm 12, 14; 1 Kor 4, 12; 1 Petr 3, 9. – [13] Mt 21, 9 (= Mk 11, 9f = Lk 19, 38 = Joh 12, 13); 23, 39 (= Lk 13, 35); Lk 1, 42.

→ selig – verfluchen

sehen
Gr. *horaō, blepō, theaomai, theōreō*. Diese verschiedenen Verben lassen sich in ihren Nuancierungen weniger klar gegeneinander abgrenzen als im klassischen Griechisch; ihre Bedeutung kann mithilfe des Kontextes näher bestimmt werden: sehen, bemerken, feststellen, beobachten, aufmerksam sein, anblicken, betrachten, treffen...

1. Gott sieht; sein Blick ist eine Weise, seine liebende Aufmerksamkeit, seine Anwesenheit im Herzen des Menschen auszudrücken[1]. Auf dieselbe Weise durchdringt auch Jesus die Gedanken der Menschen[2].

[1] Ex 3, 7; 1 Sam 16, 7; Ps 139, 3. 7. 16; Mt 6, 4; Lk 1, 25. 48; Apg 7, 34. – [2] Mt 9, 2. 4; Joh 1, 48. 50; vgl. 2, 25.

2. Gott sehen ist ein Wunsch des Menschen, den die Griechen so sehr betont haben. Die Bibel dagegen stellt das »auf ihn *hören« in den Vordergrund; sie

verlagert die Erfüllung des Wunsches in himmlische Zeit[3]: Gott ist unsichtbar, keiner hat ihn je gesehen[4]. Nach Johannes jedoch hat der Sohn Gott gesehen[5]; Jesus sehen, das heißt den Vater sehen[6]; genauer gesagt bewirkt es der *Glaube, daß man durch seine Werke und durch das Kreuz hindurch[7] die Herrlichkeit Jesu erblickt. Der Glaube braucht den Auferstandenen nicht zu sehen[8], doch er stützt sich auf die *Erscheinungen vor den ersten *Zeugen des lebendigen Christus, in denen das Sehen immer einem Hören, einem Gehorchen, einem Auftrag untergeordnet ist[9]. Der Glaubende sieht im Gekreuzigten die Herrlichkeit Christi[10].

[3] Mt 5, 8; 1 Joh 3, 2; Offb 22, 4. – [4] Joh 1, 18; Kol 1, 15; 1 Tim 1, 17; 6, 16; Hebr 11, 27; 1 Joh 4, 12. 20. – [5] Joh 3, 11; 6, 46. – [6] Joh 12, 45; 14, 7. 9f. – [7] Joh 2, 23; 4, 48; 6, 36. 40. – [8] Joh 20, 29. – [9] Mt 28, 7. 10. 16. – Mk 16, 7; Lk 24, 34. 39; Joh 20, 18. 20. 25. 27; Apg 1, 3; 9, 17; 13, 31; 26, 16; 1 Kor 15, 5–8; 1 Tim 3, 16. – [10] Joh 19, 37.

→ Auge – blind – erkennen – Erscheinungen Christi – Glaube – Zeichen

sich sehnen

→ begehren

Sekte
Lat. *secta,* von *sequor*: »folgen«; gr. *hairesis* (verwandt mit *haireomai*: »wählen«, *diaireō*: »verteilen«): die »Partei« der *Nazoräer oder Christen[1], der *Pharisäer[2], der *Sadduzäer[3]. Er bezeichnet auch die Abspaltungen[4] oder die *häretischen Sekten[5]. Eine Abkürzung, mit der man die Gemeinde von *Qumran bezeichnet.

[1] Apg 24, 5. 14; 28, 22. – [2] Apg 15, 5; 26, 5. – [3] Apg 5, 17. – [4] 1 Kor 11, 19; Gal 5, 20; Tit 3, 10. – [5] 2 Petr 2, 1 □.

[sekundär]
Lat. *secundarius,* von *sequor*: »folgen«. Was folgt ist nicht zuerst da, noch ist es »ursprünglich«. Die Literarkritik wendet die Bezeichnung auf einen Text an, der nachträglich bearbeitet wurde oder auf einen Kontext, der verändert wurde.

selig!
Gr. *makarios.* Das Wort Glückseligkeit gehört in der Profanliteratur wie im AT in den Bereich der Weisheit[1]. Im Präsens dient dies Wort als Glückwunsch, den man jemand entbietet, der eine besondere Gabe erhalten hat oder im Zustand des »Wohl-seins« lebt[2]. Im Futur handelt es sich um die Ankündigung einer zukünftigen Freude[3]. Die Glückseligkeit darf man nicht mit dem *Segen verwechseln.

[1] Ps 1, 1; 32, 1f; Sir 25, 7–11. – [2] Mt 5, 3–11; 13, 16; 16, 17; Lk 6, 20; 1 Petr 4, 14; Offb 14, 13 … – [3] Mt 11, 6; Lk 11, 28; 12, 37f. 43; Joh 20, 29 …

[semitisch]
Von Sem, einem der Söhne des *Noach, *eponymen Vorfahren westasiatischen Stämme, die verwandte Sprache gebrauchen: *Akkadisch, Kanaanäisch, Phönikisch, *Hebräisch, *Aramäisch, Syrisch, schließlich Arabisch und Äthiopisch. Das Wort meint Ausdrücke oder Vorstellungen, die sich auf diesen Kulturbereich beziehen.

[Semitismus]
Manche Abschnitte des NT lassen einen Einfluß *semitischen Denkens und *aramäischen Stils erkennen. Nicht zu verwechseln mit den Hebraismen, die man z. B. in der *Septuaginta in Texten findet, die buchstabengetreu aus dem Hebräischen übertragen wurden.

senden
1. Die griechische Sprache hat zwei nahezu bedeutungsgleiche Verben, die sagen, daß man jemand oder etwas irgendwohin geschickt hat: *apostellō* und *pempō*, wobei das letztere in der Profansprache häufiger gebraucht wird. Das NT bedient sich des Wortes *apostellō*, wenn ein besonderes Verhältnis zwischen dem Sendenden und dem Gesandten ausgedrückt werden soll, mit der Nuance von Mission, Sendung, Botschaft[1]. Joh aber (und einmal Paulus[2]) benutzt normalerweise auch *pempō*, ohne daß man eine klare Unterscheidung dazwischen entdecken kann[3].

[1] Mt 11, 10; 15, 24; Lk 4, 18. 43; 10, 16; Apg 3, 26. – [2] Röm 8, 3; vgl. Gal 4, 4. – [3] Joh 7, 28. 29; 8, 29. 42.

2. Ein Begriff, der mit der das *Heil aller Menschen betreffenden göttlichen *Auserwählung zusammenhängt. Zuerst hat Gott die Propheten gesandt[4], dann hat er seinen Sohn gesandt[5], der sich auch selbst von der Sendung her bestimmt[6]. Jesus sendet den Heiligen Geist[7], er sendet die Jünger. Die letzteren werden zu seinen »Aposteln«[8], sie werden dasselbe Los haben wie er[9]. Paulus erfüllt seine Sendung als »Apostel« der Heiden[10].

[1] Jes 61, 1; Mt 21, 34–37; 23, 37 (= Lk 13, 34); Lk 4, 18; 11, 49. – [5] Lk 4, 17–21; Joh 7, 28f; 8, 29. 42; Apg 3, 20; Röm 8, 3; Gal 4, 4; 1 Joh 4, 9. 10. 14. – [6] Mt 10, 40; Joh 4, 34. – [7] Lk 24, 49; Joh 14, 26; 15, 26; Gal 4, 6; 1 Petr 1, 12. – [8] Mt 10, 2. 5; Mk 3, 14; Lk 6, 13. – [9] Joh 13, 16. 20; 20, 21. – [10] Apg 22, 17. 21; Röm 1, 5.

→ Apostel – Mittler

Senfkorn
Eine in Palästina verbreitete Pflanze, auch Ackersenf genannt (gr. *kokkos sinapeōs*). Sie kann bis zu drei, ja in der Nähe des Sees Gennesaret sogar bis zu vier m hoch wachsen. Ihre Körner, aus denen man den Würzstoff gleichen Namens machte, waren so winzig, daß sie sprichwörtlich alles bezeichnen konnten, was sehr klein ist[1].

[1] Mt 13, 31 (= Mk 4, 31 = Lk 13, 19); 17, 20 (= Lk 17, 6) □.

[Septuaginta]
Erste Übersetzung des AT ins Griechische. Nach der im *Aristeasbrief* bezeugten Legende wurde die Septuaginta auf Anordnung von Ptolemäus Philadelphos (283–246 v. Chr.) von 72 jüdischen Gelehrten im Zeitraum von 72 Tagen hergestellt; daher ihre Bezeichnung Septuaginta (= 70). Historisch gesehen entstand sie als Werk vieler Autoren, die zwischen 250 und 150 v. Chr. (der Prolog des Buches Jesus *Sirach erwähnt es gegen 116) am Übersetzen waren. Sie war für die griechisch sprechenden Juden, besonders in Alexandrien in Ägypten bestimmt. Verglichen mit dem hebräischen *Kanon enthält sie zusätzlich die *deuterokanonischen Bücher Jdt, Tob, 1 und 2 Makk, Sir, Weish, Bar, Zusätze zu den Büchern Ester und Daniel, den Brief des Jeremia, und auch *Apokryphen, u. a. das erste Buch Esra, das dritte und

vierte Buch der Makkabäer, Oden und Psalmen Salomos. Wir kennen die Septuaginta aus einigen Papyri aus dem 2. Jh. v. Chr., aber vor allem aus den Werken des Origenes (Ende des 2. Jh. n. Chr.) und durch einen Kodex aus dem 4. Jh., der unter dem Namen *Vaticanus* bekannt ist. Der Jude Aquila erarbeitete von 130 an eine streng »wörtliche« griechische Übersetzung, der Christ Symmachus legte 170 eine andere vor und zu Ende des 2. Jh. lieferte Theodotion eine korrigierte Version der Septuaginta. Die Fachleute diskutieren über den Ursprung der Septuaginta: ein einziger oder mehrere Texte? Die Christen benutzen die Septuaginta von Anfang an als ihren Bibeltext (so Mt 1, 23).

→ *Einl.* III. 3; XV. – Bibel – deuterokanonische Schriften – *Tafel* S. 63

[Sequenz]
Eine Folge von aufeinander abgestimmten *Perikopen, die eine Einheit bilden. So der Tag in Kafarnaum (Mk 1, 21–38) oder die drei ersten Wunder bei Mt 8, 1–17.

→ literarische Einheit

Sergius Paulus
*Prokonsul von *Zypern in den Jahren 46–47 oder 49–50[1].
[1] Apg 13, 7 □.

[die Sibyllinischen Orakel]
Eine hellenistische Zusammenstellung ursprünglich jüdischer Überlieferungen mit apologetischer Tendenz; christliche Einschübe sind sicher feststellbar (ohne Zweifel in den Büchern VI, VII, VIII, XIII); das Werk stammt aus dem 5. und 6. Jh. n. Chr. Virgil muß die Prophetie von der Jungfrau-Mutter (Jes 11, 6) aus Buch III, dem ältesten (2. Jh. v. Chr.), gekannt haben.

Sidon
Gr. *Sidōn*, von hebr. *ṣīdōn*: »Fischplatz«, heute *Saida* (Libanon). Alter phönikischer Hafen an der Küste des Mittelmeeres[1].
[1] Mt 11, 21f; 15, 21; Mk 3, 8; 7, 31; Lk 4, 26; 6, 17; Apg 27, 3 □.

→ *Karte* 3

sieben
Gr. *hepta*.
1. Die Zahl wurde durch den siebten Tag, den *Ruhetag Gottes[1] geheiligt; sie hatte ihre Bedeutung für den *Kalender[2], den Ritus[3] und für die *Kultgegenstände[4].
[1] Ex 20, 11; Hebr 4, 4. – [2] Ex 12, 15. – [3] Lev 4, 6. – [4] Ex 25, 37.

2. Sie kann Symbol für die Fülle, die Ganzheit sein[5].
[5] Mt 18, 21f; Mk 8, 5. 20; Offb 1, 4. 11f. 20; 5, 1. 6; 8, 6; 21, 9.

3. Die Mitarbeiter der Zwölf, die in der ersten Zeit der Kirche gewählt wurden[6].
[6] Apg 6, 3–6; 21, 8 □.

→ Sabbat – Woche – Zahlen

Siegel

Gr. *sphragis*. Gleich einer Unterschrift bestätigt das Siegel das Eigentumsrecht oder die *Authentizität eines Dokuments.

1. Durch die Schließung sichert es juristisch die Herrschaft über das Grab Jesu[1], den Abgrund[2], die Geschichte[3]. In abgeleitetem Sinn meint versiegeln »geheim machen, zum Geheimnis machen«[4].

[1] Mt 27, 66; vgl. Dan 6, 18. – [2] Offb 20, 3. – [3] Offb 5, 1–9; 6, 1–12; 8, 1. – [4] Offb 10, 4; 22, 10.

2. Das Siegel des lebendigen Gottes[5] hatte nach Ezechiel die Form eines Kreuzes (die alte Form des *taw*, des letzten Buchstabens des hebr. Alphabets)[6]; in der Offenbarung des Johannes scheint es die Namen Gottes und (oder) des Lammes zu tragen[7]. Durch Kennzeichnung mit diesem Siegel wird die absolute und ausschließliche Gottzugehörigkeit Jesu[8], der Erwählten[9], der Glaubenden, die den Geist empfangen[10], ausgedrückt. Man kann in diesem Zusammenhang an die Zeichen (gr. *stigma*) denken, die Paulus an seinem Leib trägt[11] und den Unterschied zwischen diesem Kennzeichen und dem Stempel (gr. *charagma*) des Tieres[12] merken.

[5] Offb 7, 2. – [6] Ez 9, 4. 6. – [7] Offb 14, 1; 22, 4. – [8] Joh 6, 27. – [9] Offb 7, 3–8; 9, 4. – [10] 2 Kor 1, 22; Eph 1, 13; 4, 30. – [11] Gal 6, 17 △. – [12] Offb 13, 16f. 14, 9. 11; 16, 2; 19, 20; 20, 4 △.

3. Mit einem Siegel wird die Wahrhaftigkeit Gottes bestätigt[13], die Gerechtigkeit Abrahams[14], das Apostelamt des Paulus[15] und ebenso die *Kollekte[16].

[13] Joh 3, 33. – [14] Röm 4, 11. – [15] 1 Kor 9, 2; 2 Tim 2, 19. – [16] Röm 15, 28; vgl. Tob 9, 5 □.

→ Kennzeichen

Silas

Gr. *Silas*, griechische Form von *Saul*, oder *Silvanos* (von lat. *Silvanus*). Römischer Bürger, Christ aus Jerusalem, *Prophet, ein angesehener Mann. Er wurde nach Antiochia gesandt, war Begleiter des Paulus, Mitverfasser der Thessalonicherbriefe und des ersten Petrusbriefes[1].

[1] Apg 15, 22. 27. 32. 34. 40; 16, 19. 25. 29; 17, 4. 10. 14f; 18, 5; 2 Kor 1, 19; 1 Thess 1, 1; 2 Thess 1, 1; 1 Petr 5, 12 □.

Silber

Gr. *argyrion*: »Münze aus Silber« (von *argyros*: »glitzerndes Metall«). Man importiert es aus Arabien und Ägypten und benutzt es für die Silberschmiedekunst[1], als Zahlungsmittel[2], zur Herstellung von Münzen nach dem Gewicht (*Schekel)[3], bei der Steuerabgabe[4], als Kapital[5]. Silber und Geld sind an sich nicht verwerflich[6], doch die Geschäfte der Zöllner oder der Wanderprediger[7] und die Gier derer, die es lieben[8], brachten es in Verruf; es bildet keinen wirklichen Wert und ist vergänglich[9].

[1] Gen 24, 53; Apg 17, 29; 19, 24; 2 Tim 2, 20; Offb 9, 20; 18, 12. – [2] Gen 23, 9; Apg 7, 16; 19, 19. – [3] Gen 23, 16; Esra 8, 27; 1 Makk 15, 6; Mt 26, 15 (= Mk 14, 11 = Lk 22, 5); 27, 3–9; 28, 12. 15. – [4] 2 Kön 18, 14f. – [5] Ex 21, 21; Mt 25, 18. 27; Lk 19, 15. 23; 1 Kor 3, 12; Jak 4, 13; vgl. Offb 18, 3. – [6] Vgl. Mt 22, 19–21 (= Mk 12, 15–17 = Lk 20, 24f). – [7] Lk 3, 13; 2 Kor 2, 17. – [8] Lk 16, 14; Apg 20, 33; 1 Tim 3, 3; 6, 10; 2 Tim 3, 2; Hebr 13, 5. – [9] Mt 10, 9 (= Lk 9, 3); Apg 3, 6; 8, 20; Jak 5, 3; 1 Petr 1, 18 □.

→ Gold – Mammon – Münzen – Reichtum – Schekel

Simeon

Gr. *Symeōn,* von hebr. *šim'ōn*: »Gott hat erhört«.
1. Zweiter Sohn von Jakob und Lea, Eponym eines der zwölf *Stämme Israels[1].

[1] Gen 29, 33; Offb 7, 7 □.

2. Ein Vorfahre Jesu[1].

[1] Lk 3, 30 □.

3. Ein »gerechter und frommer« Jude aus Jerusalem[1].

[1] Lk 2, 25. 34 □.

4. Ein antiochenischer Christ, Prophet und Lehrer[1].

[1] Apg 13, 1 □.

Simon

Gr. *Simōn,* von hebr. *šim'ōn* = *Simeon.
1. Sohn des Jonas (Johannes), Barjona, erster Name des *Petrus*[1].

[1] Mt 16, 17; Joh 1, 42; 21, 15 □.

2. Simon *Kananäus,* einer der *Zwölf; sein Name bedeutet nicht, daß er aus Kana oder Kanaan stammt, sondern »Eiferer«, von einem aram. Wort, das »Eiferer, Zelote« bedeutet[1].

[1] Mt 10, 4; Mk 3, 18; Lk 6, 15; Apg 1, 13 □.

3. Einer der *»Herrenbrüder«*[1].

[1] Mt 13, 55; Mk 6, 3 □.

4. Ein *Pharisäer*[1].

[1] Lk 7, 40. 43f □.

5. Ein *Aussätziger* aus Betanien, vielleicht identisch mit 4[1].

[1] Mt 26, 6; Mk 14, 3 □.

6. Simon *aus *Kyrene,* ein Passant, der gezwungen wurde, Jesus das Kreuz zu tragen[1].

[1] Mt 27, 32; Mk 15, 21; Lk 23, 26 □.

7. *Simon Iskariot,* Vater von *Judas Iskariot[1].

[1] Joh 6, 71; 13, 2. 26 □.

8. Ein *Magier* aus Samaria[1].

[1] Apg 8, 9. 13. 18. 24 □.

9. Ein *Gerber* aus Joppe[1].

[1] Apg 9, 43; 10, 6. 17. 32 □.

10. Eine Person, die Apg 15, 14 sehr wahrscheinlich, 2 Petr 1, 1 sicher mit Simon Petrus identisch ist.

Sinai (Berg)

Gr. *Sina,* hebr. *Sīnaj.* Im AT auch Horeb genannt. Schwer identifizierbares *Bergmassiv, üblicherweise im Süden der Halbinsel Sinai lokalisiert (2285 m). Ort der *Theophanie im brennenden Dornbusch, des Bundes und der Übergabe des Gesetzes[1].

[1] Ex 3, 1; 19, 1–20; Apg 7, 30. 38; Gal 4, 24f; Hebr 8, 5; 12, 20 □.

Sintflut
Gr. *kataklysmos*. Eine Überschwemmung katastrophalen Ausmasses, bei der nur *Noach und die Seinen in der *Arche heil davongekommen sind[1]. Typos des *Gerichts, das die Sorglosen überrascht[2], aber den *Gerechten ausspart[3]. Hinweis auf das *Heil, das die *Taufe mit Wasser bringt[4].

[1] Gen 6, 5–9, 19. – [2] Mt 24, 38f (= Lk 17, 27). – [3] Weish 10, 4; 14, 6; Sir 44, 17f; Jes 54, 9; 1 Petr 3, 20f. – [4] 2 Petr 2, 5; 3, 6 □.

[Sirach]
Ein Buch in der Gattung der weisheitlichen Literatur, gegen 180 v. Chr. hebräisch von Jesus Sirach geschrieben. Sein Enkel übersetzte es gegen 132 v. Chr. in Alexandria ins Griechische. Ein *deuterokanonisches Buch. Man nennt es auch *Ekklesiastikus*.
→ *Einl.* XII. 3. – *Tafel* S. 63

[Sitz im Leben]
1. In der Literarkritik das Milieu, in dem sich eine schriftliche Überlieferung »formte«. Man unterscheidet z. B. nach ihrer charakteristischen Ausrichtung liturgische, katechetische, missionarische Funktionen; nach ihrer Glaubensaussage das österliche und das vorösterliche Milieu.
2. Nicht mit dem äußeren Rahmen der Ereignisse zu verwechseln (Ort, Zeit); die Bestimmung dieser letzteren obliegt der *historischen Kritik.

→ Formgeschichte – literarische Gattung

Sklave
Gr. *doulos*: »Sklave, Diener«. Diese zwei Bedeutungen weisen auf den Doppelsinn des griechischen Begriffs hin. In der Bezeichnung Knecht klang wahrscheinlich die Bedeutung Sklave noch mit.
1. Sklave ist derjenige, der einem anderen gehört. Der Status des Sklaven, den nur das *stoische Gemüt bewältigen konnte, war erniedrigend und von den *Heiden normalerweise verachtet[1]. Bei den Juden[2], die selbst Sklaven in Ägypten gewesen waren[3], mußte man, wenn nicht schon die Arbeit, dann zumindest die Person der jüdischen Sklaven achten[4]; die nicht-jüdischen Sklaven dagegen blieben auch hier wie anderswo verächtlich, sie waren bis zum Augenblick ihrer *Freilassung »Dinge«[5]. Die enge Verbindung zwischen dem Sklaven und seinem Herrn kann ehrenvoll werden, wenn dieser Herr der König oder Jahwe ist[6]: das Wort ist dann mehr im übertragenen als im realen Sinne gebraucht, denn die Situation des Sklaven wird nur noch durch die strikte Abhängigkeit der Person von ihrem Herrn bestimmt.

[1] *Einl.* IV. 4. D. – [2] *Einl.* VI. 1. C; VI. 4. B. a. – [3] Ex 13, 3. – [4] Ex 21, 2–11; Lev 25, 35; Dtn 15, 12. – [5] Offb 18, 13. – [6] 2 Sam 9, 8; Ps 101, 6; 134, 1; Mt 18, 23; 22, 3; 25, 14; Lk 1, 38; 2, 29; Apg 2, 18; Offb 7, 3; 10, 7.

2. Die Situation des jüdischen Sklaven läßt sich aufgrund der Evangelien rekonstruieren; er war völlig abhängig von seinem Herrn, der über absolute Macht verfügte; er hatte Verantwortung, konnte aber keine Verdienste haben[7]. Den Sklaven, die gerne zum Christentum übertreten, wird geraten, sich in Gehorsam und Unterwerfung zu üben[8], und zwar nicht deswegen, weil dieser Zustand gutgeheißen wurde, sondern wegen einer höheren Auffas-

sung der christlichen Lebensbedingungen[9], die später auch zur Abschaffung der Sklaverei führen wird.

[7] Mt 8, 9; 18, 27. 34; 24, 45; 25, 30; Lk 17, 7–10; Joh 15, 15. – [8] *Einl.* IV. 7. A; Eph 6, 5; Kol 3, 22; 1 Tim 6, 1f; Tit 2, 9; Phlm 16. – [9] 1 Kor 7, 21f.

3. Jesus nahm Sklavengestalt an[10], er hat sich dem *Gesetz unterworfen und in seinem Gefolge dem *Fluch[11], doch dadurch verlieh er den Gläubigen die herrschaftliche Würde, die ihm aufgrund seiner *Erhöhung eigen ist; folglich hebt er den Unterschied Freier/Sklave auf[12] und erlangt für die Menschen die *Adoptionssohnschaft[13].

[10] Phil 2, 7. – [11] Röm 8, 3; Gal 3, 13; 4, 4; Hebr 2, 15. – [12] 1 Kor 12, 13; Gal 3, 28; Kol 3, 11. – [13] Joh 8, 35; Röm 8, 15; Gal 4, 7.

4. Das Verhältnis *Herr/Sklave wird im übertragenen Sinne in verschiedener Richtung verwendet: Weil man nur einem einzigen Herrn gehören kann[14] und dieser Herr Gott und Jesus Christus ist, kann man nicht Sklave der Sünde bleiben[15], des Gesetzes Buchstabens[16], der kosmischen Mächte[17], der Todesangst[18], der Begierde[19], des Bauchs[20]. Christus hat dadurch, daß er uns von dieser Sklaverei befreit hat, bewirkt, daß wir einen anderen Herrn haben; daher kann man Sklave des Herrn[21], der Gerechtigkeit werden[22]. In diesem Zusammenhang wäre es vielleicht besser, vom »Dienst« und von dem »Knecht« oder »Diener« zu sprechen, aber auch von dem Christen als dem »Sklaven seiner Brüder«[23], nach dem Vorbild Jesu Christi[24].

[14] Mt 6, 24 (= Lk 16, 13). – [15] Joh 8, 33–35; Röm 6, 17. – [16] Röm 7, 6. 25. – [17] Gal 4, 3. 8; Kol 2, 20. – [18] Hebr 2, 15. – [19] Tit 3, 3. – [20] Röm 16, 18. – [21] Röm 1, 1; 6, 22; 12, 11; 14, 18; 1 Kor 7, 22; Gal 1, 10; Eph 6, 6f; Kol 3, 24; 1 Thess 1, 9; 1 Petr 2, 16. – [22] Röm 6, 18f. – [23] Mt 20, 27 (= Mk 10, 44); Gal 5, 13. – [24] Phil 2, 5–7.

→ dienen – Freigelassener – Freiheit – Knecht – Meister

Skorpion

Gr. *skorpios*. Dieses Tier ist weit in Palästina verbreitet (zehn Arten) und gefürchtet seines schmerzhaften Stichs wegen; es charakterisiert eine feindliche und grausame Welt[1].

[1] Dtn 8, 15; 1 Kön 12, 11–14; Sir 26, 7; 39, 30; Ez 2, 6; Lk 10, 19; 11, 12; Offb 9, 3. 5. 10 □.

Smyrna

Gr. *Smyrna*: »Myrrhe«; heute *Izmir* in der Türkei. Alte äolische Kolonie; nach ihrem Wiederaufbau durch Alexander den Großen die aktivste Hafenstadt in Kleinasien. Seit 133 v. Chr. Rom unterworfen, ist sie eines der Zentren des Kaiserkults mit einem 26 n. Chr. errichteten Tempel[1].

[1] Offb 1, 11; 2, 8 □.

→ *Einl.* IV. 2. C. – *Karte* 2

Sohn

→ Adoption – Kind

Sohn Davids

Ein messianischer Titel, der daran erinnert, daß Gott in Treue zu den Verheißungen steht, die König *David gegeben wurden[1]. Die Zeitgenossen sprechen Jesus von Nazaret im öffentlichen Bekenntnis mit diesem Titel an und er widerspricht ihnen nicht, so wie er es bei der Anrede mit dem

»Messias«-Titel tut²; auch die Kirche bekennt ihren Glauben an Jesus Christus als den Sohn Davids³; so betont sie die Verwurzelung Jesu in Israel⁴ und bekennt ihn gleichzeitig als den Herrn Davids⁵.

¹ 2 Sam 7, 12–16; Ps 2, 7; 110, 1f; Jes 9, 5f; 11, 1. 10; 55, 3; Lk 1, 32; vgl. Offb 21, 7. – ² Mt 9, 27; 12, 23; 15, 22; 20, 30f (= Mk 10, 47f = Lk 18, 38f); 21, 9 (= Mk 11, 10); 21, 15. – ³ Röm 1, 3; 2 Tim 2, 8. – ⁴ Mt 1, 1; Lk 3, 31; Joh 7, 42. – ⁵ Mt 22, 42–45 (= Mk 12, 35–37 = Lk 20, 41–44); Apg 2, 25; 13, 36; Offb 3, 7; 5, 5; 22, 16 □.

Sohn Gottes

1. Ein im Orient allgemein bekannter Titel, der die *Adoption eines Menschen durch einen Gott bezeichnet. Das AT gebraucht diesen Ausdruck in Bezug auf die Engel¹, das auserwählte Volk², den *König und über ihn für den *Messias³ und die treuen Israeliten⁴; das NT bezieht ihn auf alle Menschen⁵. Damit ist gesagt, daß diese Wesen in einem besonderen Verhältnis zu Gott stehen. Es ist nicht unmöglich, daß die *Essener in *Qumran diese Benennung als Titel für den erwarteten messianischen *Hohenpriester gebrauchten; doch man darf nicht verallgemeinern und dartun, daß es sich zur Zeit Jesu um einen *messianischen Titel handelte.

¹ Ijob 1, 6. – ² Ex 4, 22f; Jer 31, 9. – ³ 2 Sam 7, 14; Ps 2, 7; 89, 27f; 110, 3. – ⁴ Dtn 14, 1; Hos 2, 1. – ⁵ Mt 5, 9. 45 (= Lk 6, 35); 7, 11 (= Lk 11, 13).

2. Im NT hat dieser Ausdruck eine ganze Skala unterschiedlicher Bedeutungen; übermenschliche Macht haben, von Gott besonders begünstigt werden⁶; es bezeichnet den Messias⁷ und sogar die göttliche Sohnschaft im strengen Sinne des Wortes⁸. Diese mannigfachen Bedeutungen werden manchmal auf verschiedenen Ebenen der Lektüre vernehmbar⁹.

⁶ Mt 4, 3 (= Lk 4, 3); 8, 29 (= Mk 5, 7 = Lk 8, 28); 14, 33; 27, 54 (= Mk 15, 39). – ⁷ Mt 26, 63 (= Mk 14, 61); Lk 4, 41; Apg 9, 20. 22. – ⁸ Vgl. Lk 1, 32 und 1, 35; 22, 67 und 22, 70; Joh 10, 24 und 10, 36. – ⁹ Mt 16, 16; Lk 1, 35.

3. Jesus selbst hat den Ausdruck nicht gebraucht, aber er stellt sich gern als »der Sohn« schlechthin vor¹⁰, denn Gott ist sein *Abba (Vater) im besonderen Sinn¹¹, er vertraut ihm alles an¹². Auf diesem Hintergrund beruhen die himmlischen Proklamationen in den Evangelien: »Du bist mein Sohn«¹³. Die Urgemeinde und Paulus betonen gerne, daß Jesus der Sohn Gottes ist¹⁴. Johannes erklärt die innigen Beziehungen Jesu zu seinem Vater¹⁵.

¹⁰ Mt 11, 27 (= Lk 10, 22); 21, 37 (= Mk 12, 6 = Lk 20, 13); 24, 36 (= Mk 13, 32). – ¹¹ Mk 14, 36. – ¹² Mt 11, 25–27 (= Lk 10, 21f). – ¹³ Mt 3, 17 (= Mk 1, 11 = Lk 3, 22); 17, 5 (= Mk 9, 7 = Lk 9, 35). – ¹⁴ Röm 1, 3f; 5, 10; 8, 29... – ¹⁵ Joh 5, 19–30; 10, 29. 36–38.

4. Durch den Heiligen Geist sind die Gläubigen schon jetzt, in dem einzigen Sohn, Adoptivsöhne (gr. *hyioi*) Gottes geworden¹⁶, *Kinder (gr. *tekna*, im Sinne von Zeugung) Gottes¹⁷, sie partizipieren an der göttlichen Natur¹⁸.

¹⁶ Röm 8, 14f. 19. 23; Gal 3, 26; 4, 5–7; Eph 1, 5; Hebr 2, 10; 12, 5–8; Offb 21, 7. – ¹⁷ Joh 1, 12; Röm 8, 16f. 21; 9, 8; Phil 2, 15; 1 Joh 3, 1f. 10; 5, 2. – ¹⁸ 2 Petr 1, 4.

→ Adoption – Kind – Messias

Sommer

Gr. *theros*. Trockene Jahreszeit, ungefähr von Mitte April bis Mitte Oktober¹.

¹ Mt 24, 32 (= Mk 13, 28 = Lk 21, 30) □.

→ *Einl.* II. 4

Sonne
Gr. *hēlios*.

1. Sie ist lebensnotwendig; Gott spendet diese Wohltat, ein Bild seines universalen Wohlwollens, allen[1]. Doch die Sonnenhitze kann auch niederdrücken und brennen[2].

[1] Dtn 33, 13f; Ps 19, 5–7; Mt 5, 45. – [2] Mt 13, 6 (= Mk 4, 6); Jak 1, 11; Offb 7, 16; vgl. Jes 49, 10.

2. Lk berichtet von ihrer Verdunkelung beim Tod Jesu[3]. Ihre Verwandlung in *Finsternis gehört zu den Vorstellungen vom Ende der Zeit[4].

[3] Lk 23, 45. – [4] Joël 2, 10; Hab 3, 11; Mt 24, 29 (= Mk 13, 24); Lk 21, 25; Apg 2, 20; Offb 6, 12; 8, 12; (9, 2;) 16, 8; 19, 17.

3. Ein Bild, um das Leuchten der Gerechten, der himmlischen Wesen, des verklärten Jesus, des Menschensohnes anzudeuten[5].

[5] Ri 5, 31; Mt 13, 43; 17, 2; Offb 1, 16; 10, 1; 12, 1; vgl. Apg 26, 13; 1 Kor 15, 41.

4. Im himmlischen Jerusalem erübrigt sich ihr Scheinen; Gott und das Lamm werden das Licht der Erwählten sein[6].

[6] Jes 60, 19f; Offb 21, 23; 22, 5.

→ *Einl.* V. 1. – Mond – Ost – Sterne

Sonntag
Gr. *kyriakē hēmera*: »Tag des Herrn«[1]. Diese christliche Bezeichnung leitet sich weder von der jüdischen *Woche her, noch aus dem essenischen *Kalender, noch aus dem *Mithrakult oder dem *Mandäismus. Der Sonntag entspricht dem ersten Tag der Woche[2], der mit dem Tag nach dem *Sabbat zusammenfällt[3]; dieser Tag feiert das Gedächtnis der *Auferstehung Jesu[4] und die *Erscheinungen Christi vor den Jüngern während eines Mahls[5].

[1] Offb 1, 10 □. – [2] Mt 28, 1 (= Mk 16, 2 = Lk 24, 1); Mk 16, 9; Joh 20, 1. 19. – [3] Mt 28, 1 (= Mk 16, 1). – [4] Apg 20, 7; 1 Kor 16, 2. – [5] Lk 24, 36–49; Joh 20, 19–23; Apg 1, 4.

→ Tag des Herrn

Sorge

1. Ein mehrdeutiges Wort, das sowohl die Fürsorge als auch die Unruhe bezeichnen kann; beide gr. Worte haben diese doppelte Bedeutung: *melō* (*ML*) meint mehr das Sich beschäftigen mit, das Sorgen, engagierte Zuwendung; *merimnaō* (*MR*) meint mehr das Vorurteil, die Unruhe. Der Unterschied wird an zwei Beispielen deutlich sichtbar: Im Zusammenhang mit Marta und Maria[1] und im Zusammenhang der Fürsorge Gottes und der Unruhe des Menschen[2].

[1] Vgl. Lk 10, 40 (*ML*) und 10, 41 (*MR*). – [2] 1 Petr 5, 7 (*MR* + *ML*).

2. Der Ausdruck erscheint oft im positiven Sinn im Zusammenhang der Sorge für Menschen oder für die Kirche[3]; häufiger allerdings im negativen Sinn um das zu benennen, worum man sich nicht zu sorgen braucht[4]. Manchmal ist der Übergang von der einen zur anderen Bedeutung fließend[5].

[3] Lk 10, 34f; 15, 8; Apg 27, 3; 1 Tim 3, 5; 4, 15 (*ML*); 1 Kor 12, 25; 2 Kor 11, 28; Phil 2, 20 (*ML*). – [4] Mt 22, 5. 16 (= Mk 12, 14); Mk 4, 38; Joh 10, 13; 12, 6; Apg 18, 17; 1 Kor 9, 9; 1 Tim 4, 14; Hebr 2, 3; 8, 9 (*ML*). – [5] 1 Kor 7, 32–34 (*MR*).

3. Jesus verurteilt die Sorgen, die einen unruhig machen[6], ganz besonders die

Sorgen dieser Welt[7], im Blick darauf, daß man im Glauben wirklich frei werden kann[8].

[6] Mt 6, 25–34 (= Lk 12, 22–26); 10, 19 (= Mk 13, 11 = Lk 12, 11) (*MR*); Lk 21, 14 (*ML*). – [7] Mt 13, 22 (= Mk 4, 19 = Lk 8, 14) (*MR*). – [8] 1 Kor 7. 21 (*ML*); Phil 4, 6 (*MR*).

→ Todesangst – Vertrauen

Spanien
Gr. *Spania*. Das westlichste Land der biblischen Welt. Die Römer haben es schon i. J. 202 v. Chr. erobert; auch Judas der Makkabäer hat von der Invasion gehört[1]. Es gab drei römische Provinzen: Tarraconensis (Katalonien), Baetica (Cordoba), Lusitania (Portugal). Paulus plante eine Reise dorthin[2]; man weiß nicht, ob er diesen Wunsch verwirklichen konnte.

[1] 1 Makk 8, 3. – [2] Röm 15, 24. 28 □.

Spiegel
Gr. *esoptron* (von *eis*: »gegen, zu« und der Wurzel *op* mit der Bedeutung »sehen«; vgl. *eis-orao*: »die Augen auf etwas gerichtet haben, betrachten«). Zwar gab es in der römischen Zeit schon Glasspiegel, doch die meisten waren aus poliertem Metall, etwa aus *Bronze. Der Spiegel der Alten reflektierte das menschliche Gesicht getreu, wenn auch ein wenig verschwommen[1]. Der Christ ist ein Spiegel der göttlichen Herrlichkeit, die ihn überkommt[2].

[1] Ex 38, 8; Ijob 37, 18; Sir 12, 11; 1 Kor 13, 12; Jak 1, 23f □. – [2] Weish 7, 26; 2 Kor 3, 18.

Sprache
1. Gr. *dialektos*: die Sprache eines Volkes, eines Landes[1]. An Pfingsten hörte ein jeder die Apostel in seiner Muttersprache sprechen[2].

[1] *Einl.* V. 3; Apg 1, 19; 21, 40; 22, 2; 26, 14. – [2] Apg 2, 6. 8 △.

2. Gr. *glōssa*: »Zunge[3], Sprache[4]«.
a) Durch *die Sprache* teilt der Mensch die Empfindungen seines *Herzens mit oder er verbirgt sie. Mit ihr kann er sowohl Gott loben und *segnen[5] wie die Menschen verwünschen[6], oder die Gemeinheit seiner geheimen Absichten verbergen[7].

[3] Ex 11, 7; Ps 22, 16; Mk 7, 33. 35; Lk 1, 64; 16, 24; Offb 16, 10. – [4] Jes 28, 11; 1 Kor 14, 21; Offb 5, 9; 7, 9; 10, 11; 11, 9; 13, 7; 14, 6; 17, 15. – [5] Ps 35, 28; Jes 50, 4; Lk 1, 64; Apg 2, 26; Röm 14, 11; Phil 2, 11. – [6] Sir 28, 13–26; Röm 3, 13; Jak 1, 26; 3, 2–12. – [7] Jer 9, 2. 7; 1 Joh 3, 18; 1 Petr 3, 10 △.

b) *Verzücktes Reden; Zungenreden*. Ein ekstatisches Lobgebet an Gott; damit die Anwesenden es verstehen konnten, benötigte man einen Erklärer[8]. Eine *Gnadengabe, die den Glaubenden verheißen ist[9], sie rangiert unter der *Prophetie. An Pfingsten verkündeten die Jünger die Großtaten Gottes in Sprachen, die die Fremden verstanden[10].

[8] 1 Kor 12, 10. 28. 30; 13, 1. 8; 14. – [9] Mk 16, 17. – [10] Apg 2, 3f. 11; 10, 46; 19, 5 △.

→ Pfingsten – Wort

Stadion
Gr. *stadion*.
1. Griechisches Längenmaß; seine Länge war jeweils von der für Elle und Fuß als Maßeinheiten festgelegten Länge abhängig. Das olympische Stadion mißt 192,67 m, das alexandrinische Stadion 184,8375 m, das delphische Sta-

dion 177,55 m. Gewöhnlich hält man sich an das alexandrinische Stadion, aufgerundet 185 m. Dies Maß entsprach der Länge der Rennbahn im Stadion. Es diente dazu, Entfernungen auf dem Land[1] und auf dem Meer[2] zu messen.

[1] Lk 24, 13; Joh 11, 18; Offb 14, 20; 21, 16. – [2] Mt 14, 24; Joh 6, 19 △.

2. Im breiteren Sinn der Ort, an dem die Wettkämpfe ausgetragen wurden[3].

[3] 1 Kor 9, 24 △.

→ Maße

Stadt
→ Bürger, Bürgerschaft

Stamm
Gr. *phylē*. Bei den Juden eine völkische Gruppe, die meint, sich von demselben Stammvater herleiten zu können. In ntl. Zeit bezeichneten die Juden die Gesamtheit des Volkes mit dem gleichbleibenden Ausdruck: »die zwölf Stämme Israels«. Offb 7, 4–8 werden sie mit den Namen der Jakobsöhne bezeichnet: Juda, Ruben, Gad, Ascher, Naftali (Manasse), Simeon, Levi, Issachar, Sebulon, Josef, Benjamin. Die Reihenfolge unterscheidet sich von der in der Genesis angegebenen, und Manasse (wie Efraim von Josef stammend) ist Dan zugeordnet (über den einige Traditionen in Anspielung auf die *Schlange, mit der Dan Gen 49, 17 verglichen wird, sagen, aus ihm werde der *Antichrist kommen)[1].

[1] Gen 35, 22–26; Mt 19, 28; Offb 7, 4–8; 21, 12.

Standhaftigkeit
Gr. *hypomonē* (von *menō*: »bleiben« und *hypo*: »darunter«): »Ausdauer«; man flieht nicht, sondern hält den Schicksalsschlägen, der Bürde stand. Diese Haltung darf nicht mit der Geduld identifiziert werden; von Gott sagt man nie, daß er standhaft, sondern daß er reich an Treue und langmütig ist. Das »Aushalten«, um das es hier geht, bezieht sich fast ausschließlich auf die *Probe, die jemand zugemutet wird, auf das *Leiden, die *Verfolgung; es geht um »standhalten«. So hat Jesus das Kreuz erduldet[1] und dadurch gezeigt, wie sich der Christ und besonders der Apostel verhalten soll[2]. Die Standhaftigkeit, in der Gott dem Menschen beisteht[3], ist Ausdruck echten *Glaubens[4], sie kennzeichnet die *Hoffnung und bringt sie hervor[5] und sie führt zum Sieg[6]. Sie ist Vorbedingung für das *Heil[7].

[1] Hebr 12, 2f. – [2] Röm 12, 12; 1 Kor 13, 7; 2 Kor 1, 6; 6, 4; 12, 12; 1 Tim 6, 11; 2 Tim 3, 10. – [3] Röm 15, 4f; 2 Thess 3, 5; Offb 1, 9; 3, 10. – [4] 2 Thess 1, 4; Jak 1, 3; Offb 13, 10; 14, 12. – [5] Röm 5, 3f; 8, 25; 1 Thess 1, 3. – [6] Lk 8, 15; Röm 2, 7; Kol 1, 11; 2 Tim 2, 12; Jak 1, 12; 5, 11. – [7] Mt 10, 22 (= Mt 24, 13 = Mk 13, 13); Lk 21, 19.

→ Geduld – Hoffnung – treu – Verfolgung

Statér
Gr. *statēr*. Gr. Silbermünze (8,60 g), entspricht vier Drachmen (Tetradrachme) und damit ungefähr dem Lohn für vier Arbeitstage[1].

[1] Mt 17, 27 □.

→ Münzen

Statthalter
Gr. *hēgemōn*. Darunter ist im NT ein römischer höherer Beamter zu verstehen, der eine *Provinz verwaltet. Es handelt sich nicht um einen Prokonsul, dessen Aufgabengebiet eindeutig feststeht, sondern entweder um einen Legaten (in den senatorischen Provinzen), oder um *Präfekten oder Prokuratoren (in den kaiserlichen Provinzen), wie im Fall von *Quirinius, *Pilatus, *Felix, *Festus[1]. In Judäa steht der Statthalter teilweise unter der Aufsicht des Legaten von Syrien. Er muß Rücksicht auf die Nachkommen des *Herodes nehmen, deren Machtbereich nicht klar umschrieben ist; dadurch kommt es immer wieder zu Reibungen. Der Statthalter ist dafür verantwortlich, daß trotz einer aufgebrachten Bevölkerung die Ruhe erhalten bleibt; deswegen kommt er aus *Cäsarea, wo er seinen Amtssitz hat, zum Paschafest nach Jerusalem hinauf.

[1] Mt 10, 18 (= Mk 13, 9 = Lk 21, 12); 27, 2–28, 14; Lk 2, 2; 3, 1; 20, 20; Apg 23, 24–33; 24, 1–27; 26, 30.

→ *Einl.* IV. 2. B; IV. 3–4

Stephanus
Gr. *Stephanos*: »Kranz«. Ein Christ in Jerusalem, sicher *hellenistischer Herkunft, den die *Zwölf wählten, um den Dienst an den »*Tischen« und wahrscheinlich auch die Verwaltung des Gemeindeeigentums zu sichern. Er ist ein tüchtiger Glaubensstreiter und hat eine radikale Einstellung zu den jüdischen *Überlieferungen und Einrichtungen. Als er vor den Augen des *Saulus *gesteinigt wird, betet er wie Jesus für seine Verfolger und schaut in einer Vision den *Menschensohn[1].

[1] Apg 6, 5. 8f; 7, 59; 8, 2; 11, 19; 22, 20 □.

Stein
Zwei verwandte Worte können als äquivalent betrachtet werden: gr. *petra*: »Fels«, und gr. *lithos*: »Stein«. Tatsächlich aber liegt das Schwergewicht auf dem letzteren.
1. *Petra* wird, wenn man von den Fällen absieht, wo der Fels bezeichnet ist auf dem man baut, auf den der Same fällt, oder den man ausgräbt[1], oder wenn von den natürlich gewachsenen Felsen die Rede ist[2], nur an zwei bemerkenswerten Stellen erwähnt. Er bezeichnet Christus als den geistlichen Felsen, dem das Wasser des Lebens entspringt gleichwie aus dem Felsen, gegen den Mose geschlagen hatte[3], und *Kefas-Petrus, den Felsen, auf den Jesus seine *Kirche bauen will[4]. In anderen Zusammenhängen, besonders im Prophetenwort vom Stein des Anstoßes, ist nicht vom Felsen, sondern vom Stein die Rede[5]. Wenn man ein unterscheidendes Kennzeichen sucht, findet man es vielleicht in der Festigkeit und Einmaligkeit des Felsens, die der Gottes gleicht, der Fels und Zuflucht Israels ist[6].

[1] Mt 7, 24f (= Lk 6, 48); 13, 5. 20 (= Mk 4, 5. 16 = Lk 8, 6. 13); 27, 60 (= Mk 15, 46). – [2] Mt 27, 51; Offb 6, 15f. – [3] 1 Kor 10, 4. – [4] Mt 16, 18. – [5] Jes 8, 14; Röm 9, 33; 1 Petr 2, 8. – [6] Dtn 32, 4.

2. Jesus Christus ist der Eckstein (*lithos*) auf den man baut oder mit dem man das Gebäude krönt; trotz des offenkundigen Versagens sichert er den Zusammenhalt des heiligen *Tempels[7], in den die Christen als lebendige Steine eingebaut sind[8]. Doch wie vordem Jahwe[9], ist Jesus zugleich auch Stein des

*Ärgernisses; die Ungläubigen sind davon nicht betroffen[10], doch am Ende wird er sie zermalmen[11]. Der Stein aber, mit dem man Jesus im Tod festhalten wollte, wurde vom Engel des Herrn weggerollt[12].

[7] Mt 12, 42 (= Mk 12, 10 = Lk 20, 17); 1 Petr 2, 4. 7. – [8] Eph 2, 20f; 1 Petr 2, 5f. – [9] Jes 8, 14; 28, 16. – [10] Röm 9, 33; 1 Petr 2, 8. – [11] Lk 20, 18. – [12] Mt 27, 60. 66; 28, 2.

3. Das Gesetz, das früher in den die immerwährende Gültigkeit des Bundes garantierenden Stein geritzt war, ist nun durch den Heiligen Geist in Herzen von *Fleisch geschrieben[13].

[13] 2 Kor 3, 3. 7.

→ bauen – Kefas – Steinigung – weißer Stein

Steinigung

Gr. *lithazō, litho-boleō* (von *lithos*: »Stein« und *ballō*: »werfen«): »steinigen, Steine werfen«.

1. *Im eigentlichen Sinn* die vom Gesetz vor allem für *Ehebruch und Gottes-*lästerung vorgeschriebene Todesstrafe; sie wurde außerhalb der Stadt vollzogen[1]. Die Tatzeugen mußten die ersten Steine werfen[2], das versammelte Volk die übrigen.

[1] Lev 24, 14; 2 Chr 24, 20–22; Mt 21, 35; 23, 37 (= Lk 13, 34); Joh 8, 5; Apg 7, 58f; Hebr 11, 37; 12, 20. – [2] Joh 8, 7.

2. *Im weiteren Sinn* Lynchjustiz, als Ausdruck der Empörung des Volkes gegen einen Provokateur[3].

[3] Ex 17, 4; Num 14, 10; 15, 35f; Lk 20, 6; Joh 8, 59; 10, 31–33; 11, 8; Apg 5, 26; 14, 5. 19; 2 Kor 11, 25 □.

→ *Einl.* VI. 4. C. c.

Sterne

1. Für die Hebräer galten Sterne und Planeten (gr. *astēr*: einzelner »Stern« und *astra*, Pl. von *astron*: »Sternbild«) als lebende, aber nicht als göttliche Wesen; man darf ihnen keinen *Kult zollen[1]. Sie haben den Auftrag, die Weisungen Gottes in die Tat umzusetzen und seine Herrlichkeit zu preisen[2]. Am Beispiel ihres Glanzes kann man sich die zukünftige Welt leichter vorstellen[3]. Ihre Verdunkelung und ihr Sturz gehören zum Bild vom *Ende der Zeiten[4].

[1] 2 Kön 17, 16; Weish 13, 2–5; Apg 7, 42f. – [2] Ijob 38, 7. 31f; Ps 19, 2. – [3] Dan 12, 3; 1 Kor 15, 41; Hebr 11, 12. – [4] Jes 13, 10; Mt 24, 29 (= Mk 13, 25 = Lk 21, 25); Offb 6, 13; 8, 10–12; 9, 1; 12, 4; vgl. Apg 27, 20; Jud 13.

2. Der Morgenstern (gr. *phōsphoros*: »Lichtbringer«) bezeichnet aufgrund eines alten messianischen Symbols Christus[5]. Der Stern von Betlehem scheint einfach ein Zeichen des Messias zu sein; man hat es mit dem Thema des Lichtes, das über den *Völkern aufgeht, verknüpft[6].

[5] 2 Petr 1, 19 △; vgl. Offb 2, 28; 22, 16. – [6] Num 24, 17; Jes 9, 1; 60, 1; Mt 2, 2–10; vgl. Lk 1, 78.

3. Symbol der Engel der Kirchen[7] und der israelitischen *Stämme[8].

[7] Offb 1, 16. 20; 2, 1; 3, 1. – [8] Offb 12, 1 □.

→ *Einl.* IV. 6. D; V. 1. – Herrschaften – Ost – Sonne – Zebaot

Steuer

Gr. *kēnsos* (Steuer)[1], *phoros* (Tribut)[2], *telos* (Gebühr, Zoll)[3]. In allen von Rom besetzten Ländern sind die Bewohner, die die römische Staatsbürgerschaft nicht besitzen, unabhängig von ihrem Status verpflichtet, die »Bodenabgabe« (Grundsteuer), die »Kopfabgabe« (bezog sich auf bewegliche Habe) und verschiedene indirekte Steuern, wie etwa die von den *Zöllnern eingenommenen Zölle, zu entrichten. Die Juden in Palästina und in der *Diaspora müssen außerdem jährlich eine Tempelsteuer bezahlen.

[1] Mt 17, 25; 22, 17. 19; Mk 12, 14 △. – [2] Lk 20, 22; 23, 2; Röm 13, 6f △. – [3] Mt 17. 25; Röm 13, 7 △.

→ *Einl.* IV. 2. B. b; VI. 3. – Zehnt – Zollamt – Zöllner

Steueransammler
→ Zöllner

Steuerlisten
→ Volkszählung

Stigmata
→ Kennzeichen

Stimme

Gr. *phōnē*, hebr. *qōl*: Rauschen des Windes, der Wasser, der Flügel, des Donners[1], Ton einer Rede oder eines Instruments[2], Schrei[3], göttliche oder menschliche Stimme[4].

[1] Joh 3, 8; Apg 2, 6; Offb 1, 15; 9, 9; 10, 3; 14, 2; 18, 22; 19, 6. – [2] Mt 2, 18; Lk 1, 44; 1 Kor 14, 10f. – [3] Mt 27, 46. 50 (= Mk 15, 34. 37); Lk 23, 21. 23; Apg 12, 22; 21, 34; 22, 24. – [4] Lk 11, 27; Apg 7, 31; 12, 14; Hebr 12, 26.

1. Gottes Stimme und die Stimme Jesu hören heißt, das Heil empfangen[5].

[5] Joh 5, 25. 37; 10, 3f, 16. 27; 18, 37; Hebr 3, 7; 4, 7; Offb 3, 20.

2. Wie die kanaanäischen und babylonischen Religionen verbindet auch die Bibel die Stimme Gottes gern mit dem Donner[6]. Nachdem die Prophetie verstummt war, nannte man im späten Judentum eine der Weisen der *Offenbarung Gottes *bat qōl*: »Tochter der Stimme«. Man findet ihre Transposition in der »Stimme vom Himmel«, die bei der Taufe und der Verklärung Jesu[7] hörbar wird; Johannes erwähnt sie nicht, denn es ist die Stimme des Täufers, die bei ihm erklärt, wer Jesus ist[8]; er unterzieht die Stimme vom Himmel sogar grundsätzlich der Kritik[9].

[6] Ex 19, 16–20; 20, 18–21; Dtn 4, 12f. 33; 5, 22–24; Ijob 37, 2–5; Ps 18, 14; 29, 3–6; Offb 4, 5; 6, 1; 8, 5; 10, 3f; 11, 19; 14, 2; 16, 18; 19, 6. – [7] Mt 3, 17 (= Mk 1, 11 = Lk 3, 22); 17. 5 (= Mk 9, 7 = Lk 9, 35f); 2 Petr 1, 17f. – [8] Joh 1, 23. – [9] Joh 12. 28. 30.

→ Hahnenschrei – Offenbarung – Taufe – Verklärung – Wort

Stirn

Gr. *met-ōpon* (von *ōps*: »Blick, Gesicht«). Der Teil des Gesichts, den die Leute immer sehen können; auf der Stirn konnte ein Stempel (gr. *charagma*), ein Siegel (gr. *sphragis*) angebracht werden. Die Sitte, die auch im AT belegt ist[1], hängt mit den Tätowierungen zusammen, die im Orient praktiziert werden, um einen Gott zu ehren oder die Zugehörigkeit zu einem Herrn zu zeigen. Nach der Offenbarung des Johannes werden die Namen Gottes, Christi oder des Tieres auf der Stirn eingeprägt[2].

[1] Ex 12, 13; Ez 9, 4. – [2] Offb 7, 3; 9, 4; 13, 16; 14, 1. 9; 17, 5; 20, 4; 22, 4 □.

Stoffe
Das NT erwähnt mehrere Stoffarten (gr. *rhakos,* als Gattungsbezeichnung); sie können aus *Leinen, *Wolle, *Purpur, *Scharlach bestehen. So etwa: *Binde, *Laken, *Leinen, *Leinentuch (Taschentuch, Handtuch oder Schürze), *Tischdecke, *Schweißtuch, *Schleier[1].

[1] Mt 9, 16 (= Mk 2, 21) □.

→ *Einl.* VIII. 1. B.

Stoiker
Gr. *stōikoi.* Schüler des Zeno (336–264 v. Chr.), der in der Säulenhalle von Athen lehrte *(Poikilē stoa).* Nach ihrer Auffassung besitzt der Mensch einen Hauch jener universalen Vernunft, die die Welt ordnet und regiert. Nur der ist frei, der in allem dieser Vernunft folgt; wer sich den Leidenschaften hingibt, verfällt. Die Leidenschaftslosigkeit (gr. *ataraxia*) ist also die Voraussetzung für jede Tugend. Die Götter sind *Mythen, die nützlich sind, um das Volk, das unfähig ist, sich selbst zurechtzufinden, zu leiten. Die Erkenntnis des Bösen in der Welt brachte später den Stoiker Kleanthes dazu, diese universale Vernunft einer unergründlichen Vorsehung gleichzustellen. Von nun an besteht die Weisheit in der bedingungslosen Unterwerfung unter das Schicksal. In ntl. Zeit wertete Seneca die ethische Seite dieser Lehre wieder auf. Später erhob *Epiktet (50–130 n. Chr.) die Vernunft allein zum einzig unveräußerlichen Gut des Menschen: durch sie bleibt er in jeder Situation frei, selbst in der Sklaverei. Der Stoizismus übte durch seine Forderungen einen tiefen und langanhaltenden Einfluß aus und blieb trotzdem auf eine intellektuelle Elite beschränkt[1].

[1] Apg 17, 18 □.

→ *Einl.* IV. 7. A.

Stolz
→ Ruhm – Zuversicht

strafen
1. Gr. *kolazō*: ausschneiden, ausputzen, ausstreichen, im Zaum halten, daher: »strafen, züchtigen«. In diesem Wort ist der Aspekt der Erziehung einbegriffen; das entspricht sehr wohl der Tradition, nach der Jahwe sein Volk erzieht, damit es nicht mehr sündigt: die Strafe ist verordnet, damit die Liebe Gottes offenbart wird und das sündigende Volk sich ändert[1]. Im NT gibt es außer dem normalen Gebrauch des Wortes[2] zwei Texte, die von einer »ewigen Strafe«[3] reden, die diejenigen trifft, die sich nicht bekehren wollen; außerdem kann man mit diesem Wort das Verhältnis zwischen *Furcht und *Liebe bestimmen[4].

[1] Ex 20, 5; 34, 7; Ez 11, 10; 15, 7; 18, 31; Hos 11, 9. – [2] Apg 4, 21. – [3] Mt 25, 46; 2 Petr 2, 9. – [4] 1 Joh 4, 18 △.

2. Gr. *timōreō* (zusammenhängend mit *timē*: »Ehre«)[5]: Ehre schützen, Gerechtigkeit (gr. *dikē*) widerfahren lassen, und zwar mit der Vorstellung, daß derjenige bezahlen muß, der sich vergangen hat; dahinter steckt die Wertauffassung des vindikativen Sozialrechts, des Rechts der für die Stadt verantwortlichen Gewalt (gr. *ek-dikos*)[6]. Es handelt sich vor allem um die Bestrafung, die der Täter verdient hat.

[5] Apg 22, 5; 26, 11; 2 Kor 2, 6; Hebr 10, 29 △. – [6] Röm 13, 4; 1 Petr 2, 14 △.

→ Hölle – Gerechtigkeit – Vergeltung – Zorn

Straße
Das hebr. Wort *rᵉhob* wird in der *Septuaginta durch zwei gr. Ausdrücke übersetzt[1]; es ist schwierig, den Unterschied dazwischen richtig zu erfassen. *rhymē* meint das Gäßchen, gewiß von der Art wie die Zwischenräume, die man seit jeher zwischen den Häusern einhielt, damit die Leute passieren konnten[2]; *plateia* ist ein substantiviertes Adjektiv (*platys*: »breit«) zur näheren Bestimmung der *rhymē* (oder von *hodos*: »Weg«): eine »breite Straße«; sie kommt erst in der hellenistischen Zeit mehr in Gebrauch. Es ist weniger angebracht, dieses Wort durch »Platz« zu übersetzen[3]. Charakteristisch für die *plateia* ist, wie für die *agora*: »Marktplatz«, daß man hier eine Ankündigung veröffentlichen kann; so erklärt sich die Weitschweifigkeit Lk 14, 21.

[1] Jes 15, 3; vgl. Tob 13, 17. – [2] Mt 6, 2; Lk 14, 21; Apg 9, 11; 12, 10 △. – [3] Mt 6, 5; 12, 19; Lk 10, 10; 13, 26; 14, 21; Apg 5, 15; Offb 11, 8; 21, 21; 22, 2 △.

→ Agora – Marktplatz

[Streitgespräch]
Literarische Gattung, die von einer Auseinandersetzung über eine offene Frage berichtet; so Mt 22, 15–22.

Strich (im Gesetz)
Gr. *keraia*: »Horn«. Jedes kleine Schriftzeichen; genauer, es hat die Form eines Horn oder Häkchens und dient ursprünglich zur Unterscheidung der hebräischen Buchstaben von gleicher Form[1].

[1] Mt 5, 18 (= Lk 16, 17) ▢.

[Struktur]
Von lat. *structura*: »Organisation, Anordnung, Aufbau«. Ein größerer Zusammenhang, der sich aus verschiedenen kleinen *literarischen Einheiten zusammensetzt. Der Begriff charakterisiert die Komposition, den Aufbau, die Ausrichtung einer Einheit. Die einzelnen darin zusammengefügten Teile wurden bewußt im Blick auf ein Ganzes hingeordnet, so daß der Gesamtzusammenhang gestört wird, wenn man ein Teil herauslöst. Das Wort kann zur Übersetzung von gr. *schēma* 1 Kor 7, 31 herangezogen werden.

→ Form – Literarkritik – Schöpfung – Typos

Stuhl des Mose
Ehrenplatz (gr. *kathedra*, von dem sich das Wort »Kathedrale« herleitet), der in jeder Synagoge den *Lehrern des Gesetzes vorbehalten war[1].

[1] Mt 23, 2 ▢.

stumm

Gr. *a-lalos*: »der nicht spricht«[1], ein Kranker, der gewöhnlich auch *taub (gr. *kophos*) ist; darauf verweist auch der Kontext[2]. Die Stummheit kann eine Strafe sein, wie sie etwa dem Vater Johannes des Täufers auferlegt wurde[3], oder auch durch dämonische Besessenheit verursacht sein[4]. Ohne Stimme (gr. *a-phōnos*) sind auch das *Lamm der jesajanischen Prophetie, die *Götzen und Bileams Eselin[5]. Jesus hat, wenn man der Aufzählung des Mt folgt, den Heilungen der Stummen nicht die Bedeutung des messianischen Zeichens zuerkannt[6].

[1] Mk 7, 37; 9, 17. 25 △. – [2] Mt 9, 32f; 12, 22; 15, 30f; Lk 1, 22; 11, 14. – [3] Lk 1, 20. 22. 64. – [4] Mt 9, 33; Lk 11, 14. – [5] Apg 8, 32; 1 Kor 12, 2; 2 Petr 2, 16. – [6] Jes 35, 6; Mt 11, 5.

→ Stimme – taub – Wort

Stunde
Gr. *hōra*.
1. Ein *Tagesabschnitt. Man zählte zwölf Stunden von Sonnenaufgang bis zu Sonnenuntergang[1]; die Dauer der Stunde war unterschiedlich, je nach der Jahreszeit, und konnte um 11 Minuten länger oder kürzer sein. Die erste Stunde, am frühen *Morgen, entsprach 6 Uhr[2]; dann kam die dritte Stunde (also 9 Uhr)[3], die sechste (Mittagszeit)[4], die neunte (15 Uhr)[5], und schließlich der *Abend[6]; das NT erwähnt noch die siebte Stunde (also 13 Uhr)[7], die zehnte (16 Uhr)[8] und die elfte Stunde (17 Uhr)[9].

[1] Joh 11, 9. – [2] Mt 20, 1; Lk 24, 1; Joh 8, 2. – [3] Mt 20, 3; Mk 15, 25; Apg 2, 15. – [4] Mt 20, 5; 27, 45 (= Mk 15, 33 = Lk 23, 44); Joh 4, 6; 19, 14; Apg 10, 9. – [5] Mt 27, 46 (= Mk 15, 34); Apg 3, 1; 10, 30. – [6] Mt 8, 16 (= Mk 1, 32). – [7] Joh 4, 52. – [8] Joh 1, 39. – [9] Mt 20, 9.

2. Ein kurzer Zeitabschnitt[10].

[10] Joh 5, 35; 2 Kor 7, 8; Gal 2, 5; 1 Thess 2, 17; Phlm 15; Offb 17, 12; 18, 10. 17. 19.

3. Zeit, die durch ein Ereignis[11] oder durch irgendetwas[12] bestimmt ist; näherhin ist damit die Stunde des Zeitendes gemeint (die nur der Vater kennt), die Stunde des letzten Eingreifens des Herrn[13] und die messianische Stunde (die den Augenblick bezeichnet, den der Vater festgelegt hat, um seinen Sohn durch seine Taten und durch das Kreuz zu verherrlichen[14]).

[11] Mt 8, 13; 9, 22; Joh 4, 21. 23. – [12] Lk 1, 10; 14, 17; Joh 16, 21; Offb 3, 10; 14, 15. – [13] Mt 24, 36. 44. 50 (= Lk 12, 39. 46); 25, 13; Joh 5, 25. 28; 1 Joh 2, 18; Offb 3, 3. 10; 14, 7. 15. – [14] Mt 26, 45; Mk 14, 35. 41; Joh 2, 4; 7, 30; 8, 20; 12, 23. 27; 13, 1; 17, 1.

→ Mitternacht – Tag – Zeit

sühnen

Gr. *hilasmos*: »Sühne«, wird abgeleitet von *hilaskomai*: »sich gnädig, freundlich zeigen, verzeihen«[1], *hileōs*: »gnädig[2], huldvoll«. Hebr. *kippēr*: »verhüllen, verzeihen«. Die gr. Religion betrachtete den Reinigungsritus als Wiedergutmachung, die die Götter gnädig stimmen sollte; das AT dagegen stellte Jahwe in den Mittelpunkt; Jahwe wirkt selbst durch die kultische Handlung des *Hohenpriesters und verzeiht die Sünden[3]. Die Sünden sühnen bedeutet nicht – trotz der anderen Sprachentwicklung im Deutschen – die Strafe verbüßen, die als der Verfehlung angemessen betrachtet würde; es bedeutet, sich durch den tätigen Glauben durch Gott *versöhnen lassen. Jesus Christus, der mit seinem Blut für unsere Sünden gesühnt hat[4], verleiht der kultischen Handlung ihren Sinn: Jesus Christus ist der einzige *Fürsprecher (gr. *hilasmos*), durch den Gott gnädig und der Mensch Gott genehm wird[5].

[1] Lk 18, 13; Hebr 2, 17 △. – [2] Mt 16, 22; Hebr 8, 12 △. – [3] Ex 29, 36f; Lev 1, 4; 4, 20. 26. – [4] Hebr 2, 17. – [5] 1 Joh 2, 2; 4, 10 △.

→ Sühneplatte – Sünde – versöhnen – Versöhnungstag – verzeihen

Sühneplatte

Das gr. *hilastērion* (von *hilaskomai*: »sich gnädig machen wollen«) übersetzt das hebr. *kapporet*, das ursprünglich »das, was die Sünden bedeckt«, dann »das, was die Sünden wegnimmt« bedeutete. Eine mit zwei *Kerubim geschmückte Goldplatte, die im *Allerheiligsten die *Lade bedeckte. Ort der Gegenwart Gottes, an dem man durch die Vermittlung des *Hohenpriesters, der am *Versöhnungstag dort das Opferblut versprengte, die *Vergebung Jahwes erlangen konnte. Zur Zeit Jesu befand sie sich nicht mehr im Tempel[1].

[1] Ex 25, 17–22; Lev 16, 14; Röm 3, 25; Hebr 9, 5 □; vgl. 1 Joh 2, 2; 4, 10.

→ Blut – Lade – sühnen – vergeben – versöhnen – Versöhnungstag

Sünde

Von den Begriffen, die im Griechischen einen Mangel, einen Fehler bezeichnen, wird die Wortfamilie mit der Wurzel *hamart-* am häufigsten verwendet (296 Vorkommen). Zudem hat *hamartia* eine größere Bedeutungsbreite als *adikia*: »Unrecht«, das in den juristischen Sprachbereich gehört (22 mal), und als *parabasis* (von *para-bainō*: »zur Seite treten, übertreten«, das sich auf die Übertretung göttlicher Gebote bezieht (14 mal). Im Unterschied zur gr. Welt, in der das Verb *hamartanō*: »verfehlen« nicht Bosheit, sondern Irrtum oder Verhängnis voraussetzt, verknüpft das AT die Sünde (hebr. *ḥēṭ'*, *'āwōn*) wesensmäßig mit der Beziehung des Menschen zu Gott; sündigen heißt, dem *Bund untreu werden; die *Liebe verraten, sich von der Gemeinschaft absondern. Das einzige Heilmittel gegen die Sünde ist die *Vergebung, die der heilige Gott gewährt und die im *Versöhnungsfest zum Ausdruck kommt.

1. Jesus spricht wie ein Jude seiner Zeit. »Sünder« ist, wer nicht zum Bund gehört (der *Heide)[1] und wer den *Willen Gottes, der sich besonders im *Gesetz ausdrückt, nicht tut[2]. Jesus entlarvt die Sünde bis in ihre geheimsten Wurzeln in der inneren Einstellung[3]. Er erinnert an die unendliche *Barmherzigkeit Gottes, der allzeit bereit ist zu vergeben[4]; er erweist sich als Freund der Sünder[5]; ja, er läßt die Sünder nach[6], ein Nachlaß, der durch sein vergossenes *Blut und im Blick auf seine *Auferstehung voll wirksam wird[7]; einzig die *Lästerung gegen den Geist ist unvergebbar[8]. Der Glaubende schließlich soll, wie Gott, demjenigen vergeben, der gegen ihn sündigt[9].

[1] Mt 26, 45 (= Mk 14, 41); Lk 6, 32–34; 24, 7; vgl. Mt 9, 10f (= Mk 2, 15f = Lk 5, 30); Lk 15, 1f; 19, 7; Gal 2, 15. – [2] Mt 9, 13 (= Mk 2, 17 = Lk 5, 32); 19, 17–19 (= Mk 10, 19 = Lk 18, 20); vgl. Mt 15, 3; Lk 11, 42; 13, 2. – [3] Mt 5, 27f; 6, 22f; 15, 1–20 (= Mk 7, 1–23). – [4] Lk 11, 4; 15, 1–32; 18, 13. – [5] Mt 11, 19 (= Lk 7, 34); Lk 15, 1f; 19, 7. – [6] Mt 9, 2. 5f (= Mk 2, 5. 7. 9f = Lk 5, 20f. 23f); Lk 7, 37–50; 19, 9; Joh 5, 14; 8, 11. – [7] Mt 26, 28; Lk 24, 47; Apg 2, 38; 5, 31; 10, 43; 13, 38; 26, 18. – [8] Mt 12, 31 (= Mk 3, 28f). – [9] Mt 18, 15. 21 (= Lk 17, 3f).

2. Weil Paulus den Tod und die Auferstehung Jesu in ihrem tiefen Sinn begreift, durchschaut er den Ursprung, die Eigenart, die Macht und die

Universalität der Sünde und auch die Erlösung von ihr. Er erinnert daran, daß das Gesetz nicht vor der Sünde bewahrt (im Gegenteil!)[10], besteht darauf, daß alle Menschen gesündigt haben[11] und er führt die Gestalt des *Adam als denjenigen ein, mit dem der Zustand der Sündhaftigkeit durch die Handlung der personifizierten Sünde begann; Adam ist also das negative Gegenbild des Christus, der alle rettet[12]. Jesus, der die Sünde nicht gekannt hatte, ist wirklich für unsere Sünden gestorben[13], Gott »hat ihn für uns zur Sünde (= zum Sündenträger) gemacht«[14] und die Sünde, von der er befreit, verurteilt[15]. Durch die Taufe ist der Glaubende für die Sünde gestorben, doch er muß diesen *Tod jeden Tag neu aktualisieren[16].

[10] Röm 3, 20; 1 Kor 15, 56; Gal 3, 19. – [11] Röm 3, 23. – [12] Röm 5, 12–21; 7, 8–13; vgl. Jak 1, 15. – [13] Röm 5, 8; 1 Kor 15, 3; Gal 1, 4; Kol 1, 14; 1 Tim 1, 15; Tit 2, 14; Hebr 9, 15; 1 Petr 3, 18. – [14] 2 Kor 5, 21; Hebr 4, 15; 1 Petr 2, 22. 24. – [15] Röm 8, 2f; Hebr 1, 3; 2, 17; 5, 1; 7, 26f; 9, 26; 1 Petr 4, 1. – [16] Röm 6, 1–22; 8, 2.

3. Für Johannes besteht die Sünde der Welt in der gottfeindlichen Macht, die schon vor dem Menschen existierte, im *Teufel, dem Menschenmörder und Lügner[17]. Jesus nimmt diese Sünde weg, denn er besiegt den Fürsten dieser *Welt[18]. Der Mensch befindet sich ursprünglich in einem Zustand der Unentschiedenheit, den man als *Finsternis bezeichnen kann; die Sünde besteht darin, daß man die Finsternis dem einbrechenden *Licht vorzieht[19].

[17] Joh 8, 44; 1 Joh 3, 8. – [18] Joh 1, 29; 12, 31f; 16, 11. 33; 1 Joh 1, 7, 10; 2, 12; 3, 5; 4, 10; vgl. Offb 1, 5. – [19] Joh 1, 5; 3, 19; 9, 41.

→ *Einl.* XIV. 2. A–B. – Gerechtigkeit – Schulden – sühnen – Vergebung

Sychar
Gr. *Sychar*. Stadt in *Samarien, möglicherweise am Ort des früheren *Sichem, 128 v. Chr. zerstört und 72 n. Chr. wieder aufgebaut[1].

[1] Joh 4, 5 □.

→ *Karte* 4

[Symbol]
1. Gr. *symbolon* (von *syn*: »zusammen« und *ballō*: »setzen, stellen«): »Erkennungszeichen«. Ursprünglich ein in zwei Stücke geteilter Gegenstand (z. B. Ring, Stab), den die Besitzer (Gast, Gastgeber, Partner) auch ihren Kindern vererben konnten; durch Zusammenfügen beider Teile konnten sich die Partner gegenseitig erkennen, um einander die freundschaftlichen Beziehungen, die sie einten, zu beweisen. Im weiteren Sinn meint das Wort jedes Erkennungszeichen, jede Übereinkunft. Das Wort findet sich in der Bibel nur Weish 16, 6, wo es die eherne Schlange bezeichnet, auf die die Hebräer schauen mußten um gerettet zu werden, als »Rettungszeichen«.
2. Das Symbol begründet im allgemeinen Übereinkunft der Sprache, es verbürgt gegenseitiges Erkennen im Raum der Freiheiten. Es ist ein Signifikant, der in die Welt der Werte einführt, die er zum Ausdruck bringt und zu denen er gehört.
3. Das Symbol darf nicht mit der *Allegorie gleichgesetzt werden (z. B. Waage für die Gerechtigkeit), denn in ihm ist die Sache gegenüber der Idee primär; auch nicht mit der *Gestalt und nicht mit *Struktur, denn sein Inhalt ist nicht von dem Ausdruck zu trennen; auch nicht mit dem *Zeichen, denn das Symbol hat Anteil an dem, was es darstellt.

4. Man unterscheidet zwei Arten von Symbolen: das traditionelle Symbol, das für die Gemeinschaft konstitutiv ist (so die Sprache, so die Eucharistie) und das konventionelle Symbol, das ein Produkt der Gemeinschaft ist (so die *Zahlen *sieben oder *zwölf).
→ Allegorie – Typologie – Typos – Zeichen

Synagoge
1. Gr. *syn-agōgē*: »Zusammenkunft«, von daher »Ort der Zusammenkunft«, übersetzt das aram. Wort *kᵉništā*: »Bethaus«.
2. Das *Gebäude* ist nach Jerusalem hin orientiert, denn jeder Jude, der beten will, wendet sich dem *Tempel zu[1]. Es besteht aus einem Saal, der keinen *Altar, wohl aber einen heiligen Schrein (Erinnerung an die *Lade) mit den Schriftrollen von *Gesetz und Propheten enthält. Sie wird nicht von einem Priester, sondern von einem Laien geleitet, dem *Synagogenvorsteher,* der unter den Angesehenen des Dorfes oder des Viertels gewählt wird. Ihm zur Seite steht der *ḥazzān,* eine Art Sakristan, der auch die Rolle des Vorsängers und selbst die des Schulleiters übernimmt. Der *Sabbatgottesdienst* setzt sich aus Gebeten, Lesungen aus dem Gesetz und einem Prophetenabschnitt zusammen, die sofort aus dem Hebräischen in das Aramäische übertragen werden, schließlich aus einer Unterweisung, die oft von den *Pharisäern übernommen wird, aber auch einem der Anwesenden übertragen werden kann[2]. Die Zusammenkunft endet mit einem Segen[3]. Während der Woche führen die *Schriftgelehrten die jungen Leute in den Sinn der Schrift ein. Die Synagogen werden auch zum Ausgangspunkt der christlichen Verkündigung[4].

[1] Vgl. Dan 6, 11. – [2] Lk 4, 16–22; Apg 13, 15. – [3] Num 6, 24–26. – [4] Apg 17, 10–12; vgl. 16, 13; Mk 10, 25; Jak 2, 2.

→ *Einl.* I. 5; IV. 7. A; XII. 1. B. – Kirche

[Synopse]
Gr. *synopsis*: »Zusammenschau«. Ein Buch, das den Text der drei ersten Evangelien, griechisch oder deutsch, nicht hintereinander wiedergibt, sondern in Kolumnen nebeneinander, so daß Übereinstimmungen und Unterschiede des Textes miteinander verglichen werden können. Jedes der drei Evangelien muß vollständig wiedergegeben werden sowohl nach seinem eigenen Aufbau (auch wenn sein Text mehrere Male wiederholt werden muß) und in seiner synoptischen Ordnung (in der Beziehung, in der er zu den beiden anderen Evangelien steht). Jedes Evangelium wird also nach der normalen Textfolge wiedergegeben, aber auch unterbrochen je nachdem wie es die beiden anderen Texte verlangen. Manche Autoren haben das vierte Evangelium im Blick auf die Synoptiker gestückelt; doch damit ist sein Zusammenhang gestört; es wäre besser, dies Evangelium am Ende des Bandes mit den unerläßlichen Vergleichen geschlossen wiederzugeben. Nicht zu verwechseln mit *Konkordanz.

[synoptisch]
Gr. *synoptikos,* Adjektiv, das *syn-opsis* entspricht: »Zusammenschau«, wodurch es möglich wird, verschiedene Elemente mit einem Blick zu erfassen.

1. Die drei ersten Evangelien (Mt, Mk, Lk) werden Synoptiker genannt, denn sie folgen – mit zahlreichen Unterschieden und Ähnlichkeiten – einem gemeinsamen Grundaufbau.
2. Bezeichnet eine Übersicht, auf der verschiedene Texte wiedergegeben werden, z. B. eine *Synopse.

Syrien
Gr. *Syria,* abgekürzte Form von *Assyria.* Zentrum des alten gr. Reiches, das die Juden unterdrückte[1]; seit 65 v. Chr. römische *Provinz, umfaßt *Palästina, den Libanon, einen Teil des heutigen Syrien und der südöstlichen Türkei, mit der Hauptstadt *Antiochia. Da es an *Galiläa angrenzt[2], bringt es das Heidentum vor die Tore von Israel[3]. Die Grundhaltung der Bevölkerung ist oft ziemlich ablehnend, doch gleichzeitig ist man an den Kontakt mit den Juden gewöhnt, denn nicht wenige leben hier[4].

[1] 1 und 2 Makk. – [2] Mt 4, 24. – [3] Mk 7, 24–26. – [4] Gal 1, 21; Apg 11, 26; 15, 23; 18, 18; 20, 3; 21, 3.

→ *Karte 3*

Taddäus
Gr. *Thaddaios*. Einer der *Zwölf, in einigen Manuskripten wird er Lebbäus genannt; Lk nennt Judas an seiner Stelle[1].
[1] Mt 10, 3; Mk 3, 18; Lk 6, 16; Apg 1, 13 □.

Tag, Tageszeit
Gr. *hēmera*.
1. Wie in allen anderen Kulturen, erstreckt sich der Tag »vom Morgen bis zum Abend«[1]; er ist der Gegensatz zur *Nacht, so wie das *Licht der Gegensatz zur *Finsternis ist. Die wirkliche Dauer des Tages konnte, je nach der Jahreszeit, zehn bis vierzehn *Stunden betragen, doch man zählte immer nur »zwölf Stunden« an einem Tag[2]. Der Tag wechselt mit der Nacht[3], man sagt, daß es Tag wird[4], man spricht von der Hitze des Tages[5], vom Tag, der zur Neige geht[6]. Mit der aufeinanderfolgenden Erwähnung des Tages und der Nacht ist ein gewisser Zeitraum gemeint[7].
[1] Apg 28, 23. – [2] Joh 11, 9. – [3] Lk 21, 37; Joh 9, 4; Apg 27, 33. 39. – [4] Lk 6, 13. – [5] Mt 20, 12. – [6] Lk 9, 12; 24, 29. – [7] Mt 4, 2; 12, 40; 1 Thess 2, 9; 2 Thess 3, 8; 1 Tim 5, 5; Offb passim.

2. Die Römer rechneten den Tag von Mitternacht bis Mitternacht, die Juden zur Zeit Jesu aber machten ihre Festrechnung vom kultischen Mondkalender abhängig. Der Tag begann mit dem Aufgehen des Mondes und dauerte bis zum nächsten Tag abends[8]. Das Paschafest begann mit der ersten *Nachtwache[9]; der *Sabbat »beginnt zu leuchten« am Freitag abend[10] und der Anfang des »Morgens nach dem Sabbat« findet am Samstag abend statt[11]. Zur Bezeichnung eines vollen Tages gebraucht man gern den Ausdruck »Nacht *und* Tag«[12]; im Griechischen hat man für die Dauer einer Nacht und eines Tages den Ausdruck *nycht-hēmeron*[13].
[8] Dtn 23, 11; Mk 16, 1f. – [9] Joh 19, 31. – [10] Lk 23 54. – [11] Mt 28, 1. – [12] Mk 4, 27 5, 5; Lk 2, 37; Apg 20, 31; 26, 7; 1 Thess 3, 10; 2 Tim 1, 3. – [13] 2 Kor 11, 25.

→ Abend – Hahnenschrei – Kalender – Morgen – Nacht – Nachtwache – Stunde

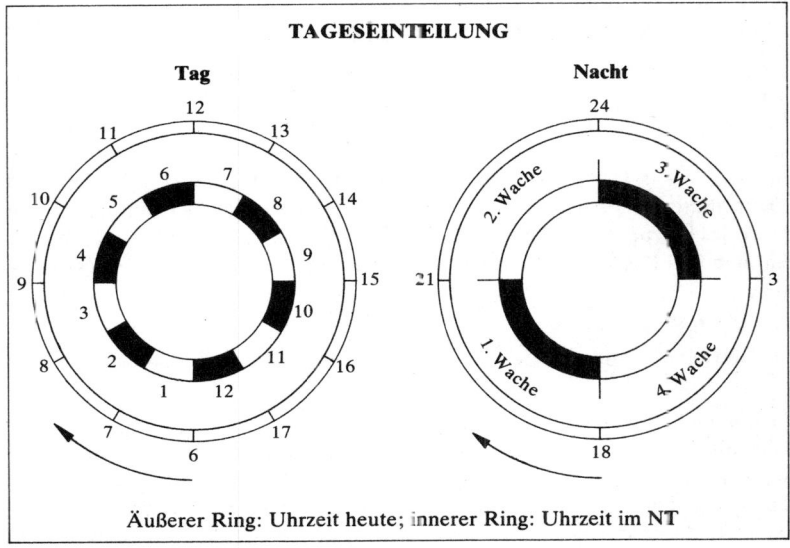

Äußerer Ring: Uhrzeit heute; innerer Ring: Uhrzeit im NT

Tag des Herrn
1. Gr. *hēmera tou Kyriou*. Ein feststehender Ausdruck für den Sieg Gottes über seine Feinde[1]. Die Vorstellungen, mit denen man dies Ereignis umschreibt, haben sich konstant gehalten: der Kriegsgott der früheren Überlieferungen[2], der Schöpfergott, der im uranfänglichen Kampf über die *Bestien und das Chaos siegt[3], das überraschend Plötzliche seines Kommens[4], die völlige Umwandlung des Universums[5]. Nach diesem Glauben kann man sich die *Herrschaft Gottes über alle Menschen und alle Zeiten denken; sie läßt sich nur begreifen als ein Ereignis, das am *Ende der Welt steht[6]. Zur Zeit Jesu hatte sich die biblische Überlieferung in dreierlei Hinsicht weiterentwickelt. Der Tag betrifft nicht mehr nur Israel, sondern alle *Nationen[7]. Er ereignet sich nicht innerzeitlich, sondern am Ende der Geschichte[8]. Er ist ebenso sehr der Tag des Herrn Jesus wie der Tag Gottes[9].

[1] Jes 13, 2–6; Ez 30, 3; Zef 1, 7; 2 Thess 2, 2. – [2] Num 10, 35f; Jos 10, 12f; Jes 9, 3; 28, 21; Hos 2, 2; Mt 24, 29f. – [3] Jes 24, 1; Ez 38; Mt 24, 29; Offb 19, 11–21, 1. – [4] Am 5, 18f; Mt 24, 44; 1 Thess 5, 2f; Offb 3, 3. – [5] Ps 93; 98; Apg 1, 6; 3, 20; Röm 8, 19–22; Phil 3, 20f. – [6] Ps 96; 97; 1 Kor 15, 24–28. – [7] Zef 2, 4–15; Sach 14, 12–20. – [8] Dan 8, 17; 9, 26; 11, 35–40; Apg 2, 17; 1 Thess 4, 16f; 1 Kor 15, 52. – [9] Mt 24, 30f; Lk 17, 24; 1 Kor 1, 8; Phil 1, 6. 10.

2. Die Auferstehung Jesu am Ostertag ist eine innerzeitliche Vorwegnahme des Sieges Gottes über den Tod. So ist Der Tag nicht mehr nur ein zu erwartendes Ereignis; er hat sich im Glaubenden, der zum »Sohn des Tages«[10] wird, verinnerlicht. Ohne die Überlieferung vom Letzten Tag zu tilgen[11], läßt Johannes das Licht von Ostern und *Parusie im Leben Jesu gegenwärtig aufscheinen[12].

[10] 1 Thess 5, 5. – [11] Joh 6, 39f. 44. 54; 11, 24; 12, 48; 1 Joh 4, 17. – [12] Joh 5, 24f; 12, 31; 14, 3. 20–23; vgl. Mt 28, 20.

3. Auch der »Sonntag« ist der Tag des Herrn; er ist besonders dem Gottesdienst geweiht[13]. Er erinnert an die Großtat Gottes, der Jesus auferweckte und weist auf die Wiederkunft Christi hin.

[13] Apg 20, 7; 1 Kor 16, 2; Offb 1, 10.

→ Gericht – Maranatha – Parusie – Stunde – Zeit

Talent
Gr. *talanton*. Das höchste gr. Zahlungsmittel, entspricht einem Silber*gewicht, das je nach den Festlegungen zwischen 26 und 34, ja bis 41 kg wog und in etwa 6000 Denaren entsprach. Die jährliche Steuer von Galiläa und Ostjordanland betrug zusammen 200 Talente; das jährliche Einkommen von Herodes betrug 900 Talente. Von hier aus läßt sich die sagenhafte Höhe der Summe von 10 000 Talenten ermessen; sie entspricht dem, was 16 000 Menschen in 10 Jahren verdienten[1].

[1] Ex 25, 39; Mt 18, 24; 25, 15–28 □.

→ Gewichte – Münzen

[Talionslehre]
Ein aus dem lat. abgeleitetes Wort, mit dem Adjektiv *talis* verwandt: »so wie«. Fachbezeichnung für das atl. Gesetz, das bestimmt, daß das Strafmaß dem Vergehen zu entsprechen habe[1], im Unterschied zu einer wild wuchernden *Rache, wie sie etwa Lamech übte[2]. Jesus ersetzt das »Auge um Auge,

Zahn um Zahn« durch die Aufforderung an seine Jünger, ihre *Feinde zu lieben[3].

[1] Ex 21, 23–25; Lev 24, 18. 21; Dtn 19, 21. – [2] Ger 4, 23f. – [3] Mt 5, 38; vgl. Röm 12, 19f.

→ *Einl.* VI. 4. C. b. – Feind – Rache

[Talmud]

Hebr. *talmūd*: »Studium, Lehre«. Eine Sammlung von Erklärungen zu rechtlichen und haggadischen Texten (→ *Midrasch) der *Tora. Er enthält neben der *Mischna: »Lehre«, die *Gemara*: »Lehre«, dann die »Ergänzung«, und die *Baraitōt*: »äußere (Lehren)«. Der Talmud bildet die Tora im weiteren Sinn.
Der Jerusalemer oder Palästinische Talmud wurde im 4. Jh. n. Chr. abgeschlossen, der Babylonische Talmud Ende des 5. Jh. Er ist viermal umfangreicher als der Palästinische. Die *talmidim* sind Jünger von Rabbinen des *Rabbinismus.

tanzen

Der Festschmaus war mit Tanz (gr. *choros*) verbunden[1]. Tanzen (gr. *orcheomai*) sollte Ausdruck der eigenen Freude sein oder die Gäste erheitern[2].

[1] Lk 15, 25 △. – [2] Mt 11, 17 (= Lk 7, 32); 14, 6 (= Mk 6, 22) △.

→ *Einl.* IX. 7. – Lied

[Targum]

Aram. *targūm*. Ursprünglich hetitischer Ausdruck mit der Bedeutung: »bekannt machen, erklären, übersetzen«. Eine aramäische Paraphrase der Bibel, die bei den Juden seit der Zeit nach der Rückkehr vom *Exil notwendig geworden ist. Von *Pentateuch ist das Targum Jerusalem II (von dem jüngst ein vollständiges Manuskript, Targum Neofiti genannt, entdeckt wurde) bekannt, der babylonische Targum Onkelos, das offiziell anerkannt wird, und das Targum Pseudo-Jonatan (Targum Jerusalem I, palästinischer Herkunft), das sich von den beiden genannten herleitet.

→ *Einl.* V. 3. B.

Tarsus

Gr. *Tarsos, Tarseus*. Hauptstadt vom Kilikien. Bedeutendes Zentrum griechisch-römischer Gelehrsamkeit. Heimat des Paulus[1].

[1] Apg 9, 11. 30; 11, 25; 21, 39; 22, 3 □.

→ *Einl.* IV. 2. C; IV. 3. C. – *Karte* 2

Tartarus

Gr. *Tartaros*. In der griechisch-lateinischen Mythologie einer der Namen zur Bezeichnung der *Totenwelt, des Straforts für die Bösen, im Unterschied zu den elysäischen Gefilden, dem Ort des Glücks für die Guten[1].

[1] 2 Petr 2, 4; vgl. Jud 6 □.

→ Totenwelt

taub

Gr. *kōphos*¹: »abgestumpft«, ein Wort, das sowohl «taub« als auch »*stumm« bedeuten kann, weil man davon ausging, daß die beiden Gebrechen oftmals miteinander gekoppelt sind². Wenn man von dem epileptischen Kind absieht³, wird die Taubheit, im Gegensatz zur Stummheit, nicht auf dämonische Besessenheit zurückgeführt. Durch Heilung von der Taubheit vollbringt Jesus messianische Taten⁴. Im übertragenen Sinn kann die Taubheit die Weigerung meinen, dem *Wort Gottes zu gehorchen; dann ist man »unbeschnittene Ohren«⁵.

¹ Mk 7, 37. – ² Mk 7, 32. – ³ Mk 9, 25. – ⁴ Jes 35, 5; Mt 11, 5 (= Lk 7, 22). – ⁵ Jer 6, 10; Apg 7, 51.

→ Krankheit – Ohr

Taube

Gr. *peristera*. Gattungsname für mehrere Vögel: Feldtaube, Ringeltaube, Turteltaube, Taube. Die Taube ist in Palästina sehr verbreitet; sie ist der am häufigsten in der Bibel erwähnte Vogel. Von armen Leuten wurde sie als Opfer dargebracht, besonders bei den *Reinigungsriten¹. So erklärt sich die Anwesenheit der Taubenhändler im Tempel². Die Taube, mit der der auf Jesus nach seiner Taufe herab kommende Geist verglichen wird³, läßt sich nicht ganz sicher deuten: sie kann an die Liebe Gottes erinnern⁴ oder – wenn man einer bestimmten Richtung jüdischer Interpretation folgt – an die neue Schöpfung⁵. Die Arglosigkeit – oder Einfältigkeit – der Taube ist sprichwörtlich⁶.

¹ Lev 5, 7; 12, 8; Lk 2, 24. – ² Mt 21, 12 (= Mk 11, 15); Joh 2, 14. 16. – ³ Mt 3, 16 (= Mk 1, 10 = Lk 3, 22); Joh 1, 32. – ⁴ Vgl. Hld 2, 14; 5, 2. – ⁵ Vgl. Gen 1, 2. – ⁶ Hos 7, 11; Mt 10, 16 □.

Taufe

Gr. *baptisma/baptismos,* von *baptō,* einem Verbum, das mit der Zeit sich auf die Bedeutung »färben« einschränkte und durch *baptizō*: »tauchen, eintunken« ersetzt wurde.

1. Ein vielen Religionen gemeinsamer Ritus (reinigendes *Wasser und Quelle des Lebens), den sich die *Essener zu eigen gemacht haben und zwar in der Form eines täglichen Bades als Symbol für das Streben nach einem reinen Leben und das Trachten nach der reinigenden Gnade; auch die Juden kannten diese Praxis bei der Aufnahme der *Proselyten in das Volk Israel. Die Taufe des *Johannes unterscheidet sich in doppelter Hinsicht von den übrigen: Sie ist allen Menschen angeboten, und sie wird nicht wiederholt; sie bedeutet Ruf zur *Umkehr und Vorwegnahme der messianischen Taufe mit Heiligem Geist und Feuer¹. Noch lange nach dem Tod des Johannes war sie in verschiedenen Täufersekten gespendet². In der Überlieferung der Evangelien zeigt sich die Tendenz, die Tätigkeit des Täufers ab- und seine Rolle als Vorläufer aufzuwerten³.

¹ Mt 3, 6–12 (= Mk 1, 4–8 = Lk 3, 3–18); 21, 25 (= Mk 11, 30 = Lk 20, 4); Lk 7, 29f; Joh 1, 25–33; 3, 23; Apg 1, 22; 10, 37; 11, 16; 13, 24. – ² Apg 18, 25; 19, 3f. – ³ Vgl. mit Mt/Mk: Lk 3, 21; Joh 1, 32.

2. Jesus ließ sich von Johannes taufen⁴. Diese Tat erklärt man dahin, daß er sich mit den Sündern, deren Sünde er hinwegnimmt, solidarisch erklären wollte⁵. Jesus hat selbst den Ritus der Taufe praktiziert⁶, und zwar durch

seine Jünger; diese Taufe darf weder mit der des Johannes noch mit der der Geisttaufe, sondern mit der »im Namen Jesu« gleichgestellt werden[7].

[4] Mt 3, 13–17 (= Mk 1, 9–11 = Lk 3, 21f). – [5] Mt 3, 14f; Joh 1, 29. – [6] Joh 3, 22. – [7] Joh 3, 23–30; 4, 1f; vgl. Apg 2, 38.

3. Seit ihren Anfängen hat die Kirche die Taufe[8] im *Namen Jesu[9] gespendet, d. h. im Hinblick auf die Zugehörigkeit zu Jesus und durch die Macht des Herrn[10]; sie brachte ihre Tätigkeit mit einem Befehl des Auferstandenen in Zusammenhang[11].

[8] Apg 2, 41; 8, 12. 16. 36. 38; 9, 18; 10, 47f; 16, 15. 33; 18, 8; 19, 5; 22, 16; 1 Kor 1, 13–17; 15, 29; Hebr 6, 2. – [9] Apg 2, 38; 8, 16; 10, 48; 19, 5. – [10] Apg 22, 16; 1 Kor 10, 2; 12, 13; Eph 4, 5. – [11] Mt 28, 19.

4. Es gibt verschiedene Interpretationen dieses Ritus. Die Taufe ist Zeichen der Einheit der Gläubigen[12], die alle dazu aufgerufen sind, dasselbe Leben des Christus zu leben[13]. Sie taucht den Katechumenen in den Tod des Christus ein und gewährt den Anspruch auf das neue Leben nach der Art des Auferstandenen[14]. Sie ist eine Neugeburt[15], ein Siegel[16], eine Erleuchtung[17], eine neue Beschneidung[18], ein Bad der Wiedergeburt[19]: Wenn jemand in Christus ist, ist er eine neue *Schöpfung[20].

[12] Eph 4, 5. – [13] Gal 3, 27. – [14] Röm 6, 3–5; Kol 2, 12 1 Petr 3, 18–21. – [15] Joh 3, 5. – [16] 2 Kor 1, 22; Eph 1, 13; 4, 30. – [17] Eph 5, 8–14; Hebr 6, 4. – [18] Kol 2, 11. – [19] Tit 3, 5. – [20] 2 Kor 5, 17.

5. Ein Bildwort für das Leiden Jesu[21].

[21] Mk 10, 38f; Lk 12, 50.

→ *Einl.* XI. 3. – Bad – Geist Gottes – Waschung – Wasser

täuschen

→ Irrtum – verführen

Teich

Gr. *kolymbēthra*. Der sommerlichen Trockenheit wegen wurden unterirdisch oder unter freiem Himmel Wasserbecken in den Felsen gehauen; sie wurden gespeist entweder vom Regen oder durch Quellen, die manchmal weit weg lagen, so daß das Wasser durch Kanäle herangeführt werden mußte. Diese Becken waren für den allgemeinen Gebrauch zugänglich, und dienten als Tränke für die Herden und als eine Art Kufe für die Handwerker[1].

[1] 2 Sam 2, 13; 4, 12; 1 Kön 22, 38; 2 Kön 18, 17; 20, 20; Neh 2, 14; 3, 15; Jes 7, 5; 22, 9. 11; Nah 2, 9; Joh 5, 2. 7; 9, 7 □.

→ Betesda – Schiloach

Tempel

1. Gr. *hieron* (von *hieros*: »geweiht«), bezeichnet die Gesamtheit des Bauwerks, den »Tempel«; gr. *naos* dagegen den Teil des Tempels, in dem Gott wohnt, das »Heiligtum«; diese Unterscheidung wird in den Übersetzungen nicht immer berücksichtigt.
Andere, seltenere Bezeichnungen: »der (heilige) Ort« (gr. *topos hagios*)[1], »das Heilige« (gr. *to hagion, ta hagia*)[2]. Zur Bezeichnung des Tempels im geistlichen Sinn benutzt das NT nur *naos*.

[1] Mt 24, 15; Joh 4, 20; 11, 48; Apg 6, 13f; 7, 49; 21, 28. – [2] Hebr 8, 2; 9, 1. 2. 3. 8. 12. 24. 25; 10, 19; 13, 11 △.

2. Der Tempel in Jerusalem ist ein imposantes Bauwerk mit einem Umfang von rund 1500 m; Herodes der Große errichtet ihn wieder, i. J. 70 wird er zerstört. Er ist in zwei Teile unterteilt: ein Vorhof, zu dem jedermann freien Zugang hatte, und das eigentliche Heiligtum, das Nicht-Juden nicht betreten durften[3]. Der umgrenzte Raum, der *Vorhof der Heiden* bildet einen weiten Vorplatz, der als öffentlicher Platz benutzt wird. Er ist von *Säulenhallen* umgeben (darunter im Osten die Halle Salomos[4] mit 11 m hohen Säulen), in denen die Menge herumgeht[5] oder sich sammelt, um der Belehrung über das *Gesetz zuzuhören[6]. Die Verkäufer[7] bieten Tiere für die Opfer feil und die Geldwechsler jüdische Münzen, die erforderlich waren, wenn man die *Steuer, einen halben *Schekel, bezahlen wollte. In der Mitte des Tempelplatzes gelangte man durch die Schöne Pforte[8] zunächst in den *Vorhof der Frauen*, einem Viereck von ungefähr 65 m Seitenlänge, wo sich, nahe bei der Schatzkammer, die Opferkästen[9] befinden; von dort gelangt man in den *Vorhof der Männer*, der wiederum den *Hof der Priester* umschließt, in dem sich der *Altar für die Brandopfer befindet. Schließlich erreicht man ein Gebäude, das einen ersten Saal, das *Heiligtum*[10] enthält; dort steht der Rauchopferaltar, der goldene *Leuchter, der Tisch mit den *Schaubroten; ein zweifacher Vorhang trennt von einem weiteren Raum, der zur Zeit Jesu leer war; hier ist *das Allerheiligste*[11].

[3] Apg 21, 28. – [4] Joh 10, 23. – [5] Mt 21, 14f; Mk 11, 27. – [6] Mt 26, 55; Joh 7, 14. – [7] Mk 11, 15. – [8] Apg 3, 2. – [9] Mk 12, 41. – [10] Lk 1, 9. – [11] Hebr 9, 3.

3. Der Tempel ist das Herz im Leben Israels. Hier werden jeden Tag *Brand- und Rauchopfer dargebracht; hier wird zur festgelegten Stunde gebetet[12]; dreimal im Jahr, zumindest aber an *Pascha (vorausgesetzt, daß das Gebot absolut verpflichtend war), soll man von überallher im Land, ja selbst sogar von den fernsten Gegenden in einer *Wallfahrt hinaufziehen[13]; hier muß schließlich das Pascha*lamm, das in den Häusern gegessen wird, geschlachtet werden.

[12] Apg 3, 1. – [13] Lk 2, 41.

4. Jesus beachtet und bejaht die kultischen Handlungen im Tempel, den Formalismus dagegen, in den sie ausarten, verdammt er[14]. Er will, daß man den Tempel achtet[15], obgleich er doch seine Zerstörung für die nahe Zukunft ankündet[16]. Bei seinem Tod zerreißt der *Vorhang und das Heiligtum verliert seine Weihe[17]. Die Glaubenden haben Jesus Christus als das wahre Heiligtum verstanden, ein Heiligtum im Fleisch, das nach seiner Auferstehung wiederhergestellt wird und dem von da an der neue Kult gilt[18].

[14] Mt 5, 23f; 12, 2–7 (= Mk 2, 24–26 = Lk 6, 2–4); 23, 16–22; Lk 2, 22–50. – [15] Mt 21, 12–17 (= Mk 11, 11–17 = Lk 19, 45f); Mk 11, 16; Joh 2, 13–17. – [16] Mt 23, 38f (= Lk 13, 35); 24, 2 (= Mk 13, 2 = Lk 21, 6); 26, 60f (= Mk 14, 58); 27, 39f (= Mk 15, 29). – [17] Mt 27, 51 (= Mk 15, 38 = Lk 23, 45). – [18] Joh 2, 19–21.

5. Nachdem die Gläubigen eine Zeitlang in den Tempel gegangen waren[19], erkannten sie, daß die Kirche (z. B. die von Korinth) das Heiligtum Gottes ist; sein Fundament ist Christus[20], Heiden und Juden können darin Zutritt haben[21]. Jeder Christ ist selber ein Tempel Gottes, ein Heiligtum des Geistes[22], ein lebendiger Stein in dem Heiligtum, das nicht von Menschenhänden gemacht ist, im Heiligtum, von dem die *Propheten geträumt hatten[23].

[19] Apg 2, 46; 3, 1–11; 21, 26. – [20] 1 Kor 3, 16f; 2 Kor 6, 16–18. – [21] Eph 2, 14–22. – [22] 1 Kor 3, 17; 6, 19; 2 Kor 6, 16. – [23] Jes 66, 1f; Apg 7, 49–51; 17, 24.

6. Für den *Hebräerbrief ist das himmlische Heiligtum das Vorbild für das irdische; dort ist Jesus Christus eingetreten, der einzigartige Hohepriester, um uns den Zugang zu Gott zu öffnen²⁴. Die Offenbarung des Johannes beschreibt dieses Heiligtum, das letztlich nichts anderes ist als Gott selbst und das *Lamm²⁵.

²⁴ Hebr 4, 14; 6, 19f; 9, 11–14. 24; 10, 19f. – ²⁵ Offb 5, 6–14; 7, 15; 21, 22.

→ *Einl.* XIII. 1. A. – das Allerheiligste – das Heilige – Kult – Opfer – Schatzkammer – Vorhang – Zinne

Tempelweihefest

Gr. *egkainia*: »Erneuerung«, oder *phōta*: »Lichter«; hebr. *ḥanukkā*: »Einweihung«. Dieses Fest, begangen im Winter, soll an die im Dezember 164 v. Chr. erfolgte neue Einweihung des Altars erinnern, der drei Jahre zuvor durch Antiochus Epiphanes entweiht worden war¹. In liturgischer Hinsicht erinnert es an das *Laubhüttenfest², an dem die Weihe des salomonischen Tempels stattgefunden hatte³: Laubhütten, Hallen und Leuchter vor allem. Johannes spielt auf das Fest an; vielleicht verstand er es als eine Wiederholung des Laubhüttenfestes; er legt den Nachdruck auf das Thema der *Heiligung auf dem *Opferaltar⁴.

¹ 1 Makk 1, 54. 59; 4, 36–59; vgl. Num 7. – ² 2 Makk 1, 9. 18; 10, 6. – ³ 1 Kön 8, 2. 62–66. – ⁴ Joh 10, 22. 36 □.

→ *Einl.* XIII. 3. C. – Fest – Greuel der Verwüstung

Testament

Von lat. *testamentum* als Übersetzung des gr. *diathēkē*: »*Bund«.

1. Der Begriff meint nicht nur die »testamentarische Verfügung«, den juristischen Akt, durch den einer für den Fall seines Todes über seine Güter »verfügt« (gr. *dia-tithēmai*)¹; er gibt auch den Sinn des hebr. Wortes *bᵉrīt* (im gr. mit *diathēkē* übersetzt) wieder, womit ein Bündnispakt gemeint ist, durch den Gott sich verpflichtet, unter gewissen Bedingungen diejenigen, die sein Volk geworden sind, mit Gütern zu überschütten. Das Wort legt weniger Nachdruck auf den bilateralen Charakter eines jeden Bündnisses, dafür um so mehr auf die Autorität des Erblassers.

¹ Lk 22, 29; Gal 3, 15. 17; Hebr 9, 16.

2. Buch des Bundes, der zwischen Gott und seinem Volk besteht². Das »Neue Testament« erhielt diese Bezeichnung nach den Worten, die Jesus in Anspielung an den Propheten Jeremia³ beim Letzten *Mahl sprach⁴. Das Wort »Neu« zielt nicht auf die Verdrängung, sondern auf die *Erfüllung des AT, mit dem es in lebendiger und durchgehender Verbindung steht⁵.

² 2 Kor 3, 14. – ³ Jer 31, 31. – ⁴ Lk 22, 20. – ⁵ 2 Kor 3, 6.

3. Literarische Gattung der *Abschiedsreden; ihr Typus findet sich in den *Testamenten der Zwölf Patriarchen.

→ *Einl.* VI. 4. B. c. – Abschiedsreden – Bund

[Testamente der Zwölf Patriarchen]

Abschiedsreden, die den zwölf Söhnen Jakobs in den Mund gelegt werden. Dies jüdische Apokryph entstand zwischen 100 v. Chr. und 100 n. Chr.; es enthält auf Moral zielende Unterweisungen, die der in *Qumran vertretenen Lehre verwandt sind.

Tetrarch
Gr. *tetr(a)-archēs* (»vier« und »Führer«): »Derjenige, der über ein Gebiet herrscht, das den vierten Teil einer Provinz umfaßt«. Titel der Gouverneure in den griechischen Königreichen im Orient. Rom vergibt diesen Titel an Prinzen, die nicht bedeutend genug sind, um den Titel König zu tragen, wie etwa *Herodes Antipas[1].

[1] Mt 14, 1; Lk 3, 1. 19; 9, 7; Apg 13, 1 □.

Teufel
Gr. *diabolos* (von *dia-ballō*: »trennen, anklagen, verleumden«): »Verleumder«[1]. Ein anderer Name des *Satan[2] und eines jeden Gegners des *Reiches Gottes[3]. Er geht hier auf Erden listig zum Werk[4] und bringt eine Brut hervor[5]. Der Christ muß sich ihm widersetzen[6]. Der Teufel hat die Gewalt über den Tod, doch er wird vernichtet werden[7].

[1] 1 Tim 3, 11; 2 Tim 3, 3; Tit 2, 3. – [2] Mt 4, 1–11 (= Lk 4, 2–13); 25, 41; Offb 12, 9; 20, 2. – [3] Joh 6, 70; 13, 2; 1 Joh 3, 8; Jud 9. – [4] Mt 13, 39; Lk 8, 12; Hebr 2, 14; Offb 2, 10; 12, 12. – [5] Joh 8, 44; Apg 10, 38; 13, 10; 1 Joh 3, 10. – [6] Eph 4, 27; 6, 11; 1 Tim 3, 7; 2 Tim 2, 26; Jak 4, 7; 1 Petr 5, 8. – [7] 1 Tim 3, 6; Hebr 2, 14; Offb 20, 10 □.

→ Dämonen – Satan – verleumden

[Textkritik]
Wissenschaftszweig, der versucht, ausgehend von den verschiedenen Lesarten in der handschriftlichen Überlieferung, den ursprünglichen Text festzustellen.

Theophanie
Erscheinen (gr. *phainesthai*: »erscheinen«, *phaneros*: »sichtbar«) Gottes *(theos)* nicht nur im Verlauf eines *Traums oder in einer Vision, sondern in einer sinnlich wahrnehmbaren Offenbarung, in Gestalt eines Menschen oder Engels, oder auch in kosmischen Ereignissen. Im NT gibt es nur wenige Theophanien[1].

[1] Vgl. Mt 28, 3–4; Apg 7, 2. 30. 35.

→ Offenbarung – sehen

Thessalonich
Gr. *Thessalonikē*. Heute *Thessaloniki*. Makedonische Stadt, gegründet um 315 v. Chr., seit 42 v. Chr. eine freie Stadt. Hier beginnt die *via Egnatia* (wichtige Landverbindung nach Italien). Lebhafter Durchgangsverkehr. Eine der ersten Kirchen, die Paulus in Europa gründete[1].

[1] Apg 17, 1. 4f. 11. 13; 20, 4; 27, 2; Phil 4, 16; 1 Thess 1, 1; 2 Thess 1, 1; 2 Tim 4, 10 □.

→ *Einl.* XV. – Thessalonicher (Brief an die) – *Karte* 2

[Thessalonicher (Brief an die)]
1. Der erste Brief ist die älteste Schrift des NT (wenn man von einigen Gelehrten absieht, die den Galaterbrief in das Jahr 49 datieren); Paulus

schickte ihn i. J. 50/51 von Korinth aus (vgl. Apg 15, 36–18, 17) an die Gemeinde von Thessalonich, die er selbst früher gegründet hatte und die nun Verfolgungen ausgesetzt war.

2. Der zweite Brief wurde, vermutlich gegen 52, von Paulus aus Korinth an dieselben Adressaten gerichtet, deren Lage sich verschärft hatte. Nach Meinung einiger Forscher ein um 70 redigierter, nicht authentischer Brief.

→ *Einl.* XV.

Theudas

Ein Rebell, der beim Tod Herodes des Großen (4 v. Chr.) Palästina gegen die Römer aufwiegelte[1]. Josephus datiert diese Revolte unter die Regierung des Fadus (44–46 n. Chr.).

[1] Apg 5, 36 □.

→ Zelot

Throne

→ Herrschaften

Thyatira

Gr. *Thyateira*. Wichtiger wirtschaftlicher Knotenpunkt an der Straße von *Pergamon nach *Sardes. Von hier stammt die *Purpurhändlerin Lydia[1].

[1] Apg 16, 14; Offb 1, 11; 2, 18. 24.

→ *Karte* 2

Tiberias

Gr. *Tiberias*. Eine gegen 17–22 n. Chr. von *Herodes Antipas am südwestl. Ufer des Sees *Gennesaret gegründete Stadt, nach dem Kaiser *Tiberius benannt; tritt als neue Hauptstadt von Galiläa an die Stelle von Sepphoris; mit einem königlichen Palast, einem Stadion und einem Parlament (600 Mitglieder). Die Juden weigerten sich in dieser, auf alten Gräbern erbauten Stadt zu leben; doch kurz nach der Gründung wurde der Bann aufgehoben. Durch die heißen Quellen wurden die Leute angezogen, und im 2. Jh. ließ sich hier die berühmte rabbinische Schule von Juda dem Heiligen nieder, einem der Hauptredakteure der *Mischna. Die Evangelien berichten an keiner Stelle, daß Jesus in dieser Stadt gewesen wäre, doch Joh erwähnt sie[1] und ebenso den See[2].

[1] Joh 6, 23. – [2] Joh 6. 1; 21, 1 □.

→ *Karte* 4

Tiberius

Gr. *Tiberios*. Tiberius Julius Caesar, Adoptivsohn des *Augustus, zweiter römischer Kaiser (14–37 n. Chr.)[1].

[1] Lk 3, 1 □; vgl. 20, 22; 23, 2; Joh 19, 12.

Tiere

Gr. *zōa*, Plural von *zōon* (aus *zēn*: »leben«): »lebendes Wesen«, und *thēria*, Plural von *thērion*: »wildes Tier«. Im NT werden genannt:

– von den Vierfüßlern: Bär, *Bock, *Esel, Eselfohlen, Färse, Fuchs, *Hund, Kalb, *Kamel, *Lamm, *Löwe, Panther, *Pferd, Rind, Sau, *Schwein, Stier, *Schaf, Wolf;
– von den Vögeln: *Adler, *Geier, Henne und Kücken, Rabe, Sperling, *Taube, *Turteltaube;
– von den Meerestieren: *Fisch, »das Ungeheuer«;
– von den Kriechtieren: *Drache, Natter, *Schlange, Viper;
– schließlich werden auch erwähnt: *Motten, Stechmücken, *Heuschrecken, *Skorpion und *Wurm.
→ *Einl.* II. 6. – Bestie – Lebewesen

Tierfleisch
1. *Fleisch nicht geschächteter Tiere.* Gr. *pniktos*: »erstickt«. Das Gesetz verbot den Genuß von *Blut, dem Sitz des Lebens; ebenso war es verboten, Fleisch von Tieren zu essen, deren Blut nicht ausgeflossen war[1].
[1] Lev 7, 26f; 17, 10–14; Apg 15, 20. 29; 21, 25 △.
→ *Einl.* XIV. 1. A.
2. *Götzenopferfleisch.* Gr. *eidōlothyton* (von *eidōlon*: »Bild«, *thyō*: »opfern«); die Bezeichnung gehört in die Auseinandersetzung zwischen dem Judentum und dem Heidentum; dort bezeichnete man dieses Fleisch als »zum Opfer dargebracht« (gr. *hiero-thyton*)[2]. Auch der Rest des Fleisches der Tiere, die mitsamt ihrem Blut den Götzen dargebracht worden waren und die auf dem Markt verkauft[3] oder in den Niederlassungen der Tempel gegessen wurden[4]. Das *Apostelkonzil von Jerusalem verlangt, daß man sich davon enthalte[5]. Paulus dagegen präzisiert die Bedingungen, unter denen man davon essen darf[6].
[2] 1 Kor 10, 28 △. – [3] 1 Kor 10, 25. – [4] 1 Kor 8, 10. – [5] Apg 15, 28f; 21, 25; vgl. Offb 2, 14. 20. – [6] Röm 14, 1–15, 13; 1 Kor 8, 1–13; 10, 14–33 △.
→ Götzendienst – Kult – Opfer

Timotheus
Gr. *Timotheos* (von *timaō*: »ehren« und *theos:* »Gott«). Von einem heidnischen Vater und einer jüdischen Mutter in *Lystra geboren, dann Christ geworden[1]. Rund fünfzehn Jahre lang geliebter Schüler und Mitarbeiter des Paulus[2]; ihm wurden verschiedene Aufträge in den Kirchen anvertraut[3]; er ist Mitverfasser der meisten paulinischen Briefe[4]. Die *Pastoralbriefe machen aus ihm einen der bedeutendsten Kirchen*vorsteher der zweiten Generation[5].
[1] Apg 16, 1; 2 Tim 1, 5; 3, 15. – [2] Röm 16, 21; 1 Kor 4, 17; 16, 10; Phil 2, 20–22; 1 Thess 3, 2; 1 Tim 1, 2. 18; 2 Tim 1, 2; 3, 10f. – [3] Apg 17, 14f; 18, 5; 19, 22; 20, 4; 1 Kor 4, 17; 2 Kor 1, 19; Phil 2, 19; 1 Tim 3, 6. – [4] 2 Kor, Phil, Kol, 1 Thess, 2 Thess, Phlm. – [5] 1 Tim 6, 20; vgl. Hebr 13, 23 ☐.
→ Timotheus (Briefe an)

[Timotheus (Briefe an)]
1. Der erste Brief an Timotheus soll zwischen 63 und 66, nach seiner ersten römischen Gefangenschaft von Paulus redigiert worden sein. Doch die Geschichte des NT kann das Leben des Paulus nach 62 nicht mehr erfassen. Manche Wissenschaftler verlegen die Entstehung des Briefes in die nachapostolische Zeit, gegen 75 oder gar 110–115.

2. Der zweite Brief wäre der letzte, den Paulus geschrieben hätte. Die Verfechter seiner *Authentizität datieren ihn in eine zweite römische Gefangenschaft (64–68?), genauer gegen 67. Andere Wissenschaftler wollen ihn am Ende des 1. Jh. geschrieben wissen.

→ *Einl.* XV. – Briefe

Tisch
Gr. *trapeza*.
1. Ein Tisch, der für die *Mahlzeit[1], für den *Kult[2] oder die Arbeit der Geldwechsler[3] gebraucht wird. In ntl. Zeit standen diese Tische wie heute auf Beinen; Ps 69 erinnert aber an einen alten Brauch, nach dem der Tisch einfach aus einem Teppich bestand, den man auf dem nackten Boden ausbreiten und über den man deshalb stolpern konnte[4]. Der Tisch kann im übertragenen Sinn Tischgemeinschaft[5] oder kultische Mahlzeit[6] bedeuten.

[1] Mt 15, 27 (= Mk 7, 28). – [2] Hebr 9, 2. – [3] Mt 21, 12 (= Mk 11, 15 = Joh 2, 15). – [4] Röm 11, 9. – [5] Lk 16, 21; 22, 21. 30; Apg 16, 34. – [6] 1 Kor 10, 21.

2. Das gr. Wort kann auch *Bank bedeuten[7]; die Entwicklung ist hier ähnlich wie etwa im Italienischen, wo *banca*: »Tisch« jetzt »Wechseltisch« = »Bank« bedeutet.

[7] Lk 19, 23; vgl. Mt 25, 27.

3. Der »Dienst an den Tischen« meint nicht den »Tischdienst« im engeren Sinn, sondern die Sorge um Vorräte für die Mahlzeit (um nicht zu sagen, es handle sich ganz allgemein um die Funktion eines Menschen, der für die Beschaffung der Vorräte zuständig ist, eines Ökonomen)[8].

[8] Apg 6, 2 □.

Tischdecke
Gr. *othonē*. Petrus sah kein Tuch, mit dem man den Eßtisch bedeckt, sondern ein großes Stück Leinwand[1].

[1] Apg 10, 11; 11, 5 □.

Titus
1. Gr. *Titos*. Der erste christliche Missionar heidnischer Herkunft, sehr erfolgreicher Mitarbeiter des Paulus[1].

[1] 2 Kor 2, 13; 7, 6. 13f; 8, 6. 16. 23; 12, 18; Gal 2, 1. 3; 2 Tim 4, 10; Tit 1, 4 □.

→ Titus (Brief an)

2. [Flavius Titus] (39–81 n. Chr.), ältester Sohn von Kaiser Vespasian, führt 27jährig den ersten jüdischen Krieg (66–70), in dessen Verlauf Jerusalem erobert und zerstört wurde (April–September 70). Wird 79 Kaiser, zeigt sich den Juden und auch den Christen wohlgesonnen. Er konnte *Berenike, die 15 Jahre älter war als er, nicht heiraten.

[Titus (Brief an)]
Für diejenigen, die für seine *Authentizität eintreten, hätte Paulus den Brief zwischen 63 und 66 von Makedonien aus an Titus geschrieben, einen seiner Mitarbeiter, der damit beauftragt war, für die Kirche in Kreta zu sorgen. Der Historiker wagt nicht, sich zugunsten der Echtheit des Briefes auszuspre-

chen, denn es gibt keinen einzigen sicheren Anhaltspunkt zum Leben des Paulus nach 62.

→ *Einl.* XV. – Briefe

Tod
1. Nach der Hauptrichtung der biblischen Anthropologie wird der Übergang von Sein-im-Leben zum Sein-ohne-Leben nicht als Trennung der Seele vom Leib verstanden, sondern als Verlust aller Lebenskraft; das *Leben kommt zum Stillstand, doch die Schattenexistenz in der *Scheol geht weiter. Der Tote (gr. *nekros*) ist nicht mehr die »lebendige Seele«, die er durch die Schöpfung geworden war[1], denn der *Geist hat ihn verlassen, um zu Gott, dem einzig Unsterblichen, zurückzukehren[2]. Im NT wird der Tod (gr. *thanatos*) im Kontext der Auferstehung und nicht in dem der *Unsterblichkeit dargestellt.

[1] 1 Kor 15, 45. – [2] Koh 12, 7; 1 Tim 6, 16.

2. In ntl. Zeit stellt sich das Problem des Todes des einzelnen in seiner ganzen Härte. Gewiß, man hält am Bild von dem »sich niederlegen mit seinen Vätern« (gr. *koimaomai*, von *keimai*: »ausgestreckt sein«) fest[3] und drückt damit aus, daß der Tod einem Leben, das mit Tagen gesättigt ist (gr. *teleutaō*) ein Ende setzt[4]; doch man gibt sich auch Rechenschaft über das universale, oft grausame (gr. *apokteinō*: »töten«) Gesetz des Todes[5]. In der Weiterführung der weisheitlichen Überlieferung sieht Paulus den Ursprung des Todes in der *Sünde[6], Johannes im *Satan[7]. Der Tod, dessen Schatten die ganze Menschheit niederdrückt[8], wird sogar zu einer personifizierten Macht[9], die den sündigen Menschen verknechtet[10].

[3] 2 Kön 14, 16; Ijob 14, 12; Apg 13, 36; 1 Kor 11, 30; 15, 6. 18. 20. 51; 1 Thess 4, 13f. – [4] Apg 2, 29; 7, 15. – [5] Mt 23, 37; Lk 13, 4. 31; Apg 21, 31. – [6] Röm 5, 12. 17; 6, 23; 1 Kor 15, 21f. – [7] Joh 8, 44; Hebr 2, 14. – [8] Mt 4, 16; Lk 1, 79. – [9] Ijob 28, 22; 1 Kor 15, 56; Offb 20, 14. – [10] Hebr 2, 14; Offb 6, 8; 8, 9; 18, 8.

3. Der Tod Jesu wurde von Anfang an als freiwilliger Tod verstanden, den er auf sich genommen hat, um die vielen Menschen freizukaufen[11]. Paulus sieht hier den folgenden Zusammenhang: Gott machte Christus »zur Sünde für uns«[12], darum hat Jesus die letzte Konsequenz der Sünde erlitten, den Tod, bis zum Tod am Kreuz[13]; doch weil Jesus gerecht war, stirbt er für uns[14], er *versöhnt uns so mit Gott[15] und nimmt alle Macht der Sünde hinweg[16]. Der Tod hat keine Macht mehr über ihn[17] und durch ihn über uns alle und über die ganze Schöpfung[18]. Der Tod wurde verschlungen vom Sieg Christi[19], einem Sieg, der in den *Erweckungen, die Jesus während seines irdischen Lebens wirkte, vorgebildet ist[20].

[11] Mt 20, 28 (= Mk 10, 45); Lk 22, 27. – [12] 2 Kor 5, 21. – [13] Phil 2, 8. – [14] Röm 5, 6–8; 1 Kor 15, 3; 1 Thess 5, 10. – [15] Röm 5, 10. – [16] Röm 6, 10. – [17] Röm 6, 9. – [18] Röm 8, 2. 19–22. – [19] 1 Kor 15, 26. 54–56. – [20] Mt 9, 24 (= Mk 5, 39 = Lk 8, 52f); Lk 7, 12. 15; Joh 11, 13f. 25f.

4. Durch die Taufe wird jeder Glaubende dem Tode Christi gleichgestaltet, damit sich das Leben Christi immer mehr in ihm offenbare[21]; er ist in Christus »gestorben«[22]. An Jesus glauben bedeutet auch, vom Tod zum Leben hinübergegangen sein[23]. Obwohl der leibliche Tod schmerzlich und schwer zu ertragen bleibt, weil er das Ende des Lebens und des Vermögens, sich durch den *Leib auszudrücken, bedeutet, wird in ihm das, was sterblich in uns ist,

vom Leben verschlungen[24], der Tod wird Gewinn, ja Seligkeit[25]. Der Grund dafür ist, daß die Einheit mit Christus nicht mit dem Ende des irdischen Lebens abbricht[26]; denn der Herr Jesus bleibt für immer derselbe[27]. Der Glaubende braucht also den Tod nicht zu fürchten[28], denn in Christus lebt er für immer[29].

[21] Röm 6, 3–5. – [22] 2 Kor 5, 14. – [23] Joh 5, 24; 8, 51; 11, 25; 1 Joh 3, 14. – [24] 2 Kor 5, 1–5; vgl. 1 Kor 15, 51–53. – [25] Phil 1, 21; Offb 14, 13. – [26] 2 Kor 5, 8; Phil 1, 23. – [27] Röm 14, 8f. – [28] 1 Kor 15, 57f; Hebr 2, 14. – [29] Joh 11, 25f.

→ *Einl.* VIII. 2. D. b. – Auferstehung – Leben – Unsterblichkeit

Todesangst

Todesangst unterscheidet sich von der Furcht und der *Sorge, meint eine tiefe Unruhe und Ungewißheit angesichts des Kommenden und des Todes. Dieser innere Zustand wird durch mehrere gr. Worte ausgedrückt. Man kann bedrückt sein, in höchste Not geraten (gr. *stenochōria*)[1], bedrängt, erstickt, eingesperrt, von der Angst beherrscht (gr. *synechomai*)[2], bange sein über den Ausgang des Kampfes, z. B. im Angesicht des Todes (gr. *agōnia*)[3], oder, als höchster Grad, ein Herz haben, das in der Sackgasse versagt (gr. *aporia*)[4].

[1] Dtn 28, 53; 2 Kor 4, 8; 6, 4. 12. – [2] Mt 4, 24; Lk 8, 37; 12, 50; 2 Kor 5, 14; Phil 1, 23. – [3] 2 Makk 3, 14–21; 15, 19; Lk 22, 44 △. – [4] Hos 13, 8; 2 Makk 8, 20; Weish 11, 5; Lk 21, 25; 2 Kor 4, 8.

→ Agonie – Sorge

[Todesstrafe]

Das Todesurteil wird in Israel durch die *Steinigung vollzogen. Die Enthauptung[1] und die *Kreuzigung gehören ebenso wie der Tod durch das Schwert[2] zu den römischen Bräuchen.

[1] Mt 14, 10; Mk 6, 16. 27; Lk 9, 9 △. – [2] Apg 12, 2.

→ *Einl.* VI. 4. A. a. und C. c.

Tomas

Gr. Thomas, abgekürzte Form eines von hebr. *tō'ām*: »Zwilling« abgeleiteten Wortes; im Gr. mit Didymus wiedergegeben. Einer der *Zwölf. Nach Joh Typos dessen, der aus dem Zweifel heraus zum Glauben kommt[1].

[1] Mt 10, 3; Mk 3, 18; Lk 6, 15; Joh 11, 16; 14, 5; 20, 24–28; 21, 2; Apg 1, 13 □.

[Tomasevangelium]

1. *Apokryphes Evangelium, griechisch, erzählt die Kindheit Jesu. Das Manuskript stammt aus dem 6. Jh., das Original jedoch reicht in das 2. Jh. zurück. Es ist gnostisch geprägt und will die göttliche Macht in den Taten des Kindes Jesus zeigen.
2. *Apokryphe Sammlung, enthält Worte des Herrn und Worte gnostischen Ursprungs. Das koptisch geschriebene Buch stammt aus *Nag Hammadi, es geht auf ein gr. Original aus dem 2. Jh. zurück. Es enthält 113 *Logia, von denen einige auch in anderen apokryphen Schriften bekannt sind; zwei von ihnen sind echt und gehören zu den *Agrapha (Nr. 8 und 82). Die meisten sind gnostisch gefärbt.

→ Apokryphen – Nag Hammadi

Töpfer
1. Gr. *kerameus* (von *keramos*: »Ton, Krug, Dachziegel, Dach«). Ein Handwerker, der Gefäße herstellt, die im *Ofen gebrannt werden[1]. Im metaphorischen Sinn, vielleicht im Nachklang an die Schöpfungserzählung[2], illustrierte dies alte Handwerk Gottes überlegene Freiheit seinen Geschöpfen gegenüber[3].

[1] Sir 38, 29f. – [2] Gen 2, 7. – [3] Weish 15, 7; Jes 29, 16; 45, 9; 64, 7; Jer 18, 2–7; Röm 9, 21.

2. Der »Töpferacker« im Tal *Gehinnom[4] könnte nach dem Verrat des Judas zum »Blutacker«[5] geworden sein.

[4] Jer 19, 2f; Sach 11, 13. – [5] Mt 27, 7. 10 □.

[Tora]
Hebr. *tōrā* (von *jārā*: »zeigen«): »Auskunft, Belehrung«.
1. Die fünf Bücher des *Mose (Pentateuch), die von den Propheten als Schriftengruppe unterschieden werden[1], enthalten nicht nur eine Lehre oder ein Gesetz, sondern eine praktische Lebensordnung: Unterweisung, die das Tun verbindlich festlegt. Die Tora ist die *Offenbarung schlechthin.

[1] Mt 5, 17; 7, 12; 22, 40; Lk 16, 16; 24, 44; Joh 1, 45; Apg 13, 15; 24, 14; 28, 23; Röm 3, 21.

2. Im Judentum ist mit dem Wort nicht nur die ganze *Bibel gemeint[2], sondern auch das mündliche Gesetz, dessen Autorität nicht weniger stark ist; es ergänzt und erklärt das geschriebene Gesetz[3], was im Endergebnis zur Entstehung des Talmud führt.

[2] Joh 10, 34. – [3] Mt 15, 6.

→ Einl. XII. – Gesetz – Pentateuch – Talmud – *Tafel* S. 63

Torheit
1. Befremdliches Benehmen, das man verschiedenen Ursachen zuschreibt und auf verschiedene Weise erklärt. Gr. *mania*[1]: Wahnsinn, Irrsinn, miteinbegriffen die Vorstellung von wütend sein, in heftige Erregung geraten, was häufig auf einen Geist zurückgeführt wird; unsinnig: gr. *mōros*[2]: »stumpfsinnig, töricht«; *a-phrōn*[3] (von *phrēn*): »unverständig, närrisch«; von Sinnen (gr. *ex-istamai*[4]: »stehen außerhalb von«); schwer vom Begriff, gr. *a-noētos*[5] (von *nous*): »ohne Verstand«; *a-synetos*[6] (von *syniēmi*): »ohne Einsicht«; ohne Klugheit und Weisheit, gr. *a-sophos*[7] (von *sophia*): »unbesonnen«; stumpf, erschlaffen, unbewußt, matt (gr. *ap-algeō*[8]: »gefühllos«). Dieses Benehmen wird häufig der klugen Einsicht (gr. *phronimos*)[9], der Weisheit (gr. *sophia*)[10] entgegengestellt.

[1] Joh 10, 20; Apg 12, 15; 26, 11. 24f; 1 Kor 14, 23 △. – [2] Mt 5, 22; 1 Kor 1, 18–2, 14... – [3] Mk 7, 22; 2 Kor 11, 1–12, 11; Eph 5, 17... – [4] Mk 3, 21; 2 Kor 5, 13 △. – [5] Lk 24, 25; Röm 1, 14; Gal 3, 1. 3... – [6] Mt 15, 16; Mk 7, 18; Röm 1, 21. 31; 10, 19 △. – [7] Eph 5, 15 △. – [8] Eph 4, 19 △. – [9] Mt 7, 24. 26; 25, 2–8; Apg 26, 25; 1 Kor 4, 10; 2 Kor 5, 13; 11, 19. – [10] Röm 1, 22; 1 Kor 1, 20f. 25. 27; 2, 13f; 3, 19; Eph 5, 15.

2. Dieses törichte Verhalten kommt, wie die Bibel meint, davon, daß man Gott verkennt[11]. Darum benutzt man dieses Wort aus der entgegengesetzten Perspektive zur Bezeichnung der Gotteswege, die der gewöhnlichen menschlichen Weisheit entschieden zuwiderlaufen, oder – von Gott her gesehen – zur Bezeichnung der menschlichen Wege[12].

[11] Ps 14, 1f; Jer 4, 22; Mt 7, 26; 25, 2f. – [12] Jes 29, 16; 1 Kor 1, 18–25.

→ Raka – Weisheit

Totenwelt, Reich des Todes
1. Aufenthaltsort der *Toten, nicht identisch mit dem, was wir *Hölle nennen. Der Ausdruck kann verschiedene gr. Bezeichnungen wiedergeben: *Scheol, *Hades, *Abgrund, *Tartarus, die Tiefen der Erde[1]. Hinter dieser Darstellung stehen zwei Bilder: a. das »Unter« (der Erde), der tiefe Teil, dort, wo man hinabsteigt, wohin man hinuntergeworfen wird[2]; b. ein »abgeschlossener« Ort, wie eine Stadt mit den Toren und *Schlüsseln. Herr darüber ist Gott und nicht *Satan[3]. Die Toten führen dort vorübergehend eine verminderte Existenz, ohne wirklicher Verbindung mit Gott[4].

[1] Ps 18, 5f; 42, 8; 63, 10; 69, 2f; 95, 4; Mt 12, 40; Apg 2, 24; Röm 8, 39; Eph 4, 9; Offb 5, 3. 13. – [2] Mt 11, 23 (= Lk 10, 15). – [3] Ijob 26, 6; Ps 9, 14; Weish 16, 13; Jes 26, 19; 38, 10; Mt 16, 18; Apg 2, 27. 31. – [4] Ijob 10, 21f; 26, 5; Ps 6, 6; 30, 10; 88, 6. 12; 115, 17; Spr 1, 12; 27, 20; Jes 5, 14; 14, 9.

2. Im späteren Judentum wurden die Toten auf die Orte verteilt, in denen die ewige Strafe für die Gottlosen oder das Glück (*Paradies) für die Gerechten vorweggenommen wird; so im Fall vom reichen Mann und Lazarus[5].

[5] Lk 16, 22–26.

3. Christus ist im Moment seines Todes in das Reich des Todes hinabgestiegen, um seinen Sieg den Engelmächten und den Gerechten, die ihn dort erwarteten, zu verkünden[6]. Mit dem Glauben an die Auferstehung ändert sich die Vorstellung von der Totenwelt: an ihre Stelle tritt die Hölle der Bösen und der *Himmel der Gerechten, d. h. Christus[7].

[6] 1 Petr 3, 19–21; 4, 6. – [7] 2 Kor 5, 18; Phil 1, 23; 1 Petr 3, 19.

→ *Einl.* V. 1. – Abgrund – Hades – Hölle – Paradies – Scheol – Tartarus

Trachonitis
Gr. *Trachōnitis* (von *trachys*: »felsig«). Heidnisches Gebiet im Nordosten der *Dekapolis und östlich von *Galiläa, jenseits des *Jordan; nach dem Tod von Herodes dem Großen fiel das Gebiet zusammen mit *Ituräa, Gaulanitis, Batanäa und Hauran an *Philippus[1].

[1] Lk 3, 1 □.

→ *Karte* 4

Tränen
→ Traurigkeit

Trankopfer
Zusätzlicher Ritus bei einem *Opfer, bei dem Öl[1], Wasser[2] oder Wein[3] um den *Altar gesprengt wurde. Paulus nimmt das gr. Wort *spendomai* in bildhaftem Sinn auf[4], um an das vergossene Blut (gr. *ekchynnō*) zu erinnern[5].

[1] Gen 35, 14. – [2] 2 Sam 23, 16. – [3] Dtn 32, 38; Sir 50, 15. – [4] Phil 2, 17; 2 Tim 4, 6. – [5] Ex 29, 12; Lev 8, 15; Mt 23, 35 (= Lk 11, 50); 26, 28 (= Mk 14, 24 = Lk 22, 20); Apg 22, 20; Hebr 9, 22; Offb 16, 6 □.

→ Besprengung – Blut – Opfer

Trauer
1. Gr. *penthos*: »Betrübnis«. Die Trauerriten, Beweis des Schmerzes, dauerten bei den Juden sieben Tage[1]; sie sind auch Akte, die dem Verstorbenen,

ähnlich wie bei den benachbarten Völkern, den Frieden sichern sollen, und das obwohl es in Israel überhaupt keinen Totenkult gab. Die Trauer besteht zunächst darin, daß man *fastet[2], den Halsausschnitt der *Kleidung einreißt, den Kopf schert, sich einen *Sack umbindet, *Asche über sich streut, an die *Brust schlägt, weint. Dem Wehklagen der Familien schließen sich die Nachbarn an, sie *klagen über den Verstorbenen[3] und trösten die Weinenden[4]. Wie alles, was mit den Toten zu tun hat, endet auch die Trauer mit einem *Reinigungsritus[5]. Übertriebene Trübsal schickt sich nicht für einen Christen; er ist ja nicht ohne *Hoffnung, denn Jesus hat den Tod besiegt[6].

[1] Vgl. Joh 11, 39. – [2] 1 Sam 31, 13; Mt 9, 15. – [3] Mt 2, 18; Mk 5, 38; Joh 16, 20. – [4] Mt 11, 17 (= Lk 7, 32); Lk 23, 27; Joh 11, 19; Apg 9, 39; Röm 12, 15. – [5] Num 31, 19. – [6] 1 Thess 4, 13.

2. Ähnliche Riten gehörten zur Praxis der kollektiven *Buße, die in wichtigeren Fällen angeordnet wird[7].

[7] Mt 11, 21 (= Lk 10, 13).

→ *Einl.* VIII. 2. D. b. – begraben – fasten – Klagelied – Sack – Tod – Traurigkeit

Traum
Gr. *kat'onar*: »im Traum«. Die Folge von psychischen Eindrücken, die während des *Schlafs auftreten, die wir Traum nennen und in denen wir gern eine Manifestation des Unterbewußten sehen. Die Früheren haben sie in verschiedenen Fällen als Kommunikation mit dem Unsichtbaren erklärt. Die Traumoffenbarungen (gr. *en-hypnion*) gelten weniger als das prophetische Wort; sie sind Verheißungen[1], oder haben die Funktion, einzelne aufzuklären[3] oder den Plan Gottes zu sichern[3]. Das NT berichtet keinen einzigen Traum Jesu. Traum darf man nicht verwechseln mit den *Erscheinungen, den *Theophanien oder den *Visionen.

[1] Apg 2, 17. – [2] Mt 27, 19; Apg 18, 9. – [3] Mt 1, 20; 2, 12f. 19. 22 □.

Traurigkeit
1. Traurigkeit kann sich auf vielfältige Weise äußern: weinen (gr. *dakryō, klaiō*)[1], Schmerzensschreie ausstoßen[2], im Chor nach mehr oder weniger festüberliefertem Rhythmus *klagen[3], ein finsteres Gesicht machen[4], fasten[5], sich an die Brust schlagen[6], sich Staub auf den Kopf streuen[7].

[1] Lk 7, 13; Joh 11, 33. 35. – [2] Mt 9, 23; Jak 5, 1. – [3] Mt 2, 18; Lk 7, 32; Offb 18, 11. – [4] Mt 6, 16; Lk 24, 17. – [5] Mk 2, 20. – [6] Mt 11, 17; Lk 23, 27; Apg 8, 2. – [7] Offb 18, 19.

2. Die Motivationen sind unterschiedlich: Die Spannung zwischen dem Anruf Jesu und der Verlockung des Reichtums[8], die Ankündigung eines Übels[9], die Verhärtung der Menschen in Jerusalem[10], die Sünde der Verleugnung[11], die Trennung von einem geliebten Wesen[12], vor allem aber der nahende oder der eingetretene Tod[13]. Nicht jede Traurigkeit ist gut: die eine kommt von Gott, die andere von der Welt[14].

[8] Mt 19, 22 (= Mk 10, 22 = Lk 18, 23). – [9] Mt 17, 23; 26, 22 (= Mk 14, 19). – [10] Mk 3, 5; Lk 19, 41; Röm 9, 2. – [11] Mt 26, 75 (= Lk 22, 62). – [12] Mt 9, 15; Joh 16, 6. 20; 20, 11. 13. 15; Phil 2, 27f. – [13] Mt 26, 37f (= Mk 14, 34); Joh 11, 35; Hebr 5, 7. – [14] 2 Kor 7, 10f; vgl. Mt 14, 9; 2 Kor 9, 7; 1 Thess 4, 13.

3. Das Paradox des christlichen Lebens, das mit dem Sieger über den Tod

geeint ist, besteht darin, daß die Traurigkeit *Freude und Trost[15] hervorbringt, bis dann die Tränen endgültig verschwinden werden[16].

[15] Joh 16, 22; 17, 13; 20, 20; 1 Kor 7, 30; 2 Kor 6, 10. – [16] Offb 7, 17; 21, 4.

→ fasten – Klagelied – lachen – Trauer

treu, Treue

Das ntl. Griechisch unterscheidet nicht zwischen Glaube und Treue *(pistis)*, zwischen gläubig und treu *(pistos)*. Dieser Begriff gibt ja auch ein einziges hebr. Wort *'emūnā* wieder, das von dem Wort *Wahrheit *('emet)* abgeleitet ist. Damit ist die Tragweite des Wortes schon näher bestimmt: der *Glaube bedeutet nicht nur Kenntnis und Bejahung irgendwelcher Wahrheit, sondern auch und insbesondere ein vertrauensvolles Verhältnis zu einer Person, Gott oder dem Menschen, die diese gesuchte »Wahrheit« ist und die in einem Dialog anerkannt wird. So erklärt sich, daß im Begriff Wahrheit nach hebr. Verständnis die Dauer eine Rolle spielt. In den modernen Sprachen lassen sich die literarischen Daten differenziert wiedergeben. Treu ist derjenige, der lange Zeit auf die Probe gestellt, standhaft im Glauben bleibt[1] und der dadurch die Treue Gottes gegenüber seinen Verheißungen[2] und die Treue Jesu Christi zu Gott selbst zum Ausdruck bringt[3].

[1] Mt 24, 45; 25, 21 (= Lk 19, 17); Lk 12, 42. 46; 16, 10–12; Röm 3, 3; 1 Kor 4, 2. 17; Kol 1, 7; 4, 7. 9; 1 Tim 1, 12; 3, 11; 2 Tim 2, 2. 13; Tit 2, 10; Hebr 3, 5; 1 Petr 5, 12; 3 Joh 5; Offb 2, 10. 13; 17, 14; 21, 8. – [2] Röm 3, 3; 1 Kor 1, 9; 10, 13; 2 Kor 1, 18; 1 Thess 5, 24; 2 Thess 3, 3; 2 Tim 2, 13; Hebr 10, 23; 11, 11; 1 Petr 4, 19; 1 Joh 1, 9. – [3] Hebr 2, 17; 3. 2; Offb 1, 5; 3, 14; 19, 11.

→ Glaube – Vertrauen – Wahrheit

Tribut

Lat. *tributum*: »*Steuer, auf die Stämme verteilt«, gr. *phoros* (von *pherō*: »hervorbringen« oder »herbeibringen« den) Anteil[1].

[1] Lk 20, 22; 23, 2; Röm 13, 6f □.

Troas

Gr. *(Alexandreia hē) Trōas*. Kleine Stadt, ungefähr 15 km vom antiken Troja entfernt, an der nordwestlichen Küste der heutigen Türkei; sie wurde unter *Augustus römische Kolonie. Starthafen der Schiffe nach Makedonien; hier hatte Paulus eine Vision[1].

[1] Apg 16, 8. 11; 20, 5f; 2 Kor 2, 12; 2 Tim 4, 13 □.

→ *Einl.* IV. 2. C. – *Karte* 2

Trogyllion

Gr. *Trōgyllion*. Kleinasiatische Stadt in der Nähe von *Milet, nur in einigen Textzeugen von Apg 20, 15 erwähnt.

Trompete

Gr. *salpinx*, hebr. *šōfār*. Musikinstrument[1] aus dem Horn eines Tieres oder aus Metall. Nach der Darstellung auf dem *Titusbogen konnte die Trompete bis zu 50 cm lang sein. Man benutzte sie, um ein Signal für den Beginn des Kampfes[2] oder eines *Festes[3] zu geben; das Signal für das *Neumondfest (das im Judentum zum Neujahrsfest wurde) oder Kippur[4] wird im NT nicht

erwähnt. *Horn und Trompete gehören zur literarischen Ausstattung der
*Theophanien; sie kündigen die Offenbarung an: die des Gesetzes am Berg
Sinai[5], das Ende der Zeiten[6]; nach der Offenbarung des Johannes klingt die
mächtige Stimme Gottes (oder des Menschensohnes) wie eine Trompete[7];
die sieben Engel aber blasen die Trompete[8].

[1] Offb 18, 22. – [2] Num 10, 9; 2 Chr 13, 12. 14; 1 Makk 4, 40; 1 Kor 14, 8. – [3] Joël 2, 15; Mt 6, 2. –
[4] Lev 23, 24; 25, 8f; vgl. Num 10, 10; 2 Chr 5, 12f; Ps 98, 6. – [5] Ex 19, 16; Hebr 12, 19. – [6] Mt 24,
31; 1 Kor 15, 52; 1 Thess 4, 16. – [7] Offb 1, 10; 4, 1. – [8] Offb 8, 2–11, 15 □.

Tugend

1. Lat. *virtus* (von *vir*: Mann): Charakterstärke, die zu mutigen Taten befähigt. Gr. *aretē*, im Zusammenhang mit dem Präfix *ari-* zu verstehen, das das Vortreffliche (gr. *aristos*) meint; dies Vortreffliche richtet sich jeweils nach dem Ideal, nach dem der Mensch strebt: Krieger (Homer), Bürger (Plato). Hier kann auch eine spezifische Fähigkeit gemeint sein, die auf eine Person oder einen Gegenstand genau trifft. Hebräisch kennt kein entsprechendes Wort. Die Septuaginta benutzt das Wort, wenn sie von den glorreichen Taten Gottes spricht (gr. *t^ehillā*). In der jüdisch-hellenistischen Literatur wird der Mut, die Mannhaftigkeit, die Treue, die Klugheit der makkabäischen Martyrer[2] gepriesen. Man findet auch die vier platonischen Tugenden (die zu den christlichen Kardinaltugenden geworden sind): Mäßigkeit und Klugheit, Gerechtigkeit und Stärke[3]. Die Schriften von *Qumran sind den *Stoikern und ihren Tugendkatalogen verwandt: Unterwerfung unter Gott, Geduld, Wohlwollen, Stärke, Weisheit, Reinheit. Auf diese Weise zeigen die »Söhne der Wahrheit«, daß sie zum Bereich des Lichts gehören.

Das NT vertritt – trotz einiger verbaler Ähnlichkeiten – eine andere Auffassung. Die christliche Tugend hat ihren Ursprung nicht im Menschen, sondern in der Erneuerung des Seins durch den Glauben an Christus und durch seinen Geist[4]. Daher gibt es die aristotelische Unterscheidung zwischen praktischen und theoretischen Tugenden nicht; die guten Werke sind nichts anderes als Ausdruck der inneren Haltung. Es geht nicht um eine »Harmonie der Seele«, die dem Weisen ein heiteres Leben garantiert (Plato), sondern um die Früchte des Geistes, um *Gaben, die die Glieder einer Gemeinschaft empfangen, für die die neue Schöpfung schon begonnen hat. In Qumran nahm man eine göttliche Tat im glaubenden Menschen an; die christliche Neuerung besteht im Primat der Liebe, der alle anderen Tugenden untergeordnet sind und ebenso die Forderungen, die sich aus ihnen ergeben. Der Lohn dafür ist das ewige Leben[5].

[1] Jes 42, 8. 12; 43, 21; 63, 7 (zitiert in 1 Petr 2, 9; vgl. 2 Petr 1, 3). – [2] 2 Makk 6, 31. – [3] Weish 8, 7. –
[4] Gal 5, 22–24. – [5] Gal 6, 7f.

2. Die *Tugendkataloge*[6] enthalten etwa dreißig Begriffe: Liebe, Glaube, Hoffnung, Friede, Freude, Güte, Wohlwollen, Sanftmut, Eintracht, Zuneigung, Vergebung, Verfügbarkeit, Treue, Wahrheit, Gerechtigkeit, Gastfreundschaft, Demut, Standhaftigkeit, Geduld, Selbstbeherrschung, Nüchternheit, Reinheit, Heiligung des Lebens. Die Sicht ist eher theologisch als moralisch. Es wäre schwer, sie Einzelkategorien zuzuordnen (Gott, der Andere, das individuelle Verhalten). Drei werden aber hervorgehoben und oftmals zusammen genannt: *Glaube, *Hoffnung, *Liebe[7]. Vom Glauben

belebt, von der Erkenntnis Christi erleuchtet, folgt der Glaubende dem Geist[8].

[6] 2 Kor 6, 6f; Gal 5, 22f; Eph 4, 2f. 32; 5, 9; Phil 4, 8; Kol 3, 12; 1 Tim 4, 12; 6, 11; 2 Tim 2, 22–24f; 3, 10; Tit 1, 8; 3, 1; 1 Petr 3, 8; 2 Petr 1, 5–7. – [7] 1 Kor 13, 13; Gal 5, 5f; Kol 1, 4f; 1 Thess 1, 3; 5, 8; Hebr 10, 22f. – [8] Gal 5, 25.

→ *Einl.* XIV. – Freiheit – Laster – Liebe

Tunika
→ Gewand

Tür, Tor
1. Gr. *thyra*. Eine Öffnung, durch die man ein Bauwerk betreten oder verlassen kann: das Haus[1], den Tempel (etwa die »Schöne Pforte«)[2], einen Saal[3] oder ein Zimmer[4]; das Wort meint manchmal den Türflügel, der die Öffnung verschließt[5]. Ein anderes gr. Wort *pylē, pylōn* wird vor allem für große Türen, für ein Portal gebraucht[6]; im Plural (gr. *pylai*) nimmt der Begriff ein semitisches Kolorit an und bezeichnet den freien Raum vor dem Stadttor; damit entspricht er oft dem *Marktplatz, dem Ort, an dem sich das Leben der Stadt konzentriert[7].

[1] Mk 1, 33; 2, 2; 11, 4; Lk 11, 7; 13, 24f; Joh 18, 16f. – [2] Apg 3, 2; 21, 30. – [3] Mt 25, 10; Joh 20, 19. 26; Apg 5, 9. 19. 23; 12, 6; 16, 26f. – [4] Mt 6, 6; 27, 61. – [5] Apg 12, 13. – [6] Mt 26, 71; (Lk 7, 12); 16, 20; Apg 3, 10; 10, 17; 12, 13; 14, 13. – [7] (Lk 7, 12); Apg 9, 24; (12, 10); (14, 13); 16, 13; Hebr 13, 12; Offb 22, 14.

2. Das NT gebraucht etwa folgende Ausdrücke im metaphorischen Sinn: dem Glauben eine Tür öffnen[8], das Ende steht vor der Tür[9], der Zugang zum Reich und zum Himmel[10]. Auch *Himmel und die *Totenwelt, die man sich als geschlossene Räume vorstellte, haben Türen; mit ihnen ist der Ort selbst gemeint; Gott besitzt die Schlüssel dazu[11].

[8] Apg 14, 27; 1 Kor 16, 9; 2 Kor 2, 12; Kol 4, 3. – [9] Mt 24, 33 (= Mk 13, 29); Jak 5, 9. – [10] Vgl. Mt 7, 13f und Lk 13, 24; Mt 25, 10; Offb 4, 1. – [11] Mt 16, 18; Offb 9, 1f.

3. Von nun an ist Jesus selbst die Tür, durch die der Glaubende zur Fülle des Lebens eingeht[12]. Das himmlische Jerusalem hat zwölf Tore, die in alle vier Himmelsrichtungen immer offen stehen, Symbol für die Einladung, die allen Völkern gilt[13].

[12] Joh 10, 7. 9. – [13] Offb 21, 12–25.

→ Marktplatz – Stadt – Straße

Turteltaube
Gr. *trygōn*. Ein Vogel, der sich gegen Raubvögel nicht verteidigen kann[1], er läßt »seine Stimme«[2] vom Frühling bis zur Zeit seiner »Rückkehr«[3] im Herbst hören. Die Opfergabe der Armen bei Reinigungsriten[4].

[1] Ps 74, 19. – [2] Hld 2, 12. – [3] Jer 8, 7. – [4] Lev 5, 7; 12, 6. 8; Lk 2, 24.

→ Taube

[Typologie]
Von gr. *typos*: »Kennzeichen, Form, Typos, Beispiel, Modell«[1].

[1] Röm 5, 14; 1 Kor 10, 6. 11; Hebr 9, 24; 1 Petr 3, 21; vgl. Joh 20, 25.

→ Typos

Typos
Gr. *typos*. Dies Wort kann auch bedeuten: »Spur«[1], »Götterbild«[2], »Lehrordnung«[3]. Nicht zu verwechseln mit dem gr. *schēma,* das mit: »Gestalt« (1 Kor 7, 31) oder mit: »äußere Erscheinung« (Phil 2, 7) wiedergegeben wird. Hier wird dieses Wort in einer besonderen Bedeutung verstanden, die zwei Richtungen aufweist.

[1] Joh 20, 25; 2 Kor 3, 7. – [2] Apg 7, 43. – [3] Röm 6, 17.

1. Zunächst kann dieser Begriff die das AT mit dem NT einende Entsprechung ausdrücken; man geht dabei von einem bestimmten Verständnis des *Planes Gottes aus, nach dem das AT als »typologische« Ankündigung und das NT als die *Erfüllung dieses Plans aufzufassen sind. Der Gläubige, der ans *Ende der Zeiten gelangt ist, kann das begreifen, was in der vergangenen Geschichte nur »Typos« war. So ist *Adam Typos des künftigen Adam[4]; die *Exodusereignisse geschahen als Typos für uns, die das Ende der Zeiten erreicht haben[5]; die *Taufe ist eine Gegenentsprechung (gr. *anti-typos*) der Sintflut[6]; auch der Glaube *Abrahams zielt auf uns[7].

[4] Röm 5, 14. – [5] 1 Kor 10, 6. 11. – [6] 1 Petr 3, 21. – [7] Röm 4, 24.

2. Eine andere, der platonischen Abbildlehre verwandte Auffassung geht davon aus, daß alle Ereignisse, die wir im Heute erleben, von Ewigkeit her ein »Modell« im Himmel haben[8]. So etwa versteht der Hebräerbrief das frühere Heiligtum nur als Abbild des wirklichen[9], Isaak auf dem Scheiterhaufen ist ein *Symbol (gr. *parabolē*) des Christus, der gestorben und auferstanden ist[10], die Ruhe im verheißenen Land ist eine Vorausdarstellung der Ruhe im Himmel[11]. Von diesen klaren Beispielen her kann der Leser versuchen, verdeckte Übereinstimmungen zu entdecken: so z. B. zwischen den Zwölf Aposteln und den Zwölf Stämmen Israels, zwischen dem Mahl Jesu und dem Paschaopfer, zwischen der Eucharistie und dem Manna in der Wüste.

[8] Ex 25, 40; 1 Chr 28, 11; Weish 9, 8. – [9] Hebr 9, 24. – [10] Hebr 11, 19. – [11] Hebr 4, 9–11.

→ Beispiel – Gestalt – Gleichnis – Typologie – Zeit

Tyrus
Gr. Tyros, heute *Ṣūr* im Libanon, von hebr. *ṣūr*: »Felsen«. Alte phönikische Hafenstadt, auf einer Insel gelegen, die Alexander der Große mit dem Festland verband. Eine Stadt, die ihre Unabhängigkeit bis 332 v. Chr. hartnäckig verteidigte; ab 126 v. Chr. wurde sie wieder frei[1].

[1] 2 Sam 5, 11; 1 Kön 5, 15–26; Jes 23; Ez 26–29; Mt 11, 21f; 15, 21f; Mk 3, 8; 7, 24. 31; Lk 6, 17; 10, 13f; Apg 12, 20; 21, 3. 7 □.

→ *Karte* 4

Überlieferung

Gr. *paradosis*: »Weitergabe«. Zunächst im aktiven Sinn »weitergeben« (gr. *para-didōmi*, hebr. *māsar*, davon das hebr. *māsōrā*: »jüdische Auslegung«); im passiven Sinn: »empfangen« (gr. *para-lambanō*, hebr. *qibbēl*), »weitergebene Sache« (gr. *para-dosis*, hebr. *qabbālā*, davon »Kabbala«).

1. Die jüdische Überlieferung bildet eine Kette, die man bis zu Mose nach rückwärts verlängert; mit ihrer Hilfe läßt sich die Wahrheit vorgelegter Behauptungen bekräftigen[1]; sie ist durch die in den kanonischen Büchern geschriebene Tradition und durch die mündlichen Überlieferungen der Alten gesichert[2]. Nach 70 wächst die Tendenz, sie in ihrer Gesamtheit schriftlich zu fixieren, und zwar in aufeinanderfolgenden Schichten, in denen die drei Generationen gegeneinander abgegrenzt werden: die *tannā'īm* (von hebr. *šānā*: »wiederholen«), die *'āmorā'īm* (von hebr. *'āmar*: »sagen«) und die *rabbijjīm* (von *rab*: »Lehrer, Meister«); sie bilden den *Talmud (von hebr. *limmad*: »unterweisen«). Jesus bestreitet die Überlieferung nicht grundsätzlich, wohl aber den Wert und die Autorität der Überlieferung der Alten[3]. Nach Joh tut er das, weil Jesus die Worte und die Werke, die er vom Vater erhalten hat, weitergibt[4].

[1] Esra 7, 6; Neh 1, 7; Sir 24, 23; Dan 9, 11; Apg 7, 38. – [2] Mt 15, 2f. 6 (= Mk 7, 3. 5. 8f. 13); Apg 6, 14; vgl. Mt 5, 21. – [3] Mt 15, 1–20 (= Mk 7, 1–20). – [4] Joh 5, 36; 17, 4. 8. 14.

2. Die urchristliche Tradition enthält außer der Überlieferung von Erzählungen über Jesus[5] noch *Glaubensbekenntnisse und Lebensregeln, die als Überlieferungen auf aktive Weise übernommen und mitgeteilt werden[6]. Paulus hat sich von den Überlieferungen der Väter[7] freigemacht, er karikiert sie, wenn er von »menschlichen Überlieferungen«[8] spricht; er gibt Worte des Herrn und gewisse kirchliche Überlieferungen weiter[9]. Wenn er dies tut, wird er nicht zum Sklaven der Überlieferung, sondern des einzigen *Kyrios, der ihm in einer *Offenbarung begegnet ist[10]. In den späteren Schriften des NT zeigt sich die Tendenz, sich auf eine abgeschlossene Größe festzulegen[11], auf »das *anvertraute Gut«.

[5] Lk 1, 2. – [6] Apg 16, 4; 1 Kor 11, 2. 23; 15, 3; 2 Thess 2, 15; 3, 6. – [7] Gal 1, 14. – [8] Kol 2, 8. – [9] 1 Kor 7, 10; 9, 14; Phil 4, 8f; 1 Thess 4, 1–3; 2 Thess 2, 15. – [10] Gal 1, 15f. – [11] 2 Petr 2, 21; Jud 3.

→ *Einl.* IX. 1; XII. 1. B. – anvertrautes Gut – unterweisen

3. [historische Überlieferung]: a. Die überlieferte Erinnerung an ein Ereignis; b. Weitergabe der Erinnerung an ein Ereignis.

4. [literarische Überlieferung]: Eine Kette von Schriften, die dasselbe Thema betreffen; sie reicht vom ursprünglichen Manuskript bis zum jetzigen Text.

5. [theologische Überlieferung]: a. Weitergabe der *Offenbarung; b. Alles, was die Apostel für das Leben und den Glauben des Gottesvolks weitergegeben haben und was die Kirche im Lauf der Jahrhunderte festhält.

üble Nachrede
→ verleumden

Umkehr

Das gr. *epi-strephō*: »zurückkehren[1], wiederkommen«, und das gr. *meta-noia*: »Sinnes(*nous*)änderung(*meta*)«[2], sind ntl. Entsprechungen des hebr. *šūb*, das ein besonderes Kennzeichen der prophetischen Botschaft ist[3]. Die Übersetzung »Umkehr«, »Bekehrung« muß der Übersetzung »Buße« vorgezogen werden, da diese besonders auf die für ein Vergehen zugesprochene Strafe abhebt, sowie der Übersetzung »bereuen« (gr. *meta-meleisthai*), die nicht ausreicht, um die radikale Umwandlung des Wesens und die Früchte der Bekehrung auszudrücken[4].

[1] Mt 12, 44; 24, 18; Lk 2, 39. – [2] Hebr 12, 17. – [3] Jer 18, 8; 24, 7; Ez 33, 9. 11; Am 4, 6–12. – [4] Mt 3, 8 (= Lk 3, 8); Apg 26, 20; Eph 4, 23.

1. Nach prophetischem Beispiel verlangt auch *Johannes der Täufer, daß sich jeder Mensch durch die Taufe um-kehrt in Richtung auf das nahe bevorstehende Reich Gottes[5]; Jesus hingegen erhebt dieselbe Forderung im Blick auf Gott, der in ihm gegenwärtig wirkt[6]; er hat Vollmacht, die Sünden zu vergeben[7] und erinnert daran, daß Gott sich über jeden freut, der umkehrt[8]. Nach der Auferstehung beauftragt er die Jünger mit der Verkündigung der Umkehr[9].

[5] Mt 3, 2 (= Mk 1, 4 = Lk 3, 3). 11; Apg 13, 24. – [6] Mt 4, 17; 11, 20f (= Lk 10, 13); 12, 41 (= Lk 11, 32); Lk 5, 32. – [7] Mt 9, 6 (= Mk 2, 10 = Lk 5, 24). – [8] Lk 15, 4–32; Röm 2, 4; 11, 22; 2 Tim 2, 25; Offb 2, 5. 16. 21; 3, 3. 19. – [9] Lk 24, 47.

2. Auch die Urgemeinde fordert die Menschen, sich von den *Götzen abzuwenden[10], durch die Taufe[11] und die Vergebung der Sünden[12] zur Gemeinschaft mit Gott und Christus zu gelangen[13]. Diese endgültige Tat kann nicht wiederholt werden[14], und doch werden alle ständig zur Umkehr aufgerufen, allen voran Petrus[15]. Der Begriff Umkehr kann im übertragenen Sinn verwendet werden, z. B. wenn davon gesprochen wird, daß man wieder wie ein Kind werden soll[16], oder wie bei Johannes, der den Ausdruck »nachfolgen, Jesus folgen« benutzt[17].

[10] Apg 14, 15; 1 Thess 1, 9. – [11] Apg 2, 38; vgl. Röm 6, 4; Eph 5, 26; Tit 3, 5. – [12] Apg 3, 19; 5, 31. – [13] Apg 9, 35; 11, 21. – [14] Hebr 6, 6. – [15] Lk 22, 32; 2 Petr 3, 9. – [16] Mt 18, 3. – [17] Joh 1, 43; 8, 12; 10, 27; 13, 36.

→ *Einl.* XIV. 2. B. – bereuen – Buße – Taufe – Verhärtung – verzeihen

Unfruchtbarkeit

Ganz gleich, mit welchem Namen man sie bezeichnet, ist die Unfruchtbarkeit etwas *böses. Gott überwindet sie, das wird im AT[1] und im NT[2] gezeigt.

[1] Gen 15, 2f; 16, 4f; 30, 1. – [2] Röm 4, 18–24.

1. Gr. *steiros* meint die Unfruchtbarkeit, die Tatsache der Kinderlosigkeit, die man für Schande hält[3].

[3] Lk 1, 7. 36; 23, 29; Gal 4, 27 △.

2. Gr. *argos* (von *ergon*: »Werk« mit Verneinungspartikel *a*): »inaktiv, faul«; der Glaube ohne Werke ist nutzlos[4].

[4] Jak 2, 20; 2 Petr 1, 8; vgl. Mt 12, 36; Tit 1, 12; 2 Petr 2, 3 △.

3. Gr. *kenos*: »leer, umsonst, irreal«[5].

[5] 1 Kor 15, 10.

4. Gr. *akarpos* (von *karpos*: »Frucht« und die Verneinungspartikel *a*): »ohne Frucht«. Man muß *Frucht bringen; von hier aus wird die Unfruchtbarkeit des Baumes[6], des Feigenbaumes[7] oder der Saat[8] zum Bild für das Fehlen

wirklicher Umkehr, für den Glauben ohne Werke, für die nutzlosen Taten der Finsternis[9].

[6] Mt 3, 10 (= Lk 3, 9); 7, 16–20 (= Lk 6, 43f). – [7] Mt 21, 19 (= Mk 11, 14); Lk 13, 6–9. – [8] Mt 13, 22 (= Mk 4, 7. 19). – [9] Eph 5, 11; Tit 3, 14; 2 Petr 1, 8; Jud 12.

→ *Einl.* VIII. 2. B. d. e. – Frucht – Jungfrau

Ungerechtigkeit
→ Gesetzlosigkeit

Ungesäuerte Brote
Aus dem gr. *a-zymos*: »ungesäuert«, was dem hebr. *maṣṣōt* entspricht.
1. *Ungesäuerte Brote.* Man bereitete sie am Vortag des Pascha, zur Erinnerung an das Mahl der Hebräer in der Nacht des *Exodus[1]. Man hielt sie für reiner als gesäuerte Brote[2].

[1] Ex 12, 34. 39; Dtn 16, 3. – [2] Ex 34, 25; 1 Kor 5, 7f △.

2. *Fest der Ungesäuerten Brote*: ein bäuerliches Fest, das sieben Tage dauerte (Opferung der ersten Garben, dann des ungesäuerten Brotes)[3]. Weil der erste Tag mindestens seit dem 7. Jh. v. Chr. mit Pascha zusammenfiel, setzte man das Fest der Ungesäuerten Brote mit dem Pascha gleich[4].

[3] Ex 12, 18; 23, 15; Lev 23, 6. – [4] Dtn 16, 1–8; Mt 26 17; Mk 14, 1. 12; Lk 22, 1. 7; Apg 12, 3; 20, 6 △.

→ *Einl.* XIII. 3. B. – Fest – Pascha

Unglaube
1. Gr. *a-pistia*: »Un-glaube«, Fehlen des Vertrauens. Das AT kennt zwar nicht den Begriff, aber doch die damit gemeinten Tatsachen[1]. Im NT wird mit diesem Wort das Fehlen des Glaubens[2] und auch der unzureichende Glaube gebrandmarkt[3].

[1] Jes 7, 9; 53, 1; Jer 4, 22… – [2] Mt 13, 58 (= Mk 6, 6); 17, 17 (= Mk 9, 19 = Lk 9, 41). 20; 21, 25 (=Mk 11, 31 = Lk 20, 5). 32; Mk 16, 11–17; Lk 22, 67; 24, 11; Joh 20, 27; Apg 14, 2; 19, 9; 26, 8; 28, 24; Röm 3, 3; 11, 20. 23; 1 Kor 6, 6; 7, 12–15. – [3] Mk 4, 40; 6, 6; 9, 24; Lk 1, 20; 24, 41; Röm 4, 20.

2. Gr. *oligopistia*: »kleiner Glaube«. Diese »Kleingläubigkeit« kann die Gläubigen befallen. Sie besteht darin, daß man die Zeichen der Anwesenheit Gottes nicht erkennt, Gehorsam und Vertrauen verweigert[4].

[4] Mt 6, 30 (= Lk 12, 28); 8, 26; 14, 31; 16, 8 △.

→ Glaube – Treue – Vertrauen

Unglück
→ Plage

Unheilvoller Greuel
Gr. *to bdelygma tēs erēmōseōs*; der Ausdruck vereinigt das Bild von »etwas Widerlichem« (gr. *bdelyros*: »widerlich«), Unreinem[1], Götzendienerischem[2], mit dem Bild der »Verwüstung« (aus dem gr. *erēmoō*: »verwüsten, zugrunderichten«[3]). Mit diesem Namen bezeichnete man ursprünglich den Altar des Zeus (oder sein Standbild), den Antiochus Epiphanes IV. 168/167 v. Chr. im Jerusalemer Tempel aufstellen ließ[4]. Bei Mt und Mk[5] wird er zu

einem Zeichen für das *Ende der Welt; Lk gebraucht ihn nicht, setzt aber als sein Gegenstück das geschichtliche Faktum der »Verwüstung« Jerusalems[6].

Äquivalent dazu ist bei Paulus der Mensch der Gesetzlosigkeit, der Widersacher, der Sohn des Verderbens[7].

[1] Gen 43, 32; Lev 11, 43; 18, 22; Offb 17, 4f. – [2] 1 Kön 11, 5; 2 Kön 23, 13; Spr 15, 8; Röm 2, 22. – [3] Mt 12, 25 (= Lk 11, 17); Offb 18, 17. 19. – [4] Dan 9, 27; 11, 31; 12, 11; 1 Makk 1, 54. 59; 2 Makk 6, 2. – [5] Mt 24, 15 (= Mk 13, 14) □. – [6] Lk 21, 20. – [7] 2 Thess 2, 3f.

→ *Einl.* – Antichrist – Tempelweihefest

Unkraut

Gr. *zizanion*, lat. *lolium temulentum*; »Lolch«. Im AT kann sich das Wort kollektiv auf jede schädliche Pflanze beziehen; schuldhafte Trägheit läßt sie gedeihen; man versteht sie aber auch als Gottesstrafe für die Sünden der Menschen[1]. Das Unkraut, von dem das NT spricht, gleicht dem Weizen, doch es wächst nicht über 1 m hoch. Es wird verbrannt, und damit wird es zum Bild der Sünder, die Satans Opfer sind[2].

[1] Spr 24, 31; Jes 5, 6. – [2] Mt 13, 25–40.

→ Dornbusch

unrein
→ rein

Unsterblichkeit

1. Gr. *a-thanasia*. Nach der hellenistischen Anthropologie ist die Seele, eine Emanation der Gottheit, von ihrem Wesen her unverweslich und unsterblich. Nach der Bibel besitzt nur Gott die Unsterblichkeit[1]; der Mensch, von seinem Wesen her sterblich, muß sich mit Unsterblichkeit bekleiden[2]. Obwohl der Sieg über den Tod zu den biblischen Grundaxiomen gehört, kommt das Wort Unsterblichkeit im NT nur dreimal vor.

[1] Dtn 32, 40; Weish 15, 3; 1 Tim 6, 16. – [2] Weish 1, 15; 3, 4; 8, 13. 17; Sir 17, 30; 1 Kor 15, 53f △.

2. Auch die Unvergänglichkeit (gr. *a-phtharsia*) ist eine Eigenschaft Gottes[3], während der Mensch, der zur Unvergänglichkeit geschaffen wurde, durch die *Sünde der Vergänglichkeit verfallen ist[4]; doch dank Christus, der davon bewahrt wurde[5], wird der Mensch eines Tages durch das Wort des lebendigen Gottes[6] die Unvergänglichkeit erben können[7].

[3] Weish 12, 1; Röm 1, 23; 1 Tim 1, 17. – [4] Weish 2, 23f; Röm 1, 23; 8, 21; 1 Kor 15, 42–54; 2 Kor 4, 16; Gal 6, 8; Eph 4, 22; 2 Petr 1, 4; 2, 12. – [5] Apg 2, 27. 31; 13, 34–37. – [6] Weish 6, 19; 1 Petr 1, 18. 23; vgl. 3, 4. – [7] Röm 2, 7; 1 Kor 9, 25; 15, 42–54; Eph 6, 24; 2 Tim 1, 10; 1 Petr 1, 4 △.

→ *Einl.* IV. 6. C. – Auferstehung – Leben – Tod

unterweisen

Gr. *kat-ēcheō*: »vernehmen lassen«, informieren[1], daher »unterrichten«; vgl. Katechismus, Katechet. Das Substantiv »Katechese« kommt im NT nicht vor. Unterweisen heißt, über die wesentlichen Tatsachen aus dem Leben Jesu zu unterrichten[2]; dieser Unterricht folgte wahrscheinlich nach der Verkündigung (gr. *kēryssein*) des Evangeliums und bereitete auf die Taufe vor oder fand sofort danach statt. Diese katechetischen Kreise entsprechen denen der jüdischen Gesetzeslehrer³; hier wurde die Unterweisung in der Lehre (gr. *didachē*) auf einem mehr oder minder hohen Niveau betrieben⁴.

[1] Apg 21, 21. 24. – [2] Lk 1, 4; Apg 18, 25. – [3] 1 Kor 14, 19; Gal 6, 6. – [4] Mt 28, 20; Apg 2, 42.

→ lehren – verkündigen

Unterwelt
→ Hades

Unvergänglichkeit
→ Unsterblichkeit

Unzucht
Gr. *porneia* (abgeleitet von *pernēmi*: »verkaufen«) übersetzt das hebr. $z^e n\bar{u}t$, das im breiten Sinn *Ausschweifung oder schlechte Lebensart meint. Eine bei den benachbarten Völkern vor allem beim Kauf von Sklaven übliche Praxis¹; die Unzucht war vom Gesetz verboten², besonders wenn sie einen religiösen Charakter hatte³; trotzdem war sie auch in Israel verbreitet, wo die Beziehung mit unverheirateten Frauen nicht als *Ehebruch bewertet wurde. Es liegt auf der Linie der prophetischen Verkündigung, die den Bund unter dem Symbol der Ehe darstellte, daß die Prostituierte als *Typos des seinem Gott untreuen Israel gesehen wurde⁴. Von hier aus erklärt es sich, warum man den Begriff zur Bezeichnung eines *Götzenkultes benutzte⁵ und die sittenverderbte Stadt⁶, das Gegenbild Jerusalem, Große Hure nannte.

[1] Vgl. 1 Kor 6, 15f. – [2] Lev 19, 29. – [3] Dtn 23, 18. – [4] Ez 16, 26; Hos 1–3. – [5] Offb 2, 14. 20f. – [6] Offb 17, 1–19, 2.

→ Ehebruch – Laster

Urbild
→ Typos

[ursprünglich]
Kennzeichnet eine Überlieferung, Text oder Kontext als die älteste, als die, die den Ereignissen am nächsten steht.

Urteil
→ Gericht

Vater

Gr. *patēr*, hebr. *'āb*; »unser Vater«: hebr. *'abīnū*.

1. *Im engeren Sinn.* Vater und Mutter sollen geehrt werden[1], doch hat dies Gebot keine unbedingte Geltung[2]. Sie müssen sich vor Willkür und Grausamkeit in acht nehmen[3].

[1] *Einl.* VIII. 2. A; Ex 20, 12; Mt 15, 4–6 (= Mk 7, 10–12); 19, 5. 19 (= Mk 10, 7. 19 = Lk 18, 20); Eph 5, 31; 6, 2. – [2] Mt 4, 22 (= Mk 1, 20); 8, 21 (= Lk 9, 59); 10, 35. 37 (= Lk 12, 53; 14, 26); 19, 29 (= Mk 10, 29); Lk 2, 48f. – [3] Eph 6, 4; Kol 3, 21; Hebr 12, 7.

2. *Im weiteren Sinn.* Die Ahnväter, ganz besonders Abraham, Isaak, Jakob, David[4]. Im Judentum wurde der *Rabbi »Vater« genannt; Jesus verurteilt die Übertreibungen dieses Brauchs[5], Paulus dagegen betrachtet sich als Vater jener Christen, die er zum Glauben geführt hat[6].

[4] Mt 3, 9 (= Lk 3, 8); 23, 30. 32 (= Lk 11, 47f); Mk 11, 10; Joh 4, 1. 12. 20; 6, 31; 8, 56; Apg 3, 13; Röm 4; Jak 2, 21; 2 Petr 3, 4. – [5] Mt 23, 9. – [6] 1 Kor 4, 15; Gal 4, 19; 1 Thess 2, 11; Tit 1, 4; Phlm 10.

3. Im AT wird *Gott* der Vater Israels[7] oder des Königs[8] genannt, selten der Vater eines Einzelnen[9]. Damit ist eine Vaterschaft angesprochen, die nichts mythologisches oder biologisches meint, sondern in der *Erwählung und der *Erlösung durch Gott gründet[10]. Diese Vaterschaft gleicht auch in nichts einem *pater familias* im römischen Sinn, sondern ist von überragender Zärtlichkeit[11]. Den bekümmerten Gemütern offenbart Jesus den Umfang und die Tiefe der Vaterschaft Gottes, die alle Menschen umfaßt, selbst die Sünder[12]. Nie hat er Gott Vater Israels genannt, sondern entweder »mein Vater« (*Abba!)[13], oder »euer Vater«[14], oder – gleichbedeutend – in dem Jüngergebet: »unser Vater«; alle Glaubenden sind Söhne Gottes, *Kinder Gottes[15].

[1] Ex 4, 22; Dtn 32, 6; Jes 63, 16; Jer 31, 9. – [8] 2 Sam 7, 14; Ps 89, 27. – [9] Sir 4, 10; 23, 1–4; 51, 10; Mal 2, 10. – [10] Dtn 14, 1f; Hos 11. – [11] Hos 11, 3f. – [12] Mt 5, 45; 6, 32; Lk 15. – [13] Mt 7, 21; 10, 32; 11, 27; Mk 14, 36; Lk 2, 49; Joh … – [14] Mt 5, 16; Mk 11, 25f; Joh 20, 17. – [15] Lk 11, 2; Joh 1, 12. 18; Röm 8, 15. 29; Gal 4, 6; 1 Petr 1, 17; 1 Joh 3, 1.

→ Abba – Gott – Kind – Mutter

verfluchen

1. Gr. *kat-araomai* (abgeleitet von *ara*: Fluch, Verwünschung, die eine höhere Macht gegen das verfluchte Objekt in Anspruch nimmt). Es handelt sich nicht um die Feststellung eines Unglückszustands (vgl. *Wehe!*[1]), auch nicht um die Ankündigung eines Unglücks als Folge des Verhaltens[2], sondern im Gegenteil, um die Umkehrung des *Segens: es geht um einen reellen Trennungsentscheid[3]. So etwa verdammt das Gesetz die, die es übertreten[4]. Jesus aber hat die Menschen vom Fluch freigekauft, indem er ihn auf sich nahm[5]. Jesus hat niemand verflucht, außer – nach einer unklaren Geschichte – den unfruchtbaren *Feigenbaum[6].

[1] Mt 11, 21; Lk 6, 24 … – [2] Mt 18, 7; 24, 19. – [3] Jer 26, 6; Mal 2, 2; Mt 25, 41; Joh 7, 49; Hebr 6, 8. – [4] Dtn 11, 26–29; 30, 1. 19; Röm 3, 14; Gal 3, 10; 2 Petr 2, 14. – [5] Gal 3, 13. – [6] Mk 11, 21.

2. Der Christ darf nicht fluchen, er soll diejenigen, die ihn verfluchen, segnen[7]. Im weiteren Sinn, wenn man andere gr. Worte wie etwa *kakologeō* gebraucht, handelt es sich um *Beleidigungen und Beschimpfungen; das wird von einigen Übersetzern nicht beachtet.

[7] Lk 6, 28; Röm 12, 14; Jak 3, 9f □.

→ Anathema – beleidigen – lästern – Raka – verleumden – Wehe

Verfolgung

Gr. *diōgmos* (von *diōkō*: »nachjagen¹, verfolgen«): »Verfolgung«.

¹ Phil 3, 12. 14.

1. Das Faktum läßt sich nicht bestreiten, die Boten Gottes werden verfolgt: die *Propheten², die *Jünger³, *Paulus, der zu den Verfolgern gehört hatte⁴ – sie alle werden verfolgt, wie Jesus verfolgt wurde⁵. Es gilt, vor der Verfolgung nicht zu fliehen, sondern sie mutig zu ertragen⁶ und für seine Verfolger zu beten⁷.

² Mt 5, 12; Apg 7, 52. – ³ *Einl.* I. 3. B.; Mt 5, 11; 10, 23. – ⁴ 1 Kor 15, 9; Gal 1, 13. 23. 5, 11; Phil 3, 6; 1 Tim 1, 13; 2 Tim 3, 11f. – ⁵ Joh 5, 16; 15, 20. – ⁵ Gal 6, 12. – ⁷ Mt 5, 44; Röm 12, 14.

2. Die Verfolgung ist nicht ohne Sinn. Sie entspringt dem Haß der Welt gegen Jesus⁸; sie betrifft »den *Weg« und Christus in Person⁹. Jesus selbst hat sie seinen Jüngern angekündet¹⁰ und er hat sie ihretwegen »*selig« gepriesen¹¹. Dem Verfolgten stehen allezeit Christus und der Geist zur Seite¹².

⁸ Joh 15, 18–20. – ⁹ Apg 9, 4f; 22, 4. 7f; 26, 14f. – ¹⁰ Mk 10, 30. – ¹¹ Mt 5, 10. – ¹² Mt 10, 19f (= Mk 13, 11 = Lk 12, 11f); Lk 21, 12–15; Röm 8, 35; 2 Kor 12, 10; 2 Thess 1, 4.

→ leiden

verführen

Zahlreiche gr. Worte könnten mit »verführen« übersetzt werden. Das nächste wäre *apataō,* das benutzt wird, um die Tat des Versuchers, der Eva¹ verführte, zu beschreiben, ebenso die Tätigkeit der falschen Lehrer oder der eitlen *Philosophen und der Gottlosen², und schließlich die Einwirkung des *Reichtums³. Andere Worte betonen verschiedene Aspekte der Verführung. Irreführen (gr. *planaō*) kennzeichnet das Wirken Satans, des Verführers schlechthin⁴, des Herrn der Verführer, die auf der Erde umherstreifen⁵ und derer, die die Menschen irreführen⁶. Andere Menschen »angeln nach« (gr. *deleazō*) schwachen Gemütern⁷, führen sie auf die Abwege (gr. *methodeia*)⁸, mißbrauchen und betrügen sie (gr. *para-logizomai*)⁹; sie gehen mit Schurkerei und Betrug vor (gr. *dolos*)¹⁰ und mit Arglist (gr. *panourgia*)¹¹. Im Unterschied zum AT, das davon spricht, daß Gott Israel oder den Propheten verführt¹², gebraucht das NT das Wort nie in diesem positiven Sinn.

¹ Röm 7, 11; 2 Kor 11, 3; 1 Tim 2, 14; Hebr 3, 13. – ² Röm 16, 18; Kol 2, 8; 2 Petr 2, 13. – ³ Mt 13, 22 (= Mk 4, 19). – ⁴ 2 Joh 7; Offb 12, 9; 20, 3. – ⁵ Eph 4, 14; 1 Tim 4, 1; 2 Joh 7. – ⁶ Mt 24, 5. 11. 24; Mk 13, 6. 22; 1 Joh 2, 26; 3, 7; Jud 11. – ⁷ Jak 1, 14; 2 Petr 2, 14. 18 △. – ⁸ Eph 4, 14; 6, 11 △. – ⁹ Kol 2, 4; Jak 1, 22 △. – ¹⁰ Röm 1, 29; 2 Kor 11, 13. – ¹¹ 2 Kor 11, 3; Eph 4, 14. – ¹² Jer 20, 7; Ez 14, 9; Hos 2, 16.

→ Irrtum

Vergeltung

Gr. *ekdikēsis.* Die *dikē* ist die Norm, das Recht, die objektive Gerechtigkeit (gr. *dikaiosynē* meint die subjektive Gerechtigkeit, den Sinn der Gerechtigkeit); *dikēn didonai* heißt, jemand Genugtuung verschaffen, Wiedergutmachung leisten, oder »bestraft werden«; *dikēn lambanein* heißt, die Genugtuung in seinem Recht erhalten, von da *ekdikeō,* Gerechtigkeit erbitten oder fordern. Sich rächen meint also vor allem, die verletzte Gerechtigkeit wiederherstellen.

Einzig der gerechte und rettende Gott kann die *Gerechtigkeit auf legitime

Weise rächen¹, er, der nicht nur gegen die Feinde Israels Gerechtigkeit übt², sondern auch seinem eigenen Volk gegenüber³. Darum darf der Mensch auch nicht selber Vergeltung suchen⁴, er soll sie dem »Gott der Vergeltung« überlassen, der am Letzten Tag alle Dinge wiederherstellen wird⁵. Die *Verzeihung ist das Zeichen dafür, daß man die Sache Gott überläßt⁶. Die Autorität, die ihren Auftrag von Gott hat, kann allerdings Vergeltung üben⁷. Das Wort meint schließlich die Bestrafung des Schuldigen, die sich aus der Wiederherstellung der Gerechtigkeit ergibt⁸.

¹ Ijob 19, 25; Lk 18, 3–9; Apg 28, 4; Röm 3, 19; 1 Thess 4, 6; 2 Thess 1, 8; Hebr 10, 30; Offb 19, 2. – ² Jes 47, 3; Jer 50, 15; 51, 36. – ³ Jes 1, 24; Jer 5, 9; 9, 9; Ez 24, 8. – ⁴ Lev 19, 17f; Mt 5, 38–42. – ⁵ Ps 94, 1; Jer 15, 15; 20, 12; Offb 6, 10. – ⁶ Jer 11, 20; Röm 12, 19–21. – ⁷ Röm 13, 4; vgl. Apg 7, 24. – ⁸ Lk 21, 22; 2 Kor 7, 11; 10, 6; 2 Thess 1, 9; 1 Petr 2, 14; Jud 7 □.

→ freilassen – Gerechtigkeit – Löser – retten – strafen

verhärten

Gr. *sklērynō*: »hart machen, steif machen«, *pōroō*: »verstocken«, *pachynō*: »dick machen«, *typhloō*: »blind machen, blenden«. In einem Text, der auch durch das NT bekannt und berühmt wurde, beschreibt Jesaja, wie sich das Volk, das sich von Gott entfernt, stufenweise verhärtet¹; *Blindheit², schwerhörige Ohren³, starrer *Nacken⁴, hartes *Herz⁵ – das sind die Ergebnisse der Verhärtung. Wenn gesagt wird, daß Gott verstockt macht⁶, dann einfach deswegen, weil die semitische Denkweise die Nebenursachen gern übergeht. Verhärten heißt aber nicht verwerfen, sondern zulassen, daß die Sünde ihre tödlichen Früchte hervorbringt, also die Sünde sanktionieren, die der Mensch nicht bereut. Der Mensch trägt die volle Verantwortung für diesen Zustand; er wird dahin gebracht, daß er nicht mehr glauben kann⁷. Nur eine Tat Gottes kann diesen Zustand besiegen⁸.

¹ Jes 6, 10; Mt 13, 14f; Mk 4, 12; Joh 12, 40; Apg 28, 26f. – ² Jes 29, 9; Mt 23, 16f; Lk 6, 39; 2 Kor 3, 14; 4, 4; 1 Joh 2, 11; Offb 3, 17. – ³ Sach 7, 11. – ⁴ Ex 32, 9; Dtn 9, 6; Jes 7, 26; Apg 7, 51. – ⁵ Ex 4, 21; 7, 3. 13; 8, 11; 1 Sam 6, 6; Mt 19, 8; Mk 3, 5; 6, 52; Röm 2, 5; Eph 4, 18; Hebr 3, 8; 4, 7. – ⁶ Röm 9, 18. – ⁷ Jer 13, 23; Joh 3, 19–21; 9, 38–41; Hebr 3, 13. 15. – ⁸ Jer 31, 33; Ez 11, 19; 36, 26f; Hos 13, 2; Mi 7, 18; Röm 11, 32.

→ blind – Sünde – taub – Zorn

Verheißung

Gr. *epaggelia*. Weder das AT noch die Evangelien kennen dies Wort, das im Profangriechisch »Ankündigung, Anordnung, Versprechen« bedeutet¹. Es ist dagegen charakteristisch für die paulinischen Schriften, die Apostelgeschichte und den Hebräerbrief. Es greift auf die *Hoffnung zurück, die in der Bibel viel bezeugt ist: Gott erfüllt, was er sagt²; Gottes Wort und Prophetie werden im Wort Verheißung zusammenfassend in Erinnerung gerufen. In ihrer Verwirklichung wird die Verheißung *(ep-aggelia)* zur Verkündigung der »Guten Nachricht« *(ep-aggelizomai)*³. Das Wort unterstreicht die Tatsache, daß die *Gabe Gottes absolut unentgeltlich ist⁴, im Gegensatz zum Gesetz der Werke⁵. Gewöhnlich wird es mit dem *Erbe verknüpft⁶ und bezieht sich auf die Erde⁷, die Ruhe⁸, das Königreich⁹, das Leben ¹⁰, den Retter¹¹, den Heiligen Geist¹². Jesus ist das Ja zu allem, was Gott verheißen hat¹³.

¹ Außer Lk 24, 49. – ² Jos 23, 14; Röm 9, 4; 15, 8; Eph 2, 12; 6, 2; Hebr 6, 13; 10, 23; 11, 33. – ³ Apg 13, 32; Röm 1, 2. – ⁴ Röm 4, 13–21. – ⁵ Gal 3, 17–22. – ⁶ Gal 3, 18–29; Hebr 6, 17; 9, 15. –

[7] Apg 7, 5; Hebr 11, 9. – [8] Hebr 4, 1. – [9] Jak 2, 5. – [10] 1 Tim 4, 8; 2 Tim 1, 1; Tit 1, 12; Jak 1, 12; 1 Joh 2, 25. – [11] Apg 13, 23; Gal 3, 16. – [12] Lk 24, 49; Apg 2, 33; Gal 3, 14; Eph 1, 13. – [13] 2 Kor 1, 20; Offb 3, 14.

→ Hoffnung

Verklärung

Von gr. *metamorpho-omai* (»die *morphē* wandeln«: »Gestalt«), *meta-schēmatizō* (»das *schēma* wandeln«: »Aussehen, Figur«).

1. Eine Szene aus dem Leben Jesu, die von den *Synoptikern wie ein Lichtstrahl vor dem Hinaufgehen nach Jerusalem eingeordnet wird[1].

[1] Mt 17, 1–9 (= Mk 9, 2–10 = Lk 9, 28–36); vgl. 2 Petr 1, 16–18.

2. Geistige Verwandlung der Gläubigen[2].

[2] Röm 12, 2; 2 Kor 3, 18; Phil 3, 21.

→ Aussehen – Bild – Gestalt – Stimme

verkündigen, predigen

Lat. *prae-dicare*: »anzeigen, veröffentlichen«. Für den Ausdruck »die Gute Nachricht ausrufen« gibt es verschiedene gr. Wortfamilien; obwohl eine jede ihren eigenen Akzent hat, stimmen sie in der Aussage oft voll überein[1]. *eu-aggelizomai*: »die Gute Nachricht ankündigen«, *kat-aggellō*: »ankünden«, *ex-hēgeomai*: »erklären«, *homologeō*: »bekennen«, *didaskō*: »lehren«, *laleō*: »sagen«, *martyreō*: »bezeugen«, und vor allem *kēryssō*: »ausrufen, als Herold verkünden«. Das aktive Verb rangiert deutlich vor dem Substantiv, das bald auf den Verkündenden (so *kēryx*: »Herold, Vorläufer«[2]) bald auf den angekündigten Inhalt (*kērygma*: »Ankündigung, Botschaft«, gewöhnlich an das Wort[3], selten an die ausgeübte Funktion gebunden[4]) hinweist.

[1] Vgl. 1 Thess 2, und 2, 9; Phil 1, 18; sowie Lk 4, 43; 9, 6 und Mk 1, 38; 3,14; 6, 12. – [2] 1 Tim 2, 7; 2 Tim 1, 11; 2 Petr 2, 5. – [3] Mt 12, 41 (= Lk 11, 32); 1 Kor 1, 21; 2, 4; 15, 14. – [4] Röm 16, 25; 2 Tim 4, 17; Tit 1, 3.

1. In der Nachfolge der atl. Propheten verkündet Johannes der Täufer Umkehr und Taufe[5]; Jesus verkündet die Umkehr, das Evangelium vom Reich[6], er gibt seinen Jüngern den Auftrag zu verkünden[7]. Sie künden das Reich Gottes an, das Evangelium, das Wort des Glaubens[8], und vor allem Jesus Christus, den Gekreuzigten und Gegenwärtigen[9]. In ihrem existentiellen Kontext bestätigt die Botschaft, daß der Heilige Geist am Werk ist[10]; ein Aufruf zur Umkehr geht ihr voraus[11], sie bezieht sich gleichermaßen auf ein vergangenes (das Pascha Christi) wie auf ein künftiges Ereignis (das endgültige Kommen des Herrn)[12].

[5] Mt 3, 1 (= Mk 1, 4. 7 = Lk 3, 3); Apg 10, 37; 13, 24. – [6] Mt 4, 17. 23; 9, 35; 11, 1; Mk 1, 14. 38f.; Lk 4, 18f. 44; 8, 1. – [7] Mt 10, 7; Mk 3, 14; 6, 12; Lk 9, 2. – [8] Mk 16, 20; Apg 20, 25; 28. 31; Röm 10, 8; Gal 2, 2; Kol 1, 23; 1 Thess 2, 9; 2 Tim 4, 2. – [9] Apg 8, 5; 9, 20; 10, 42; 19, 13; 1 Kor 1, 23; 15, 12. 14; 2 Kor 1, 19; 4, 5; 11, 4; Phil 1, 15; 1 Tim 3, 16. – [10] Apg 2, 4. 11. 15f; 1 Thess 1, 5. – [11] Apg 2, 38; 1 Thess 1, 9f. – [12] Apg 2, 22–36; 3, 12–16. 21; 2 Thess 1, 7.

2. Der Verkündiger tritt als Herold Christi auf, der das Wort Gottes sagt[13]. Der Auferstandene spricht wirklich durch seinen Mund[14]; er wird in dem lebendig, der sein österliches Mysterium verkündet[15]. Darum ist der Herold des Evangeliums voll Sicherheit und *Zuversicht[16], er tritt auf zu gelegener und zu ungelegener Zeit[17], immer darauf bedacht, das göttliche Wort nicht zu

schwächen[18]. Furchtlos kann er zur Umkehr auffordern und den Glauben fordern[19].

[13] 1 Kor 9, 27; 1 Thess 2, 13. – [14] Röm 10, 14f. 17. – [15] 1 Kor 4, 9–13; 2 Kor 1, 3–11; 3, 4–5, 21. – [16] 2 Kor 2, 14–16; 4, 13. – [17] 2 Tim 4, 2. – [18] 1 Kor 3, 1–22; 2 Kor 2, 17. – [19] Röm 1, 5.

3. Die Art der Verkündigung richtet sich je nach der Zuhörerschaft und den Umständen; sie kann sich auf die Erfüllung der Schriften berufen[20], sich auf die Erinnerung an das Leben Jesu stützen[21], zur Erkenntnis Gottes als des Schöpfers von Himmel und Erde auffordern[22]; in jedem Fall konzentriert sie sich abschließend auf das Kreuz und die Auferweckung Jesu[23]. Schließlich mündet sie in die Katechese und Lehre ein.

[20] Apg 2, 17; 3, 24; 13, 33; 1 Kor 15, 3f. – [21] Apg 10, 37–42. – [22] Apg 14, 15–17; 17, 22–31; 1 Thess 1, 9f. – [23] 1 Kor 1, 21; 2, 4.

→ bekennen – bezeugen – Evangelium – Kerygma – lehren – unterweisen – Wort

verlassen

Gr. *eg-kata-leipō*: »verlassen, preisgeben«, mit der Nuance des Abbruchs persönlicher Beziehungen. Die *Septuaginta benutzt das Wort häufig, um die wechselhafte Geschichte des Bundes zu kennzeichnen. Die Menschen verlassen Jahwe[1]; Jahwe dagegen verspricht, seinen Erwählten, seinen Getreuen nicht zu verlassen und immer »mit ihm«[2] zu sein. Deshalb hört auch der Jude nicht auf, darum zu bitten, daß Gott ihn nicht verlasse[3]. Vom Kreuz, auf dem er ausharren wollte, ruft Jesus im Sterben: »Mein Gott, mein Gott, warum hast du mich verlassen?«[4]; obwohl diese Worte mit Ps 22, 1 übereinstimmen, ist es nicht angebracht, sie durch die Annahme zu entschärfen, Jesus habe die letzten Verse des Psalms, in denen vom Sieg des Lebens die Rede ist, still gesprochen[5]. Jesus starb mit einem »warum«; doch dies »warum« wird im Dialog mit Gott ausgesprochen, der die Gegenwart Gottes voraussetzt. Er hat also seinen Glauben bis zuletzt, bis in die Finsternisse des Todes hinein, bekannt[6]. Die Reaktion erfolgt erst nach seinem Tod, etwa im Bekenntnis des Hauptmanns[7] oder in der Pfingstpredigt des Petrus[8]. Jesus ist dem Tod nicht ausgewichen. Möglicherweise hat Paulus eine ähnliche Erfahrung gemacht als alle Freunde ihn verließen[9].

[1] Ri 2, 12; 1 Sam 8, 8; 12, 10; 1 Kön 9, 9; 11, 33; Jer 1, 16; 2, 13; vgl. Hebr 10, 25. – [2] Dtn 4, 31; 31, 6. 8; Jos 1, 5; 1 Kön 6, 13; Ps 37, 28. 31; vgl. Hebr 13, 5. – [3] 1 Kön 8, 57; Ps 27, 9; 38, 22; 119, 8. – [4] Mt 27, 46 (= Mk 15, 34). – [5] Ps 22, 30f. – [6] Phil 2, 8. – [7] Mk 15, 39. – [8] Apg 2, 27. 31. – [9] 2 Kor 4, 9; 2 Tim 4, 10. 16.

verleumden

Die Ehre des anderen durch das Wort verletzen. Wenn das Gesagte sich auf Tatsachen gründet, spricht man von übler Nachrede; wenn nicht, von Verleumdung.

1. Für die üble Nachrede gibt es im Gr. die Worte: *psithyrismos* (von *psithyrizō*: »flüstern«): »Klatsch(erei)«[1], Schmähung[2]«; *kako-logeō* (*kakos*: »schlimm, böse«, *legō*: »reden«, sagen«: »Böses sagen, in Verruf bringen«[3]; in anderen Fällen: »beleidigen, verhöhnen«[4]; *kata-laleō* (*kata*: »gegen«, *laleō*: »sprechen«): im eigentlichen Sinn »üble Nachrede«[5]; manchmal läßt sich aus dem Kontext erschließen, ob es sich um Verleumdungen handelt.

[1] 2 Kor 12, 20. – [2] Röm 1, 29 △. – [3] Mk 9, 39; Apg 19, 9. – [4] Mt 15, 4 (= Mk 7, 10); Apg 23, 5 △. – [5] Apg 6, 13; Röm 1, 30; 2 Kor 12, 20; Jak 4, 11; 1 Petr 2, 1.

2. Für die Verleumdung werden folgende Worte benutzt: *dys-phēmeō* (Gegensatz zu *eu-phēmeō*: »gut reden von«): »verleumden, schmähen«[6]; *diaballō* (vgl. *diabolos*: »Teufel, Ankläger«): »kritisieren (um Zwietracht zu stiften), herabsetzen«[7]; *kata-laleō* (vgl. oben) kann aufgrund des Kontextes »verleumden« bedeuten[8]; *ep-ēreazō*: »verleumden, gegen jemand intrigieren«[9]. Die Bedeutung der beiden letztgenannten Begriffe geht in Richtung auf *beleidigen.

[6] 1 Kor 4, 13; 2 Kor 6, 8 △. – [7] 1 Tim 3, 11; 2 Tim 3, 3; Tit 2, 3. – [8] 1 Petr 2, 12; 3, 16. – [9] Lk 6, 28; 1 Petr 3, 16 △.

→ beleidigen – Laster – lästern – verfluchen

Verlobte
Die Verlobten waren durch ein Versprechen gebunden und wurden als *Brautleute betrachtet.

→ *Einl.* VIII. 2. B. a.

Verordnung
Gr. *dogma*. Ein offizielles Dokument, das die Anwendung des Gesetzes bestimmt. Die Verordnung kann nur von einem Rechtsinhaber erlassen werden: vom Kaiser und der von ihm beauftragten Obrigkeit[1]; das Gesetz des Mose[2]; das Apostelkonzil in Jerusalem[3]. Über die Verordnung in Lk 2, 1 → *Volkszählung.

[1] Apg 17, 7; vgl. Joh 19, 12. – [2] Eph 2, 15; Kol 2, 14. – [3] Apg 16, 4 □.

Versammlung
Man benutzt verschiedene Worte, um eine Gruppe von Personen zu bezeichnen, die an demselben Ort und aus demselben gemeinsamen Grund »zusammenkommen« (gr. *syn-erchomai*)[1]; man gebraucht sie, ohne zwischen einer profanen Versammlung, einer religiösen jüdischen oder einer christlichen Versammlung zu unterscheiden. Das gr. Wort *plēthos* betont den Gedanken der Menge, des Ganzen[2]. Im gr. Wort *dēmos* klingt die Nuance der öffentlichen Versammlung des Volkes mit[3], ebenso wie im seltenen *agoraios*[4]. Was die öfters gebrauchten Begriffe betrifft, nämlich *synagōgē* und *ekklēsia*, so meinen sie öfters dasselbe, nämlich eine religiöse (selten profane[5]) Versammlung: *synagōgē* des *Hohen Rates[6], der Christen[7], oder sogar der Himmlischen[8]; *ekklēsia* wird in bezug auf die Hebräer in der Wüste benutzt[9], und gewöhnlich auch zur Bezeichnung von christlichen Zusammenkünften[10].

[1] Mk 14, 53; Joh 18, 20; Apg 1, 6; 10, 27; 16, 13; 19, 32; 22, 30; 28, 17; 1 Kor 11, 17f. 20. 33f; 14, 23. 26 △. – [2] Apg 6, 2. 5; 15, 12. 30; 19, 9; 23, 7; vgl. Lk 23, 1 △. – [3] Apg 17, 5; 19, 30. 37; vgl. 12, 22 △. – [4] Apg 19, 38 △. – [5] Apg 19, 32. 39f △. – [6] Mt 26, 57; Lk 22, 66; Joh 11, 47; Apg 4, 5. – [7] Apg 15, 6. 30; Jak 2, 2. – [8] 2 Thess 2, 1. – [9] Apg 7, 38 △. – [10] 1 Kor 11, 18; 14, 4f. 12. 19. 28. 34f; Hebr 2, 12; 12, 23.

→ Agora – Kirche – Synagoge – Volk

versöhnen
Von gr. *allassō*: »verändern, verwandeln«, einem Verb, dem eine die Nuance bestimmende Präposition vorangestellt wird: *dia-, kata-, apo-kata-, syn-*. Daher »sich im Blick auf einen wandeln«, daher auch »versöhnen« oder »sich versöhnen«. Das Wort wird auch im profanen Sinn gebraucht[1]. Im

religiösen Sinn, der im NT überwiegt, ist damit die unverdiente Tat gemeint, durch die Gott dem reuigen Sünder die *Gnade wiederschenkt[2], kraft des Blutes Christi, das unsere Sünden *sühnt[3]. Durch diese Neuschöpfung[4] lebt der Mensch von nun an in Frieden mit Gott[5]; Juden und Heiden bilden einen einzigen *Leib[6]; das ganze Weltall ist befriedet[7]. Dies ist die Botschaft, die die Apostel zu verkünden haben[8].

[1] Mt 5, 24; Apg 7, 26; 1 Kor 7, 11. – [2] Röm 5, 10. – [3] Röm 5, 11. – [4] 2 Kor 5, 17. – [5] Röm 5, 1. 9. – [6] Eph 2, 16. – [7] Röm 11, 15; Kol 1, 20–22. – [8] 2 Kor 5, 18–20.

→ Erlösung – Feind – Friede – retten – sühnen – Sünde – vergeben

[Versöhnungstag]
1. Obwohl dieses jüdische Fest im NT nicht erwähnt wird, ist doch der Gedanke an die *Sühne, der diesem Fest zugrundeliegt, im NT durchweg vorhanden; dabei steht nicht das Fasten im Vordergrund (man nannte dieses Fest auch:»das *Fasten«), sondern die erlösende Rolle des Hohenpriesters Christus.
2. Der Versöhnungstag (*jōm kippūr*) wird am September-Äquinoctium gefeiert als Tag der feierlich begangenen *Buße, den Gott angeordnet hat[1], damit jedes noch unvergebene Vergehen und jede Befleckung des Jahres entsühnt werde. Der *Hohepriester selbst mußte die liturgischen Funktionen übernehmen und zu diesem Zweck ging er in das *Allerheiligste hinein[2]. Der erste Ritus bestand aus dem *Sühn*opfer*: der Hohepriester opferte einen Stier für seine Sünden und für die seiner Familie, dann einen Bock für die Sünden ganz Israels. Mit dem *Blut der geopferten Tiere besprengte er das Volk, den Brandopfer*altar, das *Heilige und das *Allerheiligste. Bei der zweiten Zeremonie ging es um den *Sünden*bock*: der Hohepriester streckte seine *Hände über den Kopf eines zweiten Bocks aus und übertrug so die Sünden der ganzen Gemeinde auf ihn; dann wurde der Bock in die Wüste hinausgeführt, damit er »alle Sünden des Volkes mit sich in die Einöde trägt«[3].

[1] Lev 16, 29f. – [2] Hebr 9, 3. 25; 13, 11. – [3] Lev 16, 22.

3. Jesus Christus, der endgültige Hohepriester, hat durch seine *Fürsprache[4] die feierliche *Verzeihung von Gott erreicht; seitdem ist der Mensch Gott genehm und das ist Zweck und Sinn des *jōm kippūr*.

[4] Hebr 5, 7; 7, 25; 9, 24.

→ *Einl.* XIII. 3. B; XIV. B. – Fasten – Fest – sühnen – Sühneplatte – Sünde – verzeihen

Versuchung, versuchen
1. Gr. *peirasmos, peirazō*: gewöhnlich »auf die Probe stellen«, kann auch pejorative Bedeutung haben: »versuchen«, wenn es sich darum handelt, die Beziehung zwischen dem Menschen und Gott in Frage zu stellen. Gott kann zwar den Menschen auf die Probe stellen ohne ihn zu versuchen (»Gott versucht nicht«[1]), doch kann umgekehrt der Mensch Gott nicht auf die Probe stellen, ohne an seiner Macht zu zweifeln, seine Liebe und Treue in Frage zu stellen. Im AT gilt Massa, auch Meríba genannt, als typischer Ort der Versuchung, d. h. des Haders[2]. Im Unterschied zu den Hebräern hat Jesus Gott nicht versucht[3]. Doch im Verlauf seines Lebens ist er zu wiederholten

Malen von den Menschen versucht worden; durch Petrus, der *Satan genannt wird[4], durch die gesättigte Menge, die ihn zum König machen will[5], durch die Führer der Juden, die ihn auffordern, sich selbst zu retten und vom Kreuz herabzusteigen[6]; durch verschiedenartige Versuchungen, die in einer großartigen Szene in der Wüste kurz zusammengefaßt werden; dort hat Jesus über *Satan, den Versucher schlechthin, gesiegt; dort, wo Israel einst versagt hatte[7].

[1] Jak 1, 13. – [2] Dtn 6, 16; 33, 8f; Ps 95, 8f; 1 Kor 10, 9. Hebr 3, 8f. – [3] Mt 4, 7 (= Lk 4, 12); Apg 15, 10. – [4] Mt 16, 23. – [5] Joh 6, 15. – [6] Mt 27, 42 (= Mk 15. 30). – [7] Vgl. 1 Chr 21, 1 und 2 Sam 24, 1; Mt 4, 1 (= Mk 1, 13 = Lk 4, 2); 4, 3; Lk 4, 13.

2. Die Versuchung ist eine Falle[8], durch die der Versucher die Glaubenden zu Fall bringen will[9]. Man muß nicht nur darum bitten, daß Gott uns nicht der Versuchung unterwirft, sondern auch darum, daß er uns nicht in Versuchung geraten läßt, daß er uns vor dem Versucher schützt[10]; darum muß man *wachen und beten[11].

[8] 1 Tim 6, 9. – [9] Lk 8, 13; 1 Kor 7, 5; Gal 6, 1; 1 Thess 3, 5; Offb 2, 10. – [10] Mt 6, 13 (= Lk 11, 4). – [11] Mt 26, 41 (= Mk 14, 38 = Lk 22, 40. 46).

3. Paulus versteht die personifizierte *Sünde, die die *Begierde weckt, als Ursprung der Versuchung[12]; Jakobus sieht in der Begierde den Ursprung der Sünde und des Todes[13]; Johannes klagt die *Welt als Urquell der Begierde an[14]. Ganz gleich ob der Ursprung der Versuchung auf die mehr oder weniger personifizierten Satan, die Sünde oder die Begierde zurückgeführt wird, wollen diese Redewendungen bildhaft das eine sagen: es ist nicht Gott, der die Prüfung in die Versuchung verwandelt, und daß die Auseinandersetzung um Gott und die Freiheit des Menschen geht[15]; der Mensch muß wachen und beten, mit den Waffen des Glaubens gerüstet sein und dem Antrieb des Geistes vertrauen[16].

[12] Röm 7, 8. – [13] Jak 1, 14. – [14] 1 Joh 2, 16. – [15] Lk 22, 31; 1 Kor 7, 5; 1 Thess 3, 5; Offb 2, 10. – [16] Mt 6, 13; 26, 41; Eph 6, 16.

→ *Einl.* XIV. 2. A. – Probe

Vertrauen

1. Gr. *pepoithēsis* (aus dem Perfekt *pepoitha* von *peithomai*: »sich auf etwas verlassen«, daher die Tatsache, daß man »überzeugt, überredet ist«); *pistis* (von *pith-ti-s*): »Vertrauen-geben«. Ein Aspekt des Glaubens, der sich angesichts einer unsicheren Zukunft fest auf Gott, den starken Fels, verläßt[1] und auf die endgültige Tat, durch die Gott in Jesus den Tod besiegte. Man kann sich auch Menschen anvertrauen[2] oder sich auf seine eigenen Taten verlassen[3]. In den Übersetzungen kann man auf verschiedene Nuancen stoßen: »sich Hoffnung machen auf« entspricht manchmal dem Ausdruck »überzeugt sein, daß«, oder »stolz sein auf« dem Ausdruck »sich auf etwas verlassen«. Dieser Ausdruck gründet in einer inneren Überzeugung, die sich als *Zuversicht entfalten kann (gr. *parrhēsia*).

[1] Mt 27, 43; Hebr 2, 13. – [2] Lk 18, 9; 2 Kor 1, 9; 2 Thess 3, 4; Phlm 21. – [3] Mk 10, 24; Lk 11, 22; 2 Kor 3, 4; Eph 3, 12; Phil 1, 14; 3, 3f.

2. Gr. *tharseō*: »Zuversicht haben«, nicht in jemand anderen, sondern in sich selbst, nachdem man die Angst überwunden hat: man ist gestärkt, beruhigt, ermutigt[4].

[4] Mt 9, 2. 22; 14, 27; Joh 16, 33; 2 Kor 5, 6. 8; Hebr 13, 6.

3. Gr. *hypostasis*: »fester Stand«, auf den man sich ruhig verlassen kann[5].

[5] 2 Kor 9, 4; 11, 17; Hebr 3, 14 △.

→ Glaube – Sorge – Todesangst – Zuversicht

verurteilen

Mit diesem Wort übersetzt man einige gr. Begriffe, die kein hebr. Äquivalent haben: *katakrinō*[1], *kataginōskō*[2], *dikazō*[3], sowie das Adjektiv *epithanatios*: »todgeweiht«[4]. In anderen Fällen ist dies Wort eine Auslegung von *krinō*: »urteilen«[5], die sich auf den Kontext stützt; manchmal wird die Übersetzung dadurch unsicher[6].

[1] Mt 12, 41f; 20, 18; 27, 3; Mk 10, 33; 14, 64; 16, 16; Lk 11, 31f; Joh 8, 10f; Apg 16, 37; 22, 25; Röm 2, 1; 5, 16. 18; 8, 1. 3. 34; 14, 22f; 1 Kor 11, 32; 2 Kor 3, 9; 7, 3; Tit 3, 11; Hebr 11, 7; 2 Petr 2, 6 △. – [2] Gal 2, 11; Tit 2, 8; 1 Joh 3, 20f △. – [3] Mt 12, 7. 37; Lk 6, 37; Apg 25, 15; Jak 5, 6 △. – [4] 1 Kor 4, 9 △. – [5] Mt 23, 33; Mk 12, 40; Lk 20, 47; 23, 40; 24, 30; Joh 5, 29; Apg 13, 27; Röm 3, 8; 13, 2; 1 Kor 11, 29. 34; Gal 5, 10; 1 Tim 3, 6; 5, 12; 2 Petr 2, 3. – [6] Joh 3, 17–19; 12, 47f; Röm 2, 1. 3; 14, 3f. 10. 13a; Kol 2, 16; Jak 4, 11f.

→ Gericht

verzeihen

Gr. *aphiēmi*: »gehen lassen, freilassen«; hebr. *kippēr*: »bedecken«, *nāśā'*: »aufheben«, *sālaḥ*: »verzeihen«. Die einer Beleidigung wegen zerbrochene Beziehung zwischen zwei Wesen wieder herstellen.
1. Seit dem AT ist Gott vor allem ein Gott der Vergebung[1]; sein Herz ist nicht wie das des Menschen[2]; vom Sünder will er die *Umkehr[3]. Wenn er vergeben hat, ist die *Sünde weggenommen, zerstört, weggeworfen, sie ist nicht mehr da[4]; auch wenn der Mensch sich weiter daran erinnert, daß er Sünder gewesen ist. Das hat Gott in Jesus Christus bewirkt[5].

[1] Neh 9, 17. – [2] Hos 11, 8f. – [3] Ez 18, 23. – [4] Ex 32, 32; Jes 1, 18; 6, 7; 38, 17. – [5] Röm 3, 21–26; 2 Kor 5, 19.

2. Jesus hat sich nicht darauf beschränkt, die Vergebung des erbarmenden Vaters anzukünden. Er läßt die Sünden nach während seines irdischen Wirkens[6]. Er ist von Gott gesandt, um die Sünden zu *sühnen[7], und er gibt sein Leben und vergießt sein *Blut[8]. So bewirkt er die *Versöhnung zwischen Gott und den Menschen[9]. Der Auferstandene gibt seinen Jüngern den Auftrag, die Vergebung anzukünden[10] und die Vollmacht, in seinem Namen zu vergeben[11].

[6] Mt 9, 1–8 (= Mk 2, 1–12 = Lk 5, 17–26); Lk 7, 36–50. – [7] Hebr 2, 17; 1 Joh 4, 10. – [8] Mt 26, 28; Mk 10, 45; Lk 22, 20; 1 Petr 2, 24; 1 Joh 1, 7. – [9] Röm 5, 10f; 2 Kor 5, 18–20; Eph 2, 16. – [10] Lk 24, 47; Apg 5, 31; 10, 43; 13, 38f. – [11] Joh 20, 23; vgl. Mt 16, 19; 18, 18.

3. Der Glaubende erweist sich dann als Sohn des himmlischen Vaters, wenn er Gott nachahmt und unaufhörlich vergibt[12].

[12] Mt 5, 23f. 43–48; 6, 12–15 (= Mk 11, 25 = Lk 11, 4); 18, 21–35.

→ Schulden – sühnen – Sünde – Umkehr – versöhnen

die Vielen

Dies Wort übersetzt gewöhnlich das substantivierte Adjektiv, mit oder ohne Artikel, (*hoi*) *polloi*, das dem hebr. (*hā*)*rabbīm* entspricht. Die komparative gr. Bedeutung (im Gegensatz zu anderen, weniger) ist nur in zwei Fällen anzunehmen[1]; gewöhnlich hat das Wort in Übereinstimmung mit dem AT[2] und *Qumrantexten einen positiven Sinn und meint eine Gesamtheit[3]. Manche Übersetzer freilich halten in einigen Fällen an der restriktiven Bedeutung fest: »viel, viele«, vor allem dann, wenn der Begriff als Adjektiv erscheint[4].

[1] Mt 24, 12; 2 Kor 2, 17. – [2] Jes 52, 14; 53, 11f. – [3] Mt 20, 28; 26, 28; Röm 5, 15; 12, 4f; 1 Kor 12, 12; Hebr 9, 28. – [4] Mt 22, 14; Lk 7, 47; Röm 5, 16.

vierzig

Gr. *tesserakonta*. Eine in der Antike verbreitete Zahl, bezeichnet im besonderen die Zeit, die für die Lebensreife notwendig ist. Im AT ist gemeint: eine ziemlich lange Zeitspanne[1], das Heiratsalter[2], die Dauer einer Generation[3]. Im NT: eine runde Zahl[4], eine Zahl mit *archetypischer Bedeutung: die Zeit, die Israel in der Wüste verbrachte[5], die Perioden im Leben des Mose[6], die Zeit des Fastens[7] oder der Versuchung Jesu[8], die Dauer der Erscheinungen des Auferstandenen[9].

[1] Gen 7, 4; Ex 24, 18; Lev 12, 4; Dtn 25, 3; 1 Sam 17, 16; Ez 4, 6; Jona 3, 4. – [2] Gen 25, 20. – [3] Ex 16, 35; Num 14, 33f; Ri 3, 11. 30; 2 Sam 5, 4f; 1 Kön 1, 42. – [4] Apg 4, 22; 23, 13. 21; 2 Kor 11, 24. – [5] Apg 7, 42; 13, 18. 21; Hebr 3, 10. 17. – [6] Apg 7, 23. 30. 36. – [7] Mt 4, 2 (= Mk 1, 13 = Lk 4, 2); vgl. Dtn 9, 9. – [8] Mk 1, 13; vgl. Dtn 8, 2. – [9] Apg 1, 3 △.

→ Zahlen

Volk

1. *Das Volk Gottes* wird gewöhnlich gr. *laos*[1] genannt, zweimal *ethnos*[2]. Dies Volk, das Gott sich als Eigentum erworben hat[3], *versöhnt in demselben Glauben an Jesus Christus das *Israel des Alten Bundes und die heidnischen *Nationen[4]; so wird es zum *Heiligtum Gottes, in dem der *Bund sich erfüllt[5]. Es bleibt in der Geschichte verwurzelt und ist gleichzeitig unterwegs zur Vollendung, zu seiner himmlischen *Heimat[6].

[1] Apg 4, 10; 13, 17. – [2] Mt 21, 43; 1 Petr 2, 9. – [3] Ex 19, 5f; Tit 2, 14. – [4] Apg 15, 14; Röm 9, 24. – [5] 2 Kor 6, 14–16. – [6] Hebr 4, 9; 11, 13.

2. *Im abgeschwächten Sinn*: Menge; manchmal *laos*[7], gewöhnlich *ochlos*[8]. Nicht zu verwechseln mit der Versammlung (*ekklēsia*), der Masse (*dēmos*) noch mit den Nationen (*ethnē*).

[7] Mt 4, 23; Lk 1, 10; 7, 1; 20, 1. 9; Apg 2, 47. – [8] Mt 4, 25; 9, 33; 13, 34; 14, 5; Mk 15, 15; Lk 3, 7. 10; Joh 12, 9; Apg 1, 15; Offb 7, 9.

→ Einl. X. 3. – Bund – Erwählung – Israel – Kirche – Nationen – Priestertum

Völker
→ Heiden

Volkszählung

Gr. *apographē*. Eine Zählung der Einwohner, aufgrund derer man die *Steuer festlegen kann. Die Volkszählung des *Quirinius (6–7 n. Chr.) führte zum Aufstand von Judas dem Galiläer gegen dieses, als Zeichen der Abhängigkeit der *Provinzen von Rom verstandenes Vorgehen[1]. Lukas verweist auf die Volkszählung, die Josef und Maria i. J. 7–6 v. Chr. veranlaßte, nach Betlehem zu gehen[2]; er schreibt sie dem Quirinius zu – vielleicht weil die Volkszählung 6–7 n. Chr. die einzig breiter bekannt war; vielleicht aber auch, weil Quirinius, der schon seit 12 v. Chr. Konsul war, viele den Orient betreffende Aufträge erhalten hatte, folglich konnte er auch mit der Durchführung einer Volkszählung betraut werden.

[1] Apg 5, 37. – [2] Lk 2, 1–5 □.

→ *Einl.* VI. 2. B. – Quirinius

vollkommen

Gr. *teleios* (von *telos*: »Ziel, Ende«). Nach der Etymologie legt man dies Epitheton bestimmten Wesen auf, von denen man sagen will, daß sie ganz sind, vollendet, ohne Mangel, und die sich physischer und moralischer Unversehrtheit erfreuen[1]. Die Bibel tritt dafür ein, daß die Werke Gottes vollkommen sind[2]; abgesehen von Mt 5, 48, wo Jesus auffordert, so »vollkommen zu sein wie Gott vollkommmen ist«, sagt sie (im Unterschied zu den Griechen) jedoch nie, daß Gott vollkommen ist. Einige Fachkritiker führen die Hellenisierung des qualifizierenden Adverbs »*barmherzig«, das Lk in denselben Kontext aufgenommen hat[3], auf Mt zurück. Andere finden hier einen nachgeahmten Anthropomorphismus, gestaltet nach dem atl. Gebot: »Sei heilig; denn ich bin heilig«[4]. Mt überträgt das den Glaubenden vorgeschlagene Vollkommenheitsideal in Gott: Sich nicht selbstgefällig auf die Gesetzeserfüllung beschränken, sondern alle Menschen lieben[5], eigene Güter den Armen geben[6]. Selbst wenn man kein Anfänger, kein »unmündiges Kind«[7] mehr ist, bleibt die neue Vollkommenheit[8] nicht nur bedroht, sondern sie bezieht sich auf einen Zustand, den man erst nur im Himmel in dem Vollkommenen Menschen erreicht[9]. Indes soll der Glaubende durch Jesus, der zur Vollkommenheit gelangte[10], nach der Vollkommenheit streben[11]. Dasselbe Ideal wird angezeigt in den Worten, die die Verneinung einer Unreinheit (gr. *a-mōmos*: »ohne Fehl«)[12] oder eines schändlichen Lebenswandels (gr. *a-memptos*: »ohne Tadel«)[13] ausdrücken.

[1] Gen 17, 1; Lev 22, 22; Dtn 18, 13. – [2] Dtn 32, 4; 2 Sam 22, 31; Ps 19, 8; Röm 12, 2; Jak 1, 17. 25; 1 Joh 4, 12. – [3] Lk 6, 36. – [4] Lev 19, 2; 1 Petr 1, 15f. – [5] Mt 5, 20. 48. – [6] Mt 19, 21. – [7] 1 Kor 3, 1; Hebr 5, 14. – [8] 1 Kor 2, 6; 14, 20; Phil 3, 15; Kol 4, 12. – [9] Eph 4, 13; Phil 3, 12. – [10] Hebr 2, 10; 5, 9; 7, 28; 12, 2. – [11] Kol 1, 28; Hebr 6, 1; 10, 14; Jak 1, 4; 3, 2; 1 Joh 4, 18. – [12] Eph 1, 4; 5, 27; Phil 2, 15; Kol 1, 22; Hebr 9, 14; 1 Petr 1, 19; 2 Petr 3, 14; Jud 24; Offb 14, 5 △. – [13] Lk 1, 6; Phil 2, 15; 3, 6; 1 Thess 3, 13; 5, 23; Hebr 8, 7f △.

→ erfüllen – Fülle – heilig – Liebe – rein

Vollmacht
→ Gewalt

Vorabend
→ Rüsttag

Vorhang des Tempels

Wie im früheren Nomadenheiligtum der Hebräer wurde auch im *Tempel des Herodes der Zugang zum *Heiligen und der zum *Allerheiligsten je durch einen Vorhang (gr. *katapetasma*) verschlossen[1]. Nach dem Hebräerbrief zerriß der erstgenannte Vorhang beim Tod Jesu[2]. Sein Zerreißen bedeutet die Abschaffung des alten Kultes und vor allem den freigewordenen Zugang zum himmlischen Heiligtum.

[1] Hebr 9, 3. – [2] Mt 27, 51 (= Mk 15, 38 = Lk 23, 45); Hebr 10, 19f △.

Vorhaut
Gr. *akrobystia*. Die Hautfalte am Ende (gr. *akros*) des männlichen Gliedes (gr. *peos, posthē*); es ist möglich, daß die Juden dabei einen Anklang an das hebr. Wort *bōšet*: »Scham, Schamteil« hörten; diese Falte wurde bei der *Beschneidung etwas hervorgezogen und abgeschnitten.

1. Im eigentlichen Sinne des Wortes sind Unbeschnittene diejenigen, die ihre Vorhaut behalten haben[1] oder, so wie die ängstlichen Juden in der Zeit der Makkabäer, sich auf chirurgischem Wege wieder eine machen ließen[2].

[1] Gen 34, 14; Apg 11, 3. – [2] 1 Makk 1, 15; 1 Kor 7, 18f.

2. Im übertragenen Sinne sind mit den Unbeschnittenen die *Heiden gemeint, diejenigen also, die dem Bund nicht angehörten, dessen unterscheidendes Merkmal die Beschneidung war[3], oder sogar auch das Heidentum im allgemeinen[4].

[3] Röm 2, 25–27; Gal 5, 6; 6, 15; Kol 2, 13. – [4] Röm 3, 30; 4, 9–12; Gal 2, 7; Eph 2, 11; Kol 3, 11 □.

→ Beschneidung

vorherbestimmen
→ prädestinieren

Vorhof
Gr. *hē aulē hē exōthen tou naou*: »der Hof, der außerhalb des Tempels liegt«. Gemeint ist der freie Platz rund um das *Heilige im Innern des *Tempels[1].

[1] Offb 11, 2 □.

Vorsteher
1. Das Amt des Vorsitzenden (gr. *pro-istēmi*: »davor stellen«)[1] oder der »Über-wachung« (gr. *epi-skopeō*)[2] steht den *Diakonen, den *Presbytern (Ältesten) oder den Vorstehern zu, ohne daß ein nennenswerter Unterschied zwischen ihnen feststellbar wäre[3]. In den *Pastoralbriefen werden die Diakone im Plural erwähnt, doch es gibt nur einen Vorsteher[4], genauso wie in *Qumran, wo es einen Aufseher (hebr. *mᵉbaqqēr*) gab; dieser »Wächter« hat, obwohl er nicht über die ganze Fülle der Macht verfügt, die Gabe der Leitung erhalten[5], er soll die Herde Gottes weiden, für ihre Einheit und für die Verkündigung des Evangeliums sorgen[6]. Der Begriff bedeutet nicht dasselbe wie das Wort Bischof im heutigen Sprachgebrauch.

[1] Röm 12, 8; 1 Thess 5, 12; 1 Tim 3, 4f. 12; 5, 17 △. – [2] Apg 20, 28; Phil 1, 1; 1 Tim 3, 1f; Tit 1, 7; 1 Petr 5, 2 △. – [3] Vgl. Apg 20, 17 und 20, 28; Tit 1, 5 und 1, 7. – [4] 1 Tim 3, 1f und 3, 8. – [5] 1 Kor 12, 28. – [6] 1 Tim 3, 1–5. 12; 5, 17; Tit 1, 7; 1 Petr 5, 2.

2. Die Bezeichnung wird auch auf Christus den Hirten bezogen[7].

[7] 1 Petr 2, 25; 5, 4.

→ Ältester – Diakon – Presbyter

[Vulgata]
Von lat. *vulgata (versio)*: »verbreitete Übersetzung«. Der Name meint die lateinische Übersetzung, die der heilige Hieronymus im 4. Jh. erarbeitete und die von der römisch-katholischen Kirche auf dem Konzil von Trient 1546 offiziell anerkannt wurde.

wachen
Nicht schlafen, sich wach halten (gr. *grēgoreō*)[1], schlaflos sein (gr. *agr-hypneō* – unten durch *A* bezeichnet) – das bedeutet im übertragenen Sinn »sich bereit halten«[2]; diese Haltung wird durch *Fasten und Nüchternheit[3] gefördert. Verschiedene Motivationen werden angeführt: *beten[4], den Tag des Herrn erwarten[5], sich vor dem *Gegner und der *Versuchung in acht nehmen[6]. Von hier aus die allgemeine Bedeutung: »achten auf« (gr. *blepō*[7], *pros-echō*[8]), »sich schützen vor« (gr. *phylassō*[9]), »überwachen« (gr. *episkopeō*[10]).

[1] Mt 26, 38. 40; Mk 14, 34. 37; Lk 9, 32; 1 Thess 5, 10. – [2] Mt 25, 13; Offb 16, 15. – [3] 2 Kor 6, 5 (*A*); 11, 27 (*A*); 1 Thess 5, 6; 1 Petr 5, 8. – [4] Mt 26, 41; Mk 14, 38; Lk 21, 36 (*A*); Eph 6, 18 (*A*); Kol 4, 2. – [5] Mt 24, 42f; Mk 13, 33 (*A*). 35; Lk 12, 37. 39; Apg 20, 31. – [6] Mt 26, 41; Mk 14, 38; 1 Kor 16, 13; 1 Petr 5, 8 △. – [7] Mt 24, 4… – [8] Mt 7, 15… – [9] Lk 12, 15… – [10] Hebr 12, 15; 1 Petr 5, 2 △.

wachsen, Wachstum
1. Gr. *prokoptō* (von *koptō*: »schlagen, abschlagen«, mit *pro*: »vor«): »strecken, daher: sich entwickeln, wachsen«. Etwa: die Nacht rückt vor[1]. Ein Mensch kann zunehmen an Weisheit[2] oder in der jüdischen Lehre Fortschritte machen[3]. Auch das Evangelium[4], der Christ[5] oder der Gottlose[6] entwickeln sich.

[1] Röm 13, 12. – [2] Lk 2, 52. – [3] Gal 1, 14. – [4] Phil 1, 12. – [5] Phil 1, 25. – [6] 2 Tim 2, 16; 3, 9. 13 △.

2. Gr. *auxō, auxanō*: »vermehren, vergrößern«. So wachsen die Lilien[7] oder das Getreide[8]. Jesus oder Johannes wachsen heran[9]; das Wort des Herrn wächst[10], ebenso das Volk[11]; Gott ist es, der wachsen läßt[12], so wie er Jesus im Vergleich mit Johannes wachsen ließ[13]; der *Leib Christi soll wachsen[14], und auch jeder Gläubige[15].

[7] Mt 6, 28 (= Lk 12, 27). – [8] Mt 13, 30. 32; Mk 4, 8; Lk 13, 19. – [9] Lk 1, 80; 2, 40. – [10] Apg 6, 7; 12, 24; 19, 20; Kol 1, 6. – [11] Apg 7, 17. – [12] 1 Kor 3, 6; 2 Kor 9, 10. – [13] Joh 3, 30. – [14] Eph 2, 21; 4, 15; Kol 2, 19. – [15] Kol 1, 10; 1 Petr 2, 2; 2 Petr 3, 18 △.

3. Gr. *pleonazō*: »überreich sein«. In diesem Sinn nehmen die Gnade, die Sünde, das Vergehen zu[16], aber auch der Glaube und die Liebe[17].

[16] Röm 5, 20; 6, 1; 2 Kor 4, 15; 1 Tim 1, 14. – [17] 1 Thess 3, 12; 2 Thess 1, 3.

4. Gr. *perisseuō*: »übergroß sein«. Auch hier wird überragen[18], über das gewöhnliche Maß hinausgehen[19], sich selbst übertreffen[20] auf die Kirchen[21] bezogen, oder auf die Gnade, die sich übermäßig entwickelnde Sünde besiegt[22], oder auch auf die Hoffnung[23].

[18] Mt 5, 20. – [19] Mt 5, 47. – [20] 1 Kor 15, 58. – [21] Apg 16, 5. – [22] Röm 5, 20. – [23] Röm 15, 13.

→ Frucht

Wahrheit
In diesem Wort treffen zwei Denkrichtungen aufeinander. Nach hellenistischer Tradition bezeichnet das gr. *alētheia* (Verneinungspartikel *a* und *lanthanō*: »verborgen sein für jemand«) die ent-hüllte Wirklichkeit, das Bestand habende Sein, das erkannt werden kann, die Verbindung zwischen dem Wirklichen und dem Geist. Nach semitischer Tradition meint das hebr. *'emet* (von *'āman*: »fest, beständig sein«) denjenigen, auf den (oder dasjenige, auf was) man sich verlassen kann. Auf der einen Seite also eine objektive Wirklichkeit, eine zeitlose Wahrheit; auf der anderen Seite eine Beziehung,

die sich im Lauf der Zeit bewährt. Ein weiterer Unterschied: für die Bibel ist Gott, ist Jesus Christus die Wahrheit, die die Zeit übersteht. Für den Griechen besteht das Gegenteil zur Wahrheit im *Irrtum, oder in der *Lüge; für den Semiten dagegen im Abbruch der Beziehungen zwischen zwei Personen.

1. Die *Synoptiker verwenden das Wort im griechisch vorgeprägten Sinn. Es geht darum, eine der Wirklichkeit entsprechende Wahrheit zu sagen oder zu lehren, oder zu bezeugen, daß man in Übereinstimmung mit der Wirklichkeit spricht[1].

[1] Mt 14, 33; 22, 16 (= Mk 12, 14 = Lk 20, 21); 26, 73 (= Mk 14, 70 = Lk 22, 59); 27, 54 (= Mk 15, 39); Mk 5, 33; 12, 32; Lk 16, 11.

2. Bei Paulus finden sich einige Ausdrücke, die im griechischen Denken haften, etwa »die Wahrheit sagen«[2] oder »wahrhaftig sein«[3]. Im allgemeinen aber spiegelt sich bei ihm das semitische Denken: das was *Vertrauen[4] verdient, die *Treue[5], der *Gehorsam gegenüber der Wahrheit[6]. Man befreit den Menschen durch die Verkündigung des Evangeliums, indem man ihm offenbart, daß er durch Jesus Christus mit seinem Schöpfer verbunden ist[7].

[2] Röm 9, 1; 2 Kor 12, 6; Eph 4, 25; 1 Tim 2, 7; Jak 3, 14. – [3] 2 Kor 6, 8; 7, 14; Phil 1, 18. – [4] Röm 15, 8. – [5] Röm 3, 3–7. – [6] Röm 2, 8; 1 Kor 13, 6; 2 Kor 13, 8; Gal 2, 14; 5, 7; 1 Petr 1, 22. – [7] Röm 1, 18. 25; 2 Kor 2, 14; 4, 2; 6, 7; 11, 10; 13, 8; Gal 2, 5. 14; 4, 16; 5, 7; Eph 1, 13; 4, 21.

3. Die Pastoral*briefe werden vor allem von hellenistischen Strömungen beeinflußt, etwa was die »*Erkenntnis der Wahrheit«[8] anlangt, die in der »gesunden Lehre«[9] zu bestehen scheint. In dieselbe Richtung geht der Hebräerbrief, der das Wahre (himmlische) dem (irdischen) *Bild gegenübergestellt[10]. Die Offenbarung des Johannes dagegen bleibt im Rahmen des semitischen Denkens, wenn sie »wahrhaft« mit »heilig, treu, gerecht« verbindet[11].

[8] 1 Tim 2, 4; 2 Tim 2, 25; 3, 7; Tit 1, 1. – [9] 1 Tim 1, 10 2 Tim 4, 3f; Tit 1, 9; 2, 1. – [10] Hebr 8, 2; 9, 24; 10, 22. 26. – [11] Offb 3, 7. 14; 6, 10; 15, 3; 16, 7; 19, 2. 9. 11; 21, 5; 22, 6.

4. Für Johannes ist die Wahrheit in Jesus Christus Wirklichkeit geworden[12], der die Wahrheit in Person ist[13], der die Wahrheit sagt und bezeugt[14], so daß seine Worte und Taten Gott selbst zum Ausdruck bringen[15]. Deswegen wollen ihn diejenigen, die die Wahrheit ablehnen, töten; das aber ist nur aus der semitischen Sicht verständlich[16]. Der Geist der Wahrheit hat den Auftrag, die *Gerechtigkeit Jesu zu bezeugen[17].

[12] Joh 1, 17. – [13] Joh 1, 9. 14; 14, 6. – [14] Joh 8, 40. 45f; 16, 7; 18, 37. – [15] Joh 5, 19f. 36f; 8, 19. 26. 28; 12, 50. – [16] Joh 3, 21; 8, 44. – [17] Joh 4, 23f; 14, 17; 15, 26; 16, 13.

→ Amen – erkennen – Ja – lügen

Waise

Gr. orphanos. Die Hilfeleistung für die Waisen, die mit den *Witwen und den seßhaften *Fremden zu den rechtlosesten Geschöpfen gehörten, ist nach dem AT ein durch das Gesetz[1] gebotener Akt der *Frömmigkeit, ein Zeichen der *Gerechtigkeit[2], welches ein Kennzeichen aufrichtiger Religiosität sein kann[3]. Der bildhafte Sinn »verwaist zurückbleiben« wird in der Abschiedsrede mit einem zärtlichen Beiklang aufgenommen[4].

[1] Dtn 14, 29. – [2] Ijob 29, 12. – [3] Jak 1, 27. – [4] Joh 14, 18 □; vgl. Klgl 5, 3.

Walker

Gr. *gnapheus*. Ein Handwerker, der die Stoffe appretierte und die Kleidungsstücke reinigte; er gebrauchte dazu große Bottiche, in denen er die Stoffe mit den Füßen niedertrat, oder er tauchte das Stoffzeug in eine Art Kalilösung[1].

[1] Mal 3, 2; Mt 9, 16 (= Mk 2, 21); Mk 9, 3 □.

Wallfahrt

1. Reise der Gläubigen zu einem Ort, der durch göttliche Offenbarung oder durch die Anwesenheit eines Gottesmannes geheiligt ist, um dort dem Herrn zu begegnen. Die Bibel hat für diesen Brauch keinen spezifischen Begriff; sie gebraucht den Ausdruck »hinaufsteigen« (gr. *anabainō*).

2. Nachdem durch die *Kultzentralisation im *Tempel alle anderen Heiligtümer verdrängt worden waren, entstand – um das Volk vor der Ansteckung durch gängige götzendienerische Praktiken zu bewahren – die *Gesetzesvorschrift[1], die jeden Erwachsenen, gleich ob Jude oder *Proselyt, verpflichtete, dreimal im Jahr »hinaufzusteigen« und in Jerusalem anzubeten: an Pascha[2], an Pfingsten[3] und am Laubhüttenfest[4]. Die Pilger reisten in Karawanen (*syn-odia*: »mit jemand unterwegs sein«)[5] an, allermeist zu Fuß; manchmal konnten sie mit den Halbproselyten[6] und den Fremden rund 125 000 zusammenkommen, die Einwohner Jerusalems nicht mitgezählt. Wer nicht in der Stadt unterkam, wohnte in der Umgebung in Zelten oder in den Marktflekken. Diese immense Versammlung, die gemeinsam die Aufstiegs-*Psalmen sang[7], war ein Vorausbild des Tages des universalen Heils. Der Einzug Jesu in Jerusalem fällt möglicherweise mit einer österlichen Pilgerfahrt zusammen[8].

[1] Ex 23, 17. – [2] Lk 2, 41f; Joh 2, 13. – [3] Apg 2, 5; 20, 16; 24, 11. – [4] Joh 7, 8. – [5] Lk 2, 44. – [6] Joh 12, 20. – [7] Ps 120–134. – [8] Mt 21, 1–9 (= Mk 11, 1–10 = Lk 19, 28–38); Joh 12, 12.

3. In der Antike benutzte man die Wallfahrt oft als *Metapher für den Weg des Menschen ins Jenseits oder zu Gott. In diesem Zusammenhang waren die Wanderungen Abrahams und der Väter für Israel eine konkrete Grundlage[9]. Der Status des Pilgers als Durchreisender wird durch den Begriff *par-epidēmos* ausgedrückt (wörtlich: »nichtseßhafter Fremder«). Als solche werden die Christen bezeichnet[10]; unter der Leitung Christi, ihres Führers und Fürsten[11], sind sie auf dem Weg in die wahre *Heimat[12], unterwegs zum himmlischen *Jerusalem[13]; ihr Leben ist darauf ausgerichtet, vereint mit dem Herrn zu sein[14]; damit sind die kultischen Wallfahrten nicht entwertet, vielmehr wird ihr wahrer Sinn aufgedeckt.

[9] Gen 23, 4; (Lev 25, 23); 1 Chr 29, 15; Hebr 11, 13. – [10] 1 Petr 1, 1; 2, 11. – [11] Hebr 2, 10 (*archēgos*); 6, 20 (*prodromos*). – [12] Hebr 11, 16; 13, 14. – [13] Hebr 12, 22–24. – [14] 2 Kor 5, 6; Phil 3, 12–14.

→ *Einl.* IV. 6. A; XIII. 3. B. – Diaspora – Fest – Fremder – Heimat – Weg

waschen

Gr. *niptō*: »waschen«, *niptomai*: »sich waschen« das Gesicht[1], die Hände, die Füße; nicht aber einen Gegenstand waschen, Netze oder Kleider (dafür gr. *plynō*)[2].

[1] Mt 6, 17; Joh 9, 7. 11. 15. – [2] Lk 5, 2; Offb 7, 14; 22, 14 △.

1. Die *Fußwaschung* war ein Dienst, den man dem ankommenden *Gast schuldete[3]; normalerweise wurde ein nichtjüdischer *Sklave damit beauftragt[4]. Ein Dienst, den die *Jünger ihrem *Rabbi und den Jesus seinen Jüngern erweisen wollte; ein einzigartiges Beispiel und Symbol des *Opfers, in dem die Gemeinschaft gründet[5]. Ein »gutes Werk«, das allzeit getan werden soll[6].

[3] Gen 18, 4; Lk 7, 38. 44. – [4] 1 Sam 25, 41. – [5] Joh 13, 4–15. – [6] 1 Tim 5, 10.

2. Das *Händewaschen* vor dem Essen ist eine Praxis der kultischen *Reinheit; Jesus kritisiert sie, wenn sie nicht Symbol innerer Reinheit ist[7]. *Pilatus beteuert durch seine Geste seine Unschuld[8].

[7] Mt 15, 2. 20 (= Mk 7, 2f). – [8] Dtn 21, 6–8; Ps 26, 6; Mt 27, 24 △.

→ *Einl.* VIII. 1. C. – Bad – rein – Wasser

Waschung

Gr. *baptismos*. Ritus der Reinigung mit Wasser, unter anderem durch Waschen[1]. Nicht zu verwechseln mit *Besprengen.

[1] Mk 7, 4; Lk 11, 38; Hebr 9, 10 □.

→ *Einl.* VIII. 1. C; XIV. 1. A. – Bad – rein – Taufe – waschen

Wasser

Gr. *hydōr*. Nach der antiken Kosmologie sprudelt das Wasser aus den geheimnisvollen Tiefen der Erde oder es kommt als Geschenk vom Himmel.
1. Die *Wassermassen,* die aus der Urflut kommen[1], können erschreckend und bedrohlich sein[2], so die Wasser der *Sintflut[3] oder des *Meeres[4]. Wie Gott, bringt Jesus die Wellen des Meeres zur Stille[5], er geht selbst auf dem Wasser und läßt andere darauf gehen[6]. Im Jordanwasser, wo einst *Naaman geheilt wurde, läßt sich Jesus taufen[7]. Die *Taufe ist *Bad des *Heils[8].

[1] Gen 1, 7; 7, 11; Offb 1, 15; 14, 2. 7; 19, 6. – [2] Ez 26 19f; Offb 12, 15. – [3] Gen 6–8; Ex 14–15; 1 Kor 10, 1; 1 Petr 3, 20; 2 Petr 3, 5f. – [4] Ijob 7, 12; Dan 7; Mt 8, 32; Offb 13, 1. – [5] Ijob 26, 12; 38, 8–11; Ps 104, 6–9; Jer 5, 22; Mt 8, 26f (= Mk 4, 39–41 = Lk 8, 24f). – [6] Mt 14, 25f (= Mk 6, 48f = Joh 6, 19f); 14, 28f. – [7] 2 Kön 5, 10–14; Mt 3, 16 (= Mk 1, 10). – [8] 1 Petr 3, 20f.

2. Die *reinigende Kraft des Wassers,* das die Juden für die kultischen Zwecke gebrauchten[9], bewirkt durch die Taufe die Vergebung der Sünden[10]; diese *reinigende Kraft entsteht dank dem *Blut Jesu[11]. Die Taufe ist ein Bad, das einen Menschen vollkommen *wäscht[12].

[9] Mt 15, 2 (= Mk 7, 2); Joh 2, 6. – [10] Mt 3, 11 (= Mk 1, 8 = Lk 3, 16). – [11] 1 Joh 5, 6. 8. – [12] Joh 3, 5; Eph 5, 26; Hebr 10, 22.

3. *Das lebendige Wasser.* Das Wasser erhält mit dem *Brot zusammen am Leben und löscht den Durst[13]. Es ist Quellwasser, es ist Quelle (gr. *pēgē*) und Strom (gr. *potamos*) des Lebens, es heilt[4]. Mit dem Blut fließt es aus der Seite des Gekreuzigten[15]. Die Taufe ist ein Bad der Wiedergeburt[16]. Das lebendige Wasser ist Symbol für das Wort, den Heiligen Geist, den Christus selbst[17].

[13] Ex 23, 25; 1 Sam 30, 11f; Mt 10, 42; Mk 9, 41; Lk 16, 24; Offb 22, 17. – [14] Num 21. 17; Jes 44, 3; Jer 2, 13; Ez 36, 25–27; Sach 13, 1; Joh 4, 10f; 7, 38; Offb 7, 17; 21, 6; 22, 1f. – [15] Joh 19, 34; 1 Joh 5, 6–8. – [16] Tit 3, 5. – [17] Joh 4, 10. 14f; 7, 38.

→ *Einl.* V. 1. – Bad – Meer – Regen – Taufe – waschen

wassersüchtig
Gr. *hydropikos,* von *hydrōps*: »Wassermenge«. Austreten von Feuchtigkeit in einer Körperhöhlung oder im Bindegewebe[1].
[1] Lk 14, 2 □.
→ Einl. VIII. 2. D. – heilen – Krankheit

Weg
Gr. *hodos.* Ein Pfad, der allmählich durch die Fußstapfen derer entstand, die ihn benutzen.

1. Der Gott, der sein Volk während des Exodus geführt hat, hat seinen Lebensstil, seine Verhaltensweisen, seine Vorlieben; man spricht also von den »Wegen Gottes«[1], und damit zugleich von seinem Willen[2]; diese Wege führen zum Leben[3]. Jesus wird bezeichnet als der wahre Weg, der zum Leben führt, oder der Weg, der zur Wahrheit und zum Leben führt, oder der wahre und lebendige Weg, der zum Vater führt[4].

[1] Ps 25, 10; 67, 3; Jes 40, 3; 55, 8f; Mt 3, 3; Röm 11, 33; Hebr 3, 10; Offb 15, 3. – [2] Ps 18, 22; 27, 11; Mt 21, 32; 22, 16 (= Mk 12, 14 = Lk 20, 21). – [3] Apg 2, 28; 13, 10. – [4] Joh 14, 4–6.

2. Die Handlungsweise eines Menschen wird »Weg« genannt; damit ist die Art wie er lebt bezeichnet[5]. In den literarischen Werken wird oft von den »beiden Wegen« gesprochen; in der Folge des AT findet sich das Thema auch im NT[6]. So sucht der Mensch in das Reich der Himmel zu gelangen[7]. Es gelingt ihm, weil Jesus in das Heiligtum Gottes eingetreten ist[8].

[5] Apg 14, 16; Röm 3, 16; 1 Kor 4, 17; Jak 1, 8; 5, 20. – [6] Dtn 30, 9; Spr 8, 13; Jer 25, 5; Mt 7, 13f. – [7] Mt 5, 20; 18, 8f; 25, 21. 23. – [8] Hebr 9, 8; 10, 19f; 2 Petr 1, 11.

3. In der Apostelgeschichte ist der Ausdruck »der Weg« im absoluten Sinn eine Bezeichnung für das neue Leben im christlichen Glauben[9].

[9] Apg 9, 2; 18, 25f; 19, 9. 23; 22, 4. 14. 22 □.

→ Plan Gottes – Straße – Wille Gottes

Wehe!
Gr. *ouai,* hebr. *'ōj,·hōj.* Ein lautmalerisches Wort; gemeint ist die traurige Äußerung eines Unglücklichen[1] oder die Ankündigung kommenden Unglücks[2]. Nicht zu verwechseln mit dem *Fluch (gr. *ara*), der das Unglück herbeibringt.

[1] Mt 11, 21 (= Lk 10, 13); 23, 13–29 (= Lk 11, 42–52); Lk 6, 24–26; 1 Kor 9, 16; Offb 9, 12; 11, 14. – [2] Mt 18, 7 (= Lk 17, 1); 24, 19 (= Mk 13, 17 = Lk 21, 23); 26, 24 (= Mk 14, 21 = Lk 22, 22); Jud 11; Offb 8, 13; 12, 12; 18, 10. 16. 19 □.

weihen
Im AT hat gr. *hagiazō* die Bedeutung von »weihen, einweihen« nur im Sinne von »opfern, heiligmachen«, zur näheren Beschreibung der von Menschen vorgenommenen *Kulthandlungen[1]; wenn Gott Subjekt des Verbums ist, dann bedeutet es »*auserwählen«, »eine Aufgabe zuteilen«[2]. Im NT darf das gr. Wort nicht so übersetzt werden, denn die Terminologie reicht nicht mehr aus, um den christlichen Kult zu charakterisieren. Genauer: Jesus bittet den Vater, die Jünger zu »heiligen«, so wie er selbst »geheiligt« ist[3]. In einem Wort, die Christen sind nicht »Geweihte«, sondern »Heilige«.

[1] Ex 29, 37. – [2] Sir 45, 4; Jer 1, 5. – [3] Joh 10, 36; 17, 17. 19.

→ geweiht – heilig – Kult – Naziräat – Opfer – rein

Weihrauch
Gr. *libanos*. Eine harzige Substanz, die durch Einschnitte in der Rinde eines weißen Baumes (hebr. *l^ebonā*) gewonnen wird, der in Indien, Somaliland oder Südarabien (»Land von Saba«)¹ – für das NT im Osten² – wächst. Man gebrauchte Weihrauch für die Herstellung von *Duftstoffen und von *Wohlgeruch, er wurde auch dem Räucheropfer beigefügt (gr. *thymiama*)³. Im Tempel wurde er bei einigen Opfern zum Zeichen der Verehrung der Gottheit verbrannt⁴. Wegen des Rauchs, der zum Himmel aufsteigt und sich überall verbreitet, könnte er Symbol des Gebets der messianischen Zeit sein⁵.

¹ 1 Kön 10, 1–10; Jer 6, 20. – ² Mt 2, 1. 11; Offb 18, 13. – ³ Lk 1, 9–11; Hebr 9, 4; Offb 18, 13 △. – ⁴ Lev 2, 1. 15; 24, 7; Lk 1, 9–11. – ⁵ Ps 141, 2; Jes 60, 6; Offb 5, 8; 8, 3–5; 18, 13 △.

→ Altar – Duftstoff

Wein
1. Bei den Juden ist der Wein (gr. *oinos*) kein Alltags-, sondern das Festtagsgetränk; er erfreut das Herz des Menschen¹ und weist auf das *eschatologische Mahl hin². Man darf ihn nicht mißbrauchen³, sondern soll ihn im Blick auf die Gesundheit gebrauchen⁴.

¹ Ri 9, 13; Ps 104, 15; vgl. Offb 6, 6; 18, 13. – ² Jes 25, 6; Mt 26, 29 (= Mk 14, 25 = Lk 22, 18). – ³ Sir 31, 25–31; Eph 5, 18; 1 Tim 3, 3. 8; Tit 1, 7; 2, 3 1 Petr 4, 3. – ⁴ Lk 10, 34; 1 Tim 5, 23; vgl. Mt 27, 34 (= Mk 15, 23).

2. Anders als Johannes der Täufer⁵ hat Jesus sich nicht vom Wein enthalten⁶; er kannte die Säure des zu jungen Weins und die Milde des gereiften⁷. In Kana hat er selbst besseren Wein in Überfülle geschenkt⁸.

⁵ Num 6, 3f; Ri 13, 4; Lk 1, 15; 7, 33. – ⁶ Mt 11, 19 (= Lk 7, 34). – ⁷ Mt 9, 17 (= Mk 2, 22 = Lk 5, 37f); Lk 5, 39. – ⁸ Joh 2, 3. 9. 10.

3. Im NT wird der Wein nie im kultischen Kontext erwähnt, wenn man vom Letzten Mahl Jesu absieht, wo von der »Frucht des Weinstocks«⁹ die Rede ist, und von den Auseinandersetzungen um die Nahrungsmittelverbote¹⁰. Er ist ein Bild für den *Zorn Gottes am Ende der Zeiten¹¹.

⁹ Mt 26, 29 (= Mk 14, 25 = Lk 22, 18). – ¹⁰ Röm 14, 21. – ¹¹ Jes 51, 17. 22; Ez 23, 31 ...; Offb 14, 8. 10; 16, 19; 17, 2; 18, 3; 19, 15 □.

→ *Einl.* VIII. 1. D. – Becher – Laster – Myrrhe – Weinlese – Weinstock

Weinlese
Das NT, das die Lese der Weintrauben kennt (gr. *trygaō*)¹, sagt nicht mehr (wie das AT), daß es sich um eine Zeit der *Freude für die Glaubenden handelt², sondern versteht die Weinlese nur noch als Bild des *Gerichtes Gottes³.

¹ Lk 6, 44. – ² Ri 21, 19–21; Jes 16, 10; Am 9, 13. – ³ Jer 25, 15–30; Offb 14, 18f □.

→ *Einl.* VII. 1. A. – Ernte – Kelter – Presse – Wein – Weinstock

Weinstock, Weinberg
1. Eine Staude (gr. *ampelos*), deren Früchte¹, Weinbeeren genannt (gr. *staphylē*²), in Form von Trauben wachsen (gr. *botrys*³); der »Ertrag« (gr. *genēma*) des Weinstocks ist der *Wein⁴. Jesus ist der wahre Weinstock, an dem die Rebzweige (gr. *klēmata*) – das sind die Glaubenden – bleiben

müssen, um Leben zu haben und *Frucht (gr. *karpos*) zu bringen; andernfalls werden sie wie die unfruchtbaren Ranken unnützes Holz[5].

[1] Jak 3, 12. – [2] Mt 7, 16; Lk 6, 44; Offb 14, 18 △. – [3] Offb 14, 18 △. – [4] Mt 26, 29 (= Mk 14, 25 = Lk 22, 18) △. – [5] Joh 15, 1. 4. 5 △.

2. Wie das AT, so beschreibt auch Jesus Gott gern als Weinbergbesitzer (gr. *ampelōn*), der dem Weinberg mit liebevoller Sorge zugewandt ist; doch er wird enttäuscht. Er wird seine treuen Winzer (gr. *ampelourgos*) rufen und sie werden sein wahres Volk bilden[6].

[6] Jes 5, 1–7; Mt 20, 1–8; Mt 21, 28. 33–41; Mk 12, 1–9 (= Lk 20, 9–16); Lk 13, 6; 1 Kor 9, 7 △.

→ *Einl.* II. 5; VII. 1. A. – Presse – Wein – Weinlese

Weisheit

1. Im *stoischen oder volkstümlichen Hellenismus versteht man unter Weisheit (gr. *sophia*, hebr. *ḥokmā*) ebenso wie im Alten Orient eine Haltung, die man auf eine gewisse Kenntnis zurückführt (gr. *sophos*: »geschickt, klug«). Nach der Bibel ist der Weise ein qualifizierter Handwerker, ein guter Baumeister[1], oder aber es ist ein Mensch mit hoher Bildung[2]. Er weiß, wie man sich klug verhalten muß, um im Leben vorwärts zu kommen[3]. Diese Bedeutungsvariante schwingt auch im gr. Begriff *phronimos*: »klug, vorsichtig«[4]. Die Weisheit entspringt der *Furcht Gottes, einer göttlichen Gabe[5]. Jesus ist ein Weiser, ein Lehrer der Weisheit: Durch Sprichworte, Gleichnisse, Lebensregeln bringt er seine Zeitgenossen zum Staunen[6]; ja, »hier ist einer, der mehr ist als Salomo«[7].

[1] Ex 35, 31; 1 Kor 3, 10. – [2] 1 Kön 5, 9–14; 1 Kor 6, 5. – [3] Spr 8, 12–21. – [4] Spr 14, 6; Sir 21, 21–26; Mt 7, 24; 10, 16; 24, 45 (= Lk 12, 42); 25, 2–9; Lk 16, 8; Röm 11, 25. – [5] Spr 9, 10; Jes 11, 2; Lk 21, 15; Apg 6, 3. 10; 7, 10. – [6] Mt 13, 54 (= Mk 6, 2); Lk 2, 40. 52. – [7] Mt 12, 42.

2. Die im AT personifizierte Weisheit[8] wurde im Tun Jesu wiedererkannt[9]; wenn Jesus die Kleinen zu sich ruft, handelt er nicht als Weisheitslehrer, der gute Ratschläge für das Leben anbietet, sondern als der Sohn, der die Geheimnisse Gottes offenbart[10] und der durch sein Opfer Weisheit Gottes wird[11].

[8] Spr 8, 22–31; Weish 7, 25f; Lk 11, 49. – [9] Mt 11, 19 (= Lk 7, 35). – [10] Mt 11, 25–30; Joh 6, 35; vgl. Spr 9, 5; Sir 24, 19–21. – [11] 1 Kor 1, 24–30; Kol 2, 3.

3. Indem Gott nicht die Weisen dieser Welt, sondern die Kleinen ruft[12], hat er der menschlichen Weisheit, die alles zu wissen beansprucht, das Urteil gesprochen[13]; und er bietet das Heil an durch die *Torheit des Kreuzes[14]. Darum kann derjenige, der die Weisheit von oben empfängt[15], geistliche Dinge *erfahren und mitteilen[16]; er verhält sich ausgeglichen, ruhig und besonnen[17].

[12] Mt 11, 28–30; vgl. Dan 2, 28–30. – [13] 1 Kor 1, 19f; 3, 19f. – [14] 1 Kor 1, 17–25; 4, 10. – [15] Eph 1, 8. 17; Jak 1, 5; 3, 13–17. – [16] 1 Kor 2, 6–16; 12, 8. – [17] Eph 5, 15; Kol 4, 5.

→ *Einl.* IX. 4; XII. 3. – erkennen – Kreuz – Philosophie – Torheit

[Weisheit (Buch der)]
Griechisch geschriebenes deuterokanonisches weisheitliches Werk, fiktiv dem Salomo zugeschrieben, gegen 50 v. Chr. in Alexandria entstanden. Die Lehre entspricht dem AT; sie wurde im Blick auf die *Diasporajuden helle-

nistisch dargestellt; so wird etwa der Glaube an die Auferstehung der Toten in Begriffen des *Unsterblichkeitsglaubers ausgedrückt.
→ *Einl.* XII. 3. – *Tafel* S. 63

weiß
Gr. *leukos* (desselben Ursprungs wie das lat. *lux, lumen*). In der biblischen Vorstellungswelt bildet weiß, die Farbe des blendenden *Lichts[1], den Gegensatz zu schwarz, das mit der *Finsternis verknüpft wird. Es kann die *Reinheit und Unschuld bedeuten[2], paßt aber eher zu den Festen der *Freude und des Triumphs[3]; es ist die Farbe der verherrlichten, sowohl der himmlischen[4] als auch der *verklärten Wesen[5].

[1] Mt 17, 2. – [2] Ps 51, 9; Jes 1, 18; Offb 3, 4. 18. – [3] 2 Makk 11, 8; Koh 9, 8; Offb 2, 17; 6, 2. 11; 7, 9. 13f; 19, 11. 14. – [4] Dan 7, 9; Mt 28, 3 (= Mk 16, 5); Jch 20, 12; Apg 1, 10; Offb 1, 13f; 4, 4; 14, 14; 20, 11. – [5] Mt 17, 2 (= Mk 9, 3 = Lk 9, 29); Offb 3, 5; vgl. Mt 5, 36; Joh 4, 35 □.

→ weißer Stein – Wolle

weißer Stein
Der weiße Stein (gr. *psēphos leukē*) in Offb 2, 17 kann sich auf verschiedene antike Gegenstände beziehen, wie Eintrittsmarke, gerichtliche Freisprechungstafel, Mittel der Wahrsagerei oder Talisman (Ex 28, 30). Die weiße Farbe wird in Beziehung gebracht zu Glück (*Plinius: »ein glücklicher Tag, vom weißen Stein gekennzeichnet«) oder Sieg. Eben das wird durch den neuen, auf dem Stein geschriebenen *Namen verdeutlicht.
→ weiß – Stein

Weizen
Gr. *sitos*. Weizen war, zusammen mit Wein und Öl, das Hauptnahrungsmittel in Palästina[1]; man hat ihn auch exportiert[2]. Man säte[3] im November-Dezember und erntete im Mai-Juni. Wenn man *Plinius glaubt, war der Weizenertrag rund um das Mittelmeer außerordentlich hoch: 100 oder 400 zu 1. Man siebte ihn auf der Tenne[4] und sammelte ihn in Scheunen[5]. Er diente als Zahlungsmaß[6] und war dreimal teurer als *Gerste[7]. Die Körner zermalmte man zu Mehl oder aß sie geröstet.

[1] Jer 31, 12; Offb 18, 13. – [2] Apg 27, 38. – [3] Mt 13, 25. 29f; Mk 4, 28; Joh 12, 24; 1 Kor 15, 37. – [4] Lk 22, 31. – [5] Mt 3, 12 (= Lk 3, 17); Lk 12, 18. – [*] Lk 12, 42; 16, 7. – [7] Offb 6, 6 □.

→ *Einl.* II. 5; VII. 1. A.

Welt
Gr. *kosmos* (von *kosmeō*: »in Ordnung bringen, einrichten«) und *aiōn (A)* (hebr. *'ōlām*: »fortdauernde Zeit«, dann »Weltraum«).
1. *Weltall[1].

[1] Weish 9, 9; Joh 1, 10; 17, 5; 21, 25; Apg 17, 24; Röm 8, 22; 1 Kor 3, 22.

2. *Von den Menschen bewohnter Raum*[2], in den man kommt[3], in dem man sich aufhält[4], aus dem man geht[5], oder – mit einer zeitlichen Nuance – die Welt, die kommen soll[6].

[2] Mt 4, 8 (vgl. Lk 4, 5); 16, 26 (= Mk 8, 36 = Lk 9, 25); 26, 13; Lk 12, 30 (vgl. Mt 6, 32); Apg 1, 8; Röm 1, 8; 4, 13. – [3] Joh 1, 9; 3, 19; 11, 27; 12, 46; Röm 5, 12f; 1 Tim 1, 15; Hebr 10, 5; 1 Joh 4, 1; 2

Joh 7. – [4] Joh 1, 10; 9, 5; 17, 11; 1 Kor 5, 10; 2 Kor 1, 12; 1 Joh 3, 17; 4, 17. – [5] 1 Kor 5, 10; Joh 13, 1. – [6] (A) Mt 12, 32; Mk 10, 30; Lk 20, 35; Eph 1, 21; Hebr 6, 5.

3. Der Raum, in dem sich die Erlösung der Menschen verwirklicht.

Paulus und Johannes haben eine Theologie der Heilsgeschichte in der Welt ausgearbeitet. Die gegenwärtige Welt ist der *Sünde wegen schlecht, sie ist ja der Macht des Gottes dieser Welt anheimgefallen, des Bösen, des Herrschers dieser Welt[7]. Die Welt ist eine zweideutige Wirklichkeit; zwar bezeugt sie ihren Schöpfer noch[8], doch sie widersetzt sich Gott durch ihren Geist, ihre Weisheit, ihren Frieden[9]; sie kennt weder Gott noch Jesus, sie haßt sie[10]. Jesus aber, den der die Welt liebende Gott gesandt hat[11], hat die Welt gerettet, indem er sie besiegte[12]; er nimmt die Sünde der Welt hinweg[13], indem er sein *Fleisch hingibt, damit sie lebt[14]. Die von der Sünde durchdrungene Welt ist im Schwinden begriffen[15]; sie wird nicht zu einem »neuen Kosmos«, sondern wird gerichtet und in das Reich Gottes aufgenommen[16]. Auch der Glaubende hat durch seinen Glauben die Welt besiegt[17]; gewiß, er bleibt noch in dieser Welt, aber gleich Jesus stammt er nicht mehr *aus* dieser Welt[18] und muß sich hüten vor dem Bösen[19]. Dann ist er ein Licht[20], er lernt es, diese Welt recht zu gebrauchen und arbeitet mit an ihrer Verwandlung[21].

[7] Joh 12, 31; 14, 30; Röm 3, 19; 5, 12f; 1 Kor 2, 6. 8 (A); 2 Kor 4, 4 (A); Gal 1, 4 (A); 4, 3; 1 Joh 5, 19. – [8] Joh 1, 3; Apg 17, 24; Hebr 1, 2 (A). – 11, 3 (A). – [9] Joh 14, 27; 1 Kor 1, 20f; 2, 12; 3, 19; 2 Kor 3, 10; Jak 2, 5; 4, 4. – [10] Joh 1, 10; 7, 7; 14, 17; 15, 18f; 17, 25; 1 Joh 3, 13. – [11] Joh 3, 16; 10, 36; 17, 18. 21. 23; 1 Joh 4, 9. – [12] Joh 3, 17; 4, 42; 12, 47; 16, 11. 33; 1 Joh 4, 14. – [13] Joh 1, 29; 2 Kor 5, 19; 1 Joh 2, 2. – [14] Joh 6, 51. – [15] 1 Kor 7, 31; 1 Joh 2, 17. – [16] Vgl. Joh 13, 1; 16, 28; 1 Kor 6, 2. – [17] 1 Joh 5, 4f. – [18] Joh 8, 23; 9, 5; 17, 11. 15f; 1 Kor 5, 10; 1 Joh 4, 5. – [19] Joh 17, 15; Röm 12, 2 (A); 1 Joh 2, 15; 5, 5. – [20] Phil 2, 15. – [21] 1 Kor 7, 29–31.

→ Äon – Weltall – Zeitalter

Weltall

Die Griechen verstehen den *kosmos* als eine in sich geschlossene, harmonische Einheit, die der Mensch, selber ein »Mikrokosmos«, begreifen kann. Die Bibel dagegen versteht das Weltall ausschließlich in seiner Beziehung zum Schöpfer. Erst sehr spät benutzte sie den Begriff *kosmos* als Bezeichnung für die Gesamtheit der Schöpfung, ja Johannes benutzt ihn als negative Größe; das Wort kann die jetzige *Welt bezeichnen, in der die Macht des Bösen herrscht[1]. Zur Bezeichnung des Universums benutzt die Bibel ursprünglich das umgreifende Wortpaar »Himmel und Erde«[2], das direkt auf den Schöpfer zurückweist, oder die mehr summarische hebräische Formel »das All« (gr. *ta panta*, hebr. *hak-kōl*)[3]. Sodann die Worte: »bewohntes Land« (gr. *oikumenē*)[4] und *aiōn* (das auch die *Zeitdauer meint)[5], manchmal im Plural gebraucht[6]. Gott ist Herr des Himmels und der Erde, niemals des *kosmos*[7]. Himmel und Erde werden wie die Welt vergehen[8], doch »das All« wird in Christus aufgenommen[9]. Dann wird ein neues Weltall geschaffen, das nie als »neuer Kosmos« bezeichnet wird, sondern als neuer Himmel und eine neue Erde, oder als Reich Gottes[10].

[1] Joh 1, 10. 29; 7, 7; 12, 31; 14, 17; 16, 8. 11; 17, 9; 1 Joh 2, 15–17; 5, 19. – [2] Gen 1, 1; 2, 4; Ex 20, 11; Ps 146, 6; Apg 4, 24; 17, 24; Hebr 1, 10; Offb 10, 6; 14, 7. – [3] Ps 8, 7; Weish 9, 1; Jes 44, 24; Jer 10, 16; 1 Kor 8, 6; 15, 27f; Eph 1, 10; Phil 3, 21; Kol 1, 16f. 20; Hebr 1, 2f; 2, 8. 10; 1 Petr 4, 7. – [4] Weish 9, 9; 1 Kor 3, 22. – [5] Mt 24, 14; Lk 2, 1; 4, 5; 21, 26; Apg 11, 28; 17, 6. 31; 19, 27; 24, 5; Röm 10, 18; Hebr 1, 6; 2, 5; Offb 3, 10; 12, 9; 16, 14. – [6] Hebr 1, 2; 6, 5; 11, 3. – [7] Gen 24, 3; Jes 66, 1; Mt 5, 34; 11, 25 (= Lk 10, 21); 28, 18; Mk 13, 27; Apg 7, 49; 17, 24; 1 Kor 7, 31; 1 Joh 2, 17. – [8] Jes 13, 13; 51, 6; Jer 4, 23–26; Am 8, 9; Mt 5, 18 (= Lk 16, 17); 24, 35 (= Mk 13, 31 = Lk 21, 33);

Lk 21, 25f; Hebr 12, 26; 2 Petr 3, 10. 12f; Offb 20, 11; 21, 1. – ⁹ 1 Kor 8, 5f; Eph 1, 10; Kol 1, 16–20. – ¹⁰ Jes 65, 17; 66, 22; 2 Petr 3, 13; Offb 21, 1.

→ *Einl.* V. 1. – Äon – Erde – Erhöhung Christi – Himmel – Land – Zeitalter

Weltalter
Äon

Werke
Der Mensch bringt, indem er *arbeitet (gr. *ergazomai, poieō, prassō*), »Werke« hervor (gr. *erga,* Plural von *ergon*), er hat auch eine bestimmte »Handlungsweise« (gr. *praxis*); das Wort »Werk« bezieht sich auf ein religiös bedeutsames Tun.

1. Jesus erfüllt die Werke des Vaters[1], sie sind auch die seinen[2]; einzig der Glaube merkt sie durch die *Zeichen oder Wunder Jesu hindurch[3]. Das einzigartige Werk Jesu ist das Heil der Menschen durch das Kreuz[4]. Es offenbart den Vater durch den Sohn[5].

[1] Joh 5, 36. – [2] Joh 14, 10. – [3] Joh 12, 37. – [4] Joh 17, 4. – [5] Joh 14, 9f.

2. Der Mensch vollbringt gute Werke und böse Werke[6]. Jesus, das Licht der Welt, handelt als Offenbarer der guten Werke[7], und zwar derart, daß das einzige Werk, das es zu vollbringen gilt, ist der Glaube an den, der von Gott gesandt ist[8]. Gott vergilt einem jeden nach seinem Tun[9]. Paulus legt Wert auf das Wissen darum, daß nicht die Werke, sondern einzig der Glaube die Quelle der Gerechtmachung und des Heiles ist[10]; doch mit Johannes und Jakobus muß man hinzufügen, daß der Glaube ohne Werke tot ist[11]; das höchste Werk ist die Liebe, die aus dem Glauben handelt[12].

[6] Mt 5, 16; 23, 3; Röm 8, 13; Gal 5, 19–21; Offb 2, 2. 5f. 19. 22f; 3, 1f. 8. 15; 14, 13; 18, 6. – [7] Joh 3, 19–21; Eph 5, 6–14; 1 Joh 3, 12. – [8] Joh 6, 28f. – [9] Mt 16, 27; 1 Petr 1, 17; Offb 20, 12f; 22, 12. – [10] Röm 3, 27f; 4, 2. 6; Gal 2, 16; 3, 2. 5. 10. – [11] Jak 2, 14. 17f. 20–26; 1 Joh 3, 18. – [12] Gal 5, 14; 1 Thess 1, 3.

→ *Einl.* XIV. 1. B. – arbeiten – Gerechtigkeit

Wiedergeburt
→ geboren werden

wiederherstellen, wiedererrichten
Gr. *apo-kath-istēmi* (zusammengesetzt aus *apo*: »von, aus«, *histēmi*: »aufstellen«, *kata*: »nieder«, solid). Der Begriff deckt sich weder mit *retten noch mit *freikaufen, sondern meint die Wiederentdeckung eines zuvor verschwundenen Zustandes[1], Wiederherstellung des ursprünglichen Zustands, etwa im bezug auf die Sammlung der verstreuten Juden im heiligen Land[2], oder im Blick auf die Gesundheit[3]. Der Verb wird oftmals gebraucht im Zusammenhang mit der Rückkehr der Königszeit[4] oder zur ersten Schöpfung[5].

[1] Gen 41, 13; vgl. Hebr 13, 19. – [2] Jer 16, 15; 23, 8; 24, 6. – [3] Mt 12, 13; Mk 3, 5; 8, 25; Lk 6, 10. – [4] Apg 1, 6. – [5] Mal 3, 24; Mt 17, 11; Mk 9, 12; Apg 3, 21 □.

→ retten – versöhnen

[Wiederkunft Christi]
→ Parusie

433

Wille Gottes
Gr. *thelēma tou theou.* Im Unterschied zum *Plan Gottes kann der Wille Gottes dies oder jenes Einzelereignis meinen und mit dem Willen des Menschen, der mehr oder weniger mit ihm übereinstimmt, in Beziehung treten. Der Begriff ist hier also nicht im globalen Sinn von *Prädestination, *Auserwählung, *Berufung, *Verheißung, Plan Gottes verstanden.
1. Jesus ist gekommen, um den Willen des Vaters zu erfüllen[1]; dieser Wille ist seine Speise[2]. Im Augenblick seines Todes fühlte er in seinem Fleisch einen grundsätzlichen Widerstand, doch er hat sich mit Vertrauen dem wohlwollenden Willen des Vaters überlassen[3] und in dieser Hingabe wurde er erhört, er empfing das Leben in Fülle[4].

[1] Hebr 10, 7. 9; vgl. Apg 13, 22. – [2] Joh 4, 34; 5, 30; 6, 38–40. – [3] Mk 14, 36; Lk 22, 42. – [4] Hebr 5, 7.

2. Der Glaubende soll den Vater bitten, daß sich Gottes Wille auf der Erde erfülle[5]; er muß sich anstrengen, damit er unterscheiden kann, was genau der Wille Gottes für ihn ist[6]; dabei kann er sich auf den Heiligen Geist stützen, der ihm die Geheimnisse des Plans (gr. *nous*: »Denken«) des Herrn enthüllt[7]. Der Mensch erkennt, daß es Gott ist, der zur Erfüllung dieses Willens »das Wollen und das Tun bewirkt«[8], denn im Tun des Menschen ist alles aus ihm selbst und alles ist von Gott; die Aufgaben sind nicht gegeneinander abgegrenzt, doch die Rollen unterscheiden sich in der Aktionsgemeinschaft. Gott gibt, der Mensch empfängt.

[5] Mt 6, 10. – [6] Röm 12, 2; Eph 5, 17. – [7] 1 Kor 2, 16. – [8] Phil 2, 13.

→ Gebot – Plan Gottes – Probe

Wind
Gr. *anemos, pneuma* (von *pneō*: »blasen«).
→ *Einl.* II. 4. – Geist

Winter
Die Jahreszeit, in der es regnet, etwa zwischen dem 15. Oktober und 15. Mai[1]. Das gr. Wort *cheimōn* bedeutet auch schlechtes Wetter, Sturm[2]. Das NT spricht auch vom Überwintern[3].

[1] Mt 24, 20 (= Mk 13, 18); Joh 10, 22; 2 Tim 4, 21. – [2] Mt 16, 3; Apg 27, 18. 20 □. – [3] Apg 27, 12; 28, 11; 1 Kor 16, 6; Tit 3, 12 △.

→ *Einl.* II. 4. – Jahr – Sommer

Witwe
Gr. *chēra*: »leer, getrennt von«.
1. Nach Paulus ist die endgültige Witwenschaft, die wirklich auf das Gottdienen ausgerichtet ist, der Wiederverheiratung vorzuziehen[1], vor allem wenn sie institutionell dem Dienst der Gemeinschaft gewidmet ist[2].

[1] 1 Kor 7, 8. 39f; vgl. Lk 2, 36f. – [2] 1 Tim 5, 5–16.

2. Einer Witwe zu helfen, die ohne Rückhalt lebt, der Ungerechtigkeit und dem Elend[4] preisgegeben ist, ist nach dem Gesetz ein wesentlicher Akt der Frömmigkeit[5]. Die Urkirche übt dies Gebot und mahnt zu seiner Einhaltung[6].

[3] Lk 20, 47. – [4] Mk 12, 42f (= Lk 21, 2f). – [5] Ex 22, 21f; Jes 1, 17. – [6] Apg 6, 1; 1 Tim 5, 3f; Jak 1, 27.

→ *Einl.* VIII. 2. B. e. – Frau – Levirat

Woche

Ein Zeitraum von sieben Tagen, der seinen Namen von dem siebten Tag bekommen hat, gr. *sabbaton*[1]. Die einzelnen Tage, abgesehen nur vom sechsten, der in der hellenistischer Zeit *Rüsttag (gr. *para-skeuē*)[2] heißt, werden einfach gezählt und die Zahl gilt als ihr Name. Die römische Benennung nach den Planeten ist erst im 1. Jh. n. Chr. bezeugt. Zunächst wurde die Woche von der Einteilung der Monate nach den Mondphasen bestimmt, später gewinnt die Eigenständigkeit; sie umfaßt sieben feste Tage und wird vom Mond unabhängig; sie wird durch den siebten Tag, den *Sabbat, markiert[3].

[1] Mt 28, 1; Mk 16, 2. 9; Lk 18, 12; 24, 1; Joh 20, 1. 19. Apg 20, 7; 1 Kor 16, 2 △. – [2] Mt 27, 62; Mk 15, 42; Lk 23, 54; Joh 19, 14. 31. 42 △. – [3] Ex 23, 12; 34, 21.

→ Kalender – Monat – Sabbat

Wohlgeruch

Gr. *arōma*. Wohlriechende pflanzliche Substanz, aus der man *Duftstoffe herstellt. Ihre Beschaffenheit läßt sich nur schwerlich näher bestimmen[1].

[1] Mk 16, 1; Lk 23, 56; 24, 1; Joh 19, 40 □.

→ *Einl.* VII. 3

Wohnung

→ bleiben

Wolke

1. Gr. *nephelē*; im eigentlichen Sinn: eine Wolke, die *Regen ankündet[1] oder *Schatten spendet[2].

[1] 1 Kön 18, 44f; Lk 12, 54. – [2] Jes 25, 5; Jud 12.

2. Undurchsichtig und leuchtend zugleich, ist die Wolke ein Zeichen für die Gegenwart Gottes, ohne sein Mysterium zu enthüllen[3].

[3] Ex 13, 21f; 19, 16–20; 1 Kön 8, 10–13; Mt 17, 5 (= Mk 9, 7 = Lk 9, 34f); 1 Kor 10, 1f.

3. Die Wolke gehört zur literarischen Ausstattung der *eschatologischen *Theophanien[4], sie begleitet (»mit«, »in«)[5] oder sie trägt (»auf«)[6].

[4] Apg 1, 9; Offb 1, 7; 10, 1; 14, 14. – [5] Dan 7, 13; Mk 13, 26 (= Lk 21, 27); 14, 62; Cffb 11, 12. – [6] Mt 24, 30; 26, 64; 1 Thess 4, 17; Offb 14, 14–16 □

→ Schatten

Wolle

Gr. *erion*. Einer der Reichtümer des Orients[1]. Man verwendet sie zur Herstellung von Oberbekleidung; sie wird gefärbt[2] oder weiß wie Schnee[3], daher wird sie zum Symbol der *Reinheit[4].

[1] 2 Kön 3, 4; Ez 27, 18. – [2] Hebr 9, 19. – [3] Ps 147, 16; Dan 7, 9; Offb 1, 14. – [4] Jes 1, 18 □.

Wort

Gr. *logos* (zuweilen *rhēma*), hebr. *dābār*. Das Wort hat nach biblischer wie nach orientalischer Auffassung zwei besondere Eigenschaften. Wort und Wirklichkeit sind untrennbar verbunden, so daß *dābār* ebenso Wort (Erzählung, Befehl) wie auch Sache (Wirklichkeit, Vorgang) meint. Es gibt kein Wort, das nicht Realität wäre und es gibt keine Realität, die nicht durch das Wort mitteilbar wäre. Zudem sind auch Reden und Tun miteinander verbunden: reden heißt tun, und das gilt vor allem von Gott, der durch sein Wort erschafft.

1. **Das Wort Gottes,** das hervorbringt was es ankündet[1], ist lebendig und wirksam[2]. Es offenbart den Sinn der Schöpfung und wird zum heilbringenden *Gebot[3]; es verspricht denen Heil, an die es sich wendet[4].

[2] Ps 33, 9; Weish 9, 1; Jes 55, 10f. – [2] Hebr 4, 12. – [3] Ex 20, 1–17; Ps 119. – [4] Apg 13, 26.

2. Anders als die *Propheten führt *Jesus* seine Reden nicht als Wort Gottes ein[5]; er erklärt: »Ich aber sage euch«[6]. Sein Wort wirkt *Wunder[7], vergibt die Sünden[8], überträgt seine persönliche Vollmacht[9] und macht seine Gegenwart dauerhaft[10]. Gleichwie das Wort Gottes spricht es die Hörenden an, sie müssen sich dafür oder dagegen entscheiden[11]. Die Menschen entzweien sich angesichts der Forderung dieses Wortes, heute wie damals[12].

[5] Am 1, 6; vgl. Lk 3, 2. – [6] Mt 5, 22. 28... – [7] Mt 8, 8. 16; Joh 4, 50–53. – [8] Mt 9, 1–7 (= Mk 2, 3–12 = Lk 5, 18–25). – [9] Mt 18, 18; Joh 20, 23. – [10] Mt 26, 26–29 (= Mk 14, 22–25 = Lk 22, 15–20). – [11] Mt 7, 24–27; 13, 23. – [12] Mk 8, 38 (= Lk 9, 26); Apg 13, 46; 1 Thess 1, 6.

3. **Das Wort** ohne nähere Bestimmung meint schließlich nicht nur die eigentlichen Worte Jesu[13], sondern die Botschaft der Evangelien wie sie in der christlichen Predigt verkündet wird[14]. Das Wort der Verkünder übernimmt die Vorrechte des eigentlichen Gotteswortes: Heil, Wirksamkeit, Leben, denn es ist das gepredigte Wort Jesu selbst[15]. Auch über diese Predigt entzweien sich die Menschen[16].

[13] Lk 4, 36. – [14] Apg 4, 29. 31; 6, 2. 4; 8, 4. 25; Gal 6, 6. – [15] Röm 10, 17. – [16] 2 Kor 2, 14–17.

4. Nach *Johannes,* der die weisheitliche Überlieferung weiterführt[17], und auch nach dem *Hebräerbrief[18], existiert das Wort Gottes vor der Schöpfung, die durch dies Wort bewirkt wird[19]; nach dem Mißerfolg der ersten Offenbarungen des Wortes hat es ein Gesicht angenommen; es ist *Fleisch geworden[20]. Auch jetzt will es die Menschen einladen, durch die Gestalt Jesu hindurch den Vater zu erkennen und ihr gemeinsames Wort besser zu hören[21].

[17] Spr 8, 22–31; Sir 24, 7–19. – [18] Hebr 1, 1–4. – [19] Joh 1, 1–3. – [20] Joh 1, 11. 14. – [21] Joh 3, 34; 12, 50; 17, 8. 14.

5. In der weisheitlichen Überlieferung gibt es vielerlei Ermahnungen für die *Menschen* über den rechten Umgang mit der Sprache[22]. Jakobus führt diese Linie weiter[23]; Jesus hat die radikale Aufrichtigkeit gefordert[24]: aus der Überfülle des Herzens spricht der Mund[25].

[22] Ps 39, 2; 141, 3; Sir 28, 13–26. – [23] Jak 1, 19; 3, 2–12. – [24] Mt 5, 33; 2 Kor 1, 17f; Jak 5, 12. – [25] Lk 6, 45.

→ *Einl.* XII. – Logos – Offenbarung – verkündigen – Wahrheit

Wunder

1. Eine Machttat (gr. *dynamis,* gewöhnlich im Plural:»Machttaten«), ein Wunder (gr. *teras,* nur im Plural: »außergewöhnliches, ungeheures Geschehen«), durch das Gott den Menschen, die darüber staunen (gr. *thaumazō*) ein Zeichen (gr. *sēmeion*) gibt. Diese Worte nennen verschiedene Aspekte ein und derselben Wirklichkeit: Ihre Ungewöhnlichkeit, ihren Ursprung (ein Mächtiger), ihre zeichenhafte Bedeutung oder ihre überraschende Wirkung. Obwohl Jesus viele Wunder gewirkt hat, findet sich der Begriff *dynameis* nur dreimal in seinen Worten[1], auf den Lippen der Zuschauer[2] oder in der Feder

der Erzähler³ dagegen trifft man ihn häufig. Von wundersamen Dingen wird nur in Verbindung mit »Zeichen« gesprochen, und zwar in der gleichbleibenden Formel *sēmeia kai terata*⁴; sicherlich handelt es sich um Wunder, doch sie interessieren nur ihrer zeichenhaften Bedeutung wegen: sehen, hören, gehen, leben.

¹ Mt 7, 22; 11, 21. 23 (= Lk 10, 13); Mk 9, 39 △. – ² Mt 13, 54 (= Mk 6, 2); 14, 2 (= Mk 6, 14). – ³ Mt 11, 20; 13, 58; Mk 6, 5; Lk 19, 37. – ⁴ Mt 24, 24 (= Mk 13, 22); Joh 4, 48; Apg 2, 19.22. 43; 4, 30; 5, 12; 6, 8; 7, 36; 14, 3; 15, 12; Röm 15, 19; 2 Kor 12, 12; 2 Thess 2, 9; Hebr 2, 4 △.

2. Das NT berichtet von *eschatologischen Erscheinungen, die für die Zukunft angekündigt werden (vom *Mond, der sich in Blut verwandelt oder von den Sternen, die vom Himmel fallen) – das ist von der *apokalyptischen Sprache geprägt⁵; daneben finden sich Erzählungen von Wundern Jesu – sie sind von der theologischen Sprache geprägt⁶; darüber hinaus werden einige nachösterliche Wunder erzählt: das Zungenreden am Pfingsttag, die *Glossolalie, andere Wunder, die die Apostel wirkten: viele Heilungen, die Auferweckung der Tabita, Dämonenaustreibungen⁷. Unter den Wundern, die von Jesus erzählt werden, finden sich ungefähr 25 Heilungen: *Fieber⁸, *Aussatz⁹, Lähmung¹⁰, *Taubstummheit¹¹, *Blindheit¹², Epilepsie¹³, Rheumatismus¹⁴, Blutungen¹⁵, Verletzungen¹⁶; drei *Exorzismen im eigentlichen Sinn des Worts¹⁷, drei Totenerweckungen¹⁸, acht oder neun Naturwunder: die Stillung des Sturms¹⁹, die Brotvermehrung²⁰, das Gehen auf dem Wasser²¹, die Doppeldrachme im Maul des Fisches²², wunderbare Fischzüge²³, zu Wein gewordenes Wasser²⁴, der vertrocknete Feigenbaum²⁵. Verglichen mit der zeitgenössischen Literatur zu diesem Thema sind es nicht viele, vor allem, wenn man einige Erzählungen, die Dubletten sind, ausscheidet²⁶.

⁵ Mt 24, 29; Offb 6, 12. – ⁶ Lk 1, 34f; 9, 29... – ⁷ Apg 2, 6–8; 3, 6; 8, 13; 9, 32–42; 19, 11; 2 Kor 12, 12. – ⁸ Mt 8, 14f (= Mk 1, 29–31 = Lk 4, 38f). – ⁹ Mt 8, 1–4 (= Mk 1, 40–44 = Lk 5, 12–16); Lk 17, 11–19. – ¹⁰ Mt 8, 5–13 (= Lk 7, 1–10); 9, 1–8 (= Mk 2, 1–12 = Lk 5, 17–26); 12, 9–14 (= Mk 3, 1–6 = Lk 6, 6–11); Joh 4, 46–54; 5, 1–9. – ¹¹ Mt 9. 32–34; Mk 7, 31–37. – ¹² Mt 9, 27–31; 20, 29–34 (= Mk 10, 46–52 = Lk 18, 35–43); Mk 8, 22–26; Joh 9. – ¹³ Mt 17, 14–21 (= Mk 9, 14–29 = Lk 9, 37–43). – ¹⁴ Lk 13, 10–17. – ¹⁵ Mt 9, 20–22 (= Mk 5, 25–34 = Lk 8, 43–48); Lk 14, 1–6. – ¹⁶ Lk 22, 50f. – ¹⁷ Mt 8, 28–34 (= Mk 5, 1–20 = Lk 8. 26–39); 15, 21–28 (= Mk 7, 24–30); Mk 1, 21–28 (= Lk 4, 31–37). – ¹⁸ Mt 9, 18–26 (= Mk 5, 21–43 = Lk 8, 40–56); Lk 7, 11–17; Joh 11. – ¹⁹ Mt 8, 18. 23–27 (= Mk 4, 35–41 = Lk 8, 22–25). – ²⁰ Mt 14, 13–21 (= Mk 6, 31–44 = Lk 9, 10–17); 15, 32–39 (= Mk 8, 1–9); Joh 6, 1–15. – ²¹ Mt 14, 22–33 (= Mk 6, 45–52). – ²² Mt 17, 24–27. – ²³ Lk 5, 1–11; Joh 21, 1–14. – ²⁴ Joh 2, 1–11. – ²⁵ Mt 21, 18–22 (= Mk 11, 12–14. 20–24). – ²⁶ So bei Mt 9, 27–31. 32–34; 15, 32–39.

3. Wenn Jesus beschloß, Wunder zu wirken, dann tat er das nicht, um die Neugier um einen Heilmächtigen zu befriedigen²⁷ und auch nicht, um die Hintergedanken seiner Herausforderer zu vereiteln²⁸, sondern er wollte zeigen, daß die Macht Gottes am Werk ist, wie die Prophetie es angekündigt hatte²⁹ und wollte Satan durch den Finger Gottes besiegen³⁰. Die Zeugen wurden durch diese Wunder nicht automatisch bekehrt³¹; gewöhnlich ließ sich Jesus nach der Glaubenskraft der Bittenden zum Wunder bewegen³². Die Wunder werden manchmal als Folge des Mitleids Jesu dargestellt³³, gewöhnlich aber werden sie als göttliche Bestätigung des Messias betrachtet und als Symbol für den Sieg über den Teufel³⁴. Schließlich wirkte Gott weiterhin Wunder durch die Glaubenden, darum konnte man von einer »Gabe der Wunder« sprechen³⁵.

²⁷ Lk 23, 8. – ²⁸ Mt 12, 38f (= Lk 11, 29f); 16, 3f (= Mk 8, 11f). – ²⁹ Jes 29, 18f; 35, 4–6; 61, 1f; Mt 11, 2–6 (= Lk 7, 18–23). – ³⁰ Mt 12, 28 (= Lk 11, 20). – ³¹ Mt 11, 21 (= Lk 10, 13). – ³² Mt 13, 58;

437

Mk 6, 5. – ³³ Mt 9, 36; 14, 14 (= Mk 6, 34); 15, 32 (= Mk 8, 2); 20, 34. – ³⁴ Apg 2, 22; 10, 38. – ³⁵ Mk 16, 17. 20; Röm 15, 19; 1 Kor 12, 10; 2 Kor 12, 12; Gal 3, 5; 1 Thess 1, 5; Hebr 2, 4.

→ blind – heilen – Macht – Ohr – Zeichen

Wurm

1. Gr. *skōlēx*. Ungeziefer, das die lebendige oder zerfallende organische Materie befällt. Bauchschmerzen wurden auf eine Wurminfektion zurückgeführt; wenn die Würmer aus dem Körper ausgeschieden wurden, folgte der Tod[1]. Bild für die grenzenlose Zersetzung der Gottlosen am Letzten Tag[2].

[1] 2 Makk 9, 9; Apg 12, 23. – [2] Jes 14, 11; 66, 24; Mk 9, 48 △.

2. Gr. *brōsis*, ein Wort das anstelle von *brōma* benutzt wird, um sowohl das »Nahrungsmittel«[3] als auch »den, der zerfrißt«: »Wurm« oder »Rost« zu bezeichnen[4].

[3] Joh 4, 32. 34. – [4] Mt 6, 19f △.

→ Motte

Wüste

Gr. *erēmos*: »öder, verlassener Ort«. Ein praktisch unbewohntes Gebiet: der Boden besteht nicht aus Sand, sondern aus Kalkstein; es handelt sich um eine Art unbestellter Steppe[1]. Wasserquellen sind selten, die Vegetation ist spärlich, abgesehen von der Zeit nach dem Frühlingsregen, in der die Blumen blühen. Die Wüste Judäa, wo Johannes der Täufer lebte[2], entspricht dem Osthang der Berge, zum Jordantal und dem Toten Meer hin; das Landschaftsbild ist gekennzeichnet durch Schluchten und Höhlen[3]. Paulus scheint sich in der arabischen Wüste aufgehalten zu haben[4].

[1] Lk 15, 4. – [2] Mt 3, 1 (= Mk 1, 4 = Lk 3, 2); 11, 7 (= Lk 7, 24). – [3] *Einl.* II. 3–5. – [4] Gal 1, 17.

1. Ein unfruchtbarer und gefährlicher Ort[5], ein Land, das Gott nicht *gesegnet hat[6], ein Platz ohne *Wasser (gr. *anhydros*), wo die bösen *Geister wohnen[7], Ein Ort, wo der Mensch von *Satan auf die Probe gestellt wird; er erhält seine Bedeutung dadurch, daß Jesus hier durch diese Probe gegangen ist[8].

[5] 2 Kor 11, 26; Hebr 11, 38. – [6] Jes 14, 17; Mt 12, 25 (= Lk 11, 17); 23, 38; Apg 1, 20; Offb 18, 19. – [7] Mt 12, 43 (= Lk 11, 24). – [8] Mt 4, 1 (= Mk 1, 12 = Lk 4, 1).

2. Eine Epoche der Heilsgeschichte, während der Gott sein Volk erzogen hat[9]; darüber berichtet das Buch Exodus.

[9] Ex 15, 22–19, 2; Num 10, 11–12, 16; Joh 3, 14; 6, 31; Apg 7, 30–44; 13, 18; 1 Kor 10, 1–11; Hebr 3, 8. 17.

3. Ort der Zuflucht und der Einsamkeit zuerst für Jesus[10], dann für die Kirche bis zur Wiederkunft Christi[11], solange sie noch nicht in die *Ruhe Gottes eingegangen ist[12]. Hier hat Jesus die ausgehungerten Leute mit Nahrung versorgt[13].

[10] Mk 1, 35. 45 (= Lk 4, 42; 5, 16); 6, 32. 35. – [11] Offb 12, 6. 14. – [12] Hebr 4, 1. – [13] Mt 14, 13–21 (= Mk 6, 32–44 = Lk 9, 10–17).

→ Probe – Versuchung

Ysop
Gr. *hyssōpos* (von hebr. *'ēzōb*). Gewürzstrauch mit blauen oder roten Blüten; wächst in Mauernspalten und kann 1 m hoch werden. Er ähnelt dem Kapernstrauch. Der ziemlich spröde Stengel wurde bei rituellen *Besprengungen als Sprengwedel gebraucht[1].

[1] Ex 12, 22; Lev 14, 4; 1 Kön 4, 33; Ps 51, 9; Joh 19 29; Hebr 9, 19 □.

Zacharias
Gr. *Zacharias*, von hebr. *z*ᵉ*kar-jā*: »Jahwe gedenkt«. Priester aus der Dienstklasse des Abija, Mann der Elisabet, Vater Johannes des Täufers; wohnhaft in einer Stadt in Judäa[1].

[1] Lk 1, 5–67; 3, 2 □.

Zachäus
Gr. *Zakchaios*; jüdischer Name, entspricht dem hebr. *zakkaj*: »rein, gerecht«. Chef der Steuereinnehmer in Jericho[1].

[1] Lk 19, 1–9 □.

→ Zöllner

Zahlen
1. Neben den direkt oder indirekt arithmetischen Zahlen gibt es Zahlen mit *symbolischer Bedeutung*, die sich nicht immer leicht bestimmen läßt. Gewiß, die Bibel ist nicht von pythagoreischen Zahlenspekulationen abhängig (wo 1 und 3 männlich sind, 2 und 4 weiblich, 7 rein), sie bietet jedoch ziemlich eindeutige Beispiele für Symbolwerte: 4 = kosmische Gesamtheit; 7 = abgeschlossene Reihe, wie die *Woche, eine vollkommene, also der Summe ihrer Divisoren gleiche Zahl (3 + 4, oder $3^{1}/_{2}$), oder eine Zahl, derer Vollkommenheit nicht erreicht ist (7 − 1 = 6); 10 = der mnemotechnische Wert der 10 Finger; 12 = die vollkommene Zahl der 12 Mondwechsel, Grundlage der alten sumero-akkadischen Kalenderrechnung, sowie die Zahl der 12 *Stämme; 40 = die Jahre einer Generation.
2. Die sogenannten kubischen Zahlen ergeben sich aus einer bei den Alten beliebten Rechnungsart. Man kann sie darstellen durch ein gleichseitiges Dreieck, in dem waagrecht die Einheiten eingetragen sind, aus denen sie sich zusammensetzen . . : : . . Sie bilden die arithmetische Summe der *n* ersten Ziffern (1 + 2 + 3 + 4 + ... *n*), gleichbedeutend mit $n\frac{n+1}{2}$. So ist für die 120 im Abendmahlssaal Versammelten (Apg 1, 15) *n* = 15; für die 153 großen Fische (Joh 21, 11) ist *n* = 17; für 666, die Zahl des großen Tieres (Offb 13, 18) ist *n* = 36 (dieses ist selbst mit *n* = 8 gewonnen, dem 8. König von Offb 17, 11 entsprechend, oder mit 6 im Quadrat, der Unvollkommenheitszahl schlechthin).
3. Die *Gematrie* ermöglichte die Interpretation gewisser Zahlen, die die Summe des den einzelnen Buchstaben des Alphabets zugeschriebenen Zahlenwertes darstellen sollten. So ist 666 = NRWN QSR (Nero Kaiser) = 50 + 200 + 6 + 50 + 100 + 60 + 200, oder auch: LATEINOS = 30 + 1 + 300 + 5 + 10 + 50 + 70 + 200 bedeutet das Römische Reich. Es ist freilich schwierig, die Richtigkeit dieser Hypothesen zu beweisen. So könnte 666 als Wiederholung von 6 (= 7 − 1) einfach die Unvollkommenheit schlechthin bezeichnen.

Zauberei
→ Magie

Zebaot
Hebr. *ṣ*ᵉ*bā'ōt*. Der Sinn dieses Wortes, das oft mit dem Namen Jahwe verknüpft wird (Bedeutung im Plural: »Heerscharen, Heere, eine organisierte Gruppe«), hat sich im Laufe der Zeit gewandelt: zunächst war das Heer

Israels gemeint, dann die Welt der *Sterne und der himmlischen Mächte. Diese Welt war für die Alten eine belebte Welt, und für die heidnischen Religionen eine Welt der Götter. Im NT wird dieser göttliche Titel auf Gott den Herrn übertragen, dem alle Mächte des Weltalls untertan sind[1].

[1] Vgl. 1 Sam 1, 3; 17, 45; Jes 1, 9; Zef 2, 10; Röm 9, 29; Jak 5, 4 □.

Zebedäus

Gr. *Zebedaios,* von hebr. *zabdī:* »mein Geschenk«. Fischer von See Gennesaret, Ehemann der Salome, Vater von Jakobus und Johannes[1].

[1] Mt 4, 21 (= Mk 1, 20) □.

Zehngebot
→ Dekalog

Zehnt

Gr. *hē dekatē:* »der zehnte Teil«, 10%. Religiöse *Steuer, die Gottes Eigentumsrecht auf einige Erderzeugnisse[1] und sogar auf das Vieh[2] anzeigt; die Pharisäer dehnten diese Steuerpflicht auf die kleinsten Produkte aus[3]. Mit dem Zehnten, der etwas anderes ist als die Tempel*steuer[4], wird der Unterhalt des Kultpersonals bestritten[5]. Noch ehe das Heiligtum mit seinem Personal errichtet wurde, hat Abraham dem König-Priester *Melchisedek den Zehnten gegeben; auf diese Weise hat er anerkannt, daß dieses *Priestertum demjenigen von *Levi überlegen ist[6].

[1] Dtn 14, 22f. – [2] Lev 27, 32. – [3] Mt 23, 23 (= Lk 11, 42); Lk 18, 12. – [4] Mt 17, 24. – [5] Num 18, 21; Hebr 7, 5. – [6] Gen 14, 20; Hebr 7, 2–9.

→ *Einl.* VI. 3. B. – Erstlinge – Kümmel – Leviten – Minze

Zeichen

Gr. *sēmeion* (dieselbe Wurzel wie *sēmainō:* »ein Zeichen geben, bezeichnen, verständlich machen«, davon »die Bedeutung sagen«).
1. Eine Wirklichkeit, die auf eine andere verweist und sie dadurch ins Bewußtsein bringt; es wird eine ferne Wirklichkeit angekündigt oder vergegenwärtigt. Das Zeichen offenbart und verbirgt zugleich. Das NT kennt das Wort in diesem gebräuchlichen Sinn: ein Zeichen geben[1], etwas bezeichnen[2].

[1] Mt 26, 48 (= Mk 14, 44); Lk 2, 12; 2 Thess 3, 17. – [2] Joh 12, 33; 18, 32; 21, 19; Apg 11, 28.

2. Gott spricht durch seine Schöpfung zu den Menschen; er gibt ihnen auch besondere Zeichen durch Taten, die Staunen hervorrufen. So sollen sich nach jüdischer Überlieferung zu Beginn der messianischen Zeiten wunderbare Zeichen ereignen, denen des Exodus oder der Zeit des *Elija vergleichbar; die Wendung *sēmeia kai terata* (»Zeichen und Wunder«) wird dann gerne gebraucht. Das NT macht auf die Erwartung dieser ankündenden Zeichen aufmerksam[3]. Als die Juden Zeichen sehen wollten um nicht glauben zu müssen, verweigerte Jesus ein Schauwunder unter Verweis auf seine Predigt[4]. Dort sind zu finden die »Zeichen der Zeit«, d. h. »dieser jetzigen *Zeit«, die durch Gegenwart und Wirken Jesu bestimmt ist; sie sind zu deuten auf die Art, wie man den Himmel prüft um zu wissen, wie das Wetter wird[5].

[3] Mt 24, 3; 1 Kor 1, 22. – [4] Mt 12, 38f (= Lk 11, 29–32); 16, 1. 4 (= Mk 8, 11f); Lk 17, 20f. – [5] Mt 16, 2f (= Lk 12, 54–56).

3. Das vierte Evangelium erweitert den Sinn, den das Wort herkömmlicherweise bei den Juden hatte, in Richtung auf »*Wunder« im strengen Sinn: die »Machttaten« *(dynameis)* Jesu sind »Zeichen«; er flicht die Wunder in die Rede ein, die ihren Sinn erklären[6], oder stellt sie in einen Kontext, aus dem sich ihre Bedeutung leichter erschließt[7]. Aus einem anderen Blickwinkel sind die Zeichen die »*Werke« (gr. *erga*) Gottes, die dazu auffordern, an Jesus zu glauben und seine Herrlichkeit zu sehen[8].

[6] Joh 5, 1–47; 6, 5–65; 9, 1–41 (vgl. 8, 12); 11, 25. – [7] Joh 2, 1–11; 4, 46–54. – [8] Joh 12, 37.

4. Ebenso wie Jesus durch außergewöhnliche Zeichen beglaubigt wurde[9], werden es auch die Jünger bei der Gründung der Gemeinden[10]. In der Zeit der Kirche wird es irreführende Zeichen geben; ihnen gegenüber muß man unterscheiden können[11]. Das Kommen des *Menschensohnes wird das einzige Zeichen sein, das mit der Wirklichkeit völlig übereinstimmt[12].

[9] Apg 2, 22. – [10] Mk 16, 20; Apg 2, 43; 4, 30; 5, 12; Röm 15, 19; 2 Kor 12, 12; 1 Thess 2, 13. – [11] Mt 24, 24 (= Mk 13, 22); 2 Thess 2, 9; Offb 13, 13f; 16, 14; 19, 20. – [12] Mt 24, 30 (= Mk 13, 26 = Lk 21, 27).

→ Symbol – Wunder

Zeit

Drei griechische Worte bezeichnen die Zeit. Sind sie auch nicht scharf zu unterscheiden, so läßt sich doch die einem jeden eigene Nuance näher bestimmen.

1. *Zeit als Dauer.* Der Begriff Dauer hängt mit der Erfahrung der Lebenskontinuität von der Geburt bis zum Tode zusammen[1]; er wird durch das Wort *aiōn* (hebr. *'ōlām*) ausgedrückt, das absolut gebraucht auch »*Welt« bedeuten kann. Mittels einer Präposition wird gewöhnlich angegeben, ob sich die Dauer auf die Vergangenheit oder die Zukunft des Sprechenden bezieht: »von jeher« *(apo, ek, pro)* oder »für *(eis,* wörtlich: »nach«, »zu«) immer«. Diese Dauer bestimmt sich nach der Art des jeweiligen Lebewesens; die Lebensdauer eines Baumes[2], eines Individuums[3], einer Gruppe oder einer Generation[4], oder – ohne diese je nach dem bemessenen Grenzen – die Zeit des göttlichen Heilswerks, das, diesseits[5] und jenseits[6] der individuellen irdischen Existenz, auf die einherflutenden Menschengeschlechter eindringt, oder die Zeit Jesu Christi[7] oder gar die Gottes selbst[8]. In den letzteren beiden Fällen ist in Verbindung mit dem semitischen Ausdruck: »(für) die Zeitalter der Zeitalter«[9] der Plural im Gebrauch. So ist der Geist, der die Dauer der Zeit zu beherrschen trachtet, auf die *Ewigkeit ausgerichtet, die nicht als Abstraktum begriffen wird, sondern als die Fülle der Generationen, die das Übermaß des vom Schöpfer geschenkten Lebens darstellen. »Für immer« leben bedeutet »ewig« leben[10].

[1] Vgl. 1 Sam 1, 22 und 1, 11. – [2] Mt 21, 19 (= Mk 11, 14). – [3] Joh 13, 8; 1 Kor 8, 13; Phlm 15. – [4] Joh 14, 16; Apg 7, 51; 2 Kor 4, 11; 6, 10; Kol 1, 26; Tit 1, 2. – [5] Lk 1, 70; Joh 9, 32; Apg 15, 18; 1 Kor 2, 7; Eph 3, 9; Jud 25. – [6] Mk 3, 29; Hebr 9, 26. – [7] Hebr 5, 6; 7, 24. 28; 13, 8. 21; 1 Petr 4, 11; Offb 1, 18. – [8] Lk 1, 55; 2 Kor 9, 9; 11, 31; 1 Petr 1, 25. – [9] Lk 1, 33; Röm 1, 25; 9, 5; 9, 5; 11, 36; 16, 27; 1 Tim 1, 17; 6, 16; 2 Tim 4, 18; Offb *passim.* – [10] Vgl. Joh 6, 51 und 6, 54; 8, 51f; 11, 26.

2. *Zeit als Aufeinanderfolge.* Gewöhnlich bezeichnet das gr. *chronos* einen bestimmten, durch ein Adjektiv (kurz, lang oder begrenzt)[11] oder durch den Kontext[12] gekennzeichneten Zeitraum, aber auch eine Epoche, den Zeitpunkt eines Ereignisses[13], selten einen kurzen Augenblick[14]. Manchmal

durfte das gr. *kairos* nicht mehr als »in jener Zeit«[15], die Jahreszeit[16] oder den rechten Augenblick bedeuten[17]; doch liegt es nahe, hier bereits den Anklang an die durch den Glauben an den Schöpfergott qualifizierte Zeit zu spüren.

[11] Mt 25, 19; Mk 2, 19; 9, 21; Lk 8, 27. 29; 20, 9; 23, 8. Joh 5, 6; 7, 33; 12, 35; 14, 9; Apg 14, 3. 28; 18, 20. 23; 19, 22; Hebr 5, 12; 11, 32. – [12] Röm 7, 1; 1 Kor 7, 39; Gal 4, 1. – [13] Mt 2, 7. 16. – [14] Lk 4, 5. – [15] Mt 11, 25; 12, 1... – [16] Mt 21, 34; Apg 14, 17; Gal 4, 10. – [17] Mk 12, 2.

3. Die qualifizierte Zeit.

Im Glauben an Gott, den Herrn der Zeiten und der Augenblicke[18] erhält jeder gelebte Augenblick einen neuen Seinsbestand. Das gr. *chronos* wird selten in diesem prägnanten Sinn gebraucht. Man findet ihn jedoch – außer der durch den Zeitpunkt des Gebärens[19] menschlich qualifizierten Zeit – in folgenden Fällen: die Zeit der Unwissenheit[20], der Verheißung[21], der Wüste [22], des Exils[23], die letzten Zeiten[24], die Fülle der Zeiten[25], die ewigen Zeiten[26]. Gewöhnlich ist dieser Sinn dem gr. Wort *kairos* vorbehalten, das eigentlich den rechten, zum Ziel führenden Zeitpunkt, also entweder den »kritischen Zeitpunkt« oder den »günstigen Augenblick« bedeuten. Nach dem *Plan Gottes hat jedes Wesen seine Zeit[27], eine fest umrissene Zeit[28]. Das Kommen Christi hat eine neue Zeit, die der Nähe des Reiches Gottes, bestimmt[29], ein Heute, das den Lauf der Zeit modifiziert[30]. Von nun an gibt es eine »günstige Zeit«[31], die es zu nutzen[32], es nicht zu verfehlen gilt[33]. Es heißt die *Zeichen der Zeit[34] in dieser Zeit des *Kampfes erkennen, wo es gilt, Mut zu fassen, um nicht schwach zu werden[35]. Die Zeit des Aufatmens[36], das Ende der Zeiten bleibt unbekannt[37], aber sie ist für den Glaubenden die Wiederkunft Christi[38]; deswegen soll der Glaubende *wachen und *beten[39].

Qualifizierte Zeiten im überragenden Sinn sind der Anfang (gr. *archē*) und das Ende (gr. *telos*, oder *hēmera*: »Tage) der Zeiten: Sie ermöglichen, die Vielfalt der aufeinanderfolgenden Menschengeschlechter als eine unter dem Wirken des Schöpfers und Richters stehende Einheit zu betrachten[40]. Mit Christus hat uns »das Ende der Zeiten erreicht«[41]; so wird das Heute (gr. *sēmeron*) zu der qualifizierten Zeit schlechthin, die das verwirklicht, worauf im Sinn Jesu »die *Stunde« (gr. *h5sra*) zielte: das Hereinwirken des Ewigen in den Ablauf der Zeiten[42].

[18] Apg 1, 7; 1 Thess 5, 1. – [19] Lk 1, 57. – [20] Apg 17, 30. – [21] Apg 7, 17. – [22] Apg 7, 23; 13, 18. – [23] 1 Petr 1, 17. – [24] 1 Petr 1, 20; Jud 18. – [25] Apg 3, 21; Gal 4, 4. – [26] Röm 16, 25; 2 Tim 1, 9; Tit 1, 2. – [27] Mt 8, 29; 26, 18; Joh 7, 6. 8. – [28] Lk 4, 13. – [29] Mk 1, 15. – [30] Röm 3, 26; 5, 6. – [31] 2 Kor 6, 2. – [32] Gal 6, 10; Eph 5, 16; Kol 4, 5. – [33] Lk 19, 44. – [34] Mt 16, 3; Lk 12, 56. – [35] Lk 8, 13; Röm 8, 18; Hebr 3, 12f. – [36] Apg 3, 20. – [37] Mk 13, 33; Apg 1, 7; 1 Thess 5, 1; 1 Petr 1, 5. – [38] 1 Kor 4, 5; 1 Tim 6, 14; 1 Petr 4, 17f; Offb 11, 18. – [39] Lk 21, 36; Eph 6, 18. – [40] Mt 19, 4; 24, 14; 28, 20; Joh 1, 1; 1 Kor 15, 24; Hebr 1, 10; Offb 21, 6. – [41] 1 Kor 10, 11. – [42] Hebr 3, 7–4, 11.

→ Einl. XII. 2. – Abend – Äon – Ende der Welt – erfüllen – ewig – Fest – Hahnenschrei – Jahr – Kalender – Mittag – Mitternacht – Monat – Morgen – Nacht – Nachtwache – Stunde – Tag – Tag des Herrn – Welt – Woche – Zeitalter

Zeitalter

Übersetzung des hebr. *'ōlām,* des gr. *aiōn,* von demselben Stamm wie *aei:* »immer« (vgl. lat. *aevum, aeternus*).

1. Das Wort bezeichnet nicht ausdrücklich eine Periode von hundert Jahren,

nicht einmal einen langen begrenzten Zeitraum; es entspricht dem, was
*Ewigkeit[1] meint.

[1] 2 Kor 9, 9; Hebr 5, 6; 1 Petr 1, 25.

2. Der Ausdruck »von Ewigkeit zur Ewigkeit«, »vom Zeitalter zum Zeitalter« ist ein Hebraismus, ähnlich wie »Lied der Lieder«; er meint »für immer« und bezeichnet eine unbegrenzte Zeit, vergangen oder zukünftig[2].

[2] Röm 16, 27; Hebr 1, 8; Offb 4, 9.

3. Das Wort kann auch die gegenwärtige oder zukünftige *Welt meinen[3].

[3] Mt 12, 32; Eph 1, 21.

→ Äon – ewig – Zeit

Zelt

Gr. *skēnē* (*skēnoō*: »ein Zelt aufschlagen«).
1. Wohnung der Hebräer in der Nomadenzeit[1].

[1] Hebr 11, 9.

2. »Zelt des Zeugnisses«, »Offenbarungszelt«: das tragbare Heiligtum der Wüstenzeit; enthält die Bundeslade; es wurde als Wohnung *Jahwes unter seinem Volk betrachtet, die *s^ekīnā* nach dem späteren Judentum. Darum bedeutet der Ausdruck »sein Zelt aufschlagen«, wenn er sich auf Gott bezieht, nicht ein Provisorium, sondern eine dauernde »Wohnung«[1].

[1] Joh 1, 14; Apg 7, 44. 46; Offb 12, 12; 13, 6; 15, 5; 21, 3.

3. Bildhaft gebraucht, meint das Zelt das irdische oder himmlische Sein[1].

[1] Lk 16, 9; 2 Kor 5, 1. 4; 2 Petr 1, 13f.

→ bleiben– Laubhüttenfest

Zelot

Gr. *zēlōtēs*: »Der Eiferer«. Beiname des Apostels Simon[1]. Ein Anhänger des Gesetzes[2]. Ein leidenschaftlicher Mensch, der viel erreichen will[3]. Anhänger einer revolutionären Bewegung[4].

[1] Lk 6, 15; Apg 1, 13. – [2] Apg 21, 20; Gal 1, 14. – [3] Apg 22, 3; 1 Kor 14, 3; Tit 2, 14; 1 Petr 3, 13. – [4] *Einl.* XI. 4.

Zenturio
→ Hauptmann

Zerstreuung
→ Diaspora

Zeuge, Zeugnis

Gr. *martys, martyria*.
1. Jemand, der in einer *Prozeßsituation eine Tatsache oder ihren Sinn vor einer Zuhörerschaft, die selbst nich Augenzeuge war, bestätigt. So der Wortgebrauch bei Paulus, Mt oder Mk: Zeugnis geben von der *Gerechtigkeit Gottes[1], der Auferstehung Jesu[2], vom messianischen Wirken Jesu[3], von der Glaubwürdigkeit der Haltung des Paulus[4]. Die Juden verlangten für die

Gültigkeit einer Aussage zwei Zeugen[5]. Man findet das Wort auch im abgeschwächtem Sinn von »bestätigen«[6].

[1] Röm 3, 21. – [2] 1 Kor 15, 15. – [3] Mt 8, 4 (= Mk 1, 44 = Lk 5, 14); 10, 18 (= Mk 13, 9 = Lk 21, 13); Mk 6, 11. – [4] Röm 1, 9; 9, 1; 2 Kor 1, 23; Phil 1, 8; 1 Thess 2, 5. 10. – [5] Dtn 17, 6; 19, 15; Mt 18, 16; 26, 60; Joh 8, 17; 1 Tim 5, 19; Hebr 10, 28. – [6] Röm 10, 2; 2 Kor 8, 3; Gal 4, 15; Kol 4 13.

2. Nach Lukas, der sich an die jesajanische Tradition hält[7], macht Jesus das Kollegium der Zwölf zu seinen Zeugen[8], und zwar nicht nur zu Zeugen für seine Auferweckung, sondern auch für sein irdisches Leben; deswegen sind sie besonders auserwählt[9]. Der Heilige Geist ist mit ihnen, um Zeugnis zu geben[10]. Auch Paulus und Stephanus sind zu Zeugen berufen[11]. Die Zwölf identifizieren den Auferstandenen mit Jesus von Nazaret, Paulus identifiziert ihn mit der Kirche, Stephanus mit dem himmlischen Zeugen, der uns beisteht. Das Zeugnis der Jünger stützt sich auf die Propheten[12], den Heiligen Geist[13], Jesus den Herrn[14]. Es bezieht sich auf die Auferweckung Jesu[15], seine messianische Würde[16], sein öffentliches Leben[17], sein Herrsein[18], das Reich Gottes[19]. Sie stehen dafür ein vor dem Volk[20], den Führern[21], den Nationen[22], in Jerusalem[23], in Rom[24], vor groß und klein[25].

[7] Jes 43, 8–13. – [8] Lk 24, 48; Apg 1, 8; 10, 41; 13, 31. – [9] Apg 1, 21–26. – [10] Apg 3, 15; 5, 32; vgl. Joh 15, 27. – [11] Apg 22, 20; 26, 16. – [12] Apg 10, 43; 13, 22. – [13] Apg 5, 32; 20, 23. – [14] Apg 14, 3; 15, 8. – [15] Apg 4, 33. – [16] Apg 18, 5. – [17] Apg 10, 42. – [18] Apg 20, 21. – [19] Apg 28, 23. – [20] Apg 2, 32. 40; 13, 31. – [21] Apg 3, 15; 5, 32. – [22] Apg 10, 39–42. – [23] Apg 22, 18. – [24] Apg 23, 11. – [25] Apg 26, 22.

3. Bei Johannes erhält das Wort eine spezifische Bedeutung. In einmaligem Sinn ist Jesus der Zeuge der *Wahrheit[26], dessen, was er beim Vater gesehen und gehört hat[27]. Jesu Zeugnis stützt sich auf Johannes den Täufer, auf die eigenen Werke, den Vater selbst[28]. Man muß es annehmen, sonst macht man Gott zum Lügner[29]. Der Geist legt im Herzen der Gläubigen Zeugnis ab für Jesus[30], für seine Gottessohnschaft und dafür, daß die Sache Jesu rechtens und begründet ist[31]. Johannes schließt an die Aussagen des Paulus an[32], und die Offenbarung des Johannes faßt zusammen, wenn sie von Jesus als dem treuen Zeugen redet[33].

[26] Joh 18, 37. – [27] Joh 3, 11. 32f. – [28] Joh 5, 19–47. – [29] 1 Joh 5, 9–11. – [30] Joh 15, 26. – [31] Joh 16, 8–11. – [32] Röm 8, 16; Hebr 10, 15. – [33] Offb 1, 5; 3, 14.

4. Das höchste Zeugnis ist das *Blutzeugnis, das die beiden prophetischen Zeugen abgelegt haben[34]. Man bezeichnet es nach dem gr. Wort »Martyrium«: Der Zeuge erleidet das Schicksal dessen, den er bezeugt[35].

[34] Offb 11, 3–12. – [35] Offb 2, 13; 17, 6; 22, 20.

→ Einl. VI. 4. C. a. – bekennen – Märtyrer

Ziege, Ziegenbock
Gr. *eriphos*: »Ziegenbock, Zicklein« (in den Papyri erscheint das Wort im Plural, neben den Schafen, als Bezeichnung nicht für die *Böcke, sondern für die Ziegen). Auf dem Weideplatz waren die schwarzen Ziegen zusammen mit den weißen Schafen zu sehen, im Stall aber hielt man sie getrennt[1]. Das Fleisch des Ziegenbocks (gr. *eriphion*) gehörte zu festlichen Gerichten[2].

[1] Ex 12, 5; Lev 1, 10; Mt 25, 32. – [2] Gen 27, 9; Lk 15, 29; vgl. Mt 25, 33 □.

445

Zimmermann
Eine ungenaue Wiedergabe des gr. *tektōn* (hiervon kommt: »Architekt«), weil das Zimmerwerk in Palästina praktisch genommen unbekannt war. Im breiteren Sinn bezeichnet das gr. Wort einen Arbeiter oder einen Handwerker, der einen vorgegebenen Stoff bearbeitet, sei es Holz, sei es Stein oder sogar Metall: ein Steinmetz, ein Maurer, ein Bildhauer usw.[1].

[1] Weish 13, 11; Sir 38, 27; Jes 40, 19f; Jer 10, 3; Mt 13, 55; Mk 6, 3 □.

Zinne
Lat. *pinnaculum* (von *pinna*: Flügel eines Bauwerks), gr. *pterygion* (Diminutiv von *pteryx*: Flügel eines Mauerwerks). Vermutlich der höchste Teil des Bauwerks, der vielleicht von einem Turm überragt wurde; andere meinen, es handele sich um den höchsten Punkt des Südwestflügels der Säulenhallen des Tempels oder um das höchste Kranzgesims eines der großen Tore, das über das *Kidrontal hinausgeragt hätte[1].

[1] Mt 4, 5 (= Lk 4, 9) □.

→ Tempel

Zion
Gr. *Siōn*, hebr. *ṣijjōn*. Hügel in Jerusalem, südlich des *Tempels und nördlich vom *Schiloach-Viertel. Wird mit *Jerusalem identifiziert, in seiner akzentuiert religiösen Bedeutung verweist er auf den Himmel[1].

[1] 2 Sam 5, 7; Jes 2, 2f; 4, 5; Mt 21, 5; Joh 12, 15; Röm 9, 33; 11, 26; Hebr 12, 22; 1 Petr 2, 6; Offb 14, 1 □.

[Zitat]
Eine Bibelstelle, die zur Klärung der Bedeutung in einen Text eingefügt ist; so zitiert Mt 1, 22f den Vers aus Jes 7, 14.

Zither
Gr. *kithara*, hebr. *kinnōr*. Musikinstrument mit sechs oder acht Saiten zur Begleitung des Gesangs. Man kann diesen Fachausdruck auch mit »Harfe« übersetzen, obwohl die beiden Instrumente sich voneinander unterscheiden[1].

[1] 1 Kor 14, 7; Offb 5, 8; 14, 2; 15, 2; 18, 22 □.

→ *Einl.* IX. 6. – Harfe

Zollamt
Gr. *telōnion*. Stelle, wo die Steuer (städtische Abgaben, Maut) erhoben werden, mit denen die Waren bei ihrer Einfuhr in oder Ausfuhr aus einem Land belegt werden. *Kafarnaum lag an der Grenze zwischen *Galiläa und *Trachonitis[1].

[1] Mt 9, 9 (= Mk 2, 14 = Lk 5, 27) □.

→ *Einl.* VII. 3. – Steuer – Zöllner

Zöllner
Gr. *telōnēs* (von *telos* : »Steuer«). Im NT ist mit dieser Bezeichnung nicht die bedeutende Persönlichkeit (eine Art Generalpächter) gemeint, die das *Steueraufkommen zentral verwaltet, sondern ein kleiner subalterner Jude, den man eher als »Steuersammler« bezeichnen könnte. Wegen seiner Beziehungen zur heidnischen Besatzungsmacht[1] und oftmals zwangsweiser Geldeintreibung[2] war er verachtet und den öffentlichen Sündern[3] gleichgestellt; jeder Jude, der das Gesetz beachtete, mied ihn, nicht aber Jesus[4].

[1] Mt 18, 17. – [2] Lk 3, 12f. – [3] Mt 9, 11 (= Mk 2, 16 = Lk 5, 30). – [4] Mt 5, 46; 11, 19 (= Lk 7, 34); 21, 31; Lk 7, 29; 15, 1f; 18, 13f; 19, 2–9.

→ *Einl.* VI. 3. A. – Levi – Mattäus – Steuer – Zachäus – Zoll

Zorn
Gr. *orgē* und *thymos*, beides Übersetzung des hebr. *'aph*: »Nase, Aufbrausen, Wut, Zorn«.

1. Bis auf den »heiligen Zorn«[1] sind Wut und Zorn ohne Einschränkung verwerflich[2].

[1] 1 Kön 18, 40; Jer 6, 11; Mk 3, 5; Apg 17, 16. – [2] Mt 5, 22; 1 Kor 13, 5; Kol 3, 8; 1 Tim 2, 8.

2. In den Fällen, in denen vom Zorn Gottes die Rede ist, wird auf anthropomorphe Weise ausgedrückt, daß der Gott der Heiligkeit die *Sünde nicht dulden kann[3]. Der göttliche Zorn hat, was seinen Ursprung betrifft, nichts mit der Mythologie gemein, die Götter darstellt, die auf die Menschen eifersüchtig sind. Gott hat kein anderes Verlangen, als den Menschen an seiner *Heiligkeit teilnehmen zu lassen; er ist kein Gott des Zornes, sondern ein Gott der *Barmherzigkeit[4], der durch die Aufforderung zur *Umkehr das letzte Wort behält[5]. Der Mensch aber, der diesen göttlichen Wunsch als grundsätzliche Ablehnung der Sünde versteht, empfindet ihn als Zorn; der Zorn offenbart sich ihm durch die Unordnung in der Welt: Krankheiten, Naturkatastrophen, Kriege[6].

[3] Röm 1, 18–22. – [4] Jes 54, 7f; Hos 11, 9. – [5] Röm 11, 32. – [6] Ps 88, 16; 90, 7–12.

3. Jesus vereinigte in seiner Person die Kräfte der Liebe und der Heiligkeit, so daß in dem Augenblick, als der Zorn den trifft, der »*Sünde geworden ist«[7], die *Liebe den Sieg davonträgt und uns in Jesus zur »*Gerechtigkeit Gottes« macht. Der endzeitliche Zorn wurde in Jesus vorweggenommen, so daß die Glaubenden von dem kommenden Zorn befreit sind[8]. Man spricht nicht vom »Gott des Zornes«, sondern vom »Gott der Liebe«.

[7] 2 Kor 5, 21. – [8] Röm 5, 9; 1 Thess 1, 10.

→ Gerechtigkeit – Heiligkeit – Laster – strafen

Zungenreden
→ Glossolalie

Zuversicht
Gr. *parrhēsia* (aus *pan*: »alles« und *rhēma*: »Wort«): »Fähigkeit, alles zu sagen«, daher »Zuversicht«; sie ist immer lobenswert, sie ist die *Freiheit, die im Bewußtsein der *Auserwählung gründet[1] und die das Verhalten des Christen charakterisiert, so wie das schon bei Jesus der Fall war[2]; sie kommt

zum Ausdruck durch die aufrechte Haltung, hoch erhobenen Kopf, vor allem aber durch klares Reden und sicheres Auftreten[3].

[1] Lev 26, 13. – [2] Mk 8, 32; Koh 7, 26; 10, 24; 11, 14; 16, 25. 29; 18, 20; Apg 2, 29; 4, 13. 29. 31; 9, 27f; 13, 46; 18, 26; 19, 8; 28, 31; Eph 6, 19f; 1 Thess 2, 2; Hebr 3, 6; vgl. 2 Kor 4, 13. – [3] Apg 14, 3; 2 Kor 3, 12; 7, 14; Eph 3, 12; Phil 1, 20; 1 Tim 3, 13; Phlm 8; Hebr 4, 16; 10, 19–35; 1 Joh 2, 28; 3, 21; 4, 17; 5, 14.

→ Freiheit – Herrlichkeit – Hochmut – Ruhm – Vertrauen

Zwölf
Gr. *dōdeka.*
1. Eine runde Zahl[1].

[1] Mt 9, 20 (= Mk 5, 25 = Lk 8, 43); 14, 20 (= Mk 6, 43 = Lk 9, 17 = Joh 6, 13); 26, 53; Mk 5, 42 (= Lk 8, 42); 8, 19; Lk 2, 42; Joh 11, 9; Apg 19, 7; 24, 11.

2. Vollkommene Zahl, die ihren Ursprung in dem Tierkreiszeichen und den Monaten des Jahres hat. In der Bibel symbolisiert sie die Gesamtheit des Volkes Gottes, das die *Stämme (Israel)[2] oder die *Apostel (die Kirche) begründen[3]. Ihr Quadrat multipliziert durch 1000 symbolisiert unendliche Zahl[4].

[2] Mt 19, 28 (= Lk 22, 30); Apg 7, 8; 26, 7; Jak 1, 1; Offb 21, 12. – [3] Mt 19, 28; Offb 12, 1; 21, 12. 14. 20f; 22, 2. – [4] Offb 7, 4; 14, 1. 3.

3. Die Zahl, die – wahrscheinlich in Erinnerung an die Stämme Israels – die Gruppe der von Jesus auserwählten Jünger bezeichnet; ihre Sendung beruht auf seiner Autorität[5]. Man nennt sie auch Apostel. Sie sind die Grundsteine, auf denen die Gottesstadt aufgebaut ist[6]. Ihre Zahl soll erhalten bleiben, deswegen wurde auch *Judas offiziell durch *Mattias ersetzt[7].

[5] Mt 10, 1. 5; 11, 1; 20, 17 (= Mk 10, 32 = Lk 18, 31); 26, 14 (= Mk 14, 10 = Lk 22, 3); 26, 20 (= Mk 14, 17); 26, 47 (= Mk 14, 43 = Lk 22, 47); Mk 3, 14. 16; 4, 10; 6, 7; 9, 35; 11, 11; 14, 20; Lk 8, 1; 9, 1. 12; Joh 6, 67. 70f; 20, 24; Apg 6, 2; 1 Kor 15, 5. – [6] Mt 10, 2; Lk 6, 13; 22, 30 (= Mt 19, 28); Offb 21, 14. – [7] Apg 1, 26 □.

→ Zahlen

Zypern
Gr. *Kypros.* Eine Insel im östlichen Mittelmeer[1], mit den wichtigsten Städten Salamis und Paphos[2]; römische senatorische *Provinz seit 22 v. Chr. Hierher haben sich die nach dem Martyrium des Stephanus zerstreuten Christen geflüchtet[3]; Barnabas und Paulus haben hier das Evangelium verkündigt, sie haben den ersten zum Glauben gekommenen Prokonsul in die Glaubensgemeinschaft aufgenommen[4]. Heimat von *Barnabas, Mnason und einigen anderen[5].

[1] Apg 21, 3; 27, 4. – [2] Apg 13, 5f. 13. – [3] Apg 11, 19. – [4] Apg 13, 4–12; 15, 39 △. – [5] Apg 4, 36; 11, 20; 21, 16 △.

→ *Karte* 3

INDEX

Liste der griechischen Wörter,
die im »Wörterbuch zum Neuen Testament« zitiert werden

Die Reihenfolge der griechischen Wörter richtet sich nach dem deutschen Alphabet. Die Wörter, die im NT nicht vorkommen, sind mit eckigen Klammern versehen. Bei jedem griechischen Wort ist auf die entsprechenden Artikel im »Wörterbuch« verwiesen.

[abaton]	geweiht	akatharsia	Ausschweifung
abyssos	Abgrund	akathartos	rein
acharistos	Danksagung	akeraios	Rein
adelphos	Bruder	akoē	gehorchen
adelphotēs	Bruder	akoloutheō	nachfolgen
adikia	Gesetzlosigkeit – Sünde	akouō	hören – gehorchen
adō	Lied	akrasia	Ausschweifung
aei	ewig – Zeitalter	akris	Heuschrecke
aetos	Adler – Geier	akrobystia	Beschneidung
agalliaomai	Freude		Vorhaut
agalliasis	Freude	akros	Vorhaut
agapaō	Liebe	alalos	stumm
agapē	Agape – Liebe	alazoneia	Hochmut
agapētos	Geliebter	aleiphō	salben
[ageirō]	Fest		alektōrHahnenschrei
aggellō	Evangelium	alektorophōnia	Hahnenschrei
aggelos	Engel	alētheia	Wahrheit
agōn	Kampf	ep'alētheias	Amen
agōnia	Agonie – Todesangst	alēthōs	Amen
agōnizomai	Athlet	allassō	versöhnen
agora	Agora – Marktplatz – Straße	allēgoreō	Allegorie
		allēlouia	Halleluja
agoraios	Versammlung	allos	Allegorie – versöhnen
agorazō	Erlösung – freikaufen	allotrios	Fremder
[agoreuō]	Allegorie	aloē	Aloe
[agrapha]	Agrapha	amemptos	vollkommen
agrypneō	wachen	amēn	Amen
agrypnia	Schlaf	amiantos	rein
aichmalōsia	Diaspora	amnos	Lamm Gottes
aichmalōtos	Gefangener	amōmos	rein – vollkommen
aichmē	Gefangener	ampelōn	Weinstock
aiōn	Äon – Ende der Welt – ewig – Herrschaften – Welt – Weltall – Zeit – Zeitalter	ampelos	Weinstock
		ampelourgos	Weinstock
		amphiazō	Kleidung
		amphiblēstron	Fischerei
aiōnios	Äon – ewig	anabainō	Himmelfahrt – Wallfahrt
aischynē	Baal		
aiteō	beten – Bettler	anagaion	Obergemach
aithiops	Äthiopier	anagennaomai	geboren werden
[aithō]	Äthiopier	analambanō	Himmelfahrt – Erhöhung des Christus
akantha	Dornbusch		
akarpos	Unfruchtbarkeit	anamnēsis	Gedächtnis

451

anapauomai	Ruhe	apostasia	Abfall
anapherō	Himmelfahrt – Erhöhung des Christus	apostasion	Ehescheidung
		apostellō	Amt – Apostel – senden
anapsyxis	Ruhe	apostolos	Apostel
anatellō	Orient, Ost	aposynagōgos	exkommunizieren
anathema	Anathema	ara	Wehe!
anatolē	Orient, Ost	archē	Archetyp – Fürsten – Herrschaften – Zeit
anechomai	Geduld		
anemos	Wind	archēgos	Wallfahrt
anesis	Ruhe	archō	Provinz
anēthon	Dill	archōn	Herrschaften
anistamai	Auferstehung	[archos]	Oberst
anoētos	Torheit	aretē	Tugend
anochē	Geduld	argos	Unfruchtbarkeit
anomia	Gesetzlosigkeit	argyrion	Silber
antapodidōmi	Belohnung	ariston	Mahl
anthrōpos	Bürger – Fischerei – Mensch – Menschensohn	[aristos]	Tugend
		arnion	Lamm Gottes
		arrabōn	Anzahlung
anthypatos	Prokonsul	arrōstos	Krankheit – Schwäche
antichristos	Antichrist	arsenokoitēs	Ausschweifung
antidikos	Feind – Gegner	artos	Brot – Brotbrechen – Schaubrote
antikeimenos	Feind – Gegner		
antilytron	Lösegeld	aselgeia	Ausschweifung
antlēma	Krug	asiarchēs	Asiarch
apalgeō	Torheit	askos	Schlauch
aparchē	Erstlinge	asophos	Torheit
apataō	Irrtum – verführen	asōtia	Ausschweifung
apeitheō	gehorchen	aspazomai	grüßen
[apeleutheroō]	Freigelassener	aspilos	rein
apeleutheros	Freigelassener	assarion	As
aphiēmi	verzeihen	astēr	Sterne
aphistamai	Abfall	astheneia	Schwäche
aphistēmi	Ehescheidung	asthenēs	Krankheit
aphōnos	stumm	asynetos	Torheit
aphorizō	exkommunizieren	ataraxia	Stoiker
aphrōn	Torheit	athanasia	Unsterblichkeit
aphtharsia	Unsterblichkeit	athleō	Athlet
apistia	Unglaube, Kleingläubigkeit	aulē	Vorhof
		aulos	Flöte
apodidōmi	Belohnung	auxanō	wachsen
apographē	Volkszählung	auxō	wachsen
[apoikia]	Diaspora	azymos	Ungesäuerte Brote
apokalypsis	Apokalypse		
apokalyptō	Offenbarung		
apokaradokia	Hoffnung	[bainō]	geweiht
apokatallassō	versöhnen	baion	Palme
apokatastasis	wiederherstellen	ballantion	Geldbeutel
apokathistēmi	wiederherstellen	ballō	Schöpfung – Steinigung
apokryphos	Apokryphen	baptisma	Taufe
apokteinō	Tod	baptismos	Taufe – Waschung
apolyō	heilen	baptizō	Taufe – Waschung
apolytrōsis	Erlösung	baptō	Taufe
aporia	Todesangst	barbaros	Barbar

basileia	Königtum, König, Königreich		chilioi	Oberst
			chitōn	Gewand
basileus	Königtum, König, Königreich		chlamys	Mantel
			chleuazō	beleidigen – lachen
batos	Bat – Dornbusch		[ch.euē]	beleidigen
bdelygma tēs eremōseōs	Unheilvoller Greuel		choinix	Maß – Maße
			choiros	Schwein
[bdelyros]	Unheilvoller Greuel		chōlos	lahm
bebēlos	geweiht		choros	tanzen
bēma	Gerichtshof		chrēma	reich, Reichtum
bia	Gewaltsamkeit		chrēmatismos	Orakel
biastēs	Gewaltsamkeit		chrēmatizō	Orakel
biazō	Gewaltsamkeit		chriō	salben
biazomai	Gewaltsamkeit		christianos	Christ
biblion	Buch		Christos	Antichrist – Christ – Christus – Fisch – Jesus
biblos	Bibel – Buch			
[blabē]	beschimpfen – lästern			Christus
[blas]	beschimpfen – lästern		chronos	Chronologie – Zeit
blasphēmeō	beleidigen – beschimpfen – lästern		chrysos	Gold
blepō	sehen – wachen		daimōn	Besessener – Dämonen
botrys	Weinstock		daimonizomencs	Besessener
boulē	Plan Gottes			
boulomai	Plan Gottes		dakryō	Traurigkeit
brachion	Arm (des Herrn)		daktylos	Finger Gottes
brephos	Kind		dechomai	Gastfreundschaft
brochē	Regen		deigma	Beispiel
brōma	Wurm		deiknymi	Beispiel – Gerechtigkeit
brōsis	Wurm		deipnon	Herrenmahl – Mahl
byssos	Leinen		deka	Dekalog – Dekapolis
			dekatē	Zehnt
			deleazō	verführen
chairō	Freude – grüßen		[demō]	bauen
chalkos	Erz – Obolus		dēmos	Versammlung – Volk
chara	Freude – Literarische Gattung		dēnarion	Denar
			dendron	Baum
charagma	Siegel – Stirn		deō	binden und lösen – Gefängnis – Schuhe
charis	Amt – Danksagung – Freude – Gnade – Gnadengabe – grüßen – Kollekte – Literarische Gattung			
			deomai	beten – Fürsprache
			desmōtērion	Gefängnis
			desmōtēs	Gefängnis
			despotēs	Meister
charisma	Amt – Gnade – Gnadengabe		dexios	rechte Seite
			diaballō	verleumden
charizomai	Danksagung – Eucharistie – Gnadengabe		diabolos	Teufel
			diaireō	Sekte
chasma	Abgrund		diakoneō	dienen
cheilos	Lippen		diakonia	Amt – Kollekte
cheimōn	Winter		diakonos	Diakon
cheir	Hand		diakrinō	beurteilen
chēra	Witwe		dialektos	Sprache
cheroubin	Kerubim		diallassō	versöhnen
[chiasma]	Chiasmus		diasōzō	retten
chiliarchos	Oberst		diaspora	Diaspora

453

diathēkē	Bund – Neues Testament – Testament	eikōn	Bild
		eilikrinēs	rein
diatithemai	Bund – Testament	eirēnē	Friede
didachē	lehren – unterweisen	eisakouō	hören
didaskalia	lehren	[eisoraō]	Spiegel
didaskalos	lehren – Lehrer – Meister	ekballō	exkommunizieren – exorzisieren
didaskō	lehren – Lehrer – verkündigen	ekdechomai	Hoffnung
		ekdēmeō	Exil
didrachmon	Doppeldrachme	ekdikeō	Vergeltung
diistēmi	Himmelfahrt	ekdikēsis	Vergeltung
dikaiōma	Gerechtigkeit	ekdikos	strafen
dikaioō	Gerechtigkeit	[ekkaleo]	Kirche
dikaios	Gerechtigkeit	ekklēsia	Berufung – Kirche – Versammlung – Volk
dikaiōsis	Gerechtigkeit		
dikaiosynē	Gerechtigkeit – Vergeltung	ekkomizō	begraben
		eklegomai	Auserwählung
dikazō	verurteilen	eklogē	Auserwählung
dikē	Gesetzlosigkeit – Strafe – Vergeltung	ekmyktērizō	beleidigen
		elaia	Öl – Ölbaum – Ölberg
diktyon	Fischerei	elaion	Öl
diōgmos	laufen – Verfolgung	eleēmosynē	Almosen
diōkō	Verfolgung	eleos	Barmherzigkeit
dōdeka	Zwölf	elpis	Hoffnung
dogma	Verordnung	elpizō	Hoffnung
dokeō	Doketismus	eleutheria	freilassen, Freiheit
dokimazō	beurteilen – Probe	eleutheroō	Freigelassener – freilassen, Freiheit
dolos	Irrtum		
dōma	Dach	eleutheros	freilassen, Freiheit
dōrea	Gabe	empaizō	beleidigen – lachen
dōron	Gabe	enantios	Gegner
douleuō	dienen	endyma	Kleid – Kleidung
doulos	Knecht – Sklave	endyō	Kleidung
doxa	Doxologie – Herrlichkeit	eniautos	Jahr
		enorkizō	exorzisieren
drachmē	Drachme	entaphiazō	begraben
drakōn	Drache	entellomai	Gebot
dynamis	Herrschaften – Macht – Mächte – Wunder – Zeichen	entolē	Gebot
		entygchanō	Fürsprache
		enypnion	Traum
dyo	Dualismus	epaggelia	Evangelium – Verheißung
dysphēmeō	verleumden		
		epaggelizomai	Verheißung
		epairō	Erhöhung des Christus – Himmelfahrt
echthra	Feind		
echthros	Feind	eparchia	Provinz
egeiromai	Auferstehung	epereazō	verleumden
egkainia	Tempelweihefest	epigeios	Erde
egkataleipō	verlassen	epikaleō	Berufung
eidōlolatria	Götzendienst	epipotheō	begehren, sich sehnen
eidōlon	Götzendienst – Tierfleisch	episkēnoō	Ruhe
		episkiazō	Schatten
eidōlothyton	Tierfleisch	episkopeō	Vorsteher – wachen
eidos	Aussehen	epistatēs	lehren – Meister

epistellō	Brief	exodos	Exodus
epistolē	Brief	exomologeō	bekennen
epistrephō	Umkehr	exorkizō	exorzisieren
epithanatios	verurteilen	exousia	Amt – Gewalt – Gewalten – Herrschaften – Macht
epithymeō	begehren, sich sehnen		
epithymia	Begierde		
erchomai	nachfolgen		
erēmoō	Unheilvoller Greuel		
erēmos	Wüste	[gaia]	Obergemach
ergazomai	arbeiten – Werke	gala	Milch
ergon/erga	arbeiten – Kult – Unfruchtbarkeit – Werke – Zeichen	gamos	Ehe – Hochzeit – Kleid
		gaza	Schatzkammer
		gazophylakeion	Schatzkammer
erion	Wolle	gē	Erde
eriphion	Ziege	gelaō	lachen
eriphos	Bock – Ziege	gennaō	gebären – geboren werden, Wiedergeburt
[erōs]	Liebe		
erōtaō	beten	gennēma	Weinstock
erythros	Meer	genos	Geschlecht
eschata	Eschatologie	gerōn	der Alte, Alter
esoptron	Spiegel	geuomai	schmecken
[essaioi]	Essener	ginomai	gebären – Geschlecht
[essēnoi]	Essener	ginōskō	erkennen
ethnarchēs	Ethnarch	glōssa	Sprache
ethnikos	Heide	glōssokomon	Geldbeutel
ethnos	Heide – Nation – Volk	gnapheus	Walker
etos	Jahr	gnōsis	erkennen – Gnosis
euaggelion	Evangelium	gonypeteō	anbeten
euaggelizomai	Evangelium – verkündigen	gramma	Buchstabe
		grammateus	Schriftgelehrter
eucharisteō	Danksagung	graphē	Apokryphen – Schrift
eucharistia	Danksagung – Eucharistie	graphō	Agrapha – Buchstabe – Schriftgelehrter
eucharistos	Danksagung	grēgoreō	wachen
euchē	Gelübde	gymnazō	Kampf
euchomai	begehren, sich sehnen	gynē	Frau
eudokia	Plan Gottes		
eulabeia	Frömmigkeit		
eulabēs	Frömmigkeit		
eulogia	Segen	hagiazō	heilig – weihen
[eunē]	Eunuch	hagios	geweiht – heilig – rein – Tempel
eunouchos	Eunuch		
euōdia	Duftstoff	hagnizō	heilig
euphēmeō	verleumden	hagnos	rein
euphrainō	Freude	haidēs	Scheol
euphrosynē	Freude	haima	Blut – Blutschweiß
eusebeia	Frömmigkeit	haireomai	Sekte
eusebēs	Frömmigkeit	hairesis	Sekte
exagorazō	freikaufen	halas	Salz
exaireō	retten	halieus	Fischerei
exegeomai	Exegese – Offenbarung – verkündigen	halieuō	Fischerei
		[hals]	Fischerei
exerchomai	exorzisieren	hamartanō	Sünde
existamai	Torheit	hamartia	Sünde

455

haptō	Feuer	hyios	Fisch – Kind – Menschensohn – Sohn Gottes
harmozō	Bräutigam, Braut		
hebraios	Hebräer		
[hedra]	Hoher Rat	hyiothesia	Adoption
hēdyosmon	Minze	hymneō	Hymnus
hēgemōn	Statthalter	hymnos	Hymnus
hekatontarchēs	Hauptmann	hypakoē	gehorchen
hēlios	Sonne	hypakouō	hören
hellēn	Grieche, griechisch	hyparchonta	reich, Reichtum
hēmera	Gerichtshof – Mittag – Sonntag – Tag des Herrn – Zeit	hyparxis	reich, Reichtum
		hyperairō	Hochmut
		hyperanō	Erhöhung des Christus
heortē	Fest	hyperēphania	Hochmut
hepta	sieben	hyperogkos	Hochmut
hermēneuō	Hermeneutik	hyperōon	Obergemach
hespera	Abend	hyperphroneō	Hochmut
hetairos	Liebe	hypnos	Schlaf
hetoimazō	prädestinieren	hypodeigma	Beispiel
hierateuma	Kult – Priestertum	hypodēma	Schuhe
hiereus	Ältester – geweiht – Kult – Priester	hypokrinomai	Heuchler
		hypokritēs	Heuchler
hieron	geweiht – Tempel	hypoleimma	Rest
hieros	geweiht – heilig – Priester – Tempel	hypolēnion	Kelter
		hypomenō	Hoffnung
hierothyton	Tierfleisch	hypomonē	Geduld – Hoffnung – Standhaftigkeit
hilaskomai	sühnen – Sühneplatte		
hilasmos	sühnen	hypostasis	Vertrauen
hilastērion	Sühneplatte	hypsoō	Demut – Erhöhung des Christus – Hochmut – Kreuzigung
hileōs	sühnen		
himation	Kleid – Mantel		
[himeros]	begehren, sich sehnen	hyssōpos	Ysop
hippos	Pferd		
hodos	Straße – Weg		
holokautōma	Brandopfer – Opfer	iaomai	heilen
holos	Brandopfer	iatros	Arzt
homeiromai	begehren, sich sehnen	ichthys	Fisch
homologeō	bekennen – verkündigen	iōta	Jota
		ioudaios	Jude
[homos]	bekennen	ioudaismos	Judentum
hoplon	Kampf	ioudaizō	Judaisten
hōra	Stunde – Zeit	ischys	Macht
horaō [ōphthē]	Auge – Erscheinungen des Christus – sehen	israēlitēs	Israelit
horasis	Aussehen		
horizō	prädestinieren		
horkizō	exorzisieren – Eid	kainos	neu – Neues Testament
horkos	Eid	kaiō	Brandopfer – Feuer
hosios	Frömmigkeit – heilig	kairos	Zeit
hosiotēs	Frömmigkeit	kakologeō	beleidigen – verfluchen – verleumden
hydōr	Wasser		
hydria	Krug	kakos	beleidigen – das Böse – verleumden
hydrōps	wassersüchtig		
hyetos	Regen	kakōs	beleidigen – Krankheit
hygiainō	heilen	kalamos	Schilfrohr

kaleō	Berufung	kēryssō	Kerygma – unterweisen
kalymma	Schleier		– verkündigen
kalyptō	Apokalypse – Schleier	kēryx	verkündigen
kamēlos	Kamel	kibōtos	Arche
kaminos	Ofen	kithara	Harfe – Zither
kanōn	Kanon der Heiligen Schrift	klaiō	Traurigkeit
		klasis	Brotbrechen
[kara]	Hoffnung	kleiō	Schlüssel
kardia	Herz	kleis	Schlüssel
karpos	Frucht – Kollekte – Unfruchtbarkeit – Weinstock	klēmata	Weinstock
		kleptēs	Dieb
		klēronomia	Erbe
katabainō	Blutschweiß	klēronomos	Erbe
katabolē	Schöpfung	klēros	Erbe
kataggellō	verkündigen	klētos	Berufung
kataginōskō	verurteilen	kodrantēs	Quadrans
kataklysmos	Sintflut	koimaomai	Tod
katakrinō	Gericht – verurteilen	koinē	Grieche, griechisch – Koine
katalaleō	verleumden		
katallassō	versöhnen	koinos	Gemeinschaft – geweiht – rein
katalyma	Herberge		
katalyō	Herberge	koinōneō	Herrenmahl
katapauomai	Ruhe	koinōnia	Gemeinschaft – Kollekte
katapetasma	Vorhang des Tempels		
kataphileō	küssen	koinoō	Gemeinschaft
kataraomai	verfluchen	koitē	Ausschweifung
katartizō	prädestinieren	kokkinos	Scharlach
kataskēnoō	Ruhe	kokkos	Scharlach – Senfkorn
katēcheō	unterweisen	kolazō	strafen
katharizō	heilen	kollybistēs	Geldwechsler
katharos	Ausschweifung – rein	kolōnia	Kolonie
kathedra	Stuhl des Mose	kolpos	Brust
kathekōn	Laster	kolymbēthra	Teich
kathēmai	Erhöhung des Christus	kōmos	Ausschweifung
kathizō	Erhöhung des Christus	kōphos	stumm – taub
[katholikos]	Briefe	kopiaō	arbeiten
kauchēsis	Hochmut – Ruhm	kopos	arbeiten
keimai	Ausschweifung – prädestinieren – Tod	koptō	wachsen
		koptomai	Brust
keiria	Binde	korban	Korban – Schatzkammer
kenos	Kenosis – Unfruchtbarkeit		
		korbanas	Schatzkammer
kenoō	Kenosis	[korē]	Auge
[kenōsis]	Kenosis	koros	Maß – Maße
kēnsos	Steuer	kosmeō	Welt
kentyriōn	Hauptmann	kosmokratōr	Herrschaften
kephalē	Kopf	kosmos	Welt – Weltall
keraia	Strich (im Gesetz)	kraipalē	Ausschweifung
kerameus	Töpfer	kraspedon	Quaste
keramion	Krug	kratos	Macht
keramos	Töpfer	kremazō	Kreuzigung
keras	Horn	krinō	beurteilen – Gericht – verurteilen
kermatistēs	Geldwechsler		
kērygma	Kerygma – verkündigen	krinon	Lilie

457

kritērion	Gerichtshof	logion	Agrapha – Literarische Gattung – Logia – Orakel
krithē	Gerste		
ktēmata	reich, Reichtum		
ktisis	Schöpfung	logos	Chronologie – Dekalog – Logos – Wort
ktistēs	Schöpfung		
ktizō	Schöpfung	loidoreō	beleidigen
kymbalon	Schlagzeug	loimos	Pest
kyminon	Kümmel	louō	Bad
kynation	Hund	loutron	Bad
[kyneō]	anbeten	lychnia	Lampe – Leuchter
kyōn	Hund	lychnos	Lampe
kyriakos	Herrenmahl – Sonntag	lyō	binden und lösen – Lösegeld – lösen
kyrieuō	Meister		
kyrios	Allegorisierung – Arm (des Herrn) – Herr – Meister – Tag des Herrn	lytron	Erlösung – freikaufen – Lösegeld
		lytroō	Erlösung – freikaufen
kyriotētes	Herrlichkeiten – Herrschaften		
kryptō	Apokryphen	mageia	Magie
krisis	Gericht	magos	Magie
		makarios	selig!
		makros	Geduld
laleō	verkündigen	makrothymia	Geduld
lambanō	Gastfreundschaft	malakia	Krankheit
lampas	Lampe	malakos	Ausschweifung
lanthanō	Wahrheit	mamōnas	Mammon – reich, Reichtum
laos	Kult – Volk		
latreia	Kult – Götzendienst	mania	Torheit
latreuō	Kult	manna	Manna
[latron]	Kult	manteuomai	Orakel
legiōn	Legion	manthanō	Jünger
legō	bekennen – beleidigen – Kollekte – Segen	margaritēs	Perle
		martyreō	verkündigen
leimma	Rest	martyria	Zeuge, Zeugnis
leitourgeō	Darstellung Jesu, darbringen – Kollekte – Kult	martys	Märtyrer – Zeuge, Zeugnis
		mastigoō	Geißelung
leitourgia	Kollekte – Kult	mastix	Krankheit – Plage
lēnos	Kelter – Presse	mastos	Brust
lention	Leinentuch	mathētēs	Jünger
leōn	Löwe	meli	Honig
lepra	Aussatz	melō (melei)	bereuen – Sorge
lepton	Lepton	mēn	Monat
leukos	weiß – weißer Stein	[mēnē]	Monat
leuitēs	Leviten	menō	bleiben – Standhaftigkeit
libanos	Weihrauch		
limnē	Feuersee	merimnaō	Sorge
linon	Lein(en)	mesēmbria	Mittag
lithazō	Steinigung	mesitēs	Mittler
lithoboleō	Steinigung	mesonyktion	Mitternacht
lithos	Stein – Steinigung	mesos	Mittag
litra	Gewichte – Pfund	messias	Messias
logeia	Kollekte	metamelomai	bereuen – Umkehr
logikos	Kult	metamorphoō	Gestalt – Verklärung

metanoia	bereuen – Buße – Umkehr	nēsteia	Fasten
[metaphora]	Metapher	niptō [niptomai]	waschen
metaschēmatizō	Verklärung	nomodidaskalos	Gesetzesgelehrter – Gesetzeslehrer
metechō	Gemeinschaft – Herrenmahl	nomikos	Gesetzesgelehrter – Schriftgelehrter
mētēr	Mutter		
methē	Ausschweifung	nomos	Gebot – Gesetz – Gesetzlosigkeit – Pentateuch
methodeia	Irrtum – verführen		
[methy]	Ausschweifung		
metoikesia	Gefangenschaft	nosos	Krankheit
[metoikos]	Gefangenschaft	notos	Mittag
metōpon	Stirn	nous	Herz – Torheit – Umkehr – Wille Gottes
metrētēs	Bat – Maß – Maße		
miasma	rein	nychthēmeron	Tag
milion	Meile	nymphē	Bräutigam, Braut – Hochzeit
mimeomai	Beispiel		
mimnēskomai	Gedächtnis	nymphios	Bräutigam, Braut – Hochzeit
[misos]	Haß		
misthapodosia	Lohn	nymphōn	Hochzeit
misthios	Knecht	nyx	Nacht
misthos	Lohn		
misthōtos	Lohn		
mna	Mine		
mnēma	begraben – Grab	[obolos]	Obolus
mnēmeion	Grab	ochlos	Volk
modios	Scheffel	ōdē	Lied
moicheia	Ausschweifung – Ehebruch	odyrmos	Klagelied
		oikia	Haus
[moron]	Maulbeerfeigenbaum	oikodespotēs	Meister
mōros	Torheit	oikodomeō	bauen
morphē	Gestalt – Kenosis – Verklärung	oikonomia	Amt – Plan Gottes
		oikos	bauen – Exil – Haus
myeō	Geheimnis – Mythos	oikoumenē	Weltall
[myktēr]]	beleidigen	oiktirmos	Barmherzigkeit
myktērizō	beleidigen – lachen	oinophlygia	Ausschweifung
mylos	Mühlstein	oinos	Ausschweifung – Wein
[myō]	Geheimnis	oknēros	arbeiten
myron	Duftstoff	oligopistia	Unglaube
mystērion	Geheimnis	omnyō	Eid
mythos	Mythos	oneidizō	beleidigen
		onoma	Name
		onos	Esel
nai	Ja	opheilē	Schulden
naos	Heiligtum – Tempel – Vorhof	opheilēma	Schulden
		opheilō	Schulden
nardos	Narde	ophis	Schlange
nekros	Tod	ophthalmos	Auge
[nemō]	Erbe – Gesetz	[ōps]	Gesicht – Stirn
neomēnia	Mond	opsarion	Fisch
neos	neu	opse	Abend
nephelē	Wolke	opsia [hōra]	Abend
nephroi	Lenden	opsis	Aussehen
nēpios	Kind	orcheomai	tanzen

459

oregomai	begehren, sich sehnen	paroikeō	Exil
orgē	Zorn	paroikos	Fremder
orgyia	Faden	paroimia	Gleichnis
oros	Berg – Ölberg	parousia	Parusie
orphanos	Waise	parrhēsia	Gleichnis – Vertrauen – Zuversicht
orthros	Morgen		
osmē	Duftstoff	parthenos	Jungfrau
osphys	Lenden	pascha	Pascha
osteon	Knochen	paschō	leiden – Passion Christi
othonē	Binde – Tischdecke	patēr	Vater
othonion	Binde	pathos	Begierde
ouai	Wehe!	patris	Heimat
ouranos	Himmel	pēchys	Elle
ous	Ohr	pēgnymi	Laubhüttenfest
ousia	reich, Reichtum	peirasmos	Versuchung, versuchen
oxos	Essig	peirazō	Probe, auf die Probe Stellen – Versuchung, versuchen
		peithomai	gehorchen – Glaube – Vertrauen
pachynō	verhärten		
paidagōgos	Erzieher	pempō	Amt – senden
paidion	Kind	pentēkostē	Pfingsten
pais	beleidigen – Kind – Knecht	penthos	Trauer
		[peos]	Vorhaut
paizō	beleidigen	pepoithēsis	Vertrauen
palaiotēs	der Alte – Alter	pēra	Geldbeutel
palē	Kampf	periballō	Kleidung, bekleiden
paliggenesia	geboren werden	perisseuō	wachsen, Wachstum
pandocheion	Herberge	peristera	Taube
panēgyris	Fest	peritomē	Beschneidung
panoplia	Kampf	[pernēmi]	Ausschweifung – Unzucht
panourgia	verführen		
panta	Weltall	petra	Stein
parabainō	Sünde	phainolēs	Mantel
parabasis	Sünde	phainō	Offenbarung – Theophanie
parabiazomai	Gewaltsamkeit		
parabolē	Gleichnis – Typos	phaneroō	Offenbarung
paradeisos	Paradies	phaneros	Theophanie
paradidōmi	Gabe – Überlieferung	pharisaios	Pharisäer
paradosis	Überlieferung	pharmakeia	Magie
parakaleō	Anwalt	phatnē	Krippe
paraklēsis	Anwalt	phēmi	beschimpfen – lästern
paraklētos	Anwalt	philadelphia	Bruder
parakoē	gehorchen	philēma	küssen
parakouō	gehorchen	phileō	küssen – Liebe
paralambanō	Überlieferung	philia	Liebe
paralogizomai	verführen	philosophia	Philosophie
paraskeuē	Rüsttag – Woche	philoxenia	Gastfreundschaft
parathēkē	anvertrautes Gut	phlogizō	Feuer
paratithēmi	anvertrautes Gut	phobeomai	fürchten – gottesfürchtig
pareimi	Parusie		
parepidēmos	Fremder – Wallfahrt	phoinix	Palme
paristēmi	Darstellung Jesu, darbringen	phōnē	Hahnenschrei – Stimme
		phoron	Appius (Forum des)

phoros	Steuer – Tribut	politeia	Bürger
phōs	Licht – Tempelweihefest	politēs	Bürger
		polloi	die Vielen
phōsphoros	Sterne	pōlos	Esel
phragelloō	Geißelung	ponēria	Herrschaften
phrēn	Freude – Torheit	ponēros	das Böse – Laster
phronimos	Torheit – Weisheit	ponos	das Böse
phthonos	Eifersucht – Neid	porneia	Ausschweifung – Unzucht
phylakē	Gefängnis – Nachtwache	poroō	verhärten
[phylakeion]	Schatzkammer	porphyra	Purpur
phylaktērion	Gebetskapsel	[posthē]	Vorhaut
phylassō	Gebetskapsel – Gefängnis – Nachtwache wachen	potērion	Becher
		[potheō]	begehren, sich sehnen
		potos	Ausschweifung – Becher
phylē	Stamm		
[physaō]	Hochmut	pous	Fuß
physioō	Hochmut	praitōrion	Prätorium
pinō	Ausschweifung – Becher	prassō	Werke
		praxis	Werke
pisteuō	Glaube	prays	Sanftmut
pistis	Glauben – treu, Treue – Vertrauen	praytēs	Sanftmut
		presbeia	Amt
pistos	treu, Treue	[presbys]	Presbyter
planaō	Irrtum – verführen	presbyteros	der Alte, Alter – Ältester – Priester – Presbyter
planē	Irrtum		
plassō	Schöpfung		
plateia	Straße	presbytēs	der Alte, Alter
platys	Straße	probatikē	Schaftor
plēgē	Plage	probaton	Schaf
pleō	fahren (zu Wasser)	prodromos	laufen – Wallfahrt
[pleon]	Habgier	proetoimazō	prädestinieren
pleonazō	wachsen, Wachstum	proginōskō	prädestinieren
pleonexia	Begierde – Habgier	prōi	Morgen
plērōma	Fülle	proistēmi	Vorsteher
plēroō	erfüllen – Fülle	procheirizomai	prädestinieren
plēsion	der Nächste	prokoptō	wachsen, Wachstum
plēssō	Plage	proorizō	prädestinieren
plēthos	reich, Reichtum – Versammlung	prophētēs	Prophet
		prosaitēs	Bettler
ploutos	reich, Reichtum	prosdechomai	Hoffnung
plynō	waschen	prosechō	wachen
pneō	inspiriert – Wind	prosēlytos	Proselyt
pneuma	Geist – Wind	proserchomai	Proselyt
pneumatikos	Herrschaften	proskaleō	Berufung
pniktos	Tierfleisch	proskomma	Fall
poieō	Schöpfung – Werke	proskoptō	Fall
poimainō	Herde	proskyneō	anbeten
poimēn	Hirt	prosōpon	Auge – Aussehen – Gesicht
poimnē	Herde		
poimnion	Herde	prospherō	Darstellung Jesu, darbringen
polemos	Kampf		
polis	Bürger – Bürgerschaft – Dekapolis	prosphora	Darstellung Jesu, darbringen – Kult – Opfer

461

prothesis	Plan Gottes – Schaubrote	seiō	Erdbeben
prōtotokos	Erstgeborener	seismos	Erdbeben
psallō	Harfe – Psalmen	selēnē	Mond
psalmos	Psalmen	[selēniakos]	Mondsüchtiger
psēphos	weißer Stein	selēniazomai	Mondsüchtiger
pseudēs	Apokryphen	sēmainō	Zeichen
pseudomai	lügen	sēmeion	Wunder – Zeichen
pseudoprophētēs	Prophet	sēmeron	Zeit
psithyrismos	verleumden	sēs	Motte
[psithyrizō]	verleumden	sikarios	Judas
psychē	Leben – Seele	[siklos]	Schekel
psychikos	Geist	sinapi	Senfkorn
pterygion	Zinne	sindōn	Laken – Leinentuch
pteryx	Zinne	siros	Abgrund
[ptēssō]	arm	sitos	Weizen
ptōchos	arm	skandalon	Ärgernis – Fall
ptōma	Leib	skēnē	Laubhüttenfest – Zelt
ptyon	Getreideschwinge	skēnoō	bleiben – Ruhe
pykteuō	Kampf	skēnopēgia	Laubhüttenfest
pylē	Tür, Tor	skia	Schatten
pylōn	Schaftor – Tür, Tor	sklērotrachēlos	Nacken
pyr	Feuer – Feuersee – Fieber	sklērynō	verhärten
pyretos	Fieber	skōlēx	Wurm
pyroō	Feuer	skorpios	Skorpion
		skotia	Finsternis
		skotos	Finsternis
		smyrna	Myrrhe
rhabdizō	Geißelung	sōma	Leib
[rhainō]	Besprengung	sophia	Torheit – Weisheit
rhakos	Stoffe	sophos	Weisheit
rhantismos	Besprengung	soros	Sarg
rhantizō	Besprengung	sōtēr	Fisch
rhēma	Wort – Zuversicht	sōtēria	retten
rhōnnymai	Schwäche	soudarion	Schweißtuch
rhymē	Straße	sōzō	heilen – retten
rhyomai	retten	speira	Kohorte
rhypos	rein	spendō	Opfer – Trankopfer
rhytis	rein	sphragis	Siegel – Stirn
		splagchna	Barmherzigkeit
		spodos	Asche
sabbatismos	Ruhe	spoudē	Eifer – Kollekte
sabbaton	Sabbat – Woche	stadion	Stadion
saddoukaios	Sadduzäer	staphylē	Weinstock
sagēnē	Fischerei	statēr	Statēr
sakkos	Sack	stauros	Kreuz
salpinx	Trompete	stegē	Dach
sandalion	Sandale – Schuhe	steiros	Unfruchtbarkeit
[saos]	retten	stellō	Kleid
sarx	Fleisch – Leib	stenochōria	Todesangst
saton	Maß	stephanos	Kranz
schēma	Gestalt – Verklärung	[stergō]	Liebe
sebomai	Frömmigkeit, fromm – gottesfürchtig	stēthos	Brust
		[sthenos]	Schwäche

[stichos]	Elemente dieser Welt	thanatos	Tod
stigma	Kennzeichen – Siegel	thaptō	begraben – Grab
stoa	Säulenhalle – Stoiker	tharseō	Vertrauen
stoicheia	Elemente dieser Welt	thaumazō	Wunder
stōikos	Stoiker	theaomai	sehen
stolē	Kleid	theion	Schwefel
strateia	Kampf	thelēma	Plan Gottes – Wille Gottes
sygkomizō	begraben		
sykaminos	Maulbeerbaum	thelō	Plan Gottes
sykē	Feigenbaum – Maulbeerbaum – Maulbeerfeigenbaum	theopneustos	inspiriert
		theōreō	sehen
		theos	Fisch – Gott – Götter – gottesfürchtig – inspiriert – Theophanie
sykomorea	Maulbeerfeigenbaum		
[symbolon]	Symbol		
synagōgē	Kirche – Synagoge – Versammlung	therapeuō	heilen
		thērion	Bestie
synallassō	versöhnen	therismos	Ernte
synechomai	Todesangst	theros	Sommer
syneidēsis	Gewissen	thesauros	reich, Reichtum
synedrion	Hoher Rat	thrēneō	Klagelied
synerchomai	Versammlung	thrombos	Blutschweiß
syniēmi	Torheit	thronoi	Herrschaften
synodia	Wallfahrt	thymiama	Duftstoffe – Weihrauch
[synoptikos]	synoptisch	thymos	begehren, sich sehnen – Geduld – Zorn
[synopsis]	Synopse – synoptisch		
synteleia	Ende der Welt	thyō	Tierfleisch
[synthēkē]	Bund	thyra	Tür, Tor
		thysia	Kult – Opfer
		thysiastērion	Altar
tagma	Ordnung	tithēmi	Adoption – prädestinieren
talanton	Talent		
tapeinoō	Demut	tiktō	gebären – Kind
tapeinos	Demut	timios	Edelstein
taphos	Grab	timē	strafen
tartaroō	Abgrund	timōreō	strafen
tassō	prädestinieren	topos	Tempel
taxis	Ordnung	trachēlos	Nacken
teknon	Kind – Sohn Gottes	tragos	Bock
tektōn	arbeiten – Zimmermann	trapeza	Bank
		trechō	laufen
teleios	vollkommen	tribolos	Dornbusch
teleō	erfüllen	trygaō	Weinlese
teleutaō	Tod	trygōn	Turteltaube
telos	Ende der Welt – Steuer – vollkommen – Zeit – Zöllner	tryphē	Ausschweifung
		typhloō	verhärten
		typhlos	blind
telōnēs	Zöllner	typhoō	Hochmut
telōnion	Zollamt	typos	Archetyp – Beispiel – Typos – Typologie
[temnō]	Beschneidung		
teras/terata	Wunder – Zeichen	typtō	Beispiel – Brust – Geduld
tesserakonta	vierzig		
tetraarchēs	Tetrarch		
tetrapous	Tiere	xenia	Herberge
thalassa	Meer	xenizō	Gastfreundschaft

xenos	Fremder	zizanion	Unkraut
xestēs	Krug – Maße	zōē	Leben
xylon	Baum – Kreuz	zōgreō	Fischerei
		zōnē	Gürtel – Lendenschurz
zēlos	Eifer – Eifersucht	zōon	Bestie – Lebewesen –
zēn	Leben – Lebewesen –		Tiere
	Tiere	zygos	Joch
zēteō	Eifer	zymē	Sauerteig

KARTEN

1. Jerusalem

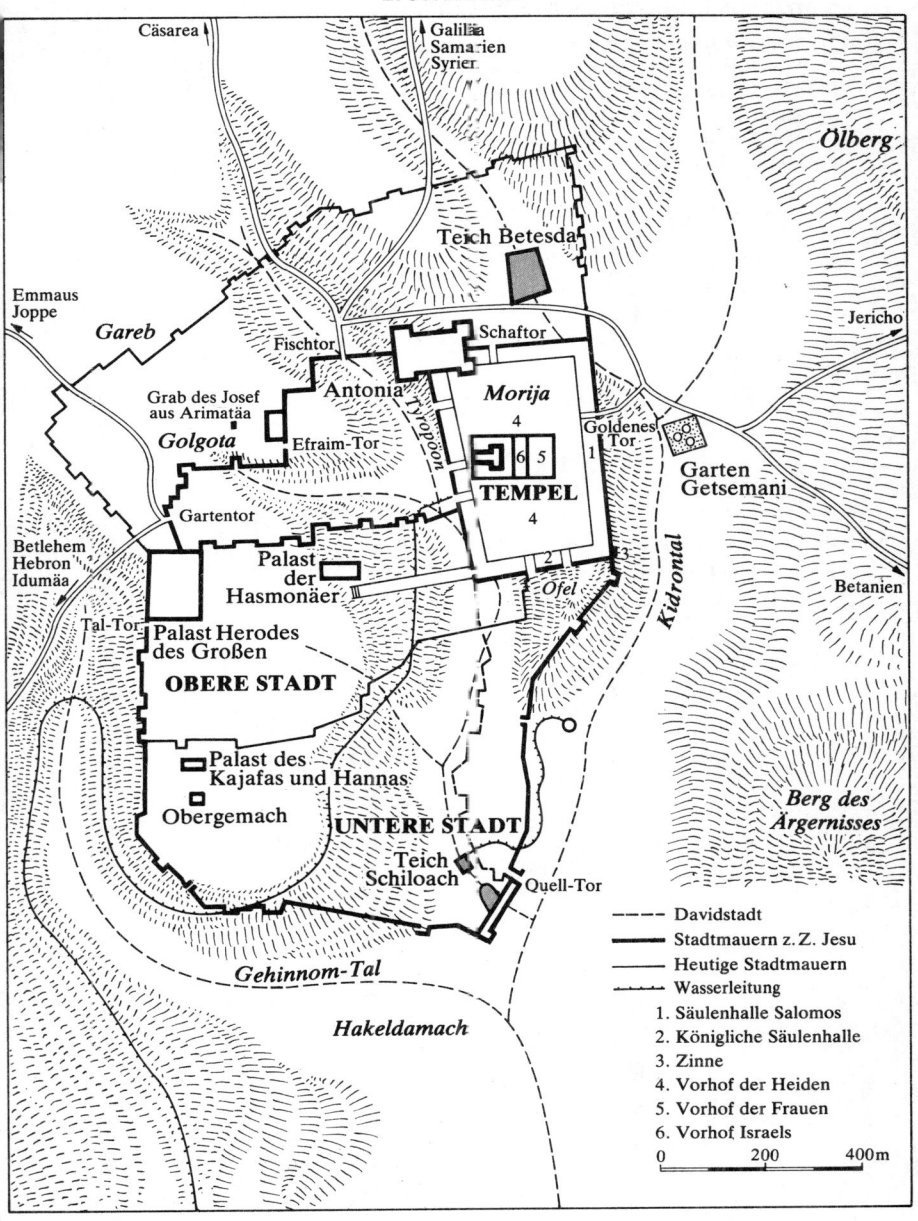

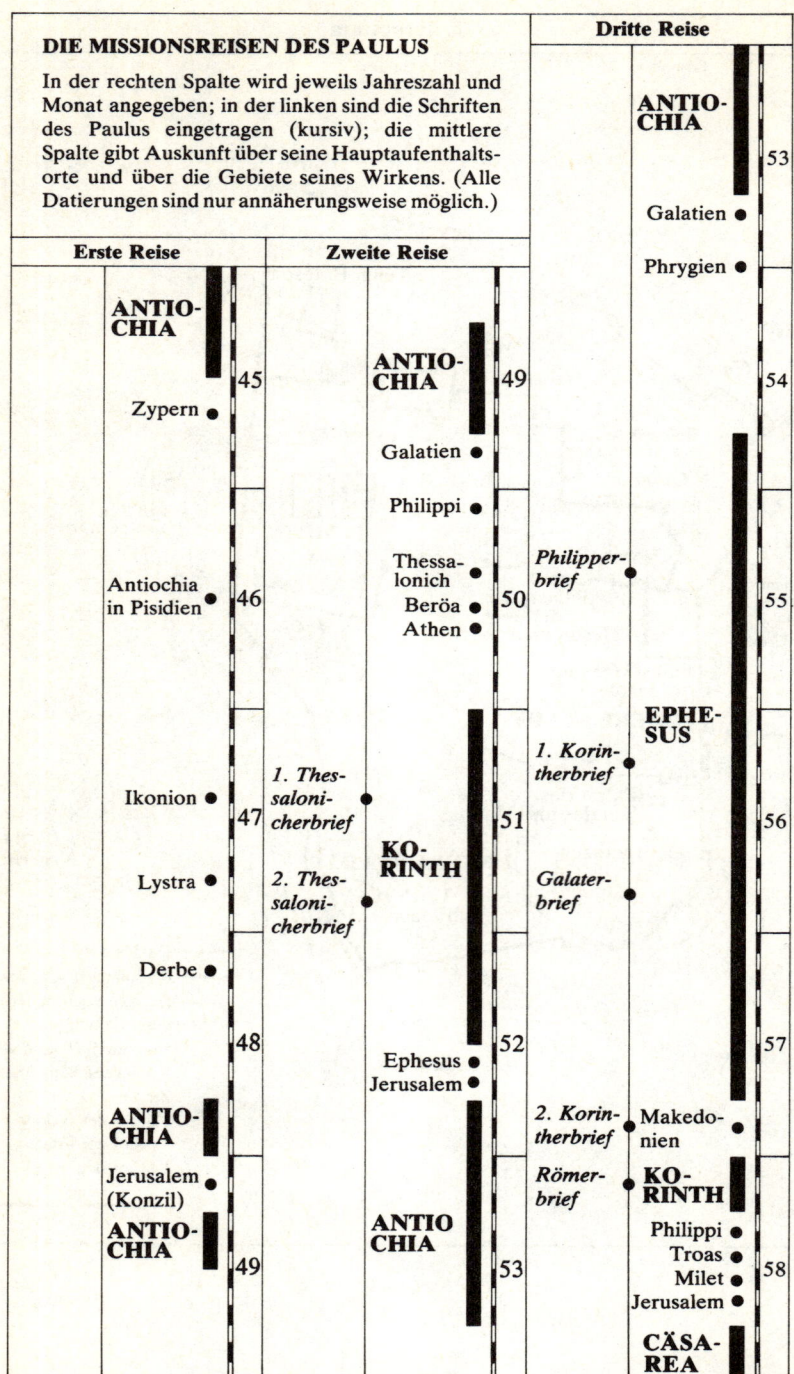

DIE MISSIONSREISEN DES PAULUS

In der rechten Spalte wird jeweils Jahreszahl und Monat angegeben; in der linken sind die Schriften des Paulus eingetragen (kursiv); die mittlere Spalte gibt Auskunft über seine Hauptaufenthaltsorte und über die Gebiete seines Wirkens. (Alle Datierungen sind nur annäherungsweise möglich.)

2. Missionsreisen des Paulus

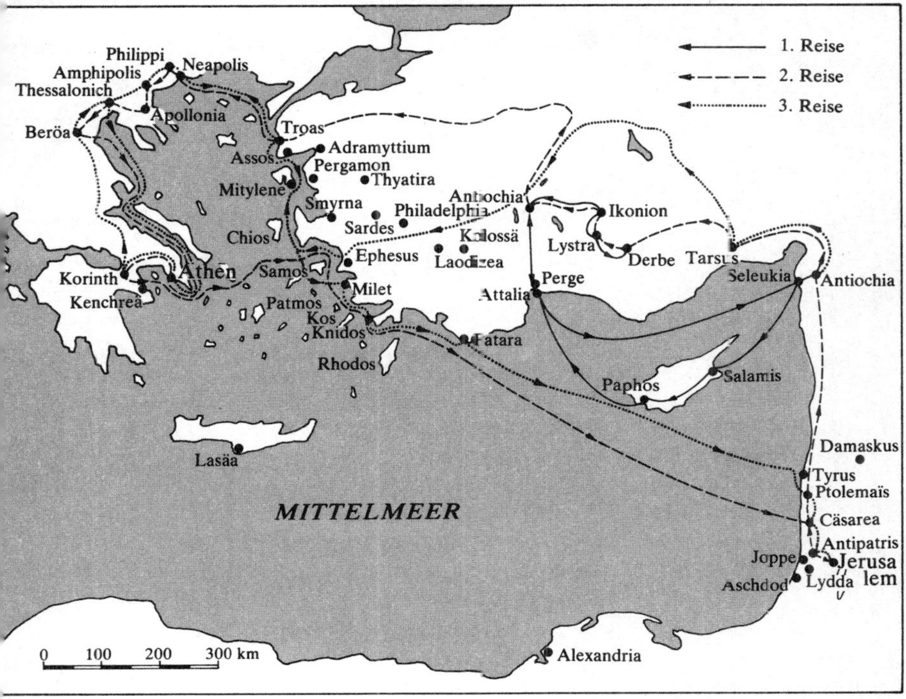

3. Die Reise des gefangenen Paulus

469

4. Palästina im Neuen Testament